出題語が
ひと目でわかる!

N検(ニュース)1~3級

就職・資格・公務員試験に!

就活　新社会人

ニュースがわかる 基礎用語

2023-2024年版

ニュースや新聞の?を即・解決!

大人の常識力を身に付けよう!

Shimizu

本書を利用するにあたって

◀1▶ 本書は，日々のニュースで見聞きする基礎用語や時事用語を，きちんと理解できるように丁寧に解説を施した用語集です。

本書の構成は以下の通りです。

政治編 では，「民主政治」「憲法」に関する基礎的な用語と「日本の政治機構」についての用語を取り扱っています。

経済編 では，「市場経済」「経済史」に関する基礎的な用語と「日本の経済動向」についての用語を取り扱っています。

社会と暮らし編 では，「社会生活」のなかで使われている用語と「労働と雇用」「社会保障」などの基本用語を取り扱っています。

国際編 では，「国際政治」と「国際経済」についての用語を取り扱っています。

◀2▶ 本書の用語には，**N検**（ニュース時事能力検定<**ニュース検定**>）３級以上の問題に出題された用語が，一目で分かるマーク Ⓝ がついています。N検受験にむけて基礎学力をつけるために，また，時事能力を高めるために，目安にしていただけるように配慮しています。

> ➡ **N検**（ニュース時事能力検定<**ニュース検定**>）とは，新聞やテレビのニュース報道を読み解くための「時事力」を認定する検定試験です。１級から５級まで６段階となっています。

◀3▶ 用語については見出し語のほか，同義語・対義語・類義語も記し，索引にも採用しました。同義語には **同**，対義語には **対**，類義語には **類** を付して解説文の次に表示しました。

用語の表記方法

◀1▶ 漢字の用語にはすべて読み仮名を付しました。その際,仮名については「－」で示しました。

【例】「**オゾン層の破壊**（－そう－はかい）」

◀2▶ 同じ意味で別の表し方のある用語についてはそれも示しました。

【例】「**上院（元老院）**」

◀3▶ 外来語は片仮名で表記し，必要と思われる用語については，元の欧文を付記しました。

【例】「**インターネット**［internet］」「**マグナ - カルタ**［Magna Carta］」

◀4▶ 欧文略語については，すべてに和文を付記し，できるかぎり元の欧文も付記しました。

【例】「**国連貿易開発会議（UNCTAD）**

［United Nations Conference on Trade and Development］」

◀5▶ 書名については原則として『　』で示し,引用句などは「　」で表しました。

【例】『**社会契約論**』「**投資が投資をよぶ**」

◀6▶ 人名・地名・歴史用語などの表記は，できるだけ現地音に近づけましたが，一部慣用句にしたがったものもあります。重要な外国人名については，フルネームを欧文で付記しました。

【例】「**リンカン**［Abraham Lincoln］」「**アル - カーイダ**」「**ヴェトナム戦争**」

索引の表記・配列方法

◀1▶ 巻末に五十音順による「総索引」と「欧文語索引」の２種類を設けました。用語については，見出し語，同意語，対義語，類字語のほか，解説文中の重要語を一部ふくみます。

◀2▶ アルファベットは，その読みにしたがって五十音順に配列しました。

◀3▶ 「ヴ」の表記は「ウ」の欄にまとめました。

◀4▶ 欧米の人名は本文の表記にあわせ，日本での慣用にしたがって配列しました。中国人名などについても，索引利用の便を考え，日本での慣用読みにしたがいました。

◀5▶ 『　』は著書名，雑誌名をあらわします。

◀6▶ 「　」は有名なことばや，法令などの引用文をあらわします。

◀7▶ ２か所以上に渡って，記載されている項目については，一番内容が詳細なページを太字としました。

もくじ

政 治 編

2023―2024 就活 新語

政治分野

こども家庭庁(-かていちょう)　岸田政権はその基本方針として，子ども政策への注力をうたっている。それを受けて,「こども家庭庁」の新設などを柱とした，子ども政策関連法案を2022年6月に成立させた。関連法として取りまとめられたのは「こども家庭庁設置法案」と，与党による議員立法の「こども基本法案」などである。同法の施行は2023年4月1日で，首相直属の内閣府の外局として「こども家庭庁」が同日発足する。厚生労働省や文部科学省などから職員を集めて総勢300人規模になる見通し。

第2次岸田改造内閣(だい-じきしだかいぞうないかく)　2022年8月10日に発足した日本の内閣。前月に安倍晋三銃殺事件があり，自民党と統一教会との癒着関係に世論が騒然とする中，岸田首相が内閣改造を断行したもの。統一教会との関係が指摘された閣僚7名を排除することで，有権者の信頼回復を図った。しかし，新内閣発足直後から，新閣僚のうち8人が統一教会と何らかの関係にあったことが判明。特に，山際大志郎経済再生担当大臣は，統一教会との密接な結びつきが露呈して10月に辞任した。さらに，11月に入ると，葉梨康弘法相が「法務大臣は死刑のはんこを押す地味な役職」と問題発言を行って辞任するほか，寺田稔総務相も政治資金スキャンダルで辞任。12月には，秋葉賢也復興相が同じく政治資金スキャンダルで辞任。短期間で多くの閣僚が入れ替わる事態となっている。岸田内閣の支持率（NHK調査）を見ても，2021年の発足直後から50%台を一貫して維持していたが，第2次改造内閣に入ると，30%台へと急速な落ち込みを見せている。

ガーシー(1971〜)　日本の元参議院議員。若い頃から，飲食店やアパレル企業の経営者として，多数の芸能人と交流するなどの華やかな生活を送っていた。しかし，2021年12月，ビジネス上の詐欺疑惑が生じ，被害届が警察当局に提出されると，ガーシーはドバイに向けて出国。2022年2月にYouTubeチャンネルを開設し，芸能人たちの私生活を次々と暴露する「暴露系YouTuber」として全国的知名度を獲得。続いて，2022年参院選の全国比例区にNHK党から立候補し，海外に滞在したまま，約29万の個人票を集めて当選した。政治家がYouTubeチャンネルを立ち上げることはよく見られるが，YouTuberを肩書きとする者がYouTubeを通した知名度を生かして国会議員になったのは，ガーシーが日本史上初めてとなる。当選後も，ガーシーは逮捕を恐れて日本に帰国せず，参議院が国会出席を要請したものの，これを拒否。2023年3月，参議院は賛成多数でガーシーを除名処分とした。現行憲法下で国会議員が除名されたのは72年ぶり3例目である。

五輪汚職（ごりんおしょく） 2020年東京五輪（2021年実施）をめぐる一連の汚職疑惑。五輪組織委員会の高橋治之理事（当時）が，東京五輪のスポンサー企業選考に関連して，AOKIホールディングス（大手紳士服メーカー），KADOKAWA（大手出版社），大広（中堅広告代理店）の3社から賄賂を受け取っていたというもの。東京地検特捜部は，2022年8月から9月にかけて，高橋元理事に加えて，AOKI／KADOKAWA／大広の経営幹部らを逮捕した。高橋元理事は電通の元幹部であり，スポーツイベントの運営実務に長けている点から，組織委員会内部でも一定の影響力を誇っていた。組織委員会の幹部職員にも電通からの出向者が多く見られたことから，今後の捜査では，五輪汚職と電通との関係がさらに追及されるものと予想されている。

防衛費GDP２％（ぼうえいひじーでぃーぴー-ぱーせんと） 2022年12月，日本政府は，今後5年間をかけて，防衛費を対GDP比2％までに増大させる方針を示した。この方針が実現すると，防衛費は推定11兆円の年間予算規模となる。この予算規模に対応するため，現在，自民党では，法人税およびたばこ税の増税を検討するほか，復興特別所得税の一部を活用する案が提示されている。もともと，日本の防衛費は，1976年に三木内閣（当時）が「防衛費1％枠」を閣議決定して以降，対GDP比1％前後で推移してきた。しかし，近年において，中国および北朝鮮が軍事力を増強している現状，物理的戦争からサイバー戦争へのシフトが始まりつつある現状などから，防衛費増大に踏み切ったものと見られる。また，NATOが加盟国に対して防衛費を対GDP比2％以上にするよう要請するなど，対GDP比2％が防衛費の国際標準となりつつある点も大きい。一方，政府債務が世界最悪の水準に達しており，かつ，社会保障の立て直しが急務となっている日本の現状において防衛費を倍増させる計画には，非難の声が今後高まるものと予想されている。

５類移行（-るいいこう） 2023年1月，日本政府は，COVID-19について，感染症法上の位置付けを「2類相当」から「5類」に変更する方針を示した。変更時期は2023年5月となる。2類は結核などに適用される深刻な基準で，国民への行動制限を要請することも可能だったが，5類は季節性インフルエンザや麻疹（はしか）に適用される基準であり，行動制限は要請できなくなり，マスク着用も特に推奨されなくなる。海外からの日本入国者に対する水際対策もなくなる。COVID-19に関する医療費やワクチンに関しても，5類移行後は，段階的に一部自己負担へとシフトする。5類移行の背景には，COVID-19の重症化率が低下していることが挙げられるほか，COVID-19関連の公費負担を下げたい政府の意向も見て取れる。一方，5類移行によって，感染者の自己負担が発生する点，医療機関の逼迫度が上がりかねない点などが懸念されている。

故安倍晋三国葬儀(こあべしんぞうこくそうぎ)
2022年7月8日に銃殺された安倍晋三元首相に関して，日本政府は，国葬実施を決定し，9月27日に故安倍晋三国葬儀が執り行われた。国葬決定直後から，世論は賛否両論に分かれていたが，銃殺事件の原因となった統一教会問題が大きく報道されるにつれ，国葬反対の意見が多数を占めるようになった。立憲民主党，日本共産党，れいわ新選組なども「法的根拠に乏しい」「安倍元首相の神格化につながる」などとして反対の立場を表明した。国葬当日も，葬儀会場となった日本武道館周辺の一帯では，反対派による抗議運動が起こった。明治維新以降，国費による葬儀が執り行われた事例は，安倍元首相の事例を含めて26ほど存在する。1967年の吉田茂国葬の際に，日本政府は「国葬」ではなく「国葬儀」という名称を採用した。国民全体に対して喪に服することを要求するのではなく，国費によって儀式を執り行う行政権の行使に過ぎないことを示すための概念的区別である。「故安倍晋三国葬儀」という名称も，この吉田茂国葬の前例を踏襲したものとされる。ただし，英語では「国葬」「国葬儀」いずれも state funeral である。

統一教会(とういつきょうかい)　韓国の宗教団体「世界基督教統一神霊協会」の略称。1994年に「世界平和統一家庭連合」に名称変更されたが，一般的には「統一教会」あるいは「旧統一教会」の名で認知されている。2022年安倍晋三銃殺事件の背景にある重要ファクターとして全国的注目を浴びた。統一教会は，1954年にソウルにて創設された新興宗教団体であり，日本でも着実に信者数を増やしていった。一方，霊感商法と呼ばれる悪質商法を繰り広げたり，信者に対して高額な寄付を要求するなどの行為が指摘されるようになり，特に1980年代以降に社会問題と化した。さらに，統一教会は保守主義／反共主義の政治姿勢をとっており，日本でも自民党を中心として保守系政治家たちと幅広く交流を持った。安倍元首相も，長年にわたって統一教会と関係を持っていたものと推定されている。安倍晋三銃殺事件の後，自民党本部は内部調査を実施し，同党所属の国会議員379人のうち179人が統一教会との接点を持っていることを公表した。日本維新の会や立憲民主党でも，統一教会と何らかの関係を持つ議員が複数確認されている。2023年1月には，統一教会問題を受けて，悪質な寄付や献金の勧誘を規制する高額寄付被害救済・防止法が施行された。

経済分野

日本人の海外出稼ぎ(にほんじん-かいがいでかせ-)
日本の実質賃金が30年にわたって伸び悩んでいる上に，2021年から急激な円安が進んだことによって「日本国内でなく外国で働いた方が合理的である」と考える若者が増大しつつある。2022年は，この「日本人の海外出稼ぎ」が本格化して社会現象となった年だった。例えば，渡航規制が緩和されている上に，最低賃金が日本の約2倍となるオーストラリアなどは，海外での就労を目指す若者たちから注目を浴びている。そうした国々では，単純労働のアルバイトでも，日本の平均的フルタイム労働者をはるかに超える高収入を得られる可能性が高い。さらに，旧時代的な労働文化が横行する日本社会とは異なり，洗練された職場環境や人権保障体制が整備されている点も，日本の若者にとって魅力的に映っている。今後は，外国での長期就労を目指す若者たちに対して，日本政府が食い止める態

度に出るのか，それとも法的制度的に支援していく態度に出るのかが注目される。

iPhone14（あいふぉん-）　Apple が 2022 年 9 月に発表した新型 iPhone シリーズ。無印／Plus／Pro／ProMax の 4 種類から構成される。目立った特徴としては，Pro／ProMax にて 4800 万画素のカメラが導入されたこと，Pro／ProMax にて画面上部のノッチデザインが廃されて Dynamic Island と呼ばれるパンチホールが導入されたことなどが挙げられる。逆に言えば，それ以外の際立った進化は見当たらず，一部ユーザから期待されていた USB Type- C，指紋認証，裏面カメラ部分のフラット化などは実現されなかった。なお，日本では，円安の影響から，前回 iPhone13 シリーズより数万円ほど値上がりしており，ProMax に至っては最低価格モデルすら 16 万 4800 円となった。それでも iPhone は日本国内で高い市場シェアを維持し続けており，その人気は衰えを見せていない。

円為替介入（えんかわせかいにゅう）　2021 年 1 月から始まった急激な円安トレンドは 2022 年に入っても止まることがなく，10 月 20 日には 1 ドル 150 円に達する事態となった（2021 年 1 月時点では 1 ドル 104 円前後）。米国と日本との金利差が主たる原因と見られる。食料や天然資源の多くを輸入に頼っている日本にとって，急激な円安は国民生活を逼迫させる危険を含んでいた。この事態を受けて，日本の財務省は，10 月 21 日深夜から 5.6 兆円を投じて円為替に介入した。さらに，10 月 24 日にも約 7000 億円の介入を実施。合計して過去最大となる 6.3 兆円の介入措置となった。その結果，10 月 26 日には 1 ドル 146 円台にまで円の価値は回復。その後も円高トレンドが続いており，2023 年 1 月末時点では 1 ドル 130 円前後で推移している。

Twitter 2.0（ついったー-）　2022 年 10 月，世界的富豪イーロン・マスクが Twitter 社の全株式を買収し，同社 CEO の地位に就いた。それ以後の Twitter は，俗に「Twitter 2.0」と呼ばれる。CEO 就任後のマスクは，まず約 7500 人の従業員を半数以下にまで削減する解雇措置を取り，1.0 時代の放漫経営体質にメスを入れた。また，1.0 時代に構築された厳格な政治的検閲体制を緩和し，2021 年に凍結された元米国大統領ドナルド・トランプのアカウント @realDonaldTrump について，ユーザ投票を経て復活させた。さらに 2023 年に入ると，ツイート字数上限を 280 字から 4000 字にまで緩和した（個人認証済アカウントである Twitter Blue ユーザの特典）。こうした Twitter2.0 の初動は，各方面からの反発も招いている。大量解雇された元従業員たちが相次いで労働法違反で Twitter 社を告発しているほか，検閲緩和についてもヘイトスピーチやフェイクニュースの流布につながるとの批判がある。Twitter2.0 の動向を不安視する一部の大企業は，Twitter への広告出稿を一時的に見合わせる措置をとった。一方，マスクはこうした批判を意に介さず，広告収入の一部を Twitter Blue ユーザに分配する施策など，次々と改革案を打ち出している。

FTX倒産（えふてぃーえっくすとうさん）　世界的な暗号通貨取引所 FTX が経営破綻した事件。FTX は 2019 年に設立され，バハマに本社を置いていたが，実質的にはアメリカの会社である。ネイティブトークン FTT を発行し，2021 年には世界第 3 位の取引量を誇る暗号通貨取引所となった。2022 年に入ると，FTX Ventures と称する投資ファンドを設立するほか，大谷翔平や大坂なおみを含めた各界の著名人を次々と広告塔として起用するなど，積極的経営を続けた。しかし，11 月に暗号通貨ニュースサイト CoinDesk が FTX の財務状況に疑問を呈する記事を発表。これを受けて，FTT を大量保有していた世界最大手の暗号通貨取引所バイナンス（Binance）が FTT 売却を決定し，FTT の資産価値は暴落。同月に FTX は倒産した。負債総額は日本円に換算して 1 兆円から 7 兆円の規模になるものと推定されている。同時に，FTX トップのサム・バンクマン＝フリードは，詐欺罪や会社資産流用などの容疑で米国当局に逮捕された。

エリザベス・ホームズ(Elizabeth Anne Holmes, 1984~)　アメリカの女性起業家エリザベス・ホームズは，2003 年にスタンフォード大学工学部を中退して，医療系テック企業セラノス（Theranos Inc.）を設立した。指先からごくわずかな血液を採取するのみで血液検査を可能にする技術を生み出したとして世界的注目を浴びる。2014 年のピーク時には，セラノス社の評価額が 100 億ドルに達して，彼女は富豪の地位を築いた。しかし，2015 年から，ウォールストリートジャーナルなどが，セラノス社の技術を懐疑的に見る報道を繰り広げるようになり，同社の誇張的主張や詐欺的手法が明るみに出る。同社は社会的信用を失い，2018 年に解散した。同時に，ホームズは詐欺罪で起訴され，2022 年 11 月，連邦地裁から 11 年の禁固刑を宣告された。このセラノス騒動は「シリコンバレー史上最大の詐欺」として書籍化や映画化の対象となり，ドキュメンタリも相次いで発表されている。

メタ株急落(-かぶきゅうらく)　米国大手テック Facebook 社の株価は，2012 年の上場開始時に 20 ドル前後だったが，その後一貫して上昇トレンドを続けて，2021 年 9 月には 370 ドル前後となった。しかし，同年 10 月にメタプラットフォームズ（Meta Platforms Inc.）に社名変更してからは株価が急落していき，2022 年 11 月には 90 ドル前後にまで落ち込んだ。その結果，時価総額が大きく目減りしており，GAFAM の一角から外れる可能性も出てきた。メタ社に関しては，もともとの本業である Facebook.com の成長が頭打ちになっていた。また，有害広告問題などで政治的批判を浴びるほか，Apple 社が iPhone に強力な個人情報保護機能を実装させたことで，オンライン広告事業のためにユーザ行動を追跡することが困難となっていた。加えて，メタ社が次なる中核事業に据えているメタバースに関して，研究開発や設備投資に莫大な資金が投じられながら，いまだ具体的成果が見えてこない点も，投資家たちから懸念材料とされている。

SBI新生銀行(えすびーあいしんせいぎんこう)
2023 年 1 月，新生銀行は「SBI 新生銀行」に商号変更した。もともと，新生銀行は，1998 年に経営破綻した日本長期信用銀行（長銀）を起源とする。長銀は，国有化を経て米国投資ファンドに売却され，2000 年に「新生銀行」となった。一方，ソフトバンク金融子会社として出発し，2006 年にソフトバンクから独立した総合金融企業 SBI ホールディングスは，北尾吉孝 CEO の指揮下，地方銀行を次々と資本支配して「第四メガバンク」構築を目指していた。その構想の中核として新生銀行をターゲットに定め，2020 年には同銀行株を買い集めて筆頭株主となる。2021 年には株式公開買付（TOB）を実施して，新生銀行の資本的支配を目指した。銀行業界初となる敵対的買収である。同年末には SBI による株式保有率が約 48％となり，新生銀行は SBI の連結子会社となった。さらには，2023 年の商号変更によって，新生銀行は名実ともに SBI の傘下企業となったわけである。旧態依然としたビジネスモデルに終始している日本の金融業界において，フィンテックに強いとされるSBIの「第四メガバンク」構想がいかなる形へと収斂していくのかに注目が集まっている。

Move to Earn（むーぶとぅーあーん）　歩く／走るといった移動行為によって暗号通貨を得られる仕組み。M２Eと略される。具体的には，スマートフォンにM２Eのアプリをインストールした上で，スマートフォンの歩数カウント機能やGPS機能などを利用する。歩数や移動距離に応じて，M２Eアプリから暗号通貨やトークンが付与されることになる。Web３時代におけるエクササイズのあり方として，2022年に入って世界的普及を遂げた。一方，M２Eサービスの中には，初期投資が必要となる場合がある。例えば，M２E最大手のSTEPNの場合，サービスを受けるにあたって，数万円から数十万円に及ぶ初期投資額を要する。その出費に見合う利益を最終的に得られるか否かは未知数であり，経済的損失を受ける可能性もある。日本では，2022年に著名なタレントがSTEPNをめぐって約５億円に及ぶ投資トラブルを起こして社会的話題となった。

社会と暮らし分野

東京科学大学（とうきょうかがくだいがく）　2022年10月，東京工業大学と東京医科歯科大学は，１つの大学法人の下に１つの大学へと完全に統合することを決定した。さらに，新大学の名称について公募した結果「東京科学大学」とすることが2023年１月に決定された。英語名称はInstitute of Science Tokyoとなる。新大学は2024年度に開校される予定である。もともと両校はいずれも全国有数の国立大学であり，高い研究実績が期待されている大学である。この点，今回の統合によって，理数系総合大学として規模が拡大し，研究補助金やファンド助成が受けやすくなることになる。現在，日本の大学業界は慢性的な資金不足に喘いでおり，かつ，国際的競争力の低下に直面している。18歳人口の減少によって，今後の大学経営はさらに深刻な状況に陥っていく。今後も，大学統廃合を通して「大学冬の時代」を生き残ろうとする動きが全国各地で起こるものと予想されている。

COP27（こっぷ-）　2022年11月，エジプトにて，気候変動枠組み条約第27回締約国会議（COP27）が開催された。今回の会議では，気候変動が途上国にもたらす損失と損害（loss and damage）について，基金創設によって補償することが決定された。ここでいう損失損害とは，例えば，気候変動によって生じる洪水，干害，海面上昇などを指す。この損失損害基金は，気候変動問題に関して長年にわたって検討されてきた構想であり，その意味でCOP27最大の成果となった。一方，COP27に関しては，強権政治が続き，深刻な人権問題も抱えるエジプトが開催国となったことに対して，国際的な抗議が起きている。

2022年FIFAワールドカップ（-ねんふぃふぁ-）　2022年11月から12月にかけて，カタールにて実施された国別サッカー世界大会。国際サッカー連盟（FIFA）主催による。日本チームを含めた32か国のナショナルチームによって争われ，アルゼンチンチームが９大会ぶり３回目の優勝を果たした。大会MVPとなるゴールデンボールには，アルゼンチンのリオネル・メッシが選ばれている。一方，当大会に関しては，移民労働者問題，男女不平等，LGBT抑圧など，多数の人権問題を抱えるカタールで開催されることが論争の対象となった。自国のネガティブなイメージを払拭するためにスポーツイベントを政治利用しているとして，カタール政府に対してスポーツウォッシング（sports washing）との批判が向けられた。また，カタールが開催地として決定したのは2010年だが，この決定プロセスに関しても，FIFA幹部とカタールとの間で贈収賄があったのではないかとの疑惑が指摘されている。

世界人口80億人（せかいじんこう-おくにん）
2022年11月，国連は，世界人口が80億人に達したことを発表した。農耕革命期の紀元前1万年頃に100万人前後だったと推計される世界人口は，古代文明期の紀元前1000年頃に1億人に達し，産業革命期の19世紀初頭に10億人を超えた。2050年代には100億人に達する見込みである。現在，世界人口に関して大きな特徴となっているのが，インドおよびアフリカ地域における大幅な人口増である。これらの地域では，医療衛生面の改善によって乳幼児の死亡が減少する一方，平均寿命が大幅に伸びている。今後，インドは世界的経済大国への道を歩むのが確実視されており，一方で，アフリカ諸国も，新たな巨大市場エリアとして世界中の企業や投資家たちから有望視されていて，今後の更なる社会発展が見込まれている。今後は，増大し続ける人口に応じた社会保障のあり方などが問われることになる。

マイナンバーカード　日本の行政上，個人識別のために割り当てられる12桁の個人番号を俗に「マイナンバー」という。このマイナンバーが印刷されたカードを俗に「マイナンバーカード」という。氏名，住所，生年月日，顔写真などの個人情報も印刷されており，かつ，ICチップが搭載されている。2016年より各市町村を窓口として交付開始され，2023年1月末時点における交付率は約60%となった。交付枚数はすでに8000万枚を超えており，運転免許証を抜いて，日本最大の身分証明カードとなっている。スタート当初は普及に伸び悩んでいたが，2020年にカード所持者にポイントを付与する「マイナポイント」制度を導入してから，急速に発行枚数を増大させた。日本政府は，従来の運転免許証や健康保険証をマイナンバーカードに統合させる予定としている。

サル痘（-とう）　感染症の一種であり，発熱，リンパ節腫脹，水疱などの症状を特徴とする。従来より，アフリカの一部地域に見られたものだったが，2022年5月，イギリスにて感染が確認され，その後，全世界的に感染が広まった。2023年1月時点では，111か国において約8.4万人の感染例が報告されている。日本の感染症法では「4類感染症」に位置付けられている。サル痘（monkeypox）という名称となっているが，実際にはサルが感染源となっているわけではない。2022年11月，WHOは，誤解を避けるため，サル痘からM痘（Mpox）への名称変更を発表した。

産後パパ育休（さんご-いくきゅう）　日本において，2022年10月から開始された新たな育児休業制度。法律上は「出生時育児休業」と呼ばれるものであり，通常の育児休業とは別に取得できる。具体的には，産後休業していない労働者（主として父親が想定されている）が，子の出生日から8週間以内に最大4週間まで育児休業できるようになった。通常の育休は申請期限が原則1か月前となっているが，産後パパ育休の場合は，原則2週間前までとなるため，柔軟性が高い。さらに，通常の育休では，休業期間中の就業が原則不可となっているが，産後パパ育休では，条件次第では就業して所得を得ることも可能である。産後パパ育休は，原則として2022年10月1日以降に子が生まれた場合に利用できる。ただし，有期雇用労働者の場合，条件次第では産後パパ育休の対象外となる。

育休分割(いくきゅうぶんかつ)　日本において，2022年10月から育児休業が最大2回に分割して取得できるようになった。2022年10月から新たに施行された産後パパ育休も分割可能である。それ以前は，子が1歳までに取得できる育休は，原則として分割不可能だった。この育休分割制度の導入によって，父親と母親が交代制で育休を利用するといったフレキシブルな育児計画が容易となった。

寿司テロ(すし-)　2023年1月に入ってから，回転寿司店などの飲食店における若者たちの迷惑行為が動画に記録され，Tiktokなどの動画系ソーシャルメディアに投稿される事件が相次いだ。具体的には，湯呑みや醤油差しを舐める，回転レーン上の寿司に自分の唾液を付ける，といった行為である。BBCやCNNなど海外メディアも<Sushi Terrorism>と題して報道した。こうした騒動に対して，飲食店サイドは，捜査当局への被害届提出，損害賠償請求，回転レーンの停止，AIカメラによる店内監視などの措置を取る予定としている。こうした騒動が相次ぐ背景には，現代の若者たちにとって動画系ソーシャルメディアが生活の中心になっており，impressions／likes／followersなどによって数値化される「注目度」を追い求めて，視覚的に刺激のある動画を撮る衝動に駆られやすい点が挙げられる。一世代前にTwitterが流行した頃から，反社会的な言動によってネット上の注目を集めて社会的非難を受けるという行動パターンは，今日まで一貫して見られる社会現象でもある。

宗教2世(しゅうきょう-せい)　特定宗教への強い信仰心や忠誠心を持つ親の元に生まれ，その宗教的環境に強い影響を受けて育った子のこと。その影響の具体例としては，教団行事のために親が長期にわたって家を空けて育児放棄状態に置かれる，教団への多額献金によって家計が崩壊しており貧困に苦しむ，進学・就職・結婚などの人生選択において宗教的理由から介入を受ける，教団への入信や奉仕を強要される，といった点が挙げられる。

2022年，安倍晋三銃殺事件の容疑者について，若年時より家族の宗教問題に苦悩してきた半生が明るみになるにつれて「宗教2世」という概念が社会的に注目を浴びるようになった。当該容疑者は進学高への入学後，同時期に実母が統一教会に多額の献金を行い，家計が事実上の破綻。高校卒業後は，海上自衛隊勤務を経て，職を転々とする人生を送った。安倍元首相が統一教会と深い関係にあると知り，銃撃計画に至ったものとされる。

国際分野

ハンガリー総選挙(-そうせんきょ)　2022年4月，ハンガリーにおいて国民議会（一院制／全199議席）の総選挙が実施され，保守政党フィデスを中心とする与党連合が135議席（全議席の68%）を獲得して勝利した。この総選挙の直前，ロシアがウクライナに侵攻したことが，与党勝利の一因になったものと分析されている。元々ハンガリーでは，2010年よりフィデス所属のオルバーン・ヴィクトル首相（Viktor Orbán, 1963～）による長期保守政権が続いている。オルバーン首相は，ロシアのプーチン大統領と親密な関係を築くほか，

ロシアからのエネルギー輸入に依存する通商政策を続けてきた。今回のロシアによるウクライナ侵攻に際しても，EU／NATOがロシア包囲網を形成する中，ハンガリーは，EU／NATOの一員でありながら，この包囲網の形成に協力していない。本来であれば，こうした態度は有権者から反発を受けるところである。しかし，実際には，ロシアとの友好関係を保つことで，安定したエネルギー供給を受けられること，安全保障上の安定を得られることを多くの人々が望み，与党への投票が予想以上に増えたものと推測されている。

オーストラリア総選挙(-そうせんきょ) 2022年5月，オーストラリア代議院（下院／全151議席）の総選挙が実施され，与党の保守連合が58議席，野党の労働党が77議席となり，9年ぶりに労働党が政権の座に就いた。労働党が下院過半数を制したのは，ケビン・ラッド政権が誕生した2007年総選挙以来のことである。オーストラリアでは，下院総選挙と同時に上院選挙も実施される仕組みであり，上院議員の約半数が改選される。2022年上院選挙では，与党保守連合が微減したものの上院最大勢力の地位を維持。一方，労働党の議席は横ばいとなった。

アンソニー・アルバニージ(Anthony Albanese, 1963〜) 2023年現在のオーストラリア首相。シドニー大学卒業後に労働党スタッフとなり，1996年に下院議員に当選。社会保障政策，ジェンダー政策，先住民保護政策などに取り組んできた。2007年発足のケビン・ラッド労働党政権では，インフラ開発大臣を務めている。2019年に労働党党首に就き，2022年5月のオーストラリア総選挙にて労働党が下院過半数を制すると，首相の座に就いた。政治的立場は労働党内部でも左派であり，オーストラリアの共和制移行を主張している。オーストラリアは英国王を儀礼上の国家元首とする君主国だが，以前より君主制廃止運動が社会的に盛んとなっている。共和主義者であることを公言しているアルバニージ首相の下で，オーストラリアの国家体制変更に向けた動きが加速する可能性もある。

フィリピン大統領選挙(-だいとうりょうせんきょ) 2022年5月，フィリピン共和国にて大統領選挙が実施され，フィリピン連邦党のボンボン・マルコス（Ferdinand Romualdez Marcos Jr., 1957〜）が得票率59%で勝利した。ボンボン・マルコスは，かつてフィリピンの独裁者だったフェルディナンド・マルコス（Ferdinand Edralin Marcos, 1917〜1989）の実子である。1986年ピープルパワー革命によって，マルコス一家は国外逃亡。父の死後，ボンボン・マルコスは帰国許可を得て，民主的選挙によってフィリピンの下院議員や上院議員を務めてきた。今回の大統領選では，自分の父が大統領在任中の20年間に成したインフラ開発などの実績をアピールする一方，独裁時代に繰り広げられた人権抑圧と政治汚職にはほとんど言及せず，歴史否認主義（historical negationism）との批判を浴びた。しかし，Twitter／Instagramいずれも100万に及ぶフォロワーを擁するなど，ソーシャルメディアを活用した選挙戦術が功を奏し，最終的には2位候補に倍以上の差をつけて大統領選に圧勝した。なお，彼の所属するフィリピン連邦党は，フィリピンを単一国家から連邦国家に移行させることを最大目的とする連邦主義政党であり，政治的立場は中道である。

リズ・トラス(Mary Elizabeth Truss,1975〜) 2022年9月から翌10月まで英国首相を務めた政治家。オックスフォード大学卒業後，会社員を経て，2010年より保守党所属の下院議員となり，環境相，法相，外相などの要職を歴任した。2022年に入り，ジョンソン首相が辞任を表明すると，保守党党首選挙に勝利して，第78代首相となる。サッチャー，メイに次いで，英国史上3人目となる女性首相であり，エリザベス女王が任命した最後の首相でもある。トラスは，党首選で公約した「所得税引き下げおよび法人税率引き上げ凍結を中心とする大幅減税」を正式な政策案として打ち出した。しかし，この減税計画は，政府借入金の増大を招く上，富裕層優遇措置となって経済格差を助長する。かつてのサッチャーを彷彿とさせる新自由主義の姿勢は，トラスノミクス（Trussonomics）と呼ばれた。この経済政策案によってポンドは急落し，対ドルで最安値を更新。おりしも歴史的インフレに苦しむ英国大衆の不満も買って，政権支持率は7％にまで下落した。これを受けて，トラスは減税計画の中止を発表し，最終的には首相辞任に追い込まれる。首相在任期間は49日間であり，英国史上最短の政権となった。

リシ・スナク(Rishi Sunak,1980～)　英国保守党に所属する政治家。2022年10月より第79代英国首相となった。スナクは，東アフリカから英国に移住したインド系移民である両親の下，1980年に南部サウサンプトンで生まれた。オックスフォード大学卒業後，スタンフォード大学大学院にてMBA取得。大学院修了後は，ゴールドマンサックス勤務を経て，ヘッジファンドを経営。2015年に英国政界に進出して下院議員となる。2020年，ジョンソン政権の下で財務相に就任。2022年9月にジョンソンが首相を辞任すると，保守党党首選挙に立候補するものの，リズ・トラスに敗北。しかし，トラス政権が1か月半で崩壊すると，新たな保守党党首となって首相の地位に就いた。英国の歴代首相の中で初めてのアジア系であり，かつヒンズー教徒である。保守党の中では穏健な立場にあるとされ，リズ・トラスのような新自由主義的態度は控える一方，ジェンダー平等問題や気候変動問題には一定の理解を示しているものと見られる。また，夫婦あわせて推定7億ポンド以上の資産を有しており，英国政界きっての経済力を有する。これは，彼自身がビジネスキャリアを成功させてきたのに加えて，妻の実家がインド有数の富豪であることによるものとされる。

エリザベス2世(-せい,1926～2022)　2022年9月8日，英国女王エリザベス2世が，老衰のため96歳で亡くなった。彼女は1926年に生まれた。父親は，映画『英国王のスピーチ』で著名なアルバート王子であり，のちの英国王ジョージ6世である。そのジョージ6世が1952年に亡くなると，彼女は，その地位を継承し「女王エリザベス2世 Queen Elizabeth II」として英国の君主となるほか，カナダ，オーストラリア，ニュージーランドなど，英連邦の国家元首も兼務した。彼女の在位中は，息子チャールズ皇太子夫妻の不倫・離婚騒動など，王室スキャンダルが絶えることはなかったが，エリザベス女王自身の大衆的人気は一貫して高い水準を保ち，英国王室のブランド維持に貢献し続けた。彼女の在位期間は70年214日であり，英国史上最長である。9月19日には国葬が執り行われ，バイデン米国大統領，マクロン仏国大統領をはじめとして，世界的要人たちが参列した。

チャールズ3世(-せい,1948～)　英国女王エリザベス2世が亡くなった2022年9月8日を以て，彼女の長男であるチャールズ皇太子が「国王チャールズ3世 King Charles III」として，英国の新たな君主となった。

即位時の年齢は73歳であり，英国王室史上最年長となる。チャールズ3世は1948年に生まれ，1958年には英国王位継承者の地位であるプリンス・オブ・ウェールズとなった。1981年，スペンサー伯爵家の令嬢ダイアナと結婚して，2人の息子ウィリアムおよびハリーをもうけたが，その後，夫婦それぞれが不倫スキャンダルを起こし，1996年に離婚した。2005年には，かねてより親密な関係にあったカミラ・ボウルズと結婚している。チャールズ3世が王位に就いたことに伴って，このカミラ夫人も「カミラ王妃 Queen Consort Camilla」となった。

マフサ・アミニ　2022年9月，イランの首都テヘランの病院にて，22歳の女子大生マフサ・アミニが不審死を遂げた。死亡する3日前，アミニは，テヘラン駅近くにて家族と一緒にいた際，ヒジャブの着用方法が不適切であるとして，道徳警察（イランの宗教警察組織）によって逮捕され，警察署に連行された。警察当局の発表によれば，彼女は警察署内で心臓発作を起こし，病院に搬送されて死に至ったという。しかし，彼女とともに逮捕された目撃者たちによれば，アミニは逮捕直後，警察車両の中で警察官たちから激しい暴行を受けていた。その後，外部流出した医療データによれば，彼女の直接的死因は，頭部を強く殴られたことによる脳出血あるいは脳梗塞である可能性が高い。彼女の不審死が公になると，イラン全土で抗議運動が巻き起こった。参加者女性の中には，ヒジャブを脱ぎ捨てて頭髪を短く切る表現行為を取る人々も見られた。抗議運動はソーシャルメディアでも拡散されたため，イラン政府は国内インターネット通信網を一時的に遮断した。また，抗議運動を鎮圧する過程で，少なくとも200人以上がイラン治安当局によって殺害された。1979年のイラン革命以来，イランでは，イスラーム教の基準に従って，女性に対するヒジャブ着用が義務付けられており，現在も道徳警察による風紀取り締まりが展開されている。

スウェーデン総選挙(-そうせんきょ)　2022年9月，スウェーデンにて総選挙が実施された結果，8年間続いた左派政権が崩壊し，反移民を唱える右派政権が成立した。同国では，2014年総選挙によって，社会民主労働党を中心とした左派連立政権が成立し，移民や難民の受け入れに寛容な態度をとってきた。しかし，移民増大やそれに伴う治安悪化が保守勢力から指摘されるようになり，2022年総選挙の最大争点となった。その結果，同国の代表的な右派政党であるスウェーデン民主党が躍進し，同党を中心として保守系4政党による右派連立政権が誕生したのである。首相には，4政党の1つである穏健党のウルフ・クリスターソン党首が就いている。

イタリア総選挙(-そうせんきょ)　2022年9月，イタリアにて上下両院の総選挙が実施された結果，右翼政党「イタリアの同胞」が両院で第1党へと躍進した。その結果，同党を中心とする右派連合政権が成立し，同年10月に同党の党首ジョルジャ・メローニが首相の地位に就いた。「イタリアの同胞」は，かつて1946年から1995年まで活動していたネオファシズム政党「イタリア社会運動」を直接的起源としており，典型的な右翼ポピュリズム政党と見られている。「イタリアの同胞」と連立を組む「同盟」も，EU懐疑主義や反移民を説く右翼政党であり，もう1つの連立相手である「フォルツァ・イタリア」も，イタリアを代表する保守系政治家シルヴィオ・ベルルスコーニを指導者とする右派政党である。今回成立した政権は，戦後イタリア史上最も「右翼的」なものになると見られ，EUとの関係悪化が懸念されるほか，反移民や反ジェンダー平等の政策が強行される可能性などが指摘されている。

ジョルジャ・メローニ(Giorgia Meloni,1977〜)　イタリアの政治家であり，2022年10月よりイタリア首相に就いた女性。15歳の時，ネオファシズム政党「イタリア社会運動」の党員となり，政治キャリアを開始。2006年，下院議員に当選。2008年にはベルルスコーニ政権の下で青少年政策担当大臣に就任。2012年，少数政党「イタリアの同胞」の結成に参加。2014年に同党の党首になると，徐々に党勢力を拡大させていった。2022年に入り，当時のドラギ政権が新型コロナ問題とエネルギー危機問題への対処をめぐって崩壊を余儀なくされる。メローニは，この政治的危機を好機として，極右的主張を抑える選挙戦略をとり，同年の総選挙で「イタリアの同胞」を第1党の地位に押し上げた。2022年10月，メローニはイタリア史上初の女性首相となるが，彼女が以前から主張してきた反移民，反同性愛，中絶禁止などの政治的態度がそのまま維持されるか否かが注目されている。また，彼女を支える右派勢力にプーチンと親密な関係にある者も多い中で，対ロシア外交をいかに舵取りするのかも，今後の重要なポイントとなる。

ブラジル大統領選挙(-だいとうりょうせんきょ)　2022年10月，ブラジル大統領選挙が実施され，2003-2010年まで大統領を務めたルイス・イナシオ・ルーラ・ダ・シルヴァ（通称ルーラ）が，現職大統領のジャイール・ボルソナーロに勝利。2023年1月より第39代大統領の地位に就いた。現職のボルソナーロは元軍人の保守派政治家であり，国営企業の民営化などを推進する一方，反移民，反同性愛，反フェミニズムなどの態度を露骨に示してきた。一方，ルーラは，貧困層出身で若い頃から労働運動に従事。20年前の大統領時代は，社会保障や貧困撲滅を推進する政策をとってきた。大衆から一貫して高い支持を受けていたが，大統領退任後に汚職容疑で投獄。2021年に連邦最高裁が有罪判決を無効としたため，2022年大統領選に立候補したものである。なお，ルーラが大統領に就任した直後の2023年1月8日，ボルソナーロの熱狂的支持者たち約4000人が「大統領選挙の結果は認められない」として，連邦議事堂，大統領府，連邦最高裁を襲撃する事件が起きた。警察当局によって暴動は数時間で鎮圧され，約1300人が逮捕された。この襲撃計画は，前もってソーシャルメディア上で呼びかけられたものであり，2021年アメリカ連邦議事堂襲撃事件との類似性が指摘されている。

デンマーク総選挙(-そうせんきょ)　2022年11月にデンマークにて総選挙が投開票された結果，与党サイドが勝利した。同国では，2019年に社会民主党を中心とする左派連合「レッドブロック」が右派連合「ブルーブロック」に勝利して政権を獲得。社会民主党党首のメッテ・フレデリクセンがデンマーク史上最年少の41歳で首相の地位に就いた。2020年，フレデリクセン首相は，COVID-19対策のために国内のミンク数千万頭を殺処分したが，この首相決定に違法性があり，かつ政策手段としても妥当ではなかったとして，政治的非難を浴びる。政権支持率が低下する中，2022年に入り，野党が解散総選挙を迫ったため，首相サイドもこれに応じた。おりしも，ロシアによるウクライナ侵攻をめぐって歴史的物価高に庶民が苦しんでいることもあり，与党の苦戦が予想されていた。しかし，結果としては，左派連合が議会勢力を維持して，フレデリクセン首相の続投が決定した。

イスラエル立法府選挙(-りっぽうふせんきょ)
2022年11月，イスラエルの立法府であるクネセトの総選挙が実施され，野党リクードを中心とした右派連合が勝利。リクード党首であり，元首相のベンヤミン・ネタニヤフが再び首相の地位に就いた。本選挙では，宗教シオニスト党などの宗教的右翼政党が議席を増やし，右派連立政権に加わることになった。その結果，イスラエル史上最も「右翼的」な政権が生まれたと指摘されており，パレスチナなど周辺諸国との軋轢(あつれき)が高まるものと予想されている。また，イスラエルでは，この4年間で5回の総選挙がくり返され，そのたびに脆弱な基盤の連立政権が生まれている。その政治的不安定性についても懸念の声が高まっている。

アメリカ中間選挙(-ちゅうかんせんきょ)
2022年11月，アメリカ合衆国にて中間選挙が実施され，下院の全議席，上院の約1／3が改選された。下院選では共和党222民主党213となり，上院選では改選の結果として民主党系51共和党系49となった。下院の過半数を共和党に奪われたことにより，民主党バイデン政権は，これまでより困難な国家運営を迫られることになる。一方，今回の中間選挙では，次期2024年大統領選の共和党候補と目されるトランプ前大統領が事実上の共和党代表者として振る舞い，全米各地で政治演説を展開した。しかし，通常であれば野党が有利となるはずの中間選挙で，共和党の議席が予想ほど伸びなかったことから，トランプの政治的求心力が低下していると指摘する声もある。

ドイツクーデタ未遂事件(-みすいじけん)
2022年12月，ドイツにて，極右テロリスト組織のメンバー25名がクーデタ計画の疑いで一斉検挙され，約100丁に及ぶ銃火器類も押収された。具体的容疑は，連邦議事堂を襲撃し，連邦議員たちを人質にとった上で，現ドイツ連邦共和国を転覆させ，新たな君主制国家の樹立を図ったというもの。主犯格とされているのは，旧ドイツ貴族ロイス家の末裔で不動産業者のハインリヒ13世であり，新国家が成立した後は国家元首に就く予定だったという。その他に逮捕された者の中には，保守政党「ドイツのための選択肢」の元連邦議員をはじめ，現役の軍人や警察官も含まれていた。彼らの思想的背景にあるのは，ライヒスビュルガー運動である。これは，1871年から1918年まで続いたドイツ帝国が現在もなおドイツを統治する唯一の正統性を持った国家であり，現ドイツ連邦共和国は第二次世界大戦後の占領軍によって設立された企業法人に過ぎないとする政治的主張である。ドイツ社会一般では荒唐無稽とみなされながら，一方では数万人に及ぶ支持者が存在すると言われる。今回のクーデタ計画は，2021年アメリカ連邦議事堂襲撃事件に強く触発されて，このライヒスビュルガー運動を実行に移そうとしたものだった。実際，逮捕された者の中には，アメリカの極右が提唱する「Qアノン」の信奉者が多く含まれているという。

政治編

1章　民主政治の基本

1　民主政治の発達

人間と政治

政治Ⓝ（せいじ）　社会を構成する人々のさまざまな利害や意見を調整し，統合をもたらす働き。利害や意見が対立する人々に働きかけ，調整を納得させていくことが必要。統合を拒むものに対しては物理的な強制力を用いる。まつりごと。

権力Ⓝ（**国家権力**Ⓝ）（けんりょく）（こっかけんりょく）　政治に作用する強制力。法に従わない者を逮捕することや，納税を強制することなどにあらわれる。国家は，こうした権力をもつ唯一の集団で，その権力を国家権力，国家の政治権力とよぶ。

類 政治権力Ⓝ

国家Ⓝ（こっか）　一定の地域に住んでいる人々に対して権力の作用を及ぼすことのできる集団。国家の要素としては，領域（領土・領海・領空）・国民・主権の三つがある（国家の三要素）。現代では，自治領を得る前のパレスティナ解放機構（ＰＬＯ）のように，領土をもたないものも，政治の場では国家と同じ扱いを受けることがあり，この三要素も絶対的なものではなくなってきている。

類 国家の三要素

社会規範（しゃかいきはん）　人間の行動を規制し，ときに拘束する規律・行動の基準。法・慣習・道徳などがある。

憲法Ⓝ（けんぽう）　国家における根本法。国家としての組織，政治の原則，国民の権利などを規定する。近代憲法の基本は人権保障と権力の分立などである。つまり，国家権力を制限し，国民の権利や自由を守るところに憲法の本質がある。その意味で憲法とは，国家権力と国民との契約文書でもある。

成文憲法Ⓝ（せいぶんけんぽう）　文書形式をもった憲法。通常は一つの法典からなるが，複数の成文法として存在するものもある。今日では一部の例外を除き，ほとんどの国が成文の憲法典をもっている。

不文憲法（ふぶんけんぽう）　成文化された憲法典をもたない憲法。イギリス憲法が典型とされるが，マグナ–カルタや人身保護法のように成文化された規範も存在する。

法Ⓝ（ほう）　最終的には国家権力による強制と結びついた社会規範の総称。社会規範には道徳や慣習などもあるが，国家権力による強制をともなわない点で法と異なる。裁判などの法的判断の基準となる法の形式には，憲法・法律・命令・規則・条例・慣習法・判例法などがあり，憲法を頂点とした段階的な構造をつくっていて，上位の規定に反する内容の下位の法は無効となる。

法律Ⓝ（ほうりつ）　広い意味では，法と同じ意味で使われるが，狭い意味では国会で制定された法のみをさす。法体系のなかでは憲法より下位だが命令・規則・条例より上位。

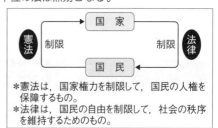

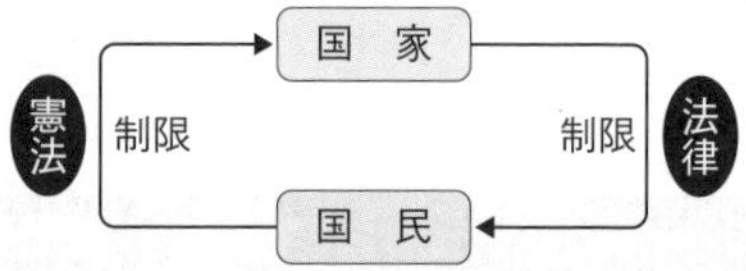

＊憲法は，国家権力を制限して，国民の人権を保障するもの。
＊法律は，国民の自由を制限して，社会の秩序を維持するためのもの。

↑ 憲法と法律の関係

慣習Ⓝ（かんしゅう）　その社会または集団の大多数の人に受け継がれてきた行動様式，社会的なならわしとしての社会規範。反した場合には，村八分など制裁を受ける。

道徳Ⓝ（どうとく）　個人の良心に働きかけて，その行為を規制する社会規範。法律のような強制力はない。

秩序Ⓝ（ちつじょ）　社会を構成している人々が相互の間に規則性のある関係をもち，社会に安定した均衡を成り立たせている状態をいう。社会の秩序を形成・維持することは政治権力の基本的課題である。

利害Ⓝ（りがい）　特定の個人や社会集団にとって有利または不利な社会的状況をもたらすもの。共通の利害をもつ人々は，自分たちに有利な状況をもたらそうと活動する。これをインタレスト–グループ（利益集団）といい，圧力団体もその一つ。

調整Ⓝ（ちょうせい）　社会における個人や集団の対立を統合する活動をいう。

支配の正統性（しはい–せいとうせい）　支配とは，特定の個人や集団がその権力によって他の社会的構成員を服従させることである。このような支配が安定したものとなるには，支配される側が支配の正統性を認め，支配を自発的に支えることが重要である。マックス＝ウェーバーは，これを次の三つに類型化している。

伝統的支配：支配者の背後にある伝統に正統性の根拠を認めて成立する。

カリスマ的支配：支配者がもっている非凡な天与の資質（カリスマ）に正統性の根拠を認めて成立する。

合法的支配：支配者の地位が，一般的に承認されている法に基づいていることに正統性の根拠を認めて成立する。

マックス＝ウェーバー［Max Weber，1864～1920］　ドイツの社会学者・経済学者。その研究の業績は宗教社会学・経済史・政治学など多岐にわたり，現代の社会科学にも大きな影響を及ぼしている。『経済と社会』（1921～22年）では，「支配の社会学」として正統性による支配の３類型を明らかにした。

権威Ⓝ（けんい）　命令や強制に服従させる威力。権威は，服従者が権力を内面的にも承認することによって高まり，権力の安定性を増すことになる。

主権Ⓝ（しゅけん）　国家権力の最高性・独立性を示す言葉。フランスの政治思想家ボーダンが国王を擁護するため，『国家論』のなかで初めて体系的に論じた。今日では，①統治権など国家権力そのもの，②国家権力がもつ対内的な最高性と対外的な独立性，③国政についての最終的な意思決定権，の意味で用いられる。☞ p.4（ボーダン）

革命Ⓝ（かくめい）　国の政治原理や政治構造を根本的に変革すること。ブルジョア革命やプロレタリア革命などがある。ブルジョア革命は，市民階級が中心となって封建的な絶対主義を打倒したフランス革命がその代表。プロレタリア革命は，資本主義社会を倒し，社会主義社会を建設しようとしたロシア革命がそれにあたる。　☞ p.6（市民革命）

クーデタⓃ［coup d'état］　政権を構成している同一勢力・同一階級の内部で，政権の獲得や強化のために非合法的に武力行使を行うこと。政治家や軍人といった支配階級内部での権力の移動である点が革命とは異なる。フランス革命後のナポレオン１世が権力を掌握した例が典型的で，日本の二・二六事件（1936年）などは失敗例。現在でも，新興国ではこの形の政権交代が時々みられる。

統治Ⓝ（とうち）　少数者が多数の被治者に対して権力を行使し，一定の秩序を形づくること。英語ではgovernmentで，この語には「政府」という意味もある。また，統治は政治と同義に用いられるが，政治は対等者のあいだの相互行為によって秩序が形成される点で異なる。

統治行為Ⓝ（とうちこうい）　統治にかかわる国家権力の政治的な判断・行為。司法権との関係では，高度の政治性をもつ国家行為として，その合憲性の判断を司法権の審査の対象とすることは不適当とされるが，安易な援用は違憲審査権の放棄につながるとする批判もある。　☞ p.97（統治行為論）

統治機構Ⓝ（とうちきこう）　政治機構ともよばれる。立法・行政・司法の全体を含んだ政治の組織をいう。近代の憲法は，人権保障の部分と統治機構の部分からなる。統治機構は基本的人権を保障するための政治のしくみとして位置づけられる。

政治過程Ⓝ（せいじかてい）　政治的決定にいたるさまざまな段階での動き。統治過程ともいう。政治過程の問題を独自の領域として系統的に取り上げたのは，アメリカの政治学者ベントリー（著書『統治過程論』1908年）である。

国家と政治

主権国家Ⓝ（しゅけんこっか）　主権をもち，他の国の権力行為によって影響されない国家。

単一国家（たんいつこっか）　一つの国家のみで構成されている国家。または，中央政府に統治権が集中する国家。連邦国家と対比される。イギリスや日本が代表例。

連邦国家Ⓝ（れんぽうこっか）　複数の国家（支分国）によって構成されている国家。アメリカ合衆国などがその例。国家の一部を構成する支分国が，州などのかたちで広範な統治権をもつ点などにおいて，単一国家とは異なる。また，州などは主権国家ではないが，単なる地方公共団体とは異なる高度の独立性をもつ。

近代国家Ⓝ（きんだいこっか）　絶対主義によって樹立された国家。主権をもち，官僚制と常備軍を背景とした中央集権体制が特徴。歴史的には，市民革命などによって王政から民主制へと移行していった。

夜警国家Ⓝ（やけいこっか）　夜警のように治安維持と国防を主たる任務としていた自由主義国家のことで，ドイツのラッサールが批判的に用いた言葉。近代初期には財政規模や租税負担の少ない「安価な政府」（チープガバメント）が最良の政府であると考えられた。消極国家ともいえる。

福祉国家Ⓝ（ふくしこっか）　国民の福祉の増進を目的に，政府が社会政策などを行う国家のあり方をさす。特に，1929年の世界大恐慌以後は，政府が財政政策・金融政策などを通じて経済過程に介入するとともに，国民の福祉の増大にも積極的にかかわるようになった。社会国家，積極国家ともいう。

レッセ-フェール（自由放任主義）［Laissez-faire］（じゆうほうにんしゅぎ）　「なすがままにさせよ」という意味のフランス語。経済主体の自由な活動を最善と認め，政府は経済活動に干渉すべきではない，と主張する立場をいう。18世紀の初期産業資本の立場と合致するものであった。

大きな政府Ⓝ（おお-せいふ）　行政の対象の広がり，国家権力を背景とした規制の強化など，行政内容や財政規模が拡大した政府（国家）をさす。　☞p.160（大きな政府）

小さな政府Ⓝ（ちい-せいふ）　大きな政府と対比される概念。市場メカニズムを信頼し，経済過程への国家的な介入を極力抑えた政府をいう。　☞p.160（小さな政府）

ボーダン［Jean Bodin，1530～96］　フランスの政治思想家。「主権」概念の提唱者。彼の主権概念のなかには，立法権・外交権・課税権などが含まれている。

『国家論』（こっかろん）　ボーダンの1576年の著作。王国の再建をはかる立場から，ボーダンは当時激しさを増していたカトリック・プロテスタント両派の武力による抵抗権思想に対抗した。ボーダンはこの著作で主権の概念を提示している。

専制国家（せんせいこっか）　君主が専断的に統治する国家。17世紀から18世紀にかけてのヨーロッパの絶対主義国家や，アジア諸国に古くからみられた形態をさす。

ラスキ［Harold Joseph Laski，1893～1950］　イギリスの政治学者。国家は社会を構成する集団のなかの一つの限られた機能をもつ集団であるとする多元的国家論を主張した。しかし，ファシズムの出現以後は，国家が他の集団に優越しているという立場に変化した。労働党の理論的指導者。主著『政治学大綱』

イェリネック［Georg Jellinek，1851～1911］　ドイツ公法学・国家学の権威。『一般国家学』などにより，「国家の三要素」を提示し

学　説	思想家(国名)	主　著
王権神授説	フィルマー(英)	『家父長権論』
社会契約説	ホッブズ(英)	『リヴァイアサン』
	ロック(英)	『統治二論』
	ルソー(仏)	『社会契約論』
国家有機体説	スペンサー(英)	『社会学原理』
国家法人説	イェリネック(独)	『一般国家学』
国家征服説	オッペンハイマー(独)	『国家論』
階級国家論	マルクス(独)	『共産党宣言』
	エンゲルス(独)	『家族・私有財産・国家の起源』
	レーニン(露)	『国家と革命』
多元的国家論	ラスキ(英)	『政治学大綱』
	マッキーヴァー(米)	『近代国家論』

↑ 国家に関するおもな学説

政治編

たほか，国家を法律的側面と社会学的側面の両面から考察・把握すべきことを主張した。

王権神授説Ⓝ(おうけんしんじゅせつ)　王の権力は神によって与えられたものであるという主張。聖書のことばなどを論拠として，王に従うことは神の命令であり，王権は無制限であるとする。絶対主義の時代に唱えられた理論で，王権を強化することで政治的な安定をねらった。

民主政治のあゆみ

衆愚政治(しゅうぐせいじ)　浮動的な大衆が政治にかかわり，無方向・無政策的な決定を行う政治形態。古代ギリシャのアテナイ（アテネ）で典型的にみられた。哲学者のアリストテレスは，これを民主政治の堕落形態ととらえ，歴史家のポリュビオスも，政体循環論のなかで同様の考え方を示した。

独裁政治Ⓝ(どくさいせいじ)　特定の個人・政党・階級に権力が集中する政治形態。民主政治に対する概念として使われる。20世紀には，ナチスによる独裁政治のように，ファシズムが合法的な形を装いながら成立している。

民主政治Ⓝ(みんしゅせいじ)　すべての国民が参加する政治形態。近代民主政治の基本原理は，法の支配・三権分立・国民主権・人権保障・代表民主制（間接民主制・代議制）の五つを柱とする。

多数者支配型民主主義(たすうしゃしはいがたみんしゅしゅぎ)　相対的多数派が少数派の意見を十分に考慮せず，多数派の意図するほうに決定を導く政治のあり方。かつてのイギリスなどが典型例とされる。

コンセンサス型民主主義(-がたみんしゅしゅぎ)　多数決による決定だけでなく，意見の異なる政治勢力との間のコンセンサス（合意）を重視する政治のあり方。ヨーロッパ大陸の国などに典型的にみられる。

ポリアーキー［polyarchy］　理念であるデモクラシー（民主制）を再定義し，その達成度を確認するため，アメリカの政治学者ダールが用いた言葉。自由化（公的異議申し立て）と包括性（政治参加）の二つの指標から，現代の諸国家を分析した。

君主制Ⓝ(くんしゅせい)　一人の君主が存在する政治形態。その地位はほとんどが世襲される。憲法によって君主の権限が制限されている場合を立憲君主制という。現代

年	事　項
1215	(英)マグナ-カルタ
1628	(英)権利請願
1688	(英)名誉革命
1689	(英)権利章典発布
1742	(英)議院内閣制の端緒
1776	(米)アメリカ独立宣言
1787	(米)アメリカ合衆国憲法制定
1789	(仏)フランス革命始まる
	(仏)人権宣言
1803	(米)違憲法令審査権の確立
1838	(英)チャーティスト運動,普通選挙制を要求
1863	(米)奴隷解放宣言
1868	(日)明治維新
1871	(仏)パリ-コミューン,労働者の自治政府
1874	(日)民撰議院設立建白書提出
1889	(日)大日本帝国憲法発布
1911	(英)国会法成立,下院の優位確立
1914	第一次世界大戦(～1918年)
1917	(ロ)ロシア革命
1919	(独)ワイマール憲法,社会権を規定
1925	(日)普通選挙制成立,治安維持法成立
1933	(独)ナチス政権成立
1939	第二次世界大戦(～1945年)
1945	国際連合憲章
1946	(日)日本国憲法
1948	世界人権宣言
1966	国際人権規約

↑ 民主政治のあゆみ

の諸国家における君主は，象徴的な地位とされているところが多い。共和制に対する概念。

類 立憲君主制Ⓝ

共和制Ⓝ(きょうわせい)　君主制のように単独の権力者ではなく，国民およびその代表者によって行われる政治形態。君主制に対する概念。

絶対主義(ぜったいしゅぎ)　政治においては，いかなる法的拘束も受けない権力のあり方を意味する。このような政治体制の典型は，主にヨーロッパにおいて封建社会から近代社会への過渡期に生まれた絶対君主制あるいは絶対王政などがある。

市民革命(しみんかくめい)　経済力をもつが，参政権はもたないブルジョアジー（市民階級）が主体となって，封建国家または絶対主義国家を打倒した革命。ブルジョア革命ともいう。代表的なものとしてはアメリカ合衆国の独立革命，フランス革命などがある。アメリカ合衆国の独立は，イギリスから政治的に独立するとともに，市民的な自由も獲得した市民革命としての性格ももつ。

同 ブルジョア革命

市民Ⓝ**（ブルジョワジー）**［bourgeois］(しみん)　歴史的には，都市に生活し，財産をもつ階層の一員をさす。政治学では近代民主主義の担い手として，市民革命を主導した人々をさすことが多い。なお，これとは別に，国家などの政治共同体で政治に参加する構成員を市民あるいは公民[citizen] という。

マグナ-カルタ［Magna Carta］　1215年にイギリスのジョン王が封建貴族などの要求に応じて発布した63か条の文書。大憲章と訳される。封建貴族の既得権の承認や法的手続きの確認を国王が認めたもの。王権の制限，法と政治の原則の確認を行った点で，立憲政治上の重要な文書とされる。

権利請願(けんりせいがん)　イギリスのチャールズ1世の政治に対して，裁判官免職後に下院議員となったクック（コーク）らが1628年に起草し，議会の決議に基づいて提出した人権保護に関する文書。議会の同意なき課税や不当逮捕の禁止などをもりこんだもの。王はこれを拒否し，議会を解散した。

名誉革命(めいよかくめい)　王政復古後のイギリスで，ジェームズ2世のカトリック化政策と専制政治に対し，1688年に議会がオランダからオラニエ（オレンジ）公ウィレム（ウィリアム）夫妻を迎え，彼らの王位継承と引き換えに権利章典が制定された。ジェームズ2世はフランスに亡命，流血や戦乱なしに政権交代が完了したため，名誉革命（1688～89年）といわれる。王権に対して議会が優位にあることを確認した点で重要な事件。

権利章典(けんりしょうてん)　1688～89年の名誉革命のとき，オラニエ（オレンジ）公ウィレム（ウィリアム）が妻メアリ2世とともにウィリアム3世として即位することと引き換えに，議会が起草した権利宣言を認め，1689年に権利章典として法制化。法律の制定や停止，課税などに関して議会の承認を必要とすること，議会内での言論の自由の保障などを承認したものである。不文法の体系であるイギリスの憲法において，権利関係文書のなかでも重要な地位を占める。

チャーティスト運動［Chartism］(-うんどう)　19世紀前半にイギリスで行われた都市労働者による普通選挙権獲得運動。男性普通選挙制や議員の財産資格の廃止などをもりこんだ「人民憲章」を1838年に発表して，普通選挙制度の確立を請願した。政府の弾圧や内部での路線対立などにより失敗に終わったが，労働者階級の幅広い支持を受けた。

ペインⓃ[Thomas Paine，1737～1809] イギリスの思想家。アメリカに渡って，独立戦争が起きた際に『コモンセンス』を書き，独立達成を訴えた。その後フランスに渡り，フランス革命を支持する『人間の権利』を著し，国民公会議員に。

ベンサム[Jeremy Bentham，1748～1832] イギリスの思想家，功利主義の主唱者。道徳や法が正しいかどうかの基準は，それが快楽を増し，苦痛を減少させるかどうかにあるとして，「最大多数の最大幸福」をモットーとした功利主義の理論を展開した。主著『道徳と立法の原理序説』

ミルⓃ[John Stuart Mill，1806～73] イギリスの哲学者・経済学者。ベンサムの功利主義を批判的に受け継ぎ，精神的快楽・快楽の質的差異を重視した。主著『経済学原理』（1848年），『自由論』（1859年） ☞p.145（ミル）

フランス革命Ⓝ(-かくめい) 1789～99年までフランスで起こった政治的社会的な変革。18世紀後半のフランスでは，租税や貢納などの重い負担にもかかわらず参政権をもたない第三身分（農民・市民）の不満が高まっていた。1789年に三部会が開かれたのを機会に第三身分にも改革への気運が高まり，同年のバスティーユ牢獄襲撃をきっかけに革命が進行した。その後，1792年には王政の廃止と共和制の宣言がなされ，ルイ16世の処刑に続く恐怖政治などが行われたが，1799年のナポレオンの実権掌握によって革命は事実上終了した。

フランス人権宣言Ⓝ(-じんけんせんげん) 1789年にフランスの国民議会で採択された宣言。正式には，「人及び市民の権利の宣言」という。近代の人権宣言の典型的なものであり，人民主権・法の支配・権力分立・所有権の不可侵が規定されている。ラファイエットが起草。アメリカの諸人権宣言から影響を受けているとされるが，アメリカのそれよりも大きな影響を各国に与えた。

アメリカ独立革命(-どくりつかくめい) 1775～83年に行われたイギリスの北米東部13植民地の独立戦争。イギリス本国の増税を含む重商主義政策強化に対し，植民地側は参政権と課税権の不可分を主張，「代表なければ課税なし」のスローガンを掲げて反対した。1773年の茶法実施を契機に対立が激化し，翌1774年の大陸会議で宣言された植民地側の団結を背景に，武力衝突が発生，1776年に独立宣言が出された。植民地側は，1781年にイギリス側に大勝し，1783年のパリ条約で独立が達成された。独立宣言にある近代民主主義の諸原理や独立戦争後の封建的遺制の廃止などの成果から，市民革命としての意義ももつ。

類 「代表なければ課税なし」

ヴァージニア憲法(-けんぽう) 1776年6月，アメリカ諸州のなかで最も早く制定された憲法。自然権としての人権，人民主権，革命権などを規定し，世界最初の人権宣言といわれるヴァージニア権利章典（ジョージ=メーソン起草）に，統治機構の条文を加えて成り立っている。

類 ヴァージニア権利章典

アメリカ独立宣言(-どくりつせんげん) アメリカの独立にあたり，1776年7月に東部13植民地の代表者が集まった第2回大陸会議において全会一致で可決した宣言。人権の自然権的性格，人間の平等，革命権などが述べられている。起草者はジェファーソン。

アメリカ合衆国憲法(-がっしゅうこくけんぽう)　1787年に制定された歴史上初めての近代的な成文憲法。三権分立の原則を採用した。連邦の権限をできるだけおさえるという趣旨で，最初は人権宣言にあたる規定がなかったが，1791年に権利章典の性格をもつ条文が追加された。

リンカン[Abraham Lincoln，1809～65]　アメリカ合衆国の第16代大統領。1860年の大統領選挙で共和党から立候補して当選。奴隷解放問題を発端に，南部の連邦脱退がからんだ南北戦争が勃発した際に，北部を指導。1863年に「奴隷解放宣言」を行い，1865年には南軍を制圧したが，同じ1865年4月に暗殺された。ゲティスバーグでの演説「人民の，人民による，人民のための政治」[Government of the people, by the people, and for the people] は，民主主義の理念を示している。

類「人民の，人民による，人民のための政治」

四つの自由(よっ-じゆう)　アメリカ大統領F．ローズヴェルトが，1941年の年頭教書で示した民主主義の基本原則。①言論と表現の自由，②信教の自由，③欠乏からの自由，④恐怖からの自由，をさす。アメリカの反ファシズムの立場を明確にしたもので，大西洋憲章にも反映された。

F・ローズヴェルト[Franklin Roosevelt，1882～1945]　☞ p.337（ローズヴェルト）

ワイマール憲法Ⓝ(-けんぽう)　第一次世界大戦後の1919年に制定されたドイツ国憲法。憲法制定議会の開催場所にちなんでワイマール憲法とよばれる。国民主権・男女平等の普通選挙制度などの政治的自由・平等の実現，労働者の権利を大幅に盛り込んだ社会権の規定，公共の福祉による財産権の制限など，当時の世界で最も進んだ民主的憲法といわれた。このワイマール憲法が実質的に機能していた1918年から1933年までのドイツのことを俗に「ワイマール共和国」とよぶ。

世界人権宣言Ⓝ[Universal Declaration of Human Rights](せかいじんけんせんげん)　全世界の人間の政治的・市民的自由や経済的・社会的・文化的な権利などの基本的人権の尊重を主張した宣言。　☞ p.357（世界人権宣言）

国際人権規約Ⓝ(こくさいじんけんきやく)　1966年，第21回国連総会で採択，1976年に発効。世界人権宣言を条約化したもの。　☞ p.359（国際人権規約）

人種差別撤廃条約Ⓝ(じんしゅさべつてっぱいじょうやく)　☞ p.360（人種差別撤廃条約）

アムネスティ-インターナショナルⓃ[Amnesty International]　人権擁護運動の国際的な非政府組織（ＮＧＯ）で，本部はロンドン。世界150か国に約300万の会員・支持者（日本支部は約9000人）がいる。政治・宗教・人権問題などで拘束されている「良心の囚人」とよばれる非暴力の人々の釈放や公正な裁判の実施，拷問や死刑の廃止などを求める活動を行っている。1977年にノーベル平和賞を受賞。アムネスティとは「恩赦」を意味する。

難民の地位に関する条約(なんみん-ちい-かん-じょうやく)　人権保障の確実性のない難民に対して，さまざまな権利を認めたり，不法入国であっても一定の条件下では刑罰を科さないなどの特別の取り扱いと保護を与えることを求めた条約。
☞p.357(難民の地位に関する条約)

死刑廃止条約Ⓝ(しけいはいしじょうやく) ☞p.360(死刑廃止条約)

社会契約説

社会契約説(しゃかいけいやくせつ) 国家や社会の成立を説明する近代特有の主張。市民革命の思想的基盤を形成した。国家・社会の成立以前の自然状態を想定し，社会の構成員が自分の意思で社会設立の契約を結んだ結果，国家や政府が成立したとする。ホッブズ・ロック・ルソーらが代表的な思想家。

自然法(しぜんほう) 自然に内在する法。古代・中世では大宇宙としての自然の理法や摂理。近代においては，人間の本性(自然)と一致し，人間が理性によって把握できる法が自然法とされ，実定法より上位にある規範として妥当性をもつ。

自然状態(しぜんじょうたい) 社会契約説において想定されている，社会組織や権力機構が存在しない状態。人権を抑圧する権力も人権を守る組織も存在しない状態であるため，秩序を維持して人権を守るには，社会契約を結んで国家や政府をつくる必要があるとされた。

自然権Ⓝ(しぜんけん) 人間が生まれながらにもっている権利で，一般的には自然法に基づく。基本的人権とほぼ同義。したがって憲法の規定によって初めて生まれるものではない。

ホッブズ[Thomas Hobbes，1588～1679] イギリスの哲学者。主著『リヴァイアサン』(1651年)などにおいて，「万人の万人に対する闘争状態」としての自然状態から，社会契約によって強力な主権者が支配する国家を設立し，その秩序の維持を通じて人民の生存を保障しようとする社会契約説を展開した。

『リヴァイアサン』[Leviathan] ホッブズが社会契約説を体系化した著書。1651年刊。社会契約によって形成される主権者＝国家が強力かつ絶対的権力をもつため，それを『旧約聖書』に出てくる海の怪獣リヴァイアサンにたとえたもの。

「万人の万人に対する闘争状態」Ⓝ(ばんにん-ばんにん-たい-とうそうじょうたい) ホッブズが自然状態を表現したことば。

ロックⓃ[John Locke，1632～1704] イギリスの哲学者。アメリカの独立宣言など，

	ホッブズ	ロック	ルソー
人間の本性	自己保存·利己的	理性的存在	自己愛と思いやり
自然状態	闘争状態	自由·平等	理想的状態
自然権	本能·欲求の充足	生命·自由·財産	自由·平等·平和
社会契約	(図)	(図)	(図)

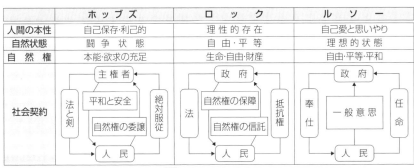

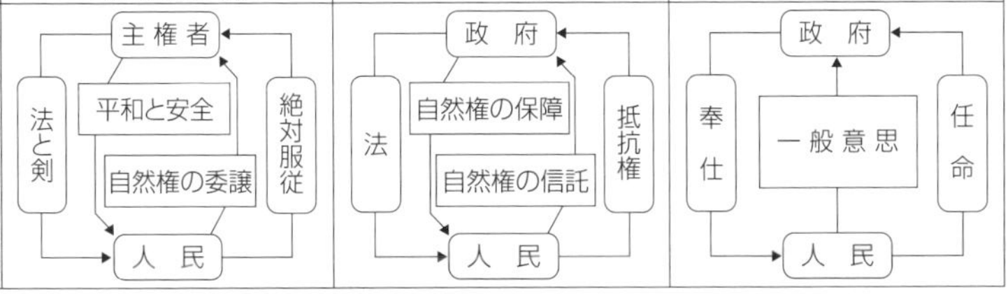

↑社会契約説の比較

後世に多大な影響を及ぼした。主著『統治二論』(1690年)において，自由・平等な自然状態から，生命・自由・財産を含む固有権(プロパティ)の保障を任務とした政府設立のための社会契約が人民相互間で結ばれるとした。

抵抗権・革命権(ていこうけん・かくめいけん) 権力者の圧政に対して人民が抵抗する権利。近代において絶対君主の暴政への抵抗を正当化するなかで登場した。ロックの社会契約説では，統治者が人民の信託に反して，人民の利益に反する統治を行う場合，統治者を交代させる権利として明確化された。社会主義思想では，搾取を受けている労働者が資本主義体制を打倒できる権利とされている。

『統治二論』(とうちにろん) ロックの主著の一つ。1690年刊。二つの編から構成。前編はフィルマーらの王権神授説(家父長論)を徹底的に批判し，後編はホッブズを念頭に，名誉革命後のイギリスの政治体制の全体像を明らかにした。具体的には自然状態を自由・平等の状態であるとし，社会契約で成立した政府のもつ権力は国民から信託されたものであり，その行使が人民の利益に反した場合には人民が抵抗権(革命権)を行使できるとした。『市民政府二論』ともいう。

同『市民政府二論』

ルソー[Jean-Jacques Rousseau, 1712～78] フランスの啓蒙時代の思想家。主著『社会契約論』(1762年)において，人間の本来的な自由と矛盾しない国家や法律のあり方を論じ，社会契約による国家の成立，個別の特殊意思や全体意思とは異なる，一般意思の表明としての法律の重要性などを説く。人民主権を明確にして，フランス革命などの思想的基盤を形成した。

『社会契約論』(しゃかいけいやくろん) ルソーの政治論に関する主著。1762年刊。代議政治を批判し,「イギリス人は自由だと思っているが，それは大きな間違いである。彼らが自由なのは議員を選挙する間だけのことで，議員が選ばれるやいなや，イギリス人は奴隷となり，ゼロになってしまう」と述べたフレーズは有名。

一般意思(いっぱんいし) ルソーの『社会契約論』で用いられた概念。一般意志ともいう。公共の福祉を求める意思。個人の利害からくる特殊意思やその総和である全体意思と対比する。

同 一般意志　類 全体意思　特殊意思

啓蒙思想Ⓝ(けいもうしそう) 封建的な慣習・無知・迷信にまどわされている民衆の状態を，理性の力でめざめさせ，人間の尊厳を自覚させようとする思想。17世紀後半，イギリスのロックなどに始まるが，18世紀のフランスやドイツで主張された。

人権の保障

基本的人権Ⓝ(きほんてきじんけん) 人間が生まれながらにもつ権利。近代自然法思想・自然権思想に基づくものであり，いかなる権力であっても侵すことができない権利とされる。市民革命期には自由権・平等権を中心としていたが，現代では1919年制定のワイマール憲法などにみられるように，社会権(生存権)にまで範囲が拡大されてきた。

自由権的基本権(じゆうけんてききほんけん) 基本的人権のうち，国家権力から干渉されない権利。思想・良心の自由などの精神の自由，法定手続きの保障などの人身の自由，財産権の保障などの経済の自由がある。

同 自由権N

自由N(じゆう)　個人が自分の意思決定や行動を他から強制されたり，さまたげられたりせず，思い通りにできる状態をいう。市民革命以後に確立された基本的人権のなかの自由権とは，生命・身体・思想・行動などに関して国家権力から侵害されない権利である。

平等N(びょうどう)　人間が相互に等しく扱われること。近代的人権としての平等権では，政治的・法律的な平等が主張された。現代では，社会生活のなかでの経済的不平等の是正制度の設置や是正目的の立法など，実質的な平等の実現もある。

財産権N(ざいさんけん)　財貨や債権などの財産に関する権利。近代的自由権のなかで，経済の自由に属し，財産権の不可侵が前提とされてきたが，20世紀以後は公共の福祉との関連で無制限ではなく，合理的な制限が規定されている。

社会権的基本権N(しゃかいけんてききほんけん)　基本的人権のうち，人間が人間らしい生活を営むために国家の積極的な関与を求める権利。20世紀以後に人権に加えられたため，20世紀的基本権ともいう。社会権について，ワイマール憲法では「人間に値する生活」，日本国憲法では「健康で文化的な最低限度の生活を営む権利」(生存権)と規定されている。そのほかに教育への権利，労働基本権など。

同 社会権N

人権宣言N(じんけんせんげん)　人間または国民の権利とその保障を宣言する文書。市民革命期には，自由権を中心とした人権を保障する人権宣言が各国で発布された。代表的なものに，ヴァージニア権利章典(1776年)，アメリカ独立宣言(1776年)，フランス人権宣言(1789年)などがある。

参政権N(さんせいけん)　政治及び国家権力の行使に参加する権利のこと。日本国憲法では選挙権・被選挙権・国民審査権などが規定されている。

選挙権N(せんきょけん)　国政選挙及び地方選挙において投票を行う権利のこと。歴史的には，財産や納税額，性別による制限を設ける形から始まり，しだいに権利の拡大がはかられた。現在の日本では成年者に等しく選挙権が与えられている。
☞ p.125(選挙権)

選挙N(せんきょ)　国民の政治的代表や特定の役職につく人を投票などで選出すること。日本では，公職選挙として，衆参両院議員の選挙，地方公共団体の長及び議員の選挙などが行われる。

制限選挙(せいげんせんきょ)　選挙権・被選挙権が，財産や納税額などの条件によって一部の成年にしか与えられない選挙制度。☞ p.124(制限選挙)

普通選挙N(ふつうせんきょ)　選挙権を資格条件で制限せず，原則としてすべての成年者に与えている選挙制度。☞ p.124(普通選挙)

世論N(せろん／よろん)　ある政治的・社会的問題に対する社会のなかでの集合的意見。民主主義の政治は世論による政治でもあるといわれる。☞ p.132(世論)

圧力団体N(あつりょくだんたい)　ある特定の社会的利益を代表する集団。自分たちの利益を実現するために，政治の過程においてさまざまな圧力をかける。選挙での集票と政治資金の提供などが圧力の背景にある。☞ p.120(圧力団体)

市民運動Ⓝ(しみんうんどう)　自然保護運動・平和運動など社会的な問題の解決のために，幅広い階層の人々が自発的に集まって行われる社会運動をいう。地域的に限定される住民運動よりも広い概念。

住民運動Ⓝ(じゅうみんうんどう)　特定の地域の住民が，地域の社会的問題の解決のために行う自発的な運動。自然保護や公害反対など多方面にわたっている。

権力の分立

権力の分立(けんりょく-ぶんりつ)　権力の濫用を避けるために，権力機関を複数に分割し，相互に抑制と均衡をはかる権力相互の関係。ロックは，議会による立法権と，君主の持つ執行権（行政権）・連合権（外交権）とに権力を分立する構想を示した。

三権分立Ⓝ(さんけんぶんりつ)　立法・行政・司法の三つの権力を別々の機関に担当させ，それぞれの機関の間にお互いの活動を牽制(けんせい)する機能をもたせて，バランスをとるしくみ。アメリカ合衆国の大統領制は厳格な三権分立のしくみである。

モンテスキューⓃ[Charles Louis de Secondat, Baron de La Barède et de Montesquieu, 1689～1755]　フランスの思想家。主著『法の精神』のなかで権力分立論を展開した。彼の思想には，君主の権力拡大を抑制し，貴族の地位を擁護するという保守的動機も含まれていたが，三権分立の定式はそうした思惑を離れ，やがて近代憲法の成立に大きな影響を与えることとなった。

『法の精神』Ⓝ(ほう-せいしん)　モンテスキューの主著。1748年刊。「権力をもつ者がすべてそれを濫用しがちだということは，永遠の経験の示すところである」と述べ，立法・行政・司法の三権力の分立原則を説く。権力の間の抑制と均衡[チェック-アンド-バランス]によって権力の濫用と腐敗を防ごうとするもの。

立法Ⓝ(りっぽう)　具体的な成文の法規を定める行為をいう。近代国家においては国民の選挙で選出された議員が構成する議会で行われる。議会は立法機関であるが，裁判所の内部規則や行政機関の命令や規則も実質的には立法行為である。

行政Ⓝ(ぎょうせい)　立法行為によって制定された法規を執行する働きをいう。日本国憲法では行政権は内閣に属するとしているが，地方公共団体の行政部門の活動もこれに含まれる。

司法Ⓝ(しほう)　事件や紛争を解決するために，法の内容を確定し，実現・適用する働きをいう。司法権は裁判所に属す。司法権の独立とは，裁判所が他の権力機関からの干渉を排除することを意味する。

法の支配

人の支配(ひと-しはい)　「法の支配」に対立する概念。絶対王政期の君主や独裁者などのように，権力者が専制的・恣意(しい)的に政治を支配している状況をいう。

法の支配Ⓝ(ほう-しはい)　国家権力の活動はすべて法に拘束されるという考え方。「人の支配」を防ぐための概念で，イギリスで発展した。個人の人権を守るためには，国家権力の行使は，法に従って行われなければならないだけではなく，法の内容そのものが人権の保障という原則にかなっていることも要請される。

コモン-ロー［common law］　イギリスにおいて，16・17世紀までに集大成された一般的判例法。古来からの慣習を基礎とし，王室裁判所の判例をもとに形成され，イギリス全土に適用されたためコモンの名がある。成文化された制定法ではなく，不文法の一種である。英米法一般をさす場合もある。

クック（**コーク**Ⓝ）［Edward Coke，1552～1634］ イギリスの法学者。庶民院議長，王座裁判所首席裁判官などを歴任。コモン-ロー優位を主張する立場から王権が絶対主義的に強化されることに反対し，裁判官を罷免された。「国王といえども神と法の下にある」というブラクトンの言葉を使い，法の支配を主張した。

法治主義（ほうちしゅぎ） 政治が法に基づいて行われなければならないとする考え方で，19世紀以降のドイツ（プロイセン）で発達した。当時は法の内容よりも法の形式的な適合性を重視したため，人権軽視や専制化につながる場合もあった。現在では法の支配の原則とほぼ同じ意味で用いられるようになった。

法治国家Ⓝ（ほうちこっか） 一般には，国民の意思によって制定された法に基づいて国の政治が行われる国家を指す。歴史的には19世紀のドイツで発達した考え方。当初は法の内容的な正当性を問わない法律万能主義の考え方が強かった（形式的法治国家）。戦後は憲法裁判所に違憲審査権をあたえ，人権条項を明文で充実させるなど，統治システムをもつ国家（実質的法治国家）を指すようになった。

公法Ⓝ（こうほう） 法律の分類上の概念で，憲法・行政法・刑法・訴訟法・国際法などが含まれる。分類の基準は明確ではなく，国家や公的機関に関する法，公益に関する法，公権力の行使に関する法などの説がある。

私法（しほう） 法律の分類上の概念で，民法・商法などが含まれる。分類の定義としては，人間の私的生活や私益に関する法とされる。「権利能力平等の原則」「私的所有権絶対の原則」「私的自治の原則」を私法の三大原則という。

類 私法の三大原則

慣習法（かんしゅうほう） 立法行為によらず，社会内部の慣習に基づいて成立する法。典型的な不文法であり，成文法の発達にともなって，成立領域は商慣習法や国際法などに限定されてきている。

成文法（せいぶんほう） 文字・文章で表され，文書形式をもった法。不文法に対する概念。多くは立法機関によって制定されるため，制定法ともよばれる。成文法は憲法・民法などの実定法と，民事訴訟法・行政手続法などの手続法とに大別。

同 制定法

社会法（しゃかいほう） 個人主義・自由主義などを法原理とする市民法に対して，生存権や労働権など社会権の考え方に基礎をおく法。法の領域としては労働法・経済法・社会福祉法・社会保障法など。公法と私法の中間的な性格ももつ。

市民法（しみんほう） 近代社会における私法を中心とする法の全体をさす。社会法に対する用語。狭義には民法をさすこともある。

不文法（ふぶんほう） 成文化されていない法。慣習法・判例法が代表的なもので，英米法では不文法であるコモン-ローが重要な地位を占めている。

国際法Ⓝ（こくさいほう） 慣習や国家間の合意に基づいて国家間の関係を規律する法。
☞ p.352（国際法）

政治編

実定法(じっていほう)　自然法に対する概念で，制定法・慣習法・判例法などのように人間が定めた法。普遍的に妥当する自然法とは異なり，一定の時代と地域においてのみ実効性をもつことが多い。

権利Ⓝ(けんり)　個人や団体の利益などを確保するため，法が与える手段や力，活動範囲をいう。

義務Ⓝ(ぎむ)　法によって課される拘束のこと。一般的には，権利には義務が対応しており，権利―義務という関係を形成する。

民主主義の原理

デモクラシーⓃ(**民主主義**Ⓝ)［democracy］(みんしゅしゅぎ)　全人民の主体的な政治参加に基づく自発的な秩序形成のこと。ギリシャ語のデモス-クラティア（人民の権力）を語源とし，国民主権の政治を意味する。民主制も同義。

類 デモス-クラティア

国民主権Ⓝ(こくみんしゅけん)　国の政治のあり方を最終的に決定する権力を国民がもっていること。君主主権に対する考え方。ナシオン主権ともいう。

人民主権(じんみんしゅけん)　広くは国民主権と同義で用いられる。両者を区別する場合には，国民主権が抽象的・観念的な全国民を主権の担い手として想定するのに対し，政治的な意思決定能力者としての人民を主権の行使者とする立場。

直接民主制Ⓝ(ちょくせつみんしゅせい)　国民が国の政治的意思決定に直接参加する政治の形態。古代ギリシャのポリスの民会，現在のスイスの州民集会などが典型。現代では間接民主制（代議制）が一般的であるため，国民投票・国民審査などの直接民主制的な制度は，間接民主制を補完するものとして機能している。

同 直接民主主義

間接民主制Ⓝ(かんせつみんしゅせい)　国民が直接選んだ代表者を通じて国家の意思を決定する政治のしくみ。代議制・代表民主制ともいわれ直接民主制と対比される。参政権をもつ国民が多くなった近代以後の国家で，全国民が直接政治に参加することが困難なことから，議員その他の代表を媒介として政治に参加する形式。

同 間接民主主義

代議制Ⓝ(だいぎせい)　国民から選出された代表者（代議員）を通じて政治が行われるしくみ。間接民主制ともいう。国民は自らの意思に基づき，投票・選挙によって選んだ代議員に権力の行使を委託する制度をいう。

議会制民主主義Ⓝ(ぎかいせいみんしゅしゅぎ)　国民の代表者による機関を議会とし，議会を通じて国民の意思を政治に反映させる制度。

議会Ⓝ(ぎかい)　公的な選挙で選出された代表者（議員）によって構成される代議機関をいう。語源としては，congress（集まり）とparliament（話し合い）があり，近代以降に立法機能を確立した。立法的機能や行政監視機能をもつ意思決定機関で，民主主義体制下ではその審議・議決の過程で国民の意見を吸収し，反映させることが求められる。

国民代表(こくみんだいひょう)　広義には，主権者である国民にかわって国家権力の行使を担うすべての公務員をさすが，狭義にはそのうち立法機関の構成員を意味する。

俗に政治家ともいう。近代議会における議員は，身分・選挙区・利益団体などの利害代表ではなく，全国民の一般的利益の代表者であるべきとの考え方に基づく。これを自由委任（命令的委任の禁止）という。

類 自由委任

多数決原理（たすうけつげんり） 集団の意思決定にあたって，その集団の多数意見を集団全体の意思とみなす原理。過半数によって決定する場合が多いが，重要な問題についてはそれ以上の賛成を必要とする場合がある。日本国憲法の改正を，両議院のそれぞれの総議員の３分の２以上の賛成で発議することなどが該当する。

ポリスⓃ[polis] 古代ギリシャの都市国家。有名な都市国家アテナイでは，都市人口の10数％を占める市民による直接民主制がとられていた。ただし，市民の家族や奴隷・外国人らには参政権は認められていなかった。

イニシアティヴ[initiative] 国民発案・住民発案。有権者が一定数以上の署名を集めて法律や条例の制定・改廃を提案する制度。 ☞ p.104（イニシアティヴ）

リコールⓃ[recall] 解職請求。公職にあるものが国民の信頼に反するような行為をしたときに，国民が任期満了前にその解職を求める制度。 ☞ p.105（リコール）

レファレンダムⓃ[referendum] 国民投票・住民投票。提案された事案に対して国民が直接投票することで可否を決定する制度。 ☞ p.105（レファレンダム）

2 世界の政治体制

主な政治体制

政治体制Ⓝ（せいじたいせい） 政治の制度や組織の全体をいう。たとえば，同じ民主主義といっても行政権者の選出手続きや元首の規定など，その制度・組織は国によって異なっており，それらの比較のために用いられる概念。

自由主義Ⓝ（じゆうしゅぎ） 社会生活のなかで，各人の意思や行動などの自由な決定を尊重していく立場。リベラリズムともよばれるが，現在では伝統的な自由放任主義を否定し，自由主義的価値を擁護するために政府を活用する立場をとる。これに対して，個人的自由の絶対性を認め，国家の役割を最小限度にとどめようとする考え方をリバタリアリズムという。

同 リベラリズム　類 リバタリアリズム

社会主義Ⓝ（しゃかいしゅぎ） 生産手段の社会的所有を通じて，人間の自由と平等を実現しようとする思想。19世紀前半のサン-シモン・オーウェン・フーリエらの空想的社会主義と，マルクスやエンゲルスらの科学的社会主義とがある。

先進国Ⓝ（せんしんこく） 主として経済開発の面で比較的に進んだ諸国。発展途上国との対比で用いられることが多い。

発展途上国Ⓝ（はってんとじょうこく） 第二次世界大戦後に独立した，アジア・アフリカ諸国やラテンアメリカ地域に多い，経済的に発展途上にある諸国のことをいう。政治的独立達成後の経済発展には差異がある。開発途上国ともいう。

独裁制Ⓝ(どくさいせい)　議会主義・法治主義・民主主義などの政治的自由主義を否定し，一人の人間や一つの政治集団などに権力を集中させて行われる統治制度。

軍事独裁Ⓝ(ぐんじどくさい)　第二次世界大戦後の新興独立国のように，民主主義的な政治が確立されていない場合に，軍部がその武力と軍事力を背景に独裁政治を行うことがしばしばみられる。軍事独裁から，民主主義的な成熟を経て文民政治に移行する民政移管が順調に推移する例は少ない。

民主制Ⓝ(みんしゅせい)　デモクラシーがギリシャ語の「人民・大衆の支配」という意味をもつことから，本来は少数の支配ではなく，多数による支配・統治の形態をさす。17・18世紀の市民革命以後は，普通選挙制度のように国民の意思を政治に反映させる制度を整え，かつ基本的人権を保障する制度を備えた体制をいう。

君主制Ⓝ(くんしゅせい)　☞p.5（君主制）

貴族制(きぞくせい)　統治体制からみると，少数者の支配形態であり，一人の支配である君主制，多数の支配である民主制とは区別される。伝統的に高い地位を認められている特定の家柄に属する者や，多くの財産をもつ少数の者たちが政治的権力を独占する形態をいう。

共和制Ⓝ(きょうわせい)　君主制に対する政治形態で，国民多数の意思によって政治的活動が行われるしくみをいう。

立憲主義Ⓝ(りっけんしゅぎ)　元来は，権力者による権力濫用を抑えるために憲法を制定するという考え方をさし，広く憲法に基づいて政治が行われること。立憲政治・憲法政治ともいう。

類 立憲政治　憲法政治Ⓝ

議院内閣制Ⓝ(ぎいんないかくせい)　責任内閣制ともいう。三権分立のしくみをもち，イギリスや日本で採用されている。行政権者である首相は，議会（下院）によって選ばれ，首相及び内閣は議会に対して責任を負い，議会で不信任案が可決されれば，内閣の総辞職か議会の解散で対応する。このように議会と内閣が，政治責任のとり方について一体性をもつしくみをいう。

大統領制Ⓝ(だいとうりょうせい)　元首あるいは行政府の長としての大統領を国民の選挙で選び，他の国家権力に対して独立性をもたせるしくみ。アメリカのように権力分立の観点から立法と行政を厳格に分けている場合が主だが，フランスの半大統領制のように議院内閣制の枠組みをとりながら大統領が大きな権限をもつ場合もある。

民主化Ⓝ(みんしゅか)　第二次世界大戦後に独立した新興国のなかには，政治的安定を最優先して軍事独裁の形態をとる国や，経済発展を優先して開発独裁という形態をとる国が存在する。これらの国では，ある程度国内の安定と経済発展が実現した場合，政治的・経済的自由や機会均等を求める動きが生じてくる。これらを総称して「民主化」とよぶ。

ファシズム[fascism]　1920～40年代に興隆した国家主義的全体主義をいう。イタリアのムッソリーニが結成した，ファシオ（束＝団結）を語源とするファシスト党の主義・主張に由来し，ドイツのヒトラーによるナチズム，あるいは日本の軍国主義に対しても用いられた。比較的発展が遅れた資本主義国家が，対外侵略などの帝国主義的な国家政策を最優先させるために，議会政治の否定，社会主義革命の防止，権威主義的国内統制などによって推進した政策やその背景となった思想をいう。

ムッソリーニ[Benito Mussolini, 1883～1945] イタリアのファシスト党の創立者。第一次世界大戦後に，それまでの社会主義運動を離れ，資本家や地主の支援を受けながら反革命活動に転じた。1922年に政権を奪取し，エチオピア・アルバニアへの侵略から第二次世界大戦へと突入した。1945年４月にパルチザンによって逮捕・処刑された。

類 ファシスト党

ヒトラーⓃ[Adolf Hitler, 1889～1945] オーストリア生まれ。逃亡先のドイツで第一次世界大戦に従軍した。1921年以後ナチ党（国家社会主義ドイツ労働者党，ナチス）の党首となり，1930年代の世界大恐慌下の社会不安に乗じて議会で勢力を拡大し，1933年に政権を獲得した。その後国家権力全体を掌握して恐怖政治的独裁を行った。周辺各国への侵略政策を強行，第二次世界大戦を引き起こし，1945年５月のベルリン陥落の際に自殺した。主著『わが闘争』

ナチスⓃ[Nazis] 国民（国家）社会主義ドイツ労働者党の通称。第一次世界大戦後のドイツで，敗戦からの回復を目的に結成され，ヒトラー党首の下で1930年代に急成長した。ヴェルサイユ体制の打破やユダヤ人排斥などの政策で1933年に政権を獲得した。

全体主義Ⓝ（ぜんたいしゅぎ） 一般に，国家権力の集中制と密接に関連した国家目的優先とそれにともなう国民の人権抑圧の体制をいう。1930年代のファシズムやナチズムを典型とするが，自由主義思想家のなかには，旧ソ連などの民主集中制に基づく社会主義体制を含めてよぶ場合がある。

テロリズムⓃ[terrorism] ある政治勢力が，他者及び他の政治勢力に対して，自らの政治目的のために行う暴力の使用または威嚇（いかく）行為。テロ行為の影響が国際的範囲に及ぶ場合は国際テロとよばれ，国連や他の機関はこの種のテロを国際犯罪として規制する目的で，多数のテロ防止条約を採択してきた。

開発独裁（かいはつどくさい） 経済開発を最優先で進めるという名目の下で議会制民主主義を制約・否定した政治体制。自国の経済発展（経済成長）によってその正当性を維持する政治権力をさし，自由選挙等を通じて行使される政治的自由を制限して，独裁的支配への抵抗を制限する。

イギリスの政治制度

立憲君主制Ⓝ（りっけんくんしゅせい） 君主（国王）が存在し，憲法の規定に従って政治を行うしくみ。イギリスでは，実質的権限は議会に移行している。

ウォルポール[Robert Walpole, 1676～1745] イギリスの政治家。ホイッグ党の党首。ジョージ１世のとき，国王に代わって実質的に行政を執行し，内閣を行政機関へと移行させた。1742年，議会の多数派の支持を失った際，首相の地位を辞した。これにより，議会の信任が得られないときには内閣が総辞職するという責任内閣制（議院内閣制の端緒）の慣行がつくられた。

「君臨すれども統治せず」(くんりん-とうち-)　イギリスの王室と政治とのかかわりを示すことば。国王は元首として君臨するが，統治に関しては議院内閣制の下で内閣が執行するという伝統が，ウォルポール以来できあがった。

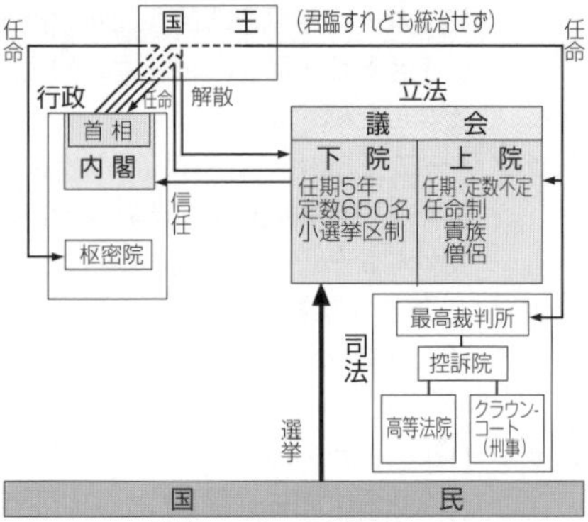

↑ **イギリスの政治制度**

不文憲法(ふぶんけんぽう)　イギリスには文字で記された憲法典がなく，歴史的にマグナ-カルタや権利章典，裁判の判例などの集大成が憲法の役割を果たしている。こうした各種文書，判例，慣例などで構成される憲法を不文憲法という。

上院Ⓝ(貴族院Ⓝ)(じょういん)(きぞくいん)　イギリスでは任期・定数は不定（現在は784名）。聖職貴族・世襲貴族・法律貴族（法官貴族・法服貴族ともいう）などから構成される。基本的に国王が任命し，任期は終身とされた。かつては議席の多くを占めた世襲貴族が，1999年の法改正で大幅に減らされた。また法律貴族は従来，最終の上訴裁判官としての役割を担ってきたが，その12人が2009年に新設された最高裁判所の判事を務めることに（貴族院議員との兼職は禁止）。

連合王国最高裁判所(れんごうおうこくさいこうさいばんしょ)　司法制度改革の一環として，ブレア政権下の2005年に憲法改革法が制定され2009年に新設。従来は1876年以来，その機能を上院（貴族院）に設置された上訴委員会が果たしてきた。最高裁の判事（12人）は法律貴族（正式な呼称は常任上訴貴族）が務め，議員職から離れた。これによって貴族院の司法機能が廃止され，権力分立が制度的にも明確になった。最高裁には以前と同様，違憲立法審査権は与えられていない。

下院Ⓝ(庶民院Ⓝ)(かいん)(しょみんいん)　小選挙区制のもと，18歳以上の国民の普通選挙で選出される。任期は５年，定数650名。立法機関であるとともに，国民全体の代表として内閣の母体となる。2011年に制定された議会任期固定法により，首相の自由な解散権がなくなり，解散には議員の３分の２の賛成が必要となった。しかし同法による混乱は大きく，2022年３月に議会解散・召集法が成立したことで，首相の解散権は以前と同じようになった。

下院の優位(かいん-ゆうい)　1911年と1949年に制定の議会法で，議会が国権の最高機関であり，それを構成する上下両院のうち，国民の代表によって選出される下院（庶民院）に優位を置くことが定められている。

保守党Ⓝ(ほしゅとう)　17世紀の中頃から形成されたトーリー党が，1830年頃から保守党と改称された。聖職者階層や地主階層を中心として形成され，王権の擁護を主張。当初は自由党とともに二大政党制を形成し，現在は労働党と政界を二分している。2010年以来，政権与党の地位を維持している。2023年１月時点における党首はリシ・スナク。

類 トーリー党

自由民主党Ⓝ(じゆうみんしゅとう)　ホイッグ党を起源とする自由党と，労働党右派が離党して組織した社会民主党とが1988年に合併して発足。リベラル派かつ親EU主義の立場にある。長らく下院第３党の地位にあり，2011年から2015年にかけて保守党との連立政権を組んだ。しかし，異なる理念同士の野合であると批判を受け，その後の総選挙では低迷しており，現在は，下院第４党の地位にある。

自由党Ⓝ(じゆうとう)　清教徒革命後の王政復古期に進歩的貴族や商工業者を中心に形成されたホイッグ党を前身とし，1830年頃に自由党と改称。新興ブルジョア階層を代表し自由主義的改革を主張する。現在は自由民主党。

類 ホイッグ党

労働党Ⓝ(ろうどうとう)　1884年に結成されたフェビアン協会を母体として，1900年に設立された労働代表委員会が，1906年に労働党と改称，政党として発足した。マルクス主義路線は採用せず，議会での多数派形成に基づいて，漸進的社会改革を推進する路線を主張・堅持し，保守党とともに二大政党制を担った。現在は第２党。2023年１月時点における党首はキア・スターマー。

影の内閣Ⓝ（**シャドー-キャビネット**Ⓝ）［shadow cabinet］(かげ-ないかく)　野党が政権交代に備えて自分たち独自の内閣を構成し，政権をとったときにすみやかに政権を担当できるよう準備するイギリスでの慣例。

スコットランド独立問題(-どくりつもんだい)　スコットランドは，イングランド・ウェールズ・北アイルランドとともに連合王国の英国を構成するカントリーの１つ。1707年にイングランドと合併。近年，英国からの分離・独立の声が高まり，2014年にその是非を問う住民投票が行われたが，否決された。

ブレグジット［Brexit］　イギリスが欧州連合（EU）から離脱することを，Britain（イギリス）とExit（退出）を組み合わせた造語で表した。2016年 EU離脱の是非を問う国民投票が実施され，離脱派が勝利。2019年，ジョンソン首相の下で離脱交渉が進み，議会の解散総選挙で国民の信任を得たとして，2020年１月30日，EUを離脱した。この背景には，イギリスの国家運営がEUによって拘束されていることへの不満や，移民の大量流入への不満などが挙げられる。

アメリカの政治制度

連邦制Ⓝ(れんぽうせい)　1775年からの独立戦争において，アメリカ植民地側は北米東部13州が対等の立場で連合して戦った。そのため，独立達成後も各州の自治と独立性は最大限尊重されることが認められた。現在でも各州は独自の州憲法をもち，州独自の政策を実行できる。こうした独立性の高い州の連合体という意味で連邦制の形式がとられている。

大統領Ⓝ(だいとうりょう)　アメリカ合衆国の国家元首であり，行政府の長及び国軍の司令官の地位を兼ねる存在。国民の選挙（間接選挙）によって独自に選出されるため，議会・裁判所との権力分立は厳格である。議会に対する法律案提出権はないかわりに教書提出権があり，法案拒否権をもつ。2023年現在の大統領はジョー・バイデン。

大統領令(だいとうりょうれい)　アメリカの大統領が行政権を直接行使するために発する命令。

実際には大統領令と大統領覚書，声明の三つがある。憲法に明示がないが，効力は法律の枠内とされ，政策をすぐに実施できる利点がある。また，政権が交代した際に多発される傾向がある。

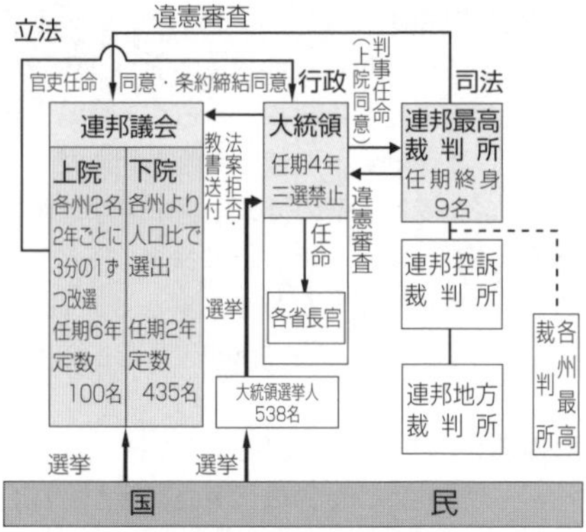

↑ アメリカの政治制度

教書Ⓝ（きょうしょ）　大統領は議会への法案提出権をもたないため，議会に対して国家の全般的状況，経済全般の動向，予算案に関して情報を与え，政策上必要な審議を求めることが保障されている。それぞれ一般教書・経済教書・予算教書である。

法案提出権Ⓝ（ほうあんていしゅつけん）　アメリカ大統領は議会への法案の提出ができない。そのかわりに，教書という制度がある。

法案拒否権（ほうあんきょひけん）　アメリカ議会を通過した法律案の成立には，大統領の署名が必要である。署名を拒否し，議会に再審議を求めることもできるが，上下両院が３分の２以上で再可決すれば法案は成立。これをオーバーライドという。

類 オーバーライド

大統領の弾劾Ⓝ（だいとうりょう-だんがい）　アメリカ大統領は，憲法の規定により，犯罪について弾劾され有罪の判決を受けた場合には罷免。弾劾の訴追は下院が，裁判は上院が行う。出席議員の３分の２以上の賛成が必要。これまでの大統領弾劾裁判は，ジョンソン（1868），クリントン（1998），トランプ（2019，2021）の計4回であり，いずれも否決されている。このほか，ニクソン大統領も訴追される予定だったが，その前に大統領を辞任したため，弾劾裁判は開かれなかった。

大統領選挙Ⓝ（だいとうりょうせんきょ）　アメリカ大統領選挙は，立候補した候補者を支持する選挙人に国民が投票し，各州から選出された大統領選挙人による投票によって選ばれるという間接選挙である。各州には上下両院の議員定数に３名を加えた計538名の大統領選挙人が配分されているが，一つの州から出る選挙人は同じ候補者に投票するようになっているため，全体の得票数ではなく選挙人の数の多い州で勝利することが重要になる。一票でも多くの得票があった候補者がその州の全選挙人をとる，いわゆる「ウイナー-テイク-オール」（勝者総取り）の制度を導入しているためである。この選挙制度は二大政党に圧倒的に有利で，事実上少数政党を締め出す結果になっている。

類 間接選挙Ⓝ

副大統領Ⓝ（ふくだいとうりょう）　大統領選挙において大統領候補と組み合わせて立候補し，大統領の当選によって副大統領となる。上院の議長を務めるほか，大統領が欠けたときには大統領に昇格する。近年では，ニクソンの辞任によってフォードが昇格している。2023年現在の副大統領はカマラ・ハリス。

上院Ⓝ（**元老院**Ⓝ）（じょういん）（げんろういん）　上院は連邦制を反映し，各州から２名ずつ選出された議員によって構成される。定数は100名。任期は6年間で2年ごとに3分の1ずつ改選され，議長は副大統領が務める。解散はない。下院に対する優越はないが，上院は条約の締結と高官の任命に対する同意権をもつ。

下院Ⓝ（代議院）（かいん）（だいぎいん）　下院は，小選挙区制で選出された435名の議員で構成され，任期は2年。全部改選され，解散はなく，議長は互選される。予算の先議権が慣習として与えられている。

中間選挙Ⓝ（ちゅうかんせんきょ）　大統領選挙の中間年に行われる上・下院の選挙のこと。与党が敗れても大統領の辞任につながることはほとんどないが，現職大統領への信任・不信任投票としての側面もある。

連邦最高裁判所Ⓝ（れんぽうさいこうさいばんしょ）　首席判事と8人の判事の合計9人で構成される。違憲法令（立法）審査権をもち，三権分立の立場から，高度の政治的事案についても違憲判断を下すことが多い。判事はすべて上院の過半数が承認のうえ大統領が任命する。

違憲法令審査権（いけんほうれいしんさけん）　アメリカでは，違憲法令（立法）審査権は憲法の規定ではなく，判例によって認められた裁判所の権限である。その権利行使は，具体的な訴訟において適用される法令が憲法に適合するかどうかを審査し，適合しないときは，その法律の当該部分をその事件について適用しないという形で行われる。

共和党Ⓝ（きょうわとう）　アメリカを代表する保守主義政党。1854年にホイッグ党や反奴隷制勢力を中心として結成され，北部を中心に実業家層を背景として優位に立っていた。歴代大統領のニクソン，フォード，レーガン，ブッシュ父子，トランプらは共和党所属。

民主党Ⓝ（みんしゅとう）　アメリカを代表するリベラル派の政党。当初は南部と農村を基盤としていたが，反連邦派や第3代大統領ジェファーソンの支持勢力を中心に形成。ニューディール政策以後は，都市部の低所得者層や黒人・少数民族，リベラル層の支持も合わせるようになった。歴代大統領のケネディ，ジョンソン，カーター，クリントン，オバマ，バイデンらは民主党所属。

ホワイトハウスⓃ［White House］　アメリカ大統領が執務する官邸。1792年創建。ワシントンD. C.にある。

医療保険改革Ⓝ（いりょうほけんかいかく）　オバマ米大統領が進めた医療保険を中心とする改革。アメリカでは医療保険未加入者が5000万人にのぼる。このため，オバマは大統領選で公約した公的皆保険制度の導入をめざした。しかし，保守派の根強い反発を背景に方向転換，国民に民間保険の加入などを義務づけた医療保険改革法（オバマケア）を2010年に成立させた。トランプ大統領は同制度の改廃に動き，オバマケア廃止計画も持ち上がったが，議会調整が難航したまま，立ち消えとなった。

旧ソ連・ロシアの政治制度

社会主義Ⓝ（しゃかいしゅぎ）　政治体制としては，プロレタリア独裁の立場から，民主集中制の権力体制をとるが，大別して①マルクス・レーニン主義の立場から革命に基づく共産党の指導性を強調するもの，②議会主義の下で漸進的改革をめざす社会民主主義，そして③労働組合などの自主的管理・運営を強調し，国家・政府の役割を否定するサンディカリズムの三つがあげられる。

共産主義Ⓝ(きょうさんしゅぎ)　経済的生産手段を社会的な所有とし，私有財産制を否定する主義・思想をいう。広義では社会主義と同義だが，資本主義から共産主義段階への過渡期を社会主義とよぶこともある。共産主義段階とは生産力が全面的に発展した人類史の最後の段階であり，階級の消滅と各人の必要に応じた消費が実現した理想的社会状態をさす場合もある。

プロレタリアート[proletariat]　資本主義社会において，生産手段をもたないために資本家に労働力を売っている賃労働者をいう。プロレタリアートが主体となり，資本主義社会を打倒して社会主義社会を建設しようとする革命をプロレタリア革命とよぶ。

ロシア革命Ⓝ(-かくめい)　1917年にロシアで起こった革命。帝政から共和制へ移行した三月革命（ロシア暦二月革命）と，世界初の社会主義革命となった十一月革命（同十月革命）を含む。三月革命でロマノフ朝が倒れ，臨時政府が成立した後，レーニンの指導するボリシェヴィキ勢力の台頭によって臨時政府も打倒され，社会主義政権が成立した。

ソヴィエト連邦最高会議(-れんぽうさいこうかいぎ)　旧ソ連の国家権力機構のなかの最高機関。国家予算・経済計画などの承認，幹部会の選出など，各種政策と国家機関の決定・監督・指導を行った。

プロレタリア独裁(-どくさい)　プロレタリアート（無産階級）を中心とした革命の後，彼らが国内に残る反革命勢力を一掃し，社会主義社会建設を行うために必要とされる政治体制。共産主義社会において，階級対立が消滅するまでの過渡的な体制をいう。

民主集中制(みんしゅしゅうちゅうせい)　全人民の代表から構成されている評議組織が，立法・行政・司法のすべての国家権力をもつ体制をいう。

共産党Ⓝ(きょうさんとう)　共産主義の体制実現を目的とする政党。ソ連・ロシアの共産党は，ロシア革命期の中心勢力であったボリシェヴィキ勢力が1918年に社会民主労働党から改称して成立。その後，社会主義・共産主義建設のための唯一の指導勢力として，実質的支配権を掌握してきた。しかし，1988年以後は共産党以外の団体からの候補者擁立も認められ，共産党一党独裁体制は終了。

共産党中央委員会Ⓝ(きょうさんとうちゅうおういいんかい)　共産党の政策・方針などを決定する機関。党大会によって選出される中央委員で構成される。党の最高決定機関であり，旧ソ連の実質的支配組織。中央委員会の指導者には書記長が就任。

ゴルバチョフⓃ[Mikhail S. Gorbachev，1931～2022]　旧ソ連８代目の最高指導者。1985年に党書記長に就任，初代大統領を務めた。硬直・停滞していたソ連社会の改革と，党人事の刷新に乗り出し，ペレストロイカを提唱。市場経済の導入，グラスノスチ（情報公開），新思考外交など新しい政策を次々に打ち出した。共産党による一党独裁制に終止符を打ち，政治の民主化の道を開いた。また東欧諸国に対して不介入の方針をとったため，東西ドイツの統一（1990年）

や，東欧諸国の共産党政権崩壊と民主化が飛躍的に進んだ。米ソ協調新時代をつくるなどの功績で，1990年にはノーベル平和賞を受賞。1991年，保守派クーデタによって軟禁を受けるも解放。同年ソ連は解体され，ゴルバチョフは大統領を辞任した。その後，財団運営や新党設立などの活動を展開し，2022年に死去した。

類 ソ連解体

ペレストロイカⓃ［perestroika］　ロシア語で「再建」の意。1985年に共産党書記長に就いたゴルバチョフが推進した旧ソ連の政治・経済・社会のあらゆる領域にかかわる改革をさす。経済面では市場経済の導入をはかり，国営企業の独立採算制，西側資本との合弁，価格統制の一部撤廃などを進めて，経済の活性化をねらった。また内政面では，グラスノスチ（情報公開）を推進，政治的自由の保障，複数政党制，議会制民主主義を導入した。1991年のゴルバチョフ辞任（その後のソ連邦解体）とともに挫折した。

グラスノスチ［glasnost］　ゴルバチョフのペレストロイカの一環をなす政策。「情報公開」と訳される。ソ連の政治・経済・社会にわたる秘密主義や閉鎖的体質を改善することをめざした。

ソヴィエト連邦大統領Ⓝ（-れんぽうだいとうりょう）　1990年から1991年まで設置されていた旧ソ連の国家元首ポスト。ゴルバチョフ政権における統治改革の一種として新設され，ゴルバチョフ自身が初代大統領に就いた。

独立国家共同体Ⓝ（**CIS**Ⓝ）［Commonwealth of Independent States］（どくりつこっかきょうどうたい）　旧ソ連を構成していた共和国のうち，9か国によって構成される国家連合体。ソ連崩壊直後の1991年に創設された。旧ソ連構成国は15ほどあったが，バルト3国はCIS創設時点から参加拒否。その後，トルクメニスタン，グルジアも事実上離脱し，2014年にはウクライナも事実上離脱している。

ロシア連邦大統領Ⓝ（-れんぽうだいとうりょう）　ソ連崩壊後に新たに成立したロシア連邦は，国連の安保理の常任理事国など旧ソ連の役割と権益をほぼ受け継いだ。1993年憲法により国内は大統領制に基づく三権分立（司法・立法・大統領制）となった。ロシア連邦成立前，1991年の大統領選挙でエリツィンが大統領に就任し，2000年にはプーチンが大統領に選ばれ，2004年にも再選。メドベージェフの大統領期をはさんで2012年にはプーチンが大統領に返り咲き，2018年にも再選。任期は2024年までだったが，2020年7月，国民投票を経て改正憲法が成立。大統領任期を通算2期までに制限するとともに旧憲法下における大統領任期はリセットされるため，プーチンは最長で2036年まで大統領の続投が可能となった。

類 プーチンⓃ　ロシア連邦Ⓝ

ロシア連邦議会（-れんぽうぎかい）　連邦会議（上院）と国家会議（ドゥーマ，下院）からなる二院制。代議員の任期は上院は概ね4～5年（構成主体によって異なる），下院5年。上院の定数は連邦の85構成主体から各2名ずつ計170名。下院の定数は比例代表選出による計450名。

政治編

中国の政治制度

全国人民代表大会Ⓝ（全人代Ⓝ）（ぜんこくじんみんだいひょうたいかい）（ぜんじんだい）　中国の立法機関で，一院制の議会に相当する。最高の国家権力機関であり，省や自治区・軍隊などから選出された任期５年の代議員約3000人で構成されている。権限としては憲法の改正，法律の制定，計画経済の決定，予算の審議，国家主席の選挙などがある。毎年１回開催。常設機関は常務委員会。

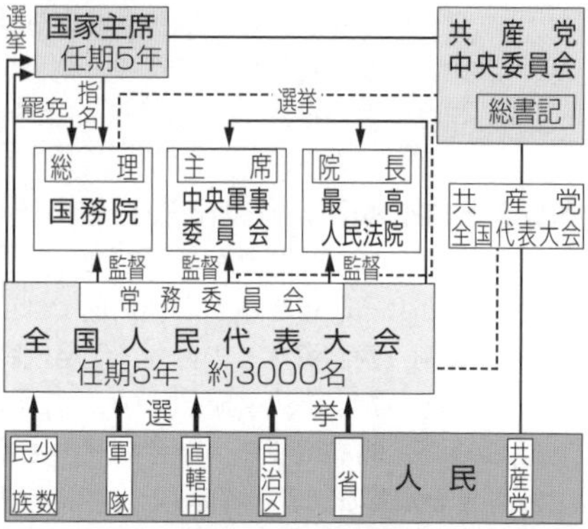

↑中国の政治制度

類 常務委員会Ⓝ

国家主席Ⓝ（こっかしゅせき）　中国の国家元首にあたる。45歳以上で，任期制限はない。全国人民代表大会の選挙で選ばれ，国内では法律の公布，勲章・栄誉称号の授与などの職務にあたり，対外的には国家を代表して外国使節の接受や条約の批准などを行う。2012年までは胡錦濤（フーチンタオ），2023年現在は習近平（シーチンピン）が務める。

類 胡錦濤Ⓝ　習近平Ⓝ

国務院Ⓝ（こくむいん）　内閣に相当する中国の行政機関。国務院総理は，国家主席の指名に基づいて全国人民代表大会が選出し，国家主席によって任命される。ほかのメンバーは総理自身が指名する。現在の国務院総理（首相）は李克強。

人民法院（じんみんほういん）　中国の司法機関。中央の最高人民法院のもとに，地方には高級・中級・基層の３種類の裁判所が置かれている。人民法院は行政機関から独立しており，最高人民法院が最終的に全国人民代表大会に責任を負っている。人民法院に対応して人民検察院がある。

類 人民検察院

中央軍事委員会Ⓝ（ちゅうおうぐんじいいんかい）　中国における軍の最高統帥機関で，全国の武装力を指導。中国共産党の人民解放軍などを統率する立場にある。共和国中央軍事委員会と共産党中央軍事委員会の２つに形式上分かれている。委員会のトップである主席は全人代に責任を負う。

中国共産党Ⓝ（ちゅうごくきょうさんとう）　1921年に上海で創立され，国民党との勢力争いのなか，1935年１月に毛沢東が党の指導権を握り，1949年10月に中華人民共和国を建国した。憲法で，社会主義建設のための指導的役割を認められ，その影響力は立法・行政・司法・軍事などあらゆる面に及んでいる。党の最高機関は中央委員会であり，国務院総理人事の提議など，政治機構への関与権も存在する。最高指導者は総書記で，現在は習近平。

類 総書記Ⓝ

毛沢東Ⓝ［1893～1976］（マオ＝ツェートン）　中国共産党の指導者。創設時から共産党に参加し，農民運動を指導。1931年には中華ソヴィエト共和国臨時政府の主席となり，長征（ちょうせい）途上の1935年に党の指導権を確立した。1949年の中華人民共和国建国後は初代の国家主席となり，社会主義国家中国の建設を指導した。その後，1958年の大躍進政策の失敗をきっかけに1959年に失脚するが，1966年頃から文化大革命を推進，1969年には再び国家主席を務め，1976年に亡くなるまで指導力を保持した。主著『新民主主義論』『矛盾論』

文化大革命Ⓝ（ぶんかだいかくめい） 1966年から1970年代初めまで行われた毛沢東らによる権力闘争。10代の少年たちによる紅衛兵造反団や軍隊を動かし，資本主義的政策や傾向をみせたとして，走資派・実権派とよばれた劉少奇（リウシャオチー）・鄧小平（トンシヤオピン）らを失脚させ，林彪（リンピャオ）派・四人組などの台頭を招いた。しかし中国共産党は1981年，大会決議で「文革は党と国家と各民族人民に大きな災難をもたらした内乱だった」と総括した。

天安門事件Ⓝ（てんあんもんじけん） 「六・四」事件ともいわれる。1989年6月4日，民主化を要求して北京の天安門広場を占拠していた学生・市民たちを人民解放軍が実力で排除し，多くの死傷者が出た事件。 ☞ p.345（天安門事件）

四つの現代化（よっ-げんだいか） 1975年の全国人民代表大会で，周恩来（チョウエンライ）が提起した政策。農業・工業・国防・科学技術の４分野の近代化をめざす政策をいう。

改革・開放政策Ⓝ（かいかく・かいほうせいさく） 1970年代末に鄧小平によって着手された経済体制の改革政策。人民公社の解体，農業生産責任制，企業自主権の拡大などとともに，個人の経済活動や社会主義所有制の枠内で私的経営を認める社会主義市場経済の導入が明確化された。

上海協力機構Ⓝ（**ＳＣＯ**Ⓝ）［Shanghai Cooperation Organization］（しゃんはいきょうりょくきこう） 中央アジア地域を中心とした軍事的・経済的な多国間連合。中国とロシアが主導して2001年に発足。現在は，中国，ロシア，キルギス，カザフスタン，タジキスタン，ウズベキスタン，インド，パキスタンの８か国によって構成され，その周辺諸国もオブザーバーやパートナーという形で参加している。

「08憲章」（-けんしょう） 中国共産党の一党独裁を批判し，三権分立を保障した新たな憲法の下，中華連邦共和国の樹立を求める宣言書。世界人権宣言の採択60周年にあわせ，2008年末にインターネット上で公表された。憲章の起草者で，獄中にある人権活動家・詩人の劉暁波（リウシアオボー）氏（2017年死去）に対して，2010年のノーベル平和賞が贈られた。

類 劉暁波Ⓝ

フランスの政治制度

第五共和制（だいごきょうわせい） 第二次世界大戦後に成立した第四共和制が，アルジェリア独立問題などで崩壊した後，1958年10月に制定された憲法に基づいて発足し，現在にいたる体制。フランス革命から数えて５番目の共和制の意味。大統領行政権の強化，議会権限の縮小，国民投票制などの改革をもりこみ，ド-ゴール大統領のもと，独自の路線を選択した。

類 ド-ゴールⓃ

共和国大統領(きょうわこくだいとうりょう) 第五共和制のもとで強大な権限を与えられた大統領は，国民の直接選挙で選ばれるが，第1回投票で過半数がとれないときには，上位2人による決選投票で選出される。任期は5年で，3選は禁止。首相や閣僚の任免権，国民議会(下院)の解散権，非常時における緊急措置の発動権など広範な権限をもつ。ただし，実際には議会の多数派を無視して首相の任命を行うことはできない。現在の大統領はマクロン。

類 マクロンⓃ

閣僚会議Ⓝ(かくりょうかいぎ) フランス行政府を構成する。メンバーは首相が提案し，大統領が任命，閣議は大統領が主宰する。閣僚は国会議員をはじめとする公職との兼任は許されない。

首相Ⓝ(しゅしょう) 大統領が任命し，その政策を実行する任務をもつ。首相と閣僚は議会に出席し，議会に対して責任を負う一方で，政府に対しては国民議会が不信任決議の権限をもつため，大統領の下に議院内閣制が存在する形式となる。フランスのこうした政治のしくみを半大統領制ともいう。1986年の国民議会総選挙では保守派が過半数を占めたので，社会党のミッテラン大統領は保守派のシラクを首相に任命した(第1次コアビタシオン=保革共存政権)。

類 半大統領制Ⓝ　コアビタシオンⓃ

上院Ⓝ(**元老院**Ⓝ)(じょういん)(げんろういん) 地方公共団体の代表により構成され，県ごとの各級議会の議員による間接選挙によって選出された議員で構成される。憲法上の議員定数は348以下。任期は6年で，3年ごとに半数ずつ改選される。

下院Ⓝ(**国民議会**Ⓝ)(かいん)(こくみんぎかい) 18歳以上の国民による直接選挙で選出される。小選挙区2回投票制で選ばれ，任期は5年で解散もある。憲法上の議員定数は577以下。法律案は両院で可決されることが必要であるが，国民議会には内閣の不信任決議権，予算案の先議権がある。議場は，フランス革命以降，議長席からみて右側に保守派，左側に急進派が位置し，右翼・左翼の語源ともなった。

憲法院(けんぽういん) 大統領と両院の議長がそれぞれ3名ずつ任命した9名(任期9年，再任なし)と，終身任期の大統領退任者で構成される。3年ごとに3分の1ずつ改選。大統領選挙や国民投票の適法性の監視と結果の公表を行う。法律の制定後施行前に合憲性を1か月以内に審査し，ここで違憲と判断されたものは施行することができない。現在では，設立当初の政治機関から脱し，事実上の裁判機関として積極的に違憲審査権を行使するようになった。2008年の憲法改正で，憲法院が事後的に法律の違憲審査を行う制度が導入された。

高等法院(こうとうほういん) 職務執行に明らかに違反した大統領の行為に対して，罷免に該当するかどうかを議決する機関。国民議会(下院)議長が主宰し，構成員(上下両院議員)の3分の2の多数決で行われる。

エマニュエル=マクロン[Emmanuel Jean-Michel Frédéric Macron,1977-] 現フランス大統領。財務官僚，投資銀行職員を経て，2014年に経済相。規制緩和を図る「マクロン法」を成立。2017年の大統領選に勝利し，仏国史上最年少の39歳で大統領に就任。同年の下院総選挙でもマクロン率いる新政党共和国前進(La République En Marche!)が過半数の議席を獲得した。マクロンは

政治編

元々社会党員だったが，現マクロン政権は法人税減税，キャピタルゲイン減税，公務員削減，解雇要件緩和など，フランスの社会主義的側面を是正する態度にある。

ドイツの政治制度

ボン基本法(-きほんほう)　1949年に公布されたドイツ連邦共和国の憲法。東西に分裂したもとで制定されたため，暫定(ざんてい)的憲法という意味で「基本法」と呼称されたが，統一後も同じ名称が用いられている。憲法典は，基本権についての章が冒頭におかれ，連邦の統治機構に関する諸規定がそれに続く。ナチスに対する苦い経験からさまざまな工夫をこらす一方，社会情勢の変化に対応して50回以上の改正が行われてきた。

連邦制Ⓝ(れんぽうせい)　ドイツ連邦共和国は，16の州(Land(ラント))から構成される連邦国家である。各州は高度の自治権および憲法を有する。連邦は，外交・軍事など国家全体としての行動を要する領域の仕事を担当する。それ以外の特に憲法に定めのない分野については，各州政府が担う。

連邦大統領Ⓝ(れんぽうだいとうりょう)　ドイツの大統領は，連邦会議によって選出される。任期は５年で再選１回。条約の締結，外交使節の信認・接受，公務員等の任免など，国家元首としての権限が中心。一部の例外を除き直接の統治権はもたない。

議院内閣制Ⓝ(ぎいんないかくせい)　直接行政を担当する連邦首相は，連邦議会で選出され，大統領によって任命される。首相の任期は４年だが，その権限は非常に強い。連邦議会による重要法案の否決に対しては，大統領の宣言により連邦参議院のみの議決で法案成立も可能である。連邦議会は内閣不信任の権限をもつが，その発動は連邦議会が新たに過半数の支持を与えられる次期首相候補をもっているときに限られる。これを建設的不信任決議という。現在の首相はショルツ。

類 建設的不信任決議　ショルツⓃ

連邦議会Ⓝ(れんぽうぎかい)　ドイツの下院。小選挙区比例代表併用制（比例代表制を基本とし，その内部に小選挙制を組みこんだ方法）により選出される。任期４年で，基本定数598名だが，比例代表枠で得る議席数を上回る人数が当選した場合は超過議席となる。小党乱立を防ぐために，比例代表区で５％の得票を獲得できないか，または三つ以上の選挙区で当選者を出せなかった政党は議席をもつことができない（阻止条項）。立法・予算決定・首相選任などの権能をもつ。選挙権・被選挙権はともに18歳である。

小選挙区比例代表併用制(しょうせんきょくひれいだいひょうへいようせい)　ドイツの連邦議会で導入された，比例代表と小選挙区を組み合わせた選挙制度。有権者は各政党と小選挙区候補者にそれぞれ投票する。基本定数598のうち，299の小選挙区での最多得票者は全員当選。比例代表での得票率に応じて各政党の議席配分数を決める。配分は，少数党に配慮したヘア-ニーマイヤー式という計算式に基づく。各政党の議席配分数から小選挙区での当選者数を差し引いて残った人数分を各政党の比例名簿上位から割り当てる。

連邦参議院Ⓝ(れんぽうさんぎいん)　ドイツの上院。連邦主義に基づく機関で，州の人口に応じた３～６名の州代表議員により構成される。定数は69名。選挙は行われない。連邦議会に法律案を提出する権限をもち，連邦議会で採択された法律について異議を表明することができる。また，州の利害に関係する法律については連邦参議院の同意が必要とされる。

連邦憲法裁判所(れんぽうけんぽうさいばんしょ)　憲法の解釈，連邦と州の権利義務の範囲などを，連邦や議会の要請で審理する。このような違憲審査のあり方を抽象的審査制とよぶ。構成員は連邦議会と連邦参議院によって，それぞれ半数ずつ選出される。なお，憲法裁判所のほかに，民事・刑事裁判を扱う通常裁判所と，四つの特別裁判所とがある。

良心的兵役拒否(りょうしんてきへいえききょひ)　自己の良心に従って，戦争への参加や兵役の義務を拒否すること。かつてはこうした行為を犯罪として扱ってきたが，現在では徴兵制度をもつ国でも人権とのかかわりで義務免除を認めることが多い。ドイツのボン基本法第４条では「何人も，その良心に反して，武器を伴う軍務を強制されない」と定め，一般的兵役義務に対する例外を憲法で保障している。

2章 大日本帝国憲法から日本国憲法へ

1 大日本帝国憲法の制定

大日本帝国憲法の基本的性格

明治維新Ⓝ(めいじいしん) 徳川幕府と諸藩による封建体制を廃止して，天皇を中心とする近代的中央集権国家体制をつくった政治的・社会的変革のこと。王政復古・版籍奉還・廃藩置県・徴兵令・地租改正・四民平等などを推進して封建的諸制度を廃止し，富国強兵・殖産興業・文明開化など，近代国家の建設のための政策をおし進めた。

大日本帝国憲法Ⓝ(だいにっぽんていこくけんぽう) 1889年2月11日発布，翌90年11月29日に施行された憲法。明治憲法ともいわれる。7章76か条からなる。伊藤博文らが君主の権限の強いプロイセン憲法を参考に秘密裏に草案づくりを行い，枢密院の審議を経て，天皇の名で制定された欽定憲法。これにより，日本はアジアにおける最初の立憲君主国となった。統治権の総攬(そうらん)者として，天皇は官吏の任免，陸海軍の統帥(とうすい)，宣戦，講和・条約の締結などの大権をもった。各大臣は天皇を輔弼(ほひつ)するものとされ，衆議院と貴族院とで構成された帝国議会は，天皇の立法権への協賛機関とされた。国民の諸権利は欧米の基本的人権とは異なり，天皇が臣民に与えたものであり，その多くが法律の範囲内でのみ認められた。この憲法は1947年，日本国憲法が施行されるまで効力をもった。

年	事　項
1868	五箇条の御誓文
1874	民撰議院設立建白書
1875	立憲政体の詔書
1881	国会開設の詔
1882	伊藤博文らの渡欧憲法調査
1885	内閣制度発足
1889	大日本帝国憲法発布
1890	第1回衆議院議員総選挙
	第1回帝国議会開会
1891	大津事件
1919	普選運動さかんになる
1924	護憲三派内閣成立
1925	治安維持法公布
	普通選挙制成立
1928	最初の普通選挙実施
1930	統帥権干犯問題
1932	五·一五事件
1935	天皇機関説事件
1936	二·二六事件
1938	国家総動員法公布
1945	ポツダム宣言受諾
1946	天皇の人間宣言
	松本試案
	マッカーサー草案
1947	日本国憲法施行

↑ **大日本帝国憲法から日本国憲法へ**

同 明治憲法Ⓝ

立憲主義Ⓝ(りっけんしゅぎ) 憲法に基づいて政治を行うこと。ここでいう憲法とは，①個人の人権の尊重，②権力分立制，③国民の政治参加の保障の３要素が含まれる基本法のことで，権力の集中を防ぎ，国民の意思を政治に反映させることを憲法に基づいて行わせるものである。これに対して，上の３要素を欠く憲法を「外見的立憲主義」とよんで区別する。日本の大日本帝国憲法はこれにあたる。

類 外見的立憲主義

天皇主権Ⓝ(てんのうしゅけん) 国の政治をどう行うかを決定する最終的な権限が天皇にあること。大日本帝国憲法では天皇主権が規定されていたが，日本国憲法下では主権は国民が有し，天皇主権は認められていない。

欽定憲法(きんていけんぽう)　君主主権の原理に基づき，君主の権威と意思で単独に制定された憲法。君定憲法ともよばれる。フランスの1814年憲章（シャルト）をはじめ，1850年のプロイセン憲法，1889年の大日本帝国憲法などがこれに属する。

民定憲法(みんていけんぽう)　国民主権の原理に基づき，国民が代表者を通じて直接に制定する憲法。アメリカ諸州の憲法やフランスの1946年憲法など，多くは共和制をとるが，フランスの1791年憲法やベルギー憲法（1831年）のように，立憲君主制の形をとるものもある。

伊藤博文Ⓝ[1841～1909]（いとうひろぶみ）　長州藩出身の明治時代の政治家。松下村塾で吉田松陰の教えを受け，イギリス留学の後，明治新政府樹立に貢献した。1882年，国会開設を約して渡欧し，プロイセン憲法を学んで帰国。以後，華族制度や内閣制度の創設，枢密院の設置，大日本帝国憲法制定などを行い，初代内閣総理大臣となった。枢密院議長・貴族院議長などを歴任し，1900年に立憲政友会を結成した。1905年に創設された韓国統監府の初代統監にも就任したが，1909年にハルビン駅頭で韓国人独立運動家・安重根(アンジュングン)に射殺された。

天皇大権Ⓝ（てんのうたいけん）　大日本帝国憲法下において，天皇が帝国議会の協賛なく自由に行使しうる権能のこと。議会の召集，文武官の任免，陸海軍の統帥，宣戦，講和・条約の締結，緊急勅令大権などきわめて広範囲にわたっている。これらの大権が行使される際には原則的に国務大臣の輔弼が必要とされたが，慣行上は輔弼の範囲外にあるものと理解されていた。

勅令（ちょくれい）　天皇の発した命令。帝国議会の協賛なしに発することができた。緊急勅令は，緊急時に治安・安全の確保，災難回避のために下す天皇の命令。

類 緊急勅令

臣民の権利（しんみん-けんり）　大日本帝国憲法下における国民の権利のこと。今日の憲法で保障された人権規定に比較すれば不十分であり，「法律ノ範囲内ニ於テ」認めるという法律の留保が付いていた。

帝国議会Ⓝ（ていこくぎかい）　大日本帝国憲法下における最高立法機関。1890年に開設。国民の公選（制限選挙）による議員からなる衆議院と，公選によらない華族や勅任議員からなる貴族院の二院で構成された。二院はほぼ同等の権限をもち，天皇の立法行為や予算案審議などに協賛した。しかし議会は天皇の立法権の協賛機関でしかなく，議会の召集・閉会・解散などの権限も天皇にあったので，議会が自らの権限で法律を制定することはできなかった。天皇大権の制約を受け，枢密院や憲法上なんら規定のない元老が，国政に決定的な役割を果たすことも多く，議会の弱体化を招いた。

衆議院Ⓝ（しゅうぎいん）　大日本帝国憲法下における立法機関。国民の公選（制限選挙）による議員からなる。

貴族院Ⓝ（きぞくいん）　大日本帝国憲法下の立法機関。公選によらない皇族や華族や勅任議員からなる。衆議院とほぼ同等の権限をもった。

統帥権（とうすいけん）　陸海空など軍隊の最高指揮・命令権。大日本帝国憲法では天皇の大権事項に属し，議会や内閣から独立して行うことが建前とされた（統帥権の独立)。しかし実際には陸軍は参謀総長，海軍は軍令部長がこの権限を行使したため，軍部の発言権が増大し，1931年の満州事変以後，軍部の独走を許した。

類 統帥権の独立

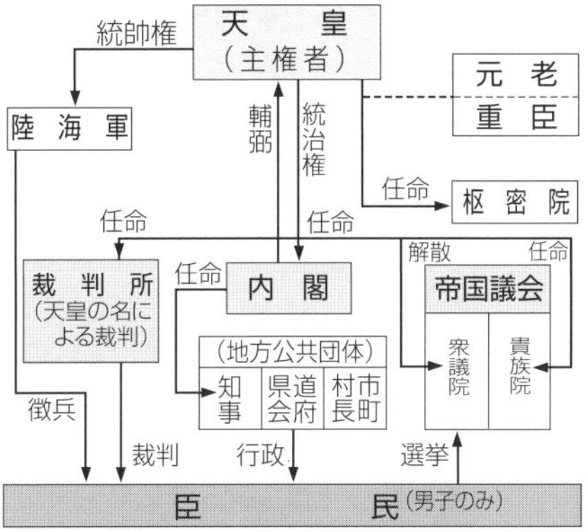

↑ **大日本帝国憲法下の政治機構**

元老Ⓝ(げんろう)　明治憲法下で，天皇を補佐した政界の長老。元勲ともよばれた。憲法上の根拠はないが，後継首相の決定など，実質的な政治支配を行った。

内大臣(ないだいじん)　1885年，内閣制度の発足と同時に行政府から独立して宮中に設けられた天皇の補佐官。1912年の桂太郎の組閣以後に政治への関与を強め，1930年代以後は重臣会議の主催者となることが多くなった。

宮内大臣(くないだいじん)　大日本帝国憲法時代の内閣に属さない天皇親任による宮内省の大臣。皇室関係の事務のすべてについて天皇を輔弼(ほひつ)する皇室の機関。

枢密院(すうみついん)　1888年，大日本帝国憲法草案の審議のために設置された機関。その後，天皇の最高諮問機関として，国務ならびに皇室の重要事項を審議・答申した。法的には単なる諮問機関だが，実際には政府を制約する役割を担った。

輔弼(ほひつ)　大日本帝国憲法下で，天皇を補佐するために国務各大臣が天皇の権能の実行に際して行った助言のこと。天皇は統治権の総攬者であるが，行政行為に際しては輔弼を必要とし，最終的な責任は内閣が負った。

超然内閣(ちょうぜんないかく)　政党内閣に対する概念。議会や政党に基礎をおかない内閣のあり方をいう。1889年の明治憲法発布の翌日，黒田清隆首相が「政務を不偏不党で処理するためには政党から超然としてその外に立つ」と述べたことから，明治期藩閥内閣の特徴として定着した。1918年の原敬内閣の成立まで，政党勢力を無視した内閣構成の慣行が続いた。

総攬(そうらん)　大日本帝国憲法下において，天皇が大権をもち，あらゆる面における権力を一身におさめること。

法律の留保(ほうりつ-りゅうほ)　行政への基本的要請として行政権の活動は，立法機関が定めた法律によらねばならないことをいう。これは法律の定めがあれば，人権の制限も可能という考え方や，行政の恣意(しい)的な執行をいましめるという考え方のいずれにも解釈できる。

治安警察法(ちあんけいさつほう)　日清戦争(1894～95年)後の労働争議や社会運動の高まりを背景に，政治活動やストライキなどの取り締まりを意図してつくられた法律。集会・結社・団結の規制強化などを内容として，1900年に公布。戦前の治安立法の中核的位置を占めた。1945年廃止。

治安維持法Ⓝ(ちあんいじほう)　戦前の代表的な治安立法。1925年に普通選挙を定めた法律と同時に制定された。天皇制の廃止(国体の変革)や私有財産制度の否定を主張する団体の設立者やその参加者にきびしい刑罰をもってのぞんだ。集会・結社の自由に制限を加える治安警察法とともに，労働運動・大衆運動，特に社会運動を徹底的に弾圧した。1928年には最高刑が死刑に改められ，「目的の遂行の為にする行為」も広く処罰の対象となった。1941年の改定で，再犯のおそれのある者を刑期終了後も拘禁する，予防拘禁制も追加された。1945年にＧＨＱ（連合国軍総司令部）によって廃止された。

普通選挙法（ふつうせんきょほう）　1925年に改正された衆議院議員選挙法をさす。この改正以前は，一定額以上の納税者にのみ選挙権が与えられていた制限選挙であったが，この改正によって25歳以上の成年男性であれば，社会的地位・信条・門地・教育などにかかわらず原則として全員に選挙権が与えられる普通選挙制となった。敗戦後の1945年にはＧＨＱの指示によって改正され，男女を問わず20歳以上の国民すべてに原則として選挙権が与えられた。2015年の法改正で18歳以上の国民すべてに選挙権が与えられることになった。

大正デモクラシー（たいしょう-）　大正時代（1912～26年）を中心にみられた政治・社会・文化などにおける民主主義的・自由主義的傾向のこと。大日本帝国憲法下で民衆の政治的活動は抑制されていたが，日露戦争（1904～05年）後は高まった。こうしたなか，美濃部達吉の天皇機関説（1912年）や吉野作造の民本主義論（1916年）が発表されると，都市中間層に民主主義的思潮が普及した。しかし，1925年の治安維持法による弾圧もあって，運動は衰退した。

類 吉野作造　民本主義

外見的立憲主義（がいけんてきりっけんしゅぎ）　外見上は立憲主義のかたちをとるように見せながら，実際にはそれを否定する政治の形態。国民主権や個人の基本的人権，権力分立の保障などの要素をもたない憲法に基づく政治のこと。表見的立憲制ともいう。1850年のプロイセン憲法，それを引き継いだ1871年のドイツ帝国憲法，プロイセン憲法を範とした大日本帝国憲法などがそれに該当する。

戦争への道

満州事変Ⓝ（まんしゅうじへん）　日本による中国侵略の直接的な端緒となった戦争。1931年9月18日，中国東北部（満州）の奉天（ほうてん）（現在の瀋陽）近郊にある柳条湖（りゅうじょうこ）付近の線路を日本の関東軍が爆破し（柳条湖事件），これを中国軍隊の行為として軍事行動を起こした。翌32年には満州の３省を制圧，日本のかいらい国家満州国をつくり上げ，1933年５月，中国と停戦協定を結んだ。満州国については，国際連盟のリットン報告書（1932年）は自発的な独立運動に基づくものではないとした。日本は連盟を脱退し（1933年），戦争へとつき進んだ。

日中戦争（にっちゅうせんそう）　日本と中国との全面戦争。1931年の満州事変を契機に日本は満州国をつくり，中国との対立を深めた。1937年７月７日未明，北京郊外の盧溝橋（ろこうきょう）付近で日中両軍が衝突（盧溝橋事件），以後全面戦争に発展した。日本軍は同年12月に南京大虐殺事件を起こし，1938年10月には広東・武漢を占領したが，中国では国民党と共産党の統一戦線（国共合作）が成立し，国民政府も重慶に移って根強く抵抗を続けた。以後，戦争は泥沼化していった。

軍国主義Ⓝ(ぐんこくしゅぎ)　軍事力によって国家体制を固め，対外的にも発展しようとする考え方，あるいは体制。そのため，一国の政治・経済・社会・文化・教育などのすべてが軍事力強化のために構成・運用されることになる。日本では天皇制を精神的な支柱として，満州事変以後特に強硬におし進められた。

大政翼賛会Ⓝ(たいせいよくさんかい)　1940年，第2次近衛文麿(このえふみまろ)内閣のとき，新体制運動の推進をめざして結成された全体主義的国民統合組織。既成政党や軍人によらない広範囲の国民統合組織をめざしたが，実際には軍部に利用され，戦争に国民を動員する中核としての役目を果たした。総裁には首相が就任し，下部組織には都道府県支部（長には知事）や市区町村支部などがあった。1945年3月，国民義勇隊の発足とともに解散。

国家総動員法(こっかそうどういんほう)　日中戦争下の非常事態に備え，人的・物的資源の統制・動員・運用を行うことを目的とした法律。1938年に施行。労務・物資・資金・価格などの戦争下における取り扱いを勅令によって定めるなど，広範な権限を政府に委任し，結果的に全分野にわたる政府の統制を許すことになった。

政治編

太平洋戦争Ⓝ(たいへいようせんそう)　第二次世界大戦（1939～45年）における，日本と中国・英・米・仏・蘭など連合国との戦争。近年では戦争の性格上，「アジア太平洋戦争」という言葉が定着している。当時の日本は「大東亜戦争」とよんだ。泥沼化した日中戦争の打開と資源の確保をめざし，国内では国家総動員法・大政翼賛会などをつくって戦時体制を固め，対外的には日独伊三国同盟（1940年），日ソ中立条約（1941年）を結んで条件を整えた。1941年，石油資源などの獲得を目的に南部仏印に進駐，これに対してアメリカなどが対日石油禁輸の措置をとると，1941年12月8日，日本軍は英領マレー半島に上陸，同時にハワイ真珠湾を奇襲して，ここにアジア太平洋戦争が始まった。1945年2月，米・英・ソ3国はヤルタ協定を結び，ソ連の対日参戦などを密約した。同年5月，ドイツが無条件降伏，7月には米・英・中3国が対日戦後処理案をポツダム宣言として発表した。日本がこれを黙殺すると，アメリカは広島・長崎に原爆を投下，ソ連も対日参戦し，満州・南樺太・朝鮮に進攻した。ここにいたって日本政府はポツダム宣言を受諾，8月15日に終戦の詔勅(しょうちょく)を天皇がラジオを通じて放送し，戦争は終結した。この戦争の犠牲者は，日本の300万人を含めアジア全域で2000万人ともいわれる。

同 アジア太平洋戦争

日本軍「慰安婦」問題(にほんぐんいあんふもんだい)　第二次世界大戦中，日本軍が侵略した地域に設けた「慰安所」で，現地女性たちに奴隷状態のもと性行為などを強制した問題。被害者として韓国人女性が1991年，日本政府に損害賠償を求めて初の提訴。日本政府は1993年に日本軍の関与を認め，「お詫びと反省」を表明した（河野談話）。1995年，民間組織「女性のためのアジア平和国民基金」が発足し，2007年まで元慰安婦への償い事業などを実施したが，国家としての賠償は行われていない。2011年，韓国の憲法裁判所はこの問題について，日本との交渉を含め韓国政府が解決への努力を怠ったとして，違憲の決定を下した。2015年の日韓合意の際には，安倍政権が改めて日本軍の関与を認めて謝罪した。なお，「従軍慰安婦」という言葉は戦後以降に用いられたものである。

徴用工訴訟問題(ちょうようこうそしょうもんだい)　昭和初期の国民総動員体制時，日本側による募集・斡旋・徴用の下，軍需工場等に動員された朝鮮人労務者たち（いわゆる徴用工）が奴隷的・非人道的な処遇を受けていた問題。近年，韓国内において，元徴用工やその遺族たちが複数の日本企業を相手取って訴訟を起こしてきた。1965年の日韓請求権協定では，日韓両国間の請求権問題が「完全かつ最終的に」解決されたとしているが，2018年，韓国大法院は「個人請求権は消滅していない」として，日本企業に損害賠償を命じる判決を下した。

沖縄戦Ⓝ(おきなわせん)　アジア太平洋戦争の末期，沖縄本島とその周辺で行われた日米間の戦闘。1945年４月に米軍が上陸，日本軍の組織的抵抗が終わる６月までつづいた激しい地上戦は，「鉄の暴風」とよばれた。沖縄県民の犠牲者は12万人以上と推定され，そのなかには日本軍によって「集団自決」（強制集団死）に追い込まれた人たちもいた。大江健三郎著『沖縄ノート』での，軍指揮官が住民に対して自決を強要したなどの記述で名誉が傷つけられたとして，元戦隊長らが2005年に訴訟を起こしたが（大江・岩波沖縄戦裁判），大阪地裁・同高裁ともに原告の請求を棄却した。2011年には，最高裁が原告の上告を棄却する決定を行い，被告（大江氏など）の勝訴が確定した。

類 大江・岩波沖縄戦裁判

首相の戦後談話(しゅしょう-せんごだんわ)　第二次世界大戦を総括するために発表された首相の談話。通常，閣議決定を経て行われる。戦後50年の節目となった1995年，当時の村山富市首相がはじめて公表（村山談話）。日本の「植民地支配と侵略」を認め，「痛切な反省」と「心からのお詫び」を表明した。戦後60年の2005年にも，当時の小泉純一郎首相が，同趣旨の談話を公表した（小泉談話）。戦後70年となる2015年，安倍晋三首相も談話を発表した（安倍談話）。植民地支配・侵略・反省・お詫びというキーワードこそ踏襲されたが，文書にもられた主語・主体が不明確などとの批判も出された。

2　日本国憲法の成立

日本国憲法の基本的性格

日本国憲法Ⓝ(にほんこくけんぽう)　敗戦直後から，民主的な新憲法制定作業が始まり，1946年11月３日に公布，翌年５月３日から施行された。この憲法は大日本帝国憲法の改正という形をとったが，天皇主権から国民主権に変わるなど多くの点で根本的に異なる。日本国憲法の柱は，①国民主権と象徴天皇制，②戦争の放棄，③基本的人権の保障である。当時の日本は連合国の占領下にあり，連合国軍最高司令官マッカーサーの指示の下で新憲法制定が進められたために，日本の自主的憲法ではないという考え方も一部にある。

類 日本国憲法の三大原則　日本国憲法の基本原理

ポツダム宣言Ⓝ(-せんげん) 日本の降伏条件や戦後処理を示した対日共同宣言。1945年7月26日に米・英・ソ3国がベルリン郊外のポツダムでの会談によって取り決めた。当初，米・英・中の名で発表され，ソ連は対日参戦した8月8日に加わった。全13項のうち主なものは，①日本の軍国主義とその勢力の除去，②日本の戦争能力排除までの連合国による占領，③日本の領土を本州・北海道・四国・九州及び連合国の決定する諸小島に限定，④戦争犯罪人の処罰と民主化の促進，⑤言論・宗教・思想の自由及び基本的人権の尊重，⑥無条件降伏，などである。

年 月 日	事　項
1945. 8.14	ポツダム宣言受諾
1945.10.11	GHQ,幣原内閣に憲法改正を示唆
1945.10.25	憲法問題調査委員会(松本委員会)設置
1946. 1. 1	天皇人間宣言
1946. 2. 8	憲法改正の「松本案」をGHQに提出
1946. 2.13	GHQ,マッカーサー草案を提示
1946. 3. 6	政府,「憲法改正草案要綱」を発表(マッカーサー草案を基に)
1946. 4.17	政府,「憲法改正草案」を発表
1946. 6.20	第90帝国議会に憲法改正草案を提出
1946.10. 7	帝国議会,憲法改正草案を修正可決
1946.11. 3	日本国憲法公布
1947. 5. 3	日本国憲法施行

↑ 日本国憲法の制定過程

連合国軍最高司令官総司令部(GHQⓃ**)** [General Headquarters of the Supreme Commander for the Allied Powers] (れんごうこくぐんさいこうしれいかんそうしれいぶ) 第二次世界大戦後にポツダム宣言に基づいて，日本の占領・管理のために設置された。最高司令官はアメリカのマッカーサー。米・英・ソ・仏など11か国からなる極東委員会(本部ワシントン)の決定と連合国対日理事会(本部東京)の諮問によって日本政府に対して占領政策を実施させた。

極東委員会(FEC) [Far Eastern Commission] (きょくとういいんかい) 第二次世界大戦後，日本を管理するための連合国の最高政策決定機関。1945年に米・ソ・中など11か国で発足，のちに13か国で構成された。憲法問題などについて，アメリカ政府を通じてGHQの最高司令官に指示を与えることを目的とした。結果的には十分な機能を果たせず，1952年の対日平和条約の発効で消滅した。

マッカーサーⓃ[Douglas MacArthur, 1880～1964] アメリカの軍人。1941年にアメリカ極東陸軍司令官となり，日本降伏後の1945年8月に連合国軍最高司令官として日本に進駐した。GHQの最高権力者として，日本国憲法の原案作成や軍国主義者の公職追放，農地改革，財閥解体などの一連の民主化政策を推進した。1940年代末の東西対立の激化にともない，日本の反共国家化にも取り組んだ。1950年から始まった朝鮮戦争で「国連軍」の最高司令官となったが，原爆使用を提言してトルーマン大統領と対立，1951年4月に解任された。

国体護持(こくたいごじ) 国体とは国家の統治体制を意味する。しかし，ここでいう国体は，大日本帝国憲法に定められた万世一系の天皇が統治する日本独自の国家形態をいい，その護持とはこのような天皇制を維持しようとする主張や運動をいう。

憲法研究会(けんぽうけんきゅうかい) 社会政策学の高野岩三郎，憲法学の鈴木安蔵ら7人の学者・知識人で構成された憲法改正案作成のための民間の研究会。1945年11月発足。この会の改正草案は国民主権を基礎として，天皇も「もっぱら国家的儀礼をつかさどる」ものとした。起草はおもに鈴木が行った。1946年2月に提示されたマッカーサー草案は，この研究会の草案を参考にしたとされる。

マッカーサー三原則(-さんげんそく)　1946年2月，総司令部民政局に示されたマッカーサーによる憲法改正の基本方針。①日本国の最高位としての天皇の地位，②戦争放棄，③封建制度の廃止を柱とする。マッカーサー-ノートともよばれる。

同 マッカーサー-ノートⓃ

マッカーサー草案(-そうあん)　総司令部民生局が1946年に極秘に作成した憲法改正草案。ＧＨＱ案ともいう。ＧＨＱ案は前文と92か条からなる。前文では国民主権主義・平和主義・国際協調主義がうたわれ，第１章で天皇は国民統合の象徴とされた。第２章は戦争の放棄と軍備不保持を規定。第３章では「すべての自然人は法の前に平等」と定め，外国人の人権も保障した。自由権には法律の留保を認めず，男女の平等が詳細に規定された。第４章で一院制の国会が，第５章で議院内閣制が，第６章で司法の独立が，第７章で財政が，第８章には地方行政があてられた。ＧＨＱ案は1946年２月４日から起草を開始，10日には完成し，13日に日本政府に手交された。

国民主権Ⓝ(こくみんしゅけん)　日本国憲法の三大原則の一つ。憲法前文，第１条などに規定されている。憲法第１条では象徴天皇制を定めるとともに，国家の主権が国民にあることを定めている。大日本帝国憲法では，統治権の総攬者としての天皇主権を定めていたが，結果として行政府や軍部に政治的に利用され，国民の基本的人権の侵害や対外侵略・第二次世界大戦につながった。日本国憲法では，国権の最高機関を国会とし（第41条），国会を構成する議員の選択を国民の権利として認めたため，国民に最高決定権が帰属する構造になり，天皇は国政に関する権能をもたないとされた。

基本的人権の尊重Ⓝ(きほんてきじんけん-そんちょう)

日本国憲法の三大原則のうちの一つ。基本的人権は人間が生まれながらにもっている権利で，近代以後自然権思想の普及とともに確立した。歴史的には人権は王権などの支配権者によって長く制限されており，人権獲得は国家権力との闘争の結果といってよい。日本国憲法は，こうした人間の歴史をふまえ，自由権・平等権・社会権などの基本的人権の尊重を基本原理として掲げている。

平和主義Ⓝ(へいわしゅぎ)　日本国憲法の三大原則の一つ。一切の戦争，戦力保持を

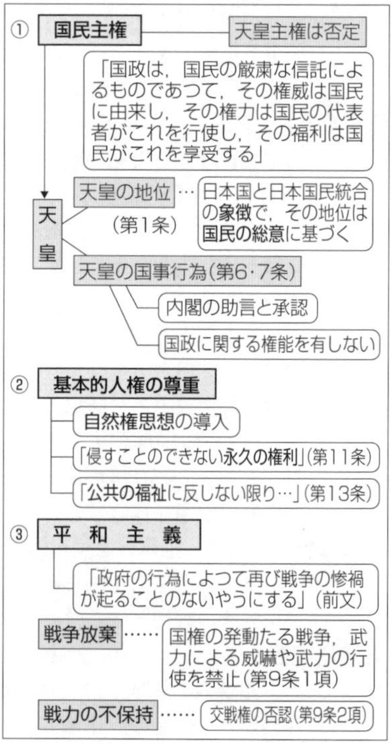
①
国民主権
天皇主権は否定
「国政は，国民の厳粛な信託によるものであつて，その権威は国民に由来し，その権力は国民の代表者がこれを行使し，その福利は国民がこれを享受する」
天皇
天皇の地位
(第1条)
日本国と日本国民統合の象徴で，その地位は国民の総意に基づく
天皇の国事行為(第6·7条)
内閣の助言と承認
国政に関する権能を有しない
②
基本的人権の尊重
自然権思想の導入
「侵すことのできない永久の権利」(第11条)
「公共の福祉に反しない限り…」(第13条)
③
平　和　主　義
「政府の行為によつて再び戦争の惨禍が起ることのないやうにする」(前文)
戦争放棄
国権の発動たる戦争，武力による威嚇や武力の行使を禁止(第9条1項)
戦力の不保持
交戦権の否認(第9条2項)
↑ 日本国憲法の三大原則

否定し，平和の実現を理想とする立場をいう。多大な犠牲を出した第二次世界大戦の反省から，日本国憲法においても「平和のうちに生存する権利」（平和的生存権）のもと，第９条で戦争の放棄，戦力の不保持，交戦権の否認などを規定し，世界で類をみない絶対的平和主義の立場を規定している。平和憲法ともよばれる。

類 平和憲法Ⓝ　平和的生存権

下山事件Ⓝ（しもやまじけん）　1949年７月，下山定則国鉄総裁が常磐線綾瀬駅近くの線路上で，轢死体となって発見された事件。自殺説・他殺説など諸説が出されたが，真相不明のまま時効となった。当時，大量の人員整理が発表された直後だったため，国鉄労働組合や共産党員などに嫌疑がかけられた。

三鷹事件Ⓝ（みたかじけん）　1949年７月，国鉄中央線の三鷹駅構内で，無人の電車が暴走して多くの死傷者を出した事件。国鉄労組や共産党の弾圧に利用された。裁判では非共産党員の単独犯行とされたが，無罪を主張した本人が獄死したため真相は不明。2011年，遺族による再審請求が申し立てられた。

松川事件Ⓝ（まつかわじけん）　1949年８月，国鉄東北線の松川・金谷川駅間でレールが外されて列車が脱線転覆，３人の乗務員が死亡した事件。国鉄労組員や共産党員ら20人が逮捕されたが，14年にわたる裁判の結果，1963年の最高裁判決で全員の無罪が確定した。この間，作家広津和郎らによる裁判批判と被告人救援活動は広く世論を喚起した。

憲法改正Ⓝ（けんぽうかいせい）　憲法の明文化された規定に変更を加えること。修正・追加・削除など多様な方法がある。手続きは，①各議院の総議員の３分の２以上の賛成で，国会が発議し，②国民投票により国民の承認を経て，③天皇が国民の名で公布する，という３段階をとる。ただし，国民主権など憲法の基本原則は改変できない，というのが学界の通説（憲法改正限界説）。

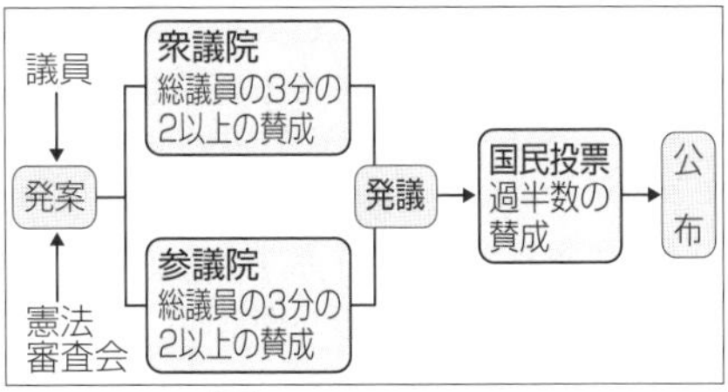

↑ 憲法改正の手続き

類 憲法改正限界説

国民投票法Ⓝ（こくみんとうひょうほう）　2007年５月に成立した憲法改正の手続きなどを定めた法律。正式には「日本国憲法の改正手続に関する法律」という。おもな中身は，①投票者は原則として18歳以上（20歳以上の場合もある），②国民投票運動は戸別訪問やインターネット利用などが可能となったが，公務員や教員などの地位を利用した運動は禁止，③投票の成立には有効投票総数（無効票をのぞく賛成票と反対票の合計）の過半数の賛成が必要，④改正案の発議内容は関連項目ごとに行う，など。2010年に施行された。2014年に法改正が行われ，施行の４年後に投票年齢を「20歳以上」から「18歳以上」に引き下げる，一般公務員の個人的な勧誘運動は認めるが，組織的な運動は規制を検討する，などとなった。

硬性憲法Ⓝ(こうせいけんぽう)　一般の法律よりきびしい改正手続きを定めた憲法。現在の世界各国の成文憲法は，ほとんどが硬性憲法である。イギリスの政治学者ブライスが初めて用いた用語。

軟性憲法Ⓝ(なんせいけんぽう)　一般の法律と同じ改正手続きで改正できる憲法。

解釈改憲(かいしゃくかいけん)　憲法改正の手続きによらずに，解釈や運用によって憲法を実質的に改正したのと同様の状態をつくりだすこと。明文改憲に対応する用語。

対 明文改憲

国家緊急権（緊急事態条項Ⓝ**）**(こっかきんきゅうけん)(きんきゅうじたいじょうこう)　戦争や内乱，大規模な自然災害などの緊急事態に対応するため，憲法の効力（人権保障や権力分立）を一時停止する国家の例外的な権限の総称。過去の戦争への反省や濫用の危険性などをふまえ，日本国憲法では規定が設けられていない。大日本帝国憲法には戒厳大権（第14条），非常大権（第31条）などがあった。2020年4月，新型コロナウイルス流行に伴って，日本政府は特別措置法に基づく緊急事態宣言を発した。しかし，これよりもさらに強制力のある非常事態時の権限を政府に与えるべきだとして，改めて国家緊急権の重要性を説く声もある。

緊急（非常）事態宣言(きんきゅうじたいせんげん)　自然災害，感染症流行，戦争，内戦，暴動などの非常事態／緊急事態によって，人々の財産・健康・生命に危機が迫っている際に，政府がその危機を広く注意喚起し，かつ，必要な政策的措置を実施するために発する宣言。国によっては，個人行動・個人資産の制限や強制的接収が実施されることもある。日本の場合，首相は，治安維持上の危機に際して緊急事態を布告できる（警察法71条）。非常災害時に災害緊急事態を布告できる（災害対策基本法105条）。感染症流行の危機の際にも緊急事態宣言を発することができる（新型インフルエンザ等対策特別措置法32条）。同法に基づいて，新型コロナウイルスによる感染症流行の危機に対応するため，2020年4月から緊急事態宣言が繰り返して発令されている。

ロックダウン[lockdown]　政府が人々の屋外移動を制限し，屋内での待機を要求すること。主として，非常事態宣言下で実施される規制措置である。ロックダウン下でも，食料品店，薬局，物流，警察，消防，病院などのインフラに従事する人々は，規制の対象外となることが多い。2019年新型コロナウイルスの世界的流行時においては，多くの国々で2～3か月におよぶロックダウン措置が取られた。

憲法審査会Ⓝ(けんぽうしんさかい)　憲法調査会の後継機関として国民投票法の制定にともない2007年に設置された。国会法第102条の6～10に規定され，憲法改正の発議や憲法改正原案（提出には衆院100名以上，参院50名以上の賛成が必要）などの審査を行う。

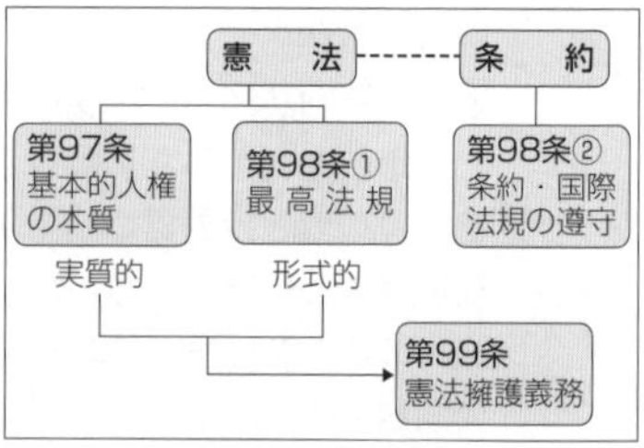

↑ 憲法の最高法規性

憲法の最高法規性(けんぽう-さいこうほうきせい)　憲法が法体系の頂点にあること。日本国憲法第

98条は「この憲法は，国の最高法規であつて，その条規に反する法律，命令，詔勅及び国務に関するその他の行為の全部又は一部は，その効力を有しない」と規定している。

天皇制の変化

天皇Ⓝ（てんのう）　明治憲法では，国の元首であり，また主権者であった。しかし，日本国憲法では日本国の象徴であり，日本国民統合の象徴と位置づけられた。国の政治に関する権能をもたず，内閣の助言と承認に基づいて国事行為を行う。

天皇の人間宣言（てんのう-にんげんせんげん）　昭和天皇が1946年1月1日に国民に対して発した宣言。正式には「新日本建設に関する詔書」という。この宣言によって，天皇が神であるとするそれまでの考え方をみずから否定した。

象徴Ⓝ（しょうちょう）　抽象的・無形のものを具体的事物やイメージで表現すること，または表現されたもの。たとえば平和をハトで，純潔さを白で表現することなどをいう。日本国憲法は第1条で天皇を「日本国及び日本国民統合の象徴」と規定している。これを象徴天皇制という。

類 象徴天皇制

天皇の国事行為Ⓝ（てんのう-こくじこうい）　日本国憲法に定められた天皇の行う行為。天皇は国政に関する権能をもたないが，国事に関する行為としては政治的行為と儀式的行為とを含み，内閣の助言と承認に基づいて行い，その責任は内閣が負う。具体的には第6・7条などに規定されており，国会の指名に基づく内閣総理大臣の任命及び内閣の指名に基づく最高裁判所長官の任命，憲法改正・法律・条約の公布，国会の召集，衆議院の解散，栄典の授与などが含まれる。

同 国事行為Ⓝ

内閣の助言と承認Ⓝ（ないかく-じょげん-しょうにん）　憲法第3条では，天皇の国事行為には内閣の助言と承認を必要とし，内閣がその責任を負う，と定めている。天皇を直接的統治・政治行為から遠ざけ，行政権者などが天皇を政治的に利用することを防ぐ目的をもつ。この規定は，天皇の国事行為の最終決定権と責任が内閣にあることも意味する。なお，助言とは行為に先立って行われる勧告であり，承認とは事後における同意を意味する。

権能Ⓝ（けんのう）　一般には法律上認められている権利や権限をいう。天皇の権能に関して憲法では，第4条で，国事に関する行為のみで，国政に関する権能をもたないと規定されている。これは天皇の政治的利用の排除に配慮したものである。

元首Ⓝ（げんしゅ）　君主制を採用する国の国王のように，対外的に国家を代表する資格をもつ国家機関をいう。大日本帝国憲法では天皇を「元首」と明記していたが，日本国憲法では規定がなく，天皇とする説，条約を締結する権利をもつ内閣あるいは内閣総理大臣とする説，国権の最高機関のうち優位にある衆議院議長とする説，元首は存在しないとする説，など諸説がある。

皇室典範（こうしつてんぱん）　1947年に施行された皇位継承や皇族の範囲など皇室関係の事項を定めた法律。現行の皇室典範は第1条で「皇位は，皇統に属する男系の男子が，これを継承する」と規定し，その順位を①皇長子，②皇長孫，③その他の皇長子の子孫，などと定めている。

女性・女系天皇（じょせい・じょけいてんのう） 女性天皇とは女性の天皇のこと。日本では，歴史上８人の女性天皇が存在する。一方，女系天皇とは，母方のみが皇室の血統に属する天皇のこと。歴代天皇は一貫して男系（父方が必ず天皇の血統に属する）によって形式上継承されてきたと推定されている。皇室典範も「皇位は，皇統に属する男系の男子が，これを継承する」と規定しており，女系天皇を認めていない。

天皇の生前退位（てんのう－せいぜんたいい） 天皇が亡くなる前にその地位（皇位）を皇太子に譲ること。戦後の皇室典範には生前退位の規定がなく，2016年８月，天皇が生前退位の意向を示したため，2017年６月，天皇の退位等に関する皇室典範特例法が制定された。この特例法によって，2019年４月30日に天皇が退位し，2019年５月１日に皇太子が新しい天皇として即位することが今回に限った措置として決定された。退位後の天皇の称号は「上皇」となり，敬称はこれまで通り「陛下」となる。

「令和」（れいわ） 2019年５月，徳仁天皇の即位から開始された日本の元号。日本史上はじめて「令」が元号に使用された。従来の元号は中国の古典を参照して作成されてきたが，「令和」は，日本の古典に基づいて作成された。

元号（げんごう） 年を表記する方法の一つ。君主国において，君主の意向によって特定の年代に名が付けられる仕組み。日本などの東アジア地域において古代よりみられる制度。なお，年を表記する方法として世界標準となっているものは西暦である。日本では，元号と西暦という二つの表記方法が混在している。

3章　基本的人権

基本的人権とは

自由権Ⓝ（じゆうけん）　国家権力による身分的・身体的・精神的な制限・拘束・干渉を排除し，自律的決定を行う権利。第一世代の人権ともよばれる。17・18世紀の絶対王政に対抗した市民革命のなかで，歴史的に最も早く実現した。日本国憲法では，人身の自由，思想・良心の自由など内心（内面）の自由，集会・結社・表現の自由，居住・移転・職業選択の自由などを保障している。大日本帝国憲法においても自由権の保障規定は存在したが，法律の留保の規定も存在し，人権は制限可能だった。

同 第一世代の人権

平等権		法の下の平等(14) 男女の本質的平等(24) 参政権の平等(44)
自由権的基本権	人身の自由	奴隷的拘束･苦役の禁止(18) 法定手続きの保障(31) 住居への不法侵入禁止(35) 拷問･残虐な刑罰の禁止(36) 刑事被告人の権利の保障(37) 黙秘権の保障(38)など
	精神の自由	思想･良心の自由(19) 信教の自由(20) 集会･結社･表現の自由(21) 学問の自由(23)など
	経済の自由	居住･移転･職業選択の自由(22) 私有財産権の保障(29)など
社会権的基本権		生存権(25) 教育への権利(26) 勤労の権利(27) 勤労者の団結権･団体交渉権･団体行動権(28)
参政権		公務員の選定･罷免の権利(15) 選挙権･被選挙権(44･93) 最高裁判所裁判官の国民審査権(79) 特別法の制定同意権(95) 憲法改正の国民投票(96)など
国務請求権（受益権）		請願権(16) 国家賠償請求権(17) 裁判を受ける権利(32) 刑事補償請求権(40)

↑ **日本国憲法が保障する基本的人権の分類例**
カッコ内の数字は憲法の条数を示す

社会権Ⓝ（しゃかいけん）　自由権や平等権に対して，20世紀に入ってから導入された権利。第二世代の人権ともよばれる。恐慌・失業・貧困・階級対立など，個人の努力では解決不可能な経済的・社会的な不平等の増大に対応して主張されるようになった。人間として最低限度の生活を営む権利の主張と，その保障を国家に対して要求する権利を含む。生存権的基本権ともいわれ，憲法第25条では「健康で文化的な最低限度の生活を営む権利」と表現されている。ほかに，教育への権利・勤労権・労働三権などが含まれる。

同 第二世代の人権

個人の尊重（こじん-そんちょう）　近代民主主義体制を採用する国家では，個人の基本的人権とその不可侵を原則としている。近代国家はそうした個人により構成されるため，最大限個人を尊重する必要がある。日本国憲法でも第13条と第24条において，両性の本質的平等とともに，個人の尊厳と生命・自由・幸福追求の権利の最大限の尊重が規定されている。

幸福追求権Ⓝ（こうふくついきゅうけん）　憲法第13条後段に規定された国民の権利。社会の変化にともない，個人の人格的生存に不可欠な利益を内容とする権利の総体をさす。「生命・自由・幸福追求の権利」とも呼ばれるが，この三者を区別せず統一的に幸福追求権として把握するのが一般的である。この権利と個別の人権とは，後者の保障がおよばない範囲を前者がカヴァーする関係にある。これを補充的保障説という。

同 生命・自由・幸福追求の権利Ⓝ

平等権Ⓝ（びょうどうけん） 法律の規定や国家権力の扱いについて国民が平等である権利。憲法第14条では法の下の平等を規定しており，第24条の「両性の本質的平等」の規定や第44条の選挙権の付与に関する「人種，信条，性別，社会的身分，門地，教育，財産又は収入」による差別禁止などがある。また，刑法第200条の「尊属殺人重罰規定」に対する最高裁の違憲判決（1973年）は，法の下の平等を根拠にして下された。

参政権Ⓝ（さんせいけん） 政治及び国家や地方公共団体の権力の構成・行使に参加する権利のこと。日本国憲法では第15・79条で，公務員の選定や罷免の権利を定め，普通選挙・秘密投票・国民審査などを保障している。第16条の請願権なども，国家権力の行使に関する参加という点で，参政権に含む場合もある。国民はこれらを通じて自らの基本的人権の実現をはかることになるため，「人権を確保するための権利」ともいわれる。

自由権	国家からの自由	消極的権利	国家が国民生活に干渉しない
参政権	国家への自由	能動的権利	国家に対して働きかける
社会権	国家による自由	積極的権利	国家に積極的な措置を求める

↑ 自由権・参政権・社会権の法的性格

法人の人権（ほうじん-じんけん） 憲法で会社などの法人に認められた基本的人権。法人とは，ある目的で集まった人や財産の集合体のこと。経済の自由（居住・移転の自由など）や，幸福追求権や精神的自由権（学校法人の学問の自由など），受益権（裁判を受ける権利など）は認められるが，生存権や参政権などは享受できない。

精神の自由

精神の自由（せいしん-じゆう） 人権思想の根源にある「個人の尊厳」から直接に導かれる自由権的基本権の一つで，民主主義体制の基礎をなす。個人の内面的なあり方が，国家権力を含めたいかなる組織からも強制・干渉されないというもの。思想・良心の自由，信教の自由，集会・結社・表現の自由，学問の自由，などで構成される。

内心の自由（ないしん-じゆう） 個人が内心において有する思想や良心を国家によって強制されないこと。

思想・良心の自由Ⓝ（しそう・りょうしん-じゆう） 人間の内心・内面に関する自由の一つ。個人がもつ内面的価値観や道徳的規範に関しては，公権力が干渉・規制してはならないとする原理。憲法第19条で保障されている。

私人間の人権保障（しじんかん-じんけんほしょう） 憲法の人権規定は基本的には国家と私人（個

人）との関係を規律するものだが，これを私人間にも適用して人権保障を拡充しようとする考え方。私人間にも憲法の規定を直接適用しようとする説と，民法第90条の公序良俗に関する規定などを介在させて間接的に適用しようとする説とに大別される（非適用の立場もある）。学界などでは，後者の見解が通説。三菱樹脂事件で最高裁は，原則として自由権や平等権などの規定は私人間（個人と企業間）には直接適用されない，などと判断している。

三菱樹脂事件（みつびしじゅしじけん）　大学卒業後，三菱樹脂株式会社に入社した高野達男さんが，在学中に学生運動に関係していたことを隠したとして３か月の試用期間後に本採用を拒否されたため，思想・信条による差別であり，憲法違反だとして無効を訴えた事件。第一審では解雇権の濫用，第二審では思想・信条の差別を理由に原告の主張を認めたが，1973年に最高裁は，企業が思想・信条を理由に雇用を拒んでも違法とはいえない，などとして高裁に差し戻した。その後，高裁で審理中の1976年に和解が成立し，高野さんは職場に復帰した。私人（しじん）間の人権保障をめぐる代表的事例。

国旗・国歌法（こっきこっかほう）　日の丸を国旗とし，君が代を国歌として法制化したもの。1999年に制定。正式には「国旗及び国歌に関する法律」。法律自体には義務規定や罰則規定は盛り込まれていない。

「君が代」不起立訴訟（きみ-よふきりつそしょう）　卒業式や入学式の際，国旗・国歌を強制する東京都教育委員会の通達に沿った職務命令に従わなかったとして処分された教職員らが，起立斉唱の命令は思想・良心の自由を定めた憲法第19条に反するとして起こした訴訟。下級審では違憲・合憲など判断が分かれたが，最高裁は2011年，一連の事件について三つの小法廷でいずれも合憲とする判決を下した。また，教員らが受けた懲戒処分の妥当性を問う同様の裁判で最高裁は2012年，停職処分１人と減給処分１人について，取り消す判断を示した。

信教の自由Ⓝ（しんきょう-じゆう）　16世紀の宗教改革以後，宗派間の対立や宗教戦争への反省から採用・確立された。信仰の自由，布教など宗教活動の自由，宗教的結社の自由からなり，日本国憲法では第20条で，国家が特定の宗派を支援したり，国民が特定の宗教活動を強制されたりしないことを規定している。

政教分離Ⓝ（せいきょうぶんり）　国家と宗教との分離を意味する。一般的には，国家権力がいかなる宗教活動に対しても支援や関与をしてはならないという原則。ヨーロッパでは中世以来，キリスト教の教皇権が国家の君主権その他を支配する体制が続いていたが，近代主権国家形成とともに教権と国家権力の分離が行われた。大日本帝国憲法下の国家神道体制への反省から，日本国憲法では第20・89条で，信教の自由とともに宗教団体への財政支出や公的機関の関与を禁止した。

国家神道（こっかしんとう）　アニミズム（物神崇拝）やシャーマニズム（呪術）の要素が濃い日本独自の民族宗教である神道のうち，国家からの特別な支援や助成を制度的に受けたもの。教派神道に対して神社神道ともいう。明治期以降，天皇制軍国主義と結びついて推進された。第二次世界大戦後，GHQの発した神道指令によって解体され，現在では存在しない。

類 神道　対 教派神道　同 神社神道

津地鎮祭訴訟Ⓝ（つじちんさいそしょう） 1965年，三重県津市は，市立体育館の起工式に神道形式の地鎮祭を行い，その費用を市の予算から支出した。この支出が憲法の定めた信教の自由と政教分離に反するとして，市議が支出金額の損害補塡（ほてん）を市長に請求した事件。1977年に最高裁は，地鎮祭自体が一般的慣習に従う習俗であり，参加者の宗教的関心を高める目的と効果がないとして，合憲とした。

箕面忠魂碑・慰霊祭・補助金訴訟（みのおちゅうこんひ・いれいさい・ほじょきんそしょう） 大阪府箕面市が市有地に公費で忠魂碑を移設し，遺族会に無償貸与，さらに遺族会主催の慰霊祭に市長らが参列したことに対して，憲法の政教分離原則に反するとして，市民が違法確認・損害賠償を請求した事件。大阪地裁は1982年，原告の主張をほぼ認めた違憲判決を下したが，大阪高裁は1987年，忠魂碑の宗教性を否定し，慰霊祭参列も社会的儀礼として，合憲判断を示した。最高裁は1993年，第二審の判断を支持し，原告の上告を棄却した。

自衛官合祀訴訟（じえいかんごうしそしょう） 殉職自衛官の夫を山口県護国神社に合祀（合わせてまつる）されたクリスチャンの妻が，国と隊友会を相手どり，合祀は憲法第20条の信教の自由に反するとして合祀申請の取り消しと慰謝料を求めた訴訟。山口地裁は，被告側による原告の宗教的人格権の侵害を根拠に原告の申請を認め，広島高裁もこれに従った。しかし1988年，最高裁は合祀申請が隊友会の単独行為で国は関与していない，国の行為が私人を対象とする場合には必ずしも違法にはならない，と判断した。政教分離をゆるやかに解釈したもの。

愛媛玉ぐし料訴訟（えひめたま-りょうそしょう） 愛媛県が靖国神社への玉ぐし料などを公費で支出したことに対して，市民らが憲法の規定した政教分離原則に反すると訴えた裁判。第一審の松山地裁が違憲，第二審の高松高裁が合憲と判断が分かれたが，上告審の最高裁大法廷は1997年4月，県の行為はその目的と効果からみて，憲法の禁止した宗教的活動にあたるとして，違憲判決を下した。

空知太神社訴訟（そらちぶとじんじゃそしょう） 北海道砂川市が市内にある空知太神社の敷地として市有地を無償提供してきた行為が，憲法の政教分離に反すると地元住民が訴えた裁判。第一審の札幌地裁，第二審の札幌高裁がともに住民側の主張を認め，市側が上告した。上告審の最高裁大法廷は2010年1月，一般の人の目からみて特定宗教への援助と評価されてもやむをえない，として違憲の判断を示した。その上で二審判決を破棄し，解決策について審理をつくすよう札幌高裁に差し戻した。同様に提起された富平神社訴訟では最高裁は合憲と判決した。

孔子廟訴訟（こうしびょうそしょう） 2013年，沖縄県那覇市の公園内に民間団体の手で設置された孔子を祀る霊廟について，市は公園使用料を免除していた。これに対して，地元住民らが「孔子廟は宗教の関連施設であり，憲法第20条3項の政教分離条項に違反する」として提訴。2021年，最高裁は特定の宗教を援助していると評価されてもやむを得ないとして，違憲判決を下した。

表現の自由Ⓝ（ひょうげん-じゆう） 人が自由に自分の思想を形成し，発表する自由をさす。公開の場での討論などによる世論形成にもつながり，民主主義体制に不可欠の権利である。憲法第21条に規定され，言論・出版・集会・集団示威その他の行動の自由をいう。

性的表現の自由(せいてきひょうげん-じゆう)　刑法でわいせつ文書の頒布・販売罪を定めていることが憲法21条に違反するか否かをめぐる問題。最高裁は『チャタレイ夫人の恋人』事件で，わいせつ文書とは①いたずらに性欲を興奮・刺激させ，②普通人の性的羞恥心を害し，③善良な性的道徳観念に反するものと定義。その上で，刑法の規定は公共の福祉のための制限であり，合憲と判示した。これに対しては「公共の福祉」の概念を安易に援用しているとの批判が強い。

類『チャタレイ夫人の恋人』事件

児童ポルノ禁止法Ⓝ(じどう-きんしほう)　子ども(児童)を性的搾取や性的虐待から保護する目的で，1999年に制定された。正式には「児童買春，児童ポルノに係る行為等の処罰及び児童の保護等に関する法律」という。2014年に児童ポルノの単純所持を禁止する法改正が行われた。ただし，漫画やゲームのコンテンツ内部において，架空の児童を性的に描写する「準児童ポルノ (simulated child pornography)」に関しては，日本国は違法化していない。

集会・結社の自由(しゅうかい・けっしゃ-じゆう)　多数の人が一定の目的をもって同一の場所に集合する自由が集会の自由。集会の自由が一時的であるのに対し，結社の自由は継続的に存続する集団・団体を構成する自由である。憲法第21条に規定されている。思想・表現の自由との関係が深い。

公安条例(こうあんじょうれい)　社会的秩序の安定の維持を主な目的として制定された条例。集会・集団行動・集団示威運動などの取り締まりを，公安委員会などによる許可や届出の義務制によって行う。しかし許可制については，表現の自由の事前の制限にあたるとする意見もある。

言論・出版の自由(げんろん・しゅっぱん-じゆう)　個人または集団が，自分たちの思想・意見を口頭・出版その他を通じて外部に発表する権利。大日本帝国憲法でも「言論著作印行」の自由(第29条)として認められていたが，日本国憲法では第21条において検閲の禁止とともにこの自由を規定している。

横浜事件Ⓝ(よこはまじけん)　太平洋戦争下最大の言論弾圧事件。1942年，細川嘉六の雑誌論文をきっかけに特高警察が富山県泊(とまり)町(現朝日町)での小宴を共産党再建の準備会とでっちあげ，治安維持法違反の容疑で雑誌編集者ら約60名を検挙。約30名が有罪判決を受け，拷問などで4名が獄死した。1986年から元被告・遺族らが無罪判決を求めて4度にわたる再審請求を行った。このうち，第3次と第4次の請求で再審が認められたが，有罪・無罪の判断を示さないまま裁判を打ち切る「免訴」判決だったため，遺族らは国に対して刑事補償を求める訴訟を提起。2010年に横浜地裁は実質的に無罪と判断し，元被告5名への補償を認める決定を行った。これにより，彼らの名誉回復がはかられた。

共謀罪(きょうぼうざい)　2人以上で犯罪を計画し，うち少なくとも1人が現場の下見などの準備行為をすれば，計画に合意した全員が処罰される罪。政府は2017年，共謀罪をテロ等準備罪と名称などを変え，組織犯罪処罰法の改正法として成立させた。4年以上の懲役・禁錮を定めた277(衆議院事務局によると316)の犯罪が対象。テロなど組織的犯罪集団が適用対象と政府は説明したが，警察などによる監視が強化され，個人の内心への処罰など重大な人権侵害につながるとして，強い批判がある。政府はまた，国連国際組織犯罪防止条約（TOC条約）に加入するためにもテロ等準備罪の新設が必要と主張した。なお，共謀罪法案は2003～09年に3度，国会に提出され，いずれも廃案となっている。

☞ p.73（テロ対策特別措置法）

類 テロ等準備罪　国連国際組織犯罪防止条約（TOC条約）

通信の秘密Ⓝ（つうしん-ひみつ）　憲法第21条とそれに基づく郵便法などでは，手紙・葉書・電信・電話などについて，通信業務従事者が他人に漏(も)らすことを禁止するとともに，公権力が発信人・受信人の住所・氏名・通信内容など，通信に関する一切のものを調査することができないと定められている。

通信傍受法（つうしんぼうじゅほう）　組織的殺人など，一定の犯罪に関する電話や電子メールなどの通信を，裁判官の令状に基づいて捜査機関が通信事業者の立ち会いのもと，最長で30日間傍受できるとした法律。1999年に成立，2000年から施行。「盗聴法」ともいわれる。通信の秘密との関連で問題点が指摘される。

検閲の禁止（けんえつ-きんし）　検閲とは公権力が，表現内容を外部への発表に先だって審査し，ふさわしくないものと判断した場合に外部への発表を取りやめさせること。思想・信条の自由と表現の自由を侵害するものとして，日本国憲法では第21条2項で検閲の禁止を規定している。文部科学省の教科書検定が検閲にあたるか否かについて，家永教科書裁判で長い間争われた。

類 家永教科書裁判

教科書検定（きょうかしょけんてい）　初等・中等教育で用いられる教科書を文部科学省が一定の基準に基づいて審査し，合格したもののみを発行させる制度。家永教科書裁判で教科書検定が憲法に違反するか否かが争われた。

学問の自由Ⓝ（がくもん-じゆう）　学問の対象や内容の正誤を，その学問関係者以外が決定してはならないとする原則。思想・良心・表現の自由と関連し，学問の発展のため，研究・成果の発表や教授，その他の自由を学校関係者及び一般国民に保障している。大日本帝国憲法下では学問の自由の侵害事件が多発し，日本国憲法第23条において明文で規定している。

天皇機関説事件と**国体明徴問題**（てんのうきかんせつじけん-こくたいめいちょうもんだい）　天皇機関説とは，国家を一つの法人格とみなし，君主・議会その他の組織は国家という法人の機関であるとする考え方。天皇が最高主権者であることは否定していないが，天皇を現人神(あらひとがみ)とみなす天皇神権論の立場から，天皇への不敬と攻撃された。これを天皇機関説事件という。政府は後者の立場で天皇が統治権の主体であるとの国体明徴宣言を出し，天皇機関説を唱えた美濃部達吉を不敬罪で告発した。美濃部は検察の取り調べを受けたものの，最終的には起訴猶予処分となった。

美濃部達吉［1873～1948］（みのべたつきち）　憲法学者。東京帝国大学教授で貴族院議員。国家法人説に立脚した天皇機関説を主張し，天皇神権論者の上杉慎吉らと論争。1935年に国体明徴問題によって不敬罪で告発され，著書が発禁処分となった。結果的に起訴猶予となったものの貴族院議員を辞職した。戦後，日本国憲法には批判的な立場をとった。政党政治の発展のため，比例代表選挙を提唱したことでも知られる。

矢内原事件（やないはらじけん） 東京帝国大学教授の矢内原忠雄が，人道主義的・キリスト教的立場から日本の植民地政策を批判したところ，軍部から批判を浴び，1937年に辞職に追い込まれた事件。

東大ポポロ劇団事件（とうだい-げきだんじけん） 1952年，東大の学生団体「ポポロ劇団」主催の演劇（松川事件が題材）が教室内で上演されている最中，観客に混じって公安調査を目的にした私服警官がいることを学生が発見し，警官に警察手帳の提示を求めた際に暴行があったとして学生２人が起訴された。裁判では，警官の構内立ち入りが学問の自由や大学の自治の侵害になるか否かが争点となった。一審判決は，学生の行為は大学の自治を守る正当なものとして無罪，二審判決もこれを支持した。しかし最高裁は1963年，上演された演劇が学問研究のためではなく，政治的社会的活動であり，大学における学問の自由や自治の範囲外などとして地裁に差し戻した。最高裁の判決には，学界などから強い批判が寄せられた。裁判は結局，21年の長期にわたった末，被告人の有罪が確定した。

人身の自由

人身の自由Ⓝ（じんしん-じゆう） 自由権の重要な構成要素の一つ。不当に身体的な拘束を受けないこと。日本国憲法では第18・31・33・34・37・38条で，奴隷的拘束及び苦役からの自由，法定手続きの保障，住居の不可侵，黙秘権などについて保障している。

奴隷的拘束や苦役からの自由（どれいてきこうそく-くえき-じゆう） 奴隷的拘束とは，人間の尊厳を侵すようなかたちで身体的自由を束縛すること。苦役とは，人間の自由意思に反する強制的労役。ともに憲法第18条で禁止されている。特に前者は刑罰や自由意思に基づく契約としてでも行ってはならない。

拷問Ⓝ（ごうもん） 自白を強要するために身体的ないしは精神的な苦痛を与えること。江戸時代までは盛んに行われた。1880年の治罪法布告で廃止され，拷問には職権濫用罪が適用されることになったが，実際には行われた。このため日本国憲法では，第36条で公務員による拷問を禁止し，これに基づく自白自体を証拠として認めない。

残虐な刑罰Ⓝ（ざんぎゃく-けいばつ） 必要以上の精神的・肉体的苦痛をともなう刑罰。人道的に残酷であるため，憲法第36条で禁止。死刑については，火あぶりやはりつけは残虐刑にあたるが，絞首刑は合憲と最高裁によって解釈されている。

死刑（制度）Ⓝ（しけい）（しけいせいど） 日本の刑法は死刑を規定している。さらに同法は執行方法としての絞首刑を定めている。

永山基準Ⓝ（ながやまきじゅん） 永山則夫連続射殺事件において，最高裁が1983年に示した死刑判決を適用する際の判断基準。次の９項目を総合的に検討し，罪と罰の均衡や犯罪予防の見地からもやむを得ない場合に，死刑の選択も許されるとした。①犯罪の性質，②動機，③犯罪の態様（特に殺害の手段・方法の執拗性や残虐性），④結果の重大性（特に殺害された被害者の数），⑤遺族の被害感情，⑥社会的影響，⑦犯人の年齢，⑧犯人の前科，⑨犯行後の情状。

法定手続きの保障Ⓝ（ほうていてつづ-ほしょう） 人身の自由を保障するための原則。身体の自由を拘束する場合は，法律で定められた手続きを必要とすることを意味する。憲法第31条に定められており，第39条と合わせて手続きだけでなく，実質的内容の適法性の必要性にも言及している。アメリカ合衆国憲法のデュー-プロセス条項に由来し，行政手続きについても準用または適用される。

罪刑法定主義Ⓝ（ざいけいほうていしゅぎ）　憲法第31・39・73条6号に規定されている原則。どんな行為が犯罪となり，どんな刑罰が科せられるかは，あらかじめ法律で定められていなければならないという考え方。その派生原則として，慣習的な刑罰の禁止，刑法をさかのぼって適用してはならないという「不遡及の原則」，刑事法における類推解釈の禁止，絶対的不定期刑の禁止，などが導きだされる。

警察Ⓝ（けいさつ）　社会の安全と秩序を維持するために権力と物理的強制力をもつ行政機関。警察行政の中枢機関は警察庁。国家公安委員会の下部機関で，地方自治体の警察機構を管轄する。

捜査Ⓝ（そうさ）　何らかの事件が起き，被疑者を特定するために，犯罪の事実について調査し，証拠を集め，被疑者を捜し出して調べる活動。警察職員とともに，検察官も捜査にあたることがある。被疑者を特定して犯罪の事実を確定するまでは，個人の人権保障が最大限認められるため，確たる証拠固めが求められる。

取り調べの可視化Ⓝ（と-しら-かしか）　警察などによる取り調べの全過程を録画・録音して，被疑者らが述べたこと（供述）が裁判で争われたときに，これをみて判断できるようにすること。冤罪防止の有力な手段となる。

起訴Ⓝ（きそ）　刑事事件の場合に，検察官が裁判所に対して事件についての審判を求める申し出をすること。検察官は起訴状を裁判所に提出する。起訴は旧刑事訴訟法上の用語で，現在の刑事訴訟法では「公訴の提起」という。

告訴Ⓝ（こくそ）　犯罪の被害者その他の関係人が，犯罪の事実を警察や検察に申し立て，裁判を通した犯罪者処罰を求めること。

告発Ⓝ（こくはつ）　犯罪があったときに，第三者が犯罪の事実を捜査機関に申告して，捜査と処罰を求めること。告発があっても，証拠不十分などの理由で，起訴にはいたらない場合もある。

保釈Ⓝ（ほしゃく）　勾留（こうりゅう）されている被告人が裁判所の決定で，一定の保証金を納めることで拘束から解放されること。被告人が逃亡したり，証拠を隠滅したりした場合は，保証金は没収され，保釈は取り消しとなる。

疑わしきは被告人の利益にⓃ（うたが-ひこくにん-りえき-）　罪刑法定主義の精神から導かれる鉄則。裁判で有罪が確定するまでは，被告人は無罪の推定を受けるという考え方であり，十分な実体的証拠がない場合には被告人の利益に判定することでもある。なお，白鳥（しらとり）事件における最高裁決定（1975年）以後，再審開始の決定にあたってもこの鉄則が適用されるようになった。

無罪の推定Ⓝ（むざい-すいてい）　有罪判決が確定するまでは，被疑者や被告人は有罪ではないとされること。憲法上の明文規定はないが，刑事訴訟上の最も重要な原則である。有罪とするための挙証責任（立証責任）は捜査機関や検察官が負う。

白鳥事件（しらとりじけん）　1952年，札幌市で白鳥一雄警備課長が射殺された事件。日本共産党札幌市委員長が逮捕，起訴されたが，警察によるでっち上げとして救援活動も広がった。結局，有罪とされて刑が確定したが，その後の再審請求で最高裁は1975年，特別抗告を棄却しつつも決定理由のなかで，従来の再審開始の要件を大幅に緩め，「疑わしきは被告人の利益に」という刑事裁判の鉄則が再審開始の決定の際にも適用されるとした。これを白鳥決定という。

類 白鳥決定N

逮捕N（たいほ） 捜査機関などが被疑者の身体を拘束し，一定期間抑留する行為をいう。憲法第33条では，現行犯を除いては，令状なしには逮捕されないことを規定。事前に発行された令状（逮捕状）による通常逮捕，令状を後で請求する緊急逮捕，令状を必要としない現行犯逮捕の３種類がある。

現行犯N（げんこうはん） 現行犯人のこと。現に犯罪を行っている者，または行い終わった者をさす。私人も含めだれでも，令状なしに逮捕することができる。

別件逮捕（べっけんたいほ） 逮捕の要件が備わっていない事件について取り調べる目的で，別の軽微な事件で被疑者を逮捕すること。令状主義を逸脱し，違法性が高い。

被疑者N（ひぎしゃ） 刑事事件で罪を犯した疑いで捜査対象となっている者。公訴（起訴）されていない者。

被告人N（ひこくにん） 刑事事件で検察官により裁判所に公訴（起訴）された者。

抑留Nと**拘禁**N（よくりゅう-こうきん） 捜査機関・司法機関が，勾引や逮捕による留置によって，一時的に身体を拘束すること。憲法第38条では，不当に長い抑留・拘禁による自白は，証拠として認められないとしている。一時的な拘束を抑留とよぶのに対し，比較的長い身体的拘束を拘禁という。

住居の不可侵N（じゅうきょ-ふかしん） 憲法第35条は，その居住者の承諾なしに，あるいは令状なしに住居へ侵入して捜索することができないことを定めている。

捜索N（そうさく） 裁判所などの司法機関やその令状を受けた捜査機関が，押収すべきものや逮捕・勾引すべき人を発見するために，人や物・場所などを調べること。憲法第35条は令状が必要なことを規定。

押収N（おうしゅう） 裁判所などが証拠物や没収すべきものを手に入れて管理下におくこと。個人の権利侵害の可能性があるため，憲法第35条は令状が必要なことを定めている。

令状主義（れいじょうしゅぎ） 逮捕・抑留・住居侵入・捜索・押収などの強制処分を行う場合，現行犯逮捕などの特別の場合を除き，司法機関が発行する令状を必要とする原則をいう。人身の自由を保障するため，刑事捜査上の手続きに盛り込まれたもの。憲法第33・35条に規定。

令状N（れいじょう） 逮捕・捜索・押収などの強制処分の根拠を明示した裁判所の文書。憲法は司法官憲が発すると明示している。

黙秘権N（もくひけん） 被疑者・被告人が捜査機関の取り調べや裁判の場で，自己に不利益な供述を強要されない権利，あるいは供述を拒否する権利。黙秘は権利の行使であり，不利益な取り扱いをしてはならない。憲法第38条で保障。

自白N（じはく） 民事裁判では，当事者が敗訴する可能性のある，自己に不利益な事実を認めることをいい，刑事裁判では，自己の犯罪事実の全部または主要部分を承認する供述をいう。憲法第38条の規定に基づいて，自白は被告人の供述の自由が圧迫されたものでないことが必要であり，強制・拷問・脅迫による自白，不当に長く抑留・拘禁された後の自白，任意性に疑いのある自白は証拠として採用されない。自白のみで有罪とされることもない。

遡及処罰の禁止Ⓝ（そきゅうしょばつ-きんし）　憲法第39条前段前半に規定。ある行為が行われたときにそのことに関する法律がなかった場合，事後に制定した法律でその行為を罰したりしてはならないこと（事後法の禁止）。刑罰不遡及の原則。

同 事後法の禁止

一事不再理Ⓝ（いちじふさいり）　憲法第39条前段後半に規定。被告人に不利益な変更を禁止する目的で，確定した同一事件について，同一罪状で重ねて裁判を行ってはならないこと。

二重処罰の禁止（にじゅうしょばつ-きんし）　同じ行為を別の罪として処罰するのを禁止すること。憲法第39条後段に規定されている。確定判決を変更するわけではないので，一事不再理とは区別される。

類 二重の危険の禁止

冤罪事件Ⓝ（えんざいじけん）　罪がないのに疑われたり罰せられることで，無実の罪をいう。1908年に制定された監獄法以来，被告人・被疑者の人権保護が十分でなく，検察の担当する拘置所のかわりに警察の留置場が用いられ（代用監獄），本人の意思に反する自白が強要される場合が多かった。日本国憲法ではこれを避けるため，第36・38条などで拷問の禁止や自白偏重の是正をはかった。しかし，監獄法にかわって制定された刑事収容施設法の下でも，事実上の代用監獄制度は残り，自白の任意性や虚偽性などを背景とした再審認定事件が存在する。

類 代用監獄

人身保護法（じんしんほごほう）　1948年公布。憲法第34条で保障されている人身保護の精神に基づき，不当に奪われている人身の自由を司法裁判により迅速かつ容易に回復することを目的とする。

再審Ⓝ（さいしん）　刑事訴訟法上では，確定判決に対して事実認定の誤りを理由に，判決以前の状態に戻し，裁判をやり直すための手続きをいう。裁判の一事不再理の原則から，無罪事件については適用されず，有罪や控訴・上告棄却の確定判決が対象となる。再審請求は原判決を下した裁判所に対してなされ，裁判所が理由ありと認めた場合に再審開始の決定をする。

吉田巌窟王事件（よしだがんくつおうじけん）　1914年に強盗殺人罪で無期懲役が確定した吉田石松さんが，5度の再審請求の末に再審開始，1963年に無罪判決が下された。日本の再審史上で最初の無罪判決。

免田事件Ⓝ（めんだじけん）　1948年に熊本県人吉市で2人殺害，2人重傷となった事件で，免田栄さんが死刑判決を受けたが，再審請求の結果1983年に熊本地裁で，自白の信用性などが疑われて無罪判決が下された。死刑確定者の初の再審無罪。

財田川事件Ⓝ（さいたがわじけん）　1950年，香川県財田村（現三豊市）で起きた強盗殺人事件で，谷口繁義さんが死刑判決を受けたが，1979年に死刑確定者として初の再審請求が認められた。そして1984年，高松地裁が自白の信用性に疑いがあるとして，再審無罪判決を言い渡した。

松山事件Ⓝ（まつやまじけん）　1955年，宮城県松山町（現大崎市）で起きた一家４人の強盗殺人事件で，斎藤幸夫さんが死刑判決を受けたが，1984年に仙台地裁は，自白の信用性への疑問を根拠に再審無罪判決を言い渡した。

島田事件Ⓝ（しまだじけん）　1954年，静岡県島田市で６歳の幼稚園児が誘拐・殺害された事件で，赤堀政夫さんが死刑判決を受けたが，1989年に自白の任意性への疑問などを理由に再審無罪判決が言い渡された。

梅田事件（うめだじけん）　1950年，北海道北見市で起こった殺人事件で，梅田義光さんが無期懲役の判決を受けたが，1986年に再審無罪判決が言い渡された。

徳島ラジオ商事件（とくしま-しょう-じけん）　1953年，徳島市のラジオ店主が殺害され，富士茂子さんが懲役13年の判決を受けたが，本人の死後の1985年に，再審無罪判決が言い渡された。

足利事件Ⓝ（あしかがじけん）　1990年，栃木県足利市で４歳の女児が誘拐・殺害された事件。菅家利和さんが逮捕され，裁判の途中から否認に転じたが，2000年に無期懲役が確定した。その後，服役中の菅家さんが再審請求を申し立て，2009年にＤＮＡ型の再鑑定の結果，再審開始が決定した。2010年に再審無罪判決。

布川事件Ⓝ（ふかわじけん）　1967年，茨城県利根町布川で起きた強盗殺人事件。桜井昌司さんと杉山卓男さんが逮捕され，裁判で無期懲役が確定。29年間を獄中で過ごし，1996年に仮釈放された。公判段階から無実を訴えつづけ，仮釈放後も再審請求し，2010年に再審開始。2011年，再審無罪判決が言い渡された。

袴田事件（はかまだじけん）　1966年，静岡県清水市（現静岡市）で起きた一家４人の強盗殺人事件で，元プロボクサーの袴田巖さんが逮捕された事件。袴田さんは無罪を主張したが，1968年に死刑判決がいい渡され，80年に最高裁で確定。その後2014年，ＤＮＡ型鑑定が決め手となり，静岡地裁が再審開始を決定，袴田さんは釈放された。しかし，2018年６月，東京高裁は，静岡地裁の決定を取り消して，再審請求を棄却した。その後も，再審の是非をめぐって司法内部で判断が揺れ続けている。

村木事件（むらきじけん）　2004年，郵便割引制度に関してニセの証明書を発行したなどとして，村木厚子厚生労働省元局長らが2009年に逮捕・起訴された事件。村木さんは公判で，一貫して無実を訴え，2010年に無罪判決を得た。

東住吉事件（ひがしすみよしじけん）　1995年，大阪市東住吉区で小学６年の女児が焼死した事件。母親の青木恵子さんと，同居の朴龍晧さんが放火殺人で無期懲役となったが，再審裁判の結果，2016年に２人の無罪が確定した。再審開始決定までに，有罪の根拠とされた自白は，警察の違法な取り調べでの虚偽であることが判明。

弁護人依頼権（べんごにんいらいけん）　被疑者として抑留・拘禁された者あるいは刑事被告人が，法律上の援助を受けるために持つ弁護人を依頼する権利。前者には憲法第34条で，後者には第37条３項前段で認められている。弁護人とは，刑事裁判において，被疑者や被告人の人権や利益の保護にあたる人をいう。

当番弁護士制度Ⓝ（とうばんべんごしせいど）　刑事事件で逮捕された被疑者やその家族の求めに応じ，各地の弁護士会から常時待機中の弁護士が接見に出向き，無料で被疑者の相談にのる制度。事件によっては弁護士会の独自の判断で当番弁護士を派遣する場合がある。

国選弁護人制度(こくせんべんごにんせいど) 刑事被告人や被疑者が経済的理由などで弁護人を選任できない場合，国が選んで弁護人を付けるしくみ。制度の詳細は刑訴法第36条，同第37条の2などに規定。国選弁護の主な業務は，法テラス（日本司法支援センター）が担う。なお，少年審判には弁護士による国選付添人制度がある。 ☞p.96（法テラス）

犯罪被害者の権利Ⓝ(はんざいひがいしゃ-けんり) 精神的・身体的打撃を受けた犯罪被害者や遺族に対する配慮から，犯罪の被害者・遺族に裁判記録のコピーや，裁判の優先的傍聴などを認める犯罪被害者保護法と，被害者らが法廷で意見を陳述する権利などを規定した改正刑事訴訟法が，2000年11月から施行された。さらに2004年には，犯罪被害者等基本法が制定された。被害者や遺族が法廷で被告人に質問したり，量刑について意見を述べたりできる「被害者参加制度」も実施。また従来，損害賠償請求は民事裁判で行われてきたが，刑事裁判のなかでも被害者が被告人に損害賠償を請求できるいわゆる附帯私訴(ふたいしそ)制度（損害賠償命令制度）が犯罪被害者保護法にもり込まれた。

類 犯罪被害者等基本法Ⓝ　被害者参加制度Ⓝ　附帯私訴制度（損害賠償命令制度Ⓝ）

ペナル-ポピュリズムⓃ[Penal Populism] 刑事政策の形成・実施過程において，一般の市民，とくに犯罪被害者やその遺族などの要求が優先して扱われること。刑事大衆主義，刑罰の大衆迎合主義，ポピュリズム刑事政策などと訳される。具体的には，刑事立法の厳罰化やセキュリティの強化，死刑存置への強い支持，公訴時効の廃止などの諸事例があげられる。

ＧＰＳ捜査(-そうさ) 警察がＧＰＳ（全地球測位システム）端末機を捜査対象者の車に設置して行動確認する捜査方法。最高裁判所は2017年，裁判所の令状なしに行ったこの捜査がプライヴァシーを侵害しており，違法と判断した。

経済的自由

経済の自由(けいざい-じゆう) 日本国憲法が定める自由権に属し，国民のもつ経済生活・経済活動に関する自由の保障を定めた権利の総称。憲法第22条に規定される居住・移転及び職業選択の自由と，第29条の財産権の不可侵の規定が該当。他の自由権の規定とは異なり，「公共の福祉に反しない限り」という条件がある。

居住・移転の自由(きょじゅう・いてん-じゆう) 憲法第22条に規定。自分が住みたい場所に住み，そのために自由に移転できる権利をいう。封建時代に生産活動・居住の場所を封建領主が決めていたことに対するもの。しかし，破産中の人や刑事罰で拘禁されている人，特定の公務員などは，居住・移転の自由は制限される。

職業選択の自由Ⓝ(しょくぎょうせんたく-じゆう) 憲法第22条に規定。自分が就きたいと考えるどんな職業も選ぶことができる権利で，営業の自由も含む。ただし，公序良俗(こうじょりょうぞく)に反する職業や医師のように一定の能力の保証が必要な職業もあるため，この権利にも「公共の福祉に反しない限り」という限定が存在する。

類 営業の自由

財産権の不可侵(ざいさんけん-ふかしん) 憲法第29条に規定。財産権とは，一定の価値をもつ物に対する個人や法人が所有する優先的権利を意味する。18世紀の市民革命期以後，所有権・財産権は原則として奪うことのできない不可侵・神聖な権利として位置づけられてきた。しかし，20世紀以降，貧富格差の拡大などの社会問題が深刻化したため，その制限や社会的利益との調和が求められている。

知的財産基本法（ちてきざいさんきほんほう） 知的財産の創造・保護・活用に関する基本理念や基本的な施策，国等の責務などを定めた法律。2002年に制定され，翌03年から施行された。この法律に基づき，内閣府に知的財産戦略本部が設置。

土地収用法Ⓝ（とちしゅうようほう） 公共事業に使用するなど，社会全体の利益や公共の利益のために，正当な補償を行った上で私的に所有されている土地を強制的に取得するための法律。1951年に制定された。類似の法律として都市計画法・農地法・土地区画整理法などがある。

法の下の平等

法の下の平等Ⓝ（ほう-もと-びょうどう） 人はすべて自由・独立した存在であり，それぞれの相違・特徴にかかわりなく人間として平等であるとの立場から主張された権利。近代では，法律の適用について差別的取り扱いを許さないという意味をもち，現在では法律の内容それ自体が人間を平等に取り扱うべきことを意味するようになっている。憲法第14・24条では，人種・信条・性別・社会的身分または門地の違いによる政治的・経済的・社会的差別を禁止しているが，合理的根拠のある区別規定は，平等原則には反しないと理解されている。

差別Ⓝ（さべつ） 偏見などの不合理な根拠に基づいてなされた特定の個人や集団への政治的・経済的・社会的その他さまざまな不利益・不平等な取り扱いをいう。憲法第14条は法の下の平等を定め，差別を禁止しているが，現実には人種や民族の差別，部落差別，女性差別，障害者差別などの存在が指摘されている。

両性の平等（りょうせい-びょうどう） 大日本帝国憲法下では，男尊女卑の考え方に立ち女性に不利な社会的諸制度が存在していた。これに対して日本国憲法の下では，男女両性の間には肉体的・生理的差異は存在するが，人間の尊厳，人格としての価値において相違はないとの立場から，第14条で両性の差別を禁止，第24条では家族生活・家族関係に関しての差別を禁止する規定を設けている。

類 男女平等Ⓝ　対 女性差別Ⓝ

嫡出でない子の遺産相続（ちゃくしゅつ-こ-いさんそうぞく） 法律上の婚姻関係のない男女から生まれ，認知された嫡出でない子（婚外子）の法定相続分は，嫡出子の２分の１（民法第900条４号但し書き）とされる。この規定について最高裁は1995年に合憲としたが，2013年には憲法第14条に反して違憲とする決定を下した。裁判とは別に，日本政府は国連から婚外子差別を廃止するよう，何度も勧告されている。なお遺産相続以外では，住民票での親との続柄（つづきがら）記載がすべて「子」に統一され，戸籍でも婚内子と同じ「長女・長男」に記載が改められている。

人種差別Ⓝ（じんしゅさべつ） 人種とは一般的には，毛髪や皮膚の色など身体的特徴によって区別された人間の集団をいう。人種差別の例としては，南アフリカ共和国の人種隔離政策（アパルトヘイト，1991年に撤廃）や，アメリカにおけるアフリカン-アメリカン（黒人）やネイティヴ-アメリカンなどへの差別がある。

マイノリティⓃ[minority]　☞p.263（マイノリティ）

先住民Ⓝ（せんじゅうみん）　☞p.264（先住民）

アイヌ文化振興法Ⓝ（-ぶんかしんこうほう）　1997年に制定された「アイヌ文化の振興並びにアイヌの伝統等に関する知識の普及及び啓発に関する法律」の略称。これによって，アイヌ民族の存在そのものを否定する「北海道旧土人保護法」（1899年成立）は廃止。アイヌの人々が求めた先住権などの規定は盛り込まれなかった。

アイヌ民族支援法（-みんぞくしえんほう）　アイヌ文化振興法に代わって，2019年に新たに制定された法律。正式名称は，アイヌの人々の誇りが尊重される社会を実現するための施策の推進に関する法律。日本憲政史上はじめて，アイヌの人々を日本の先住民族と明記した。先住民族の権利擁護を推進する国際社会の動向に日本が合わせた形である。今後は，先住民族としての具体的権利をどのように定めていくかが課題となる。

信条Ⓝ（しんじょう）　宗教上の信仰や政治的信念・世界観など，個人の内面的な確信をいう。憲法第14条ではこれに基づく差別を禁止している。

門地Ⓝ（もんち）　一般的には「家柄」を意味する。憲法第14条で想定している内容は，封建的な身分上の特権をともなうものと理解され，華族令で定められた一族などを対象とし，その特権の存在を否定している。

身分Ⓝ（みぶん）　一般的には封建関係などの社会関係に基づく，社会内での特権と結びついた地位をさすが，法律的には夫婦・親子など，親族関係における地位に代表されるその人の特別な地位・資格をいう。憲法第14条では，合理的根拠がある場合を除いて，これに基づく差別を禁止している。

被差別部落（ひさべつぶらく）　江戸時代に身分が明確に区別される制度のなかで，えた・非人とよばれた人々の居住地区であることを理由に差別されてきた地域の総称。1871年の太政官布告によって身分制度は解消したが，差別は存在し続けた。

部落解放運動（ぶらくかいほううんどう）　被差別部落の人たちが，自ら差別の解消を求めて立ち上がった運動。1922年の全国水平社の設立に始まる。採択された「全国水平社宣言」（西光万吉起草）は，人間の尊厳を認める立場から，被差別部落民自身による解放の実現，経済的自由と平等を求めた日本初の人権宣言といわれる。その後，運動は全国に広がり，被差別部落に対する偏見や差別の打破を訴えた。

類 全国水平社

同和問題（どうわもんだい）　同和とは国民全体の一致と調和を意味する同胞一和の行政上の略語。部落解放問題と同義で用いられる。

同和対策審議会（どうわたいさくしんぎかい）　部落差別の解消を実現するために，1961年に総理府（現内閣府）内に設置された内閣総理大臣の諮問機関である。1965年の答申に基づき，部落差別の解消と対象地域の生活環境の改善，社会福祉の向上などを目的に同和対策事業特別措置法（1969年），地域改善対策特別措置法（1982年）などが制定された。1997年からは人権擁護施策推進法が施行。

在日朝鮮人Ⓝ**・韓国人**（ざいにちちょうせんじん）（かんこくじん）　在日コリアンともいう。1910年の日韓併合以降，日本は植民地とした朝鮮半島の人たちに対して日本語使用や創氏改名，神社参拝の強制など，民族的誇りを奪う政策をとった。また半島から移住・強制連行されたりして日本国内に定住した人々に対し，被支配民族出身者として蔑視・差別する状況が続いた。第二次世界大戦後も，在日朝鮮・韓国人に対して地方参政権や公務就任権などの分野で差別が残る。

同 在日コリアンⓃ

ヘイトスピーチⓃ（差別扇動表現）（さべつせんどうひょうげん） 人種や出身国，宗教，性的指向といった，自分で変えることのできない事柄をもつ人々に対して差別意識をあおる暴力的なデモや集会。東京都や大阪府の一部地域などで頻繁に開かれてきたが，これをいさめる抗議活動も行われている。日本にはヘイトスピーチを罰する国内法はないが，日本も加わる国際人権規約（自由権規約）第20条や人種差別撤廃条約第4条などに禁止規定がある。

大阪市ヘイトスピーチ訴訟（おおさかし-そしょう） 2016年，大阪市は日本で初めてヘイトスピーチ規制条例を制定した。市の審査会でヘイトスピーチと認定された場合，表現者の氏名を公表するなどの措置をとるものである。この条例が憲法の表現の自由を侵害するとして，大阪市民らが住民訴訟を起こした。2022年2月，最高裁は，当条例について「必要上やむを得ない」として合憲と認める判決を下した。

指紋押捺問題（しもんおうなつもんだい） 日本国内に在住する外国人は，外国人登録法により，指紋押捺が強制された。これは一種の犯罪者扱いであるとして，廃止を求める運動が盛んになり，1992年の登録法改正で，永住権者については指紋押捺義務が廃止され，99年には制度自体を廃止した。しかし2006年，出入国管理及び難民認定法が改正され，テロ対策を理由に16歳以上の入国外国人に対して，指紋などの情報提供が義務づけられた。

出入国管理及び難民認定法Ⓝ（しゅつにゅうこくかんりおよ-なんみんにんていほう） 入管法と略す。自国民や外国人の出入りを国が管理し，難民の認定手続きを整備することなどを目的とした法律。最初はポツダム政令の一つとして成立。その後，1951年の出入国管理令を，1981年の難民条約加入にあわせて改正し現在の名称になった。2018年には一部が改正され，新たな在留資格として「特定技能1号」「特定技能2号」が創設された。それにともない，これまで管理などの事務を行っていた地方入国管理局は廃止され，出入国在留管理庁が設置された。

同 入管法　類 出入国在留管理庁　☞ p.317（外国人技能実習生制度）

在留外国人Ⓝ（ざいりゅうがいこくじん） 日本に在留資格を持って3か月以上在留する外国人（在留資格が外交・公用の場合や特別永住者などを除く）。在留管理制度の対象とされ，在留カードが交付される。2022年6月末時点における在留外国人数は約296万人。国籍別では，中国が約25%，ベトナム約16%，韓国約14%，フィリピン約10%などとなっている。2012年に現行制度が導入，外国人登録制度が廃止された。また，外国人住民（中長期在留者や特別永住者など）も住民基本台帳制度の対象となった。

類 外国人登録制度Ⓝ

障害者差別Ⓝ（しょうがいしゃさべつ） 心身に障害のある人々が，人権を無視されたり，半ば隔離状態で社会参加が制限されたりしていること。2006年に国連総会で障害者権利条約が採択された(2008年発効)。

類 障害者権利条約Ⓝ

女性差別撤廃条約Ⓝ(じょせいさべつてっぱいじょうやく) 正式名は「女子に対するあらゆる形態の差別の撤廃に関する条約」。1985年に「国連婦人の10年中間年世界女性会議」がコペンハーゲンで開催され，1979年の国連総会で採択された。完全な男女平等の実現や家庭・社会における男女の役割分担の見直しを求める内容をもつ。日本でもこの条約を批准するため，父系血統主義から父母両系主義への国籍法の改正や，男女雇用機会均等法の制定など，国内法の整備が行われた。

男女雇用機会均等法Ⓝ(だんじょこようきかいきんとうほう) 1985年制定。勤労婦人福祉法の改正法であり，雇用分野での男女平等の実現を目的とする法律。 ☞p.312(男女雇用機会均等法)

国籍法Ⓝ(こくせきほう) 国籍法は，個々の人を国家の構成員とする資格を定めたもの。国籍の取得要件は各国で異なり，欧州の大陸諸国や日本・中国などは血統を重視する(血統主義)。このうちドイツやフランスなどは，婚姻に関係なく父親の認知だけで国籍が与えられる。これに対してアメリカやイギリスなどは，出生した場所で国籍取得ができるケースが多い(生地主義)。日本の国籍法(1950年制定)では，長く父系優先血統主義がとられてきたが，女性差別撤廃条約の批准に先だち，両性平等の観点から1984年に父母両系主義に改められた。また，両親の婚姻を子どもの国籍取得の要件とすることについても，2008年の最高裁での違憲判決を受けて，同年に法改正された。

多重国籍[multiple citizenship](たじゅうこくせき) 複数国家の国籍あるいは市民権を有していること。現代世界では，グローバル化に伴って多重国籍を容認する国家が多数を占めている。日本では，国籍法によって多重国籍を禁止している。外国の国籍を有する日本国民は，一定期間内に，いずれかの国籍を選択する。

パワー-ハラスメントⓃ[power harassment] 主に職場において，業務執行上の権限を背景に上司が部下などに対して行ういじめや嫌がらせ行為。上司が個人的な感情で部下を罵倒(ばとう)したり，不当な扱いをすることなどは，相手への重大な人権侵害となる。略してパワハラともいう。

類 セクハラ　同 パワハラⓃ

マタニティ-ハラスメントⓃ[maternity harassment] 職場において，妊娠・出産した女性に加えられる嫌がらせや不当な待遇。略してマタハラともいう。最高裁は2014年，妊娠を理由にした職場での降格は原則として男女雇用機会均等法に違反する，という初めての判断を示した。

同 マタハラⓃ

レイシャル-ハラスメント[racial harassment] 主として職場において，相手の人種・民族・国籍などへの配慮に欠けた言動。略してレイハラともいう。ヘイトスピーチのような悪意がなくても，何気ない日常の一言が当事者を傷つけることもある。欧米では知られた概念だが，日本では認知度が低い。

男女共同参画社会基本法Ⓝ(だんじょきょうどうさんかくしゃかいきほんほう) 1999年6月，男女共同参画社会の形成にむけて制定された基本法。2001年，内閣府に男女共同参画会議が設けられた。国だけでなく都道府県や市町村にも，男女共同参画基本計画の策定が義務づけられている。

母体保護法（ぼたいほごほう） 母性（母体）の生命・健康を保護することを目的に，不妊手術や人工妊娠中絶などを定めた法律。1996年，優生保護法にかわって制定。

ストーカー行為禁止法（-こういきんしほう） 2000年に制定。特定の相手を付けまわしたり，携帯電話・インターネット・メールで中傷したりすることを繰り返すストーカー（付きまとい）行為を規制する法律。被害者への援助措置なども定める。

性的マイノリティⓃ（ＬＧＢＴⓃ）（せいてき-） レズビアン（女性同性愛者），ゲイ（男性同性愛者），バイセクシュアル（両性愛者），トランスジェンダー（体の性と心の性が一致しない状態），インターセックス（体の性の発達が典型と異なる状態）の人たちの総称。差別の解消にむけて，国際ＬＧＢＴＩ連盟などが活動。近年ではすべてのセクシャリティを包含する概念としてＳＯＧＩ（Sexual Orientation and Gender Identity）という用語も使われる。

同性婚［same-sex marriage］（どうせいこん） 同性同士による婚姻。2020年時点において，ＯＥＣＤ35か国中21か国にて同性婚が合法化されている。日本では渋谷区，世田谷区など147の自治体（2022年）で，限定的な効力を有するパートナーシップ登録制度が設けられている。同性婚そのものは合法化されてない。

性同一性障害特例法（せいどういつせいしょうがいとくれいほう） 性同一性障害とは，身体器官の性と心の性とが一致せず，その不安や違和感などから生活が困難になる状態をいう。その治療などで性別適合手術が行われる一方，特例法に基づき戸籍の性別記載を変更することなどが可能となった。変更には家庭裁判所の審判が必要。2003年制定。正式名は性同一性障害者の性別の取扱いの特例に関する法律。

社会権

生存権Ⓝ（せいぞんけん） 憲法第25条に規定された権利。「健康で文化的な最低限度の生活を営む権利」と表現されている。国家が国民の生活内容を積極的に保障することを国民自身が要求できるという内容をもつ。1919年のワイマール憲法で初めて規定され，社会権の主要な要素をなす。

朝日訴訟Ⓝ（あさひそしょう） 1957年，国立岡山療養所の入院患者朝日茂さんが，憲法第25条の生存権規定を根拠に厚生大臣を相手に起こした訴訟。「人間裁判」ともいわれた。600円の日用品費で「健康で文化的な最低限度の生活」が可能かが問われ，1960年の第一審では朝日さんが全面勝訴（浅沼判決）したが，1963年の第二審ではプログラム規定説に基づき，社会保障の財源を理由として原告が敗訴した。しかし，この訴訟を契機にして生活保護費は大幅に増額された。

堀木訴訟（ほりきそしょう） 全盲の生活保護受給者堀木フミ子さんが1970年，障害福祉年金と児童扶養手当の併給制限は憲法第13・14・25条に反するとして国を訴えた訴訟。原告は第一審で勝訴したが，控訴審・上告審では敗訴した。第一審判決後，法改正で併給が認められるようになった。

プログラム規定説（-きていせつ） 憲法上の規定について，政策の指針（プログラム）を示すにとどまり，法的拘束力をもたないとする考えで，ワイマール憲法の規定が起源とされる。とくに，生活保護の運用をめぐる朝日訴訟・堀木訴訟などにおいて問題となった。現在では，生存権を法的権利と位置づけつつ，明確な法律によって具体的な権利となる，と解釈する抽象的権利説が通説となっている。

対 抽象的権利説

生活保護法Ⓝ（せいかつほごほう） 憲法第25条の精神に基づき，生活困窮者にその最低限度の生活を保障し，自立を助ける目的で1946年に制定された法律。1950年全面改正。①無差別平等，②健康で文化的な最低限度の生活の保障，③生活困窮者側の生活維持努力の義務，などを原則とし，生活・生業・教育・住宅・医療・介護・出産・葬祭の８種の扶助が規定されている。

教育への権利（きょういく-けんり） 憲法第26条に規定。子どもに学ぶ権利と教育の機会均等，その最小限の裏づけである義務教育の無償を保障している。教育を受ける権利，教育権ともいう。憲法第25条の生存権を文化的な面から保障するという性格ももつ。子どもの側からは学習権・発達権としてとらえることができる。

同 教育を受ける権利Ⓝ　教育権Ⓝ　類 学習権

教育基本法Ⓝ（きょういくきほんほう） 1947年制定。教育の目的と新生日本の教育の確立をめざした法律。制定経過からみて，準憲法的性格をもつとされる。教育の機会均等・義務教育・男女共学・学校教育・社会教育などについて規定していた。安倍晋三内閣のもと，2006年の法改正で「愛国心」条項などが加えられ，制定時の理念は大きく変質した。

学校教育法Ⓝ（がっこうきょういくほう） 1947年制定。学校組織・施設・職員構成など，学校教育の基本について定めた法律。幼稚園から大学，高等専門学校・特別支援教育などの学校の設置・廃止，管理と費用，教員資格などに関する通則がある。

学習指導要領Ⓝ（がくしゅうしどうようりょう） 小学校・中学校・高等学校などで教える教科の内容を学校教育法施行規則に基づいて示した大綱的基準。文部科学大臣が定める。1947年に「試案」として初めて作成され，1958年の改訂時から法的拘束力を持つようになった。教科書検定の基準ともなる。

義務教育の無償（ぎむきょういく-むしょう） 学齢に達した子どもに受けさせなくてはならない普通教育を無償とするというもの。憲法第26条２項後段などの定めに基づき，教育の機会均等と教育を受ける権利の保障を目的とする。なお1963年以降，義務教育諸学校の児童・生徒への教科書は，法律により無償で配布されている。

高校の授業料無償Ⓝ（こうこう-じゅぎょうりょうむしょう） 2009年の政権交代で成立した民主党政権のもとで実施された措置。公立高校の授業料が2010年度から無料となり，私立高校については，公立高校の授業料とほぼ同額を就学支援金として支給。2014年からは所得制限が設けられ，2020年４月からは高等学校就学支援金制度として見直しが図られた。国公私立問わず，高等学校等に通う年収約910万円未満の世帯の生徒に対して支援金が支給されることから，実質無償化となる。所得制限により限定されているが，朝鮮学校については実施が見送られた。

大学無償化（だいがくむしょうか） 1966年に採択された国際人権規約は，ＥＳＣＲ13条2項

Cにて「高等教育の段階的な無償化」を規定しており，現在，欧州諸国を中心に，国公立大学の無償化（授業料・入学金の免除）が進んでいる。一方，日本の国公立大学の入学金・授業料は世界的に見ても極めて高額である。さらに，その国公立大学よりも学費の高い私立大学に入学する学生の割合が7割以上となっており，これも世界最高水準である。2020年から，低所得世帯に向けた授業料減免制度や給付奨学金制度が開始された，短大や専門学校も対象となる制度だが，それが適用される対象範囲は極めて限定的である。

給付型奨学金（きゅうふがたしょうがくきん） 奨学金のうち，返還を必要としないもので，2018年度から国の制度として新設。対象は大学・短大・高専・専門学校への進学者のうち，経済的に困難があり，高い学業成績をあげるなどした生徒を高校が推薦して選ぶ。給付額は月額2万～4万円で，日本学生支援機構が窓口となる。

類 日本学生支援機構

フリースクールⓃ［free school］ 学校外の学びの場として，主に不登校の子どもたちを受け入れている教育施設。法的な位置づけがないため，国や地方公共団体などの補助もほとんどなく，運営はおもに保護者からの会費や寄付などで賄われている。2016年に関連法として，教育機会確保法が成立した。

生涯学習（しょうがいがくしゅう） 生涯教育ともいう。全国民が生涯にわたって学びつづけること。1973年のＯＥＣＤ（経済協力開発機構）報告書では，循環的に学ぶという意味でリカレント教育の理念が提唱された。

同 生涯教育　類 リカレント教育

専門職大学（せんもんしょくだいがく） 2019年より日本で新たに導入された大学制度であり，国際標準の概念では職業大学（vocational university）の一種である。職業大学では，専門職業人の養成を最大の目的としている。日本の専門職大学においても，実習・実験・実践等を中核とする教育プログラムが提供され，専門技能を有する職業人の育成が図られる。卒業すると，学士（専門職）が得られる。

旭川学力テスト事件（あさひかわがくりょく-じけん） 1961年，北海道旭川市立永山中学校で，教師たちが全国一斉学力調査テストを阻止しようとした事件。1976年に最高裁は，教育を受ける側の学習権を認めるとともに，憲法第23条には教育の自由が含まれるとする一方で，国家の教育権も認めた。

勤労権Ⓝ（きんろうけん） 憲法第27条で定められた国民の権利。労働の意思と能力をもちながら就業機会に恵まれない者が，国に労働機会を与えることを要求する権利。第27条には「すべて国民は，勤労の権利を有し，義務を負ふ」と，勤労の権利と義務が併記されている。

労働基本権Ⓝ（ろうどうきほんけん） ☞ p.308（労働基本権）

労働三権Ⓝ（ろうどうさんけん） 憲法第28条に規定された，労働者及び労働組合に対して認められた権利。労働者が団結して労働組合をつくることができる団結権，使用者側に対して労働組合が労働条件などの交渉を行うことができる団体交渉権，団体交渉が決裂した場合，争議行為を行うことができる団体行動権を含む。

人権確保のための人権

公務員選定・罷免権(こうむいんせんてい・ひめんけん) 憲法第15条に規定された権利。国民主権の原理を貫徹するために，国民全体の奉仕者である公務員を選んだりやめさせたりできる権利。対象は国会議員，地方公共団体の首長・議員，最高裁判所の長官と裁判官などで，選挙での投票や国民審査，住民投票などの手段がある。

選挙権Ⓝ(せんきょけん) 国民・住民が国会議員や地方公共団体の首長・議員などを選出するための権利。 ☞p.125（選挙権）

被選挙権Ⓝ(ひせんきょけん) 選挙される権利。 ☞p.125（被選挙権）

国務請求権(こくむせいきゅうけん) 憲法で認められた基本的人権を確保するために，国家に対して国民が行使できる権利の総称。憲法第16条の請願権，第17条の国家賠償請求権，第32条の裁判を受ける権利，第40条の刑事補償請求権などがある。請求権・受益権ともいわれる。

同 請求権Ⓝ　受益権

請願権Ⓝ(せいがんけん) 憲法第16条で認められた，公的機関に一定の職務遂行を求める権利。具体的には国や地方公共団体に対して，施策に関して希望を述べる権利をさす。未成年者や外国人にも保障される。国や地方公共団体は請願を受理し，誠実に処理する義務をもつが，内容実行の義務はない。参政権を補完する。

陳情Ⓝ(ちんじょう) 国や地方公共団体に一定の施策を要望すること。実質的には請願と変わりがないが，請願の場合は憲法のほか，請願法などに規定があるのに対し，陳情は衆議院規則などでその処理について定めているにとどまる。

裁判を受ける権利Ⓝ(さいばん-う-けんり) 憲法第32条に規定。不当に人権を侵害された者は，個人・法人による侵害や，国家の行政処分などに対して，その救済を求めて裁判に訴えることができる権利。また，刑事被告人が裁判による以外に刑罰を受けない，ということもこの権利に含まれる。

国家賠償請求権(こっかばいしょうせいきゅうけん) 憲法第17条に規定された権利。公務員の違法な行為などによって生じた損害に対し，その補償や原状回復を国家や地方公共団体に求めることができる。らい予防法（1996年廃止）による強制隔離政策などで差別と人権侵害に苦しめられたハンセン病回復者らが，国を相手に賠償請求訴訟をおこし，2001年に全面勝訴した。

刑事補償請求権(けいじほしょうせいきゅうけん) 憲法第40条に規定された権利で，刑事手続きにおいて抑留・拘禁または刑の執行を受けた後，無罪の裁判（再審を含む）があった場合に，国家に対して金銭的な補償を請求できる権利。詳細な手続きなどは刑事補償法に定められている。補償額は原則として，死刑は3000万円以内，抑留・拘禁などはその日数に応じて1日1000円以上1万2500円以内。

人権の新しい展開

新しい人権Ⓝ(あたら-じんけん) 社会状況の変化のなかで，従来考えられなかった人権侵害の形態が生じてきたり，人間生活の保護のための新しい施策が要求されるようになってきた。その変化に対応して主張されるようになったのが「新しい人権」であり，環境権・知る権利・プライバシーの権利などが代表例である。

類 第三世代の人権

環境権Ⓝ（かんきょうけん） 人間が健康で文化的な生活の維持のために必要な環境を保有・維持する権利。憲法第13条の幸福追求権，第25条の生存権を根拠にして主張されている。日本では1960年代後半，公害問題の激化に対して地域住民が生活環境の保護と維持を求めた裁判などで争点となった。現在では，高速道路や新幹線の建設，原子力発電所の建設などにともなう被害にも拡大してきている。

大阪空港公害訴訟Ⓝ（おおさかくうこうこうがいそしょう） 大阪国際空港近隣住民がジェット機の騒音・排ガス・振動などを原因とする公害被害に対して，損害賠償と飛行差し止めなどを請求した事件。1981年に最高裁判所は，住民らが主張した環境権については言及しなかったが，損害賠償については認定する判決を下した。

鞆の浦景観訴訟（とも－うらけいかんそしょう） 江戸期の港と町並みが一体で残る広島県福山市の歴史的な景勝地である鞆の浦の埋め立て・架橋などをめぐる裁判。広島県と市は港湾を埋め立て，橋を通して道路を通す計画を立てたが，住民らが強く反発。歴史的・文化的な景観を守る訴訟に発展。広島地裁は2009年，鞆の浦の景観を「国民の財産ともいうべき」とし，景観保護を理由に住民側の請求を全面的に認め，埋め立て免許の事前差し止めを命じた。のちに計画は撤回。

日照権Ⓝ（にっしょうけん） 環境権の一つ。高層ビルや住宅の密集などで，従来享受できた日照・通風・眺望などが妨げられるようになったとき，それらの回復や，建築への規制を求めた主張をいう。良好な眺めに関しては，眺望権を独立させる。

入浜権（いりはまけん） 環境権の一つ。海及び海岸地域は，誰もがその環境を楽しむことができるものであり，特定の企業が港湾施設として独占したり，埋め立てたりして利用可能性を奪うことは，入浜権への侵害であるとした主張。

嫌煙権（けんえんけん） タバコの煙を吸わない権利，タバコの煙を含まない正常な空気を吸う権利。間接的にタバコの煙を吸うこと（受動喫煙）による健康被害から非喫煙者の健康を守る権利として主張された。

プライバシー権[right of privacy]（-けん） 私事・私生活をみだりに公開されない権利をいう。人間の名誉や信用などにかかわる人格としての価値や利益の保持に関する「人格権」との関係が深い。欧米では20世紀初めから認められてきたが，日本では三島由紀夫の小説「宴のあと」をめぐる1964年の東京地裁判決で初めてこの権利が承認された。近年，情報化の進展にともなって「自己に関する情報をコントロールする権利」（情報プライバシー権）と定義され，個人情報の保護とも結びつけられるようになってきた。

類 情報プライバシー権

人格権Ⓝ（じんかくけん） 自己の生命・身体・自由・プライバシー・名誉など，人格的利益について個人が持つ権利の総称。憲法第13条と第25条が法的根拠となる。裁判でこの権利が認められたケースでは，市民集会などを自衛隊が監視していたのは憲法違反だと訴えた裁判で，仙台地裁が2012年に人格権の侵害を認めた。関西電力大飯原発の再稼働をめぐる裁判で，福井地裁が2014年に人格権を根拠にして運転の差し止めを命じた。

「宴のあと」事件Ⓝ（うたげ-じけん）　元外務大臣有田八郎が，彼をモデルとした三島由紀夫の小説「宴のあと」に対して，その発表によってプライバシーを侵害されたとして訴えた事件。1964年の東京地裁判決では，出版社および三島由紀夫によるプライバシーの侵害を認め，損害賠償を認めた。控訴後，和解が成立。

「石に泳ぐ魚」事件Ⓝ（いし-およ-さかなじけん）　モデル小説におけるモデルのプライバシーの権利と，作家の表現の自由との関係が争われた事件。東京地裁は1999年，プライバシーの侵害を認定し，単行本の差し止めを認めた。東京高裁・最高裁でも，原審での判断を維持し，ともに上訴を棄却した。

肖像権Ⓝ（しょうぞうけん）　人が，自分の肖像（姿・顔など）を無断に撮影されたり，絵画に描かれたりせず，また，無断で公表されない権利。

自己決定権Ⓝ（じこけっていけん）　自己の人格にかかわる私的事項を，公権力に干渉されることなく自ら決定する権利。信仰上の理由から輸血を拒否した患者に対して，1998年に東京高裁でこの権利が認められた。しかし，2000年の最高裁判決では明示的にはこれを認めず，人格権の一部としてとらえた。

類 エホバの証人輸血拒否事件

知る権利Ⓝ（し-けんり）　元来は，アメリカのジャーナリストが政府の情報操作を批判したことに始まる。このため，マス-メディアに属する者が，自由に取材・報道できる権利の主張として登場した。従来は憲法第21条1項に基づく自由権に属するとされてきたが，現在では参政権的な役割とともに，国民が国・地方の行政内容やその決定過程に関する情報入手を要求する権利の意味にも使用されている。最高裁は1969年，博多駅事件において，報道機関の報道は国民の「知る権利」に奉仕するもの，と判断している。

情報公開条例Ⓝ（じょうほうこうかいじょうれい）　知る権利の保障などのため，住民等の請求に基づき地方公共団体の保有する情報の開示を定めた条例。1982年に山形県金山（かねやま）町と神奈川県で初めて制定され，その後各地へ広がった。現在では，すべての都道府県と大部分の市町村で実施されている。

情報公開制度Ⓝ（じょうほうこうかいせいど）　政府・地方公共団体などが所持する各種情報の開示を国民が要求した場合，請求のあった情報を公開しなければならないとする制度。

情報公開法Ⓝ（じょうほうこうかいほう）　1999年に公布され，2001年から施行。正式には「行政機関の保有する情報の公開に関する法律」という。第1条では，この法律が「国民主権の理念」に基づいたものであり，目的として政府の「活動を国民に説明する責務（＝アカウンタビリティ）」を通して，「公正で民主的な行政の推進」をすることが掲げられたが，知る権利は明記されなかった。2001年には「独立行政法人等の保有する情報の公開に関する法律」が制定された。

個人情報保護法Ⓝ（こじんじょうほうほごほう）　個人情報保護を定めた法律。2003年成立。従来は1988年制定の「行政機関の保有する電算処理に係る個人情報保護法」のみだったが，高度情報通信社会の進展で法の整備が不可欠になった。主に，民間業者を規制対象とした個人情報保護法と，行政機関の個人情報の管理を定めた行政機関個人情報保護法の２種類からなる。

取材・報道の自由(しゅざい・ほうどう-じゆう)　政府や大企業などによる情報操作に反対し，各種情報源に対して自由に取材し，情報の受け手に伝達する自由であり，憲法第21条の表現の自由から導かれる自由権と解釈される。国民の知る権利の基礎でもある。しかし，取材方法の適正さの範囲や，報道内容とプライバシー保護との関係などの問題も指摘されている。

アクセス権Ⓝ(-けん)　マス-メディアの巨大化した社会において，言論の自由とプライバシーを保護するために，情報源にアクセス（接近）して，情報内容に対して反論したり訂正を求める権利をいう。情報への接近という意味では「知る権利」と同じ内容をもつ。現代のように情報メディアが発達した社会ではアクセスの形態が多様化し，その必要性も大きくなっている。ただし，マス-メディアは私企業のため，憲法第21条1項からただちにこの権利を導き出すことはできない。なお，放送法第4条は，放送事業者が真実に反する放送を行ったとき，権利を侵害された者などの請求により，訂正放送をすべき旨を定めている。

外務省機密漏洩事件(がいむしょうきみつろうえいじけん)　1972年，沖縄返還交渉に関する外務省極秘電信の内容が，女性事務官によって毎日新聞記者に伝えられた事件。女性事務官が公務員の守秘義務違反で，また記者がそれをそそのかした罪で起訴。最高裁はこれに対し，記者の取材行為の不当性を理由に有罪とした。国家の機密保持と取材・報道の自由を争点にした「知る権利」をめぐる最初の裁判。

平和的生存権(へいわてきせいぞんけん)　F．ローズヴェルト大統領の「四つの自由」のなかの「欠乏からの自由」「恐怖からの自由」などに対応するもので，戦争にともなうさまざまな恐怖や惨禍からまぬかれる権利をいう。憲法前文は「全世界の国民が，ひとしく恐怖と欠乏から免かれ，平和のうちに生存する権利を有する」として，平和的生存権を宣言している。

住民基本台帳ネットワークⓃ(じゅうみんきほんだいちょう-)　住基ネットと略称。すべての国民に11桁の住民票コードをふり，氏名・住所・性別・生年月日の4情報を国が一元的に管理するシステム。2002年に稼働したが，プライバシー保護の観点から問題点も指摘されている。この問題をめぐり，2006年に大阪高裁は，住基ネットは個人情報保護に欠陥があり，提供を拒否した住民に運用することは憲法第13条に違反するとの判決を下した。しかし，最高裁は2008年，情報もれの危険はなく，プライバシー権も侵害しないとの初の判断を示した。

同 住基ネットⓃ

外国人の地方参政権(がいこくじん-ちほうさんせいけん)　これまで参政権は，日本国民のみに認められるとされてきたが，国際化がすすみ，地方参政権については外国人にも認めるべきとの指摘もある。最高裁は1995年，定住外国人の地方参政権付与を憲法は禁止していないとする初めての判断を示した。

公益通報者保護法Ⓝ(こうえきつうほうしゃほごほう)　企業や官庁による公共の利益に反する行為に対して，所属する社員や公務員が報道機関などに通報したことを理由に，不利益な処分を行うことを禁じた法律。いわゆる内部告発者の保護を定めたものである。2004年に成立し，06年から施行。

共通番号制Ⓝ（**マイナンバー制度**）(きょうつうばんごうせい)(-せいど)　国民一人ひとりに識別番

政治編

号（個人は12桁，法人は13桁）を割りふり，納税や社会保障にかかわる情報を国が一元的に管理するしくみ。番号は住民基本台帳の住民票番号をもとにして作成され，市区町村が個人番号と顔写真を示したカードを交付する。民間での利用も想定され，情報漏洩など課題も多い。究極の「国民総背番号制」との批判もある。2013年に関連法が成立し，16年から運用されている。

マイナンバーカード　マイナンバー制度を幅広く活用するため，個人の申請によって交付されるカード。本人の顔写真と氏名・住所・生年月日・性別が記載され，裏にはマイナンバーと電子証明書を搭載したIC チップが埋めこまれる。2021年3月以降，マイナンバーカードの健康保険証としての登録もはじまった。

人権の制限と国民の義務

公共の福祉Ⓝ（こうきょう-ふくし）　広義には社会全体の利益を意味する。基本的人権との関係では，全体の利益を優先させ，人権の制限・制約を行う基準とするか，人権相互の衝突を調整する公平化の原則とするかの二つの立場があり，日本国憲法の規定の解釈についても同様の論争がある。

国民の義務（こくみん-ぎむ）　憲法第26・27・30条に規定されている義務をいう。第26条が子女に普通教育を受けさせる義務，第27条が勤労の義務，第30条が納税の義務。このほか，基本的人権保持やその濫用の禁止についての規定もある。

教育を受けさせる義務Ⓝ（きょういく-う-ぎむ）　憲法第26条に規定された国民の義務で，国民はその保護する子女に義務教育を受けさせなければならないとされている。子どもの教育を受ける権利（学習権）を保障する最小限の裏づけとなる。

勤労の義務（きんろう-ぎむ）　憲法第27条に定められた国民の義務。勤労権の主張とその保護を受ける前提として，労働の義務履行の意思を明示する必要を示す規定と考えられる。しかし，国家による労働の強制を正当化するものではない。

納税の義務Ⓝ（のうぜい-ぎむ）　憲法第30条に定められた国民の義務。国家運営に必要とされる費用の負担を租税という形で，自分の能力に応じて負担することが求められている。この場合の義務の内容などは，憲法第84条の租税法律主義の趣旨にそって具体的に法律のなかで定められる。

成年年齢（せいねんねんれい）　契約などの法律行為を独立して成せる年齢のこと。成年年齢は国によって15歳から21歳までと幅広く異なるが，国際標準は18歳である。日本では，今まで成年を20歳としていたが，2022年4月より18歳とした。公職選挙法，労働基準法，風俗営業法などでは，先駆けて18歳を実質的な成年としていたが，民法改正によって全面的な年齢改定が実施された。ただし，飲酒と喫煙などに関しては，例外的に20歳まで禁止される。

憲法尊重擁護義務（けんぽうそんちょうようごぎむ）　憲法第99条に規定された「天皇又は摂政及び国務大臣，国会議員，裁判官その他の公務員」に求められる義務。国家権力行使者が憲法の精神を実現させるための法的義務と考えられる。

4章　平和主義と安全保障

平和主義と平和憲法のゆくえ

極東国際軍事裁判Ⓝ（きょくとうこくさいぐんじさいばん）　東京裁判ともいう。第二次世界大戦は日本のポツダム宣言受諾で終結したが，そのなかに戦争犯罪人の処罰という項目があった。これに基づき，1946年5月から「極東における重大戦争犯罪人の公正かつ迅速なる審理及び処罰」のため，オーストラリアのウェッブ裁判長，アメリカのキーナン首席検察官らの下，東京・市ヶ谷の法廷で裁判が行われた。A級戦犯として東条英機ら28人が起訴。絞首刑7人，終身刑18人など。

同 東京裁判Ⓝ

戦争Ⓝ（せんそう）　国家または国家に準ずる組織・地域の間で起こる継続的で大規模な武力・戦力の行使による闘争。国際紛争の最も激しい形態。戦争開始にあたっては，「戦争開始に関する条約」によって，開戦理由を明示した宣戦布告など，戦意の表示が必要とされる。憲法第9条は，戦争の放棄・戦力の不保持・国の交戦権の否認を明記している。諸外国では，1928年の不戦条約（ケロッグ・ブリアン規約，パリ規約）の規定に基づき，戦争の不法性を憲法に盛り込んでいる国もあるが，戦力の不保持までを規定している憲法はない。

侵略Ⓝ（しんりゃく）　軍事力の行使によって他国に侵入し，領土・利権などを奪うこと。国際法上の定義は確立していないが，国際連合で採択された規定では，「他国の主権・領土保全・政治的独立を侵し，あるいは国連憲章と両立しないあらゆる方法による武力行使」と幅広く規定され，具体的には安全保障理事会によって判断される。

防衛Ⓝ（ぼうえい）　国家が，自国に対するさまざまな侵略に対抗して，自衛権に基づいてやむをえず行う実力行使をいう。しかし，自衛という名目での侵略行動は歴史上多く，侵略と防衛とは厳密には区別しがたい場合が多い。

戦力Ⓝ（せんりょく）　広義には対外的な戦争遂行に役立つ一切の人的・物的資源をさすが，一般的には戦争遂行を目的とする兵員や兵器などの軍事力をさす。憲法第9条は戦力の保持を禁止しているため，自衛隊や在日米軍の存在がその規定に違反しないかどうかが問題となっている。日本政府は，戦力を「自衛のための必要な限度をこえるもの」と解釈し，自衛隊はその限度をこえていないため合憲であるとしている。

防衛力Ⓝ（ぼうえいりょく）　国家が他国から急迫・不正の侵略を受けた場合，自衛権に基づいて自国の安全を維持するために行使する実力のこと。この場合の戦争を自衛戦争・防衛戦争といい，国際法上は合法とされる。日本では，憲法第9条で戦争を放棄し，陸海空軍その他の戦力の保持を認めないが，政府は自衛権まで放棄したものとの立場はとっていない。

自衛権Ⓝ（じえいけん）　外国からの侵略に抗して自国を防衛するため，一定の実力行使をすることができる権利で，国際法上の権利の一つである。憲法第9条では，戦争放棄・戦力の不保持・交戦権の否認を定めているが，最高裁判所は1959年の砂川事件上告審において「わが国が主権国として有する固有の自衛権まで否定されるものではない」とした。

自衛権発動の三要件（じえいけんはつどう－さんようけん） 他国から攻撃を受けた際，自国を守るための武力行使を限定して認めた政府の基準。①日本への急迫不正の侵害がある，②これを排除するための適当な手段が他にない，③必要最小限度の実力行使にとどまる，の三つの場合。

武力行使の三要件（ぶりょくこうし－さんようけん） 2014年に安倍晋三内閣が従来の自衛権発動の三要件にかわって決めた三つの要件。①日本または密接な関係にある他国に対する武力攻撃が発生し，国民の生命や権利が根底から覆される明白な危険がある，②国の存立を全うし，国民を守るために他に適当な手段がない，③必要最小限度の実力行使にとどまる，というもの。新要件については憲法第９条との関係から激しい反対運動がおこった。

交戦権（こうせんけん） 憲法第９条は「国の交戦権は，これを認めない」としているが，交戦権の意味には次の３説がある。①国家が戦争を行う権利と，広義に解釈する説，②国家が交戦国として国際法上有する，貨物の没収，船舶の臨検などの狭義の権利と解する説，③戦争を行う権利と交戦国としての権利の双方を含むとする説。長沼ナイキ基地訴訟の札幌地裁判決（1973年）では，②の内容が国家のもつ交戦権とされた。

自衛力保持（じえいりょくほじ） 外部からの緊急不正の侵略に対して，自国を防衛するための実力を保持すること。自衛権は国際法上，国家に認められた権利であり，憲法第９条は自衛のための実力の保持を禁じていない，とする見解に基づく。一方，一切の戦力の保持を禁じたとする見解もある。

専守防衛Ⓝ（せんしゅぼうえい） 防衛行動を行う場合，もっぱら自国の領土内でのみ防衛のための戦力を行使し，相手国の領土にまで攻撃をしかけないこと。

戦争の放棄Ⓝ（せんそう－ほうき） 1928年締結の不戦条約（ケロッグ・ブリアン規約）で登場した用語で，憲法第９条においても明記されている。しかし，その解釈をめぐり，すべての戦争を放棄したのか，侵略戦争だけを放棄したのか，などの意見の対立がある。日本政府は侵略戦争放棄の立場に立ち，自衛戦争が行われうるため，自衛隊もそのために存在するとして合憲性を主張。一方，自衛権は保持するが，戦争行為は一切なしえないとする解釈もある。

警察予備隊Ⓝ（けいさつよびたい） 1950年，第３次吉田茂内閣時にマッカーサーの指令に基づき，日本国内の治安維持を目的に創設された部隊。自衛隊の前身。1950年に起こった朝鮮戦争に在日米軍が出動し，その軍事的空白を埋めるために設置された。事実上の地上軍であったので，憲法の戦争放棄の規定との関係で違憲論争が起こった。

保安隊Ⓝ（ほあんたい） 1952年，警察予備隊を増強改組してつくられた陸上部隊。日米安全保障条約の締結（1951年）とサンフランシスコ講和条約の発効（1952年）をきっかけに，独立国家としての防衛力確保と増強を目的に，警察予備隊を保安隊に，海上保安庁の海上警備隊を警備隊として改組した。

防衛省Ⓝ(ぼうえいしょう)　自衛隊の管理・運営のための行政官庁。国務大臣が任命され，国土防衛・治安維持・災害援助などを目的として，内部部局と統合幕僚監部，陸上・海上・航空の各幕僚監部などが置かれている。2007年，内閣府の外局の防衛庁から防衛省に格上げされた。

自衛隊Ⓝ(じえいたい)　1954年施行の防衛庁設置法・自衛隊法（防衛二法）によって設置された陸・海・空の３部隊からなる軍事組織。日本に対する直接・間接の侵略に対して日本の防衛を担当するほか，治安維持・災害派遣・海上警備を行うことを任務とする。内閣総理大臣が最高指揮監督権をもち，防衛大臣がその指揮下で隊務を統括する。1958年から防衛力整備計画が進められたため，それを戦力とみなすかどうか，また1991年の湾岸戦争後の掃海艇派遣や国連ＰＫＯへの派遣なども，憲法第９条に違反しないかどうかが問題となった。

自衛隊法Ⓝ(じえいたいほう)　1954年公布。自衛隊の任務・組織・行動及び権限などを定めた法律。自衛隊の任務として，侵略からの防衛（防衛出動），公共の秩序の維持（治安出動），さらには地域の災害時の救助活動（知事からの要請を基本原則として自衛隊員を派遣），などを規定。2006年の法改正で，海外派遣が本来任務に加えられた。

砂川事件Ⓝ(すながわじけん)　東京都砂川町（現立川市）で起こった米軍基地拡張反対闘争をめぐる事件。1954年の米軍の拡張要請以来，反対派と警察との衝突があったが，1957年に反対派の学生・労働者が飛行場内に立ち入り，日米安保条約に基づく刑事特別法違反に問われた。被告側は，日米安全保障条約そのものが憲法違反であるとして無罪を主張。1959年の東京地裁の判決（伊達判決）では米軍の駐留を違憲，被告は無罪としたが，同年末の最高裁の跳躍上告審では，①憲法は，自衛権や他国に安全保障を求めることを禁じるものではない，②第９条の禁止する戦力に在日米軍はあたらない，③日米安全保障条約は高度に政治的な問題であり，司法審査になじまない，などの判断を示し，原判決を破棄して東京地裁に差し戻した。1963年，被告人の有罪で確定した。

恵庭事件(えにわじけん)　1962年，北海道恵庭町（現恵庭市）で起きた自衛隊をめぐる事件。地元酪農家が自衛隊の演習騒音により乳牛の早・流産や乳量減少などの被害を受けたとして自衛隊と交渉した。しかし，自衛隊側がそれを無視して演習を再開したため，その中止を目的に演習場内の電話線を切断し，自衛隊法違反に問われた。自衛隊の合憲性が争われたが，1967年の札幌地方裁判所の判決では電話線切断のみを問題とし，自衛隊への憲法判断をせずに無罪判決。

長沼ナイキ基地訴訟Ⓝ(ながぬま-きちそしょう)　防衛庁が地対空ミサイル（ナイキ-ハーキュリーズ）発射基地を北海道長沼町に設置するため農林大臣に申請，農林大臣が行った該当地域の災害防止保安林指定解除の行政処分に対し，地元住民がその取り消しを求めた訴訟。原告側は自衛隊が憲法第９条で禁止する戦力にあたり違憲であり，その基地は公益上の理由にあたらず，指定解除は違法と主張した。1973年の札幌地方裁判所の判決（福島判決）ではこの主張を認めたが，札幌高裁は「統治事項に関する行為であって，一見極めて明白に違憲，違法と認められるものでない限り，司法審査の対象ではない」とする統治行為論に基づ

政治編

き，自衛隊の合憲・違憲の判断を示さなかった。最高裁も，憲法判断を回避し，原告の上告を棄却した。

百里基地訴訟(ひゃくりきちそしょう) 茨城県小川町（現小美玉市）に航空自衛隊百里基地を建設することをめぐり，反対派住民と国や旧地主らとが争った民事訴訟。判断の前提で自衛隊の合憲性が争われた。1977年の第一審では，統治行為論に基づいて自衛隊自身の合憲性には触れなかったが，自衛に必要な防衛措置は必要であると判断。第二審以後は基本的に憲法判断を回避し，原告の上訴を棄却。

ＭＳＡ協定（日米相互防衛援助協定）(-きょうてい)(にちべいそうごぼうえいえんじょきょうてい) アメリカの相互安全保障法[Mutual Security Act] に基づき，1954年に締結。アメリカが友好各国との間で個別に結んだ対外経済・軍事援助協定で，アメリカの援助を受け入れるかわりに締約相手国の防衛力を増やすように定めた。

日米安全保障条約Ⓝ(にちべいあんぜんほしょうじょうやく) 1951年締結の旧条約（日本国とアメリカ合衆国との間の安全保障条約）と1960年改正の新条約（日本国とアメリカ合衆国との間の相互協力及び安全保障条約）とがある。旧条約は第３次吉田茂内閣時に，サンフランシスコ講和条約調印とともに締結された。この条約で日本は米軍の日本駐留・配備を認め，駐留米軍は，他国からの日本攻撃阻止や日本国内の内乱鎮圧などにあたることが決められた。しかし，米軍の日本防衛義務には不明確な部分があり，期間も暫定(ざんてい)的であったことなどから，改正論が強まった。アメリカはこれに対し，基地協定の性格を残しながら日本の防衛能力の強化と，集団安全保障体制形成を明確化する新条約締結を求めた。第２次岸信介内閣が1960年１月に調印した。

新日米安全保障条約Ⓝ(しんにちべいあんぜんほしょうじょうやく) 岸信介内閣が1960年に新日米安保条約と日米地位協定に調印，衆議院での強行採決，参議院での自然承認で成立させた。その過程で，国論を二分する論争と運動が引き起こされた（安保反対闘争）。日米相互の経済協力促進や，日本領域内で日米の一方への武力攻撃に対して共同対処する条項などが新たに付加された。条約は10か条からなり，期間は10年。1970年以後は１年ごとに自動継続し，日米いずれか一方が通告すれば廃棄できることになっている。

安保反対闘争Ⓝ(あんぽはんたいとうそう) 旧安保条約の改定交渉が，1958年10月から開始されると，改定内容が，実質的に対米従属の強化，軍事条約的性格の顕在化など，世界の緊張緩和に逆行するとみた人々は，日米安保条約改定阻止国民会議を結成，1959～60年に空前の国民的反対運動をまき起こした。しかし，条約が衆議院での強行採決を経て，参議院で自然承認されると，反対闘争も下火になった。その後，岸内閣は混乱の責任を負って退陣した。

類 日米安保条約改定阻止国民会議

日米地位協定Ⓝ(にちべいちいきょうてい) 1960年の日米安保条約第６条に基づき，在日米軍基地の使用条件や裁判管轄権，米軍人の地位などについて定めた細目協定。全文28か条からなる。旧日米行政協定に代わるもの。不平等性が指摘され，とくに1995年に沖縄でおきた米軍人による少女暴行事件を契機に，協定の見直しを求める声が高まった。しかし，条文の改正は一度も行われたことがない。

類 日米行政協定

サンフランシスコ講和条約Ⓝ(-こうわじょうやく)　1951年，日本が連合国側と締結した第二次世界大戦の講和条約。対日平和条約ともいう。1951年9月に調印，翌1952年4月に発効。これによって日本は独立を回復したが，対米従属的な位置が決まった。日本側全権は吉田茂首相。主な内容は，①日本の主権回復，②日本は朝鮮・台湾・南樺太・千島の領土権を放棄，③国際紛争の解決を平和的手段により行う，④日本は戦争で与えた損害に対して賠償をする，などである。この条約は領土・賠償などについてはきびしいものの，軍事制限や禁止については特に規定せず，条約履行状況の監視制度もなく，寛大な講和条約とされる。日本はこの条約と同時に日米安全保障条約を締結した。

同 対日平和条約

文民統制Ⓝ（**シヴィリアン-コントロール**）［civilian control］(ぶんみんとうせい)　軍隊の最高指揮監督権が文民に属するという近代民主国家の制度。文民とは，現職自衛官をふくめ現在職業軍人でない者，これまで職業軍人であったことがない者をいう。歴史上しばしば，軍隊が政治に介入する事例があったことから，文民が軍人に優越するという制度が確立された。自衛隊法第7条は，自衛隊の最高指揮監督権は内閣総理大臣がもつ，と規定している。また文民である防衛大臣が，自衛隊を統括する。

非核三原則Ⓝ(ひかくさんげんそく)　「核兵器を持たず，つくらず，持ち込ませず」という日本政府の核兵器に関する基本政策。佐藤栄作首相が1968年，①核兵器の廃棄・絶滅をめざしつつ，当面は実行可能な核軍縮を推進，②非核三原則の堅持，③日本の安全保障はアメリカの核抑止力に依存する，④核エネルギーの平和利用の積極的推進という「非核四政策」を発表したことに基づく。その後，1971年の衆議院本会議で「非核三原則」を採択した。この原則に対する国際的評価は高い。しかし，核積載の米艦船が日本に寄港する際に，核装備を外さないことなどが近年明らかになり，「持ち込ませず」の原則は形骸(けいがい)化している。

核拡散防止条約Ⓝ（**ＮＰＴ**Ⓝ）［Non Proliferation of Nuclear Weapons Treaty］(かくかくさんぼうしじょうやく)　☞ p.387（核兵器不拡散条約）

在日米軍Ⓝ(ざいにちべいぐん)　日米安全保障条約に基づき，日本の安全，極東における平和の実現など，条約の目的実現のため日本に駐留しているアメリカ軍のこと。砂川事件ではその違憲・合憲性が争われたが，最高裁は日本国憲法で禁止する戦力にはあたらないとの判断を下した。しかし，米軍の装備のなかに核兵器が存在するとの疑惑もあり，非核三原則と背反しないかどうか問題となっている。

思いやり予算Ⓝ(おも-よさん)　在日米軍駐留経費の日本側負担分。日米地位協定では，本来は全額アメリカの負担とされる。1978年，日本が負担する理由を問われた当時の金丸信防衛庁長官が「思いやり」と答えたことからこの名が定着。その累計額は5兆円をこえる。アメリカは「思いやり予算」を含めてホスト-ネーション-サポート（ＨＮＳ，在日米軍駐留経費の日本側負担）という言葉を用い，その増額を求めている。

類 ホスト-ネーション-サポートⓃ

シーレーン問題Ⓝ[sea-lane]（-もんだい）　日本の海上自衛隊が何を目的に，どこまでの距離のシーレーン（海上交通路）を守るかという問題。シーレーンは，外国勢力の軍事的脅威に対して，海上交通路の安全と機能を確保し，戦争継続能力を保障するための「海上航路帯防衛」を意味する。1981年5月，訪米した鈴木善幸首相は本土周辺数百海里と1000海里（約1850km）の航路帯を守ると表明。それは商船を安全に航海させ，国民の生活を保障する輸入路の確保を目的とした。しかし，アメリカ側の期待は，対ソ戦略の海上補給路を確保するため，北西太平洋を防衛することで，目的に大きなズレが生じた。

徴兵制（ちょうへいせい）　国家が，一定の年齢に達した国民を強制的に徴集して兵役に服させる制度。日本では1873年の徴兵令によって，満20歳以上の男子を対象として実施された。第二次世界大戦末期には17歳まで引き下げられたが，戦後に廃止された。

政治編

米軍基地Ⓝ（べいぐんきち）　単に基地ともいう。日米安全保障条約第6条は，「日本国の安全」「極東における国際の平和及び安全の維持」のために基地を米軍に許与することを日本政府に義務づけた。各地で地域開発とのかね合いや演習の騒音などをめぐりトラブルが発生しており，なかでも米軍基地面積の71%が集中する沖縄では，その整理・縮小を求める運動が続けられている。

同 基地Ⓝ

普天間基地返還問題（ふてんまきちへんかんもんだい）　沖縄県宜野湾市にある米軍普天間飛行場の返還をめぐる問題。沖縄では，1972年の本土復帰後も広大な米軍基地が置かれた。1995年に米兵による少女暴行事件が起こると，基地の整理・縮小を求める世論が高まり，県民総決起大会や基地の賛否を問う県民投票が行われた。また，事件を契機に日米間の協議機関「沖縄に関する特別行動委員会」（ＳＡＣＯ，サコ）が設けられ，同飛行場の返還などが決まったが，その代替として名護市辺野古沖への移設案が示されたため，激しい反対運動が続いた。自民党政権下で2006年，米軍基地再編の日米合意が行われた。その後，政権交代によって成立した民主党の鳩山由紀夫連立内閣は県外移設などを公約に掲げたが，実現は叶わなかった。結局，2010年の日米会談で移設先を米軍キャンプ-シュワブのある名護市辺野古とする共同文書が発表された。しかし，県外移設を求める県民の不満は根強い。2019年には辺野古米軍基地建設のための埋立ての賛否を問う県民投票が実施され，賛成19%，反対72%という結果になった。

ヘリパッド　米軍北部訓練場（沖縄県東村・国頭村）の一部返還のかわりに新設されたヘリコプターの離着陸帯。集落に近く，オスプレイの訓練にも使用されるため，近隣住民は事故の危険や騒音被害にさらされることになる。

オール沖縄（-おきなわ）　普天間基地の辺野古移設問題を機に成立した沖縄における保守・革新の枠をこえた政治体制。沖縄では1972年の本土復帰以来，保革の両勢力が対峙してきたが，2014年秋の県知事選挙で保守派の重鎮・翁長雄志（おながたけし）氏が社民・共産・生活など党派をこえた支持のもと，「辺野古への移設反対，イデオロギーよりもアイデンティティ」を訴えて当選。2018年県知事選では，翁長の後継指名を受けた玉城デニーが当選した。

日米安全保障協議委員会Ⓝ（2＋2）（にちべいあんぜんほしょうきょうぎいいんかい）　日米安保条約第４条に基づいて設置された協議機関。日本から外相・防衛相，アメリカから国務長官・国防長官の合わせて４名が参加し，安保分野の協力関係の強化を主な目的とする。

オスプレイⓃ［Osprey］　両翼の回転翼の向きを変えることで，垂直離着陸や，固定翼のプロペラ機のような飛行ができるアメリカ軍の輸送機。海兵隊仕様のＭＶ22型と空軍特殊部隊仕様のＣＶ22型，海軍仕様のCMV22型の３種類がある。従来のＣＨ46ヘリコプターにかわり，MV22が沖縄の普天間基地に配備された。これまで，騒音性や墜落事故の危険性などを理由としてオスプレイ配備に反対する抗議集会が，沖縄や東京で多数実施されてきた。

統治行為論Ⓝ（とうちこういろん）　司法権のもつ違憲審査権との関連で，高度に政治的な問題は，法的判断が可能でも，司法権の審査対象とすることが不適当であるとする考え方。日本では日米安全保障条約や自衛隊に関してこの考え方が援用され，憲法判断が回避されてきた。　☞ p.97（統治行為論）

防衛力整備計画Ⓝ（ぼうえいりょくせいびけいかく）　1957年の「国防の基本方針」に基づいて，1958年から継続的に行われている自衛隊の組織や装備の強化計画。1976年までの４次にわたる整備計画の後，1986年度までは単年度計画で実施されてきた。現在は中期防衛力整備計画（中期防）を実施中。この間，日本の自衛隊の装備は核兵器を除いて世界有数のものとなった。

国家安全保障会議Ⓝ（ＮＳＣⓃ）［National Security Council］（こっかあんぜんほしょうかいぎ）
1954年以来の国防会議の任務を継承した安全保障会議（1986年設置）にかわり，2013年末に設けられた外交・防衛政策などを決める閣僚会議。アメリカにならった制度である。会議をサポートする事務局として，国家安全保障局も内閣官房につくられた。

類 国防会議Ⓝ　安全保障会議Ⓝ

事前協議Ⓝ（じぜんきょうぎ）　在日米軍の配置，装備の重要な変更及び戦闘作戦行動のために基地を使用する場合，アメリカ政府が日本政府と事前に協議を行う制度。日米安全保障条約第６条の実施に関する交換公文で規定された。しかし，日本側からは提案できず，今日まで一度も行われていない。最近，核兵器積載の米艦船が日本に寄港する場合には，日本との事前協議は必要ないとする日米政府間の密約の存在が，アメリカの外交文書から明らかになった。このため，実質的な有効性には疑問点が多い。

核兵器Ⓝ（かくへいき）　ウラン・プルトニウムを原料とした核分裂と，重水素を原料とする核融合による爆発的エネルギーを利用した軍事兵器の総称。長距離攻撃能力をもつ兵器を戦略核兵器，中・短距離攻撃能力をもつ兵器を戦術核兵器という。
☞ p.382（核兵器）

通常兵器Ⓝ（つうじょうへいき）　核兵器・化学兵器・生物兵器を除いた銃器，ＴＮＴ火薬搭載の爆発性兵器や戦車・戦闘機などの軍事兵器を総称する。ミサイルや長距離爆撃機・攻撃用艦船・潜水艦などは，核兵器が搭載された場合には核兵器。

核の傘Ⓝ(かく-かさ)　核兵器保有国の核戦力を背景に自国の軍事的安全保障をはかること。1966年の外務省統一見解において，日本もアメリカの核の傘のなかにいると表現された。核兵器の存在によって相手国を恐れさせ，攻撃を思いとどまらせようとする核抑止の考え方を，同盟国（非核保有国）にまで広げるもの。拡大抑止ともよばれる。

同 拡大抑止

日米核密約(にちべいかくみつやく)　核兵器もち込みなどに関する日米政府間の四つの密約。①1960年の核もち込みについての密約，②同じく，朝鮮有事の際の軍事行動についての密約，③1972年の沖縄返還時の，有事の際の核もち込みについての密約，④同じく，原状回復補償費の肩代わりについての密約，をさす。これらのうち，①②④はアメリカ側の解禁文書で，その存在が明らかになっている。これまで，歴代政権は一切の調査を拒否してきたが，鳩山由紀夫内閣の下，岡田克也外相がこれらの密約問題について外務省に調査を命じた。調査・検証にあたった有識者委員会は，③についての密約性は否定したが，①④は広義の密約，②は明確な密約にあたるとの報告書を提出した。

集団的自衛権Ⓝ(しゅうだんてきじえいけん)　国連憲章第51条に定められた権利。武力攻撃が行われた場合，単独国家が個別的自衛権を行使するだけでなく，2国間あるいは地域的安全保障・防衛条約などで結びついた複数国が共同で防衛措置をとること。戦後日本では，この集団的自衛権の是非が長らく議論されてきた。1981年，日本政府は「集団的自衛権の行使は憲法上許されない」とする公式見解を発表した。しかし2014年，安倍政権は，国民に対する明白な危険が認められる場合，集団的自衛権は憲法上許容される，と閣議決定し，従来の憲法解釈を変更した。

対 個別的自衛権Ⓝ

武器輸出三原則Ⓝ(ぶきゆしゅつさんげんそく)　1967年，佐藤栄作首相が衆議院決算委員会で表明した原則。それ以来，日本政府の基本政策となっている。共産圏，国連決議で武器禁輸となっている国，国際紛争の当事国に対する，武器輸出は認めないとするもの。アメリカのミサイル防衛（MD）の導入を契機に，武器輸出三原則そのものを見直す動きがあり，2011年に政府は正式に緩和を決めた。2014年には，これまでの禁輸政策を180度転換し，武器輸出を実質的に解禁する防衛装備移転三原則が閣議決定された。

防衛装備移転三原則Ⓝ(ぼうえいそうびいてんさんげんそく)　2014年，安倍晋三政権が閣議決定した新たな武器輸出原則。①日本が締結した条約に違反する場合や紛争当事国などには移転しない，②移転を認めるのは，日本の安全保障に資する場合，③目的外使用や第三国移転は相手国の事前同意が必要だが，共同開発した武器などは除く，など。

日米防衛協力のための指針（ガイドラインⓃ）(にちべいぼうえいきょうりょく-ししん)　1978年に日米防衛協力小委員会が作成し，閣議で了承されたもの。アメリカは，日本有事・極東有事に際して，「日米共同対処」のあり方を具体的にまとめた「作戦シナリオ」を作成し，1997年には，40項目の日米の協力策を盛り込んだ新ガイドラインを決定した。これを受けて周辺事態法などが1999年に成立，日本の周辺で武力紛争などが発生した際に，自衛隊が米軍を支援できることになった。

類 新ガイドラインⓃ

国連平和維持活動協力法Ⓝ（ＰＫＯ協力法Ⓝ）（こくれんへいわいじかつどうきょうりょくほう） 自衛隊の海外派遣へ道を開いた法律。1992年に成立。国連の平和維持活動と人道的な活動への協力を目的とする。1990年８月のイラクによるクウェート侵攻に対し，アメリカ中心の多国籍軍が編成されたが，アメリカは日本に物的協力とともに人員派遣も要請した背景がある。法案審議の過程で，ＰＫＦ（平和維持軍）への参加は凍結されたが，2001年の法改正でPKF本隊業務への参加が可能になった。

ＰＫＯ参加５原則（-さんか-げんそく） ①紛争当事国の間で停戦合意が成立していること。②ＰＫＯが活動する地域の属する国を含む紛争当事者がＰＫＯの活動及びＰＫＯへのわが国の参加に同意していること。③ＰＫＯが特定の紛争当事者に偏ることなく，中立的な立場を厳守すること。④上記のいずれかが満たされない状況が生じた場合には，わが国から参加した部隊は撤収できること。⑤武器の使用は，要員の生命等の防護のために必要最小限のものに限られること。なお，2010年のハイチ派遣は，５原則のうち停戦合意と紛争当事者の受け入れ同意がないまま行われた。

周辺事態法Ⓝ（しゅうへんじたいほう） 1999年５月に成立。周辺事態つまり「そのまま放置すれば我が国に対する直接の武力攻撃に至るおそれのある事態等我が国周辺の地域における我が国の平和及び安全に重要な影響を与える事態」への対処を定めた法律。アメリカ合衆国との相互協力の下で，後方地域支援，後方地域捜索救助活動その他の周辺事態に対応するため必要な措置（補給，輸送，整備，医療，通信など）をとることが規定された。

テロ対策特別措置法Ⓝ（-たいさくとくべつそちほう） 2001年９月11日の，アメリカ合衆国において発生した同時多発テロ等に対応して行われる，国際連合憲章の目的達成のための諸外国の活動に対して，わが国が実施する措置を規定した法律。2001年11月に成立。時限立法のため，2007年11月でいったん期限切れとなったが，自衛隊の活動を給油・給水に限った新テロ対策特別措置法（補給支援特別措置法）が，2008年に成立した。2010年に失効。

類 新テロ対策特別措置法Ⓝ

有事法制（ゆうじほうせい） 戦時を想定した法体系をさす。有事立法ともいう。1977年，福田赳夫(たけお)内閣の下で防衛庁が「有事法制研究」に着手した。2003年に制定された武力攻撃事態法・改正自衛隊法・改正安全保障会議設置法の有事法制関連３法と，翌04年に制定された国民保護法・外国軍用品等海上輸送規制法・米軍行動円滑化法・改正自衛隊法・特定公共施設等利用法・国際人権法違反処罰法・捕虜等取り扱い法の有事法制関連７法からなる。いずれも，小泉純一郎内閣のもとで成立。

同 有事立法

武力攻撃事態法（ぶりょくこうげきじたいほう） 2003年，有事法制関連３法の一つとして制定された。有事法制の中核になる法律。日本が他国から武力攻撃を受けたとき（武力攻撃の「予測事態」も含む）の対処方法などを定めている。

国民保護法Ⓝ（こくみんほごほう） 2004年，有事法関連７法の一つとして制定。有事の際，国民の生命・身体・財産を守り，国民生活におよぼす影響を最小限におさえるため，国や地方公共団体などの責務，救援・避難の手続きなどを定めている。

イラク復興支援特別措置法Ⓝ（-ふっこうしえんとくべつそちほう） 2003年７月，イラク戦争の終結を受けて，戦後の復興や治安維持活動を後方支援（軍事支援を含む）するための時限立法。2004年，戦闘が継続する他国の領土内に，強力に武装した陸上自衛隊が初めて派遣されたが，戦後日本の安全保障政策を根本的に転換するものだとの強い批判があった。結局，2006年に陸上自衛隊が撤収したのに続き，2008年には航空自衛隊も完全撤収した。

自衛隊イラク派遣差し止め訴訟（じえいたい-はけんさ-ど-そしょう） 自衛隊のイラク派遣を違憲とし，その差し止めを求めた集団訴訟。2004年１月の札幌を皮切りに名古屋・東京など11地裁に約5800人の市民らが裁判を起こした。このうち名古屋高裁は2008年，原告の請求を退けつつも憲法判断に踏みこみ，自衛隊の派遣実態からみて違憲と認定，憲法の平和的生存権の具体的権利性を認めた。

米軍再編Ⓝ［US Forces Transformation］（べいぐんさいへん） アメリカが推進する自国軍の世界的再編成の全体像をさす。その背景には，①1997年にクリントン政権によって示された長期的な取り組み，②2001年にブッシュ政権によって提起された「テロとの戦い」から発生する短期的な必要性，などがある。これらの一環として行われたのが，2006年５月の在日米軍基地再編に対する日米間の合意である。その内容は，①沖縄の普天間飛行場などの返還と名護市辺野古崎への代替施設の建設，②司令部間の連携など自衛隊と米軍の一体的強化，③米海兵隊のグアム移転，など多岐にわたる。しかし，これらが実現したとしても，沖縄の基地負担が軽減する程度で，逆に基地共用化による日本本土への負担が増大するほか，移転や移設の費用負担の問題など，抱える課題は多い。

海賊対処法Ⓝ（かいぞくたいしょほう） ソマリア沖のアデン湾などに出没する海賊対策として，2009年に制定された法律。これによって，外国船を含む民間の船舶を護衛するため，海上自衛隊が派遣されるようになった。しかし，集団的自衛権や自衛隊による武器使用の拡大など，多くの問題点が指摘されている。なお，この法律の制定前から，現行の自衛隊法に基づき，自衛隊がソマリア沖などで警備行動を行っていた。現在は，ジブチ共和国に活動の拠点（基地）がある。

積極的平和主義Ⓝ（せっきょくてきへいわしゅぎ） 安倍政権が世界平和への貢献策として唱えたスローガン。日米同盟を基本に，軍事面での積極的関与を強調する意味合いがある。本来は，単に戦争のない状態を消極的平和，それに貧困・抑圧・差別など構造的暴力からの解放を含めて積極的平和という。

安全保障関連法（あんぜんほしょうかんれんほう） 安倍晋三内閣が2015年の国会に提出して成立した，国の安全保障にかかわる法制度の総称。同年に再改定された日米防衛協力のための指針（ガイドライン）や，前年に閣議決定した集団的自衛権の行使を具体化する意味合いがある。10の現行法改正（一括法＝平和安全法制整備法）

と国際平和支援法（新法）の合計11で構成される。一括法は①自衛隊法改正，②武力攻撃事態法改正，③重要影響事態法（周辺事態法を改正），④ＰＫＯ協力法改正，⑤米軍行動円滑化法改正，⑥船舶検査活動法改正，⑦特定公共施設利用法改正，⑧海上輸送規制法改正，⑨捕虜取り扱い法改正，⑩ＮＳＣ設置法改正からなる。当時，同法案の違憲性などをめぐって，市民や学生たちによる抗議運動が全国規模で展開された。

武器等防護（ぶきとうぼうご）　日本の防衛に資する活動をしているアメリカ軍などの弾薬や艦船，航空機を平時から守る任務。安全保障関連法に基づき，ＰＫＯにおける「駆け付け警護」などとともに自衛隊に新たに課された任務。他国軍の要請があった場合，防衛大臣が実施を判断する。2017年，米艦防護の初の命令が出され，海上自衛隊の「いずも」が米補給艦の護衛にあたった。

国際平和支援法（こくさいへいわしえんほう）　安倍晋三内閣が2015年の通常国会に提出し成立した安全保障関連法の一つ。従来は自衛隊の海外派遣の際，特別措置法（テロ特措法やイラク特措法など）を個別に制定してきたが，それを恒久法とし，国会の事前承認だけで随時，派遣が可能となった。国際平和共同対処事態に基づく。政府は国際貢献の幅を広げると説明したが，これまで派遣されてきた「非戦闘地域」以外でも，他国への軍事支援ができるため反対の声が強い。

特定秘密保護法Ⓝ（とくていひみつほごほう）　2013年12月，成立。国が保有する特に秘匿を要する①防衛，②外交，③スパイ活動防止，④テロ活動防止，の4分野55項目に関する情報の漏洩を防止するための包括的な法制度。秘密指定は19の行政機関の長が行う。原則5年で指定は解除されるが，内閣が承認すれば60年まで延長が可能。公務員らが秘密を漏らした場合には最長で懲役10年とするなど，厳しい罰則規定もある。チェック機関として独立文書管理監が新設された。また，この法律の運用を監視する常設組織として，衆参両院に情報監視審査会が設置された。8人ずつの議員で構成される。2014年施行。

類 情報監視審査会

5章　日本の政治機構

1　国会のしくみと役割

国会と議会政治

国会Ⓝ(こっかい)　日本国における立法府の公式名称。日本国憲法では，国権の最高機関であり，唯一の立法機関であり，さらには国民の代表機関として定義されている。衆議院および参議院の二院から構成されており，いずれも有権者による投票によって議員が選出される。

国権の最高機関Ⓝ(こっけん-さいこうきかん)　日本国憲法第41条で規定する，国会に与えられている地位。主権者である国民の代表者によって構成される国会を国政の中心として位置づける(国会中心主義)。国民主権の原則から，国会が内閣や裁判所よりも上位にあるのではなく，国家機関のなかで中枢的地位にあることを意味する。このため法律の制定，条約の承認，内閣の存立，憲法改正の発議など，国家の根本にかかわる事項については必ず国会が最高機関として関与する。

唯一の立法機関Ⓝ(ゆいいつ-りっぽうきかん)　憲法第41条で規定する国会の地位をいい，国会による立法以外のものは，原則として法と認められないということ。国会中心立法および国会単独立法という二つの原則をふくむ。

国会中心立法の原則Ⓝ(こっかいちゅうしんりっぽう-げんそく)　両議院の議院規則・最高裁判所規則・政令・条例など憲法に明示された例外を除いて，国会だけが実質的な意味での法律を制定することを指す。

国会単独立法の原則(こっかいたんどくりっぽう-げんそく)　地方自治特別法の住民投票，憲法改正の国民投票など憲法上の例外を除いて，国会の議決だけで実質的な意味での法律を制定することを指す。

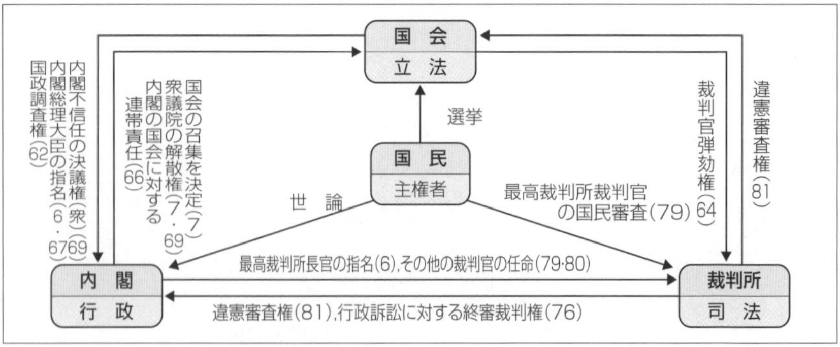

↑ **日本国憲法下の政治機構**　カッコ内の数字は憲法の条数を示す

国民主権Ⓝ（こくみんしゅけん）　国の政治のあり方を最終的に決定する権限が，国民にあるとする政治原理のこと。　☞p.36（国民主権）

議院内閣制Ⓝ（ぎいんないかくせい）　内閣の存立が国民の代表により構成される下院にあたる議会の信任に基づいて成立する制度。イギリスで発達した。下院の第一党の代表が首相となる場合が多く，政党政治とのつながりが深い。議会が不信任を決議した場合，内閣は連帯責任の下で総辞職するか議会を解散するかのいずれかを選択する。大統領制と比較される。

国会中心主義（こっかいちゅうしんしゅぎ）　主権者たる国民の代表機関である国会が政治の中核にあり，国政は国会を中心に運営されるべきであるという考え方。憲法では国会に対して法律の制定権，条約の承認権，憲法改正の発議権，行政府・司法府の監督権などが与えられている。

責任内閣制（せきにんないかくせい）　内閣が行政権の行使について，国会に対し連帯して責任を負う制度。議院内閣制ともいう。内閣総理大臣に内閣を統括する権限を与え，国会に対して内閣が責任をとる体制。

国会のしくみと役割

一院制（いちいんせい）　単一の議院からなる議会制度。立法・審議の迅速化や効率化という面でメリットがあるが，慎重な審議がそこなわれる恐れもある。北欧をはじめ，単一国家では一院制を採用している国のほうが多い。

二院制（にいんせい）　国会を二つの独立した合議体に分け，議案を別々に審議することによって国会の審議を慎重に行う制度。両院制ともいう。全国民を代表する選挙された議員で組織される下院と，国ごとにさまざまな方法で選ばれた議員によって構成された上院の両議院で構成される。上院の構成は，①貴族院型（イギリスや明治憲法下の日本など），②連邦型（アメリカなど），③民主的第二院型（日本の参議院など）に大別される。議院の構成が異なるため民意が反映できる，慎重な審議で公正な判断が可能になる，多数党の横暴を抑制しやすい，などの長所をもつ。その一方で，非能率性などの問題点も指摘されている。

同 両院制Ⓝ

衆議院Ⓝ（しゅうぎいん）　日本の国会を構成する議院の一つ。従来の中選挙区制が改められ，定数289名の小選挙区と11ブロックの比例代表区（定数176名，拘束名簿方式）から２票投票制で選出される小選挙区比例代表並立制に変わった。定数の合計は465名。被選挙権は25歳以上。任期は４年で解散がある。任期が相対的に短いため民意をより反映しやすいとの観点から，参議院に対して優越が認められている。

参議院Ⓝ（さんぎいん）　衆議院とともに日本の国会を構成する議院の一つ。比例代表区選出100名と，都道府県を単位とした選挙区選出148名の計248名の議員からなる。任期は６年だが，３年ごとに半数ずつ改選される。解散はない。被選挙権は30歳以上で，より専門性をもつ議員が期待された。議員は普通選挙で選ばれる。比例代表選挙の方法は，原則として非拘束名簿式だが，2019年より拘束名簿式も一部導入されており「特定枠」と呼ばれている。

衆議院の優越Ⓝ（しゅうぎいん-ゆうえつ）　国会の議決に際し，両院の意思が合致しない場合の両院協議会の協議のほかに，衆議院に与えられた権限の優越性。憲法では①法律案の議決，②予算の議決，③条約の承認，④内閣総理大臣の指名，に優越が認められているほか，内閣不信任決議権と予算先議権が衆議院に与えられている。国会の会期の決定や延長など，法律で衆議院の優越を定めた規定もある。

党首討論Ⓝ（とうしゅとうろん）　国会の場で行われる，首相と野党党首による対面式の討論。国会での審議の活性化をはかる一環として，2000年の通常国会から導入された。衆参両院の国家基本政策委員会合同審査会の場で行われている。ただし，衆参両議院のいずれかに10人以上の議員がいる野党党首のみ。イギリスのクエスチョン-タイム制度を手本としている。

国会議員Ⓝ（こっかいぎいん）　衆議院・参議院を構成する議員。選挙によって選出された国会議員は，その選挙区や支持する諸団体の代表者ではなく，全国民の代表（国民代表）であると定められている（憲法第43条）。したがって国会議員は，国民の意思に基づき，地域の利益に拘束されることなく活動することが求められている（自由委任）。

類 全国民の代表Ⓝ

代議士Ⓝ（だいぎし）　国民の意思を代表して国政を担当する議員。国会議員のなかでも，特に衆議院議員をさす。

歳費（さいひ）　衆参両院の議長・副議長及び国会議員に，国庫から支給される1年間の給与（憲法第49条）。金額は相当額とされ，一般官吏の最高の給料額より少なくない額となっている。

議員特権（ぎいんとっけん）　国会における議員の自由な言動を保障し，その職責を果たすにあたって認められている特権。不逮捕特権（憲法第50条）と免責特権（憲法第51条）とがある。この二つに，歳費受領権を加える場合もある。

類 歳費受領権

不逮捕特権Ⓝ（ふたいほとっけん）　議員は国会の会期中は逮捕されず，会期前に逮捕された議員でも，所属する議院の要求があれば会期中は釈放されるというもの。ただし，院外での現行犯の場合と，所属する議院が逮捕を認めた場合は例外。

免責特権Ⓝ（めんせきとっけん）　議員が院内で行った演説・討論・表決について，院外で責任を問われない権利である。

議長Ⓝ（ぎちょう）　衆議院・参議院の各議事を統括し，代表する者。各議院に1名ずつ置かれる。それぞれの院において総議員のうち3分の1以上の無記名投票で選出される。衆議院議長は，内閣総理大臣・最高裁判所長官と同格の地位にある。議院の秩序保持，議事の整理，議院事務の監督などの役割が，国会法のなかで規定されている。採決にあたり，可否同数の時は議長が決する（憲法第56条）。

本会議Ⓝ（ほんかいぎ）　衆議院・参議院で，それぞれの全所属議員の出席により開かれる会議。衆議院本会議・参議院本会議という。本会議は総議員の3分の1以上の出席で開会され，議決は出席議員の過半数により成立する。本会議は公開を原則とするが，出席議員の3分の2以上で議決した時は秘密会にできる。

秘密会（ひみつかい）　国および地方公共団体の議決において，非公開とされる会議。両議院の本会議は公開を原則とするが，議長または議員の10名以上の発議により，出席議員の３分の２以上の多数で議決した場合は秘密会にすることができる。ただし，会議の記録は高度に秘密性のあるもの以外は公表しなければならない。これまで，衆参両議院とも本会議で秘密会とされたことはない。

常会Ⓝ(じょうかい)　毎年１回，必ず召集される国会のこと（憲法第52条）。通常国会ともいう。毎年１月中に召集され会期は150日間。両議院一致の議決で，１回のみ延長できるが，一致しないときは衆議院の議決に従う。常会の主要議事は，翌年度の予算審議。召集詔書は，天皇によって10日前までに公布される。

同 通常国会Ⓝ

臨時会Ⓝ(りんじかい)　国会の議事が必要な時に臨時に召集される議会。臨時国会ともいう。予算（補正）・外交，その他国政上緊急に必要な議事を扱う。内閣またはいずれかの議院の総議員のうち４分の１以上の要求により，また任期満了にともなう衆議院議員総選挙後や参議院議員通常選挙後の一定期間内に，内閣が召集を決定する（憲法第53条）。会期は両議院の一致で決められる。

同 臨時国会Ⓝ

特別会Ⓝ(とくべつかい)　衆議院解散後の総選挙の日から30日以内に召集される国会（憲法第54条）。特別国会ともいう。特別会召集後，内閣は総辞職する（憲法第70条）。内閣総理大臣の新たな指名のために開かれるのが特別国会である。会期は両議院の一致した議決によって決定される。

同 特別国会Ⓝ

参議院の緊急集会Ⓝ(さんぎいん-きんきゅうしゅうかい)　衆議院が解散されたときは，参議院も同時に閉会となるが，内閣が緊急の必要があると判断した場合に内閣の求めに応じて開かれる。この緊急集会でとられた措置は臨時のもので，次の国会開会後10日以内に衆議院の同意がなければ，その効力を失う（憲法第54条）。

同 緊急集会Ⓝ

閉会中審査(へいかいちゅうしんさ)　常会や臨時会が休会している期間に，緊急かつ重要な案件が発生した場合に開かれる常任委員会や特別委員会。国会法第15条に規定がある。2015年秋，政府・与党は臨時会を求める野党の要求を拒み，委員会による審議となった。開催日は通常，委員会ごとに一日のみ。また閉会中は，本会議は開けない。

政府演説(せいふえんぜつ)　通常国会の冒頭に，政府の基本方針について内閣総理大臣が行う施政方針演説，財務大臣が行う財政演説，外務大臣が行う外交演説，経済財政政策担当大臣が行う経済演説，さらに臨時国会や特別国会で特定の政治課題について内閣総理大臣が行う所信表明演説をさす。所信表明演説を除いて政府４演説という。

類 施政方針演説Ⓝ　財政演説Ⓝ　外交演説Ⓝ　経済演説Ⓝ　所信表明演説Ⓝ

委員会制度(いいんかいせいど)　議案の審議，国政の調査などの議会運営を能率的に行うための審査組織。日本の国会は，イギリスの本会議制と，アメリカの常任委員会中心の議会運営を併用する形式をとる。常任委員会と特別委員会とがあり，国会議員は必ずいずれかの委員会に所属しなければならない。国会の最終的議決は本会議で行われるが，行政内容の専門化・複雑化などにともない，その効率的審査を目的に委員会制度が発達した。

常任委員会Ⓝ（じょうにんいいんかい）　予算・内閣・文部科学・総務などの委員会が，衆議院と参議院にそれぞれ17ずつある。

特別委員会Ⓝ（とくべついいんかい）　特別な案件が発生した場合に設置される委員会。

予算委員会Ⓝ（よさんいいんかい）　内閣が作成した予算を審議する委員会。国会の常任委員会の一つ。予算は国政全般にわたるため，委員会審議のなかでも最も重要とされ，予算委員会の開催中は他の委員会は開かれず，全閣僚が出席する。予算は，委員会の全体会と各分科会で審議された後，全体会と本会議の議決を経て成立する。

政治編

議院運営委員会Ⓝ（ぎいんうんえいいいんかい）　衆参両院の本会議の運営にかかわる常任委員会。議事の順序，発言の順番・時間などの議院運営や，国会法・議院規則改正問題を取り扱う。委員は，各政党の所属議員数の比率で割り当てられる。

国会対策委員会Ⓝ（こっかいたいさくいいんかい）　各政党が，国会運営にあたっての方針を決めたり，他の政党との連絡・調整を行うために設置する委員会。公式の機関ではないが，政党間の利害が対立する案件の調整は，国会対策委員長会談で秘密のうちに決められることが多い。これを国対政治という。

類 国対政治

公聴会Ⓝ（こうちょうかい）　委員会制度の下で，審議過程において開かれる会議。予算など重要な案件について，また各委員会の判断で，利害関係を有する者，学識経験者などから意見を聴くための制度（国会法第51条）。

審議Ⓝ（しんぎ）　衆議院・参議院の各委員会・本会議における議案に関する主張・討論の手続き。議案は議長を通じて該当委員会に付託され，本会議でも審議される。

定足数（ていそくすう）　国会で議事を開いたり議決をするために必要な出席者の数。憲法第56条1項では，各議院の「総議員の3分の1」と定めている。

議決Ⓝ（ぎけつ）　委員会では，委員の半数以上の出席によって成立，出席者の過半数の賛成で可決される。本会議では，特例を除き総議員の3分の1以上の出席，過半数の賛成を必要とし，可否が同数の場合は議長が決する。

特別多数決（とくべつたすうけつ）　国会の議決は過半数の賛成を必要とする多数決制であるが，特別に3分の2以上の賛成を必要とするものがある。①憲法改正の発議（総議員の3分の2），②法律案の衆議院における再議決，③秘密会の開催についての議決，④議員の資格を失わせる議決，などがこれにあたる。

両院協議会Ⓝ（りょういんきょうぎかい）　衆議院と参議院とが異なった議決をした場合に，両院の意思を調整するために開かれる協議会。協議委員は両院からそれぞれ10名ずつ選出される。予算の議決，条約の承認，内閣総理大臣の指名について，両院が異なる議決をしたときには，必ず開かれる。通常の法律案の議決に関しては，手続きに従って衆議院の優越がとられたり，両院協議会が開かれたりする。

国会法Ⓝ（こっかいほう）　日本の国会の組織や運営についての基本事項を定めた法律。1947年制定。全133か条からなる。国会の召集及び開会式，会期及び休会，役員及び経費，議員，委員会及び委員，会議，懲罰，弾劾裁判所など，国会の組織と権限について規定している。

国会審議活性化法(こっかいしんぎかっせいかほう)　議員同士の議論を活発にすることで国会審議の活性化をはかり，官僚主導から政治主導への政策決定システムを構築することを目的とした法律。1999年に成立。党首討論の場となる国家基本政策委員会を衆参両院に設置すること，官僚が国会で答弁する政府委員制度を廃止し，副大臣と大臣政務官を置くこと，などが行われた。

国会の権限Ⓝ(こっかい-けんげん)　日本国憲法の規定では，国会は国権の最高機関，唯一の立法機関であり，さまざまな権限が与えられている。法律の制定権，財政に関する予算の審議・議決権，条約の承認権，行政部監督権，司法部監督権，憲法改正発議権，弾劾裁判所の設置，内閣不信任決議権（衆議院のみ）などがある。

法律の制定Ⓝ(ほうりつ-せいてい)　国会が行う法律案の審議や議決を通して，法律を成立させること。内閣提出あるいは議員提出の法律案は，委員会と本会議で審議・議決され，成立する。このうち議員提出の法律案（議員立法）の発議には，発議者のほか，衆議院で20人以上，参議院で10人以上（予算をともなう場合はそれぞれ50人以上，20人以上）の議員の賛成を必要とする。また，委員会からも法律案の提出ができる。法律案は議員提出よりも内閣提出法案（閣法）が圧倒的に多い。議員などの立法活動をサポートする機関として，衆参各院に議院法制局が設置されている。なお，法律案について両院が異なる議決をした場合，衆議院で出席議員の３分の２以上の多数で再可決したときは，法律となる。

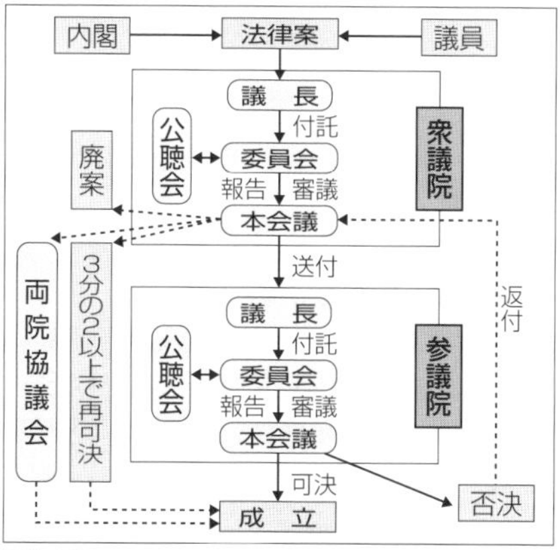

↑ **法律の制定過程**　法律案の提出は参議院を先にしてもよい

類 内閣提出法案（閣法Ⓝ）

再議決Ⓝ(さいぎけつ)　衆議院が可決した法律案を参議院が否決または修正したとき，衆議院に戻して再び議決すること。その場合，出席議員の３分の２以上の賛成で可決される（憲法第59条２項）。2013年７月の参院選で与党が勝利し「ねじれ国会」が解消して以来，法案が再議決にかけられたことはない。

みなし否決(-ひけつ)　衆議院を通過した法律案を，参議院が国会休会中を除いて60日以内に採決しないケースをいう。この場合は，「参議院がその法律案を否決したものとみなすことができる」と憲法第59条４項で定められている。

予算Ⓝ(よさん)　国および地方公共団体の１年間の歳入と歳出の見積もりのこと。予算は，編成・審議・執行・決算の４段階を経て，次会計年度へと引き継がれる。予算を編成し，国会に提出する権限をもつのは内閣であり，毎会計年度の予算を作成し，国会に提出してその議決を経なければならない予算には，一般会計予算・特別会計予算・政府関係機関予算がある。また，当初予算への追加・修正を行ったものを補正予算とよぶ。予算原則には，①予算執行前に国会の議決が必要だという事前議決原則，②政府の収入・支出は全額予算に計上されなければならないという予算総計主義原則，③予算は国民に広く公開されなければならないという公開性原則などがある。予算編成にあたり概算要求の上限を前年度予算の一定比率内におさめることをシーリングという。

類 シーリングⓃ

衆議院の予算先議権Ⓝ（しゅうぎいん-よさんせんぎけん）　予算案は先に衆議院に提出しなければならない（憲法第60条1項）。

予算の議決Ⓝ（よさん-ぎけつ）　予算案について，①衆参両院が異なった議決をし，両院協議会を開いても意見が一致しないとき，②参議院が予算案を受け取ってから30日以内に議決しないとき，衆議院の議決を国会の議決とする（憲法第60条2項）。これを自然成立という。

類 自然成立Ⓝ

歳入Ⓝ（さいにゅう）　一会計年度（日本は4月1日～翌年3月31日）における一切の収入をいう。　☞ p.189（歳入）

歳出Ⓝ（さいしゅつ）　一会計年度における一切の支出をいう。　☞ p.189（歳出）

内閣総理大臣の指名Ⓝ（ないかくそうりだいじん-しめい）　内閣総理大臣は国会議員のなかから指名する。①衆参両院が異なった指名をし，両院協議会を開いても意見が一致しないとき，②衆議院が指名をした後，参議院が10日以内に指名しないとき，衆議院の指名を国会の指名とする（憲法第67条）。

内閣不信任決議Ⓝ（ないかくふしんにんけつぎ）　国会が，内閣の行政権の行使内容に対して異議を唱え，信任できないと決議すること。憲法第69条によって，衆議院にのみ与えられている権限。国民による行政権への間接的統制の一種であり，議院内閣制の下で行政権と立法権との間の抑制と均衡を確保するための制度の一つである。一般に野党側から，内閣に対する不信任決議案が提出され，これが可決された時，内閣は10日以内に衆議院を解散するか，総辞職するかのいずれかを選ばなければならない。また内閣信任決議案が否決されたときも，同様の効果と結果をもつ。これまでに内閣不信任決議案の可決に基づく解散は計4回。

問責決議Ⓝ（もんせきけつぎ）　衆議院の内閣不信任決議に対して，国会の一院としての参議院に与えられた権限。この決議で内閣の責任を追及できる。しかし法的拘束力はなく，あくまでも政治的な意味をもつにとどまる。福田康夫首相に対して2008年，現憲法下で初めて首相への問責決議が可決された。

国政調査権Ⓝ（こくせいちょうさけん）　国会が国政全般について調査を行う権限（憲法第62条）。議院内閣制に基づく行政監督権の下で国会が内閣をコントロールするための権限の一つ。その範囲は立法・行政の全般に及ぶ。証人の出頭・証言・記録の提出，議員の派遣，国務大臣の答弁・説明などが含まれる。ただし，司法権の独立などとの関係で，おのずから限界があるとされる。

類 浦和事件

証人喚問Ⓝ（しょうにんかんもん）　憲法第62条や議院証言法（議院における証人の宣誓及び証言等に関する法律）に基づいて，衆参両院が証人の出頭・証言・記録の提出を求めること。国政調査権の一手段。マスコミなどで用いられる言葉だが，法令上の用語ではない。虚偽証言には罰則がある。

条約の承認Ⓝ（じょうやく-しょうにん）　内閣が締結する国家間の合意である条約は事前に，やむを得ない場合は事後に，国会の承認を経なければならない（憲法第73条３号）。国会の権限の一つで，衆議院の議決が優先する。条約の締結は，内閣が任命した全権委員の署名と，続く内閣の批准，さらに批准書の交換によって完了する。内閣が締結し，国会が承認するという協働行為である。

弾劾裁判所Ⓝ（だんがいさいばんしょ）　訴追を受けた裁判官の罷免の可否を取り扱う弾劾を行うため，両議院の議員で組織する裁判所（憲法第64条）。裁判官にはなはだしい職務上の義務違反や職務の怠慢があったときや裁判官としての威信を著しく失う非行があった場合，罷免請求としての訴追が行われる。訴追は裁判官訴追委員会によって行われ，弾劾裁判所は衆参両院議員のなかから選ばれた，訴追委員と兼任しない各７名の裁判員で構成される。３分の２以上の賛成で罷免。

政治編

訴追委員会Ⓝ（そついいいんかい）　裁判官の弾劾をする上で，罷免の提訴を担当する委員会をいう。国会の両議院の議員各10名で構成され，裁判官の職務上の違反や裁判官としての信用を失墜する行為があった場合に弾劾裁判所に申し立てる。

議員立法Ⓝ（ぎいんりっぽう）　国会議員（広義には国会の委員会も含む）が立案して提出した法案（及び成立した法律）をさす。

委任立法Ⓝ（いにんりっぽう）　行政府が立法府から権限の委任を受けて立法行為を行うこと。憲法第41条で国会は唯一の立法機関と規定されているが，現代国家の行政内容が複雑化・高度化したため，国会では大綱を定めるだけにとどめ，具体的・個別的運用やその細則の規定を，各行政機関の専門行政官に委任する。

一事不再議Ⓝ（いちじふさいぎ）　議院において，議決があった案件と同一のものを同一会期中に再び審議してはならない，という原則。大日本帝国憲法では明文で定めていたが，現憲法下には規定がない。しかし，一般的にはこの原則に従う。

政策秘書（せいさくひしょ）　国会議員の政策立案能力を高める目的で，1994年から導入された政策づくりや立法活動を手助けするスタッフ。国会法で歳費が認められた３人の公設秘書のうち，１人は置かなければならない。資格試験に合格することなどが必要で，他の公設秘書より高い給与が支払われる。

類 公設秘書　私設秘書

国会同意人事Ⓝ（こっかいどういじんじ）　内閣が任命する人事のうち，法律に基づき国会の同意や承認を必要とするもの。日銀総裁・副総裁，会計検査官，原子力規制委員会委員，ＮＨＫ経営委員など約30の機関の人事が該当する。これらの案件は内閣が提出し，国会の議院運営委員会の審査を経て，衆参両院の本会議で議決。

議院法制局（ぎいんほうせいきょく）　国会議員の法制に関する立案（議員立法）を補助するため，国会の各議院に置かれた機関。職員は特別職の国家公務員である。

質問主意書Ⓝ（しつもんしゅいしょ）　国会法で議員に認められた，内閣に対する文書での質問。質問内容を「簡明な主意書」にまとめることから，この名称が使われる。国会での質問時間が限られる少数会派がそれを補うためによく用いる。提出できるのは，慣例として国会開会中だけ。内閣は受け取った日から７日以内に答弁する。主意書は閣議決定され，政府の公式見解となる。

2　内閣のしくみと役割

内閣と行政権

行政権Ⓝ(ぎょうせいけん)　三権のうちの立法権と司法権に属すものを除いた国家の政務を執行する権限。憲法は「行政権は，内閣に属する」(第65条)と定め，行政権を行使する場合，内閣が「国会に対し，連帯して責任を負ふ」(第66条)として，議院内閣制を明確にしている。

内閣Ⓝ(ないかく)　内閣総理大臣及び14名(特別に必要な場合は17名)以内の国務大臣で構成される国家行政の最高意思決定機関。一般行政事務のほか，憲法第73条に定められた事務を統括処理し，第7条に基づいて天皇の国事行為への助言と承認を行う。国務大臣の任免などの権限は総理大臣にあるが，議院内閣制のため，最終的に内閣は国会に対して連帯して責任を負う。構成上の原則は，総理大臣および国務大臣は文民でなくてはならない。また，国務大臣の過半数は国会議員でなくてはならない(憲法第66条)。

内閣総理大臣Ⓝ(ないかくそうりだいじん)　内閣の首長であると同時に内閣府の長でもある。国会議員のなかから指名され，天皇が任命する。内閣を代表して各省庁大臣を指揮・監督する立場にあるため，総理大臣が欠けた場合は内閣は総辞職しなければならない。明治憲法では内閣のなかで同輩中の首席の地位にあった。現行憲法ではその地位と権限が著しく強化されている。

内閣法Ⓝ(ないかくほう)　憲法に基づき，内閣の職権や組織，内閣総理大臣・国務大臣の権能，閣議，内閣官房などの必要な事項を定めた法律。1947年施行。

同輩中の首席Ⓝ(どうはいちゅう-しゅせき)　明治憲法下における内閣総理大臣に与えられた地位。明治憲法には内閣の規定はなく，総理大臣は他の国務大臣と同等の立場に立ち，内閣の統一をはかることが責任とされた。

内閣総理大臣の権限(ないかくそうりだいじん-けんげん)　内閣総理大臣は，内閣の首長として閣議を主宰し，国務大臣の任免権をもち，行政府の首長として行政各部を指揮・監督する。また立法府に対して，内閣を代表して議案の提出その他を行い，司法府に対しても国務大臣への訴追同意を行うことができる。さらに憲法に規定はないが，安全保障会議の議長となり，自衛隊への最高指揮・監督権をもつ。

国務大臣Ⓝ(こくむだいじん)　通常は内閣総理大臣以外の閣僚をいう。内閣総理大臣によって任命され，また任意に罷免される。任命には天皇の認証を必要とし，その過半数は国会議員から選ばれ，かつ文民でなければならない。行政各部の長(各省大臣)と特命担当大臣からなる。内閣法によって定員は14人以内とされているが，必要に応じて17名にまで増員できる。特別法によって，さらなる増員も可能である。2023年1月時点における定員は19人。

文民Ⓝ(ぶんみん)　現職自衛官をふくめ現在職業軍人でない者，これまで職業軍人の経歴がない者をいう。内閣総理大臣や国務大臣が文民でなければならないという憲法第66条の規定は，日本の再軍備を予見した極東委員会の要請により，貴族院で追加されたものである。

特命担当大臣（とくめいたんとうだいじん）　内閣府に属する複数の国務大臣をさす。内閣総理大臣を助け，行政各部の施策の統一などを行う。沖縄及び北方対策担当・金融担当・消費者担当は法律上，必ず置かなければならない。

副大臣Ⓝ・**大臣政務官**Ⓝ（ふくだいじん・だいじんせいむかん）　2001年の中央省庁再編に伴って，従来の政務次官制度を廃した上で，大臣をサポートするために設置された官職。副大臣・大臣政務官いずれも，各省庁に1～3名が配置されている。副大臣は大臣の職務全般を支援し，場合によっては大臣の職務を代行することも可能である。一方，大臣政務官は，特定の政策について支援する役割にとどまり，大臣の職務を代行する権限も持てない。

行政機構Ⓝ（ぎょうせいきこう）　国及び地方の行政事務を担当し，行政権を行使する機関をいう。行政権は内閣に属するため，内閣の統括の下で，行政各府・省・委員会・庁の4種の機関が行政事務を担当する。これらの国家行政組織法の適用を受ける機関と，会計検査院・人事院・内閣法制局などを含めて行政機構という。

中央省庁Ⓝ（ちゅうおうしょうちょう）　1府12省庁（2001年1月から）で構成された行政官庁。1府12省のなかには内局（財務省の主計局など）と外局とがあり，外局は特殊な事務を担当する。それぞれが属する大臣に対して，省令などの発案権，規則制定権，告示権，訓令・通達権を有する。

中央省庁再編Ⓝ（ちゅうおうしょうちょうさいへん）　1998年6月に成立した中央省庁等改革基本法により，1府22省庁制から1府12省庁制に移行したこと（2001年1月）。省庁の半減により行政のスリム化をはかり，内閣府を新設して，首相のリーダーシップを強化するねらいがあった。

類 中央省庁等改革基本法　1府12省庁制

内閣府Ⓝ（ないかくふ）　内閣機能の強化をはかるため，中央省庁再編により2001年に誕生した行政機関。内閣の重要政策について行政各部の施策の総合調整などを行

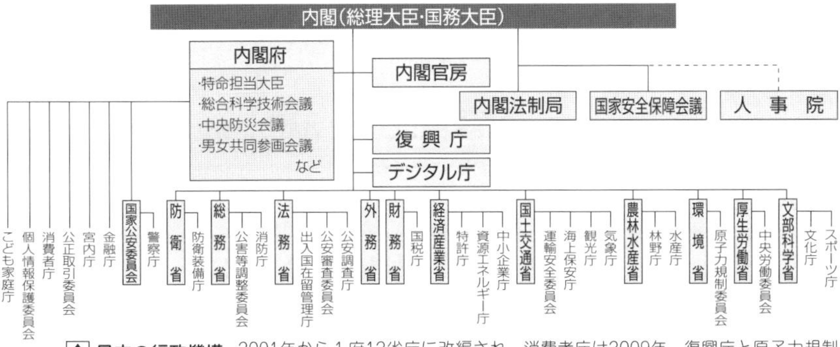

↑ **日本の行政機構**　2001年から1府12省庁に改編され，消費者庁は2009年，復興庁と原子力規制委員会は2012年，スポーツ庁と防衛装備庁が2015年，2019年には出入国在留管理庁が設置された。2021年9月にはデジタル庁が発足，2023年4月からこども家庭庁がおかれた。

う。内閣府の長は内閣総理大臣で，沖縄及び北方対策担当などの各特命担当大臣を置く。外局として国家公安委員会・金融庁・公正取引委員会・消費者庁・こども家庭庁が置かれている。

行政事業レビュー（ぎょうせいじぎょう-）　行政機関における事業の必要性を国の各府省がみずから点検するしくみ。2009年の民主党政権のもとで導入されたが，自民党政権にも引き継がれた。

経済財政諮問会議Ⓝ（けいざいざいせいしもんかいぎ）　経済財政政策や予算編成について，民間の有識者の意見も反映させ，内閣総理大臣のリーダーシップを発揮させるために内閣府に設置された機関。内閣総理大臣を議長とし，10人以内の議員で組織，「骨太の方針」などを決定した。民主党政権のもとで休眠状態であったが，2012年の自民党の政権復帰にともなって復活した。

骨太の方針Ⓝ（ほねぶと-ほうしん）　小泉純一郎内閣の下で設置された経済財政諮問会議が，2001年から策定してきた政策運営の基本的枠組み。正式には「経済財政運営と構造改革に関する基本方針」という。毎年6月に改定されてきた。

国家戦略会議Ⓝ（こっかせんりゃくかいぎ）　民主党政権が，経済財政諮問会議にかわって設けた組織。国の重要な政策を統括する司令塔，政策推進の原動力と位置づけられる。

金融庁Ⓝ（きんゆうちょう）　1998年に金融と財政の分立を目的に旧大蔵省から分離させた金融監督庁が，2000年に大蔵省の金融企画局と統合して成立。2001年の省庁再編では，金融機関の破たん処理を担当した金融再生委員会も統合された。内閣府の外局。

類 金融監督庁Ⓝ

財務省Ⓝ（ざいむしょう）　旧大蔵省。財政を担当。ただし，金融関係の業務については金融庁を創設し，独立させた。

国土交通省Ⓝ（こくどこうつうしょう）　旧建設省，旧運輸省などを統合して発足した省。

総務省Ⓝ（そうむしょう）　各行政機関の総合的な管理・調整などを担当する。旧総務庁・自治省・郵政省を統合して発足。

内閣官房Ⓝ（ないかくかんぼう）　閣議事項の整理や行政各部の政策に必要な総合的調整，内閣の政策に関する情報収集・調査などを行う内閣の補佐機関。長は内閣官房長官（国務大臣）で，3名の副長官が補佐する。

首相補佐官（しゅしょうほさかん）　正式には内閣総理大臣補佐官。5人以内。内閣法第22条に基づき，内閣官房の内部に設置された組織。首相の命を受け，内閣の重要な政策のうち特定のものの企画立案にあたる。

内閣官房参与（ないかくかんぼうさんよ）　1987年の「内閣官房に参与を置く規則」に基づき設置された非常勤の役職。首相の諮問にこたえ，意見を述べる役割をもつブレーンやアドバイザー的な存在。時の首相の裁量で任命できる。

内閣法制局Ⓝ（ないかくほうせいきょく）　内閣に置かれた「法の番人」的な存在。憲法や法律問題に関する政府統一見解の作成，国会答弁での法律解釈の提示など影響力大。

行政委員会Ⓝ（ぎょうせいいいんかい）　一般行政機構からある程度独立して権限を行使する合議制の行政機関。規則を制定する準立法的権限と，裁決を下す準司法的権限をもつ。アメリカなどで発達し，戦後日本の民主化政策の一環として採用された。人事院・中央労働委員会・公害等調整委員会・公正取引委員会などがある。都道府県などにも配置されている。

人事院Ⓝ（じんじいん） 一般職公務員の職階・任免・給与その他，職員に関する人事行政や職員採用試験などの実施事務を取り扱う行政機関。規則制定や不利益処分の審査など準立法・準司法機能をもつ。

会計検査院Ⓝ（かいけいけんさいん） 国の歳入・歳出の決算を検査する行政機関。検査報告は決算とともに内閣から国会に提出される。内閣から独立し，３人の検査官による検査官会議と事務総局とからなる。

国家公安委員会Ⓝ（こっかこうあんいいんかい） 警察行政を統括し調整する行政委員会。不当な政治勢力の介入の排除をめざす。内閣府の外局。

公文書Ⓝ（こうぶんしょ） 政府や諸官庁，地方公共団体の公務員が，職務に関して作成した文書で，私文書に対する語。公文書の偽造・変造の場合，その処罰が重い。

政府委員Ⓝ（せいふいいん） 国会における審議や答弁の際，国務大臣を補佐するため内閣から任命された行政部の職員。衆参両院議長の承認を必要とした。1999年制定の国会審議活性化法により廃止。

政府参考人Ⓝ（せいふさんこうにん） 国会の委員会で行政に関する事項について審査・調査を行う際，説明を担当する政府の職員。国会審議活性化法で政府委員制度が廃止され，質疑に対する答弁は国務大臣・副大臣などが行うが，委員会が必要であると認めた場合は政府参考人が出頭できる。

政府特別補佐人（せいふとくべつほさにん） 1999年の国会審議活性化法で各省庁の官僚による答弁が原則廃止（政府委員制度の廃止）された後も，ひきつづき国会答弁にたつ内閣法制局長官・人事院総裁・公正取引委員会委員長・公害等調整委員会委員長・原子力規制委員会委員長の５人をさす。

観光庁Ⓝ（かんこうちょう） 観光立国推進基本法に基づき，2008年に設立された国土交通省の外局。観光政策の推進などを行う。

復興庁Ⓝ（ふっこうちょう） 2011年の東日本大震災を受けて成立した復興基本法に基づき，2012年に新設された行政組織。復興施策の企画・立案，総合的な調整，実施に向けた事務などを行う。

原子力規制委員会Ⓝ（げんしりょくきせいいいんかい） 福島第一原発のシビア-アクシデント（苛酷事故）を受け，原子力の安全規制を行う新たな組織。環境省の外局として2012年に設置された。従来，原子力政策を推進する資源エネルギー庁と規制を行う原子力安全・保安院とが同じ経済産業省内にあるという組織体制を見直すもの。国家行政組織法第３条に基づく三条委員会（行政委員会）として，５人の委員で構成される。事務局としての役割は原子力規制庁が担う。

類 三条委員会　原子力規制庁Ⓝ

事務次官等会議（じむじかんとうかいぎ） 閣議に提出する案件について，関係省庁間の最終的な事前調整を行うための会議。各省庁の事務次官のほか，警察庁長官・内閣官房長官らが構成員。慣例によって定例閣議の前日に開かれてきたが，民主党政権のもとで廃止された。しかし，2011年から「各府省連絡会議」として，事実上復活。現在は次官連絡会議が設置されている。

スポーツ庁Ⓝ(-ちょう) 2011年に制定されたスポーツ基本法に基づき2015年10月1日に設置された。文部科学省の外局として，スポーツ行政を一元的に担う。

防衛装備庁(ぼうえいそうびちょう) 武器・装備品の輸出や購入を一元的に管理する防衛省の外局。防衛省設置法の改正で2015年10月に設置された。防衛整備移転三原則によって原則解禁された武器輸出拡大のための中心的な役割を果たす。

文官統制(ぶんかんとうせい) 防衛省内で文民統制を確保するための手段の一つ。政策を立案する文官（背広組）が現場の自衛官（制服組）より優位に立ち制服組の行き過ぎた行動を抑止すると考えられてきた。2015年の防衛省設置法の改正で，両者が対等に位置づけられ，文民統制の原則が形骸化されるとの批判もある。

デジタル庁(-ちょう) 2021年に発足した日本の行政機関であり，国家組織および日本社会のDX（デジタルトランスフォーメーション）を目的とする。

内閣の役割

内閣の権限Ⓝ(ないかく-けんげん) 一般行政事務のほかに，憲法第73条に定められた法律の執行と国務の総理，外交関係の処理，条約の締結，予算の作成と国会への提出，政令の制定，恩赦の決定などを行う。また，天皇の国事行為について助言と承認，臨時国会召集の決定，参議院緊急集会開催の要求，最高裁判所長官の指名，最高裁長官を除く裁判官の任命，決算の国会への提出などがある。

閣議Ⓝ(かくぎ) 内閣が開く会議で，行政の最高意思決定機関。内閣総理大臣が議長となって主宰し，全閣僚が出席して開かれる。閣議の内容は非公開で，定例閣議が週2回開かれる。閣議決定は，一体性確保と国会に対して連帯責任を負うため全員一致制をとる。予算の作成，外交方針の決定などは閣議決定が必要。ほかに臨時閣議や，案件を書面で持ち回って署名を得る持ち回り閣議などがある。

類 持ち回り閣議Ⓝ

内閣総辞職Ⓝ(ないかくそうじしょく) 内閣を構成する内閣総理大臣及び国務大臣が，内閣の一体性と連帯責任の下で，全員がその職を辞任すること。内閣が総辞職するのは，①衆議院で内閣不信任案決議が成立し，かつ衆議院が解散されない場合，②衆議院解散後，特別会が召集されたとき，③内閣総理大臣が欠けたとき，④内閣の政策上の行き詰まりや主要閣僚への不信任成立などで，内閣の一体性を維持できないとき，などである。内閣が総辞職した場合，国会はすべての案件に先だって，新たに内閣総理大臣の指名を行わなければならない。なお，総辞職後の内閣は，新たに内閣総理大臣が任命されるまではその職務を行う。

連帯責任Ⓝ(れんたいせきにん) 行政権の行使について，内閣は国民の代表で構成される国会に対して連帯して責任を負うという，内閣の政治責任のあり方。明治憲法下では存在しなかった。内閣が総理大臣を首席として一体性をもつべきであることから連帯責任が生じ，議院内閣制を採用している点から国会との関係が規定。

政党内閣(せいとうないかく) 衆議院（下院）で多数の議席をもつ政党・党派により組織される内閣。首相や閣僚の多くが同じ政党に属す。議院内閣制の下では，議会の信任を基礎とするので政党内閣となる。

解散権Ⓝ(かいさんけん)　衆議院を解散する権利。解散は国民の代表である衆議院議員の資格を任期満了前に失わせることになるが，重要な国策に関する国民の意思を問う手段としては解散による総選挙が不可欠である。衆議院の解散は①憲法第69条に基づき内閣不信任案が可決された場合と，②憲法第7条に基づく天皇の国事行為としての解散とがある(7条解散)。後者に関しては，内閣の助言と承認に基づくため，恣意的な運用が可能であるとして，これを憲法違反として提訴した苫米地(とまべち)訴訟がある。

類 衆議院の解散Ⓝ　7条解散

外交Ⓝ(がいこう)　国際社会での主体である国家間の諸利益・諸関係の交渉にかかわる活動をいう。現代では国民の代表機関である議会が条約批准の承認などを通じて国民的利益と国民的合意の下に，政府の外交を統制する。外交関係を処理するのは内閣の職務であり，その国会への報告は内閣総理大臣の職務である。

条約の締結Ⓝ(じょうやく-ていけつ)　内閣の職務の一つ。締結にあたっては内閣の任命した全権委員の調印(署名)と，内閣による同意の意思表明としての批准によって完了する。ただし，事前(やむをえない場合は事後)に国会の承認を必要とする。

批准Ⓝ(ひじゅん)　条約に対する国家の最終的な確認または同意をさす。条約の内容が合意に達すると，国の代表が署名・調印を行う。そして，条約締結権者が議会の事前承認を得て批准書を交換(または寄託)すると，条約が発効する。日本では内閣が批准，国会が承認し，天皇が認証する。

行政事務Ⓝ(ぎょうせいじむ)　行政権の発動に基づいて行政機関が行う事務。行政事務は，議会の議決を経た法律に基づき処理される。

行政処分Ⓝ(ぎょうせいしょぶん)　行政機関の意思により権利を与えたり，義務を命じたりする行為をいう。行政庁が営業の許可(認可)を与えたり，租税を課したりすること。法律の根拠が求められ，行政の目的に合致することが必要である。

行政指導Ⓝ(ぎょうせいしどう)　行政機関などが，民間企業や地方公共団体に指導を行うこと。行政機関の希望や願望を相手の協力や同意に働きかけ，誘導することで行政目的を実現する行為をいう。行政機関には各種の権限や資金交付などがあるので，規制・強制に転化しやすい。実務上は助言・勧告・指示などとよばれる。行政手続法で，その一般原則などが定められている。

命令Ⓝ(めいれい)　国の行政機関が制定する法規範の総称。内閣の定める政令，内閣総理大臣の定める内閣府令，各省大臣の定める省令，委員会や庁の長が定める規則，会計検査院の定める会計検査院規則，人事院の定める人事院規則などがある。命令の効力は国会で成立するものではないという性格上法律よりも劣る。憲法・法律の規定を実施する執行命令と，法律の委任に基づく委任命令とがある。

類 執行命令Ⓝ　委任命令

政令Ⓝ(せいれい)　命令のうちの一つで，内閣によって制定される(憲法第73条6号)。効力は法律より劣り，府令・省令よりは優先する。

省令Ⓝ(しょうれい)　各省の大臣が，管轄する行政事務に関して制定する命令。内閣府は，総理大臣が制定する内閣府令となる。

規則Ⓝ(きそく)　一般には人の行為の準則をさすが，法律用語としては法律や命令となら

政治編

ぶ制定法の一形式をいう(憲法第81条)。制定主体によって種々なものがある。立法部については衆参両議院がそれぞれ定める議院規則があり，行政部に関しては会計検査院規則・人事院規則などが，司法部には最高裁判所規則がある。規則の法的性質はさまざまだが，一般に法律よりも下位におかれる。

恩赦Ⓝ(おんしゃ)　裁判で確定した刑の中身を国家の恩典によって軽減・免除すること。内閣の職務として行われ，天皇が国事行為として認証する。憲法第73条には大赦，特赦，減刑，刑の執行免除，復権の5種がある。

3　裁判所のしくみと役割

司法権の独立

裁判Ⓝ(さいばん)　法律に規定されたことなどで生じた具体的な争いを解決する裁判所の判断のこと。私人間の争いに関する民事裁判，刑法に触れる犯罪に関する刑事裁判，行政上の問題に関する行政裁判がある。

司法Ⓝ(しほう)　独立した国家機関が具体的な紛争・争訟問題を解決するために法を適用・宣言する国家作用。日本国憲法では特別裁判所を認めず，司法機関は行政裁判も担当する。民事・刑事を含めて裁判と司法とはほぼ同義となり，国民の基本的人権を保障することが期待される。

司法機関Ⓝ(しほうきかん)　司法権の行使に関与する国家機関をいう。法規を適用・宣言して具体的な争訟を解決する。最高裁判所及び下級裁判所である高等裁判所・地方裁判所・家庭裁判所・簡易裁判所をさす。その他にも，弾劾裁判・議員資格争訟裁判を行う国会など，準司法的権限を有する機関もあるが，行政機関は終審として裁判を行うことはできない。

類 裁判所Ⓝ

司法権Ⓝ(しほうけん)　民事・刑事・行政に関する具体的争訟事件について法を適用・宣言する権限。日本国憲法においては国会における例外を除いて，最高裁判所・下級裁判所のみがもつと定められている。裁判の公正と基本的人権の保障のため，司法権の独立が要請される。

司法権の独立Ⓝ(しほうけん-どくりつ)　裁判の公正と基本的人権の保障の確保を目的として，裁判官が他の権力や権威に支配・影響されずに，良心と法律のみに従って職権を行使すること。裁判官の独立ともいう。心身の故障や公の弾劾など以外には罷免されないという，裁判官の身分保障とともに，職務遂行上の独立の保障が必要である。これは，立法・行政両権の裁判への支配・介入を排除することと，上級裁判所による下級裁判所への裁判指揮を否定することを意味する。

同 裁判官の独立Ⓝ

大津事件Ⓝ(おおつじけん)　明治憲法下で行政権の圧力に抗して，司法権の独立を守ったとされる事件。1891年に大津市で，訪日中のロシア皇太子(後のニコライ2世)が護衛巡査津田三蔵に切りつけられ，負傷した。政府はロシアの対日感情悪化を懸念して死刑判決を要求したが，大審院長児島惟謙はその圧力に屈せず，公正な裁判をするよう担当裁判官に働きかけ，その結果，大審院で無期徒刑（無期懲役）の判決が下された。司法権の独立を守った事例とされるが，児島の行為が担当裁判官の職権の独立を侵害したとの批判もある。

大審院Ⓝ（だいしんいん，たいしんいん）　1875年，太政官布告により設置された明治憲法下の最高司法機関。ドイツ帝国にならったもので，内部に民事部と刑事部が置かれた。各部は５人の判事の合議で裁判が行われたが，違憲法令審査権はなかった。1947年廃止。

児島惟謙Ⓝ［1837 ～ 1908］（こじまいけん）　大審院長として大津事件で担当裁判官を督励，司法権の独立を守ったとされる。

浦和事件（うらわじけん）　夫が生業をかえりみないために将来を悲観して親子心中をはかり，子どもを殺して自分は死にきれず自首した浦和充子という女性に対して，浦和地裁は懲役３年・執行猶予３年の判決を下した。しかし1949年，参議院法務委員会は国政調査の一環として本人を証人に呼び，判決の量刑が軽すぎると決議した。最高裁は司法権の独立を侵害するとして抗議，学界の多数意見も最高裁の立場を支持した。この事件で国政調査権に一定の限界があることが確認された。

平賀書簡問題（ひらがしょかんもんだい）　1969年，長沼ナイキ基地訴訟を担当した福島重雄裁判長に対して，上司の平賀健太札幌地裁所長が自衛隊の違憲判断を抑制するよう私信を送った事件。この行為が「裁判官の独立」を侵害したとして問題になった。

違憲法令審査権（いけんほうれいしんさけん）　違憲審査権・違憲立法審査権ともいう。一切の法律・命令・規則または処分が憲法に違反していないかどうかを，具体的争訟事件に関して審査し決定する権限（憲法第81条）。この権限はすべての裁判所にあるが，終審裁判所である最高裁判所が合憲・違憲の最終的決定を行う。このために最高裁判所は「憲法の番人」といわれる。憲法の最高法規性を確保し，違憲の法律による国民の基本的人権の侵害を防止するねらいがある。歴史的には19世紀初めのアメリカで，マーベリー対マディソン事件におけるマーシャル判決を契機に確立された。

同 違憲立法審査権Ⓝ

憲法の番人Ⓝ（けんぽう-ばんにん）　違憲審査に関する終審裁判所である最高裁判所及び最高裁判所裁判官に対する評価のことば。

裁判のしくみ

裁判官Ⓝ（さいばんかん）　司法権の行使にあたって，裁判所で裁判事務を担当する国家公務員。裁判官は良心に従って独立して職務を行い，憲法及び法律にのみ拘束される。裁判官のうち，最高裁長官は内閣の指名で天皇が任命，最高裁判事は内閣が任命し，ともに国民審査に付される。下級裁判所裁判官は，最高裁判所の指名名簿によって内閣が任命する。裁判官には最高裁長官（１人）・最高裁判事（14人）・高等裁判所長官（８人）・判事（約2100人）・判事補（約950人）・

簡易裁判所判事（約800人）の6種類。

判事Ⓝ（はんじ）　裁判を行う官吏の官職名。裁判官。単独で判決を出し，裁判長となることができる。判事補・検察官・弁護士・専門の大学教授などを10年以上経験した者が任命資格をもち，最高裁判所の作成した名簿によって内閣が任命する。実際には，大半は判事補から登用される。任期は10年で再任が原則。

判事補（はんじほ）　司法修習を修了した者のなかから任命される裁判官。地方裁判所・家庭裁判所に配属されるが，一人で裁判ができず，裁判長になれない。10年務めると，ほとんどが判事となる。

検察庁Ⓝ（けんさつちょう）　検察官が行う事務を統括する官署。最高裁判所に対応して最高検察庁が，高等裁判所に対応して高等検察庁が，地方（家庭）裁判所に対応して地方検察庁が，簡易裁判所に対応して区検察庁がそれぞれ置かれている。検察の権限を行使するのは，あくまで個々の検察官である。

政治編

検察官Ⓝ（けんさつかん）　刑事事件における犯罪の捜査や公訴の提起・維持，さらには裁判所に法の適用を請求し，その執行を監督する。検事総長（1人）・次長検事（1人）・検事長（8人）・検事（約1900人）・副検事（約900人）の5種類がある。検察官一人ひとりを一個の官庁とみなす独任制がとられ，検事総長を頂点とした組織的な行動が求められる（検察官同一体の原則）。また，検察庁法などにより強い身分保障が認められている。旧法では検察官は検事とよばれた。

同 検事Ⓝ

弁護士Ⓝ（べんごし）　当事者または関係人の依頼や，官庁または地方公共団体の委嘱によって訴訟活動や法律事務を行う者。司法試験に合格し，司法修習生を経るなどして，日本弁護士連合会（日弁連）の弁護士名簿に登録されなければ弁護士活動はできない。民事事件の訴訟代理人，被疑者・被告人の弁護人・補助者。

類 日本弁護士連合会Ⓝ（日弁連Ⓝ）

司法試験Ⓝ（しほうしけん）　裁判官・検察官・弁護士を志望する者の学識や能力などを判定する国家試験のこと。合格すると司法修習生を経て，判事補・検察官・弁護士になる資格を取得できる。司法試験などの事務をつかさどるため，委員7人からなる司法試験委員会が法務省内に置かれている。

法曹Ⓝ（ほうそう）　司法・裁判に携わる裁判官・検察官・弁護士など，法律の実務者をさす。司法制度改革の一環として，法曹人口をふやす取り組みなどが行われている。

法曹一元（ほうそういちげん）　裁判官を，弁護士などの法律専門家として一定期間の社会経験を積んだ人から登用する方法。そのほうが社会の良識が反映し，裁判が充実するという考え方に基づく。これに対して，当初から裁判官として登用し，養成していく現行の制度をキャリア-システムという。日本はこのキャリアシステムを原則としているが，一方で，1988年より弁護士任官制度が始まり，弁護士から常勤の裁判官に任官される者が少数ながら生まれている。また，2004年には非常勤裁判官制度も発足している。

最高裁判所Ⓝ（さいこうさいばんしょ）　司法権行使に関する最高機関であり，違憲審査に関して，及び民事・刑事・行政事件の訴訟に関しての終審裁判所である。また，最高裁判所規則を制定して司法行政全般を統括する。最高裁判所長官と判事（裁判官）14名の計15名で構成され，上告審（第三審）と特別抗告を扱う。裁判官全員からなる大法廷と，５人の判事からなる三つの小法廷とがある。

高等裁判所Ⓝ（こうとうさいばんしょ）　下級裁判所のうち最上位で，地方・家庭両裁判所の第一審に対する控訴審，地方裁判所が第二審である場合の上告審，及び内乱罪などの特殊事件に対する第一審を取り扱う。全国に８か所設置され，一般に３人の合議制で行われる（５人の場合もある）。

知的財産高等裁判所Ⓝ（ちてきざいさんこうとうさいばんしょ）　司法制度改革の一環として，2005年に設置された東京高裁の特別の支部。憲法が禁止する特別裁判所にはあたらない。知的財産についての事件を専門に取り扱い，重要な事件は５人の裁判官で審理する。知財高裁と略す。なお，知的財産と同じように，医療過誤や教育問題など専門的な分野を扱う裁判所の設置が検討されている。

地方裁判所Ⓝ（ちほうさいばんしょ）　簡裁・家裁・高裁で扱う以外の全訴訟を扱う。原則は一人の裁判官で行われるが，重要な事件は３名の合議制。民事訴訟で簡裁の第二審裁判所でもある。全国に計50か所設置。

家庭裁判所Ⓝ（かていさいばんしょ）　家庭事件の審判や調停，少年の福祉を害する成人の刑事事件，少年法に基づく少年の保護事件などの審判を担当する。少年犯罪のうち，特に悪質なものは検察官に戻し，起訴することもある。地方裁判所と同じ場所に設置。

簡易裁判所Ⓝ（かんいさいばんしょ）　民事裁判では訴額140万円以下の請求事件を，刑事裁判では罰金以下の刑にあたる事件を扱う。簡易裁判所判事が一人で担当する。全国に438か所ある。

下級裁判所Ⓝ（かきゅうさいばんしょ）　審級制において上級審の裁判所に対する下級審の総称。また，上級裁判所である最高裁判所に対して高裁・地裁・家裁・簡裁の４種類の裁判所を総称していう。

上級裁判所（じょうきゅうさいばんしょ）　下級裁判所に対して上位にある最高裁判所をさす。審級制においては下級審に対する上級審の裁判所のこと。上級審の差し戻した判決は下級審の裁判所を拘束する。

特別裁判所Ⓝ（とくべつさいばんしょ）　司法裁判所の管轄から離れ，特定の身分の者や特殊な性質の問題のみを取り扱う裁判所のこと。明治憲法下の行政裁判所・軍法会議・皇室裁判所などが，それに該当する。日本国憲法は特別裁判所の設置を禁止。

行政裁判所Ⓝ（ぎょうせいさいばんしょ）　行政事件に関する裁判を行うために，行政組織内に設けられた特別裁判所のこと。日本国憲法では設置が禁止されている。明治憲法下では，官吏は天皇の官吏であるため，通常の裁判所以外で裁判されるべきとの立場から設置された。

軍法会議Ⓝ（ぐんぽうかいぎ）　戦前の陸・海軍の軍人・軍属を対象とし，刑事裁判を取り扱う特別裁判所の一つ。1882年に設置され，1946年に廃止された。

皇室裁判所Ⓝ（こうしつさいばんしょ）　明治憲法下で，皇族の民事訴訟や身分関係を裁判するために設置された特別裁判所。

身分の保障（みぶん-ほしょう）　裁判官の罷免・特権・報酬などに付随する法律上の権利保障をさす。裁判官が圧力や干渉を受けずに自主的な判断を下し，公正な裁判が行われるために必要不可欠とされる。裁判官が罷免されるのは，①弾劾裁判の結果，罷免を可とされたとき，②心身の故障などで執務が不可能と裁判されたとき，③国民審査の結果，罷免を可とされたとき，などである。

同 裁判官の身分保障Ⓝ

弾劾Ⓝ(だんがい) 義務違反や非行のあった特定の公務員を訴追し，罷免する手続き。①裁判官については，国会の裁判官訴追委員会の訴追を受けて，裁判官弾劾裁判所が裁判を行う（憲法第64条など)。②人事院の人事官については，国会の訴追に基づき，最高裁判所が弾劾の裁判を行う（国家公務員法第9条)。

類 公の弾劾Ⓝ

分限裁判(ぶんげんさいばん) 裁判官の免官と懲戒について行う裁判。憲法第78条と裁判官分限法の規定に基づく。免官は心身の故障で執務不能と裁判されたときや，本人が願い出たときになされる。一方，懲戒は職務上の義務違反があったときなどになされる。これらの分限事件に対して，地裁・家裁・簡裁の裁判官は高裁（5人による合議体）が，最高裁・高裁の裁判官は最高裁（大法廷）が，その裁判権をもつ。

裁判公開の原則(さいばんこうかい-げんそく) 国民の権利保持と裁判の公正さの維持を目的として，争訟事件の審理や原告・被告の弁論（対審）と判決は，公開の法廷で行われなければならないとする原則。ただし，政治犯罪・出版に関する犯罪・人権に関する事件を除き，公開が公の秩序や善良な風俗を害する恐れがあるときは，裁判官全員の一致により非公開とすることができる。戦後，ハンセン病患者の裁判が療養所などの隔離施設内で「特別法廷」として実施されていたことに関して，最高裁は2016年にその違法性を認めて，元患者たちに謝罪した。なお，法廷内で傍聴人は，自由にメモをとることができる。

国民審査Ⓝ(こくみんしんさ) 最高裁判所の裁判官が適任であるかどうかを国民が投票で直接審査すること。司法権に対して，国民が「憲法の番人」の番人として行動する直接民主制的制度。内閣が，人事権を通じて司法部を支配しないように，国民に裁判官の適否を判断させるねらいもある。任命後初めて行われる衆議院議員総選挙の際に，適任かどうかを国民の投票によって審査，その後，10年を経過した後初めて行われる総選挙の際にも審査に付される（憲法第79条)。投票者の過半数が裁判官の罷免を可とすればその裁判官は罷免されるが，実際には白紙投票は信任とみなされるので，これまで罷免された例はない。

国民審査法違憲判決(こくみんしんさほういけんはんけつ) 衆議院議員総選挙の際に，同時に実施される最高裁裁判官の国民審査について，これまで海外在住の日本国民には投票権が与えられなかった。この<海外居住者の排除>の合憲性を問う裁判において，2022年5月，最高裁は違憲判決を下した。国側は「総選挙とは異なり，国民審査は民主主義にとって不可欠な制度ではない」などと主張したが，最高裁は「選挙と同等の制度であり，かつ，海外居住者への投票用紙配付は技術上不可能とは言えない」と結論づけた。国会は，次回総選挙までに制度改正を迫られることになる。

訴えの利益(うったえ-りえき) 裁判によって原告にもたらされる実質的な利益のこと。訴訟要件の一つで，これを欠く訴えは却下される。民事・刑事だけでなく，行政訴訟上の当事者適格もこれに含まれる。

三審制（さんしんせい） 国民が裁判の判決に不服な場合，異なった階級の裁判所で３回まで裁判を受けられるしくみ。国民の権利を慎重に保護し，公正な裁判を行うための審級制。第一審判決に不服がある場合，上級の裁判所に控訴する。また，控訴審の判決に不服がある場合には，さらに上級の裁判所に上告できる。跳躍上告（刑事裁判）と飛躍上告（民事裁判）がある。決定手続きにおいても，控訴・上告にあたるものとして抗告・再抗告がある。

類 跳躍上告　飛躍上告

当事者主義（とうじしゃしゅぎ） 民事・刑事裁判において，審判の進行・範囲・対象などについて当事者に主導権を与える考え方。裁判官主導の職権主義に対するもの。

終審裁判所（しゅうしんさいばんしょ） 審級制のなかで最終裁判を行う裁判所。高裁・最高裁が該当する。憲法では，最高裁判所は一切の法律・命令・規則または処分が合憲か否かを決定する権限をもつ最終の裁判所である，と規定されている。

再審Ⓝ（さいしん） 確定した判決に重大な欠陥がある場合，その判決を取り消して再審理を求める制度。 ☞ p.50（再審）

司法制度改革Ⓝ（しほうせいどかいかく） ①時間がかかる，②法曹人口が少ない，③市民参加がないなど，現在の司法制度が抱えている問題を改善しようとする取り組み。2001年の司法制度改革審議会の意見書等に基づき，法曹人口の拡大策としての法科大学院（ロースクール）の設置，国民の裁判参加としての裁判員制度の導入などが決定・実施されている。

陪審制Ⓝ（ばいしんせい） 一定の資格を満たす一般市民から選出された陪審員が，裁判において事実認定や起訴の可否，有罪・無罪の評決などを行う制度。大陪審と小陪審とがある。前者は起訴陪審ともよばれ，通常22人で構成される陪審員が起訴か不起訴かを決定する。後者は公判陪審ともよばれ，事件の最終的審理に携わる。評決には，原則12人からなる陪審員の全員一致が必要。刑罰の種類と量刑は裁判官が決める。アメリカでは検察・警察の人権侵害への対抗措置として採用している州が多い。日本でも戦前に事実認定に限って一時実施された。

参審制Ⓝ（さんしんせい） 国民から選ばれた参審員と職業裁判官とが合議体を構成して裁判する制度。ドイツなどで行われている。日本の裁判員制度はこの一種類。

裁判員制度Ⓝ（さいばんいんせいど） 重大な刑事事件（殺人・強盗致死傷など）の第一審について，裁判官（３人）と有権者のなかからくじで選ばれた一般市民の裁判員（６人）とが協力し，有罪・無罪の判断や量刑を決める裁判制度。全国の地方裁判所とその支部（合計60か所）で行われる。国民の司法参加実現のため2004年に裁判員法（裁判員の参加する刑事裁判に関する法律）が制定され，2009年５月から実施。審理は３日程度連続して行われ（連続的開廷），評決は裁判官と裁判員の各１人以上の賛成を含む多数決で決まる。また，裁判員には強い守秘義務が課される。

検察審査会Ⓝ（けんさつしんさかい） 検察官が公訴しなかった不起訴処分が適切か否かなどを，請求に応じて審査する制度。有権者のなかからくじで選ばれた11人の検察審査員（任期は6か月）で構成され，各地方裁判所・支部内の165か所に置かれる。審査会では，審査後に「起訴相当」「不起訴不当」「不起訴相当」のいずれかの議決を行う。起訴相当と議決した刑事事件について検察官が再び不起訴とした場合，審査会で「起訴議決」（11人のうち8人以上の多数）がなされると強制起訴となり，裁判所が指定する弁護士が検察官の役割をになって刑事裁判が行われる。強制起訴が最初に適用された事例は，明石歩道橋事件（2001年）。

類 強制起訴Ⓝ

規則制定権（きそくせいていけん）　最高裁判所がもつ，訴訟手続き，弁護士，裁判所の内部規律及び司法事務処理に関する規則を定める権利。訴訟関係者はこの規則に従わなければならず，法と同じ効果をもち，国会の立法権に関する例外となる。

法テラスⓃ（ほう-）　総合法律支援法に基づき，2006年に設置された日本司法支援センターの愛称。都道府県庁所在地などのほか，弁護士のいない地域などにも事務所を置き，法による紛争解決のための情報やサービスの提供を行っている。

同 日本司法支援センターⓃ

公判前整理手続きⓃ（こうはんぜんせいりてつづ-）　裁判を継続的・計画的・迅速にすすめるため導入された制度。裁判員制度の実施に先だち，2005年から始まった。初公判の前に検察官と弁護人が裁判所に集まり，裁判官とともに裁判の争点を確定し，証拠も決定する。さらに，公判スケジュールの調整なども行う。これらの手続きはすべて非公開。この手続き終了後は，新たな証拠請求が原則できない。

裁判の迅速化（さいばん-じんそくか）　時間のかかる裁判を見直す目的で，2003年に制定された「裁判の迅速化に関する法律」に基づく。同法では，第一審の訴訟手続きは2年以内のできるだけ短い期間内に終わらせるなどと規定している（第2条1項）。国民の司法参加などとともに，司法制度改革の一環とされる。

裁判外紛争解決手続きⓃ（**ADR**Ⓝ）［Alternative Dispute Resolution］（さいばんがいふんそうかいけつてつづ-）　訴訟以外の方法で民事紛争を解決するための制度。国民生活センターなど，中立的な第三者が当事者間に介入する。裁判に比べ，簡単な手続きで早期解決が可能。2004年に司法制度改革の一環として制定された「裁判外紛争解決の手続の利用の促進に関する法律」に基づく。

少年法Ⓝ（しょうねんほう）　非行のある少年の保護処分や，刑事事件をおこした少年に対して成人とは異なった特別な取り扱いなどを定めた法律。1949年に施行された。家庭裁判所での審判は非公開で行われる。少年犯罪の凶悪化から刑事罰対象年齢を16歳から14歳に引き下げ，殺人事件の場合には原則として検察官に送致（いわゆる逆送）するなど，厳罰化した法改正が2000年に行われた。また，2007年からは少年院送致の下限年齢が「おおむね12歳」に引き下げられ，08年からは重大事件についての少年審判への「被害者参加制度」が導入。成年年齢の引き下げにともなった改正法が2022年4月から施行された。

特定少年（とくていしょうねん）　2022年4月より成年年齢が18歳になったことを受けて，少年法も改正され，「少年」の定義は20歳未満から18歳未満に変更された。加えて，18歳および19歳の者は「特定少年」と定義された。犯罪を成した特定少年は，18歳未満の少年とは異なり保護レベルが弱まる。第1に，重い犯罪を犯した場合は，成年と同じ扱いで起訴され，刑事裁判を受けることになる。第2に，起訴された場合は，実名報道が許容される。第3に，起訴されて刑事裁判を受ける場合は，原則として成年と同じ扱いで量刑が決まる。

修復的司法（しゅうふくてきしほう） 厳罰化が必ずしも犯罪抑止につながらず，犯罪を被害者と加害者との間に起きた害悪ととらえ，これを被害者と加害者，地域社会が協力して修復していこうとする取り組み。具体的には，被害者と加害者が直接向き合う「被害者・加害者調停」，当事者に地域の人が加わる「家族間協議」などがある。回復的司法ともいう。

同 回復的司法

統治行為論

統治行為論Ⓝ（とうちこういろん） 国の統治の基本に関する高度に政治性をおびた国家行為については，裁判所による法律的な判断が可能であっても，司法審査の対象としないとする考え方。フランスで形成された理論で，アメリカでは「政治問題」とよばれる。衆議院の解散（苫米地訴訟の上告審）や日米安全保障条約（砂川事件の上告審），自衛隊（長沼ナイキ基地訴訟の控訴審や百里基地訴訟の第一審）が憲法違反かどうか争われた裁判で援用された。三権分立の原理の下で最終的には国会や内閣に判断をゆだねるべきとする内在的制約説や，司法審査による混乱を回避するため裁判所があえて判断をしないほうがよいとする自制説など，これを認める考え方が根強い。

苫米地訴訟（とまべちそしょう） 1952年の吉田茂内閣による衆議院解散に対して，衆議院議員苫米地義三が，憲法第7条に基づく解散は，解散権の恣意的な運用にあたり憲法違反であるとして訴えた裁判。最高裁判所は1960年，衆議院解散を統治行為とし，司法審査の対象外にあると判断した。

砂川事件Ⓝ（すながわじけん） 1957年，東京都砂川町（現立川市）で，米軍基地拡張反対運動の過程で基地内に侵入・逮捕されたデモ隊のうち，7名が刑事特別法違反で起訴された事件。 ☞ p.67（砂川事件）

長沼ナイキ基地訴訟Ⓝ（ながぬま-きちそしょう） 1969年，北海道長沼町への自衛隊の地対空ミサイル・ナイキ基地建設に，住民が反対して起こされた訴訟。 ☞ p.67（長沼ナイキ基地訴訟）

百里基地訴訟（ひゃくりきちそしょう） 茨城県小川町（現小美玉市）に自衛隊百里基地を建設することをめぐり，反対派住民と国や旧地主らとが争った民事訴訟。 ☞ p.68（百里基地訴訟）

違憲法令審査権

付随的違憲審査制（ふずいてきいけんしんさせい） 通常の裁判所が具体的な事件を裁判する際に，その事件の解決に必要な範囲内で適用する法令の違憲判断を行う方式。アメリカ・カナダなどで採用されている。日本でも，1952年の警察予備隊訴訟の最高裁判決を契機に，この考え方が確立した。

抽象的違憲審査制(ちゅうしょうてきいけんしんさせい)　特別に設けられた憲法裁判所が，訴えに基づき具体的な訴訟とは関係なく，抽象的に違憲審査を行う方式。ドイツ・イタリア・韓国などで採用されている。

司法積極主義Ⓝ(しほうせっきょくしゅぎ)　立法府などの政治部門の判断に対して，裁判所が違憲審査権を積極的に行使する傾向をさす。

司法消極主義Ⓝ(しほうしょうきょくしゅぎ)　立法府などの判断を尊重して，違憲審査権を控え目に行使する裁判所の傾向をいう。日本の場合，これに当てはまるとされるが，合憲判決については積極的に出されている。

法令違憲(ほうれいいけん)　憲法訴訟において違憲判断を行う場合，法令そのものを違憲とする方法。違憲判決のもっとも典型的な形態で，尊属殺人重罰規定訴訟や薬事法距離制限訴訟の最高裁判決などの例がある。

適用違憲(てきよういけん)　違憲判断の際，法令そのものは違憲ではないが，その法令の具体的な適用のしかたを違憲とする方法。第三者所有物について，その所有者に告知・弁解・防御の機会を与えないで没収したことが憲法第31・29条に違反するとした最高裁判決などの例がある。

尊属殺人重罰規定訴訟(そんぞくさつじんじゅうばつきていそしょう)　尊属殺人とは，自己または配偶者の父母・祖父母などの直系尊属を殺害すること。日本の刑法は尊属殺人に重罰規定を設けていた。しかし，栃木県矢板市で起こった父親殺し事件について1973年，刑法第200条の尊属殺人重罰規定は憲法第14条の法の下の平等に反すると判示された。最高裁が法律の規定について違憲と判断した初の事例。

衆議院議員定数訴訟(しゅうぎいんぎいんていすうそしょう)　総選挙における各選挙区の議員一人あたり有権者数について，選挙区ごとの格差（一票の格差）が法の下の平等に反するとして争われてきた一連の訴訟。1972年総選挙における最大4.99倍の格差について，最高裁は違憲判決を下した（ただし，事情判決の法理によって選挙結果自体は有効とされた)。その後，相次ぐ訴訟のうち，合計7回の「違

事例（最高裁判決の日）	憲法上の条項と争点	最高裁の判断	関係法律	判決後の措置
尊属殺人重罰規定訴訟（1973年4月4日）	［第14条］　刑法の重罰規定と法の下の平等	不合理な差別的扱いであり違憲	刑法	1995年に改正され，その条項を削除
薬事法薬局開設距離制限訴訟（1975年4月30日）	［第22条］　薬局開設距離制限と営業の自由	制限規定は合理性を欠き違憲	旧薬事法	その条項を削除
衆議院議員定数訴訟（1976年4月14日）	［第14条］　議員定数不均衡と法の下の平等	4.99倍の格差は違憲，選挙は有効	公職選挙法	判決時にすでに定数が改正されていた
森林法共有林の分割制限訴訟（1987年4月22日）	［第29条］　分割制限規定と財産権の保障	規制の手段に合理性がなく違憲	森林法	その条項を削除
愛媛玉ぐし料訴訟（1997年4月2日）	［第20条，第89条］政教分離と公費支出	宗教的活動・公金支出を禁止した憲法に違反	──	当時の県知事に返還命令
郵便法損害賠償免除規定訴訟（2002年9月11日）	［第17条］　国の損害賠償責任と国家賠償請求権	国の免責規定は合理性がなく違憲・違法	郵便法	2002年に法改正がおこなわれた
在外日本人選挙権制限訴訟（2005年9月14日）	［第15条など］　選挙権の保障	在外邦人の選挙権行使の制限は違憲	公職選挙法	2006年に法改正がおこなわれた
婚外子国籍訴訟（2008年6月4日）	［第14条］　国籍法の国籍取得規定と法の下の平等	父母の婚姻を国籍取得の要件とした規定は違憲	国籍法	2008年に法改正がおこなわれた
空知太神社訴訟（2010年1月20日）	［第20条，第89条］　政教分離と公費支出	神社への市有地の無償提供は政教分離に違反	──	神社に対して市有地を有償貸与とした
婚外子相続訴訟（2013年9月4日）	［第14条］　民法の相続規定と法の下の平等	婚外子の遺産相続分を嫡出子の半分とするのは違憲	民法	2013年に法改正がおこなわれた
再婚禁止期間訴訟（2015年12月16日）	［第14条，24条］　民法の再婚禁止期間と法の下の平等，結婚の自由	100日をこえる禁止は現代では必要なく過剰で違憲	民法	2016年に法改正がおこなわれた
孔子廟訴訟（2021年2月24日）	［第20条］　政教分離	孔子廟への市有地の無償提供は政教分離に違反	──	那覇市が廟を設置した団体に使用料請求

↑ 最高裁判所が下した主な違憲判決・決定

憲」あるいは「違憲状態」との判決が下った。最新状況では，2014年総選挙の2.13倍が「違憲状態」と判断されており，一方，2017年総選挙における1.98倍に関しては合憲判決が下っている。

薬事法距離制限訴訟（やくじほうきょりせいげんそしょう） 薬局・薬店の開設距離制限（薬事法第6条）が，憲法第22条の職業選択の自由に基づく経済活動の自由に反するとして起こされた訴訟。最高裁は1975年，これを認めて違憲判決を下した。

森林法共有林分割制限訴訟（しんりんほうきょうゆうりんぶんかつせいげんそしょう） 森林法第186条が規定する共有林の分割制限は，憲法第29条の財産権保障に反し，合理性・必要性がないとして起こされた訴訟。最高裁は1987年，この主張を認めて違憲判決を下した。国会は同条項を廃止した。

愛媛玉ぐし料訴訟（えひめたま-りょうそしょう） ☞ p.44（愛媛玉ぐし料訴訟）

郵便法損害賠償免除規定訴訟（ゆうびんほうそんがいばいしょうめんじょきていそしょう） 郵便法第68・73条にある書留郵便の損害賠償の責任範囲の免除・制限は，国の賠償責任を規定した憲法第17条に反するとして起こされた訴訟。最高裁は2002年，これを基本的に認め，過失の内容などにより賠償責任を負う必要があるとして違憲判決を下した。

在外日本人選挙権制限規定訴訟（ざいがいにほんじんせんきょけんせいげんきていそしょう） 1998年の公職選挙法改正で，海外に住む日本人（在外国民）にも国政選挙で投票できる制度が創設されたが，衆参の比例代表選挙のみに限定されていた。そのため，参議院選挙区などの投票ができないのは，選挙権を保障した憲法第15条などに反するとして起こされた訴訟。最高裁は2005年，この主張を認めて違憲と判断した。その後公職選挙法が改正され，在外選挙人名簿登録者は衆議院小選挙区や参議院選挙区においても投票できるようになった。ただし，地方選挙や最高裁裁判官の国民審査は対象外。

婚外子国籍訴訟（こんがいしこくせきそしょう） 結婚していない日本人の父親とフィリピン人の母親から生まれた子どもたちが日本国籍を求めた訴訟。最高裁は2008年，両親の婚姻と認知を国籍取得の要件とした国籍法第3条1項の規定が，法の下の平等（憲法第14条）に反するとして違憲判決を下した。

空知太神社訴訟（そらちぶとじんじゃそしょう） ☞ p.44（空知太神社訴訟）

婚外子相続格差訴訟（こんがいしそうぞくかくさそしょう） 結婚していない男女から生まれた嫡出でない子（婚外子）の遺産相続分について，結婚した夫婦の子の2分の1とした民法第900条4号但し書きの規定が憲法第14条の法の下の平等に反するとして起こされた裁判。最高裁大法廷は2013年，従来の判例を変更して訴えどおりこれを違憲とする決定を下した。出生に選択の余地がない子どもの立場を尊重したもの。だたし，すでに決定済みの相続には適用されない。

再婚禁止期間訴訟（さいこんきんしきかんそしょう） 女性のみに6か月（約180日）の再婚禁止期間を定めた民法第733条が，憲法の保障する法の下の平等（第14条）や両性の本質的平等（第24条）に反するとして，岡山県の女性が起こした裁判。最高裁大法廷は2015年，100日をこえる部分を違憲と判断した。これを受けて，禁止期間を100日に短縮したうえで，離婚時に妊娠していないとする医師の証明があれば，それ以内でも再婚を認める法改正が2016年に行われた。

孔子廟訴訟(こうしびょうそしょう)　☞p.44(孔子廟訴訟)

さまざまな訴訟

刑事訴訟Ⓝ(けいじそしょう)　犯罪事実を認定し，これに対して国が刑罰関係法を適用するための手続きのこと。その手続きを定めた刑事訴訟法に基づき，検察官が被告人の有罪判決を請求していく。判決までの過程には，公判手続きとして，当事者である検察官と被告人との間で，冒頭手続き・証拠調べ・弁論・判決など。

同 刑事裁判Ⓝ

刑法Ⓝ(けいほう)　犯罪とそれに対する刑罰を明示した法律。狭義には刑法典(1880年制定，1907年全面改正，1995年現代語化改正)をいうが，広義には犯罪や刑罰に関する法律を総称したものをさす。近代の刑法は罪刑法定主義を根本原則とする。性犯罪に関する規定を110年ぶりに見直し，厳罰化をはかる法改正が2017年に行われた。

刑事訴訟法Ⓝ(けいじそしょうほう)　広義には刑事手続きを規律した法体系全体をさすが，狭義には刑事訴訟法典のこと。1922年に制定された旧刑事訴訟法はドイツ法の影響を受けて成立したが，1948年制定の現行刑事訴訟法は，新憲法の人権保障規定をふまえ，英米法の原理を大幅に導入している。

民事訴訟Ⓝ(みんじそしょう)　私人(しじん)間の権利の対立や生活関係事項の争いに関して法律上の権利の実現をはかる手続きのこと。民事訴訟法に基づき，訴えの申し立て，主張の陳述，立証などの過程を経て判決にいたる。当事者主義が刑事訴訟よりも明確であり，原告・被告は裁判長の訴訟指揮の下で自由に主張・立証を行う。

同 民事裁判Ⓝ

民法Ⓝ(みんぽう)　市民の財産や身分に関する一般的事項を規律する法律。狭義には総則・物権・債権・親族・相続の5編からなる民法典をさすが，広義には戸籍法などの補充法や特別法も含む。明治期につくられた民法典は1947年，新憲法にあわせて改正され，2004年には現代語化された。2017年には約款規定が新設。

民事訴訟法(みんじそしょうほう)　広義には裁判所法・弁護士法などを含め，民事訴訟制度に関する規定の総体をいうが，狭義には民事訴訟法という名称の法律をさす。最初の同法典は1890年，ドイツ法をもとに制定，1926年に大改正された。戦後，英米法的な視点がとりいれられ，1996年の全面改正で口語化。

行政訴訟(ぎょうせいそしょう)　公法上の権利関係の確定と行政官庁による処分の取り消し・変更その他の請求をめぐる訴訟をいう。明治憲法下では行政裁判所で行われた。日本国憲法の下では，行政事件訴訟法に基づいて一般の司法裁判所で扱われる。この裁判で国側の代理人を務め，準備書面の作成や陳述などの法廷活動にあたる人を訟務(しょうむ)検事という。

同 行政裁判Ⓝ

少額訴訟(しょうがくそしょう)　60万円以下の金銭の支払いを求める民事裁判で，1回の期日で審理を行い，その日のうちに判決を下す裁判制度。1996年の民事訴訟法改正で新設された。原則として上訴はできず，三審制の例外の一つとされる。

控訴Ⓝ（こうそ）　第一審の判決に対する不服を申し立て，第二審の裁判所に訴えてその変更・取り消しなどを求める訴訟手続き。民事訴訟法では，地裁の第一審に対して高裁へ，簡裁の第一審に対しては地裁へ控訴が認められる。刑事訴訟法では，控訴の提起期間は14日。地裁・家裁・簡裁が行った第一審の判決に対して，高等裁判所への控訴が認められる。

上告Ⓝ（じょうこく）　第二審（控訴審）の判決に対する不服を申し立て，第三審か終審の裁判所に訴え，その取り消し・変更などを求める訴訟手続き。民事訴訟法では，第二審の判決に対して憲法解釈の誤りや重大な手続き違反などを理由として申し立てが認められる。刑事訴訟法では，高裁の行った判決に対して違憲・憲法解釈の誤り，最高裁の判例に反する判断を理由に認められる。

上訴Ⓝ（じょうそ）　控訴・上告・抗告の三つをあわせて上訴という。いずれも，未確定の裁判について上級の裁判所に対して不服を申し立てる手続きである。裁判の確定後に申し立てる再審などとは異なる。

飛躍上告（ひやくじょうこく）　民事訴訟で，第一審終了後，事実関係で争わず，法律の適用の再考を求めて，第二審を飛びこえ直接最高裁判所へ上告すること。飛越上告。

跳躍上告（ちょうやくじょうこく）　刑事訴訟で，法律・命令などの違憲判決が第一審で出た場合，その判断を不当として，第二審をこえて直接最高裁判所へ上告すること。刑事訴訟規則第254条に規定がある。民事訴訟でも，この名称を用いることがある。

公訴Ⓝ（こうそ）　検察官が原告の立場になり，犯罪の被疑者を刑事被告人として，裁判所に起訴状を提出し，訴えること。起訴ともいう。私訴（しそ）に対する用語。

特別上告（とくべつじょうこく）　民事訴訟で，高等裁判所の上告審判決に対し，違憲の疑いがある場合に，最高裁判所に訴えること。刑事訴訟での違憲及び判例違反を理由とした特別抗告にあたる。

即決裁判（そっけつさいばん）　1回の公判で判決までいい渡す刑事裁判のしくみ。比較的軽い罪で起訴された被告人が罪を認めた場合，弁護人の同意を得て行われる。裁判の迅速化をめざし，2006年から導入。

公訴時効Ⓝ（こうそじこう）　犯罪行為が終わった時点から一定の期間が経過すると，公訴の提起ができなくなる制度。期間は刑事訴訟法で定められている。2004年の法改正で，死刑にあたる罪は15年から25年に，無期懲役・禁錮にあたる罪は10年から15年となった。2010年には犯罪被害者などから，殺人などの重大事件について，公訴時効期間の廃止を求める声が強まり，法改正が行われた。死刑にあたる12の罪の公訴時効期間が廃止されたほか，その以外の重大な罪についても期間が従来の2倍に延長された。

4　地方自治のしくみと役割

地方自治とは

地方自治Ⓝ（ちほうじち）　国からある程度独立した地方公共団体の存在を認め，そこでの政治・行政を地域住民の参加と意思に基づいて行うこと。または，地域住民で構成される地方公共団体に，政治・行政の自治権を保障すること。日本国憲法は，第8章に4か条を設けて地方自治について規定している。

地方自治（明治憲法下の）Ⓝ（ちほうじち）（めいじけんぽうか－）　明治憲法には地方自治の規定はなく，行政単位としての府県・郡・市町村はあっても自治の実体はなかった。知事の多くは内務官僚で，内務大臣から人事・組織上の指揮監督を受け，その事務も主務大臣の指揮監督の下に実施する中央集権的地方行政であった。

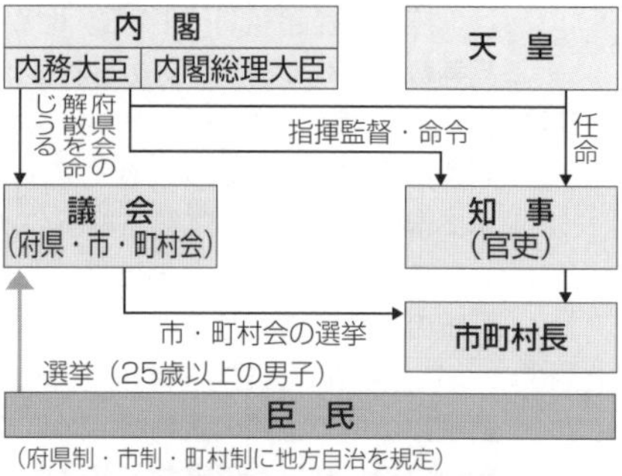

↑明治憲法下の地方自治

地方自治の本旨Ⓝ（ちほうじち－ほんし）　地方自治の本来の趣旨及び真の目的のこと。地方の政治が，①地方公共団体によって国からある程度独立して行われること（団体自治），②その地域の住民の意思に基づいて処理されること（住民自治），の二つをさす。憲法第92条は，地方公共団体の組織・運営について「地方自治の本旨」に基づいて定める，としている。この規定はＧＨＱ案になく，日本側の意向で追加された。

住民自治Ⓝ（じゅうみんじち）　各地方の地域住民またはその代表者の意思に基づいて，地方公共団体の政治が行われること。具体的には，都道府県・市町村の長（首長）及び議会の議員を直接選挙することや，条例の制定・改廃の請求，事務の監査請求，議会の解散請求，議員・長の解職請求などの直接請求をさす。

団体自治Ⓝ（だんたいじち）　ある程度中央政府から独立した地方公共団体が，自らの機関・財源によって地方政治を行うこと。その内容は，都道府県・市町村などの議会や長によって地方公共団体の財産の管理，事務の処理，行政の執行，条例の制定などが行われ，国の行政機関の指揮監督を受けないことなどである。

地方自治法Ⓝ（ちほうじちほう）　地方公共団体の組織と運営に関する基本的事項を定めた法律。1947年施行。憲法第8章に規定された地方自治の本旨にのっとり，定められている。

条例Ⓝ（じょうれい）　地方公共団体が，地方議会において制定する法。地方分権の考え方に基づき，その地方公共団体の抱える課題に具体的に応えるために制定する。法律及び政令に抵触しないことが制定の条件である。

中央集権Ⓝ（ちゅうおうしゅうけん）　国全体の行政機能が中央政府に集中し，それが地方公共団体の行政に干渉・統制する状態をいう。地方公共団体の権限は弱められ，国の出先機関となる。近代国家の成立期によくみられた。統一的な政策を能率的に推進できる半面，地方自治の原理に反する場合もある。

地方分権Ⓝ（ちほうぶんけん）　地方政府（地方公共団体）にできるだけ多くの権限を付与し，中央からの統制・介入を少なくすること。中央集権の対語。近年，地方への権限移譲の動きが活発になり，地方分権推進法（1995年制定，2001年失効）・

地方分権一括法（1999年）などが制定された。

地方公共団体Ⓝ（ちほうこうきょうだんたい）　一定の区域のなかで，その区域内の住民を構成員として，その住民の福祉実現を目的にさまざまな事務を処理する権限を有する法人団体。地方自治体ともいう。憲法第92条や地方自治法に基づく。都道府県及び市町村である普通地方公共団体と，特別区・地方公共団体の組合・地方開発事業団などの特別地方公共団体とがある。

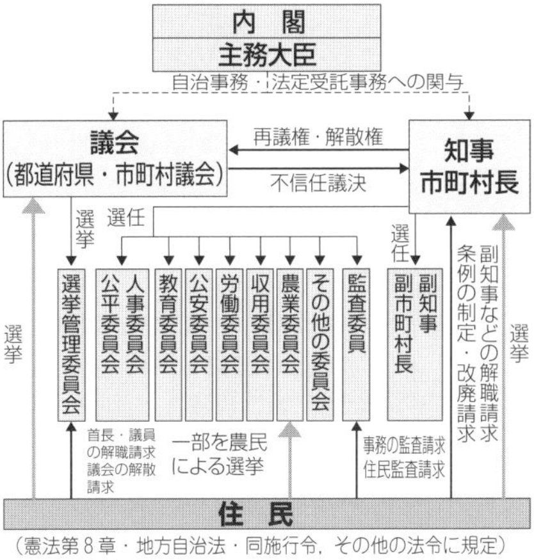

↑日本国憲法下の地方自治

同 地方自治体Ⓝ　**類** 普通地方公共団体　特別地方公共団体Ⓝ

ブライス［James Bryce，1838～1922］　イギリスの政治家・政治学者。1880年から下院議員となる。この間，外務次官・米国大使などを歴任。主著『アメリカン-コモンウェルス』(1888年)，『近代民主政治』(1921年)。彼は「地方自治は民主政治の最良の学校，その成功の最良の保証人なりという格言の正しいことを示すものである」と述べ，地方自治が民主政治の基礎であることを主張した。

類 「地方自治は民主主義の学校」

トクヴィル［Alexis de Tocqueville，1805～59］　フランスの政治家・歴史家。1831年にアメリカを訪れ，市町村に定着している自治の習慣を見聞。そこにデモクラシーの根源をみた。主著『アメリカの民主政治』で「自治的制度が自由に対してもつ関係は小学校が学問に対してもつ関係と同じである」と述べ，地方自治の重要性を強調した。

府県制Ⓝ（ふけんせい）　1871年の廃藩置県後，1890年に確立した明治期の地方行政制度。公選制による地方議会は存在したが，中央官吏である知事の監督権のほうが強かった。1947年の地方自治法成立まで存在した。

自治権Ⓝ（じちけん）　地方自治法に基づいて地方公共団体がもつ自治の権能のこと。ただし，権限は無制約ではなく，①国から与えられた範囲内で行使できるもの，②地方公共団体が固有にもつもの（財産の取得・運用・処分を行う権限や，警察権・課税権などを行使し，条例・規則を制定する権限など），に分けられる。

自治制度（じちせいど）　各地方の住民が，自らが居住する地域の行政に参加する制度。明治期以来，地方議会は公選制だったが，中央官吏である首長とともに内務大臣の統制下にあった。戦後は地方自治法などが定められ，「市町村最優先の原則」に基づき広範囲な自治制度の強化がはかられている。

補完性原理（ほかんせいげんり）　政策決定はできるだけ住民に近い地方政府（地方公共団体）が担い，中央政府（国）の役割は地方政府が処理できない事柄に限定すべきとする考え方。国と地方における権限の基準を示す。

道州制Ⓝ（どうしゅうせい）　都道府県の枠組みを見直し，全国をブロック別に再編する試み。9・11・13に分ける三つの道州案が検討されているが，背景には市町村合併がすすみ，広域で行う行政課題が増えてきたことなどがある。広域化によって，住民の意思が行政に反映されにくくなるという反対意見もある。

直接請求権

直接請求権Ⓝ（ちょくせつせいきゅうけん）　地域住民が地方公共団体の行政に参加し，特定の行動を請求する権利。直接民主制の考え方をとり入れ，代表民主制を補完するもの。地方自治法第5章第74～88条に定められ，一定数以上の有権者の連署が必要である。①条例の制定・改廃請求，②事務の監査請求，③議会解散の請求，④議員・長の解職請求，副知事・副市町村長その他主要公務員の解職請求の4種類がある。このうち③④についての必要署名数は，有権者総数40万人以下についてはその3分の1，同40万人超80万人以下についてはその6分の1，同80万人超についてはその8分の1を乗じた数を，おのおの合算した数である。

条例の制定・改廃Ⓝ（じょうれい-せいてい・かいはい）　住民が地方公共団体に対して，条例の内容に関する提案などの請求を行うこと。国民発案・住民発案（イニシアティヴ）ともいう。有権者総数の50分の1以上の連署をもって首長に請求する。首長はただちに公表し，受理日から20日以内に議会の議決により決まる。

イニシアティヴ[initiative]　国民発案・住民発案。国民または地方公共団体の住民が直接，立法に関する提案をする制度。直接民主制の一つ。アメリカの各州において採用されている。日本では，一定数の連署による直接請求を通じて条例の制定・改廃の提案をする制度。

同 国民発案　住民発案

監査請求Ⓝ（かんさせいきゅう）　地方公共団体に置かれる監査委員に対して住民が行う権利をさし，二つの形態がある。一つは地方自治法第75条の直接請求権に基づく事務の監査請求で，有権者の50分の1以上の連署でもって行う。もう一つは同法第242条に基づく住民監査請求で，住民1人でも請求できる。いずれも，監査委員は監査を行い，その結果を請求者に通知・公表しなければならない。

類 事務の監査請求　住民監査請求

請求の種類	必要署名数	請求先	取り扱い
条例の制定・改廃請求	有権者の50分の1以上	地方公共団体の長	長が議会にかけ，その結果を公表
事務の監査請求	有権者の50分の1以上	監査委員	監査結果を公表し，議会・長などに報告
議会の解散請求	有権者の原則3分の1以上	選挙管理委員会	有権者の投票に付し，過半数の同意があれば解散
議員・長の解職請求	有権者の原則3分の1以上	選挙管理委員会	有権者の投票に付し，過半数の同意があれば職を失う
副知事・副市町村長などの解職請求	有権者の原則3分の1以上	地方公共団体の長	議会にかけ，3分の2以上の出席，その4分の3以上の同意で失職

↑ 直接請求制度

リコールⓃ[recall]　解職請求。公職にある者を任期満了前にその職から解任する制度。有権者総数の原則3分の1以上の連署が必要。公選職である議員・長の解職請求は選挙管理委員会へ請求し，有権者の投票で過半数の同意を得た場合に確定する。また，副知事・副市町村長などは長へ請求し，議会で判断される。2009年の最高裁判断で，公務員による地方議員のリコール請求が可能に。

同 解職請求Ⓝ

レファレンダムⓃ[referendum]　住民投票・国民投票。重要事項の決定を住民の投票によって決めていく直接民主制の制度。地方公共団体の議会の解散請求，議会の議員・長の解職請求が成立したときに行われる投票と，ある地方公共団体にのみ適用される特別法の制定に関して行われる投票とがある。なお，国政レベルでは憲法改正の国民投票制度がある。

同 住民投票Ⓝ　国民投票Ⓝ

地方自治特別法Ⓝ(ちほうじちとくべつほう)　特定の地方公共団体にのみ適用される特別法のこと。憲法第95条で規定され，一般法と区別される。国会の議決のほかに，その地方公共団体の住民の投票で過半数の同意を得なければ，法律として発効しない。国会の立法権の例外として，国会の議決だけでは成立しない。広島平和記念都市建設法(1949年)，長崎国際文化都市建設法(1949年)，横須賀・呉・佐世保・舞鶴の4市に適用された旧軍港市転換法(1950年)，横浜国際港都市建設法(1950年)などがある。

類 特別法の住民投票

住民の権利Ⓝ(じゅうみん-けんり)　地域の住民によって行使される権利。公共施設利用などのサービスを受ける権利，選挙権・被選挙権，各種直接請求の権利，職員の違法行為や不当な公金支出に対する住民監査請求とその後の住民訴訟の権利，特別法を制定する際の住民投票の権利などがある。

地方公共団体の組織と権限

二元代表制(にげんだいひょうせい)　議会議員と長(首長)とを別個に直接選挙する，日本の地方自治で採用されたしくみ。憲法第93条は，地方議会を単なる「議決機関」ではなく「議事機関」と定め，議決に至るまでの審議を重視している。首長が独任制で民意を集約するのに対し，議会は合議制で民意を反映する。

地方議会Ⓝ(ちほうぎかい)　都道府県・市町村・特別区などの地方公共団体の議事機関。直接選挙で選ばれた任期4年の議員により構成される。条例の制定・改廃，予算の決定，地方税などの徴収の決定，主要公務員人事への同意などによる地方行政への監督などを行う。通常は一院制だが憲法上は二院制でもよい。

町村会(ちょうそんかい)　条例に基づき，議会にかわって設けられる機関。人口減少などで議会を組織できない地方公共団体のための制度で，有権者が全員参加して行われる。地方自治法に規定がある。

長Ⓝ(**首長**Ⓝ)(ちょう)(しゅちょう)　地方公共団体の執行機関である都道府県知事・市町村長をいう。明治憲法下では中央政府の任命と指揮・監督の下にあったが，日本国憲法下では，住民による直接選挙で選出される。議会とは相互抑制関係をもつ。長は議会の議決に対して拒否権（再議権）を有し，また長への不信任議決に対しては議会解散権をもつ。再議に付された場合，同じ議決が確定するためには，出席議員の３分の２以上の多数決が必要となる。

類 再議権

専決処分Ⓝ（せんけつしょぶん）　地方公共団体の議会が決めなければならない事項を，緊急のときまたは委任に基づき首長（長）がかわりに処理すること。委任を受けた場合は議会に事後報告すればよいが，緊急に行った場合は議会の承認を得なければならない。

知事Ⓝ（ちじ）　都道府県の長。執行機関として自治事務及び国からの法定受託事務を管理・執行する特別職の地方公務員をいう。被選挙権は満30歳以上で，任期は４年。地方税の徴収，予算や議案の執行，条例の執行，予算や議案の作成，学校・上下水道・道路・河川などの改修・建設，警察・消防，保健・社会保障の実施などを行う。

政治編

副知事Ⓝ（ふくちじ）　都道府県知事の補佐役。議会の同意を得て，知事が選任する。

出納長（すいとうちょう）　都道府県の出納などの会計事務を行う公務員。議会の同意を得て，知事が選任する。任期は４年。2007年４月から廃止され，副知事に一元化。

市町村長Ⓝ（しちょうそんちょう）　市町村の長。執行機関として一般事務を管理・執行する。被選挙権は満25歳以上で，任期は４年。

助役（じょやく）　市町村長を補佐し，その職務を代理して職員・事務を監督する。議会の同意を経て，市町村長が選任する。2007年４月から副市町村長に一元化。

収入役（しゅうにゅうやく）　市町村の出納その他の会計事務を処理する公務員。都道府県の出納長にあたる。市町村長が議会の同意を得て選任。2007年４月から副市町村長に一元化。

副市町村長（ふくしちょうそんちょう）　市町村長の補佐役。従来の助役と収入役を廃止・一元化して，2007年４月から新設。

地方六団体（ちほうろくだんたい）　都道府県と市町村の首長または議会議長の連合組織であり，全国知事会・全国都道府県議会議長会・全国市長会・全国市議会議長会・全国町村長会・全国町村議会議長会の総称。地方自治にかかわる問題で，内閣や国会に意見を述べる。これに対して内閣には回答の努力義務または義務がある。

委員会Ⓝ（いいんかい）　複数の委員による合議制の執行機関である地方行政委員会のこと。教育委員会・選挙管理委員会・人事委員会などがある。また，都道府県では公安委員会・都道府県労働委員会などが，市町村では農業委員会などが置かれている。地方公共団体の長の管轄下にあるが，職権を行使するときはその指揮・監督を受けないため，判断を公正・慎重にして利害の公平化をはかれる。

選挙管理委員会Ⓝ（せんきょかんりいいんかい）　公職選挙法に基づいて，選挙に関する事務を管理・運営する行政委員会。都道府県と市町村の両方にある。ともに委員は４名で，任期は４年。委員は地方議会が選出する。衆院・参院議員（選挙区選出），地方議会議員及び知事・市町村長の選挙の選挙人名簿の作成，投票用紙の準備などの事務を扱い，選挙を管理する。

公安委員会Ⓝ（こうあんいいんかい）　警察法に基づき，警察運営の民主化と政治的中立の要請に応じて警察の管理を担当する行政委員会。都道府県警察を管理する都道府県公安委員会がある。任期３年の委員（５人または３人）は，知事が地方議会の同意を得て任命する。国家公安委員会は内閣府の外局で，警察庁を管理。

監査委員Ⓝ（かんさいいん）　地方公共団体の財政が健全に執行されているか，事業が公正に執行されているかを監査する。都道府県は４人，市町村は２人の委員からなる（条例で増員も可）。任期は４年で再任可。長が，学識経験者や議員のなかから選ぶ。住民からの監査請求を受けて監査をし，その結果を議会・長に報告する。

教育委員会Ⓝ（きょういくいいんかい）　学校の設置と管理，児童や生徒の就学，教員の採用などを行う地方公共団体（都道府県と市町村）の行政委員会。1948年の教育委員会法に基づき成立。当初，委員は住民の公選制であったが，1956年の地方教育行政法により首長の任命制となった。委員会は５人（町村は３人でも可）の委員で構成される（任期４年）。

人事委員会Ⓝ（じんじいいんかい）　条例に基づき設置された，地方公務員の給与などの勧告を行う行政委員会。議会の同意を得て首長（長）が選任する３人の委員で構成される。都道府県と政令指定都市は設置が義務づけられ，東京23区なども設置している。近年，地方財政がきびしくなるなかで，勧告に従わない自治体も出てきた。人事委員会を設けない地方公共団体には公平委員会が置かれている。

類 公平委員会Ⓝ

農業委員会Ⓝ（のうぎょういいんかい）　農業委員会法に基づき，市町村に設置された行政委員会。農政上の諸活動を行う。農民による選挙で選ばれた委員と長（首長）に選任された委員とで構成される。

収用委員会Ⓝ（しゅうよういいんかい）　土地収用法に基づき，土地の収用（取りあげて用いること）や使用の裁決などの事務を行うため，都道府県に設置された行政委員会。議会の同意を得て知事が任命する７人の委員で構成される。

特別区Ⓝ（とくべつく）　特別地方公共団体の一つで，東京都の23区をさす。原則的には市に関する規定が適用される。1952年以降，区長と区議会議員は住民により直接選挙されるようになった。

不信任と解散Ⓝ（ふしんにん-かいさん）　地方自治の首長制では，長には拒否権・解散権があり，議会には不信任議決権がある。議会は，議員の３分の２以上が出席し，その４分の３以上の同意により，長への不信任議決ができる。長は不信任の通知を受けた日から10日以内に議会を解散できる。解散されない場合，長は失職する。

政務活動費（せいむかつどうひ）　地方議会議員の調査研究活動などのため，条例に基づき議員本人や会派に交付される経費。選挙や私的な活動には使えない。地方自治法を根拠に，2001年から支給されている。かつては政務調査費とよばれたが，2012年の法改正で現在の名称となり，使途の幅も広がった。調査研究とは関係ない不適切な支出もあり廃止する地方公共団体もある。

地方自治の現状

三割自治（さんわりじち）　地方公共団体の権限や財政力の弱さを表す表現。これまで自治体が独自に徴収できる地方税は歳入の３～４割程度しかなく，地方議会が自由に増減を決定できる財政の範囲も全体の３割程度にすぎなかった。また，事務の７割が国の委任事務であった。こうした地方公共団体の中央への強い依存構造は，一般財源（使途が限定されない）に対する特定財源（使途を限定）の構成比率の高さや，自主財源に対する地方交付税・国庫支出金などの依存財源の比率の高さからも裏付けられる。最近では補助金削減の影響もあって，自主財源は５割前後になった。

地方分権推進委員会Ⓝ（ちほうぶんけんすいしんいいんかい） 1995年制定の地方分権推進法（５年間の時限立法）に基づいて総理府（現総務省）に設置された委員会。国会の承認に基づく７名の委員で構成。機関委任事務の廃止や，国・地方間の問題を解決するための第三者機関設置などを提言した。

類 地方分権推進法

固有事務（公共事務）（こゆうじむ）（こうきょうじむ） 1999年改正前の地方自治法第２条に規定されていた普通地方公共団体の事務の一つ。水道・交通・ゴミ処理の事業，学校の設置・管理など，地方公共団体がみずからの責任で処理する本来の公共サービス事務を指した。改正後の地方自治法で自治事務に包含された。

団体委任事務（だんたいいにんじむ） 1999年改正前の地方自治法第２条に規定されていた普通地方公共団体の事務の一つ。法令によって国または他の地方公共団体の事務を委任されたもので，国民健康保険事業などがあった。改正後の地方自治法では自治事務に包含された。

行政事務Ⓝ（ぎょうせいじむ） 1999年改正前の地方自治法第２条に規定されていた普通地方公共団体の事務の一つ。交通の取り締まり，デモ行進の規制など，地方公共団体が行う権力的な規制事務を指した。改正後の地方自治法では自治事務。

機関委任事務Ⓝ（きかんいにんじむ） 国または他の地方公共団体の事務で，地方公共団体の首長などの機関に委任されたもの。対象は国政選挙・生活保護・免許など広範に及んだ。団体委任事務とは異なり，国からの指揮・監督を受け，地方議会の関与が制限されるなど，地方を中央の下請け機関化するものと批判されてきた。2000年施行の改正地方自治法によって廃止され，自治事務と法定受託事務にふり分けられた。国民年金事務などのように，国が直接執行する事務に移されたものもある。

自治事務Ⓝ（じちじむ） 地方公共団体が自主的に処理する事務で，法定受託事務以外のもの。地方分権一括法の施行にともない，2000年に導入された事務区分である。従来の固有事務や団体委任事務などが含まれる。具体的には，小中学校の建設，飲食店の営業許可，都市計画の決定，病院の開設許可などがある。

法定受託事務Ⓝ（ほうていじゅたくじむ） 本来は国や都道府県の事務に属するものだが，地方公共団体が委任を受けて行う事務。国の本来果たすべき役割にかかわる第１号法定受託事務と，都道府県が本来果たすべき役割にかかわる第２号法定受託事務とがある。かつての機関委任事務の一部なども含まれる。この事務は一定の国の関与を受けるとされるが，原則として地方議会の条例制定権や調査権などが及ぶ。具体的には，国政選挙，パスポートの交付などがある。

地方分権一括法Ⓝ（ちほうぶんけんいっかつほう） 国から地方公共団体への権限移譲の一環として

2000年に施行。地方自治法など475本の関連法が一度に改正された。正式名称は「地方分権の推進を図るための関係法律の整備等に関する法律」という。地方自治の本旨に反するとの批判が強かった機関委任事務が廃止されるとともに，従来の事務区分もなくなった。

国地方係争処理委員会（くにちほうけいそうしょりいいんかい） 国と地方公共団体との間で法律・法令の解釈や運用，国の不当な関与をめぐる争いが発生した際，公平・中立な立場で調整をはかる第三者機関。総務省に置かれ，委員は５人（任期３年）。両議院の同意を経て総務大臣が任命する。委員会の審査結果に不服があるときは，高等裁判所に提訴できる。

地方財政Ⓝ（ちほうざいせい） 地方公共団体の行う経済活動のこと。地方公共団体は，警察や消防，生活保護や環境衛生など，生活に密着した公共サービスを住民に提供するために，地方税などから収入を得ている。歳入面で特徴的なのは，地方税収入など自主財源の割合が少なく，地方交付税や国庫支出金など中央政府へ依存する財源の割合が大きいこと。地方財政の歳出を目的別にみると，教育費と土木費への支出が多く，性質別にみると人件費の割合が高い。

類 地方財政法Ⓝ

地方交付税Ⓝ（ちほうこうふぜい） 地方公共団体間の財源の格差をなくすため，国税の一定割合を自治体に交付するもの。国家予算の区分では，地方交付税交付金といわれる。使途の定めのない一般財源で，各種の行政を一定水準で実施するために交付される。交付額は財源の大きさで制限され，財政力が豊かな団体には交付されない。都道府県では東京都のみ地方交付税が交付されていない。2020年度では，75の市町村が不交付団体となっている。

国庫支出金Ⓝ（こっこししゅつきん） 国が都道府県・市町村に支給するもので，使途の指定があるため「ひも付き補助金」と称されることもある。科学技術研究や貿易振興などで国が必要と認めた事業費の一定割合を支出する国庫補助金，国の事務を委託する場合の経費の全額を支出する委託金，義務教育・建設事業・失業対策事業などの経費の一定割合を支出する国庫負担金，の３種類がある。

類 一括交付金Ⓝ

超過負担（ちょうかふたん） 地方公共団体が本来の自己負担費用をこえて負担すること。地方公共団体が国の補助金の交付をともなう公共事業を進める場合，費用が国の予算見積もり額を大幅にこえても，超過分は自治体が負担しなければならない。こうした国の予算と現実の事業費との差などを超過負担という。

地方債Ⓝ（ちほうさい） 地方公共団体が，公営企業への出資・公共施設建設・災害復旧など，特定事業の資金のため発行する公債。発行年度をこえて負担する長期の借入金で，起債の目的・限度額・利率・償還方法などは予算で定める。起債にはこれまで，総務大臣または都道府県知事の許可を必要としたが，2006年度から事前協議制に移行。地方財政法は第５条で「地方公共団体の歳出は，地方債以外の歳入をもつて，その財源と」すると規定しているが，水道・交通などの公営企業，災害復旧事業などの財源とする場合には，地方債の発行ができる。

地方譲与税（ちほうじょうよぜい） 本来，地方税に属すべき財源ではあるが，国税としていったん徴収し，これを地方公共団体に配分している資金のこと。地方道路譲与税・石油ガス譲与税などがある。地方交付税とともに，地方公共団体間の財政力格差を是正する機能をもつ。

自主財源Ⓝ（じしゅざいげん） 地方公共団体が自らの権限に基づいて徴収・収入する財源をいう。地方公共団体の収入は，自治体独自で賦課・徴収できる地方税のほか，使用料・手数料，分担金及び負担金，財産収入などがある。財政構造上は自主財源の占める割合が高い方が望ましいが，現実は依存財源の比率が高い。

対 依存財源

地方税Ⓝ（ちほうぜい） 都道府県・市町村の経費をまかなうため，徴税権に基づいて地域の住民や法人などから徴収する租税。道府県税と市町村税に分類される。道府県税では事業税と道府県民税（住民税）が，市町村税では市町村民税（住民税）と固定資産税が中心である。事業税は道府県税全体の約３割を，市町村民税は市町村税全体の約４割を占めている。特定の経費にあてる目的税では道府県税の自動車取得税，市町村税の都市計画税などがある。地方税収入に占める直接税と間接税等の比率は約８対２である。

地方消費税Ⓝ（ちほうしょうひぜい） 1994年の税制改革により導入された制度で，消費税10%のうち，7.8%が国の消費税，2.2%が地方消費税として都道府県や市町村に配分される（軽減税率８％では6.24%が国，1.76%が地方となる）。

法定外税Ⓝ（ほうていがいぜい） 地方公共団体が課税自主権を活用して，条例に基づき新設した法定税以外の税目。地方税法には法定外普通税と法定外目的税とが規定されている。前者は，地方公共団体が通常の普通税以外に独自に税目を起こして課する普通税のこと。福井県の核燃料税や熱海市の別荘等所有税などがある。その新設や変更の際には，事前に総務大臣と協議し，同意を得ることが必要。後者は，地方公共団体が通常の目的税以外に独自に税目を起こして課する目的税のこと。三重県の産業廃棄物税や東京都の宿泊税，富士河口湖町の遊漁税などがある。その新設や変更の際には，法定外普通税と同様の手続きを要する。

類 法定外普通税Ⓝ　法定外目的税Ⓝ

住民運動Ⓝ（じゅうみんうんどう） 特定地域の住民が地域社会の諸問題を解決するために行う運動をいう。1960年代からの公害反対運動・環境保護運動や，ゴミ処理施設建設反対運動などが行われてきた。地方公共団体の行政へ住民が参加していこうとする性格をもつ。

住民参加（じゅうみんさんか） 地域生活上の問題の決定・解決に住民が参加していくこと。また，住民の意思を行政に反映させていくことでもあり，行政上の意思決定過程に影響を与えている。法制上のものとして，直接請求制度や住民訴訟・公聴会開催などがある。制度化されていないものとしてモニター制・市民集会など。

草の根民主主義［grass-roots democracy］（くさ-ねみんしゅしゅぎ） 民衆の日常生活や底辺のすみずみにまでゆきわたる民主主義をいう。1930年代半ばにアメリカの共和党大会で取り上げられ，民衆の支持を得る民主主義の形態として一般化した。日本では，住民運動などを通して，民衆が生活に密着した場で日常的に政治に参加していくことが民主主義を支える，という点が強調される。

一村一品運動Ⓝ（いっそんいっぴんうんどう）　地場産業振興政策の一環として，大分県の平松守彦知事の提唱で1979年頃に始まった運動。各市町村の住民が主体となって，その地域を代表する特産物をつくり，全国に広めようとするもの。県は研究開発や宣伝・販売面で支援する。

広域行政Ⓝ（こういきぎょうせい）　現行の都道府県・市町村の境界をこえて，複数の地方公共団体が協力して広域にわたる行政処理を行うこと。近年，公害防止・環境保護，治水・河川管理など，一地方公共団体では処理が困難な問題が出現したため，広域行政が必要になった。ここから地方公共団体の協力や合併が要請されてくる。1994年に地方自治法が改められ，都道府県と市町村にまたがる広域連合が制度化された。

類 広域連合Ⓝ　中核市Ⓝ　特例市Ⓝ

関西広域連合Ⓝ（かんさいこういきれんごう）　地方自治法に基づく特別地方公共団体の一つ。2010年，２府５県（京都・大阪・兵庫・和歌山・滋賀・鳥取・徳島）が参加して発足した。都道府県レベルでは初のケース。九州や首都圏でも，広域連合の設立に向けた協議が始まっている。

政令指定都市Ⓝ（せいれいしていとし）　地方自治法に基づき政令で指定された人口50万以上の市。大阪・名古屋・京都・横浜・神戸・北九州・札幌・川崎・福岡・広島・仙台・千葉・さいたま・静岡・堺・新潟・浜松・岡山・相模原・熊本の20市がある。大都市の行政需要の特殊性に対応して，住民生活に密着した事務が都道府県から移譲されるほか，行政区の設置などの特例が認められる。

議会基本条例（ぎかいきほんじょうれい）　地方公共団体の議会改革を行うためにつくられた条例。2006年に全国で初めて北海道栗山町議会が制定して以来，100をこえる地方議会で成立している。背景には，首長提出の議案をそのまま可決するなど，二元代表制の一翼をになうべき地方議会が本来のチェック機能を果たしていないという現実がある。

市町村合併Ⓝ（しちょうそんがっぺい）　複数の市町村が一つに合同すること。新設合併（対等合併）と編入合併（吸収合併）の２種類がある。1995年の改正市町村合併特例法で，有権者の50分の１以上の署名で首長に合併協議会の設置を求める制度が導入され，さらに2002年，合併協議会の設置を議会が否決した場合でも，有権者の６分の１以上の署名により，協議会の設置を住民投票で問いなおすことができる制度がとり入れられた。「平成の大合併」により，1999年３月末に約3232あった市町村数が2021年時点では1718にまで減少している。

類 平成の大合併Ⓝ

住民訴訟（じゅうみんそしょう）　地方公共団体の長，執行機関または職員の違法・不当の行為に対し，住民監査請求（地方自治法第242条）を経たあとで，それに不服がある場合，損害賠償などの請求を裁判所に行うこと。民衆訴訟の一種。

住民投票Ⓝ（じゅうみんとうひょう）　地方公共団体の住民が条例に基づく投票によってその意思を決定すること。近年，原子力発電所や米軍基地，産業廃棄物処理施設の建設などをめぐって，条例に基づく住民投票が相次いで行われている。法的拘束力はないが，住民参加を保障する新しい形態として注目されている。滋賀県米原市や愛知県高浜市のように，永住外国人や20歳未満の人にも住民投票権を付与する事例もある。

住民投票条例Ⓝ（じゅうみんとうひょうじょうれい） 地方自治体の条例制定権（有権者の50分の1以上の署名を集めて条例の制定を請求）を根拠として，政策の是非をめぐって住民投票を実施するための条例。徳島市の吉野川可動堰建設問題をめぐる住民投票などがその例である。

自治基本条例（じちきほんじょうれい） 地方分権改革の流れにそって，個々の地方公共団体が住民参加と協働などの理念をもりこんで定めた基本的な条例。2000年施行の地方分権一括法で条例制定権が拡大されたのを契機に，こうした条例づくりが広がった。2001年に制定された北海道・ニセコ町まちづくり条例が最初の例。

三位一体の改革Ⓝ（さんみいったい-かいかく） 小泉純一郎内閣が2004年から行った地方財政と地方分権にかかわる改革。2002年の経済財政諮問会議による「骨太の方針」で打ちだされた。①国から地方公共団体への補助金の削減，②国から地方公共団体への税源移譲，③地方交付税の見直し，を同時に実施しようとする政策。実際には，地方交付税削減などの影響で，地方公共団体はきびしい予算編成を強いられるようになった。

財政再建団体Ⓝ（ざいせいさいけんだんたい） 1955年制定の地方財政再建促進特別措置法に基づき，破綻した財政を国の管理下で再建するよう指定された地方公共団体。2007年に指定された北海道夕張市が最後の財政再建団体。現在では，地方公共団体財政健全化法に基づき，財政再生団体と早期健全化団体の二つに分けて財政の立て直しが行われている。

財政再生団体Ⓝ**と早期健全化団体**Ⓝ（ざいせいさいせいだんたい-そうきけんぜんかだんたい） 2009年から行われている財政の立て直しが必要な地方公共団体。2007年制定の地方公共団体財政健全化法に基づく。財政状況の悪化が深刻化したのが財政再生団体，悪化が比較的軽度なのが早期健全化団体。いずれも実質赤字比率・連結実質赤字比率・実質公債費比率などの指標で判断される。財政再生基準をこえると破綻とみなされて財政再生計画の策定が，早期健全化基準をこえると財政健全化計画の策定が，それぞれ義務づけられる。

類 地方公共団体財政健全化法

公契約条例（こうけいやくじょうれい） 地方公共団体の発注する公共工事や委託事業に携わる労働者に対して，首長が決めた最低額以上の賃金の支払いを定めた条例。違反していると労働者が申告すれば，自治体が調査して是正命令を出す。公共サービスの劣化防止と，いわゆる「官製ワーキングプア」をなくすことにもつながるとされ，千葉県野田市で2009年，全国で初めて制定された。国に公契約法の制定を求める動きもある。

地域主権Ⓝ（ちいきしゅけん） 2009年に成立した民主党を中心とする政権がかかげた地方分権改革のスローガン。地方公共団体への権限移譲や国の地方出先機関の見直しなどをすすめるとしている。そのための組織として「地域主権戦略会議」が新設された。

大阪都構想Ⓝ（おおさかとこうそう） 現在の大阪府と政令指定都市の大阪市・堺市を解体・再

編し，東京23区のような複数の特別区などで構成される「大阪都」を新設する構想。府と市の二重行政を解消して効率化を図るとしている。2020年11月の住民投票で否決された。

地方創生Ⓝ（ちほうそうせい）　安倍政権においてスタートした地方政策の総称。東京圏への人口集中の是正と少子高齢化による人口減少に歯止めをかけるため，2014年末に「まち・ひと・しごと創生法」など地方創生関連2法が成立した。なお，2040年には全地方公共団体の約半数にあたる896市町村が消滅の危機に直面する可能性がある，との見解を日本創成会議が14年に公表している。

6章　現代日本の政治

1　政党政治

政党とは

政党政治Ⓝ(せいとうせいじ)　選挙を通じて国民多数の支持を得た政党が議会の多数派となり，政権を担当するほか，議会運営が政党の主導権の下に行われる政治。複数政党の存在を前提とし，政治的自由と公正な選挙制度を条件に，国民主権と安定した政府の実現が目的となる。政党政治の形態には二大政党制・多党制などの形態がある。

政党Ⓝ(せいとう)　政治にそれぞれの意思を反映させるために，主義・主張を同じくする者同士が政権獲得をめざして団結した政治集団。民意をくみあげ，国民合意の形成に主導的役割を果たす。一定の綱領と共通の行動様式をもち，政策を掲げて有権者の支持を訴える。政党は公党として直接国政に参与するという公共的使命を負い，国民全体の利益を増進することを目的とする。

与党Ⓝ(よとう)　議院内閣制では議会の多数党で，政権担当政党をいう。政党内閣を組織して，独自の政策を決定・実践できる立場にある。大統領制の場合には，議会は別の選挙で選出されるため，大統領の出身政党は議会で多数党を形成するとは限らない。戦後日本では，片山政権(1947-1948)，細川政権(1993-1994)，民主党政権(2009-2012)などをのぞいて，与党は保守系で占められてきた。

野党Ⓝ(やとう)　政党政治の下では，政権を担当する与党と対立する立場の政党をいう。イギリスでは「陛下の反対党」とよばれ，影の内閣(シャドー-キャビネット)を組織して政権交代に備えている。日本では政権交代の可能性が少なかったため，政府・与党の政策を批判し，法案の成立を阻止しようとする傾向がある。

保守Ⓝ(ほしゅ)　伝統を守り，変革を好まず，現状を維持しようとする態度や立場。保守主義は最初，近代市民革命的立場や社会主義的立場に対抗するものとして形成されたため，伝統的・復古的特徴をもつ。現存権力と結びつき，変革勢力と対立する場合が多い。

革新Ⓝ(かくしん)　現存の体制や組織を変革しようとする態度や立場。戦前は明治維新のやり直しという意味で革新といわれ，戦後は社会主義勢力の護憲・平和・民主主義の主張が革新といわれた。既存の秩序と既得権の打破という点で保守と反対の性格をもつ。

リベラル[liberal]　思想としては，個人の自由や個性を重視する考え方。日本の政党政治では，もともと保守と急進のあいだの中道を指した。現在では，革新的な立場を称することもある。

リバタリアニズム[libertarianism]　「自由尊重主義」「自由至上主義」と訳される。自由の最大化を志向するイデオロギー。自由に対する最大の規制者たる国家に対して敵対的な態度をとる傾向。この場合の自由とは，個人的自由のみならず経済的自由も含まれる。リバタリアニズムの支持者をリバタリアン（libertarian）という。

コミュニタリアニズム［communitarianism］「共同体主義」と訳される。個人と共同体との関係性を重視するイデオロギー。個人の自由や幸福は共同体をとおして獲得できるものと捉える。共同体に所属するのみならず，共同体をより良くするために政治参加していく人間のあり方を求める。コミュニタリアニズムの支持者をコミュニタリアン（communitarian）という。

党員Ⓝ（とういん） 政党から，政党を構成する資格を与えられた者。機関から入党を承認されると，党の規約や綱領に従い，党費を納めて定期的な活動に参加する。総裁や代表者選挙などの際に選挙権も有する場合もある。

党費（とうひ） 所属政党に党員が納付する金銭。日本の政党は党員数が少ないため，収入に占める割合は党費より寄付金・事業収入などが高く，1995年から実施された政党助成制度に基づく政党交付金を最大の収入とする政党もある。

党首Ⓝ（とうしゅ） 党の代表者であり，党の組織運営や活動上の最高責任者。議院内閣制では，下院で過半数を占める政党の党首が首相となるのが原則である。

書記長Ⓝ（しょきちょう） 政党・労働組合などの役職名。日常の組織活動の中枢となる書記局の長をさす。党のNo.2となる場合が多いが，旧ソ連のように，実質的指導者の場合もある。

綱領Ⓝ（こうりょう） 政党・団体などが掲げる理念・目標・方針などを要約して列挙した文書。政党は綱領に基づいて組織され，政策を掲げて有権者に支持を訴える。

党議拘束Ⓝ（とうぎこうそく） 政党の決定に基づいて党所属議員の議会活動を拘束すること。議員個人の自律的で自由な行動を妨げるという批判がある一方，国民への政党の公約実現のためには必要との意見もある。

派閥Ⓝ（はばつ） 特定の利害関係や思想で結びついた政党内部の私的集団。もともと，衆議院中選挙区制に対応するため，党内実力者（領袖（りょうしゅう））による立候補調整機能が期待された。現在では政治資金の調達，党・内閣・国会人事の配分などへの役割が大きい。私的集団の政治への関与が批判され，幾度も派閥の解消が主張されたが，現在でも政策集団の名目で継続している。

政党制Ⓝ（せいとうせい） 政党政治が行われる枠組みのこと。フランスの政治学者M．デュヴェルジェは政党の数に焦点をあわせ，一党制・二大政党制・多党制の三つに分類した。これに対してイタリアの政治学者G．サルトーリは，政党数だけでなく政党の競合性にも着目し，一党制・ヘゲモニー政党制・一党優位政党制・二党制・穏健な多党制・分極的多党制・原子化政党制の七つに分類している。

多党制（たとうせい） 多数の政党が主導権をめぐって争い，一政党が単独で政権を担当できない勢力関係をいう。小党分立制ともいう。長所は，多様な国民の意思を忠実に反映させることができ，政党の政策に弾力性が出て，政権交代の可能性も高いこと。短所は，政局が不安定になりやすく，少数党が政治の主導権を握ることで，政治責任が不明確化しがちなこと。

同 小党分立制

二大政党制（にだいせいとうせい） 二つの大政党が互いに政権の獲得・担当を争う政党政治の

形態。議院内閣制の下では政局が安定するが，有力な野党が存在するために政権交代も容易で，政治責任の所在が明確になるなどの長所をもつ。短所は，極端な政策の違いは出しにくく，国民の選択の幅が狭くなることなどである。イギリスの労働党と保守党，アメリカの民主党と共和党などが代表的である。

一党制（いっとうせい） 一政党のみが政党として認められ，他の政党の存在が否定される政党制。複数政党の存在や多元主義は認められず，共産主義や全体主義下のような一党独裁制になる。長所は政局が安定し，長期化して強力な政治が展開されること。短所は，民主的な政権交代が不可能になり，政策の硬直化と政治腐敗を招きやすいこと。ナチス-ドイツなどがその例。

名望家政党（めいぼうかせいとう） 家柄・教養・財産をもつ地域の有力者出身か，あるいは彼らに支持された議員によって構成された政党で，院内議員政党ともいう。名望家という社会的勢力や威信という共通性や利害関係を背景にして，政策よりは領袖中心の人的結合により成り立つ組織である。制限選挙制の下での選挙人が少ない時代の政党で，かつてのイギリスのトーリー党・ホイッグ党がその典型。

政治編

大衆政党（たいしゅうせいとう） 名望家政党の対語。大衆の利益や意向を政治に反映させようとする政党。普通選挙制度の確立によって，大衆の政治参加を背景に出現した。支持者確保のために全国的な組織の確立が必要なため，組織政党ともいう。組織拡大にともない，党機構が官僚化し，党の統一性維持のため党員への統制が強化され，国会議員も党議拘束の下で発言・活動することが多い。

同 組織政党

包括政党（ほうかつせいとう） 従来のイデオロギー志向の強い政党とは異なり，20世紀半ばに台頭した新中間層など広範な社会集団に支持を求める政党。キャッチオール-パーティともいう。1960年代以降，先進国を中心に登場してきた政党類型である。アメリカの民主・共和の両党，ドイツの社会民主党，日本の自由民主党，フランスの共和国前進などが該当する。

公約Ⓝ（こうやく） 選挙などの際に，政党や候補者が有権者に明らかにする政策などの公的な約束事。マニフェスト。他党や他者との政策上の争点を明確にして，有権者の選択に役立つことが必要である。選挙後も，公約に拘束され政策に反映させることが条件。

同 マニフェストⓃ

保守合同Ⓝ（ほしゅごうどう） 1955年の左右社会党の統一に対して，同じ年に鳩山一郎率いる日本民主党と，吉田茂率いる自由党とが合同して自由民主党を結成した。この保守合同によって，保守・革新の二大勢力の対抗関係ができたが（55年体制），実際には自由民主党が，その後長く単独政権体制を形成・継続した。

多党化Ⓝ（たとうか） 議会で議席を占める政党の数が増加していく傾向をいう。55年体制の形成後，保守勢力は自由民主党を中心に1990年代前半まで統一を保った。一方の野党勢力は，1960年に民主社会党（後に民社党），1964年に公明党の結成によって多党化が進んだ。参議院議員選挙の比例代表制導入後は，ミニ政党が議席を確保し，多党化がいっそう進行した。

ロッキード事件Ⓝ（-じけん） 米国ロッキード社の航空機売り込み工作にともなう汚職事

件。政権の中枢にあった者が逮捕されたため，昭電疑獄・造船疑獄とともに戦後の三大疑獄事件とよばれる。1976年，田中角栄元首相らが起訴され，一・二審とも受託収賄罪で実刑判決が下された。同じ76年，三木武夫首相は政治責任を追及され，退陣に追いこまれた。

リクルート事件Ⓝ(-じけん)　1988年に発覚したリクルート社の業務拡大にともなう未公開株の譲渡や献金問題などをめぐる事件。民間・官公庁を含めて，竹下登内閣の中枢にも疑惑が波及した。

佐川急便事件Ⓝ(さがわきゅうびんじけん)　1991年に摘発された佐川急便による疑獄事件。政界に多額の政治献金が流れ，自民党副総裁が辞任した。

金権政治Ⓝ(きんけんせいじ)　政策決定や利権の配分が，政治献金やワイロなどに応じて決定される政治をさす。日本の多くの政党は，政党活動を労働組合や企業などからの献金に頼る傾向が強い。これが政権中枢や与党への贈収賄行為となる。こうした汚職は日本の政治構造と密接に結びつき，構造汚職とよばれる。

政治資金Ⓝ(せいじしきん)　政治家が行う政治活動や選挙運動にかかわる資金。党費や寄付金，企業や労働組合などからの献金，パーティ開催収益金，機関紙誌発行による事業収入などからなる。政治資金は，個人献金と企業・労働組合などからの献金及び事業収入に大別できるが，政党によりその比率は異なる。このうち企業・団体からの献金は，政治腐敗や金権政治の温床になると指摘されている。このため，政治資金規正法がたびたび改正されたが，十分な成果はあがっていない。

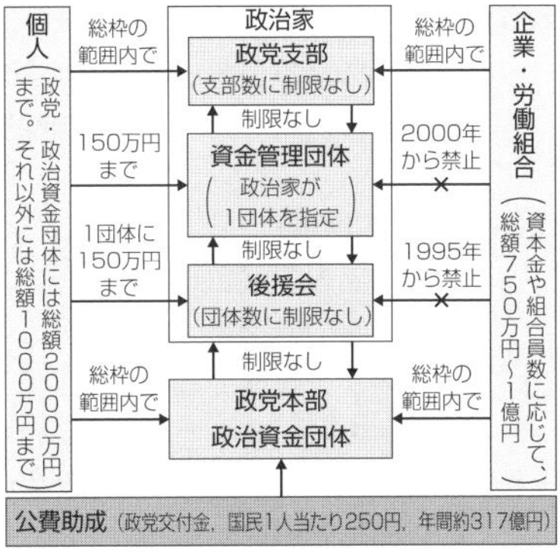

↑ 政治資金をめぐる制度

政治資金規正法Ⓝ(せいじしきんきせいほう)　1948年に制定された法律。政党や政治家の選挙活動の公明をはかり，民主政治の健全な発達に寄与することを目的とする。政治献金を受けた政治団体・政治家の収支報告義務，政治資金パーティ開催の規制，団体献金の制限，などを定める。1994年に改正され，政治資金の調達は政治家個人ではなく，政党中心に改められた。

政治献金Ⓝ(せいじけんきん)　企業などが政党，政党の指定する政治資金団体，資金管理団体へ寄付する金銭のこと。1994年の政治資金規正法の改正により，企業・団体からの政治家個人への寄付は禁止された。

政党助成法Ⓝ(せいとうじょせいほう)　1994年制定。政党活動にかかる費用の一部を，国が政党交付金として交付する法律。政党に対する企業・団体献金を制限する代わりに，国費による助成を行い，政治資金をめぐる疑惑発生の防止を目的とする。政党交付金総額は，総人口に国民一人250円を乗じた額。所属する国会議員が5人以上，または直近の国政選挙の得票率２％以上の政党が政党交付金を受けられる。自分の支持しない政党に税金が使われることに反発を示す声もある。日本共産党は，政党交付金が憲法に違反するとしてその受け取りを拒否。

類 政党交付金N

55年体制N(-ねんたいせい)　1955年に左右両派の社会党が統一され，危機感を抱いた保守側も日本民主党と自由党とが合同して自由民主党が結成された（二大政党制）。しかし当初から自民党は社会党の約２倍の勢力を確保し，政権交代が可能な勢力関係をもつ二大政党制ではなかった。その後，野党側の多党化が生じ，実質的には自民党一党優位が続いた。

連立政権N(れんりつせいけん)　連立内閣ともいう。複数の政党が政策を協定して組織する政権。一つの政党が選挙において絶対多数を獲得できなかった場合，あるいは少数政党に対する妥協策として行われる。政権内部の複数政党間の意見の対立から連立解消もあるが，連立政権が必ずしも不安定であるとはかぎらない。

族議員N(ぞくぎいん)　特定省庁の政策決定や関係業界の利益誘導に強い影響力をもつ，主として自民党の国会議員をさす。旧省庁との関連で，建設族・大蔵族・厚生族などとよばれた。政界･官界･業界を結ぶ「鉄のトライアングル」の一端を担う。

鉄の三角形(てつ-さんかくけい)　鉄のトライアングル。政治のさまざまな局面で，政治家・財界・官僚の３者が強固に結びつき，腐敗がくり返されてきた実態を批判した言葉。自民党一党優位体制の帰結ともされた。

同 鉄のトライアングル

郵政民営化問題N(ゆうせいみんえいかもんだい)　日本郵政公社の民営化をめぐる政治問題。小泉純一郎内閣は2005年，郵政民営化法案が参議院で否決されたため，衆議院を解散して総選挙にのぞんだ。選挙では自民党が大勝し，07年に民営化が実現した。それまで郵便・郵便貯金・簡易保険の３事業が一体で運営されてきた郵政事業は，持株会社である日本郵政グループのもと，郵便局会社・郵便事業会社・ゆうちょ銀行・かんぽ生命保険の４社に切り分けられた。その後，過疎地の簡易郵便局閉鎖，ＡＴＭ（現金自動預け払い機）や郵便ポストの撤去などが進み，全国一律のユニヴァーサル-サービスにほころびをきたす事態もあらわれている。2012年には，当時の民主党政権の下，郵便局株式会社と郵便事業株式会社が合併して，日本郵便株式会社が成立した。

大連立N(だいれんりつ)　二大政党による連立政権をさす。ドイツのキリスト教民主・社会同盟と社会民主党との連立が典型（2009年解消）。安定した強力な政府を生むが，議会政治を形骸化(けいがいか)させる難点を持つ。

ねじれ国会N(-こっかい)　衆議院と参議院とで多数派が異なる現象。2007年の参議院議員通常選挙で与党が過半数をとれなかったため，野党の協力が不可欠になるなど，国会運営に変化があらわれた。その後，2009年の衆院議員総選挙で民主党が大勝し，「ねじれ」はひとまず解消したが，2010年の参議院議員選挙で与党が過半数割れしたために復活した。2013年の参議院選挙後に解消した。こうした現象は戦後，①1947～56年，②1989～93年，③1998～99年，④2007～09年，⑤2010～13年，の５度あらわれている。

55年体制以降の日本の主な政党

自由民主党N(じゆうみんしゅとう)　1955年の保守合同によって成立した保守政党。親米・

憲法改正・再軍備などの方針を掲げ，経済成長路線を採用して長期政権を維持した。1993年に野党となったが，1994年に連立与党に復帰した。その後，2009年の衆院議員総選挙で歴史的大敗を喫して下野。2012年の総選挙で政権復帰を果たした。2023年1月時点の総裁は岸田文雄。

社会民主党Ⓝ（しゃかいみんしゅとう）　1996年，旧日本社会党から名称変更する形で生まれた社会民主主義政党。当初は衆議院で30名を有していたが，その後は低迷し続け，2023年現在は衆院1名，参院1名を有するのみである。2009年には当時の民主党連立政権に参加したが，翌年には離脱している。2023年1月時点の党首は福島瑞穂。

民主党Ⓝ（みんしゅとう）　1996年に市民中心型社会の構築をめざして各党からの離党者らによって結党。情報公開や規制緩和などの行政改革の推進を強調した。国会議員数では，自民党に次いで第2党の座を占めてきたが，2007年の参院議員通常選挙につづき09年の衆院議員総選挙でも勝利して政権を獲得，社民党・国

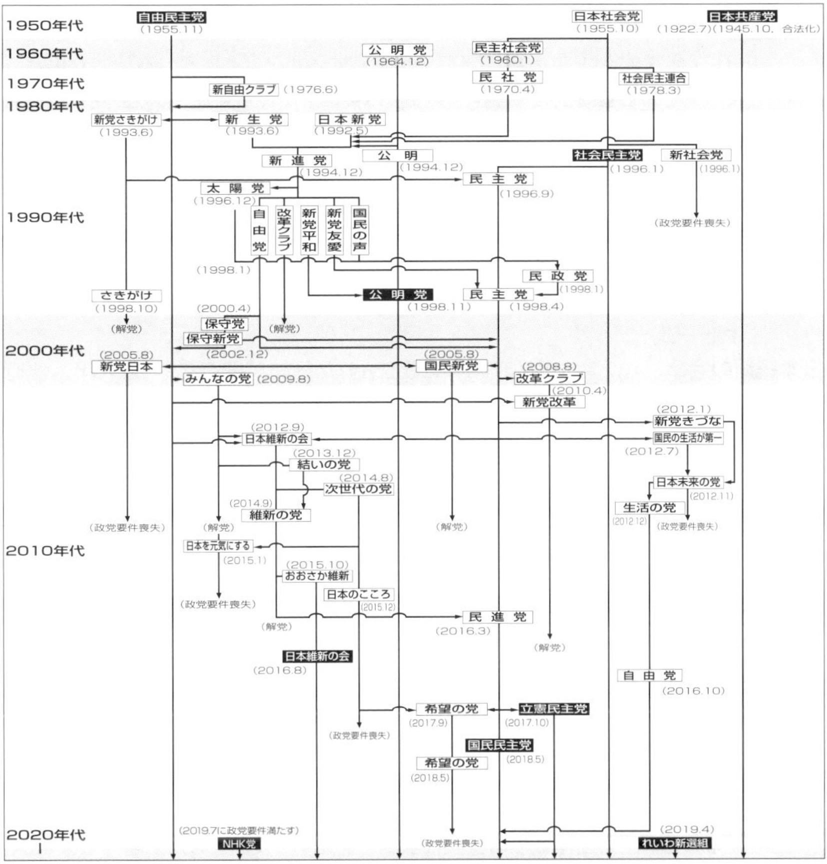

↑ 55年体制以降のおもな政党の移り変わり（2023年1月現在）

民新党とともに連立与党を形成した。2012年の総選挙で大敗し，野党となった。2016年，維新の党と合流して民進党が結成されることとなり，民主党は18年の歴史に幕を下ろした。この民進党も，2017年総選挙を前に分裂し，希望の党や立憲民主党が生まれた。

日本共産党Ⓝ（にほんきょうさんとう） 1922年結党。戦前は非合法の組織であり，政府からたび重なる弾圧を受けて最終的に壊滅した。しかし，戦後に再建されて，米帝国主義と日本独占資本に対する抵抗を綱領に盛り込み，世界の社会主義勢力のなかでも自主独立路線をとった。2023年1月時点の委員長は志位和夫。

公明党Ⓝ（こうめいとう） 1964年，創価学会を支持基盤とした政治結社として結成。中道路線の国民政党としてあゆむ。1994年，衆議院議員を中心に新進党結成に参加。同党解党後，新党平和・公明を経て公明党にもどった。1999年以降，自民党などと連立与党の立場にあったが，2009年の衆院議員総選挙で敗北，自民党とともに下野した。2012年の総選挙の結果与党に復帰。2023年1月時点の代表は山口那津男。

立憲民主党（りっけんみんしゅとう） 2017年，旧民進党の議員たちを中心に結成された政党。2022年末時点にて衆議院で97議席を有する第2党である。政治的立場としてリベラルと立憲主義を標榜するが，内実は，旧民主党系，旧社会党系，旧自民党系など，様々な派閥グループに分かれている。2023年1月時点の代表は泉健太。

国民民主党Ⓝ（こくみんみんしゅとう） 2018年，旧民進党を議員たちを中心に結成された政党。2020年に分裂し，一部が立憲民主党に移籍し，残った議員たちが新たに国民民主党を結成した。2022年末時点にて衆議院で10議席を有する。立憲民主党と比較して，保守的色彩が強いとされる。2023年1月時点の代表は玉木雄一郎。

日本維新の会Ⓝ（にほんいしんのかい） 2015年に設立された日本の国政政党。2010年，当時の大阪府知事である橋下徹を中心にして設立された地域政党「大阪維新の会」を起源とする。2014年に解党。2015年に「おおさか維新の会」を新たに設立。翌年には「日本維新の会」に名称変更された。2023年1月時点の代表は馬場伸幸。概ね自民党と同じく保守政党と位置付けられる。

圧力団体

圧力団体Ⓝ（あつりょくだんたい） ある特殊利益の擁護のために，議会や政府に圧力を加え，その政策決定に影響力を及ぼそうとする利益集団。政党とは異なり，直接に政権の獲得を目的とはしない。19世紀末のアメリカで発生し，上・下院に次ぐ「第三院」とよばれるほどの影響力がある。日本では，日本経団連などの経営者団体，連合などの労働団体，日本医師会，農業協同組合（ＪＡ）などの利益団体があり，政治献金や集票能力に強さを発揮する。

利益集団Ⓝ（りえきしゅうだん） 政党・官僚・議員・政府などに圧力をかけ，利益の実現をはかる集団。圧力団体ともいう。代表制を補完する役割を果たす場合もあるが，利己的利益の追求で議会政治を混乱させることもある。政党との相違点は，政権の獲得を目的としないこと，政治的責任をとらないこと，などにある。

同 利益団体N

日本経団連N (にほんけいだんれん)　日本経済団体連合会の略。「財界の総本山」と異名をとる経営者団体である経団連（経済団体連合会）と，労働問題に対処するための経営者組織である日経連（日本経営者団体連盟）とが2002年に統合して成立した。1500をこえる主要大手企業などが加盟。経営者団体の中核として，経済政策全般について政府に提言したり，勧告したりするなど政治に極めて強い影響力をもつ。会長は「財界の総理」ともいわれる。日本経団連・日本商工会議所・経済同友会を財界３団体という。

日本商工会議所 (しょうこうかいぎしょ)　1922年設立。日本の各地方で組織されている商工会議所（産業促進組織）の全国連合体であり，商工会議所法という法律に基づいた公共性の高い組織。日商簿記検定，日商ビジネス英語検定など，ビジネス実務上の資格試験を多数運営していることでも知られる。

経済同友会 (けいざいどうゆうかい)　1946年設立。企業単位で加盟する日本経団連とは異なり，企業経営者個人単位で参加する団体である。政府・議会に対して批判的見解を発表することも多い。

新経済連盟 (けいざいどうゆうかい)　2010年に設立された日本の経済団体。ITビジネスをはじめとした現代型産業の発展を主目的としている。代表理事は三木谷浩史。

日本医師会N (にほんいしかい)　医師の職業団体で，1947年に現在の社団法人となった。個人単位・任意加入を原則とし，医師の利益擁護，医学の進歩や普及などを目的に掲げる。同様の組織に，日本歯科医師会がある。圧力団体としての役割も果たしている。

ロビイスト[lobbyist]　議会や政府のロビーなどで圧力活動をする人。元議員や元公務員・弁護士などの経歴をもつ者が多い。アメリカで発達。ロビイストが行う活動をロビイングという。

2　選挙

選挙制度

選挙制度N (せんきょせいど)　選挙権を有する者が，議員その他の役職につく者を選出する方法。選挙人の資格や，単記式・連記式などの投票の方法，選挙区制や議員定数及び代表制などによって区別される。中央選挙管理会と都道府県や市町村の選挙管理委員会によって国政選挙と地方選挙が運営されている。戦後日本では，普通選挙，平等選挙，直接選挙，秘密選挙，自由選挙の５原則が選挙制度の前提となっている。

選挙区制N (せんきょくせい)　議員を選出する単位として区分された地域が選挙区であり，選挙区制はその区域から何人の当選者を出すかによって区別される。１選挙区から１名を選出するのが小選挙区制，２名以上を選出するのが大選挙区制。

代表制N (だいひょうせい)　選挙区から選出される当選人が，どのくらいの数の有権者層の代表としての性格をもつかで区別される。小選挙区では当選のために多数派の支持を必要とするので多数代表制という。大選挙区制では比較的少数・相対的多数の支持で当選できるため少数代表制である。比例代表制は原理的には少数代表制に含まれ，支持者数に応じて当選者数を配分する。

類 多数代表制　少数代表制

	長　所	短　所
小選挙区制	①大政党に有利 ②政局が安定 ③選挙民が候補者を理解しやすい ④選挙費用の節約	①小政党に不利 ②死票が多い ③買収など不正投票が増えやすい ④ゲリマンダー
大選挙区制	①小政党も当選可 ②死票が少ない ③人物選択の範囲が広い ④買収などの減少	①多党分立 ②政局不安定 ③候補者を理解しにくい ④多額の選挙費用
比例代表制	①政党本位の選挙 ②死票が少ない ③民意が選挙に反映される	①多党分立 ②政局不安定 ③人物よりも政党中心になる

↑ **選挙区制度の比較**

大選挙区制Ⓝ（だいせんきょくせい）　1選挙区から定数2名以上の代表者を選出する選挙区制のこと。中選挙区制もこれに含まれる。投票時に一人の候補者だけに投票する単記式と複数に投票する連記式とがある。長所は死票が少なく，代表者を広い範囲から選ぶことができ，少数派にも有利な点。短所は候補者との結びつきが弱く，小党分立をうながし，政局が不安定になるおそれがある点。連立政権になりやすい。

小選挙区制Ⓝ（しょうせんきょくせい）　1選挙区につき定数1名を選出。単純多数で当選者が決まる。長所は議員と選挙民の関係が親密になりやすく，多数派に有利で，政局が安定する点。短所は少数意見が反映されにくく，地域の利益を代表する狭い視野の議員を選ぶことになりやすいこと。ゲリマンダーの危険性が高く，死票が増える結果，政党間の議席比率が得票率以上に拡大されやすい点である。日本では，1890年から1898年まで，および1920年から1924年までの総選挙において，小選挙区制が採用されていた。

ゲリマンダーⓃ［gerrymander］　自己の政党に有利になるように，選挙区割りを恣意的に変更すること。1812年，アメリカのゲリー知事が操作した選挙区の形が伝説上の怪獣サラマンダーの姿に似ていたため，この名前がある。

中選挙区制Ⓝ（ちゅうせんきょくせい）　1選挙区からほぼ3～5名の代表者を選出。大選挙区少数代表制の一種で，単記式で投票されるため，少数派にも議席確保の機会があるはずだが，実際には議員定数の不均衡などから，多数派政党が得票率に比べて多くの議席を占めた。日本のかつての衆議院議員選挙で採用。

比例代表制Ⓝ（ひれいだいひょうせい）　各党派の得票数に比例して議席配分がなされるしくみ。死票を少なくし，民意を正確に議会構成に反映させようとした制度であるが，小党分立や政局の不安定につながる可能性もある。1855年にデンマークで初めて採用された。日本では1982年に参院議員選挙に，1994年には衆院議員総選挙に導入された。当選人の決定は，投票者が当選順位を投票する単記委譲式と，あらかじめ当選順位を定めている名簿式の二つに大別される。

職能代表（しょくのうだいひょう）　議会の議員選出を各職業従事者によって行い，選ばれた代表のこと。

総選挙Ⓝ(そうせんきょ)　1つの議会／議院に属する全議員を選出する選挙のことであり，日本では衆議院議員選挙を指す。4年間の任期満了，または衆議院の解散に基づいて行われる。戦後日本では任期満了による総選挙は1回のみで，他はすべて解散に基づく。

政党		A	B	C	D
得票数		10,000	8,000	6,000	3,500
除数	1	10,000①	8,000②	6,000③	3,500⑥
	2	5,000④	4,000⑤	3,000⑧	1,750
	3	3,333⑦	2,666⑨	2,000	1,166
	4	2,500⑩	2,000	1,500	875
配分議席		4	3	2	1

↑ 比例代表　ドント式
議員定数10人の場合の試算例，丸数字は当選順位

拘束名簿方式Ⓝ(こうそくめいぼほうしき)　比例代表制の一種であり，選挙人は政党に投票する一方で，実際の当選者は，各政党が事前に作成した名簿の順位に従って決定される。1982年の公職選挙法改正後，参議院議員選挙には拘束名簿式・ドント式の議席配分法が導入された。1994年以降，衆院議員選挙でもこの方式を採用。ほかには，投票人が順位をつけて投票する単記委譲式がある。

ドント式Ⓝ(-しき)　比例代表制の議席配分に用いられる計算方式。ベルギーの法学者ドントが提唱した配分法に基づく。各党派の得票総数を，1，2，3，…という整数で順に割り，その商の大きい順に定数まで各党に議席を割り当てる方法。

アダムズ方式Ⓝ(-ほうしき)　選挙で議員定数を配分する方法。アメリカの第6代大統領アダムズが提唱したとされ，人口比をより正確に議席に反映できる。まず各都道府県の人口を「一定の数」で割る。次に商の小数点以下を切り上げた数字を47都道府県分すべて足し，その合計が議員定数と一致するように「一定の数」を調整して決定する。

非拘束名簿方式Ⓝ(ひこうそくめいぼほうしき)　2000年の公職選挙法改正で，参議院の比例代表区に導入された制度。政党が候補者の名簿順位を決めず，有権者は候補者名または政党名のいずれかを書いて投票する。候補者の得票と政党の得票を合算し，得票数の多い候補者から順次，当選が決まる。

小選挙区比例代表並立制Ⓝ(しょうせんきょくひれいだいひょうへいりつせい)　1994年の公職選挙法改正で衆議院議員選挙に導入された制度。2023年現在は小選挙区から289人を選出し，比例代表制で176人を選出。小選挙区に重きをおく。これに対してドイツでは，比例代表制をベースにした小選挙区比例代表併用制がとられる。

公職選挙法Ⓝ(こうしょくせんきょほう)　衆議院議員・参議院議員・地方公共団体の議会の議員及び長などの公職につく者の選挙について定めた法律。選挙が公明かつ適正に実施され，民主政治の健全な発達を期するために1950年に制定。従来，衆議院議員選挙法，参議院議員選挙法，地方自治法などで個別に規定されていたのを，一つの法律にまとめた。

期日前投票Ⓝ(きじつぜんとうひょう)　有権者が選挙の当日に仕事・旅行・レジャーなどの予定がある場合，それ以前（公示または告示日の翌日から選挙期日の前日まで）に期日前投票所で行う投票。2003年の公職選挙法改正で創設（第48条の2）。

不在者投票Ⓝ(ふざいしゃとうひょう)　有権者が選挙当日に所定の投票所に行くことができない

場合，前もって行う投票。不在投票ともいう。期日前投票が別に設けられたため，出張先・旅行先などの滞在地，入院・入所中の病院や老人ホームなどのほか，一定の条件に該当するときは郵便による投票もできる。投票期間は期日前投票と同じ。公職選挙法第49条に規定されている。

同 不在投票

出口調査Ⓝ（でぐちちょうさ）　選挙の際，投票を終えた有権者に投票所の出口で誰に投票したかを問う面接調査。マスコミなどが選挙結果の予測を早めるために行う。

重複立候補Ⓝ（ちょうふくりっこうほ）　衆議院小選挙区の政党公認の候補者のうち，比例代表名簿にも名前が登載されている者をさす。小選挙区で落選しても，比例区で復活当選できる場合もある。名簿で同一順位に並んだとき，小選挙区の当選者に対する得票率（惜敗率）が高い候補者から順に当選人がきまる。

類 復活当選Ⓝ

惜敗率Ⓝ（せきはいりつ）　衆議院の小選挙区比例代表並立制選挙において，両方に重複立候補をし，小選挙区で落選した候補者が復活当選する際の基準。「惜敗率＝落選者の得票数÷当選者の得票数×100（%）」であらわされる。政党の比例代表候補者名簿に同一順位で登載されたときは，その小選挙区における当選者に対する得票数の比率が高い順に当選する。ただし，小選挙区での得票数が有効投票総数の10%に満たないと，比例区での復活当選はできない。

法定得票数（ほうていとくひょうすう）　公職選挙法に定められた一定の得票数のこと。①当選に必要な最低限の数，②供託金の没収を受けないための数，の二つがある。①については，当選できる順位にいても，衆議院小選挙区の場合は有効投票総数の6分の1以上，地方公共団体の首長の場合は同4分の1以上なければ当選できない。②については，衆議院小選挙区などで同10分の1以上，参議院選挙区で有効投票総数を定数で除した数の8分の1以上なければ没収される。

制限選挙（せいげんせんきょ）　性別・身分・財産などによって選挙権・被選挙権の資格要件を制限するもの。普通選挙に対比される。19世紀までは，選挙資格はどの国でも制限され，財産や納税額・性別などにより差別されていた。日本では，1890年の第1回衆議院議員総選挙で，直接国税15円以上，その後1900年から10円以上，1919年からは3円以上を納める25歳以上の男性に限られた。

普通選挙Ⓝ（ふつうせんきょ）　狭義には，選挙権について納税や財産など経済的要件による制限を定めない制度をさすが，広義には，それらに加えて社会的地位・人種・性別などによって制限せず，成年男女に等しく選挙権を認める制度をいう。制限選挙に対比されるが，年齢や居住を要件とすることは合理的・技術的見地から不可避とされる。現代民主主義国家の選挙原則となっている。日本では，1925年の法改正で納税制限が撤廃され，1928年の衆議院議員総選挙から25歳以上の男性普通選挙が実施，有権者数は前回の約4倍となった。しかし，女性の参政権は認められず，20歳以上のすべての成人に普通選挙権が保障されたのは1945年。

平等選挙（びょうどうせんきょ）　選挙人の投票の価値を平等に扱うこと。等級選挙（選挙人を納税額などによって等級に分ける制度）・差別選挙に対比される。選挙区ごとに表れた一票の価値の不平等が現在の大きな問題である。

秘密選挙（ひみつせんきょ） 選挙人がどの候補者に投票したかを秘密にすること。憲法は第15条第4項で，投票の自由を保障し，選挙人は投票に関して私的・公的に責任を問われない，と定めている。

直接選挙Ⓝ（ちょくせつせんきょ） 有権者が候補者を直接投票して選ぶしくみ。日本国憲法では国政選挙について明文の規定はないが，公職選挙法で直接選挙の原則をとる。地方選挙については，憲法第93条2項に住民による直接選挙の規定あり。

間接選挙Ⓝ（かんせつせんきょ） 有権者が中間選挙人を選び，その中間選挙人があらためて代表を選出するしくみ。アメリカの大統領選挙が代表例とされる。

自由選挙Ⓝ（じゆうせんきょ） 法的な制裁のない自由な投票制度。日本の選挙の際にとられている方法で，任意投票ともいう。選挙制度上の自由の原則では，立候補の自由や選挙運動への不干渉も含まれる。

強制投票（きょうせいとうひょう） 投票行為を公務として制度化した場合に行われる投票。投票率の低下に対して，棄権防止のために投票を法的に義務づける制度を意味する。ベルギー・オランダの全国，オーストリア・スイスの特定の州などで実施されている。義務投票（制）ともいう。

有権者Ⓝ（ゆうけんしゃ） 選挙資格があり，選挙権を有する者で，法律上の要件や手続きを満たして選挙権を行使できる者。法律上の要件とは，日本では満18歳以上の男女で，選挙管理委員会が作成した選挙人名簿（当該市町村に3か月以上居住し，住民基本台帳に記載されている者）に登録されていることである。

選挙権Ⓝ（せんきょけん） 選挙人として選挙に参加できる権利をいうが，一般的には国民主権の原理から，各種の議員や公務員の選挙に参加できる権利を意味する。現在の日本では憲法第15条で普通選挙を保障し，18歳以上の男女が選挙権をもつが，その行使に関しては同一市町村が作成する選挙人名簿に登録されていることが必要。

被選挙権Ⓝ（ひせんきょけん） 選挙に立候補することのできる権利のことで，選挙によって議員その他の公務員になることができる資格をいう。日本では，衆議院議員・地方議会議員・市町村長は満25歳以上，参議院議員・都道府県知事は満30歳以上であることが必要である。

公民権Ⓝ（こうみんけん） 公民たる資格で国または地方公共団体の政治に参与する権利。選挙権・被選挙権・直接請求権・公務員就任権などの参政権をさす。選挙にかかわる罪を犯した者には，公民権が停止される場合もある。

死票Ⓝ（しひょう／しにひょう） 選挙で議席獲得に生かされない，落選者に投じられた票のこと。死票は，投票者の意思が議席構成に反映されないが，当選者に向けられた批判票・反対票の意味ももつ。小選挙区制は死票が多く，大選挙区制は死票が少なくなる。死票を少なくするために，政党の得票数に比例して議席を配分する比例代表制が考え出された。

世襲議員Ⓝ（せしゅうぎいん） 二世議員ともいう。親が議員であって，死亡・引退した場合に，その子どもが支持基盤を継いで当選した議員をさす。親が築いてきた地盤を他人に渡さずに身内が引き継ぎ，議員の地位を世襲しようとするもの。

事前運動Ⓝ(じぜんうんどう)　公職選挙法で禁止されている行為で，選挙運動期間中より以前に選挙運動をすること。違反者は禁錮または罰金の刑を受ける。なお，選挙運動の期間は衆院選挙が12日間，参院選挙が17日間。

戸別訪問Ⓝ(こべつほうもん)　選挙運動の一環として有権者の家庭を戸別に訪問し，投票するように(または，しないように)依頼すること。日本では，1925年の普通選挙法制定以来禁止されている。戸別訪問の禁止は憲法第21条の表現の自由に違反する，買収の機会を制限するという理由は有権者を軽視している，などの批判が提起されている。欧米では戸別訪問は認められている。

買収Ⓝ(ばいしゅう)　有権者に金品を渡して投票や票の取りまとめを依頼すること。

供応(きょうおう)　有権者に酒食を提供して投票を依頼すること。

連座制Ⓝ(れんざせい)　候補者・立候補予定者と一定の関係にある者が，選挙違反行為に関して刑罰が確定した場合，候補者などの本人がそれらの行為に関係していなくても，当選を無効とすること。1994年の公職選挙法改正で連座責任の範囲が拡大した。この場合の関係者とは，選挙の主宰責任者・出納責任者・地域主宰者・配偶者などをさす。

地方区(ちほうく)　1982年までとられていた日本の参議院の選挙区制のこと。同年の公職選挙法改正で，参議院選挙区と名称変更された。各都道府県をそれぞれ1選挙区とし，各選挙区の議員定数は2～10人であるため，半数改選時には小選挙区制と大選挙区制とが混在するかたちとなっている。

全国区Ⓝ(ぜんこくく)　地方区とともに1982年まで存在した参議院の選挙区制のこと。同年，参議院比例代表区に改められ，拘束名簿式比例代表制が採用された。2000年には非拘束名簿方式に変わり，2019年からは拘束名簿方式も一部取り入れられた(特定枠)。

選挙費用Ⓝ(せんきょひよう)　選挙運動にかかわる費用。選挙の公平をはかるため，選挙費用の最高額は公職選挙法で定めがある。また，規定以上の額を選挙運動に支出したときは，3年以上の禁錮または罰金の刑に処せられ，その当選は無効。

供託金(きょうたくきん)　国政選挙などに立候補する際に納めるお金のこと。選挙で一定の得票数が得られないと没収される。候補者の乱立を防ぐ目的だが，日本の金額は世界一高いといわれる。例えば衆議院小選挙区で1人300万円，同比例区で1人600万円となっている。

ネット選挙Ⓝ(-せんきょ)　インターネットなどを使った選挙運動。これまで公職選挙法で禁止されてきたが，法改正によって2013年の参院議員選挙から解禁された。大別してウェブサイトを利用するものと，電子メールを利用するものとがある。前者は公式サイトやブログ，ツイッターやフェイスブックなどで，政党・候補者とともに有権者からも発信できる。後者は政党・候補者には認められるが，有権者はなりすましの防止を理由に利用できない。また，未成年者による選挙運動は，ネット選挙でも禁止されている。

戦略的投票(せんりゃくてきとうひょう)　選挙で投票者がとる次善の投票行動。例えばA，B，Cの3人の候補者がいて，AとBが競っていた場合，政策や理念がCに近い有権者が当選の見込みが少ないCではなく，A・Bのうち，自分にとってより好ましいAに投票すること。

18歳選挙権(-さいせんきょけん)　2015年の公職選挙法改正で選挙権年齢が「満18歳以上」に引き下げられたこと。2016年の参議院議員選挙から適用された。これにより，全人口に占める有権者の比率は2014年総選挙時の81.8%から約2%上がる(選挙制度が創設された1889年当時はわずか1.1%だった)。

選挙をめぐる問題点

一票の重さ(いっぴょう-おも-)　各選挙区間における議員一人あたりの有権者数の多寡で生じる投票価値の不平等(格差)の問題。有権者数が少ない選挙区は多いところに比べて一票が重くなる。たとえば有権者が20万人と50万人の選挙区を比べた場合，前者の1票に対して後者は0.4票(20万÷50万)の価値しかない，などと表現することもある。こうした格差をめぐり，憲法の法の下の平等に反するとして，数多くの訴訟が提起されてきた。

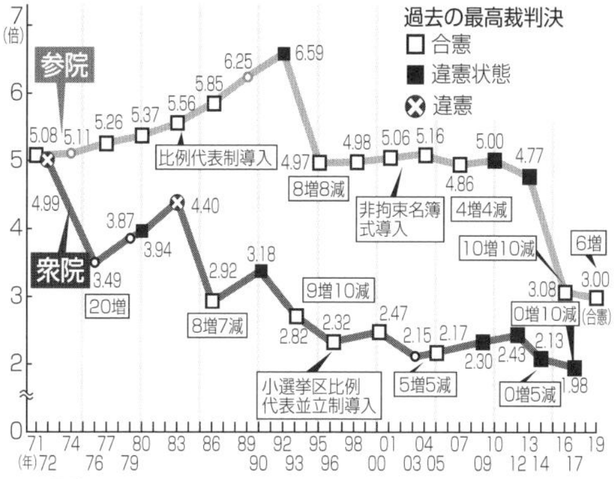

↑ 一票の格差と選挙制度の変更，裁判所の判断

事情判決Ⓝ(じじょうはんけつ)　処分そのものは違法でも，それを取り消すことが公の利益に著しい障害が生じるとき，違法を宣言したうえで請求を棄却する判決。選挙における一票の格差(較差)をめぐる裁判などで用いられた。行政事件訴訟法第31条に規定があるが，公職選挙法では準用を認めていない。

議員定数不均衡(ぎいんていすうふきんこう)　議員一人あたりの有権者数が各選挙区間で均衡していないこと。最高裁では従来，一票の格差について衆議院で3倍程度，参議院で6倍程度を違憲判断の基準としてきたが，その理論的根拠はみいだせない。憲法上は，両者とも2倍未満で，かつ1倍に近づけることが要請される。衆議院小選挙区の区割り見直しは，原則として10年ごとの国勢調査の結果をふまえ，その1年以内に行われる。

違憲状態Ⓝ(いけんじょうたい)　衆議院・参議院の議員定数不均衡を訴えた裁判では，著しい格差の存在とその継続，是正の努力のなさなどの条件がそろったとき，違憲判決が出されている。それらのうち，すべてがそろっていない場合，全体として違憲とはいえないが，違憲状態にあると表現された。格差が5.00倍だった2010年の参院選挙についても，最高裁は12年に違憲状態と判決。国会に対して，一部の選挙区定数を増減するにとどまらず，都道府県を選挙区とする現行制度を改めるなどの解消策を取るべきとした。

3　行政機能の拡大と世論

行政機能の拡大

行政権の優越(ぎょうせいけん-ゆうえつ)　三権分立制の下で，行政権が立法権・司法権に優越している現象をいう。行政に権限が集中し，国会が行政を監督・統制下に置くという国会中心主義の原則がくずれることになる。現代国家では，特に，社会保障や産業開発，教育・文化の振興，環境整備などの分野で，行政のもつ許認可権限や企業への行政指導など，行政の裁量権が拡大し，議会による統制機能が低下した。また，法律案や予算の作成を通して，官僚は立法過程に深く関与し，内閣提出の法案は実質的に専門的行政官僚の手にゆだねられる。政策決定に関する主導権は，政党や立法機関から行政官僚に移り，専門家をまじえた審議会などで骨子がつくられる。

許認可権(きょにんかけん)　行政機関や各省庁がもっている許可・認可の権限。官界が業界などに指導力をもつ要因の一つとなる。

委任立法Ⓝ(いにんりっぽう)　法律の委任に基づき，行政府などが立法を行うこと。行政機能の拡大とともに増加してきた。立法府は行政の大綱のみを定め，具体的な内容は行政府に委ねる。状況の変化が対応しやすいが，国会の立法機能を空洞化させる面もある。

行政国家(ぎょうせいこっか)　現代の国家が，治安維持・国防だけでなく，経済政策・労働・教育・文化・社会保障・公共事業などの分野も担当，その範囲が拡大し，高度化・専門化している状況をさす。夜警国家の対義語。行政部の独立と自律性が高まると，司法権の制約も受けず，立法部も委任立法の形で行政の裁量権を大幅に認めるため，三権分立や議会制民主主義の理念が損なわれるおそれがある。

オンブズマンⓃ[Ombudsman]　国民や住民の立場から行政などの監察を行う職で，行政監察官などと訳す。オンブズパーソンともいう。1809年に議会の下に国政調査権を代行する機関として，スウェーデンで設置された。日本では国政レヴェルではなく，地方公共団体で設けられている。川崎市の市民オンブズマンや東京都中野区の福祉オンブズマンなどが知られる。そのほか，民間組織として「全国市民オンブズマン」が各地で活動している。

同 オンブズパーソン

行政監察制度(ぎょうせいかんさつせいど)　行政機関に対して資料の提出を求めたり，立ち入り調査をしたりして，行政を監察する制度。総務省行政評価局が中心になって機能している。また，市町村の単位では1961年，行政への苦情の受けつけ，助言と報告を業務とする行政相談委員（任期２年，無報酬，総務大臣が委嘱）の制度がつくられた。しかし，オンブズ制度よりも権限が弱く，限定的。

通達行政(つうたつぎょうせい)　行政部が所属の組織や職員に対して出す，法令の統一的解釈や事務取り扱い上の基準を示した文書を通達と総称する。通達は，行政内容や法解釈技術の専門化を背景として，多発される傾向にある。国家行政組織法第14条に基づく。下級行政組織は従わなければならないが，法規としての性格をもたないので，直接国民を拘束することはない。

公務員制度Ⓝ（こうむいんせいど） 国または地方公共団体職員の基本的なあり方をいう。大臣や，大使などの外務公務員及び裁判官などを含む特別職と，一般職とに分かれ，国家公務員法・地方公務員法その他の法律でそのあり方が定められている。1883年に成立したアメリカのペンドルトン法（資格試験に基づく公務員任用を推進した）がモデルとされる。

国家公務員Ⓝ（こっかこうむいん） 国の公務に従事する職員。国会議員・国務大臣・裁判官などの特別職と，それ以外の一般職とがある。後者に対してのみ，憲法第15条に基づき1947年に制定された国家公務員法が適用される。

類 国家公務員法Ⓝ

地方公務員Ⓝ（ちほうこうむいん） 地方公共団体の公務に従事する職員。知事・市町村長・副知事・副市町村長などの特別職と，その他の一般職とがある。前者は地方自治法によって任免が定められ，後者に対してのみ1950年に制定された地方公務員法を適用。

類 地方公務員法Ⓝ

国家公務員制度改革基本法Ⓝ（こっかこうむいんせいどかいかくきほんほう） 中央省庁の人事管理を内閣に一元化し，縦割り行政の弊害をなくすことなどを目的とした法律。2008年に制定された。細目については，別の法律を定めて実施される。この法律に基づき，2014年に人事を一元的に管理する内閣人事局が内閣府に設置された。

職階制（しょっかいせい） 職を，職務の内容・難易度や責任の軽重などにより分類し，階級に応じて給与水準や昇進過程などを設定する制度。日本の公務員制度でも，人事に関する情実や専断を排し，採用や昇給を合理的に処置して，統一的で公正な人事行政を実現するために導入された。具体的内容の決定と実施は人事院・人事委員会で行われる。

資格任用制（しかくにんようせい） 一定の資格のもとに試験制度によって公務員を任用する制度。猟官制に対する用語で，メリット-システムともよばれる。行政の専門性・中立性が保障され，成績主義や職階制が採用される。イギリスでは1870年に官吏採用のための最初の公開競争試験が行われた。

同 メリット-システムⓃ

猟官制（りょうかんせい） 官吏の任免を党派的情実や金銭授受を背景に行うこと。アメリカのジェファーソンによって端緒が開かれ，ジャクソン大統領の在任時代（1829～37年）に確立したとされる。選挙資金や党資金の調達と連動し，政党政治の堕落の指標となる。スポイルズ-システムともよばれ，本人の能力を基準とするメリット-システムと対比される。しかし，アメリカでは政権が交代するたびに，現在でも上級公務員は大統領によって任命される。イギリスでは，類似の制度をパトロネージ-システム（情実任用）とよぶ。

同 スポイルズ-システムⓃ

官僚政治Ⓝ（かんりょうせいじ） 専門的能力や知識をもつ行政官僚が，過度に政治や政策決定に介入し，政治の実権を握る状態をいう。行政機能の拡大や行政権の優越を背景として，官僚の発言力が高まり，政府の統制力が官僚に及ばず，逆に政府が官僚の意向に左右されると民主的統制が失われる。その場合，政治の各局面で官僚制のもつ形式主義・秘密主義・事なかれ主義などの弊害が表面化してくる。

官僚Ⓝ（かんりょう） 広義には，国家公務員・地方公務員をさす。いわゆる「役人」。狭義には，国や地方の行政政策を実質的に担う高級公務員のこと。

高級官僚Ⓝ（こうきゅうかんりょう） 各省庁の長である大臣を助ける国家公務員一般職の事務次官や局・部・課などの長をさす。彼らは大臣によって任命され，専門知識をもつ専門的技術官僚（テクノクラート）として，その地位は高く，職権も多い。

類 テクノクラート

キャリア組（-ぐみ） 国家公務員Ⅰ種試験に合格し，一般行政職として中央省庁に採用された職員の俗称。法的根拠はないが，幹部候補者として昇進ルートが敷かれる。また，50歳前後から退職し，天下りする慣行があった。それ以外の職員は，俗にノン-キャリア組とよばれる。2013年度からキャリア制度にかわり，総合職制度が導入され，試験も「Ⅰ種」から「総合職」となった。

対 ノン-キャリア組

国家公務員倫理法（こっかこうむいんりんりほう） 国家公務員の綱紀をただし，贈与・接待など行政と企業との癒着を防ぐために定められた法律。大蔵省（現財務省）官僚の接待汚職事件などを受けて1999年に成立，翌2000年から施行された。本省の課長補佐級以上の公務員が一定金額をこえる接待などを受けた際，上司への報告を義務づける。

類 国家公務員倫理規程

官僚制（かんりょうせい） 行政機関を合理的・能率的に運営するため，組織を上下の指揮・命令関係として構成した公務員の体系。ビューロクラシー［bureaucracy］ともよばれ，企業・民間団体なども含めて巨大化した組織にみられる制度。行政機能の拡大によって，高度化・専門化した行政の担い手としての官僚支配という意味で，テクノクラシー［technocracy］ともよばれる。

同 ビューロクラシーⓃ

官僚主義Ⓝ（かんりょうしゅぎ） 統治行政における官僚制の形式にともなう，官僚独自の行動様式と精神的態度をいう。具体的には画一主義・秘密主義・法規万能主義・先例主義・権威主義・独善主義などをいう。国家権力を行使する場だけでなく，政党や労働組合など大規模な組織のなかでも広くみられる。

汚職Ⓝ（おしょく） 議員や一般の公務員らが私的利益の獲得を目的に職権を濫用し，賄賂（わいろ）をもらって利益供与などの不正行為を行うこと。日本では戦後，行政組織や業務の拡大にともない，公共事業や物品納入などの利権や許認可権をめぐり，政界・官界・財界を巻き込んで汚職が増大した。昭和電工疑獄事件・造船疑獄事件・ロッキード事件・リクルート事件・佐川急便事件などが知られている。

天下りⓃ（あまくだ-） 退職した公務員が，政府関係機関（独立行政法人など）や勤務した官庁と関連する民間企業へ再就職すること。国家公務員法では，離職前５年間に在職していた職と密接に関連する営利企業には，２年間就職を禁止している。人事院が承認した場合には適用されない。課長級以上の高級公務員の天下りは，旧建設省（国土交通省）を中心に数多く行われている。高級官僚が，天下り禁止規制のない独立行政法人などに繰り返して天下りを行い，その度に多額の退職金を得る現象を「わたり」という。こうした天下りを調査・監視するため，内閣府に中立の第三者機関「再就職等監視委員会」（委員長と４人の委員で構成）が置かれている。

類 わたりⓃ　再就職等監視委員会

特殊法人Ⓝ（とくしゅほうじん）　特別の法律によって設立される公共の利益確保をめざした法人。公団（日本道路公団など）・公庫（住宅金融公庫など）・事業団（日本下水道事業団など）等の名称があった。業務の効率化をはかるという理由で組織の見直しが進められ，イギリスのエージェンシー（外庁）制度をモデルに企業経営の手法なども取り入れた独立行政法人化や民営化などが行われた。

政治編

独立行政法人Ⓝ（どくりつぎょうせいほうじん）　中央省庁の現業部門や研究機関，国立の美術館・博物館などを独立させ，新たに法人格をもたせた機関。行政組織のスリム化をめざし，1999年から順次移行している。職員の身分が国家公務員であるものを特定独立行政法人という。運営の基本事項を定めた独立行政法人通則法が定められ，５年ごとに組織の見直しや再評価が行われる。

公益法人Ⓝ（こうえきほうじん）　営利を目的とせず，社会全般の利益となる事業を行う法人をさす。従来，民法に規定されてきた社団法人や財団法人の総称。2006年の法改正で，一般社団法人・財団法人と公益社団法人・財団法人とに分けられた。

機密費Ⓝ（きみつひ）　報償費ともよばれ，中央省庁のなかでは官房機密費（内閣官房）と外交機密費（外務省）が突出している。2001年，外務省の元室長による機密費流用事件が発覚し，その実態が明らかになった。使金が公表されず，領収書も必要としないため，会計検査院の手が入りにくい。

タテ割り行政（-わ-ぎょうせい）　各中央省庁の自律性が強く，横のつながりが欠如して行政全体の統一性や一体性が不十分なようすを示した言葉。類似した行政が違う機関で行われていたり，手続きなどが二度手間になったりする弊害が生まれる。中央と地方の行政関係の特徴としても指摘される。

行政不服審査法（ぎょうせいふふくしんさほう）　行政上の不服申し立てについて定めた一般法。簡易・迅速な手続きによる国民の権利・利益の救済などを目的とする。1962年，訴願法にかわって制定された。

審議会Ⓝ（しんぎかい）　行政機関に付属し，その長の諮問に応じて各種意見の反映や専門知識を取り入れるため，調査・審議する合議機関。構成メンバーの人選は行政機関が行うため，選任者の都合で偏向があると批判されがちである。審議会での報告や勧告は法的拘束力をもたない。

臨時行政改革推進審議会（りんじぎょうせいかいかくすいしんしんぎかい）　行政の簡素化や効率化などの行政改革を方向づけるために設けられた審議会。略称は行革審。1981年発足の第二次臨時行政調査会（第二臨調）の後を受け，1983年の第一次行革審から三次にわたって開催された。第一次では赤字国債発行体質からの脱却をめざすことなどが，第二次では市場開放・規制緩和などが，第三次ではオンブズ制度の導入や省庁の再編成，特殊法人の見直しなどが答申された。

規制緩和Ⓝ（きせいかんわ）　1980年代以降の世界的な流れである，政府による規制を緩和しようとする動き。1981年発足の第二次臨時行政調査会（第二臨調）以来，行政改革の課題とされてきた。日本の場合，官僚的な規制や許認可権の行使による規制が強く，諸外国からの批判もある。

行政手続法Ⓝ（ぎょうせいてつづきほう）　行政処分や行政指導の根拠や手続きを明確にし，透明性の高い行政を実現するための法律。1994年に施行された。

パブリック-コメントⓃ［public comment］　国や地方の行政機関が政策などの意思決定を行う過程で素案を市民に公表し，意見や情報を求めるしくみ。または，そこに寄せられた意見や情報をさす。行政手続法のなかで「意見公募手続等」（第6章）として法制化されている。行政機関は必ずしもそれらの意見に拘束されない。命令等（政省令）の改定の際は原則30日以上のこの手続きが必要だが，法律案は任意とされる。1999年から行われている。

新しい公共Ⓝ（あたら-こうきょう）　従来，行政が行ってきた公共サービスの提供を，ＮＰＯ（非営利組織）や市民同士などにも広げて担おうとする考え方。

非営利組織Ⓝ（**ＮＰＯ**Ⓝ）［Non-Profit Organization］（ひえいりそしき）　民間非営利団体ともいう。社会的活動をする営利を目的としない民間団体のこと。特に日本では，1995年の阪神・淡路大震災以降，福祉やまちづくり・環境保護などの分野で，活動が活発化している。こうした活動を支援するため，これに法人格などを与える特定非営利活動促進法（ＮＰＯ法）も制定されている。また法人格を持った組織を，任意団体に対してＮＰＯ法人という。

類 特定非営利活動促進法Ⓝ（ＮＰＯ法Ⓝ）　ＮＰＯ法人Ⓝ

ボランティアⓃ［volunteer］　福祉や災害救援など社会生活の改善と安定化のため，自主・無報酬の原則のもと，自分の技術や時間を提供する人々のこと。阪神・淡路大震災への救援活動以後関心が高まり，各地方公共団体の社会福祉協議会には，ボランティアセンターを設置して，関係情報を提供しているところも多い。有償で行われるボランティア活動もある。

類 有償ボランティア　ボランティア休暇Ⓝ

ボランティア元年Ⓝ（-がんねん）　1995年，阪神・淡路大震災ではボランティアが活躍し，特に若者たちの活躍ぶりはめざましく，ボランティア元年といわれた。その後，1997年1月のナホトカ号重油流出事故でもボランティアが活躍し，ボランティア活動の定着を印象づけた。

世論とマスコミの役割

世論Ⓝ（せろん／よろん）　社会内で一般的に合意されている意見。元来は輿論（よろん）。利害関係を同じくする集団の形成とその集団間の議論などを通して形成される。このため，争点に対して集団的な討議や熟慮などを経た輿論（パブリック-オピニオン）と，一時的・情緒的な判断や漠然としたイメージに基づく世論（ポピュラー-センチメンツ）とを区別する場合もある。その動向は，行政官庁やマスコミなどの行う各種世論調査によって知ることができる。世論形成に大きな影響を与える，著名なジャーナリストや評論家をオピニオン-リーダーともよぶ。

同 輿論　類 オピニオン-リーダーⓃ

世論調査Ⓝ（せろんちょうさ）　社会的な問題や政治的な選択についての国民の意識・世論を調査すること。政府（とくに内閣府）やマス-メディアなどが定期的に実施。

討論型世論調査Ⓝ（**DP**Ⓝ）［Deliberative Polling］（とうろんがたせろんちょうさ）　賛否が拮抗（きっこう）するテーマに関して，討論の手法を取り入れて行われる世論調査。通常の調査をした後で，その回答者のなかから募った人たちで討論会を行い，後に再度調査をして，その間の民意の変化をみる。神奈川県が道州制についてこの手法で調査した例などがある。国レベルでは原発やエネルギー政策の参考にするため，2012年に初めて実施された。

マス-コミュニケーションⓃ［mass communication］　☞ p.253（マス-コミュニケーション）

政治意識Ⓝ（せいじいしき）　政治行動や政治的判断を行う時の基礎となる考え方や認識。政治状況や社会の動向の変化によって流動し，ときの内閣の政策への賛否，政党支持や政治活動などにあらわれる。階級・階層・職業・加入組織などは，個人の価値観形成を左右し，政治意識のあり方を決定する重要な要素となる。政治意識の動向を分析し，説明する方法として世論調査などがある。

世論操作（せろんそうさ）　マス-メディアの論調や政府の広報・宣伝活動により，意図的にある方向性と目的をもって行われる世論形成をいう。政府その他の権力が，大衆を操作の対象にすること。ナチス-ドイツのプロパガンダ（宣伝）による大衆意識の支配などが有名。その回避には，マス-メディアの活動を保障する言論・報道の自由の確立，情報公開制度の活用，アクセス権の行使などが必要である。

マス-メディアⓃ［mass media］　☞ p.253（マス-メディア）

メディア-スクラム［media scrum］　事件が発生した現地にマスコミ関係者が多数押しかけ，被害者や被疑者などへの過剰な取材・報道を行うこと。個人のプライヴァシーを侵害するなどの被害を与えることが多い。集団的過熱取材。

放送倫理・番組向上機構Ⓝ（**BPO**Ⓝ）（ほうそうりんりばんぐみこうじょうきこう）　NHK（日本放送協会）と民放連（日本民間放送連盟）とが2003年に共同で設置した第三者機関。放送による言論・表現の自由を保障するとともに，視聴者からの意見や人権被害などの苦情を受けつける。放送局などへ勧告を行う権限もある。

政治的無関心Ⓝ［political apathy］（せいじてきむかんしん）　参政権をもつ国民が政治には関係ない，政治家にまかせておけばよい，政治に期待できない，などとして政治への興味・関心を失うこと。政治への無力感・絶望感を背景とした政治参加への意欲の喪失，選挙における棄権，脱政党化現象としてあらわれる。アパシーともいう。アメリカの政治学者ラスウェルは政治的無関心を，脱政治的・無政治的・反政治的の三つのタイプに分類している。

同 アパシー

大衆民主主義［mass democracy］（たいしゅうみんしゅしゅぎ）　普通選挙制度の実現を背景に，身分や財産上の制限なしに，国民大衆の政治参加を保障する制度。マス-デモクラシーともいう。問題点として，大衆は他者と同調しやすく画一的な行動を起こすことが多いため，煽動的な政治指導者やマス-メディアによる操作対象となりやすく，無力感や孤立感から政治的無関心におちいりやすい。

同 マス-デモクラシー

ポピュリズムⓃ[populism]　大衆迎合主義。一般大衆の考えや要求に依拠して行われる政治的な主張や運動。世論を動員してこうした政策を実現しようとする政治家などをポピュリストとよぶ。

類 ポピュリスト

市民運動Ⓝ(しみんうんどう)　大衆が主体的・自発的に政治活動・社会活動に参加し，発言していく運動をいう。生活実感に根ざし，一人ひとりが自己の権利を自覚し，多くの人々と連帯して政治的・社会的問題の解決をはかろうとするもの。反公害運動や消費者運動のように，職業的指導者や恒常的組織をもたない場合が多い。特定地域の問題で，地域住民によって担われるのが住民運動である。

無党派層Ⓝ(むとうはそう)　明確に支持する政党をもたない有権者のこと。世論調査などで「支持政党なし」と答える。これまでは政治的無関心の現れととらえられてきた。しかし，一方に既成政党に対する不信から「支持政党なし」と答える層がある。今日その割合が大きく，選挙結果に影響を与えうる勢力となっている。

アナウンスメント効果Ⓝ(-こうか)　マス-メディアの選挙予測報道によって，有権者の投票行動に影響をあたえること。予測とは逆の選挙結果を引きおこすことも少なくない。いわゆる勝ち馬に乗る「バンドワゴン効果」と，逆の「アンダードッグ効果」(判官(ほうがん)びいき効果)があるといわれる。

取材源の秘匿(しゅざいげん-ひとく)　取材記者が，情報源(ニュースソース)である取材相手を特定されるような情報を外部に漏らさないこと。ジャーナリストが必ず守るべき鉄則の一つ。これが破られると，取材・報道の自由の基盤が壊され，国民の知る権利が制約されることになる。日本では法律上の明文規定はないが，アメリカでは多くの州でシールド法に基づき取材源秘匿権が認められている。

記者クラブ(きしゃ-)　政党／官庁／業界団体等に設置された記者室を拠点とする取材組織であり，日本全国に約800ある。政官財による公式記者会見は，原則として記者クラブ会員のみに出席や質問の資格が与えられる。日本の報道自由度が国際比較的に低い最大の要因として諸外国からも非難されている。

アクセスジャーナリズム[access journalism]　マスメディアが，非協力的な取材対象に近づくため，取材対象に有利な形で報道内容を構成すること。もしくは，取材対象に便宜を図ることで，取材対象から特別な情報を取得する報道姿勢のこと。

ポスト真実[post truth] (-しんじつ)　客観的な事実や真実よりも，感情的な訴えや虚言，嘘の情報に民意が誘導されていく状況をさす。ポストとは「～以後」「脱～」の意。背景にはネット社会の影響がみてとれる。

ファクトチェック[fact check]　政治家などの発言内容を事実に即して確認・点検・評価するジャーナリズムの手法。アメリカのメディアで積極的に取り組まれている。フェイク(偽)ニュースなどへの有効な対抗策とされる。

類 フェイクニュース(偽ニュース)

経済編

1章　経済社会と経済体制

1　資本主義経済

経済社会の特色

経済Ⓝ[economy]（けいざい）　中国の古典に出てくる「経世済民（けいせいさいみん）」に基づいてつくられた語。一般的に，人間の生活に必要な財（形のあるもの）やサービスの生産・分配・流通・消費など，人間の生活や社会を維持するための最も基本的な活動をさす。

希少性Ⓝ（きしょうせい）　人間の経済的欲望は無限であるのに，それを満たすための経済資源には限りがあるということ。経済的欲望を満足させるために，いかに，限られた（希少な）資源を有効に配分するかが経済の問題となる。

トレード-オフⓃ[trade-off]　いわゆる「あちらを立てれば，こちらが立たず」という関係のこと。経済社会では欲しいものすべてが得られるわけではないので，ある財を手に入れるには他の財をあきらめなければならない。

商品経済（しょうひんけいざい）　売買を目的として財やサービス（商品）の生産・流通が行われる経済のこと。財・サービスが，交換を目的とした商品として生産されるのが商品経済である。商品は貨幣を仲介にして交換される。この商品経済が高度に発達し，労働力をも商品化するようになった経済が，資本主義経済である。

商品Ⓝ（しょうひん）　販売を目的として生産された財・サービスのこと。資本主義社会ではすべての富は商品になりうるといわれている。それは，有形の財だけでなく，労働力や無形のサービス，地位・名誉までが取り引きされる全面的な商品経済の社会となっているからである。

貨幣経済（かへいけいざい）　財やサービスを交換するとき，貨幣をその仲立ちとする経済のこと。現代経済は，ほとんどの取り引きに貨幣を交換手段として使用している貨幣経済の社会である。

財Ⓝ[goods]（ざい） 人間の生活に必要なもの，また人間の欲望を満たすもので，いずれも形のあるものをさす。たとえば，食料・衣類・自動車・機械など。財は，自由財と経済財に分けられる。経済財は，さらに消費財と生産財に分けられる。

生産財（せいさんざい） 他の財を生産するために使われる財のこと。道具・機械・工場の建物などの生産手段，さらに原料・燃料・半製品など生産物をつくるための中間生産物が含まれる。また労働・土地などの生産要素もこれに含まれる。

消費財（しょうひざい） 消費者の欲望を満たし，日常生活に使われる財のこと。耐久消費財（自動車・テレビ・家具など）と非耐久消費財（食料・衣類など）に分けられる。同じ財でも，使われ方によっては生産財にも消費財にもなる。たとえば石油は，家庭の暖房用は消費財であるが，工場で燃料や原料に使われれば，生産財となる。

耐久消費財（たいきゅうしょうひざい） 主として消費財について，長期の使用に耐えうる財を耐久消費財あるいは耐久財という。

自由財（じゆうざい） 人間の欲望を満たし，必要なものであるが，豊富に存在するため，使用にあたって代金などを支払う必要のない財。自然のなかに存在する空気など。

経済財Ⓝ（けいざいざい） 人間の欲望に比べて量が限られているので希少性があり，売買や所有の対象となる財のこと。経済財は，市場において価格がつけられ，交換される。

公共財（こうきょうざい） 一般道路・堤防・橋・公園，または防衛・警察・消防など，政府が提供する財・サービスのこと。公共財は，代価を支払う意思のある人もない人も区別なく，共同で使用できる。このため，民間企業が提供しても十分な利潤をあげることができない。そこで政府が，税収をもとに社会の必要量を供給することが多い。

代替財Ⓝ（だいたいざい） コーヒー・ココア・紅茶などのように，ある財の代わりになるような他の財のこと。もしコーヒーの価格が上がってコーヒーの需要が減り，代わりに紅茶の需要が増えるとすると，コーヒーと紅茶は互いに代替財という。

補完財（ほかんざい） コーヒーと砂糖，ペンとインクなど，一緒に使うことによって，経済的目的に役立つ財のこと。たとえば，コーヒーの価格が上がると，コーヒーの需要が減るばかりでなく，砂糖の需要も減る。これらの財を補完財という。

サービスⓃ[service] 形はないが，人間の必要や欲求を満たす経済活動のこと。用役ともいう。医療・保険・金融・教育・運輸などがその例。代価を支払って物を受け取るのではなく，何かをしてもらうような活動をいう。

同 用役

生産Ⓝ（せいさん） 食料品や自動車など有形の財と，運輸や小売りなど無形のサービスをつくりだすこと。生産は，土地・労働・資本を組み合わせて行われるが，これらを生産要素という。土地は天然資源，労働は労働者の労働，資本は機械・工場設備などをあらわし，生産に用いられる。

類 生産要素　生産の三要素

分配Ⓝ(ぶんぱい)　生産された財・サービスがその生産要素（土地・労働・資本）の提供者に分けられること。土地に対して地代，労働に対して賃金，資本に対して利子・配当が分配される。このように生産要素に対して支払われる報酬を所得という。

消費Ⓝ(しょうひ)　人間が自らの欲望を満足させるために財・サービスを使用すること。こうした人間の生活を維持・向上させようとする行為は，根本的経済行為であり，経済活動の最終目的でもある。

再生産Ⓝ(さいせいさん)　生産がくり返されること。人間が消費生活を続けていくためには，財・サービスの生産も反復，継続しなければならない。再生産過程は，財・サービスの生産→分配→消費（投資）→生産→分配→消費（投資）…が不断にくり返されていく過程である。

拡大再生産(かくだいさいせいさん)　生産設備の拡大によって，生産が継続的に増加していくこと。生産がくり返されていくうちに，機械・道具・建物などは，古くなったり，壊れたりしてくる。このような生産設備を補修する（更新投資）とともに，さらに新しい設備を増やす（純投資）ことにより，再生産は拡大していく。

縮小再生産(しゅくしょうさいせいさん)　生産能力の低下のために，生産量が前年より減少すること。生産により設備が古くなったり，壊れたりする減耗分より生産設備への投資が少ない場合に起きる。

単純再生産(たんじゅんさいせいさん)　生産が同じ規模でくり返されること。生産により設備が古くなったり，壊れたりする消耗分と生産設備への投資が等しい場合に起きる。

生産性Ⓝ(せいさんせい)　生産された財・サービスの総額を，その生産された期間に投入された生産要素（労働・機械・資本など）で割った値のことで，生産の効率を示す指標。生産性のなかでも，ある一定期間の労働者一人あたりの生産額を労働生産性という。効率的な生産とは，より少ない生産要素で，より多く生産することである。各企業は，利潤拡大のために生産性の向上をめざすが，それは生産性向上によって商品を安く大量に供給できるようになるからである。

生産費Ⓝ（コストⓃ）［cost］(せいさんひ)　財やサービスの生産に要する諸経費。原材料費，人件費，輸送費，設備費など。

労働Ⓝ(ろうどう)　財・サービスの生産のために，人間が働くこと。労働は，土地・資本とともに生産の三要素を構成する。労働には，①消費財を得て，それによって消費生活を支える，②生産活動に参加し，社会に貢献する，③自分の能力や適性を活用し，生きがいを得る（自己実現）という三つの目的がある。

労働力Ⓝ(ろうどうりょく)　人間が財やサービスを生産するために身につけている働く能力のこと。資本主義社会では，労働者は労働力を商品として資本家に売り，その対価として賃金を受け取る。これを労働力の商品化という。労働市場では，労働力の売り手（労働者）と買い手（企業）が出会い，需要と供給によって労働力の価格である賃金が決定される。

類 労働力の商品化

分業Ⓝ(ぶんぎょう)　生産工程を細かく多くの段階に分け，それぞれの労働者が作業工程の一つを分担して製品を完成させる方法。分業の目的は，生産性を高めることにある。アダム＝スミスの『国富論』ではピン製造工場での分業の例がある。一人では１日に１本のピンをつくることさえ難しい場合でも，10人で工程を分け，分業すると一人１日あたり4800本もピンがつくれたという。分業は，社会のなかでも（社会的分業），国と国との間でも（国際分業）行われる。

社会的分業（しゃかいてきぶんぎょう）　社会全体が，農業・工業・サービス業などの各職業分野別に労働を分割して分担すること。商品経済は社会的分業を前提にしている。つまり人々は，生活や社会に必要な財・サービスのある一部だけを担って生産し，他人の生産物と交換してそれぞれの必要を満たしている。

工場内分業（こうじょうないぶんぎょう）　工場のなかの作業工程が細かく分けられ，各労働者がその工程の一つを分担する生産方法。自動車組み立て工場にみられる流れ作業方式（コンベア-システム）などが現代的事例。

協業（きょうぎょう）　同一生産工程で多くの労働者が計画的に協力・連携して生産を行うこと。分業とともに，工場内では不可欠の労働形態であり，これによって労働の生産性は高まる。

剰余Ⓝ（じょうよ）　生産物からその生産要素に支払った代価を引いた残り。労働者が生産した生産物の価値から，賃金として支払った分を差し引いた部分である。マルクスは，剰余は労働によってのみ生みだされ，そして資本家に搾取され，利潤・利子・地代の源泉になるとした。

剰余価値（じょうよかち）　マルクスの経済学説の一つ。労働者が，労働力の価値（＝賃金）をこえて生産した新しい価値のこと。たとえば，８時間の労働時間で，その賃金が１万円のとき，一人の労働者が４時間働けば，１万円の生産物を生みだすとする。この場合，労働者は最初の４時間で，賃金（１万円）と等しい価値の生産物を生産し，残り４時間で剰余価値（１万円）を生産する。この剰余価値は，資本家が取得することになる。

資本主義経済の発展

資本主義経済（しほんしゅぎけいざい）　現代の欧米や日本などで典型的に行われている経済体制。資本主義経済の特徴は，①私有財産制，②経済活動の自由，③利潤獲得のための商品生産を採用していることである。各企業が自由に活動しても，経済がうまく機能するのは，市場経済における価格を目安として，生産が調整されているからである。資本主義経済は，歴史的には重商主義→自由主義→独占資本主義→混合経済の段階へと発展してきた。

私有財産制（しゆうざいさんせい）　土地・工場・機械・原材料などの生産手段や，つくられた生産物などの私有が認められた社会制度。私有財産制は，自由経済とともに，資本主義経済を支える基本原則である。資本主義経済において生産手段を所有する者を資本家，生産手段をもたずに労働力を資本家に売りわたす者を労働者という。

生産手段の私有（せいさんしゅだん-しゆう）　私有財産制をとる資本主義経済で，工場・機械・原材料などの生産手段の私的所有が認められていること。生産手段を私有する者を資本家という。

資本Ⓝ(しほん)　広義には，生産活動を行うための元手となるもの。狭義には，土地・労働とともに生産の三要素の一つであり，生産手段を意味する。具体的には，工場・機械・設備・道具・倉庫や，原材料・半製品・製品の在庫などをいう。資本は過去の生産活動が生みだした生産物のストック（蓄積）であり，工場・機械・設備など１回以上の使用に耐えうる固定資本と，原材料・半製品など１回限りの使用で消耗する流動資本に分けられる。

流動資本(りゅうどうしほん)　資本のうち，１回限りの使用で消耗する原材料や半製品など。中間生産物という場合もある。

固定資本Ⓝ(こていしほん)　資本のうち，１回以上の使用に耐えうる工場・機械・設備など。耐久資本財という場合もある。固定資本の追加を純投資という。固定資本の価値が下がった分を補填する投資を更新投資（減価償却）という。

不変資本(ふへんしほん)　資本のうち，工場や機械など生産手段に投じられる部分。マルクスは，工場・機械など生産手段の価値は，生産物に移転するだけで変わらないとして，不変資本とよんだ。

可変資本(かへんしほん)　資本のうち，賃金として労働者の雇用に投じられる部分のこと。マルクスは，労働力だけが生産過程において新しい価値を生むとして，可変資本とよんだ。

資本の有機的構成(しほん-ゆうきてきこうせい)　不変資本（Ｃ）と可変資本（Ｖ）の比率Ｃ／Ｖのこと。この値は技術水準の高低に応じて異なり，Ｃ／Ｖが大きいほど，資本の有機的構成は高い。

産業資本Ⓝ(さんぎょうしほん)　原材料及び労働力を購入・加工して，直接に商品生産を行う資本のこと。貨幣を投じて，より大きな価値をもつ商品を生産・販売し，利潤を得る。産業革命後，中心的な資本は商業資本から産業資本に移った（産業資本主義）。

商業資本(しょうぎょうしほん)　歴史的に二つの形態がある。第一は，未発達な経済社会で，生産物を安く買って高く売ることによって利潤を取得する資本をさす。第二は，資本主義の下での近代的な商業資本をさす。これらの商業資本（商社やデパートなど）は，産業資本によって生産された財の流通や販売を専門的に受けもっている。

銀行資本(ぎんこうしほん)　資本を産業資本や商業資本に貸し付ける仲立ちをする資本。銀行資本は預金利子と貸付利子の差によって利潤を得る。19世紀以降，銀行資本でも独占が形成され，さらに産業・商業の独占資本と融合して資本集団を形成した。これを金融資本という。

類 金融資本Ⓝ

利子生み資本(りしう-しほん)　資金の所有者によって，他に貸し付けられて利子獲得の手段となる貨幣資本のこと。資本主義において貨幣は，資本として利潤獲得の手段としての機能をもつ（価値貯蔵機能）。そこで貨幣は，利子生み資本となる。

擬制資本(ぎせいしほん)　定期的な収入をもたらす地代や株式などの利子や配当を利子率で割って表される資本。架空資本ともいう。例えば，企業が調達した資本である株式は，流通市場で売買されるとき，調達資本とは別個な価格を形成するようになる。

同 架空資本

封建社会Ⓝ(ほうけんしゃかい) 歴史的に古代奴隷制社会と近代資本主義社会の間に位置する中世の社会形態。西欧では5～6世紀から12～13世紀の最盛期を経て，17～18世紀の市民革命の時期まで展開した。封建的主従制（封建制）と荘園制の二つの制度を特徴とする。封建社会は，主従的上下関係が確立した身分制社会で，身分・職能は世襲であった。社会の支配身分は聖職者・貴族など土地（荘園）を所有する領主で，被支配身分の農奴は，これに隷属していた。生産労働は農奴が担当し，剰余労働は地代として領主に納められた。領主は，その所領において課税権と裁判権を認められていた。

農奴(のうど) 封建社会において領主に隷属した農民。荘園内で自己の保有地を耕し，家族をもち，住居・家畜・生産用具などを所有できた。

ギルド[guild] 中世ヨーロッパにおいて都市の商人や手工業者などが相互扶助と経済的利益を守るためにつくった同業者組合のこと。手工業者には，親方と職人・徒弟という厳重な身分制度があり，ギルドの加入も親方に限られた。

問屋制家内工業(といやせいかないこうぎょう) 商人が，手工業者に原料・半製品・道具などを前貸しして製品をつくらせ，完成した製品を独占的に売買する経営形態。この場合，手工業者は家内工業者でもある。

マニュファクチュア（工場制手工業）[manufacture](こうじょうせいしゅこうぎょう) 資本主義初期の工業的生産制度。西欧では16世紀半ばから18世紀半ばまで広く行われた。この時代に工場が成立，資本家に雇われた労働者が工場に集まり，手と道具を使って，協業と分業によって商品生産を行った。そのため道具に代わって機械が発明されると，機械制大工業にとって代わられた。

産業革命Ⓝ[Industrial Revolution](さんぎょうかくめい) 18世紀後半にイギリスで始まり，19世紀を通じてヨーロッパ・アメリカから日本へ波及した産業技術・社会構造上の革命。この間に道具による生産から機械による生産へと変化した。18世紀後半～19世紀のイギリスでは，アークライトの水力紡績機，ワットの蒸気機関など，機械や動力装置が数多く発明・改良された。産業革命の結果，マニュファクチュアから機械制大工業が出現，社会制度も変革され，近代資本主義が確立した。

機械制大工業(きかいせいだいこうぎょう) 機械と動力装置を設置し，労働者を一工場に集めて大規模生産を行

年	事　項
1769	ワット，蒸気機関を改良 　このころイギリス産業革命始まる
1776	アダム=スミス『諸国民の富』
1785	カートライト，力織機の発明
1825	イギリスに最初の経済恐慌おこる
1837	アメリカに経済恐慌おこる
1847	ドイツ・フランスに経済恐慌おこる
1867	マルクス『資本論』第1巻
1869	スエズ運河開通 　このころから企業の独占化がすすむ
1890	アメリカ，反トラスト法成立
1894	日本，日清戦争を契機に産業革命すすむ
1902	ロシア，シベリア鉄道完成
1914	アメリカ，パナマ運河開通 第一次世界大戦（～1918年）
1917	ロシア革命
1921	ソ連，新経済政策を採用
1928	ソ連，第一次5カ年計画を実施
1929	ニューヨーク株式大暴落，世界大恐慌始まる
1932	オタワ会議，経済ブロック化始まる
1933	アメリカ金融恐慌，ニューディールの実施
1936	ケインズ『雇用・利子および貨幣の一般理論』
1939	第二次世界大戦（～1945年）

↑ 経済社会発展のあゆみ

う生産方法。産業革命によって成立した。機械と動力によって，人間の労働を節約し，労働者の職人的熟練を不要にした。しかし，同時に大量の労働者階級(プロレタリアート)をつくり出した。

同 工場制機械工業

資本蓄積Ⓝ(しほんちくせき)　企業が利潤の一部を再投資して企業の規模を拡大すること。資本主義経済では，企業は競争に勝つために生産規模を拡大する必要に迫られる。そのために，資本の蓄積は必須の条件とされる。社会全体でも拡大再生産のために資本蓄積が求められる。

重商主義Ⓝ(じゅうしょうしゅぎ)　16世紀末から18世紀半ばの絶対王政の時代に展開された経済思想・経済政策のこと。最初は，一国の富は貨幣(金・銀)によるとして，征服や略奪，貿易などを通して金・銀を蓄積する「重金主義」(提唱者マリーンズ)的政策が，後には，輸出を奨励し，輸入を抑制してその差額によって富の蓄積をはかる「貿易差額主義」(提唱者コルベール)的政策がとられた。

重農主義(じゅうのうしゅぎ)　フランスで18世紀後半にケネーやテュルゴーによって説かれた経済思想。農業生産こそ国家・社会の富の源泉であると主張した。自然法に基づいて国家の干渉を排除し，自由放任(レッセ-フェール)を説いた。

自由主義経済Ⓝ(じゆうしゅぎけいざい)　産業革命が進み，資本主義が確立される19世紀初頭から1870年代頃までの経済制度。産業資本の利潤獲得や蓄積に関する自由な経済活動に対して，政府は干渉しないという経済政策をとった。財産所有の自由，利潤追求の自由，企業間競争の自由，契約の自由などが強調された。国家は，個人の活動に干渉しない自由放任政策を求められるようになった。国防・司法・公共事業などの必要最小限の活動をする「安価な政府」や「夜警国家」(ラッサールが批判的に用いた言葉)が理想とされた。

自由競争Ⓝ(じゆうきょうそう)　企業がより多くの利潤を求めて，自由に経済活動を競うこと。その際に各企業は，財産所有・利潤追求・契約などの自由が保障され，国家は規制や統制を加えずに，自由放任政策をとる。これは，各人の利己心をもとにした自由競争による経済活動が社会全体の利益も増進させるという，アダム=スミスの考え方を根拠にしている。

独占資本主義[monopoly capitalism](どくせんしほんしゅぎ)　少数の巨大な資本や金融資本が，一国経済において支配的な力をもつ資本主義の段階のこと。1870年代以降，産業発展の中心は，巨大な設備を必要とする重化学工業となった。そのため，企業は大規模化する必要に迫られ，資本も巨大化した。また，自由主義経済において競争力の弱い企業が敗れたため，しだいに少数の大

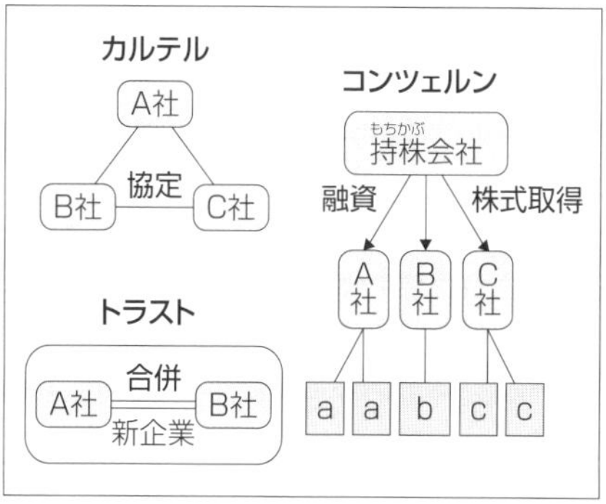

↑ 独占の形態

企業に資本が集積・集中され，寡占・独占状態が現れた。

カルテルⓃ[Kartell]　企業連合。同一産業部門の各企業が市場における競争を排除するために協定を結ぶこと。価格の維持やつり上げにより利潤を得る。トラストとは異なり，各企業の独立性は維持される。カルテルは独占禁止法で原則として禁止されている。

トラストⓃ[trust]　企業合同。同一産業部門の複数の企業が合併・合同すること。カルテルと違い，各企業の独立性は失われ，単一の企業となる。

コンツェルンⓃ[Konzern]　企業連携。持株会社・親会社が，企業の株式を保有することで系列化して形成される企業集団。異業種の企業でも結合できる。

持株会社(もちかぶがいしゃ)　株式の保有によって他の企業を支配することを目的とした会社。戦前の財閥が典型例。戦後，独占禁止法で禁止されてきたが，1997年に解禁となった。当初は，銀行・証券会社などが再編のために設立した金融持株会社が多かったが，現在ではさまざまな業種に及んでいる。

財閥Ⓝ(ざいばつ)　第二次世界大戦前の日本において，同族を中心とする財閥本社を持株会社にして，多数の企業を傘下においた，日本特有のコンツェルン。三井・三菱・住友・安田の４大財閥が中心。

帝国主義Ⓝ(ていこくしゅぎ)　19世紀末から20世紀にかけて独占資本主義の段階に達した先進資本主義国でとられた政治・経済上の政策。これを理論的に体系化したレーニン『帝国主義論』(1917年)によれば，資本主義が高度に発達した段階(独占資本主義)では，産業資本と銀行資本が結合して金融資本を形成，それが国家権力と結びつき，莫大な資本の投資先を求めて開発の遅れた地域に進出し，経済的・政治的に支配しようとする。資本主義諸国は，商品などの輸出先として植民地の拡大に努め，帝国主義戦争を起こした。

世界大恐慌Ⓝ(せかいだいきょうこう)　1929年10月24日(暗黒の木曜日といわれた)で起こったニューヨーク・ウォール街の株価大暴落をきっかけに，ソ連を除く全世界を襲った深刻な不景気のこと。恐慌は1933年まで続き，その後も1930年代を通して景気の回復には至らなかった。

同 大恐慌Ⓝ　世界恐慌Ⓝ　類 暗黒の木曜日Ⓝ

ウォール街Ⓝ[Wall Street] (-がい)　アメリカ・ニューヨーク市マンハッタン島南端の街路の名称。銀行・証券会社・株式取引所・連邦準備銀行などが集中し，金融市場の通称としても用いられる。ロンドンのロンバード街にかわって世界の金融市場の中心となった。1929年の世界大恐慌は，ここでの株価大暴落を契機に始まった。17世紀に当地を支配したオランダ人が，自らの身を守るため城壁(ウォール)を築いたことが由来とされる。2011年，格差社会の象徴として，若者を中心に抗議のデモや集会がこの地で連続して行われた。これらは，人口の１％にすぎない強欲な富裕層が残りの99％の庶民を支配する現状を変えようとする試みで，「オキュパイ(占拠)運動」とよばれた。

類 オキュパイ運動

F・ローズヴェルト[Franklin Delano Roosevelt, 1882～1945]　アメリカ合衆国第32代大統領。民主党。　☞ p.337(ローズヴェルト)

ニューディールⓃ[New Deal]　世界大恐慌を克服するためにアメリカで実施された一連の経済再建策。「新規まき直し」という意味である。1933年からF.ローズヴェルト大統領が実施した政策だが，彼が大統領候補者の指名受諾演説で用いた言葉にちなんだ呼称でもある。この政策は約7年にもおよんだ。

全国産業復興法（NIRAⓃ）[National Industrial Recovery Act]（ぜんこくさんぎょうふっこうほう）　ニューディールの支柱として1933年に制定された法律。完全雇用を目的に，業種間の生産調整を進め，産業の統制を行う広範な大統領権限を認めた。1935年，州政府に対する大統領の行き過ぎた権限行使によって連邦最高裁はこれを違憲としたため，同じ目的の法律に細分化して施行。このうち，労働者の権利について定めたものがワグナー法である。☞p.306（ワグナー法）

農業調整法（AAAⓃ）[Agricultural Adjustment Act]（のうぎょうちょうせいほう）　ニューディールの一環として1933年に制定された法律。深刻な農業不況の対策として，作付面積を制限して農産物価格の引き上げをはかり，農民の救済をめざした。この法律に対しても，1936年に連邦最高裁が違憲と判断したため，分割立法によって政策が実施に移された。

テネシー川流域開発公社（TVA）[Tennessee Valley Authority]（-がわりゅういきかいはつこうしゃ）　ニューディールの一環として1933年に設立。テネシー川に多くのダムを建設し，洪水を防ぐとともに地域の農業の近代化や工業の発展に大きな効果をあげ，後の総合開発の模範となった。大規模公共事業を行い，有効需要を拡大して大量の失業者を雇用することも目的とした。政府が行う不況対策の初めての例。

失業救済法（しつぎょうきゅうさいほう）　ニューディールの一環として1933年に制定された法律。世界大恐慌時に大量に発生した失業者を救済するため，雇用を確保する事業や失業保険の実施などを目的とした。国家による失業対策の一例。

社会保障法（しゃかいほしょうほう）　ニューディールの一環として1935年に制定された法律。老齢年金保険と失業保険からなる社会保険制度，社会保険に入れない人たちに対する公的扶助制度，さまざまな福祉事業の三つが骨格。新設された社会保障局がその実施にあたった。☞p.324（社会保障法）

経済学説のあゆみ

ケネー[François Quesnay, 1694～1774]　18世紀フランスの重農主義の経済思想家。ルイ15世の侍医。主著『経済表』（1758年）は，現代経済学で使われている産業連関表の基礎となった。

『経済表』（けいざいひょう）　ケネー著。1758年刊。農業を富の源泉と考え，それに基づき社会農業者（生産的階級），地主（土地所有者），商工業者（不生産的階級）の三つの階級間でいかに総生産物が配分され，貨幣が流通するかを簡潔に示した。

古典派経済学Ⓝ（こてんはけいざいがく）　18世紀後半から1870年頃まで，イギリスを中心に発展した経済学の体系。スミス・マルサス・リカード・ミルらが追究した。商品の価値は，その商品の生産に必要な労働の量によって決定されるという労働価値説を基礎にしている。市場の力に対する信頼から自由放任主義や自由貿易などの経済政策を主張した。このため自由主義経済学ともいわれる。

アダム=スミスⓃ[Adam Smith, 1723～90] イギリスの経済学者で，古典派経済学の創始者。主著『道徳感情論』(1759年)，『国富論』(1776年)。スコットランドに生まれ，グラスゴー大学で道徳・哲学・法学を講義した。『国富論』において資本主義経済の体系的理論化を試みた。これが，以後の経済学研究の出発点となったため，「経済学の父」とよばれる。

『道徳感情論』(どうとくかんじょうろん) アダム=スミスが1759年に著した最初の書。スミスの経済学の前提をなす。共感という非利己的原理から道徳や法の起源を説明しようとした。彼のいう共感は，同じ感情を共有するという意味で，当事者とその観察者とが相互に立場を交換することによって成立する。スミスは利己心の自由な追求を主張したとされるが，それはあくまでも公平な観察者の目，つまり世間の目が是認するかぎり，という意味である。

『諸国民の富』(しょこくみん-とみ) アダム=スミスの主著。1776年に刊行。『国富論』とも訳される。資本主義経済を初めて体系的に分析した古典派経済学の代表作。まず，分業の利益と特化と交換の必要を説き，資本主義社会を分業と交換からなる商業社会ととらえた。国富は労働によって生みだされるという労働価値説の立場から，個人が利己心に基づいて私利を追求すると，「見えざる手」に導かれて労働の生産性を向上させ，公共の利益も増進させるとした。

見えざる手Ⓝ[invisible hand](み-て) アダム=スミスの『諸国民の富』と『道徳感情論』に1か所ずつ出てくる有名なことば。彼によると，各個人はそれぞれの利益を追求しているのに，それが結果的に社会全体の利益をもたらしている。この背後に働いている市場メカニズムの自動調節機能を，「見えざる手」と表現した。

同 神の見えざる手

自由放任主義(レッセ-フェール)[Laissez-faire](じゆうほうにんしゅぎ) Laissez-faireはフランス語で「なすがままにさせよ」の意。英語ではLet doにあたるが，これは現実の経済をあるがままに放置せよ，という意味ではない。スミスが自由放任を主張した背景には，17・18世紀のイギリスにおいて重商主義による保護貿易などによって，一部の業者が政治権力と結びついて市場を独占していたことがある。その状態にスミスは抗議し，だれでも自由に市場での競争に参加させるべきであるとした。

リカードⓃ[David Ricardo, 1772～1823] イギリス古典派経済学の完成者。初めは株式仲買人で，ナポレオン戦争によって成功し，下院議員なども歴任。スミスの『国富論』に刺激され，経済学に関心をもち，著作を発表した。穀物法論争では産業資本の立場にたって自由貿易を主張，穀物輸入を制限する穀物法に反対し，マルサスと論争した。穀物法反対の主張をまとめたのが，主著『経済学及び課税の原理』(1817年)で，比較生産費説により，自由貿易の利益を説明したことでも有名。 ☞p.400(比較生産費説)

『経済学及び課税の原理』(けいざいがくおよ-かぜい-げんり) 古典派経済学者のリカードの主著。1817年刊。生産物の価値はその生産に必要な労働の量によって決まるという労働価値説を展開。その価値が，三大階級(資本家・地主・労働者)にどのように分配されるかを議論した。

ミルⓃ[John Stuart Mill, 1806～73]　イギリスの哲学者・経済学者。主著『経済学原理』。哲学ではベンサムの功利主義を継承・発展させた。経済学では，資本主義の発展にともなう労働者の貧困等の問題に直面，古典派経済学の再編成をめざした。

『経済学原理』(けいざいがくげんり)　1848年刊のミルの主著。生産の法則を人間は変えられないが，分配は人間の意思で変えうると主張した。そして，社会改良主義の立場から公平な分配の実現を論じた。

マルクスⓃ[Karl Marx, 1818～83]　ドイツの経済学者・哲学者。盟友エンゲルスとともに科学的社会主義を確立し，国際労働運動の指導者になった。主著『経済学・哲学草稿』(1844年)，『共産党宣言』(1848年)，『資本論』(第1巻1867年，第2巻1885年，第3巻1894年)。歴史では唯物史観(史的唯物論)，経済では剰余価値説に基づく壮大なマルクス主義体系を確立。労働価値説・剰余価値説を唱え，資本主義を批判的に分析した。

『資本論』(しほんろん)　マルクスの主著。全3巻。第1巻は生前の1867年に刊行されたが，彼の死後にエンゲルスが第2・3巻を編集・刊行した。唯物史観・労働価値説・剰余価値説によって資本主義を大胆に分析した。資本主義の発展が搾取によって労働者階級を貧困化させるが，資本は蓄積と集中を通じて剰余を増大する。この資本主義の矛盾はしだいに激化し，ついに資本主義そのものを崩壊させ，次の社会主義に移行するとした。

レーニンⓃ[Vladimir Lenin, 1870～1924]　ロシアの社会主義革命の指導者。主著『帝国主義論』(1917年)。ボリシェヴィキ党(多数派)を組織し，1917年に「四月テーゼ」を発表，十一月革命によってケレンスキー臨時政府を倒して，ソヴィエト政権を樹立した。マルクス主義をロシアへ適用し，土地や産業の国有化，土地の農民への分配，労働者による工場・銀行の管理，貿易の運営などを行った。マルクスの思想を帝国主義の段階に合わせて発展させたので，マルクス・レーニン主義といわれた。

類 マルクス・レーニン主義

『帝国主義論』(ていこくしゅぎろん)　レーニンの主著。1917年刊。独占資本主義段階に達した資本主義の運動を体系的に解明。①帝国主義とは資本主義の最高の発展段階であり，独占体と金融資本との支配がつくりだされる，②資本の輸出が重要になり，国際的独占資本が世界を分割し，資本主義的最強国による領土の再分割戦争が引き起こされる，と指摘した。

歴史学派(れきしがくは)　19世紀半ばから20世紀初めに，主にドイツに興った経済学派。F.リスト・ロッシャーらが発展させた経済思想。経済には普遍的原理はなく，時代や国によってあらわれ方が異なると主張し，古典派経済学と対立。

リストⓃ[Friedrich List, 1789～1846]　19世紀ドイツの経済学者で，歴史学派の創始者。後進国ドイツの立場と独自の歴史の発展段階説から，後進国の工業化をはかるため，自国の幼稚産業を政府が守る保護貿易政策を主張，自由貿易論を批判した。　☞p.400(保護貿易)

近代経済学Ⓝ(きんだいけいざいがく)　非マルクス経済学の立場から資本主義経済を理論的・数理的に分析する現代の理論経済学の総称。1870年代に展開された限界効用学説を経済学に適用することから始まった。古典派経済学の労働価値説を否定したが，経済活動における自由主義は継承し，自由競争下の価格は需要と供給の均衡で決まるという均衡理論を形成した。

限界効用学説(げんかいこうようがくせつ)　1870年代にワルラス・ジェヴォンズ・メンガーがほぼ同時に提唱した学説。財の価値は，その財の最後の1単位を消費することで得られる満足(限界効用)の大きさで決まるという学説。

ワルラス[Leon Walras, 1834～1910]　フランスの経済学者。スイスのローザンヌ大学教授であったことから，彼の学派をローザンヌ学派という。主著『純粋経済学要論』(1874年)。限界効用理論・限界理論・一般均衡理論を数学的モデルで提示した。

ジェヴォンズ[William Jevons, 1835～82]　イギリスの経済学者・論理学者。主著『経済学の理論』(1871年)。労働価値説を否定し，財の価値は各消費者がその財を使用することにより得る主観的な満足(効用)で決まると主張した。

メンガー[Carl Menger, 1840～1921]　オーストリアのウィーン大学教授であったことから，彼の学派をオーストリア学派という。主著『国民経済学原理』(1871年)。ワルラス・ジェヴォンズとほぼ同時に，限界効用理論を提唱した。

シュンペーターⓃ[Joseph Alois Schumpeter, 1883～1950]　オーストリア生まれの経済学者。1919年にオーストリア蔵相，1932年からアメリカのハーヴァード大学教授。主著『経済発展の理論』(1912年)，『景気循環論』(1939年)。彼によると，経済発展の主体は技術革新(イノベーション)を積極的に行う企業家である。技術革新とは，新製品・新生産技術・新販売方法・新組織などの導入をさし，これらが古い技術にとって代わり(創造的破壊)，経済を刺激する。しかし，技術革新は定期的に発生しないのでこれが景気循環の原因になる。

類 創造的破壊Ⓝ

『経済発展の理論』(けいざいはってん-りろん)　1912年刊のシュンペーターの主著。資本主義経済を発展させる根本要因は，企業家によるイノベーションの遂行であるとした。その例として，新製品の開発，新生産技術や新販売方法の導入，生産組織の改善・発明，新原料の供給，などをあげている。

新古典派Ⓝ(しんこてんは)　マーシャルの経済理論を基礎にする経済学派。古典派経済学に代わった限界効用原理を需要の論理に，古典派経済学の費用学説を供給の論理にして価格決定の均衡分析を行った。

マーシャルⓃ[Alfred Marshall, 1842～1924]　イギリスの経済学者。ケンブリッジ大学教授で，新古典派の創始者。主著『経済学原理』(1890年)。経済学の分析方法である需要と供給による価値(価格)決定の理論的基礎をつくりあげた。

ピグー[Arthur Pigou, 1877～1959]　イギリスのケンブリッジ大学の新古典派経済学者で，マーシャルの後継者。主著『厚生経済学』(1920年)。人間の経済的な幸福(厚生)について研究する厚生経済学を発展させた。

『厚生経済学』(こうせいけいざいがく)　ピグーの主著。1920年刊。厚生とは福祉の意味で，所得や消費によって得られる経済的な厚生を問題にした。そして社会全体の厚生を増進するのは国民所得の増大，平等，安定であるという３命題を提示。

ケインズⓃ[John Maynard Keynes, 1883～1946]　イギリスの経済学者。マーシャル門下で，彼が引き起こした経済学上の変革をケインズ革命といい，以後彼の経済学を継承した経済学者をケインジアンという。主著『貨幣論』(1930年)，『雇用・利子及び貨幣の一般理論』(1936年)。ケインズは，失業の原因は有効需要（実際の支出をともなう需要）の不足にあり，完全雇用（働きたい労働者が全員雇われている状態）を実現するには，政府が公共投資をして有効需要を創出する必要があると述べ，古典派経済学を批判した。

類 ケインズ革命

『雇用・利子及び貨幣の一般理論』(こよう・りしおよ-かへい-いっぱんりろん)　1936年に刊行されたケインズの主著。有効需要（購買力をともなう消費・投資）の不足が過少生産を招き，失業・不況の原因であるとする有効需要理論が展開され，完全雇用を達成するには，政府が公共投資によって有効需要を増大させる必要があるとしている。経済において政府が積極的な役割を果たす混合経済の理論的基礎。

サミュエルソンⓃ[Paul Anthony Samuelson, 1915～2009]　アメリカの経済学者で，マサチューセッツ工科大学教授を務めた。近代経済学の各分野で理論的功績が大きい。主著『経済分析の基礎』(1947年)。『経済学』は，経済学の標準的テキストとなってきた。ノーベル経済学賞受賞。

経済編

新古典派総合Ⓝ(しんこてんはそうごう)　サミュエルソンが一時とった経済学的立場。ケインズ的有効需要政策で完全雇用を達成すれば，後は市場の自動調整機能によって経済がうまく運営されるという考え方。

ガルブレイスⓃ[John Kenneth Galbraith, 1908～2006]　アメリカの制度学派の経済学者。ハーヴァード大学教授を務めた。主著『ゆたかな社会』(1958年)，『新しい産業国家』(1967年)。彼の用語であるテクノストラクチュアは，大企業が支配する現代経済の担い手が専門的な経営管理者層であるとした。

類 テクノストラクチュア

フリードマンⓃ[Milton Friedman, 1912～2006]　アメリカの経済学者で，シカゴ大学教授。マネタリズムのリーダー。主著『資本主義と自由』(1962年)，『選択の自由』(1980年)。市場経済における自由な経済活動の重要性を説き，小さな政府・自由放任政策の復活を主張した。ケインズ流の大きな政府には反対し，1970年代のスタグフレーションの時期にケインズ経済学が行き詰まったため，彼の発言が注目された。ノーベル経済学賞受賞。

マネタリズムⓃ　フリードマンが中心となって唱えた学説。ケインズ経済学を批判し，政府の経済への介入は効果がないと主張した。貨幣供給量の増加率とインフレ率には一定の相関があると述べ，貨幣供給は，長期的な経済成長率に合わせることを主張した。

シカゴ学派(-がくは)　フリードマンやハイエクなど，アメリカのシカゴ大学を拠点とする経済学者のグループ。貨幣の役割を重視し，景気対策としては財政政策よりも金融政策を重視する。マネタリストともいう。

サプライ-サイド-エコノミクスⓃ[supply-side economics] レーガン政権で採用された供給側重視の経済学。ケインズ経済学の有効需要政策に反対し，供給側の企業強化と労働意欲向上を目的に減税などの政策を提案した。

金融工学Ⓝ(きんゆうこうがく) 統計学や数学的な手法を駆使して，金融商品などの開発について研究する学問領域。投資や融資の際の判断材料を提供したが，これらの方法論への過度の信頼が，2008年の世界金融危機を深刻化させた要因の一つ。

スティグリッツ[Joseph E. Stiglitz, 1943 〜] アメリカの経済学者，コロンビア大学教授。「情報の非対称性」の研究で2001年にノーベル経済学賞を受賞。世界銀行上級副総裁を務めるなど，現実の経済問題に対する分析・対策などにも積極的に取り組む。新自由主義への批判者としても知られる。主著『経済学』

クルーグマン[Paul R. Krugman, 1953 〜] アメリカの経済学者で，ニューヨーク市立大学大学院センター教授。国際貿易の分野で新たな理論を構築した功績などで2008年にノーベル経済学賞を受賞。市場原理主義経済のあり方に警鐘を鳴らすなど，政府批判の鋭い舌鋒(ぜっぽう)でも有名。主著『良い経済学悪い経済学』

『21世紀の資本』(-せいき-しほん) フランスの経済学者トマ=ピケティの著書。2013年刊行。世界的に広がる格差問題や不平等の構造などを論じた。欧米日など20か国以上の300年にわたる租税資料を分析し，資本主義社会において一時期を除き，資本の集中と経済的不平等がすすんだと指摘した。

類 トマ=ピケティ

経済編

2 国民経済と経済主体

国民経済とは

国民経済Ⓝ(こくみんけいざい) 一つの国や国民を単位として，同一の貨幣を使い，同一の財政制度及び金融制度，そして同一の経済政策，社会制度の下に運営される経済のこと。国際経済に対する概念。

経済主体Ⓝ(けいざいしゅたい) 経済における活動の担い手となるもの。経済社会には，家計・企業・政府という三つの代表的経済主体がある。資本主義経済においては，企業は生産・流通面で活動し，家計は消費活動をし，政府は，これら生産・流通・消費を含めた一国の経済活動全体を調整する。各経済主体は貨幣をなかだちとして，それぞれ財貨・サービスを提供しあっている。

経済循環(けいざいじゅんかん) 経済主体間の財・サービス・貨幣の流れのこと。財やサービスは貨幣をなかだちとして，家計・企業・政府の間を相互に結びつけながら生産から消費へと年々くり返し流れている。経済循環は国民所得の循環でもあり，この計量により，経済の現状や動向を分析できる。

経済活動Ⓝ(けいざいかつどう) 三つの経済主体（家計・企業・政府）が財やサービスを生産・分配・流通・消費する活動のこと。家計は主に消費をし，企業は主に生産をし，政府はそれらを調整することが経済活動の中心である。これら経済活動の自由を確保することが，アダム＝スミス以来の資本主義経済の中心的理念である。

経済主体１－家計

家計Ⓝ（かけい）　消費のうえで同一の生計を立てている一つの単位。経済主体の一つ。その経済活動に果たす役割は，最終消費者であると同時に，労働力の供給者という２面をもっている。所得には，労働力の提供によって企業から得られる賃金と，財産所得（利子・配当・家賃・地代）がある。

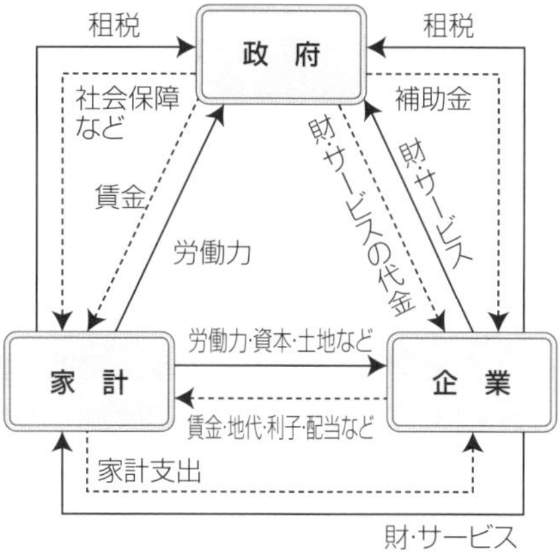

↑ 経済の循環

所得Ⓝ（しょとく）　生産活動に使用された資本・労働・土地などの生産要素に対して支払われる報酬のこと。所得は一定期間でのフローの概念であり，これに対して，この所得が蓄積されたストックの概念が国富である。所得の種類には，①賃金・俸給（労働力の提供者への報酬），②配当（株式などに対しての報酬），③利子（資金・貨幣資本に対しての報酬），④地代（土地使用に対する報酬）がある。また，生産によって得られた所得は，法人企業・個人企業（資本家），勤労者（労働者），政府などの経済主体に分配され，その後に支出される。

可処分所得Ⓝ（かしょぶんしょとく）　個人所得のうち，直接税（所得税）や社会保険料などを差し引いた残りの部分。個人が自由に使用できる所得である。可処分所得は，一国の経済全体についても使用する。

勤労所得（きんろうしょとく）　労働を提供した勤労者へ支払われる所得。賃金，その他の手当などをさす。雇用者所得・労働所得ともいわれる。

不労所得（ふろうしょとく）　働かずに得られる所得。地代・利子・配当などをさす。勤労所得との対比で使用されることが多い。英語圏ではpassive incomeと呼ばれる。

消費性向Ⓝ（しょうひせいこう）　消費者が得た所得のなかからどの程度を消費に向けるかという心理的傾向。所得のうち消費がどの程度を占めるか，その割合であらわされる。一般に所得が増大すれば消費性向も高まるが，一定以上の所得増加は逆に消費性向を低くするとされる。

エンゲル係数Ⓝ（-けいすう）　家計での総消費支出に占める飲食費の割合のこと。ドイツの社会統計学者エンゲルは，19世紀末にベルギーの労働者家計の消費支出を統計的に研究することにより，所得の上昇に従って家計費のなかの飲食費の割合が低下するという法則を見いだした（エンゲルの法則）。所得が多く，総消費支出が大きい家計ほどエンゲル係数は低くなり，生活水準が高いとされる。

シュワーベの法則（-ほうそく）　所得が高いほど，家計での総消費支出中に家賃の占める割合が少ないという法則。ドイツの社会統計学者シュワーベが1868年に発表。

ローレンツ曲線Ⓝ(-きょくせん)　アメリカの統計学者ローレンツが1905年に発表した所得分布の不平等度を示すグラフ。縦軸に累積所得額，横軸に累積人員数をとると，完全に平等の場合は原点を通る45度の直線となる。不平等になるほど，この直線から遠ざかるような弓形曲線を描く。右図において，ローレンツ曲線と均等分布線とで囲まれた弓形の面積の，均等分布線より下の三角形の面積に対する比率がジニ係数である。均等分布線とローレンツ曲線の間の面積が小さいほど所得の均等がはかられ，広がると所得の不均等の度合いが大きくなる。

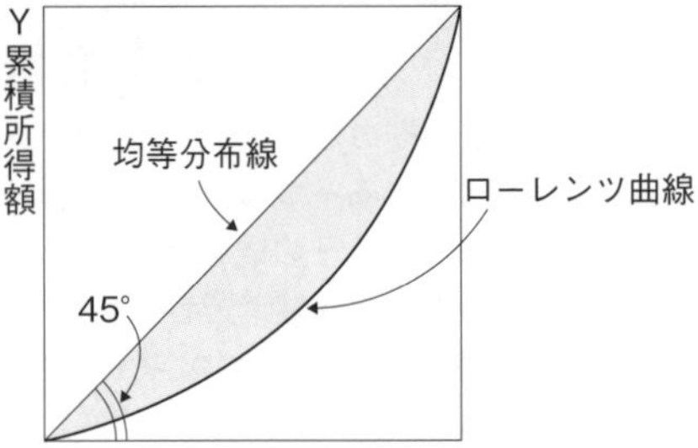

↑ ローレンツ曲線の概念図

ジニ係数Ⓝ(-けいすう)　貧富の差を表す指標。イタリアの統計学者ジニが1936年に考案した。1に近いほど格差が大きく，格差がないときは0となる。近年，日本ではこの数値が上昇し，所得格差の拡大が指摘されている。

貯蓄Ⓝ(ちょちく)　家計において，将来の必要のために所得の一部を金融機関などに預・貯金すること。生命保険の保険料や株式・債券などの購入も貯蓄に含まれる。また，国民純生産のなかで消費されなかった残り分が貯蓄となる。企業や政府も貯蓄を行う。企業では利潤のうち配当にまわされなかった残りの部分。

貯蓄率Ⓝ(ちょちくりつ)　国全体の貯蓄（家計の預貯金，企業の配当後の残金すなわち内部留保など）を国民可処分所得で除した比率のこと。日本の場合，個人可処分所得に対する個人貯蓄率の高さが，戦後の高度経済成長を支えたとされる。

経済主体２－企業

企業Ⓝ(きぎょう)　営利を目的として財・サービスの生産活動を行う組織体のこと。経済主体の一つ。原則的に企業は，自らの創意と責任において市場原理に従って生産と販売を行い，利潤を得ることを目的として行動する。株式会社の形態が最も一般的だが，個人的な小企業も企業である。

公企業(こうきぎょう)　国や地方公共団体が所有・経営する事業。私企業の対概念であり，営利追求には向かない公的需要を満たすために行われる企業活動。重要産業の保護・育成や国民生活の安定を目的とする。

公益企業(こうえききぎょう)　国民の日常生活に不可欠な財・サービスを供給している企業。電気・ガス・水道・交通・医療など，制度的に独占が認められ，そのため政府が規制している。

国営企業Ⓝ(こくえいきぎょう)　国が政策的必要から予算をつけて経営する企業。日本では，かつて郵政・国有林野・印刷・造幣があり，四現業とよばれた。国有林野を含め，独立行政法人化や民営化などがなされた。

公団・事業団Ⓝ(こうだん・じぎょうだん)　公益事業に従事するために法律によって設立された

特別の法人。主なものとして，日本道路公団，日本下水道事業団，日本私立学校振興・共済事業団などがあった。現在では，ほとんどの公団・事業団が整理統合されて，独立行政法人，特殊法人，株式会社などに切り替わった。

同 特殊法人Ⓝ

地方公営企業（ちほうこうえいきぎょう） 地方公共団体が出資・経営する企業。水道事業・地方鉄道・地下鉄・地方バスなどがその例。

民営化Ⓝ（みんえいか） 公企業を私企業にすること。かつて三公社といわれた日本電信電話公社・日本専売公社は1985年に，日本国有鉄道（国鉄）は1987年に中曽根康弘内閣の手で民営化され，それぞれＮＴＴ，ＪＴ，ＪＲとなった。

日本国有鉄道Ⓝ（にほんこくゆうてつどう） 1949年から1987年まで，国有鉄道を管轄・運営した公共企業体。国鉄と略称。従業員数50万以上の巨大企業体で，日本の経済や労働運動に大きな影響を与えた。1960年代から経営が悪化，1987年に六つの旅客鉄道会社と一つの貨物鉄道会社に移行した。

日本放送協会（にほんほうそうきょうかい） ＮＨＫと略称。放送法に基づいて1950年に発足した特殊法人の公共放送事業体。放送法の制約の下に，番組制作の自由を保障されており，民間放送とは競合関係にある。

ＮＨＫ受信料（ＮＨＫじゅしんりょう） ＮＨＫ放送を受信できる設備を設置した世帯がNHKと受信契約を結んだ上で支払う受信料金（放送法64条）。ＮＨＫの主張によれば，設置者には契約を結ぶ法的義務があるとしている。2021年度におけるNHK事業収入約7009億円のうち，受信料収入は6801億円（約97％）を占める。受信料契約率は約82％。

公私合同企業（こうしごうどうきぎょう） 第三セクターともいう。国や地方公共団体の資金と，民間の資金（企業など）をあわせて設立した企業。交通機関やリゾート開発などにみられる。公私混合企業ともよばれる。

同 第三セクターⓃ 公私混合企業

私企業（しきぎょう） 民間にある資本を活用して経営している企業。資本主義国における最も基本的で中心的な企業。

個人企業（こじんきぎょう） 一人が出資・経営し，成果の配分をする企業。従業員もいるが，会社形態はとらない。小規模で小回りがきくため，小売業などに多い。

組合企業（くみあいきぎょう） 資本主義社会における経済的弱者（中小企業・農民・一般国民）が，相互扶助を目的として共同で経済活動をする企業。農業協同組合（ＪＡ）・漁業協同組合・健康保険組合・消費生活協同組合（ＣＯ-ＯＰ）などがある。

ロッチデール原則（-げんそく） 1844年，イギリスのロッチデールで紡績工28人により結成された消費者協同組合の基本原則。加入・脱退の自由や１人１票制を認め，余剰金の利用高に応じた分配など，協同組合運動の原点となるもので，この考え方は現在も，生協・農協・信用金庫などに継承されている。

法人企業Ⓝ（ほうじんきぎょう） 民法・会社法などで，権利と義務の主体となることが認められた企業。法人は，公益法人と営利法人，その他の法人に分けられるが，公益法人を除いた法人，つまり組合企業と会社企業をさす。財務省の法人企業統計によれば，金融・保険業を除く会社企業を法人企業としている。

会社法Ⓝ（かいしゃほう）　会社の制度や運営などを定めた基本的な法律。従来の商法第２編や有限会社法などを現代的に再編成し，2006年に施行された。株式会社の最低資本金の撤廃，有限会社にかわる合同会社の創設などが規定されている。

合名会社（ごうめいがいしゃ）　債務に対して無限の責任を負う１人以上の社員（出資者）からなる会社。多くは家族・同族による小規模組織で，個人的色彩が濃いため，人的会社ともいわれる。経営には社員全員が参加できる。

合資会社Ⓝ（ごうしがいしゃ）　経営に参画して無限責任を負う社員と，経営には参画せず出資した額を限度に責任を負う有限社員から構成される会社。

有限会社Ⓝ（ゆうげんがいしゃ）　出資者全員が，出資額の限度内で責任を負うことが認められた会社。経営者は出資者である必要はないが，出資者数の限定など個人的色彩を残している。2006年施行の会社法で，新たな設立ができなくなった。

株式会社Ⓝ（かぶしきがいしゃ）　出資者が，出資した限度内で責任を負う株主によって構成される会社。株主は出資に応じて会社の利益の一部（配当）を受け取る。イギリスの東インド会社（1600年）やオランダの東インド会社（1602年）が起源。会社の巨大化，株数の増大により，資本（所有）と経営の分離が一般的となった。

	株式会社	合同会社	合資会社	合名会社
出資者	有限責任の株主（1人以上）	全員が有限責任社員（1人以上）	無限責任社員と有限責任社員（各1人以上）	親族など無限責任社員（1人以上）
資本金	特に規定なし	特に規定なし	特に規定なし	特に規定なし
持ち分の譲渡	自由に譲渡できる	社員全員の承諾が必要	無限責任社員の全員の承諾が必要	社員全員の承諾が必要
特　徴	多数の株式を発行するため，大資本を集めやすく，大企業に適する	アメリカの会社の形態が手本。ベンチャー企業などに適する	経営者の個性を基礎とする小規模な会社が多い	親族による小規模な会社の責任を明確にする

↑会社の形態

合同会社Ⓝ（ごうどうがいしゃ）　2006年に施行された会社法により創設された会社形態。日本版ＬＬＣ（有限責任会社）ともよばれる。社員はすべて会社債務に対し有限責任をもつ。人的会社でありながら，合名会社や合資会社とは異なり，社員の有限責任が確保されている。

持分会社（もちぶんがいしゃ）　会社法によって規定された会社のうち，合名・合資・合同会社の三つを総称したもの。

無限責任社員（むげんせきにんしゃいん）　会社の債務に対して，連帯して責任を負わねばならない社員をさす。合名会社では全員，合資会社では一部が無限責任社員となる。なお，この場合の社員とは出資者をさす。

有限責任社員（ゆうげんせきにんしゃいん）　出資するだけで経営には参画せず，会社の債務には自分の出資した限度内でしか責任を負わない社員。株式会社・合同会社及び合資会社の一部で有限責任が認められる。

利潤Ⓝ（りじゅん）　企業の財・サービスの総売上額から，生産・販売に要した総費用を差し引いて残る利益のこと。伝統的には，企業は利潤の極大化をはかるとされてきたが，企業は最低利潤で売上高の最大化をはかるとする考え方もある。利潤のうち，一部は内部留保として蓄積，拡大再生産のための投資に回され，また株主への配当として還元される。

利潤率（りじゅんりつ）　総資本に対する利潤の割合のこと。利潤の極大化は，資本主義社会における行動原理であるが，利潤率を高めようと企業が高利潤の産業に参入すると，価格競争により利潤率は低下し，低利潤産業は競争者の減少により利潤率が上昇，結局は利潤率が均質化するとされる。

超過利潤（ちょうかりじゅん）　均衡価格において平均利潤を上まわる利潤のこと。ある企業だけが，技術革新や規模拡大などによるメリットによって生産費用が低下したために得られる利潤。他の企業が導入し，その企業に追随することで消滅する。

独占利潤（どくせんりじゅん）　独占で企業が得られる超過利潤の一形態。完全競争の下では，企業は平均利潤を得るだけだが，市場を独占している場合は，平均費用より平均収入は大きくなり，超過利潤を得る。

企業の社会的責任Ⓝ（**ＣＳＲ**Ⓝ）［Corporate Social Responsibility］（きぎょう-しゃかいてきせきにん）　企業の活動が社会に大きな影響を与えることから，そのあり方には社会に対する配慮や責任なども必要とされるという考え方。企業の目的が利潤追求にあり，そのために不公正な活動や反社会的な行動を起こすことも少なくない。2010年，企業の社会的責任に関する国際規格「ＩＳＯ26000」が発効。

ＣＳＶ［creating shared value］　「共通価値の創造」と訳される。アメリカの経営学者マイケル＝ポーターが2000年代に提唱した経営概念。企業の事業活動は公共的価値の創造（より良き共同体へのコミットメント）と結びつくべきだとする考え方。類似概念であるＣＳＲには，企業の事業活動が生み出す「負」に対する「償い」として，企業は社会的貢献活動にも関与すべきだという思想背景があった。ＣＳＶでは，企業の事業活動そのものの社会性・公共性が強調される。

メセナ［mécénat］　企業の芸術・文化・社会事業支援。古代ローマ時代の高官マエケナス（Maecenas）が芸術家を庇護したことに起源をもつ用語（フランス語）。

フィランソロピーⓃ［philanthoropy］　公益目的の寄付行為やボランティアなど，社会的貢献活動をさす。

企業コンプライアンスⓃ［Regulatory compliance］　企業が法令や内規を遵守することをあらわす。コンプライアンスに違反した企業は，損害賠償訴訟などの法的責任を負わなければならない。

ＥＳＧ［environmental, social and governance］　環境，社会，企業統治の３つを合わせた概念。投資家が企業に投資する際の判断材料の一つ。環境に配慮した企業か，社会に付加価値を与える企業か適正なガバナンスが図られている企業か，といった財務諸表には現れない企業の公共性を重視した投資スタイル。近年，公共的意識の高い企業は低リスクで長期的利益を期待できるという実証研究結果が発表されるようになり，投資家の間でＥＳＧの概念が注目されるようになった。ＥＳＧ投資においては，煙草，武器，原発などの特定産業が投資対象から外されやすい。労働基準の遵守やダイバーシティを意識した社員構成となっているかといった人権の側面も，具体的な投資判断基準となる。

資本金Ⓝ（しほんきん）　企業が発行した株式とひきかえに株主が出資した金額のこと。企業に投下された資金の総額を資本金ととらえれば，資産＝資本となり，銀行など資金の提供者（債権者）から得た資金である他人資本も，株主など出資者の提供した資金である自己資本も同じ資本と考えられる。

福利厚生Ⓝ（ふくりこうせい）　企業が従業員のために設けた福利のための施設や制度。社会保険料の事業主負担，通勤手当の支給，社宅や寮，持ち家制度など多方面にわたる。給与などとは異なり目にみえない付加給付の一部だが，企業による格差が大きく，中小企業問題の主要因の一つとなっている。

倒産Ⓝ（とうさん）　企業が赤字などで財産を使い果たし，事業が継続できなくなること。通常は，現金化できない不渡り手形を２度発行すると，銀行の取引停止となって倒産することが多い。倒産企業はそのまま解散することが原則であるが，民事再生法・会社更生法などにより存続させることもある。

コーポレート-ガバナンスⓃ[corporate governance]　企業統治。株主などのステークホルダー（利害関係者）が，企業経営に関してチェック機能を果たすこと。

民事再生法Ⓝ（みんじさいせいほう）　経済的に窮地にある会社が再建の望みがあるとき，その再生をはかる手続きを定めた法律。1999年に制定され，2000年から施行。従来は会社更生法の適用が難しい中小企業などが対象とされたが，柔軟性に富む手続きのため，現在ではあらゆる法人・個人に適用される。

会社更生法Ⓝ（かいしゃこうせいほう）　経済的に窮地にある会社が再建の見込みがある場合，その維持・更生をはかる手続きを定めた法律。アメリカの制度にならって1952年に制定，2002年に全面改正された。株式会社にのみ適用。

内部統制システム（ないぶとうせい-）　企業内の不正などを防止するため，経営活動の成果を会計基準に従って正しく開示するための管理・点検体制のこと。2008年施行の金融商品取引法（日本版ＳＯＸ法）が，すべての上場企業に義務づけた。

R & D[research and development]　企業における研究開発。とくに新製品の基礎・応用研究をさすことが多い。

モラル-ハザードⓃ[moral hazard]　危機に対しての補償が，逆に危機をもたらすこと。また，そうした状況下における倫理観の欠如を示す場合もある。本来は保険用語で，保険契約者などが保険をかけてあるため，逆に注意力が散漫になり事故を起こす危険性が高くなる現象をさす。

経済主体３ー政府

政府Ⓝ（せいふ）　家計や企業の経済活動を，財政を通じて調整する経済主体のこと。政府は，①経済政策・計画を立て，経済の方向性を決める。②家計や企業から徴収した税を直接使い，学校・水道・消防・警察などの公共的財・サービスの供給など，財政活動を行う。③経済活動の秩序を保つために，さまざまな規制や景気対策を行う。④中央銀行に対し，金融政策などを実施させる。

経済政策Ⓝ（けいざいせいさく）　政府が一定の経済目的達成のためにさまざまな手段を用いて行う政策。経済の成長と安定，資源配分の効率化，所得分配の公平化，貿易収支の黒字化などを目標とする。これらの目標達成のために採用される手段には，税率・利子率の調整，公共支出の増減，通貨供給量の調整，為替レートへの介入などがある。また経済政策は，量的経済政策と質的経済政策に分けられる。前者は，有効需要の創出をはかる財政政策や，資金量を調節する金融政策をさす。後者は，法的規制や制度面での干渉であり，独占禁止政策や租税特別措置，貿易政策などがある。

所得の再分配Ⓝ（しょとく-さいぶんぱい） ☞p.198（所得の再分配）

資源の適正配分Ⓝ（しげん-てきせいはいぶん） ☞p.198（資源の適正配分）

景気調整機能（けいきちょうせいきのう） ☞p.198（景気調整機能）

公共投資Ⓝ（こうきょうとうし） 国や地方公共団体が行う公共施設の整備・拡充のための投資。公共事業，いわゆる社会資本への投資が代表的。産業基盤関連の道路・港湾，国土保全基盤関連の治山・治水，生活基盤関連の上下水道・学校などである。

公共事業Ⓝ（こうきょうじぎょう） 国や地方公共団体が行う，道路・河川・干拓・治山治水・上下水道・災害復旧などの，公共的な建設・復旧事業。日本では効率化が優先され1990年代末から削減傾向にあったが，2011年の東日本大震災以降，防災・減災や国土強靭（きょうじん）化を名目にした大型公共事業が復活している。

3　社会主義経済

空想的社会主義（くうそうてきしゃかいしゅぎ） フランスのサン-シモン・フーリエ，イギリスのオーウェンらの初期社会主義思想に対して，マルクス・エンゲルスが名づけた名称。19世紀の資本主義社会が生み出した悲惨な労働者の現実に心を痛め，理想的な共同社会を構想し，実験を試みた。しかし資本主義社会の科学的な分析がなく，労働者との結びつきも十分でなかったため，「空想」にとどまった。

トマス＝モア［Thomas More，1478～1535］ 15世紀末から16世紀初頭に活躍したイギリスの政治家・思想家。主著『ユートピア』（1516年）で，私有財産制のない一種の社会主義共同体を描いた。

オーウェン［Robert Owen，1771～1858］ イギリスの空想的社会主義者。スコットランドのニュー-ラナーク工場の総支配人だったとき，莫大な利潤をあげる一方，労働環境の改善や厚生施設の充実に努めた。後年は，協同組合運動や労働組合運動の組織化のために尽力した。

サン-シモン［Henri de Saint-Simon，1760～1825］ フランスの貴族出身の空想的社会主義者。産業者である国民が共同して計画的な生産をするよう唱えた。フランスを平和で平等な産業社会に変革することをめざした。

フーリエ［Charles Fourier，1772～1837］ フランスの空想的社会主義者。フランス革命後の市民社会にひそむ根源的な不合理，特に投機的な商業活動をきびしく批判して，理想社会（ファランジュ）を構想した。

科学的社会主義（かがくてきしゃかいしゅぎ） 空想的社会主義に対する用語。マルクスとエンゲルスによって創始された労働者階級の解放に関する学説と運動。資本主義経済を徹底的に分析し，その成立・発展・崩壊の過程と，社会主義への移行を解明。

社会主義経済Ⓝ（しゃかいしゅぎけいざい） 社会主義社会における経済のあり方で，①土地・工場などの生産手段が社会的所有とされ，私有財産制度が制限されていること，

②経済活動が，政府の計画に基づいて運営され，個人の利潤を追求する自由な経済活動を制限すること，などが特徴。1917年のロシア革命で成立したソ連において初めて採用され，第二次世界大戦後は東ヨーロッパ・中国などが採用。

ロシア革命Ⓝ(-かくめい)　1917年にロシアで起きた世界初の社会主義革命。

レーニンⓃ[Vladimir Lenin，1870～1924]　☞p.145（レーニン）

新経済政策Ⓝ（**NEP**Ⓝ）[novaya ekonomicheskaya politika]（しんけいざいせいさく）　ネップ。ロシア革命直後の急速な社会主義化や，戦時共産主義によって荒廃した経済を克服するために，レーニンが1921年にとった新しい経済政策。国家統制下で市場経済・資本主義体制を部分的に導入した。

同 ネップⓃ

社会的所有（しゃかいてきしょゆう）　社会主義の根本理念の一つ。土地・資源・原料・工場・機械・輸送機関などの生産手段が個人の所有とならず，社会全体の所有となる。生産された生産物も，一部を除いて社会的に所有され，労働者がその労働の質と量に応じて支払いを受ける。これによって，生産手段を所有する資本家階級による労働者階級に対する搾取の廃止を意図した。

同 生産手段の社会的所有

計画経済Ⓝ（けいかくけいざい）　生産手段を社会的所有とし，それを国家作成の計画に従って運営，生産活動を行う経済のこと。社会主義経済の根本理念の一つ。どのような財・サービスをどのくらい生産し，いくらで販売するかを国家が決定する。計画経済では，資本主義経済のように恐慌や失業の発生がないとされた。

ゴスプラン[Gosplan]　1921年に設立されたソ連邦閣僚会議国家計画委員会の略称。旧ソ連の計画経済の立案と運営の中心となった機関。共産党の指令の下に経済計画を作成し，五か年計画などの具体的な計画遂行を監督。各工場や農場などはゴスプランの計画に従って，生産の割り当てを受け，その達成を求められた。ペレストロイカのなかで機能を失い，1991年のソ連解体とともに消滅。

農業集団化（のうぎょうしゅうだんか）　生産手段の社会的所有を実現するために推進された政策。旧ソ連のコルホーズ，中国の人民公社などがその具体例。コルホーズは1991年のソ連の解体とともに，また人民公社も1985年には廃止された。

コルホーズ（集団農場）（しゅうだんのうじょう）　旧ソ連の集団的農業経営形態。1929年からスターリンが指導。農地は国家から貸与され，農業機械など生産手段を協同組合の所有とし，集団で労働して分配を受けた。

ソフホーズ（国営農場）（こくえいのうじょう）　旧ソ連の集団的農業経営形態。ロシア革命時に貴族や大地主から没収した農場につくった。

利潤導入方式（りじゅんどうにゅうほうしき）　旧ソ連の経済改革。リーベルマンの論文をもとに，1965年から実施。生産意欲を高めるために，各企業の生産コストと国家への納入分をこえる超過部分（利潤）を企業と労働者に分配した。市場経済を一部導入する政策だったが，保守派の反対によって頓挫した。

リーベルマン[Evsei G Liberman，1897～1981]　旧ソ連の経済学者。1962年にソ連共産党機関紙『プラウダ』に「計画・利潤・報償金」を発表。過度に中央集権的なソ連の計画経済を批判して，分権的な経済運営と利潤導入方式を主張。

中国経済Ⓝ（ちゅうごくけいざい） 中華人民共和国の建国当初はソ連型の社会主義の確立をめざしたが，1960年代から独自の路線を歩み始めた（自力更生）。毛沢東が指導する大躍進政策の失敗，文化大革命による大混乱を経て，1975年に周恩来が「四つの現代化」を提唱しその具体化が模索された。鄧小平の指導のもとで改革・開放政策が1978年から進められた。1993年，憲法に社会主義市場経済をうたい，先進資本主義国から市場経済のしくみと資本・技術などを導入して，高い経済成長率を維持，2001年には世界貿易機関（ＷＴＯ）に加盟，21世紀の「世界の工場」とよばれる。ＢＲＩＣＳの一角を担い，2010年の名目ＧＤＰは日本を抜いて世界第２位となった。アジアインフラ投資銀行や一帯一路構想を主導するなど，国際経済における存在感を強めている。

人民公社（じんみんこうしゃ） 1958年に初めてつくられた中国の集団所有の組織。20～30の農家からなる生産隊を基本単位とし，軍事・行政・教育・生産の組織を合体させた共同体組織であった。1985年には完全に解体された。

四つの現代化（よっつげんだいか） 1980年代の中国の経済運営の方針をさす。「四つの近代化」とも訳される。1975年，第４期全国人民代表大会で周恩来が提唱した。農業・工業・国防・科学技術の四つの分野の近代化をはかり，中国の国民経済を世界の前列に立たせることを目標とした。工業や科学技術の振興に重点がおかれ，経済特別区などで，外資の積極的な導入が進められた。

同 四つの近代化

生産請負制（せいさんうけおいせい） 農業の集団労働制をやめ，農業生産を個別経営の農家に請け負わせる中国の制度。1978年頃から導入され，1982年末には，ほぼ全国にいきわたった。各農家は，農地の使用面積を独自に設定し，請負料を政府に納めて残った生産物は自由販売を認められた。

経済特別区（経済特区Ⓝ）（けいざいとくべつく）（けいざいとっく） 1979年以降，外国の資本や技術の導入を目的に，中国各地に設けられた地域。広東省の深圳（シェンチェン），珠海（チューハイ），汕頭（スワトウ），福建省の厦門（アモイ）の４か所であったが，1988年に海南（ハイナン）島が追加され，最大の特別区になった。特別区は①企業所得税が安い，②100％の外資を認める，③生産設備・原材料輸入への関税免除などの特典を持つ。さらに1984年以降，14の沿海港湾都市を経済開発区に指定し，開放政策を進めている。

類 経済開発区

郷鎮企業（ごうちんきぎょう） 中国の農村にある非農業で，個人経営や集団経営（非国有セクター）の中小企業のこと。農村の余剰労働力を吸収し，工業における市場経済導入の“先兵”となった。急激な引き締め政策で倒産したものも多いが，現代の中国の市場経済化のなかで中核的な役割を担っている。

一国二制度Ⓝ（いっこくにせいど） 一つの国で，異なる二つの制度が併存すること。歴史的には，中国の台湾統一政策として考え出されたしくみで，一国両制度ともいう。1997年に香港がイギリスから中国に返還された際，この制度が採用された。1999年にポルトガルからマカオ（澳門）が返還された時にも同様の体制がとられた。香港では，特別行政区として，外交と防衛を除く高度な自治が「香港基本法」で認められているが，重要事案は中国の承認を要する。2014年，香港行政長官の民主的選出方法をめぐる激しい抗議活動（雨傘革命）があったが，2019年からは，香港の民主化を求める政治的抗議活動が広がった。2020年6月，中国の全人代で香港の治安維持強化を図る「香港国家安全維持法」が成立したことで，香港の高度な自治は大幅に制限された。中国は二制度よりも一国が優先されるとしている。

類 香港国家安全維持法

社会主義市場経済Ⓝ（しゃかいしゅぎしじょうけいざい） 中国における経済運営の方針。1993年3月，全国人民代表大会で改正された憲法に盛りこまれた。それまでの憲法では，「国家は社会主義共有制を基礎として，計画経済を実行する」とされていたが，新憲法では「国家は社会主義市場経済を実行する」となった。

労働者自主管理（ろうどうしゃじしゅかんり） 旧ユーゴスラヴィア独自の社会主義の方式。ソ連の中央集権的な社会主義を批判し，労働者の自主性を尊重した分権的な社会主義をめざしたが，ユーゴスラヴィアの解体（1991年）により破たんした。

ドイモイⓃ［Doi Moi］ 1986年にベトナム共産党大会で提唱され，その後のベトナムにおける経済政策上のスローガンとなった言葉。ベトナム語では「刷新」を意味する。1990年代以降，個人企業の奨励や公営企業への独立採算制の導入，外資の積極的導入など，大胆な改革が行われた。

4　現代の経済社会

経済社会の変容

工業化社会（こうぎょうかしゃかい） 手工業から機械工業に移行・発展して成立した大量生産が可能となった社会。産業化社会とほぼ同義。歴史的には農業中心の社会に続く社会とされる。

重化学工業Ⓝ（じゅうかがくこうぎょう） 機械・鉄鋼・非鉄金属・造船などの重工業と，石油化学・石炭化学などの合成化学を中心とした化学工業とを総称したもの。軽工業（繊維・食料品など）と区別していう。

化学工業Ⓝ（かがくこうぎょう） 塩・鉱産物・石油などを原料として，物質の化学的反応の変化を利用し，元の原料とは違う性質の物をつくりだす産業。プラスチック・合成ゴム・塗料・化学肥料・合成繊維・医薬品などの製造産業をいう。

技術革新Ⓝ（**イノヴェーション**Ⓝ）［innovation］（ぎじゅつかくしん） 新しい技術，新しい生産方法などを生産活動に導入すること。アメリカの経済学者シュンペーターによれば，①新製品の発明・発見，②新生産方式の導入，③新市場の開拓，④新原料，新資源の獲得，⑤新組織の実現，などが含まれる。新機軸ともいう。

同 新機軸Ⓝ

オートメーションⓃ［automation］ 機械装置の運転・操作を自動化すること。自動制御装置とも訳される。単に操作のみではなく，運転状況の自動的判断による制御や管理も行う。

ＦＡⓃ[factory automation]　機械工業や装置工業の工場で，生産システムを自動化・無人化すること。当初は単一製品の大量生産方式だったが，現在では，同一工程で複数品種を柔軟に生産するＦＭＳ（フレキシブル生産システム）へと発展。

産業用ロボット(さんぎょうようよう-)　生産工場において人間が行ってきた作業を代わりに遂行する自動化機械のこと。ＦＡ化を推進した要因の一つで，単純作業やプログラム化された情報によるくり返しの作業から，人工知能をもったものへの開発が進められている。

エレクトロニクス産業(-さんぎょう)　エレクトロニクス（電子工学）の技術を利用して製品を提供する産業をいう。電子を働かせるもとになるＩＣ（集積回路）や，さらに集積度を高めた超ＬＳＩ（大規模集積回路）が登場し，パソコンをはじめ家電製品や自動車など，あらゆる産業や製品に利用され，「産業の米」ともよばれている。

マイクロエレクトロニクス革命(-かくめい)　1980年代に唱えられた言葉の１つ。ＬＳＩや超ＬＳＩなど微細素子技術の進歩による，エレクトロニクス技術の革新をもとに起こった情報革命をさす。

同 ＭＥ革命

先端技術Ⓝ(せんたんぎじゅつ)　現代社会において，社会そのものに大きな影響を与えている高度に発達した科学技術の総称。ハイテクノロジー。コンピュータなどを支えるマイクロエレクトロニクス，遺伝子組み換えなどのバイオテクノロジーなどが具体例である。

バイオテクノロジー［biotechnology］　生命工学ともいう。遺伝・成長・生殖など生命活動のしくみを解明し，それを活用しようとする技術。従来からある発酵・動植物育種改良の技術にとどまらず，生命活動の根本を操作する遺伝子の組み換え，クローン技術，異なる細胞の融合，動植物細胞の大量培養，微生物や動植物細胞や酵素などを触媒とするバイオリアクターなどが基本技術である。

ナノテクノロジー［nanotechnology］　ナノメートル（10億分の１メートル）という超微細な精度を扱う先端技術の総称。原子や分子を単位とするような工学や医学などの分野で応用される。2000年代の初頭，アメリカがこれを国家戦略に掲げ，注目されるようになった。

経済のソフト化・サービス化(けいざい-か・-か)　資源・モノの価値よりも，知識・サービスの価値を重視する経済的事象のこと。日本では，1973年の石油危機を境に情報産業・サービス業・レジャー産業などの第三次産業の割合が増加し，生産販売の面でも，開発・デザイン・情報・管理など，付加価値が高く，技術集約度の高い分野が重要視され，経済のソフト化・サービス化が進行した。

ギグ-エコノミー［gig economy］　インターネットを通じて単発の仕事を受発注する非正規労働によって成り立つ経済形態のこと。gig（ギグ）とは本来ジャズの単発ライブ演奏を指した俗語。アメリカを中心に普及が進み，配車サービスのウーバー（UBER）などの拡大が注目されている。

ソーシャルビジネス［social business］　高齢者や障害者の支援，貧困の削減，環境保全，地方活性化といった社会が抱える課題の解決を持続可能な経済活動ビジネスの手法で目指す取り組み。事業体はＮＰＯや企業などで，このような社会的課題の解決を目的に事業を展開する組織や企業を，社会的企業またはソーシャルベンチャーとよぶ。2006年にノーベル平和賞を受賞したバングラデシュのグラミン銀行（貧困層を対象とした小口金融）と創設者のユヌスがもっとも典型的な成功例とされる。

現代経済の基本的性格

混合経済（こんごうけいざい）　資本主義下の自由競争・私有財産制に基づく自由な経済活動を保障しながら，政府の財政計画に基づく活動部門が大きな位置を占める経済のこと。修正資本主義ともいう。自由経済と計画経済の並立により成り立つ。政府が経済に積極的に介入し，経済をコントロールすることにより対処しようとした。ケインズの理論がその裏づけ。

同 修正資本主義Ⓝ

福祉国家Ⓝ（ふくしこっか）　夜警国家（自由国家）と対比される国家の在り方。経済政策により，完全雇用，不況・独占の弊害除去，所得の再分配などが確保され，社会保障制度を整備することにより国民生活が保障されている国家のこと。修正資本主義の一形態。第二次世界大戦中に出されたイギリスのベヴァリッジ報告における社会保障の構想のなかで，その完成がめざされた。社会国家ともいう。

同 社会国家

大きな政府Ⓝ（おおーせいふ）　経済・社会政策を強力に推し進め，積極的に経済に介入することによって財政規模が非常に大きくなっている政府のこと。財政赤字や経済の非効率化などの弊害をもたらすことから，1970年代末以降，新保守主義のサッチャーやレーガンらによる「小さな政府」への転換が実践された。

夜警国家Ⓝ（やけいこっか）　自由放任主義的な経済観のもとで，国家の役割は社会の秩序を維持することと外敵の侵入を防ぐことに限定すべきであるとする国家観をさす。ドイツの国家社会主義者ラッサールの用語。彼は自由放任経済を「富者・強者が貧者・弱者を搾取する自由である」と批判し，皮肉をこめて命名した。

ラッサールⓃ［Ferdinand Lassalle，1825～64］　ドイツの国家社会主義者。ヘーゲル流の人倫国家による労働者階級の解放，その手段としての普通選挙，国家による労働者生産組合の育成を主張した。

安価な政府Ⓝ［cheap government］（あんかーせいふ）　自由主義的経済観のもとで，国家の経済活動に果たす役割を必要最小限にとどめ，国防・治安などの業務のみを行うことにより，財政支出・租税負担を最小限にした政府のこと。アダム＝スミスの『諸国民の富』における主要な主張の一つである。小さな政府と同義。

小さな政府Ⓝ（ちいーせいふ）　市場機構や自由競争などの自由主義的経済政策を推し進めることにより，経済活動に介入せず，財政規模を縮小させようとする政府のこと。安価な政府と発想を同じくする。1970年代末からのイギリスのサッチャー首相，アメリカのレーガン大統領らの就任にともない，新保守主義（新自由主義）としてこの考え方が復活した。福祉切り捨てとの批判もある。

新自由主義Ⓝ（ネオ-リベラリズム）［neo-liberalism］（しんじゆうしゅぎ）　古典的な自由主

経済編

義やケインズ政策に基礎をおくのではなく，市場原理（至上）主義と個人の自由・自己責任とに根本的な信頼をおく考え方。フリードマンらを中心としたアメリカのシカゴ学派の影響が強くみられる。イギリスのサッチャー政権やアメリカのレーガン政権・ブッシュ（父子）政権などに影響を与えた。南米などでは，この思想が貧困と格差拡大につながるとして，反新自由主義の潮流を生んだ。

対 反新自由主義

市場原理主義Ⓝ（しじょうげんりしゅぎ）　市場に備わる自動調節機能や市場経済のメカニズムに過度の信頼をおく経済学の立場。自己責任と規制緩和などの価値観を強調する一方，政府の市場経済への介入を拒否し，さまざまな社会的共通資本を排撃する。アメリカのフリードマンらの主張。新自由主義と同義で用いられることも。

新保守主義Ⓝ[neoconservatism]（しんほしゅしゅぎ）　ネオコンサバティブ（ネオコン）ともいう。孤立主義的な従来の保守主義とは異なり，自国の脅威には単独での軍事行動も是とする立場をとる。新自由主義と同義に用いられることもある。

同 ネオ-コンサーヴァティヴ（ネオコンⓃ）

サッチャリズムⓃ[Thatcherism]　1979年にイギリス首相に就任したサッチャーが，経済活性化のために小さな政府をめざしてとった財政引き締め策。財政支出の削減，国有企業の民営化，減税，福祉政策の転換，労働組合への規制強化，政府規制の緩和などの政策を総称していう。その評価をめぐって賛否がある。

レーガノミクスⓃ[Reaganomics]　1981年にアメリカ大統領に就任したレーガンの経済政策。スタグフレーションを解消し，強いアメリカを復活させるために，経済面で小さな政府をつくるべきだとした。具体的には大幅減税，歳出削減，政府規制の緩和，通貨供給量抑制による経済再建計画である。スタグフレーションからは脱却したが，財政赤字と経常収支の赤字（双子の赤字）を生み出した。

類 双子の赤字Ⓝ

グリーン-ニューディールⓃ　世界的な金融危機に直面して，アメリカのオバマ政権が重視した経済政策で，地球温暖化対策などに積極的に取り組み，景気浮揚や雇用創出などをはかろうとするもの。1930年代に行われた「ニューディール」になぞらえた命名。背景には，米国内で環境対策が最も進んでいるカリフォルニア州の民主党人脈による影響力があるともいわれる（カリフォルニア-イニシアティヴ）。また，この経済政策に追随する動きが各国でみられる。

トランポノミクスⓃ[Trumponomics]　米国トランプ政権下で実施されていた経済政策と大規模な公共投資を柱とする。

社会的市場経済（しゃかいてきしじょうけいざい）　労働者の権利や社会的弱者の擁護などを重視しつつ市場経済と両立しようとする立場。つまり市場原理だけに経済を任すのではなく，国家の介入などにより社会的公正と経済的繁栄を実現していくことを目的とする。1946年にドイツの経済学者アルフレート・ミュラー＝アルマックが提唱し，同国の経済政策として採用されてきた。

アベノミクスⓃ　安倍政権下で実施されていた経済政策の俗称。大幅な金融緩和，大型公共事業を中心にした財政拡大，民間投資を引き出す成長戦略という「三本の矢」によって，デフレーションからの脱出と円高の是正を行おうとした。

2章　現代経済のしくみ

1　市場

市場機構と価格の役割

市場Ⓝ[market]（しじょう）　財やサービスの交換や売買がなされる場。商品の需要者（買い手）と供給者（売り手）が出会い，取り引きすることにより価格が形成される場でもある。この場は，①需要者と供給者が直接取り引きする具体的で特定の場（小売市場・卸売市場・見本市など），②不特定の需要者と供給者が取り引きする抽象的な場（労働市場・金融市場・外国為替市場など），の2通り。

労働市場Ⓝ（ろうどうしじょう）　労働力を商品として取り引きする市場。需要者は求人をする企業であり，供給者は求職をする労働者である。　☞p.316（労働市場）

金融市場Ⓝ（きんゆうしじょう）　資金の貸し借りや証券の売買を行う市場。需要者は主に企業部門であり，供給者は余剰部門としての家計部門である。金融機関や証券会社が取り引きを仲介する。そこで決定される資金融通の価格が金利である。期間により，短期金融市場と長期金融市場に分かれる。

証券市場Ⓝ（しょうけんしじょう）　有価証券（公債・社債・株式）が取り引きされる市場。そこでの価格が，利子・配当・株価である。株式市場と債券市場に分かれる。株式市場は出資をし，配当を受ける株式証券の取り引きの場であり，債券市場は確定した利子を付ける証券の取り引きである。

資本市場（しほんしじょう）　金融市場のうち，長期貸付市場と証券市場（株式市場・債券市場）などのこと。長期貸付市場は金融機関が中心となり，１年をこえる資金の取り引きを行う市場であり，証券市場は証券会社が取り持つ株式・公社債の取引市場である。長期金融市場という場合もある。

市場経済Ⓝ（しじょうけいざい）　市場を通して経済的資源が配分される経済システムのこと。資本主義経済では，自由な経済活動と自由競争を通じて市場メカニズム（市場機構）が働き，経済的資源が最適に配分されたり，経済の整合化がなされている。

市場メカニズムⓃ[market mechanism]（しじょう-）　市場機構。市場における価格変動により，資源配分がなされるしくみ。価格メカニズムともいう。売り手と買い手がお金さえ払えば自由に取り引きできる市場では，価格機構が働いて需要と供給が等しくなり，資源が最適配分される。価格機構とは価格の変動により需給が一致する機能をいう。独占・寡占，公共財の供給，公害など市場メカニズムが十分には機能しない分野があり（市場の失敗），計画化や規制による市場メカニズムへの介入も必要とされている。

同 市場機構

完全競争市場（かんぜんきょうそうしじょう）　完全競争の条件が備えられた市場。完全競争とは，

①市場に売り手と買い手が多数いて，個々の需要と供給の変更が価格に影響しない，②資本調達が容易，③事業への参入・離脱が自由，④売り手と買い手が市場・情報を熟知している，⑤製品の差別化がない，などの条件が必要である。現実にはほとんど存在しない。

不完全競争市場(ふかんぜんきょうそうしじょう)　完全競争市場でも独占市場でもない市場。市場における価格決定を左右するほどの力をもつ売り手（あるいは買い手）が存在する市場である。価格決定に影響力をもつ少数の企業が存在する場合や，多数の売り手はいるが，製品の差別化によりある程度の独占が可能な場合など。

市場占有率[market share]（しじょうせんゆうりつ）　マーケット-シェアともいう。ある企業またはいくつかの企業の製品の販売高・生産高が，その産業の市場全体の販売高・生産高に占める割合のこと。市場での寡占度，生産の集中度の指標となる。

同 マーケット-シェア

市場の失敗[market failure]（しじょう-しっぱい）　市場機構による資源の適正配分ができない分野があること，もしくは市場機構による資源配分の限界をさす用語。①独占や寡占による市場の支配，②市場を通さずに，他の経済主体に利益をもたらす外部経済の問題，または公害のように他の経済主体に不利益をもたらす外部不（負）経済の問題，③国防・警察などのサービスや道路・上下水道などの公共財のように，誰もが必要としているのに市場が存在していない問題，④中古車の売り手と買い手の関係などにみられる情報の非対称性（不完全性）の問題（逆選択の結果となる）をさす。

政府の失敗[government failure]（せいふ-しっぱい）　「市場の失敗」を補うために行われる政府の経済活動が，費用分担を誤るなど効率性や公正性に反した結果をもたらすこと。「小さな政府」を主張する人たちが強調する考え方でもある。

外部効果(がいぶこうか)　ある経済主体の経済行動が，市場を通さず，他に利益または損害をもたらすこと。外部経済と外部不（負）経済を総称したもの。

外部経済(がいぶけいざい)　他の経済主体の経済活動が，市場における取り引きを通さず直接によい影響を与えること。近隣に養蜂(ようほう)業者がいて，ミツバチが花粉の交配をするために果樹園主が得をしたり，駅の新設によりその周辺地域が発展し恩恵を受ける。

外部不（負）経済(がいぶふけいざい)　他の経済主体の経済活動が，市場における取り引きを通さず直接に悪い影響を与えること。企業が出す公害により社会全体に不利益をもたらす例や，大規模な商業施設が建設され，周辺道路の渋滞が激しくなるなどがその典型例。公害では，政府や地方公共団体が対策費用を負担することになるなどの影響がおこる。こうした費用を社会的費用として企業に負担させる必要があり，これを社会的費用の内部化という。

類 社会的費用の内部化

価格Ⓝ(かかく)　財やサービスの価値を貨幣の単位で示したもの。一般には商品の値段を価格というが，広義には賃金・利子率・為替レート・地代なども含む。自由主義経済では，価格は商品の価値を示す指標で，経済はこれを軸に運営される。

市場価格Ⓝ(しじょうかかく)　財・サービスが市場において取り引きされるときの価格。需要と供給の関係によって変動。完全競争の下では市場価格は常に均衡に向かう。たとえば市場価格が均衡価格より上昇すると，供給量は増えて供給超過（売れ残り）となって価格は下がり，新たな均衡価格が生まれる。市場価格が均衡価格より下がれば，需要量は増えて需要超過（品不足）となり，価格は高騰する。

均衡価格（きんこうかかく） 完全競争市場において，需要と供給が一致したときに成立する価格。市場の買い手は，価格が高くなれば需要量を減らし，安くなれば需要量を増やす。市場の売り手は，価格が高くなれば供給量を増やし，安くなれば供給量を減らす。このような需給の不均衡が一致した価格が均衡価格である。

価格の自動調節作用（かかく-じどうちょうせつさよう） 価格機構ともいう。価格が変動することにより，需要と供給が調整され，最終的には均衡していく働きをさす。ある商品の需要量が供給量に比べて多いと，価格が上がる。売り手にとっては利潤が増えるから，より多く供給しようと生産を増やす。こうして買い手は需要量を減らし，需要量が供給量に比べて多い状態は解消される。逆に，供給量が需要量に比べて多いと価格は下がる。売り手の利潤は減るので，生産を減らす。こうして買い手は需要を増やし，供給量が需要量に比べて多い状態は解消される。

同 価格機構

需要Ⓝ[demand]（じゅよう） 市場で，財やサービスを買い手が購入しようとすること。貨幣支出の裏づけのある需要をケインズは有効需要とよんだ。需要は，価格の変化に応じて増減する。

需要曲線Ⓝ（じゅようきょくせん） 自由競争を前提とした市場において，価格の変化に応じた需要量の増減をグラフ化したもの。縦軸を価格とし，横軸を需要量で示す。この場合，価格の変動以外は考えず，価格変動に対する需要量の変化を考える。需要量は価格が上昇すると減少する。逆に，価格が下降すると需要量は増加する。こうした関係をグラフにすると，右下がりの曲線となる。

需要曲線のシフト（じゅようきょくせん-） 需要曲線が価格以外の要因の変化で移動すること。たとえば価格の変化がなくても所得が増加（減少）すると，需要量は増える（減る）。この現象をグラフ化すれば，需要曲線が右（左）へ移動することにより示される。これが需要曲線のシフトである。

供給Ⓝ[supply]（きょうきゅう） 売り手（供給者）が市場で貨幣と引き換えに商品を提供すること。完全競争の下で，供給量は商品の価格が上がると増加する。高く売れるとなれば，利潤を求めて多くの企業が産業に参入して，より多く生産したり販売したりする。逆に，価格が下がれば，利潤を望めないということで，多くの企業は撤退するため，供給量は減少する。

供給曲線Ⓝ（きょうきゅうきょくせん） 価格に対する供給量の変化をグラフ化したもの。完全競争市場においては，売り手（生産者）は，価格が上昇すれば販売量（生産量）を増加させ，価格が下落すれば販売量（生産量）を減少させる。この関係をグラフにすると，右上がりの曲線となる。

供給曲線のシフト（きょうきゅうきょくせん-） 供給曲線が価格以外の条件の変化で移動すること。価格が変化しなくても設備投資や技術革新などの要素が加わると，供給量は増加する。これをグラフ化すると，供給曲線は右に移動することによって示される。逆に，原材料などの値上がりがあると，供給曲線は左に移動する。

需要・供給の法則（じゅよう・きょうきゅう-ほうそく）　完全競争市場において，需要量が供給量を上まわれば価格は上がり，供給量が需要量を上まわれば価格は下がるというメカニズム。これは，価格が下がれば需要量は増え，価格が上がれば需要量は減るという需要法則と，価格が下がれば供給量は減り，価格が上がれば供給量は増えるという供給法則とからなる。

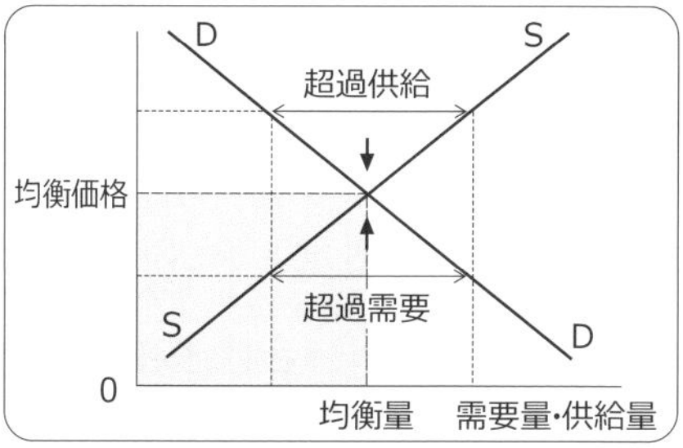

●需給関係による価格の決定
　右下がりのDD線を需要曲線，右上がりのSS線を供給曲線という。二つの曲線の交点で均衡価格が決定される。もし価格が均衡価格より低いなら超過需要が生じ，逆に均衡価格より高いなら超過供給が発生する。それぞれの場合，価格は矢印の方向に調整される。
　いま，所得が増えたり，所得税の減税が行われた場合，需要曲線は右にシフトして，均衡価格は上昇し，均衡量も増加する。逆にその商品に対する好みが減退した場合，需要曲線は左にシフトして，均衡価格は下落し，均衡量も減少する。
　一方，生産工程の技術進歩があった場合，供給曲線は右にシフトして，均衡価格は下落する。逆に，原材料の値上がりがあると，供給曲線は左にシフトして，均衡価格は上昇する。

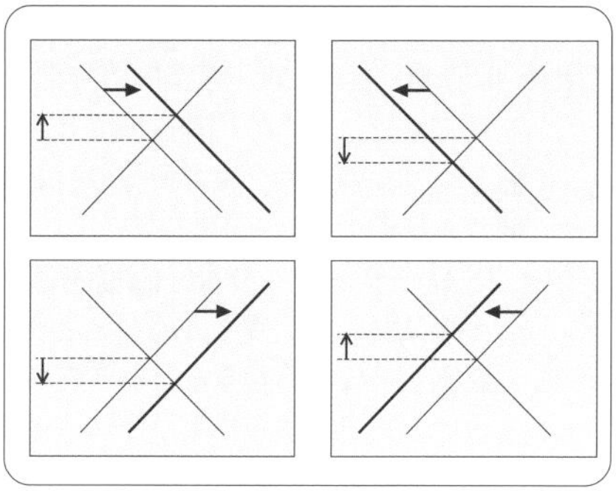

↑ 需給関係による価格の決定

超過需要と超過供給（ちょうかじゅよう-ちょうかきょうきゅう）　需要・供給の法則で，供給量より需要量が多いときを超過需要とよび，需要量より供給量が多い場合を超過供給という。超過需要の場合は価格が上昇し，超過供給の場合は価格が下落する。市場経済においては，超過需要と超過供給をくり返しながら需要と供給が一致して均衡価格に到達する。

取引量Ⓝ（とりひきりょう）　市場で取り引きされる財・サービスの量のこと。需要・供給のグラフでは横軸で表されるが，単に取引量と表示されている場合，需要量であるか供給量であるかを分けて考える必要がある。

購買力Ⓝ（こうばいりょく）　ある通貨でどのくらいの財やサービスが購入できるかを示す能力。購買力平価という形で用いられる場合が多い。これは一国の物価指数の逆数で表される。各国通貨の購買力を比較することにより，その通貨の対外的な実力が認識できる。外国為替の有力な決定理論の一つが購買力平価説。

類 購買力平価Ⓝ

市場の変化と独占禁止政策

寡占・寡占市場Ⓝ（かせん・かせんしじょう）　市場において，２者以上の少数の売り手または買い手が存在し，市場を支配している状態。買い手が少数の場合には需要寡占といい，売り手が少数の場合には供給寡占という。寡占市場では，他企業の動向を考えながら，企業の意思決定をするという相互依存関係がある。1者の市場占有率が飛びぬけて高い場合を，特にガリヴァー型寡占という。

類 ガリヴァー型寡占

独占Ⓝ(どくせん)　市場において，売り手または買い手が1者しかいない状態。したがって競争はなく，完全競争市場の対極にある。売り手が多数で買い手が1者の場合を，買い手独占（需要独占），買い手が多数で売り手が1者の場合を，売り手独占（供給独占）という。

独占価格(どくせんかかく)　市場を独占する企業が，自己の利潤を最大にするために自ら決めた価格。市場価格より高くなる。平均利潤に独占利潤を上乗せしたものとされている。一方，独占価格を参入阻止価格としてとらえる考え方もある。外部からの市場参入を阻止することができる程度の高さに決定された価格である。

寡占価格(かせんかかく)　寡占市場で決定される価格。寡占企業同士が，市場価格によるのではなく，生産価格に平均利潤を上まわる超過利潤を得られるように設定された価格をさす。

管理価格(かんりかかく)　市場の需給関係で価格が決まるのではなく，独占・寡占企業が市場支配力を背景に自ら固定的に設定する価格。明らかな協定によるカルテル価格とは異なり，価格先導者（プライス-リーダー）が設定した価格に他企業も追随するという形式をとる。①価格の伸縮性が小さい，②不況期でも価格を下げず，生産量により調整するために下方硬直的となる，などの特徴があり，インフレやスタグフレーションの原因となる。

カルテル価格(-かかく)　同一産業内の独立企業同士が，協定を結んで市場を独占することにより，最大の利潤を獲得できるように企業自らが設けた価格。これによりインフレの発生，資源配分の不効率，技術革新への取り組みの欠如などの弊害がおこる。

プライス-リーダーシップⓃ**（価格先導制）**［price leadership］(かかくせんどうせい)　寡占市場において，価格先導者とされる企業が価格決定・価格変更をすると，他の企業もそれに追随するという市場慣行のこと。暗黙の共謀・協定であり，あるいはカルテル協定に基づかない相互依存行為である。これにより企業は価格競争を避けて，価格の不安定性や市場の不確実性を除くことができ，しかも法の網にかからない。ここで設定される価格は，その価格によって最も少ない利潤しかあげられない企業が成り立つ価格であり，しかも産業外から参入できない価格でもある。

価格の下方硬直性(かかく-かほうこうちょくせい)　寡占市場で価格が下がりにくい現象をいう。需給の法則によれば，需要量が少なく供給量が多ければ，価格は下がるはずだが，寡占市場では，市場を支配する少数の企業が操業を調整して価格を維持しようとするため（管理価格），価格は下がらない。このような現象を価格の下方硬直性という。インフレやスタグフレーションの原因ともされている。

競争的寡占(きょうそうてきかせん)　市場が少数の企業によって寡占化されていても，シェア獲得の競争が活発に行われ，競争的市場並みの価格に近い状態となること。技術進歩などで市場規模が拡大しているときに発生しやすいとされる。

非価格競争Ⓝ(ひかかくきょうそう)　価格以外の手段でなされる企業間競争のこと。具体的には，ブランド・デザイン・広告宣伝・特許・品質・割賦販売・アフターサービス・流通業者に対する販売条件などがある。一般に寡占市場で行われる。

製品差別化(せいひんさべつか)　競合する企業の製品が基本的な機能や性能・品質の面でほとんど同じである場合に，他社との違いを強調するために行われる行為のこと。そのためにブランド・デザイン・アフターサービス・包装などの価格以外の手段で自社製品の優位を宣伝し，広告することになる。

ブランドⓃ[brand]　特定の企業の製品であることがイメージされる記号（ロゴ-マーク）・形状・名称・デザインなどをいう。

広告・宣伝Ⓝ(こうこく・せんでん)　企業が自社製品を不特定多数の人々に対し，マスメディアなどを通して知らせたり，売り込もうとすること。管理価格下での非価格競争の有力な手段である。広告・宣伝が，商品の内容や機能の告知であれば，消費者の商品知識に対する啓蒙的な役割を促進する。

モデル-チェンジ[model change]　自動車や家電製品などの商品のデザインや性能を変えること。技術が急速に進歩するときや産業分野においては，モデル-チェンジが激しく起こるが，不必要なモデル-チェンジによって消費者の購買意欲を喚起しようとする場合もある。小規模の変更をマイナー-チェンジという。

依存効果(いぞんこうか)　個人の消費行動が，時代の流行，生活環境などの影響を受けること。大衆消費社会の宣伝・広告の弊害という面を強調するために，アメリカの経済学者ガルブレイスが自著『ゆたかな社会』のなかで用いたことば。

デモンストレーション効果(-こうか)　個人の消費行動が，他の平均的な消費水準，生活スタイルの影響を受けること。所得水準が同じであれば，現代社会では見栄や模倣などにより全体が同じような消費行動をする。

反トラスト法[Antitrust act]（はん-ほう）　アメリカの独占禁止法制の総称。シャーマン法（1890年）や，それを補完するクレイトン法（1914年），連邦取引委員会法（1914年），それらを解釈した判例から成り立っている。

シャーマン法[Sherman Antitrust Act]（-ほう）　アメリカの独占禁止法の根幹となる法律。南北戦争後から大企業による独占が形成され，さまざまな濫用行為が行われた。こうした動きに反対する世論を背景に1890年成立。全8か条。カルテル・トラストなどを禁止し，現在は，個人に対して最大35万ドルもしくは最高3年の実刑。企業に対しては最大1000万ドルの罰金。

クレイトン法[Clayton Act]（-ほう）　シャーマン法を補うアメリカの独占禁止法の一つ。全26か条からなり，取引制限・企業合併などを禁止している。シャーマン法の細則ともいうべき法律。1914年成立。日本の独占禁止法のモデル。

独占禁止政策Ⓝ(どくせんきんしせいさく)　市場機構を維持し，良好な成果をもたらすために行われる競争維持政策のこと。アメリカの独占禁止政策が最も強力で，他の先進資本主義国でも同様に行われている。日本では第二次世界大戦後，経済民主化の一環として独占禁止法が制定され，公正取引委員会が設置されている。

独占禁止法Ⓝ(どくせんきんしほう)　日本において，独占・寡占による弊害を除くために，1947年に制定された法律。正式名は「私的独占の禁止及び公正取引の確保に関する法律」。市場を独占すること，不当に取り引きを制限すること，不公平な取り引きをすること，などを禁止している。また過度に産業が集中しないよう，そして公正に自由競争がなされるような状態を確保することを目的とする。ただし，公正取引委員会が指定する書籍・新聞などは適用除外されている（再販売価格維持制度）。1997年の法改正で持株会社の設立が解禁された。

類 不況カルテル　合理化カルテル

再販売価格維持制度Ⓝ(さいはんばいかかくいじせいど)　日本において，独占禁止法が原則として禁止する再販売価格の指定を例外的に認める制度。再販制と略す。独禁法では，メーカーが販売店に小売価格を指定することを不公正な取引として禁止しているが，書籍・雑誌・新聞・レコード・音楽テープ・同ＣＤの６品目については言論の自由や文化保護の立場から再販価格を認めてきた。自由競争の観点からこれらを廃止しようとする動きもある。

ホールディング-カンパニーⓃ　事業活動を営むことが目的ではなく，他の複数の会社の株式を保有することによって，それらを支配することを目的とする会社。持株会社ともいう。日本では，1997年の独占禁止法改正で解禁となった。

公正取引委員会Ⓝ(こうせいとりひきいいんかい)　公取委と略称。日本において，独占禁止法を運用することを目的に設けられた行政委員会。1948年に総理府外局として設置。他から指揮，監督を受けることなく，独立して職務を行う。委員長と４人の委員は学識経験者から任命され，合議制をとる。委員の任期は５年。独禁法への違反行為の差し止め，排除措置命令，カルテルの破棄勧告など，準司法的権限をもつ。現在は内閣府の外局。

企業の巨大化と市場

規模の利益(きぼ-りえき)　スケール-メリット。規模の経済ともいう。企業が生産規模を拡大して，大量生産を行い，製品一つあたりの生産費用を低くし，より多くの利益を得られるようにすること。これにより直接，価格を低下させることができ，賃金上昇による価格上昇圧力を緩和できる。一方，規模の利益を得るには，技術革新や資本力などが不可欠で，大企業化による生産の集中を生む。

同 スケール-メリットⓃ　規模の経済Ⓝ

集積の利益(しゅうせき-りえき)　一定のエリアに関連産業が数多く立地することで，費用の節減などによって得られる正の経済効果。しかし過度な集積は，交通の混雑など社会へのマイナス要因ともなる。

生産の集中(せいさん-しゅうちゅう)　ある特定の産業分野において，少数の大企業が全生産高に対する生産比率を高めていくこと。これは資本の集中，技術革新，価格支配，株式会社の発展と並行して起こり，市場の寡占化を進めることになった。

資本の集中(しほん-しゅうちゅう)　企業が競争や信用を手段として合同したり合併したりして，その規模を拡大すること。一般には，大資本が小資本を吸収する過程であり，これによって巨大企業・寡占企業が成立する。

証券取引所Ⓝ(しょうけんとりひきじょ)　株式や債券などの有価証券を売買・取引する施設や機関のこと。日本では東京・大阪など全国に五つある。なお，各証券取引所には，ベンチャー企業向けの株式市場であるグロース（東京，大阪），ネクスト（名古屋），アンビシャス（札幌），Ｑ-Ｂｏａｒｄ（福岡）などが開設されている。2013年に東京証券取引所と大阪証券取引所が経営統合され，日本取引所グループ（JPX）の下に再編された。

類 日本取引所グループⓃ（JPX）

プライム／スタンダード／グロース　2022年4月，東京証券取引所は，東証一部／東証二部／ジャスダック／マザーズという従来の市場区分を廃止して，プライム（Prime）／スタンダード（Standard）／グロース（Growth）という3区分に再編した。従来の区分では，各市場のコンセプトが曖昧になっており，投資家にとって市場区分そのものの意義が分かりにくかった。しかも，いったん上場した企業がさらに時価総額を上げていこうとするモチベーションを促す構造になっていなかった。こうした課題を踏まえた上で，新たな3区分が生まれたのである。プライムは時価総額最低100億円と高度な企業統治体制を有するグローバル企業向けの最上位市場（現在1839社），スタンダードは時価総額最低10億円のドメスティック企業向けの市場（現在1466社），グロースは小規模ながら高度な成長可能性を有する新興企業向けの市場（現在466社）。

信用取引(しんようとりひき)　客が証券会社に一定の委託証拠金を納め，証券会社の信用を得て株式などの売買を行う方法。客は手持ち資金の多少にかかわらず証券会社の金や株券を借用して，株式の売買ができる。

株式Ⓝ(かぶしき)　本来は株式会社の株主の持ち分を表す地位をさすが，一般にはその地位を象徴する有価証券をいう。株式会社は，株式の額面額を表示した額面株式，または株式数だけを表示した無額面株式を発行できる。日本では1982年の商法改正で新設会社の額面金額は１単位あたり５万円以上となった。現在では単位株制度が廃止され，単元株制度が導入された。このもとでは，売買単位である１単元の株式数を自由に決定できる。2009年には改正商法が施行され，株券不発行制度が発足した。これにより，株式（株券）のペーパーレス化と電子化が実現した。

上場Ⓝ(じょうじょう)　証券取引所が株式の所内での取り引きを認めること。一定の基準を満たすことが要求されるので，企業の信用度が高まるなどの利点が多い。現在，東京証券取引所では，プライム，スタンダード，グロースの３種類の株式市場に分かれており，各企業は規模や業態に応じて，３市場のいずれかに上場されることになった。

日経平均株価Ⓝ(にっけいへいきんかぶか)　東京証券取引所一部上場銘柄のうち，代表的な225銘柄の平均株価。日本経済新聞社が発表。経済の動向を知る指標の一つ。

東証株価指数Ⓝ(とうしょうかぶかしすう)　東京証券取引所一部上場の全銘柄の時価総額を，基準時の1968年１月４日の時価総額と比較して指数化したもの。ＴＯＰＩＸ（トピックス）ともよばれ，経済の動向を知る指標となる。

株主Ⓝ(かぶぬし)　株式会社の所有権をあらわす分割された株式の持ち主のこと。株主は，その出資額を限度として責任を負う。これにより，広く社会から資本を集めることが可能になった。株主は個人株主と金融機関や企業などの法人株主に分類される。日本では法人株主としての生命保険会社や投資信託などの機関投資家が，多量の株式売買を行っており，市場の株価の形成に大きな影響を与える。所有者別持株比率（2020年）は，外国法人等30.2%，金融機関29.9%，事業法人等20.4%，個人その他16.8%となっている。

個人株主Ⓝ(こじんかぶぬし)　個人の名義で株式を所有している株主のこと。株価の変動をみて売買し，利益を得ようと株式を購入している者が多い。個人株主の持ち株比率は，1950年代は50%程度だったが，機関化現象の進んだ現在では20%程度となっている。

法人株主(ほうじんかぶぬし)　法人の名義で株式を所有している株主のこと。多くは金融機関・事業法人・公共機関・外国法人など。特に，証券投資の収益を主な収入源とする生命保険会社・銀行・年金基金・各種組合などを機関投資家という。

類 機関投資家Ⓝ

株価Ⓝ(かぶか)　発行された株式の市場価格のこと。特に，流通市場での価格をさすことが多い。株価は毎日，時間ごとに変化する。その要因は基本的には需要と供給の関係にある。つまり，その株式に対する買いが多ければ株価は上昇し，売りが多ければ株価は下落する。

配当Ⓝ(はいとう)　株主に分配される株式会社の利益のこと。一般に，年１回決算の期末配当だが，中間配当をするところも多い。株主は，配当による利益を求めることを株式所有の目的としており，配当は株価形成の大きな役割を果たしてきた。業績や政策上の理由で，配当は増減する。

キャピタルゲインⓃ[capital gains]　株式などの売買から得られる利益のこと。資本利得。逆に売買損をキャピタルロスという。

同 資本利得　対 キャピタルロス

インサイダー取引Ⓝ(-とりひき)　会社役員などの会社関係者が，公表前の内部情報を利用して行う違法な証券取引。一般投資家が不利になるため，金融商品取引法で禁止されている。大手証券会社などで発覚している。

ストック-オプションⓃ[stock option]　自社株を経営者や従業員に一定の価格で購入する権利を与えること。会社への帰属意識を高める効果があるとされ，1997年の商法改正で本格的に導入された。

所有と経営の分離(しょゆう-けいえい-ぶんり)　株式会社などで，資本の所有者である株主と経営を担当する経営者とが分離し，同一でないこと。資本と経営の分離，経営者革命ともいう。株式会社の規模の拡大と管理機構の肥大化が進むと専門の経営者が必要となり，資本所有者は経営者を雇用することで経営を代行させるようになった。こうして，所有者と経営者の分離が進展した。

同 資本と経営の分離　経営者革命

ディスクロージャー[disclosure]　情報開示。通常は，株主などに対する企業の財務内容の公開をさすことば。

粉飾決算[creative accounting](ふんしょくけっさん) 企業が虚偽の決算報告を公表すること。法律上の定義のある用語ではなく，マスコミによっては「不正会計」「不適切会計」とも表現される。企業の計算書類等を監査すべき監査法人が企業と結託して粉飾決算に関与するケースもある。日本では，2006年のライブドア事件，2011年のオリンパス事件，2015年の東芝事件などが挙げられる。

品質不正(ひんしつふせい) 企業の品質検査プロセスにおいて品質データが改竄(かいざん)されること。特に，2010年代に入ってから，製造業を中心とする多くの日本企業において品質不正が発覚している。三菱自動車，日産自動車，マツダ，スズキ，神戸製鋼所，スバル，ＫＹＢ，日立化成などが挙げられる。こうした相次ぐ品質不正事件の原因として，納期遵守の重圧，コスト削減に伴う人手不足，企業ガバナンスの欠如などが指摘されている。

総会屋(そうかいや) 株主の権利を濫用しながら，会社から経済的利益の供与を要求する職業。具体的には，株主総会において，会社経営陣に罵声を浴びせて威圧したり，会社経営陣の醜聞に関する質問を繰り返すことで議事を妨害する。会社側はそのような事態を未然に防ぐため，総会屋に金品を供与することになる。また，会社側が総会屋に向けて自主的に金品を供与し，会社の醜聞隠蔽や社内抗争介入を依頼するケースも観察できる。2006年施行の会社法では総会屋の行為が禁止されたが，その後も総会屋関連の事件は相次いで起こっている。

株主総会Ⓝ(かぶぬしそうかい) 株式会社の株主によって構成される経営の最高意思決定機関。①会社の合併・解散，②取締役・監査役の選任・解任，③株式配当の決定，④定款(ていかん)の変更，などの権限をもつ。決算期ごとの定時総会と，必要なときに開催される臨時総会とがある。株主は株式の保有数に応じた議決権をもつが，総会に出席しない一般株主が増えたため，株主総会の権限は縮小した。1950年の改正商法で，株主総会の権限の多くは取締役会に委譲され，株主総会は取締役会の決定事項を形式的に承認する機関となった。

取締役会Ⓝ(とりしまりやくかい) 株主から株式会社の経営を委ねられた業務執行機関。株主総会で選任された取締役によって構成されるが，取締役は株主である必要はない。株主総会の権限を除く，すべての経営の意思決定が取締役会で行われる。代表取締役の選任，新株の発行，社債の発行，中間配当の決定，などが主な内容。取締役会を設置しない会社もある。

取締役Ⓝ(とりしまりやく) 株式会社の必置機関の一つ。株主総会で選任・解任され，会社の業務を執行する。任期は原則２年。従来は３人以上必要だったが，2006年の会社法によって１人でも可となった。その会社とは直接利害関係のない外部の社外取締役を置くこともできる。

類 社外取締役Ⓝ

指名委員会等設置会社(しめいいいんかいとうせっちがいしゃ) 会社法で，委員会を置くことを定款に定めた株式会社。従来，取締役と監査役を中心に構成されてきたが，監査役を廃止し，社外取締役を過半とする指名・報酬・監査の３委員会と執行役の設置が認められるようになった。執行役を中心にした迅速な業務の進行と，各委員会による監督機能の強化をめざしたもの。アメリカの企業統治がモデル。

経営と執行の分離(けいえい-しっこう-ぶんり)　企業における経営監督機能と業務執行機能を分離する原則。戦略（計画）を立案してその実行を監視するポジション（経営監督）と，実際の現場を率いてその戦略を実行に移すポジション（業務執行）とを分けることである。従来の日本企業では，取締役会が経営監督と業務執行のいずれの役割も負ってきた。しかし，アメリカでは，この２つの役割を分離した方が合理的であると考えられている。日本において2003 年に始まった委員会等設置会社は，この「経営と執行の分離」原則を念頭に置いた企業統治制度だった。委員会等設置会社では，取締役会が経営監督に専念し，新たに設置されたポストである執行役（執行役員のことではない）が業務執行を担うことになる。ただし，実際には，取締役が執行役を兼務することもあり，その場合は「経営と執行の分離」原則から乖離していることになる。

最高経営責任者Ⓝ（**ＣＥＯ**Ⓝ）［Chief Executive Officer］(さいこうけいえいせきにんしゃ)　アメリカの法人制度における地位の一種であり，取締役会もしくは理事会によって選任され，組織の業務執行（execution）に関する最終意思決定を担うポスト。日本でも「CEO」を名乗る会社経営者は多いが，日本の会社法に基づく公的地位ではなく，私的な通称にすぎない。

最高執行責任者（**ＣＯＯ**）［Chief Operating Officer］(さいこうしっこうせきにんしゃ)　ＣＥＯが決めた方針のもとで，実務を担う責任者。CEOと同じく，アメリカの法人制度における地位概念の一種である。日本でも「COO」を名乗る会社幹部は多いが，日本の会社法に基づく公的名称ではなく，その具体的な役割や権能も，会社によって異なることが多い。

執行役員Ⓝ（**ＣＯ**Ⓝ）［Corporate Officer］(しっこうやくいん)　取締役会が決めた経営方針を執行する権限を委譲された者。日本の会社法に基づかない私的な通称にすぎず，その具体的な役割や権限は会社によって異なる。「役員」という表現になっているが，実際には，法律上の役員ではなく，単なる従業員が執行役員を名乗るケースもある。

株主権Ⓝ(かぶぬしけん)　株式会社に対してもつ株主の権利。株主個人の財産的利益のために認められた自益権と，会社経営に関与する共益権とがある。前者は，配当を受ける権利や増資する際の新株を引き受ける権利，会社が解散する際に残っている財産の分配を受ける権利などをさす。後者は，株主総会で株数相応の議決権，会社経営の違法行為を防止・排除するための監督権，取締役・監査役の解任を求める権利などをいう。

証券会社Ⓝ(しょうけんがいしゃ)　証券取引法（現在は金融商品取引法）に基づいて，有価証券の売買などを業務とする株式会社。1998年に免許制から登録制へと変わった。

株主代表訴訟(かぶぬしだいひょうそしょう)　株主らが，会社に損害を与えた役員の経営責任を追及し，損害賠償を求める訴訟制度。2006年施行の会社法で一定の制限がついた。

法人資本主義(ほうじんしほんしゅぎ)　巨大企業などの法人同士で，他企業の資本を相互に所有しあう企業経営のあり方。こうした状態では会社の乗っ取り防止にはなるものの，株式の流通量が少ないため，株価の値上がりがおこりやすい。

経営者支配(けいえいしゃしはい)　所有（資本）と経営の分離により，専門的経営者が，会社を実質的に支配していることをいう。この場合，所有者としての出資者は，現実には支配の地位を喪失している。現代の巨大な株式会社では，専門的経営者でなければ組織を効率的に運営できず，企業経営の実権は専門の経営者に移る。

自己資本Ⓝ(じこしほん)　株式の発行によって調達される資本および利潤の社内留保金，当期純利益，払込資本金のこと。他人資本に対する用語。総資本（総資産）に占める自己資本の割合を自己資本比率といい，この率が高いほど総資本の安全性が高いとされ，企業の安定性を示す指標となる。

類 自己資本比率Ⓝ

内部資金(ないぶしきん)　自己資本のうち企業が利潤を社内に留保・蓄積した内部留保と，土地を除く資産（機械・設備など）の毎年の目減り分を積み立てる減価償却引当金の二つから構成される資金のこと。いずれも金利負担のない資金。

内部留保Ⓝ**（社内留保）**(ないぶりゅうほ)(しゃないりゅうほ)　企業の利益を配当・役員賞与・税金として配分した残りを，会社内に留保・蓄積したもの。利益剰余金の蓄積を示す。企業自身の自己金融の原資が増え，無利子の資金が増えるため，不況の時期でも安定した配当を続けることができるとされる。しかし，景気回復期に賃金上昇がおさえられ，内部留保が積み上がったのだから，雇用情勢の悪化などに際して，これを失業者などの支援にあてるべきだとする意見もある。2020年度における日本企業の内部留保総額は約484兆円で，９年連続で上昇した。

自己金融(じこきんゆう)　企業の資金調達の方法の一つ。内部金融ともいう。企業が内部留保や減価償却などの自己資金から資金を調達すること。この比率が高いほど，経営は良好となる。

同 内部金融

他人資本(たにんしほん)　企業が銀行などの金融機関から借り入れたり，社債などを発行して調達する資本のこと。企業会計上は負債として表示され，一般に他人資本の比率が小さいほうが倒産の心配が少ない。

外部金融(がいぶきんゆう)　株式・社債・借入金などによって資金を企業の外部から調達すること。株式・社債などの発行による調達を直接金融といい，銀行からの借り入れによるものを間接金融という。

借入金Ⓝ(かりいれきん)　他人資本の一つ。一定の確定利子をつけて返済しなくてはならない企業の債務。買掛金や支払い手形などの商業信用と，利子を目的とした資本信用の二つの形態がある。

社債Ⓝ(しゃさい)　株式会社が発行する債券。証券市場で公募され，少額の資金を広く集めて巨大化するという点で株式と似た調達機能をもつ。一定の条件の下で株式に転換できる転換社債，収益のあるときだけ利払いをする収益社債，配当もつく参加社債などがある。

コマーシャル-ペーパーⓃ**（ＣＰ**Ⓝ**）**［Commercial Paper］　企業が運転資金などの短期資金を調達する方法。長期資金を社債で調達するように，ＣＰを発行して資金を集めることができる。アメリカが起源で，日本でも1987年に解禁。

大企業Ⓝ(だいきぎょう)　巨額な資金を集めて，多数の労働者を雇用し，大規模な機械・設備を設けることで大量生産・大量販売を行う企業。株式の発行により不特定多数の株主から資金を大量に集めることが可能になり，社債や銀行からの融資などによっても大量の資金を集められる。

巨大企業Ⓝ(きょだいきぎょう)　大企業の規模をさらに巨大化させたもの。市場を支配すると同時に国家に対しても大きな影響力をもつ。アメリカにおける軍産複合体がその典型である。

独占企業(どくせんきぎょう)　ある産業・業種部門において市場を独占している企業のこと。法的に独占が認められている公企業は別として，私企業では存在しない。

寡占企業(かせんきぎょう)　ある産業・業種部門において市場の多くを支配し，市場価格に影響を及ぼすことができるいくつかの企業のこと。こうした企業は，特定産業で独占的支配をするだけでなく，多様な形態で巨大な金融機関と結合し，その国の経済を支配する。

コングロマリットⓃ[conglomerate]　本業とは異なった産業・業種にまたがって，合併や買収をくり返すことにより，巨大化した企業。複合企業ともいう。アメリカでは，1960年代につぎつぎと誕生した。異業種合併のため，一部門が不振でも好調な他部門よって危険分散がなされるなどの長所をもつ。

類 複合企業

多国籍企業Ⓝ（**MNE**）[multinational enterprise, transnational corporation]（たこくせききぎょう）　本社を母国に置き，多数の国に子会社をもつ世界的な企業。超国籍企業ともいう。1950年代以降のアメリカの海外直接投資の増加が背景。技術的独占を有するため，子会社がその技術により海外においても独占的利潤をあげることができる。海外の子会社に経営権を委ねるものと，全体的な意思決定を本社が行って，子会社を管理する二つの形態がある。

世界企業Ⓝ[world enterprise]（せかいきぎょう）　アメリカの経営学者ドラッカーによる呼称。国境をこえて経済活動を営む企業をさす。各国で事業を展開，世界単位で経営戦略を行う。国際企業ともいう。

ドラッカーⓃ[Peter Ferdinand Drucker, 1909～2005]　オーストリア生まれの経営学者。ヒトラー政権から逃れてイギリスに移住。1937年にアメリカへ渡り，企業を社会的制度としてとらえる独自の視点から経営学を研究。経営コンサルタントとしても知られる。

M＆AⓃ[merger and acquisition]　合併と買収によって他企業を支配すること。1980年代に入って，アメリカでは税制改革・独禁法緩和・資金過剰などによりM＆Aが活発化した。会社そのものの転売により利益をあげることが目的のものと，事業の再編成・再構築が目的のものとがある。

TOBⓃ（**株式公開買い付け**）[Takeover Bid]（かぶしきこうかいかいつけ）　ある企業の株式を大量に取得したい場合に，新聞広告などにより一定の価格で一定の期間に一定の株数を買い取ることを表明し，一挙に株式を取得する方法である。1971年導入。敵対的買収の手段ともされる。日本では，ライブドアが2005年にニッポン放送株を買い集めた事例などが知られている。

MBOⓃ（**マネジメント-バイアウト**Ⓝ）[Management Buyout]　経営者・従業員が企業やその事業部門を買収して独立するM＆Aの一形態。経営者が大株主になれば外部からの影響を少なくでき，敵対的買収の防衛策にもなる。

ＩＰＯⓃ**（新規株式公開）**［Initial Public Offering］（しんきかぶしきこうかい）　企業が証券取引所において不特定多数の投資家から資金を得るために自社株式を公開すること。株式上場ともいう。

企業集団（きぎょうしゅうだん）　互いに独立性は保ちながら連携することによって協調的行動をとる企業の集まりのこと。主力銀行や商社を中心に，系列金融，株式の持ち合い，「社長会」とよばれる経営者同士の人的な結びつき，原材料の供給販売などの相互関係が形成されてきた。

六大企業集団（ろくだいきぎょうしゅうだん）　戦後日本に形成された六つの企業集団。三井・三菱・住友（以上旧財閥系），第一勧業・三和・富士（以上銀行系）をさした。

株式持ち合いⓃ（かぶしきも-あ-）　会社どうしが相互に株式を持ち合うこと。企業の系列化や企業集団の形成を促進する役割を果たしたが，1990年代以降は株価の急落などにより銀行を中心に持ち合いを解消する動きが広がった。近年では買収防衛の観点から持ち合いを推進する企業も出てきた。

企業系列（きぎょうけいれつ）　複数の企業が通常の取引以外に資本などの面で相互に結合した形態。大企業間の結びつきを示す「ヨコの系列化」と，大企業とその関連中小企業間の結合をあらわす「タテの系列化」がある。

2　貨幣と金融

貨幣の役割

貨幣Ⓝ（かへい）　商品と商品との交換のなかだちをするもの。古くは石や貝殻などが使われたが，持ち運びや保存などの必要から，金属の貨幣や紙幣が広く使われるようになった。

貨幣の機能（かへい-きのう）　次の四つの機能がある。①商品などの価値をはかる物差しとしての価値尺度機能。②貨幣が商品と商品との交換の際に使用されるという流通（交換）手段機能。③商品やサービスを購入する際，その代金を支払うために使用されるという支払い手段機能。④貨幣をためることにより，いつでも好きな商品やサービスが得られるという価値の蓄蔵手段機能。

グレシャムの法則Ⓝ（-ほうそく）　イギリスの財政家グレシャムにより唱えられた法則。一般に「悪貨は良貨を駆逐（くちく）する」といわれる。材料の異なる２種類の通貨が流通した場合，良貨は蓄蔵され，しだいになくなっていくことを意味する。

類「悪貨は良貨を駆逐する」Ⓝ

価値尺度（かちしゃくど）　貨幣の働きの一つ。商品やサービスの価値をはかる物差しとして貨幣が使用されること。たとえば，１個200円のケーキと，１個400円のケーキを比べた場合，400円のケーキのほうが貨幣の数量が多いので，価値があると考えられる。金額の多少は必ずしも価値の大小に結びつくとはいえないが，商品経済の形をとる場合，貨幣によって価値の大小がはかられる。

流通手段(りゅうつうしゅだん)　貨幣のもつ働きの一つ。貨幣は商品やサービスの交換のなかだちをすることができるので，この働きを流通（交換）手段とよんでいる。たとえば，ある電器メーカーに勤める人は，給料としておかねをもらうが，それを使って生活に必要な食料品やその他の商品・サービスを購入できる。もし貨幣がなかったら，その人は給料として「電器製品」をもらい，それを農家にもっていって食料品と交換することになる。

支払い手段(しはらい-しゅだん)　貨幣のもつ働きの一つ。商品やサービスなどを購入したとき，代金の支払いとして使われる貨幣の役割。物々交換の時代にあっては，物と物とを直接交換しなければならなかったが，商品経済の時代になり，貨幣が支払い手段として広く使われるようになった。貨幣はあらゆる商品やサービスに使用でき，長期の保存がきいて，持ち運びに便利だからである。

価値の蓄蔵手段(かち-ちくぞうしゅだん)　貨幣のもつ働きの一つ。貨幣をためておけば，その貨幣でいつでも希望する商品を購入できることから，貨幣をためることが価値をためる（蓄蔵する）ことにもなる。貨幣のもつこのような働きを価値の蓄蔵手段という。商品のなかには，腐敗したり変質するが，貨幣にはそれがない。

通貨Ⓝ(つうか)　現在使われている貨幣のこと。日本の通貨には，日本銀行券（紙幣）と補助貨幣（硬貨）・小切手・商業手形などがある。現金通貨と預金通貨とからなる通貨は経済活動のいわば血液にたとえられ，経済活動が盛んになれば，それだけ通貨も必要となる。また，通貨はその国の政府が法律などにより信用を与えたものであり，各国とも常に自国の通貨価値の安定に努めている。

現金通貨(げんきんつうか)　いわゆる「キャッシュ」，そのままで使えるおかねのこと。日本では，貨幣である日本銀行券と補助貨幣である硬貨とからなるいずれも日銀法や通貨法などによって定められた法定通貨である。クレジットカードや電子マネーの普及により，現金通貨の果たす役割は以前よりも小さくなったが，無視できない。現金通貨が不足すると円滑な経済活動に支障をきたすが，逆に多くなりすぎるとインフレを招く恐れもある。このため，日本銀行や財務省などでは現金通貨の増減にたえず注目している。

地域通貨(ちいきつうか)　国の法定通貨とは別に，特定の地域やコミュニティのみで使用可能な通貨。エコ-マネーもこの一種で，これらの循環で経済活動を促進させることがねらい。日本でもさまざまな地域通貨が創設されている。

類 エコ-マネー

通貨制度Ⓝ(つうかせいど)　どのような種類の通貨を，どのくらいの通貨量で発行するのかという通貨のしくみのこと。通貨制度には，金本位制度と管理通貨制度がある。現在，日本を含む世界各国は管理通貨制度を採用している。

金本位制Ⓝ(きんほんいせい)　通貨の価値基準を一定量の金との等価関係で示す制度。金を本位通貨とする通貨制度で，保有する金の量に通貨発行高が規制されるため，通貨への信用は高まるが，経済の変動に柔軟に対応できない傾向があった。イギリスは1816年の鋳貨条例によって世界初の金本位制を実施した。当時，イギリスは世界の金融の中心であったため，多くの国が金本位制を採用した。後に経済がゆきづまり，金保有高以上に通貨の発行をせまられた国が多く出現するにいたり，1930年代にはこの制度は崩壊した。

管理通貨制度Ⓝ(かんりつうかせいど)　1930年代以降，金本位制をやめた各国が採用した通貨制度。金本位制の下では，各国とも金の保有高に応じて通貨を発行するが，管理通貨制度においては，通貨の発行額は中央銀行・政府によって決定される。このため，各国とも自国の経済事情に応じて，通貨の発行ができる。特に，金保有額が少なく，通貨があまり発行できなかった国にとっては便利な制度であった。また各国とも通貨の増発を招きやすく，先進国に特有なスタグフレーションの原因の一つになったといわれる。

本位貨幣(ほんいかへい)　その国において中心となる貨幣のこと。金が本位貨幣であれば金本位制度，銀が本位貨幣であれば銀本位制度。現在，本位貨幣は存在しない。

補助貨幣(ほじょかへい)　補助的な役割をもつ貨幣のこと。小額の取り引きやつり銭として利用される。日本では，500円，100円，50円，10円，5円，1円の6種類を独立行政法人造幣局が製造している。

類 硬貨Ⓝ（コインⓃ）

銀行券Ⓝ(ぎんこうけん)　いわゆる紙幣のこと。現金通貨の中心となるもので，現在の日本では，日本銀行だけが，唯一，銀行券を発行している。また現在の各国の銀行券は，かつての金本位制度下のような兌換券ではなく，不換紙幣である。

同 日本銀行券Ⓝ

兌換紙幣(だかんしへい)　金本位制の下にあって，金と交換できる紙幣のこと。兌換紙幣の発行限度は，その国の金保有高に制約され，金の価値に裏づけられている。

同 兌換銀行券

不換紙幣(ふかんしへい)　兌換紙幣に対して，金との交換ができない紙幣で，管理通貨制度において発行される紙幣。不換紙幣は金の保有高という制約がないだけに，発行量が多くなり過ぎてインフレを招くこともある。不換紙幣は，その国の政府の信用によって強制通用力をもたせたものである。

同 不換銀行券

預金通貨(よきんつうか)　預金の形をとっている通貨のこと。預金は，小切手を利用して決済の手段として利用されたり，一定の条件の下で現金通貨に交換することができるため，現金通貨と同様に扱われることがある。最近では，小切手の普及などにより，預金が現金通貨と同様な役割を果たすようになった。

小切手Ⓝ(こぎって)　銀行に当座預金をもっている個人や法人が発行する有価証券のこと。小切手の持参者に，銀行は現金を支払うことになる。小切手を利用すると，現金を扱わずに決済ができ，安全であり便利である。小切手を利用することにより，銀行は預金高をはるかにこえて預金通貨を創造できる。

手形Ⓝ(てがた)　支払いを一定期間待ってもらうために発行する有価証券のこと。手形には，約束手形と為替手形がある。約束手形とは，額面の資金を，手形の発行者が一定の期日に支払うことを約束したもの。為替手形とは，手形の発行者が，持参人に一定の期日に資金を支払うよう委託したもの。一定の期日に支払いをしなかった場合，この手形を不渡り手形という。

要求払い預金(ようきゅうばらいよきん)　普通預金や当座預金など，預金者がいつでも引き出せる預金のこと。国民が財布がわりに利用したり，企業が支払いのために利用。

当座預金Ⓝ（とうざよきん）　企業などがもっている銀行預金の一種で，いつでも自由に引き出せるもの。この点では，普通預金と同じであるが，当座預金では小切手で引き出すところに特徴がある。当座預金は支払いのための預金であり，貯蓄性がないので利子がつかない。

普通預金（ふつうよきん）　出し入れが自由な銀行預金のこと。預金者にとって，定期預金と比べた場合に利子は低いが，財布がわりに利用できる利便性がある。銀行側の省力化などのため，キャッシュカードで出し入れされることが多い。庶民が資金を預ける場合の預金として，また決済の手段としても広く利用されている。

譲渡性預金（ＣＤⓃ）（じょうとせいよきん）　一般の定期預金は他人に譲渡することができないが，譲渡が許されている定期預金のこと。1979年から運用が開始され，主として企業などが余裕資金を運用する場合に利用される。

外貨預金（がいかよきん）　ドルやユーロなど外貨でなされている預金のこと。外貨で預金すれば，為替の変動により大きな利益が得られることもある（逆に，損失を受けることもある）。

定期預金Ⓝ（ていきよきん）　預け入れ期間をあらかじめ定めて，その期間が満了となるまでは払い戻しできない預金。多様な種類が存在する。

同 定期性預金

大口定期預金（おおぐちていきよきん）　金融の自由化の流れのもと，1985年につくられた大企業や資本家を対象とした定期預金。従来，証券市場などに流れていた資金の吸収をねらいとする。自由金利商品であり，当初は最低預金額が10億円であったが，限度額の引き下げで1000万円以上の定期預金を大口定期預金とよぶ。

市場金利変動型預金（しじょうきんりへんどうがたよきん）　従来の定期性預金は，規制金利商品であったが，金融の自由化の流れのもと，1985年につくられた。しかし，完全な自由金利ではなく，ＣＤ（譲渡性預金）金利に連動する。

休眠預金（きゅうみんよきん）　長期間，金銭出し入れのない預金口座のこと。銀行預金は，商法では５年間取引がないと預金者は権利を失うとされるが，実際には請求があると払い戻されることが多い。日本政府によると，10年間取引がない預金は毎年1200億円ほど発生している。この休眠預金を民間公益活動に活用する休眠預金等活用法が2018年に施行された。

中央銀行デジタル通貨（CBDC）［Central Bank Digital Currency］（ちゅうおうぎんこう-つうか）
中央銀行が発行するデジタル通貨のこと。ビットコインをはじめとする暗号通貨の仕組みを活用した新通貨構想である。主なものとして，スウェーデン国立銀行が開発しているe-krona（e-クローナ）やバハマ中央銀行が2020年から開始したサンドダラーなどがある。日本銀行では，2020年より具体的な取り組みについて検討が始まっている。 ☞p.256（暗号資産）

資金の循環と金融のしくみ

資金Ⓝ（しきん）　企業をおこしてモノやサービスを生産したり，金融などの経済活動を行うための「おかね」。資本主義社会では，他人から資金を借りて経済活動を行う場合が多い。

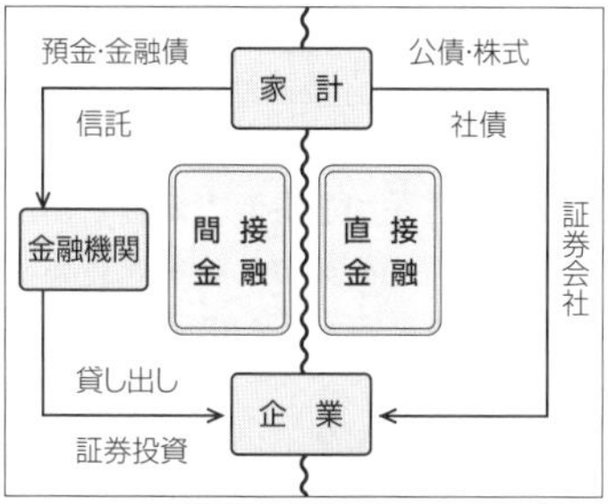

↑ 直接金融と間接金融

金融Ⓝ（きんゆう）　手持ちの資金に余裕がある企業や家計などが，資金を必要とする企業や家計などに貸したり，融通したりすること，また，借りたり，融通してもらったりすること。金融の仕事をするのが，銀行などの金融機関である。金融には，直接金融と間接金融とがある。現代では，間接金融の割合が大きいが，直接金融の比重も高まる傾向にある。

直接金融Ⓝ（ちょくせつきんゆう）　銀行などの金融機関を通すことなく，資金を必要とする企業や個人が，余裕資金をもつ企業や個人から資金を融通してもらうこと。日本では従来この形の金融は少なかったが，近年では銀行の「貸し渋り」や「貸しはがし」などもあり，徐々に重要性を高めている。なお金融機関を通さずに企業が株式を発行することも，直接金融である。

間接金融Ⓝ（かんせつきんゆう）　金融機関を通して行われる資金の融通のこと。銀行などの金融機関は家計や企業から余裕資金を預かり，それを企業や個人に貸し出している。日本では，直接金融に比べて間接金融の割合が大きい。

利子Ⓝ（りし）　資金を融通してもらうことに対して支払われる一定の貨幣量のこと。金利ともいう。通常，融通を受けた資金（元本）に一定割合（この割合を利子率という）の資金（利子）を加えて，返済することになる。

利子率（りしりつ）　資金を融通してもらう場合の，その資金（元本）に対する利子の割合のこと。金融市場の資金に対する需要と供給の関係で変化する。一般に，資金を借りたい人や企業が多いときには利子率が上がり，その逆では利子率が下がる。

債権Ⓝ（さいけん）　ある特定の人（債権者）が別の特定の人（債務者）に対して，物の引き渡し，金銭の支払いなどの一定の行為（給付）を請求する権利。所有権など物を直接支配する権利である物権に対置される。財産権のなかの主要なもの。

債務Ⓝ（さいむ）　債権に対立する概念。特定の人（債務者）が別の特定の人（債権者）に対して，物の引き渡し，金銭の支払いなどの一定の行為（給付）をなすべき義務をいう。契約や法律などにもとづいて生じる。

債券Ⓝ（さいけん）　国・地方公共団体・法人などが，資本市場を通じて大量の必要資金を多くの提供者（投資家）から調達するために発行する有価証券。国が発行した国債，地方公共団体が発行した地方債，企業が発行した社債などがある。資金提供者は自由に換金できる。

金融機関Ⓝ（きんゆうきかん）　金融活動を行う機関。日本では銀行・証券会社・保険会社などのほかに，ゆうちょ銀行や労働金庫・ＪＡ（農業協同組合）なども金融機関に含まれる。銀行には，普通銀行（都市銀行・地方銀行）と信託銀行があり，ほかに日本政策金融公庫などの政府系金融機関がある。また，地域に密着した信用金庫や信用組合などの中小金融機関もある。

銀行Ⓝ（ぎんこう）　金融機関の中心となるもの。日本では日本銀行が中央銀行にあたり，それ以外の銀行を市中銀行という。一般に銀行という場合は，市中銀行をさす。普通銀行とは「銀行法」で規定された銀行で，大都市を活動の本拠とする都市銀行と，地方都市を本拠地とする地方銀行とに分かれる。信託銀行とは，国民から長期の資金を預かり運用する銀行のこと。銀行の本来の利益は，預金者から集めた資金を企業などに貸し出し，企業などからもらう利子と預金者に支払う利子との差額である。

中央銀行Ⓝ（ちゅうおうぎんこう） 一国の金融の中心機関で，通貨の発行，通貨の流通量の調節，景気の安定など経済活動全般にわたる働きをもつ銀行のこと。日本では日本銀行，アメリカではＦＲＳ（連邦準備制度），イギリスではイングランド銀行，中国では中国人民銀行などがそれにあたる。通貨を発行する立場上，通貨に対する国民の信頼を獲得するとともに，物価の安定をはかることが，中央銀行の大きな役割であるといえる。なお，これらの活動は中央銀行がその国の政府，特に財政当局と調整をはかって行う。

連邦準備制度Ⓝ（**ＦＲＳ**）［Federal Reserve System］（れんぽうじゅんびせいど） アメリカの中央銀行制度の総称。1913年の連邦準備法に基づき創設された。全国に設立された12の連邦準備銀行を，ワシントンの連邦準備制度理事会（ＦＲＢ）が統括するシステムになっている。

連邦準備制度理事会Ⓝ（**ＦＲＢ**Ⓝ）［Federal Reserve Board］（れんぽうじゅんびせいどりじかい）
アメリカの中央銀行制度の最高意思決定機関。７人の理事からなり，現在の議長（中央銀行総裁に相当）はジェローム＝パウエル。理事は大統領の任命と上院の承認が必要で，任期は14年。アメリカでは，ニューヨーク連銀など12の連邦準備銀行が事実上の中央銀行業務を行っているが，ＦＲＢのことを中央銀行とよぶ。

政府系金融機関（せいふけいきんゆうきかん） 政府が全部または一部を出資している金融機関のこと。日本ではかつては２銀行・９公庫があったが，近年の行政改革のなかで整理・統合が行われ，現在は，日本政策投資銀行，国際協力銀行，日本政策金融公庫，沖縄振興開発金融公庫，商工組合中央金庫の５機関となっている。

日本銀行Ⓝ（にほんぎんこう） 日本の金融の中心となる中央銀行。松方正義の提議により，ベルギーの制度を模して1882年に設立された。銀行券の発行，政府の銀行，市中銀行との取引などを業務とする。日本銀行は，資本金１億円（55％が政府出資）の認可法人であり，日本銀行政策委員会の決定に基づき，金融政策の中心として活動している。金融政策は，公開市場操作（オープン-マーケット-オペレーション）をメインとする。

日本銀行政策委員会Ⓝ（にほんぎんこうせいさくいいんかい） 日本銀行の最高意思決定機関。総裁，副総裁２名，審議委員６名の計９名で構成される。金融政策決定会合は月１～２回開かれ，政策金利である短期金利（無担保コールレート翌日物）の誘導目標などを決める。会議の議事録などは公開される。かつては政府代表委員がこれに加わっていたが，政府からの独立性を確保するため現在では廃止。

類 金融政策決定会合Ⓝ

政策金利Ⓝ（せいさくきんり） 中央銀行が金融政策判断に基づいて決定する金利。日本では，

経済編

公定歩合を政策金利としてきたが，現在では借りた資金を翌日に返す無担保コールレート翌日物（オーバーナイト物）がそれにあたる。2013年４月の日銀の金融政策決定会合で，金融政策の指標を金利から資金供給量に変更。

マイナス金利Ⓝ(-きんり)　中央銀行が政策金利を0%より低くすること。通常，金融機関に預金すると利子を得られるが，マイナス金利だと預ける側が利子（手数料）を払う。日本銀行は2016年，日本の金融史上で初のマイナス金利政策を導入した。市中銀行が日銀にお金を預ける際に適用されるが，一般の預金者が銀行に預けるお金にマイナス金利が適用されるわけではない。

日銀短観Ⓝ（短観）（にちぎんたんかん）（たんかん）　景気の実態を把握するため，日本銀行が四半期ごとに行うアンケート調査。正式には「企業短期経済観測調査」という。約１万社が対象。景気動向を占う重要な経済指標とされる。

日銀券発行残高（にちぎんけんはっこうざんだか）　日本銀行券は古くなると，廃棄処分にされる。一方，新しい日本銀行券も発行されている。これらを総合したものが，日銀券発行残高であり，日本銀行が資金量の調整をするための指標となる。

マネーストックⓃ[money stock]　旧名はマネーサプライ（通貨供給量）とよばれた。国内の個人や法人などがもっている通貨（貨幣）を合計したもの。日本銀行のマネーストック統計では，現金通貨と預金通貨を合計したものをＭ１（エムワン）といい，それに準通貨（定期預金など）やＣＤ（譲渡性預金）を加えたものをＭ３（エムスリー）とよんでいる。

同 通貨供給量Ⓝ（マネーサプライ）　類 Ｍ１　Ｍ３Ⓝ

マーシャルのk　貨幣量を名目国民所得で割った数値。イギリスの経済学者マーシャルに由来する。その国の貨幣量が適切かどうかを判断する指標とされる。

発券銀行Ⓝ（はっけんぎんこう）　銀行券を発行する銀行のこと。1882年の日本銀行創設以後は，日本銀行のみが銀行券を発行している。日本銀行の役割のなかでは発券銀行としての業務が最も基本的なものといえる。日本銀行が発行する銀行券（印刷は国立印刷局）には強制通用力があり，日本銀行は発行について同額の保証をすることになっている。

銀行の銀行Ⓝ（ぎんこう-ぎんこう）　日本銀行は，一般の国民や企業との取り引きはせず，市中銀行などの金融機関とのみ取り引きをしている。日本銀行のこの働きを「銀行の銀行」とよぶ。日本銀行は市中金融機関に資金を融資したり（このときの利子率が基準割引率および基準貸付利率），預金準備として市中金融機関の預金の一定割合（この割合が預金準備率）を預かっている。

政府の銀行Ⓝ（せいふ-ぎんこう）　日本銀行は，国庫金を出し入れしたり，国債を売買したりする。政府の銀行とは，このような日本銀行のもつ機能をあらわしたことば。政府の主な収入は国税で，これらは国庫に入るが，日本銀行はそれを保管・運用する役割をもち，国庫金の支出もすべて行っている。政府が特別の事業を実施するにあたり，資金が不足しているときには，国債を発行して広く民間から資金を集めるが，国債の売買や利払いなどの業務も行っている。

「最後の貸し手」機能（さいご-かしてきのう）　日本銀行のもつ役割を示した言葉。日銀は物価の安定と信用秩序の維持を二大目的とし，発券銀行，銀行の銀行，政府の銀行という三大機能を備えているといわれる。これに加えて，金融機関が経営危機におちいったり破たんしたりしたときに，預金者の預金引き出しに応じるため緊急の融資を行うなど，金融システムの安定を維持する役割をさす。

国庫金Ⓝ(こっこきん)　国家が保有している資金のこと。国家の主な収入源は国税であるが，雑収入や繰越金などのすべてを含む。国庫金は政府の銀行である日本銀行が保管し，出納(すいとう)を扱っている。

日本政策投資銀行(にほんせいさくとうしぎんこう)　日本開発銀行（復興金融金庫の後身）と北海道東北開発公庫とが統合し，1999年に政府系金融機関として発足した。設備投資などの長期資金の供給を行う。2008年に株式会社化された。

市中銀行Ⓝ(しちゅうぎんこう)　日本銀行以外の銀行のこと。集めた資金を企業などに融資している。財務省や日本銀行の指導を受ける。一般になじみのある銀行であり，日本の金融機関の中心的存在。

都市銀行Ⓝ(としぎんこう)　大都市に主な営業網をもつ市中銀行のこと。旧財閥系の銀行が多く，預金量も地方銀行をはるかにしのぐ，日本を代表する大銀行である。それぞれ系列の大企業などとの金融取り引きが多い。都市銀行は日本の企業集団の中核となってきた。また，金融の自由化にともない，外国銀行に対抗する必要から，都市銀行同士の合併・再編も盛んに行われた。

地方銀行Ⓝ(ちほうぎんこう)　地方に主な営業網をもつ市中銀行のこと。それぞれ都道府県単位で支店網があり，その地方の経済に密着している銀行である。上位の地方銀行には都市銀行にせまるものもある。

信用Ⓝ(しんよう)　相手を信じて経済活動を行うこと。信用には商業信用と銀行信用との二つがある。売り手は代金の獲得を期待して，たとえば，買い手から手形を発行してもらう（商業信用）。なお，売り手は期限前に銀行で，手形を換金することができる（銀行信用）。

銀行信用(ぎんこうしんよう)　銀行は，資金を必要とする企業などに貸し付ける。その際，銀行は貸し付けの企業などに対して返済を期待するわけで，いわば銀行は信用を与えることになる。現在では，一般に貸し付けのときには銀行は担保をとる。銀行は預金量をこえて積極的に信用を与えることもできる（銀行の信用創造）。

預金Ⓝ(よきん)　銀行や信用金庫などに預けておくお金。ゆうちょ銀行（旧郵便局）などでは貯金という。預金には，出し入れ自由な普通預金，一定期間は出し入れを行わない定期預金，一定期間に一定額を積み立てていく積立預金などがある。預金は企業などに貸し出され，経済活動の拡大に大

	預　金	支払準備金	貸　付
A銀行	100万円	10万円	90万円
B銀行	90	9	81
C銀行	81	8.1	72.9
D銀行	72.9	7.29	65.61
⋮	⋮	⋮	⋮
合　計	1,000万円	100万円	900万円

最初のA銀行に100万円の銀行預金があり，支払準備率が10%の場合，A銀行は支払準備率10%に見合う10万円をのぞいた90万円までを貸し付けることができる。それがB銀行に預金される。こうした操作が続くと預金は増えつづけ，

$$最初の預金額 \times \frac{1}{支払準備率} 倍$$

すなわち，預金総額は最初の預金額の10倍にまで達し，900万円が信用創造されたことになる。

↑ **信用創造の例**

きな役割を果たす。

信用創造Ⓝ(しんようそうぞう)　銀行がその社会的信用を背景に，預金量をはるかにこえる資金を貸し出すこと。銀行は集めた預金（本源的預金）のなかから支払い準備金を残し，それを上まわる資金を，現金を動かすことなしに企業などに貸し出す。企業間の取り引きには現金が使われず，銀行は貸し付けを行う企業の当座預金に入金し，その企業は取引先の決済には小切手などを利用するからである。この信用創造によって，銀行は預金量以上の貸し出し能力をもつことになる。逆に，借りたい需要はあるのに，金融機関からの資金供給が細る現象を信用収縮という。

対 信用収縮Ⓝ

預貸率Ⓝ(よたいりつ)　銀行は資金を集めて，それを融資しているが，その両者の関係を示したものが預貸率である。つまり，預金総量に対する貸出総量の比率で，預貸率が高くなるとオーバーローンになる。

ノンバンク［non-bank］　資金貸し付けを業務とする金融業の通称。銀行は預金受け入れと資金貸し付けの両方を行うが，ノンバンクは資金貸し付け業務のみを行う。代表的ノンバンクには，信販・消費者金融・サラ金・リースなどがある。

ＮＰＯバンク　市民が自発的に出資した資金により，環境・福祉・生活困窮者支援などの社会的事業活動を行うＮＰＯ（民間の非営利団体）や個人に融資することを目的として設立された非営利金融。低利での融資などサラ金とは本質的に異なるが，法的には同じ貸金業法の規制を受ける。

シャドーバンキングⓃ（**影の銀行**Ⓝ）(かげ-ぎんこう)　中国において金融当局による規制が及ばない銀行。必ずしも違法ではないが，取引のしくみや業務内容がはっきりしないため，「影の」という形容詞をつけてよばれる。みずから預金を集めず，銀行からお金を借りて金融業務を行うノンバンクとは異なる。

現代の金融政策

金融政策Ⓝ(きんゆうせいさく)　景気の回復をはかることや，物価を安定させることなどを達成するために，各国の中央銀行などが資金量を調整するために行う政策。日本では，主として日本銀行が金融政策を担当している。具体的には，公開市場操作・公定歩合操作・預金準備率操作があるとされている。現在，日銀の金融政策というと，公開市場操作をさす。

金融引き締め政策(きんゆうひ-し-せいさく)　景気が過熱して，インフレーションの恐れが出てきたときなどに，日本銀行が資金量を減らすこと。日本銀行が手持ちの有価証券を売ったりする。かつては公定歩合や預金準備率を上げ，資金量を減少させたりした。金融引き締めが長く続くと，住宅建築が落ち込んだり，国民の購買力が落ち込んだり，企業が倒産したりする。

金融緩和政策Ⓝ(きんゆうかんわせいさく)　景気が落ち込んだ場合，日本銀行が資金量を増やすために，資金吸収（買い）オペレーションを行う政策。かつては公定歩合や支払い準備率を引き下げたりした。不況時には金融緩和政策がとられるが，この期間が必要以上に長くなると，物価の上昇などを招きやすくなるので，通貨価

経済編

値の安定化の面で日本銀行の判断が大切となる。

公開市場操作Ⓝ（**オープン-マーケット-オペレーション**Ⓝ）[open market operation]（こうかいしじょうそうさ） 市中の資金量を調節するために，日本銀行が手持ちの国債などの有価証券を売買する政策。日本銀行が有価証券を売ることを資金供給オペレーション（売りオペ），有価証券を買うことを資金吸収オペレーション（買いオペ）という。たとえば，日本銀行が10億円の国債を売ると，10億円分の通貨が日銀にもどってくることになり，国内の資金量を減少させることになる。景気が過熱ぎみで，物価の上昇などが心配のときに行う。逆に，日本銀行が10億円の国債を買うと，10億円分の通貨が日銀から出ていくことになり，それだけ市中の資金量は増大する。現在，日本銀行が最も重要視している金融政策である。

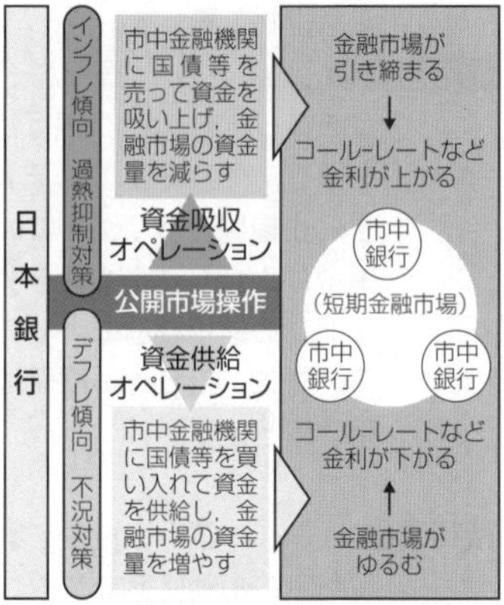

↑ 日本銀行による公開市場操作

資金吸収オペレーションⓃ（しきんきゅうしゅう-） 日本銀行が国債などの有価証券を売ること。売りオペ。景気過熱に対してブレーキをかけ，通貨価値の安定と経済活動の健全な発展をはかるために行われる。

資金供給オペレーションⓃ（しきんきょうきゅう-） 日本銀行が国債などの有価証券を買うこと。買いオペ。景気が停滞し不況の心配があるときに，市中の資金量を増加させるために行う。

コールⓃ[call] 金融機関同士が，1日～数日という短期間の資金を融通しあうこと。コール資金を借り手から見たときをコールマネー，貸し手から見たときをコールローンという。現在，「無担保コール翌日物」の金利が，日銀の金融政策の誘導対象となっており，これを政策金利という。

類 政策金利Ⓝ

公定歩合操作Ⓝ（こうていぶあいそうさ） 中央銀行が市中金融機関に資金を貸し出すときの利子（公定歩合）を上下することにより，国内の資金量を調整する政策のこと。金利政策ともいった。経済活動が停滞し，企業倒産が増えているときには，公定歩合を引き下げる。すると，市中金融機関もそれにならって貸し出し金利を引き下げ，民間企業などは資金が借りやすくなる。資金が増えることにより経済活動は活発化する。逆に景気が過熱し，インフレーションの恐れが出てきたときには，公定歩合を引き上げる。かつては日銀の金融政策の中心であったが，現在では公定歩合に政策的意味はなく，この言葉自体を日銀は用いていない。

同 金利政策Ⓝ

金利Ⓝ（きんり） 資金の貸し出しに対して一定の割合で支払われる資金（利子）。また，利子の割合のこと。金融機関を通して資金を借りたり，調達することにより経済活動が成立している。その結果生まれる利益の一部を資金の提供者に還元す

経済編

るが，還元される資金の提供資金に対する割合が金利である。

公定歩合Ⓝ(こうていぶあい)　中央銀行の金利のこと。日本の場合，日本銀行政策委員会によって，公定歩合が定められてきた。一般に，金利が上昇すると企業にとって資金コストが増大することになり，経済活動にはブレーキとなって作用する。現在，日本銀行では公定歩合という用語のかわりに「基準割引率および基準貸付利率」とし，公定歩合に政策的意味がないことを示している。

類 基準割引率および基準貸付利率Ⓝ

市中金利(しちゅうきんり)　民間金融機関の貸し出し金利のこと。従来，日本銀行が設定する公定歩合に準じて決められてきた。個人や企業にとって身近な金利であり，直接的に経済活動に影響を与える。

預金準備率操作Ⓝ(よきんじゅんびりつそうさ)　中央銀行が市中金融機関に対して，預金の一定割合（預金準備率）を強制的に預金させる制度。支払い準備率操作ともいう。準備預金制度は預金の支払いのためのもので，利子はつかない。この準備率を引き上げると，市中金融機関はそれだけ中央銀行に預金しなければならず，貸し出すことのできる資金量が減少する。一般に景気が過熱したときには，準備率を引き上げる。逆に，景気を刺激したいときには，準備率を引き下げる。日本銀行では1991年以来，預金準備率を金融政策として用いていない。

同 支払い準備率操作

支払い準備金(しはら-じゅんびきん)　市中金融機関が，預金者への払い戻しに備えて手元に残す資金のこと。支払い準備金は一部を現金で手元に残し，残りを日本銀行に預金する。景気がよいときは支払い準備金は多くなる傾向があり，逆に景気が悪いときには，少なくなる傾向がある。

同 預金準備Ⓝ

準備預金(じゅんびよきん)　日本銀行が市中金融機関に対して，預金などの支払いのために日本銀行に強制的にさせる預金で「準備預金制度に関する法律」に基づく。準備預金に対して利子はつかない。一般に景気がよいときは準備預金の率を高くし，市中の資金量の減少をはかる。景気が悪いときはこの率を低くする。

類 支払い準備率（預金準備率Ⓝ）

護送船団方式Ⓝ(ごそうせんだんほうしき)　弱小金融機関を含め，金融機関全体の存続と利益を守ることを主眼として，大蔵省（財務省）が行ってきた金融行政のこと。戦時中，物資輸送のために編成された護送船団の航行速度を，最も船足のおそい船に合わせたところから，この名称がある。

金融の自由化(きんゆう-じゆうか)　金利を自由化したり金融機関の営業分野を拡大したりすること。日本では金利の規制や金融機関の営業分野を固定してきたが，国際化が進展するなかで，外国からの市場開放要求などもあり，金融機関の営業分野の垣根を取り払い，金利を自由化する動きが進んだ。金利の自由化とは，金融機関が自由に預金金利を決めることで，預金者は金利の高低を参考に預金先を選ぶことになるため，高い金利や預金者サービスの拡大が要求される。

差金決済取引[contract for difference] (さきんけっさいとりひき)　株式，通貨，債券などの金融商品に関して，商品そのものの受け渡しが発生せず，売買価格の差額を決済するのみの取引。ＣＦＤと略される。

外国為替証拠金取引［retail foreign exchange trading］(がいこくかわせしょうこきんとりひき)　株通貨に関する差金決済取引のことであり，日本では俗に「ＦＸ」と呼ばれる。1970年代に世界各国が変動相場制を採用して以来，法定通貨は，単なる通貨ではなく，差金決済の対象たる金融商品でもあり続けている。日本では，1998年に外国為替法が改正されて，個人・法人を問わず，通貨の差金決済が全面的に解禁された。なお，近年は，通貨に準ずるものとして，ビットコインなどの暗号通貨も，差金決済取引の対象となっている。

マネー-ロンダリングⓃ［money laundering］　資金洗浄。犯罪などの不正な手段で得た，いわゆる闇資金を，送金の繰り返しや株式の購入などによって資金の出所をわからなくすること。

インフレーターゲッティングⓃ（**インフレ目標政策**）［inflation targeting］(-もくひょうせいさく)　物価上昇率の数値目標を定めて金融政策を行うこと。物価安定を目的とし，イギリスやカナダなどで採用されてきた。日本では，1990年代末から2000年代初頭，デフレ-スパイラルから脱却するインフレ誘導策として主張された。2013年，いわゆるアベノミクスではデフレからの脱却策の一つとして消費者物価の前年比上昇率を２％を目標値とした。

量的・質的金融緩和(りょうてきしつてききんゆうかんわ)　安倍政権の下で日銀が進めてきた金融政策。いわゆるアベノミクスの第一の矢にあたる。量的とはマネタリーベース（世の中に出回っている現金と，銀行が預金の払い戻しなどに備えて日銀に預けている当座預金の残額の合計）を大幅に増やすこと，質的とは日銀が金融機関などから買い入れる国債の種類を大幅に広げること。異次元緩和ともよばれる。

マイナス金利政策(-きんりせいさく)　民間銀行が中央銀行に預け入れる余剰資金の金利をマイナスにする（中央銀行への預け入れに際して手数料を徴収する）政策。2014年６月に，欧州中央銀行（ECB）が主要国・地域で初めて導入し，日本銀行（日銀）も2016年２月から実施。民間銀行が企業や個人などへの融資（貸出）を促進し，経済を活性化させることが狙い。

私たちの生活と金融

消費者信用(しょうひしゃしんよう)　販売信用と消費者金融とを合わせたもの。販売信用とは，消費者が商品やサービスを購入する際に，その支払いを一定期間，猶予するもの。ローンやクレジットなどがその代表例。これらは現金がなくてもほしいものを購入することができるので，高額の商品を購入する場合に便利である。

消費者金融Ⓝ(しょうひしゃきんゆう)　資金を必要とする消費者に対して，一定の利子をとって資金を貸し出すこと。消費者が収入をこえて商品やサービスを購入するときに不足する資金を借りる（業者の立場では貸す）行為が消費者金融であり，質屋やサラ金などがその例である。消費者金融は，消費者が将来予定される収入をあらかじめ取り崩して使うもので，悪質な取り立てを行うヤミ金融も問題化。

類 ヤミ金融

多重債務Ⓝ(たじゅうさいむ)　サラ金などに複数の借入先があり，借入金の額が個人の返済能力を上回り，返済そのものが不能となった状態。自己破産などを申し立てるケースが多い。

グレーゾーン金利Ⓝ(-きんり)　出資法の上限金利29.2％と利息制限法の上限金利15～20％との間の金利のこと。利息制限法の上限金利より高い金利は違法だが，貸金業者への罰則がないために事実上は29.2％が上限とされ，多重債務問題の一因となってきた。2006年に最高裁がこの金利を無効とする判決を出し，貸金業法などが改正されて出資法の利息限度も20％に引き下げられた。利息制限法を超える金利に関しても行政処分の対象となり，グレーゾーン金利は事実上撤廃された。現在，払いすぎた利息の返還請求が急増し，経営破たんするサラ金業者も出ている。また，2007年に施行された貸金業法では金利規制の強化や，年収の３分の１をこえる貸し付けを禁止する総量規制なども導入。

類 貸金業法

クレジットⓃ[credit]　信用や割賦(かっぷ)販売をさす。現在では，クレジットカードの意味で使われることが多い。クレジットカードは，カード会社や金融機関などが，希望する消費者の資産や年収などをもとに信用を与え，発行する。クレジットカードの利用により，消費者は手持ちの現金なしに商品やサービスを購入できる。カードの持ち主は，一定の期日後に利用額を一括や月割などで返済。

類 クレジットカードⓃ

自己破産Ⓝ(じこはさん)　主に債務者自身が地方裁判所に申し立てる破産のこと。裁判所で破産宣告がなされ，その後に免責決定を受けると，生活必需品以外の財産は返済にあてられ，そのうえで残った借金などの債務は免除される。しかし，クレジットカードの利用ができなくなり，裁判所の許可がなければ居住地を変えられない。また，本人所有名義の不動産は手放さなくてはならないが，家財道具についてはその必要がない。自家用車は状況によって処分されることもある。

ローンⓃ[loan]　借金のこと。消費者が必要な資金を借りたり，あるいは割賦販売を利用することをいう。代表的なものに住宅ローンや自動車ローンなどがある。消費者は，一度に多額の資金を支出しなくとも高額な商品やサービスを購入できる。一方，販売する企業にとっても販路の拡大ができる。ローンはあくまでも借金であるので，利用者は利用額に手数料や利子を加えて返済する。

キャッシュレス社会(-しゃかい)　物理的貨幣（紙幣・硬貨）を使わずとも決済が日常的に可能となっている社会。クレジットカードや電子マネーが主たる決済手段となる。2021年における日本のキャッシュレス決済比率は32.5％。年々上昇しているものの，いまだに国際比較的には「現金依存体質」が強い。日本政府は，将来的に80％まで上昇させることを目指している。

フィンテック[Fin Tech]　finance（金融）とtechnology（技術）を組み合わせた造語であり，伝統的な金融の仕組みがＩＴ／ＡＩによって刷新される現象のこと。具体的事例としては，物理的貨幣を使用しないキャッシュレス決済の普遍化，暗号通貨およびブロックチェーン技術を用いた送金システム，人工知能によるローン審査，投資助言，クラウドファンディングによる資金調達，金銭の借り手と貸し手をオンライン上で仲介するソーシャルレンディングなどが挙げられる。

ＱＲコード決済(-けっさい)　ＱＲコードを利用したキャッシュレス決済方法。主に顧客のスマートフォン上に表示されたＱＲコードを店舗側がバーコードリーダーで読み取ることによって決済が完了する。日本では，政府が「キャッシュレス元年」を謳った2019年に，ＱＲコード決済サービスが全国的に広まった。PayPay（ソフトバンク），楽天ペイ（楽天），ｄ払い(ドコモ)などがある。一方，欧米諸国で主流となっているＩＣカード型決済よりも，アプリを立ち上げる手間がかかることで，決済プロセスが煩雑になっている点が指摘されている。

3　財政と租税

財政のしくみ

財政Ⓝ(ざいせい)　国や地方公共団体など公共部門の経済活動をさすことば。民間部門の自由な経済活動が市場によって調整され，資源が適正に配分されるというのが資本主義経済の原則であるが，それには根本的な欠陥（市場の失敗）が存在するため，公共部門の経済活動，つまり財政が一定の役割を果たす必要がある。それを主に管轄するのが財務省である。財政の機能としては，公共財の供給，所得の再分配，経済の安定化策などがある。今日，政府にはより多くの経済的役割を果たすことが期待されているため，財政規模が拡大している。

財政収入Ⓝ(ざいせいしゅうにゅう)　政府がさまざまな活動を行っていくために必要となる財源，収入のこと。租税・官業収入・手数料・公債などから構成されるが，租税収入の割合が最も大きい。

財政支出Ⓝ(ざいせいししゅつ)　政府が活動を行うために支払われる経費のこと。国民の財政に対する要求が多様化し，国民経済のなかに占める財政支出の割合が高くなっているのが，現代国家の特徴である。

均衡財政(きんこうざいせい)　租税収入を主とした経常収入と，短期的に消費される財・サービスの購入へ支出される経常支出が均衡する状態にある財政のこと。これに対し，経常支出が収入を超過している状態を，赤字財政とよぶ。均衡財政では，経常収入の限度内に支出の規模をおさめることになる。

財政制度Ⓝ(ざいせいせいど)　租税や予算・決算・会計など政府の収入・支出に関する諸制度。基本的原則は，日本国憲法第７章に規定され，それを受けて財政法や会計法などが制定されている。民主主義国家の財政では，次の三つの財政制度を設ける必要があるとされる。その第一は，租税や公債など国民の負担となるものは，議会の承認がなければ実行できないこと。第二には，議会における予算の審議・議決は，民主的な予算制度に基づかなければならないこと。第三には，決算も，民主的な決算制度によって議会の承認を得なければならないこと。

財政法Ⓝ(ざいせいほう)　予算など，財政の基本に関して規定した法律。日本国憲法に基づいて1947年に制定された。財政民主主義の原則を具体的に規定している。財政法第４条は国債の発行を原則的に禁止しており，建設国債は，同条の但し書

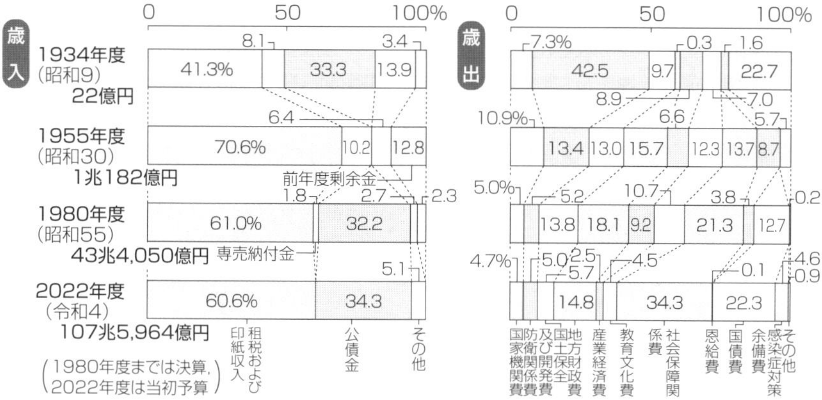

↑ 一般会計の歳入・歳出

きで認められている。また，第５条は日銀の直接引き受けによる国債発行を禁止している。

予算Ⓝ（よさん）　一定期間（日本では４月１日～翌年３月31日）の財政収入・財政支出の予定的見積もりを数字であらわしたもの。予算には，一般会計・特別会計・政府関係機関予算などがある。従来，単年度ごとに編成されてきたが，イギリスなどのように複数年度で構成する案も出されている。 ☞p.81（予算）

歳入Ⓝ（さいにゅう）　一会計年度における財政上の一切の収入。日本の一般会計歳入は，租税及び印紙収入・官業益金及び官業収入・政府資産整理収入・雑収入・公債金・前年度剰余金受け入れの６項目から構成されている。近年の歳入内訳では，租税及び印紙収入の割合が最も大きく，ついで公債金が大きくなっている。

歳出Ⓝ（さいしゅつ）　一会計年度における財政上の一切の支出。一般会計歳出を主要経費別に分類すると，近年では社会保障関係費の割合が最も高く，ついで国債費・地方交付税交付金等・公共事業関係費・文教科学振興費・防衛関係費などが続く。

補正予算Ⓝ（ほせいよさん）　当初予算を修正するために編成される予算。予算は，年度の開始前に議会の審議・議決を経て成立するのが原則である。しかし，予算の成立後，社会情勢の著しい変化によって予算の過不足が生じたり，予算内容の変更が必要になる場合がある。１回以上の補正予算編成が行われることが多い。

決算Ⓝ（けっさん）　一会計年度の終了後に，歳出・歳入の実績を確定した数値で表示したもの。各省庁の決算報告書に基づいて財務省が作成し，会計検査院による検査・確認を経た後，内閣から国会へ提出されなければならない。

国の財政Ⓝ（くに-ざいせい）　政府の行う経済活動のうち，中央政府の経済活動をさす。政府の諸活動は，財政的な裏づけがあってはじめて実施され，国の財政の動向をみれば，国家の性格を知ることができる。

一般会計Ⓝ（いっぱんかいけい）　政府の通常の活動にともなう歳入・歳出を経理する会計。このほかに，特別会計と政府関係機関予算などがある。一般会計の歳入は，租税など６項目から構成されている。租税収入の割合が圧倒的に大きいが，石油危機の後には租税収入の不足を補うために大量の国債が発行され，公債金に依存する割合（公債依存度）が大きくなった。一般会計の歳出は，国債費・社会保障関係費・地方交付税交付金等・公共事業関係費などに分類できる。国債の償還や利払いのための国債費の割合が大きく，他を圧迫していると指摘される。

一般歳出Ⓝ（いっぱんさいしゅつ）　国の一般会計歳出のうち，国債費と地方交付税交付金等の義務的な経費を除いたもの。政策的な経費にあたる。2011年度予算からこの区分（概念）が用いられなくなり，地方交付税交付金等と合わせて「基礎的財政収支対象経費」とよばれるようになった。

類 基礎的財政収支対象経費

特別会計Ⓝ（とくべつかいけい）　国がある特定の事業を行う場合などに設けられる会計。国の会計は一種ですべての歳入・歳出を経理するのが望ましいとされる（単一予算主義）。しかし，現代の財政は規模が大きく，内容も複雑になったため，特別会計が設置されるようになった。日本では機能別に，事業特別会計・資金運用特別会計などがあった。現在，規模の抑制と統廃合が行われ，「特別会計に関する法律」に基づき13の特別会計が存在する。

類 埋蔵金問題Ⓝ

財政投融資Ⓝ（ざいせいとうゆうし）　国の制度や信用によって集められた資金を財源として行われる投資や融資。かつてその資金は，郵便貯金・厚生年金・国民年金などの積立金からなる資金運用部資金を中心にまかなわれ，「第二の予算」ともよばれた。現在，郵便貯金などの資金運用部への預託制度が廃止され，また政府関係機関が財投機関債を発行して，市場から資金を調達するのが原則となった。

同 第二の予算

財投債（ざいとうさい）　財政投融資特別会計国債の略で，財政投融資の資金を調達するために発行される政府保証のついた債券。2007年度までは，経過措置として郵便貯金などの直接引き受けがあったが，現在では全額市中発行となった。

財投機関債（ざいとうきかんさい）　財政投融資の資金を調達するために，財投機関が発行する政府保証のない公募債券。

防衛関係費Ⓝ（ぼうえいかんけいひ）　一般会計の歳出項目の一つ。防衛省や安全保障会議などの経費に関する一般会計歳出をさす。1976年の「防衛計画の大綱」でＧＮＰ１％枠が設けられたが，1987年から総額明示方式に転換した。

社会保障関係費Ⓝ（しゃかいほしょうかんけいひ）　一般会計の歳出項目の一つ。生活保護・社会福祉・年金医療介護保険給付・保健衛生・雇用労災などからなる。予算額全体の３割強，基礎的財政収支対象経費の４割強を占める。戦後，福祉国家が目標とされ，増額を続けてきたが，近年では伸び率が鈍化した。

公共事業関係費Ⓝ（こうきょうじぎょうかんけいひ）　一般会計の歳出項目の一つ。道路整備・治山治水・住宅市街地・下水道・環境衛生などの支出からなる。景気対策などに効果を発揮してきた面もあるが，近年では数多くの無駄な事業が指摘され，さらなる削減を求める声が根強い。

租税の役割

租税Ⓝ（**税金**Ⓝ）(-ぜいぜいきん)　政府が，歳入調達を目的として，強制的に，何ら特別の対価なしに，他の経済主体から徴収する貨幣のこと。租税の主目的は，国や地方公共団体が独自の活動をおこなうための経済的基礎の確保という点に求められる。また，租税は権力を背景として強制的に徴収され，その支払いは必ずしも提供されるサービスの便益とは一致しない。

ワグナーの租税原則(-そぜいげんそく)　ドイツの経済学者アドルフ＝ワグナーが示した９項目の租税原則のこと。望ましい租税制度の原則として，ワグナーは国家社会主義の立場から，①十分な収入，②収入弾力性，③税源選択，④税目選択，⑤負担普遍，⑥負担公平，⑦明確，⑧便宜，⑨徴税費最小，の九つの条件を示す。

垂直的公平(すいちょくてきこうへい)　税負担の公平性に関する基準。能力の高い者ほど税の負担能力が高く，納税額が多いのが公平だとする考え方。所得税の累進性の根拠。

水平的公平(すいへいてきこうへい)　税負担の公平性に関する基準。同じ所得水準で，同様な租税能力にある者は，同程度の税額が徴収されるのが公平だとする考え方。消費税はこの基準を満たす税とされる。

租税負担率Ⓝ(そぜいふたんりつ)　国民所得に対する国税と地方税を合わせた租税収入の割合のこと。日本の租税負担率は27.8%（2022年度見通し）。他の先進諸国と比較すれば，日本の租税負担率は低いが，急速な人口の高齢化にともない，福祉などの面で財政需要が増大し，租税負担率が上昇していくことが予想される。

国民負担率Ⓝ(こくみんふたんりつ)　租税負担率に社会保障負担率を加えたもの。日本が46.5%（2022年度見通し）であるのに対して，アメリカ32.4%，イギリス46.5%，フランス67.1%，ドイツ54.9%，スウェーデン56.4%である（2019年実績）。また，国民負担率に財政赤字分を加味したものを「潜在的国民負担率」という。日本は56.9%（2022年度見通し）である。

類 潜在的な国民負担率Ⓝ

租税法律主義Ⓝ(そぜいほうりつしゅぎ)　税の創設，税率の変更などは，すべて法律の裏づけが必要であるという原則。法の支配の考え方から生まれた制度である。古くはイギリスのマグナ-カルタ（1215年）や権利章典（1689年），フランスの人権宣言（1789年）などにも取り入れられ，近代憲法の重要な構成要素となっている。日本国憲法では，第84条などに租税法律主義を規定している。

国税Ⓝ(こくぜい)　租税のうち，納税先が政府である税。租税収入全体の６割弱程度が国税収入である。国税を構成するのは，直接税では所得税・法人税・相続税など，間接税では消費税・揮発油税・

		直接税	間接税
国税		所得税 法人税 相続税 贈与税 地価税	消費税 酒税 石油・石炭税 たばこ税 関税
地方税	道(都)府県税	道府県民税 （都民税） 事業税 自動車税種別割	道府県たばこ税 （都たばこ税） 地方消費税 ゴルフ場利用税
地方税	市(区)町村税	市町村民税 （特別区民税） 固定資産税	市町村たばこ税 （特別区たばこ税）

↑ おもな租税の種類

酒税・たばこ税・関税などである。このうち，所得税・法人税・消費税・揮発油税で，国税収入の約８割を占める。

地方税Ⓝ(ちほうぜい)　租税のうち，納税先が地方公共団体である税のこと。 ☞p.110(地方税)

	利点	欠点
直接税	累進課税ができる(垂直的公平)	所得隠し･脱税 景気に左右される
間接税	消費にかかり公平 景気に左右されない	逆進的

↑ 直接税と間接税

直間比率Ⓝ(ちょっかんひりつ)　税収に占める直接税と間接税の割合のこと。日本の直間比率(国税＋地方税)は，1960年時点で61対39だったが，その後，直接税の比率が増して，1990年には79対21となった。しかし，消費税の導入・増税によって間接税の割合が高まっていき，2019年実績では67対33となっている。

直接税Ⓝ(ちょくせつぜい)　税法上の納税義務者と税を負担する者(担税者)が同一である租税のこと。国税では，所得税・法人税・相続税などが，地方税では，住民税・固定資産税・事業税などがある。国税・地方税とも税収全体に占める直接税の割合が大きい。直接税では所得税のように，累進税率の適用が可能であり，所得の再分配に効果がある。しかし，多額の徴税費用がかかるという欠点がある。そのために，直間比率の見直しなどが進められた。

所得税Ⓝ(しょとくぜい)　個人の１年間の所得金額に対して課せられる税。個人が給与・配当・事業などから得た所得額から，医療費・社会保険料など各種の控除額を差し引いた額が課税対象になる。納税には，納税者自身が書類を作成して税務署に申告する確定申告と，個人の給与から事業者が税金を天引きする源泉徴収との二つの方法がある。

類 確定申告　源泉徴収

法人税Ⓝ(ほうじんぜい)　株式会社や協同組合など，法人の各事業年度の所得にかかる国税のこと。ただし，学校法人や宗教法人は，収益事業を除いて納税義務が免除されている。また，納税義務は国内の日本法人だけでなく，外国法人にもある。

法人事業税(ほうじんじぎょうぜい)　法人が行う事業に対して課される道府県税。

法人住民税Ⓝ(ほうじんじゅうみんぜい)　法人に課される道府県民税と市町村民税を合わせた税。

相続税Ⓝ(そうぞくぜい)　死亡した人から相続した財産にかかる租税。相続によって取得した財産の総額から，故人の借金や葬儀費用，基礎控除額を差し引いた額が，課税対象となる。配偶者や未成年者に対する特例措置もある。適用される相続税率は，10～55%の累進課税となっている。

住民税Ⓝ(じゅうみんぜい)　その地域に住む個人・法人を課税の対象としている道府県民税と市町村民税をいう。東京都の場合は，都が都民税を，23区が特別区民税を課している。個人住民税の税率は一律10%。

固定資産税Ⓝ(こていしさんぜい)　固定資産を課税の対象として，その所有者に課せられる地方税のこと。固定資産とは土地・家屋や工場の機械設備など，長期間にわたって使用される資産をいう。毎年１月１日現在の固定資産所有者は，固定資産課税台帳に登録され，納税義務者となる。

間接税Ⓝ(かんせつぜい)　税法上の納税義務者と実際に税を負担する者が異なる租税のこと。

消費税や酒税・たばこ税が代表的な間接税。税金分が価格に上乗せされているから，最終的には消費者が税を負担することになる。間接税は，所得の多寡に関係なく国民が負担するから，生活必需品が課税対象となった場合，低所得者の税負担が重くなるという欠陥がある。

酒税Ⓝ（しゅぜい）　ビール・ウイスキー・清酒など酒類にかかる国税のこと。納税義務を負うのは，酒類の製造業者と，輸入品では輸入業者である。酒税額は，製造業者・輸入元から出荷された酒類の数量に税率をかけて算出する。

関税Ⓝ（かんぜい）　輸入品に対して課せられる税金。かつて，関税は他の税と同様に，財政収入の確保を目的としていたが，今日では自国産業の保護を目的とした保護関税がほとんどである。納税義務者は，原則として商品の輸入者である。

消費税Ⓝ（しょうひぜい）　消費の背景には所得があるということを課税の根拠として，消費支出に課税される税。日本では従来，特定商品の消費を課税対象とした物品税があったが，課税対象がアンバランスなどの理由から，1989年に廃止された。これにかわり，ほとんどの財・サービスを課税対象とする税率３％の消費税が，竹下登内閣のときに導入された。税額分は価格に転嫁（てんか）され，最終的に消費者が税負担する。1997年４月から，橋本龍太郎内閣のもとで税率が５％に引き上げられた。また，野田佳彦内閣の「税と社会保障の一体改革」により，2014年から安倍晋三内閣のもとで8%（国6.3%，地方1.7%）に税率が引き上げられた。さらに，2019年10月に10%（国7.8%，地方2.2%）まで引き上げられた。その際に，特定品目を対象とする減税率制度が実施された。なお，2014年度予算の税収のうち，消費税が所得税を初めて上回った。

類 付加価値税Ⓝ

益税（えきぜい）　消費者が支払った消費税のうち，納税されずに事業者の手元に残る分。消費税の中小業者への特例措置により生じていると批判されるが，その度合いは事業者の転嫁の状況による。現在では，相当程度解消されている。

たばこ税Ⓝ（-ぜい）　たばこにかかる税。国たばこ税23.5%と地方たばこ税（都道府県と市町村）26.3%，さらにたばこ特別税と消費税がかかり，商品価値の61.7%が税金。

自動車税Ⓝ（じどうしゃぜい）　自動車の所有者に対し，その自動車の主たる定置場の所在する道府県において課される普通税。2019年10月から名称が自動車税種別割となった。同様の市町村税としては軽自動車税種別割がある。

類 自動車税種別割　軽自動車税種別割

自動車取得税（じどうしゃしゅとくぜい）　自動車の取得者に対し，その主たる定置場の所在する道府県に課されていたが廃止され，2019年10月から自動車税環境性能割が導入された。環境負荷の少ない車の普及をめざす。

類 自動車税環境性能割

自動車重量税Ⓝ（じどうしゃじゅうりょうぜい）　自動車の重量に応じ，その使用者に課される国税。税収の３分の２が国税として一般財源に，３分の１が市町村の道路整備のための財源にあてられる。

揮発油税Ⓝ（きはつゆぜい）　揮発油に対して課される税金で，道路特定財源の一つ。揮発油

経済編

税と地方道路税とをあわせたものが,「ガソリン税」である。ガソリンには,揮発油税と消費税が二重課税されている。

道路特定財源(どうろとくていざいげん) 道路整備のためだけに使途が限定された税金。ガソリン税(国税)・軽油引取税(地方税)などがあり,自動車利用者が負担している。これらの税には従来の税率に加えて暫定(ざんてい)税率が上乗せされているため,批判が強い。2009年度から一般財源化が行われた。

類 暫定税率Ⓝ

特定財源(とくていざいげん) 使途を特定の歳出分野に限った税収。代表的なものが道路特定財源。受益と負担の関係が明確となるが,歳出の硬直化につながる。

一般財源(いっぱんざいげん) 使途が限定されない税収。国の予算では,特定財源を除いたものをいう。地方公共団体の場合,地方税や地方交付税などをさし,この割合が大きいほど地方財政が安定する。

累進課税制度(るいしんかぜいせいど) 課税対象の金額が増えると,より高い税率が適用される課税のしくみ。納税者はその支払い能力に応じて課税されるべきであるという考え方から採用されている。所得税の場合,高所得者には高税率が,低所得には低税率が適用されることによって,所得の再分配効果をもつ。しかし,税率の段階が細かいと,わずかな所得の上昇で高い税率が適用され,勤労意欲に悪影響を与えるという指摘がある。

逆進性Ⓝ(ぎゃくしんせい) 消費税のように,原則すべての財・サービスが課税対象であり,食料品・医療品のような生活必需品にまで課税されると,低所得者の収入に占める税負担の割合が大きくなる。このような税の性格を逆進性という。

類 逆進課税Ⓝ

租税特別措置Ⓝ(そぜいとくべつそち) 何らかの政策目標を達成するために租税を減免する特例措置のこと。所得税や法人税など国税や地方税についてかなり多くの項目があり,見直しが検討されている。租税特別措置法に基づく。

政府税制調査会Ⓝ(せいふぜいせいちょうさかい) 税制について基本的事項を調査する内閣総理大臣の諮問機関。政党にも同名の機関があるため,区別する意味で政府税調とよばれる。30人以内の委員と若干名の特別委員とで構成される。

ふるさと納税Ⓝ(-のうぜい) 自分の故郷や支援したい地方公共団体に寄付をすると,その分が所得税や住民税から差し引かれる制度。2000円をこえた分が,所得税と居住地の住民税から控除される(1割が上限)。2008年度に導入。2015年度からは税金軽減額の上限を2倍にするなどの拡充策が実施され,ふるさと納税受入額は毎年増大している。2021年度は約8302億円である。ただし,返礼品競争を是正するため,総務省は2017年に返礼割合を3割以下におさえるよう通知し,2019年3月には制度を見直す改正地方自治法が成立した。

不公平税制(ふこうへいぜいせい) 税負担のあり方が人や立場によって不公平なこと。所得税の捕捉率の不公平を示す言葉として,俗にクロヨン(給与所得者9割,事業所得者6割,農業所得者4割)や,トーゴーサンピン(給与所得者10割,事業所得者5割,農業所得者3割,政治家1割)などがある。しかし現実には,給与所得控除がかなり高いことなどもあり,それほど格差はないとの指摘もある。

経済編

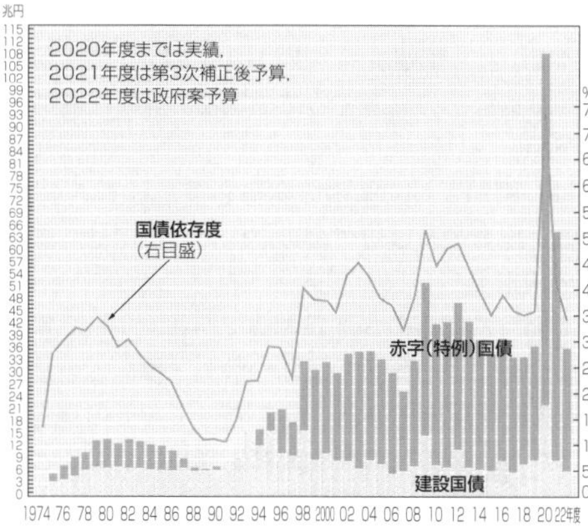

[↑] 国債発行額と依存度の推移

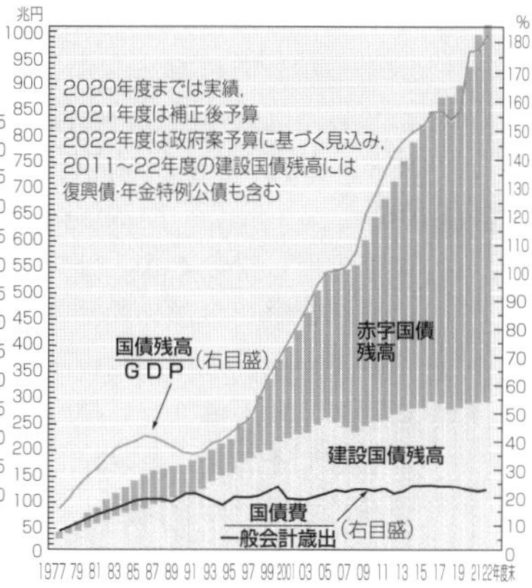

[↑] 国債残高の推移

類 クロヨンⓃ　トーゴーサンピン

外形標準課税Ⓝ（がいけいひょうじゅんかぜい）　企業の所得ではなく，事業規模や資本金などを基準に課税する方式。法人事業税（道府県税）のなかに取り入れられ，赤字企業も課税対象となる。2004年からは全国の資本金または出資金1億円超の企業を対象として一律に導入された。

復興特別税（ふっこうとくべつぜい）　2011年の東日本大震災からの復興のため，復興財源確保法に基づいて課される時限的な増税。復興特別所得税は2013年1月から25年間，税額に2.1％を上乗せ。住民税は2014年6月から10年間，年1000円引き上げる。

類 復興財源確保法Ⓝ

ＮＩＳＡⓃ（**少額投資非課税制度**Ⓝ）［Nippon Individual Savings Account］（しょうがくとうしひかぜいせいど）　ニーサ。株式投資などから得た配当や譲渡益について，毎年120万円を上限とする新規購入分を対象に最長5年間，非課税とするしくみ。2014年から10年間の限定で導入された。国内に居住する20歳以上なら利用が可能。2016年からは20歳未満を対象にしたジュニアＮＩＳＡが，2018年には非課税枠年40万円，期間20年のつみたてＮＩＳＡが設けられた。

類 ジュニアＮＩＳＡ

公債と国民生活

公債Ⓝ（こうさい）　国や地方公共団体が財源を調達するために発行する債券のこと。発行主体別に区別すれば，国が発行するものを国債，地方公共団体の発行するものを地方債という。今日では一般に，①一時的な財源不足を補う機能，②公共投資の財源をまかなう機能，③不況時に財政支出を増加させる目的で財源を確保する機能が，公債発行に認められている。

国債Ⓝ（こくさい）　公債のうち，国が発行しているもの。国債のみを指して公債とよぶこともある。国債には償還期間によって，短期・中期・長期・超長期の区別がある。日本の財政法は「国の歳出は，公債又は借入金以外の歳入を以て，その財源としなければならない」（第４条）と，国債発行を原則的に禁止している。しかし，同条の但し書きは，公共事業などの財源としての国債の発行を認めており，1966年度以降発行されている。

建設国債Ⓝ（けんせつこくさい）　財政法第４条は，原則として国債の発行を禁止しているが，同条の但し書きでは「公共事業費，出資金及び貸付金の財源については，国会の議決を経た金額の範囲内で，公債を発行し又は借入金をなすことができる」としている。この規定に基づいて発行されるのが建設国債である。1966年度に初めて導入された。建設国債の発行による資金で道路や港湾・橋などを建設すれば，その後，長期間にわたって利用可能である。したがって，その資金を現在の世代だけで負担するのではなく，後の世代を含めて返済していくことで世代間の負担が公平になるという考え方から，発行が認められる。

赤字国債Ⓝ（あかじこくさい）　事務的諸経費や人件費など，経常的経費の支出にあてる財源確保のために発行される国債。財政法第４条は，国債発行による財源確保を基本的に認めず，同条但し書きも，赤字国債は認めていない。赤字国債による経常的費用への支出はその年度限りのもので，後世代に何の恩恵も与えないのに，国債償還の費用は後世代が負担しなければならないからである。したがって，赤字国債の発行には特別立法が必要になる。

特例国債Ⓝ（とくれいこくさい）　赤字国債の別称。財政法は国の歳入が国債に依存することを原則的に認めておらず，したがって赤字国債の発行には，その年度限りの特別措置として「公債の発行の特例に関する法律案」を政府が国会に提出し，承認を得なければならなかった。現在は，予算案が成立すれば自動的に特例国債が発行できるようになった（財政運営に必要な財源の確保を図るための公債の発行の特例に関する法律）。

公債依存度Ⓝ（こうさいいそんど）　国の歳入総額に占める公債金の割合。日本の公債依存度は，石油危機後の1970年代に急速に高まったが，1980年代後半の好景気で税収が増え，一時的に下がった。しかし近年，依存度が再び高まり，公債発行残高は空前の規模に達している。公債依存度が高いと，国債の元利払いのための国債費の割合が増大し，他の歳出項目を圧迫し，財政の機能が損なわれる。

同 国債依存度Ⓝ

国債残高Ⓝ（**公債残高**）（こくさいざんだか）（こうさいざんだか）　日本の普通国債残高は年度末時点での合計額を示したもの。日本の公債残高は増大し続けており，2022年時点で約1026兆円。対ＧＤＰ比率（2021年）は約256.9％であり，世界最悪の水準である。2020年度は新型コロナ問題で税収が大幅に減ったこともあり，新規国債発行額（実績）は前年の約３倍となる約109兆円となった。単年で100兆円を超えるのは日本憲政史上初めてである。

国債の市中消化（こくさい-しちゅうしょうか）　国債は個人や市中の一般金融機関が買い入れる方式で発行されなければならない。これを国債の市中消化原則という。財政法第５条で，国債が日本銀行引き受けでの発行を原則禁止しているため。

クラウディング-アウトⓃ［crowding out］　公債発行によって民間投資が圧迫される

こと。本来は「押し出すこと」という意味。公共投資を増やすために国債を大量発行すれば，金融市場から資金が吸い上げられて金利が上昇し，民間投資が追い出される。

政府の財政政策

財政政策Ⓝ(ざいせいせいさく) 政府の経済活動である財政の働きを通じて行われる政府の政策のこと。財政政策の役割は，アメリカの財政学者マスグレイヴによると，公共部門への資源配分，所得の再分配，景気調整の三つに整理できる。これらはいずれも，市場メカニズムが内在的にもつ欠陥を，政府の活動によって是正しようとするもの。財政政策の手段には，財政支出政策，租税政策，財政投融資・補助金など補助的政策の三つがある。

有効需要Ⓝ(ゆうこうじゅよう) 実際に支払い能力をともなった需要のこと。一国経済の産出水準は，消費支出と投資支出の合計にみあうところに決定される。ただし，有効需要が不足し，完全雇用を実現する国民所得の水準よりも現実の国民所得が低ければ，そこに失業が発生する。この場合，有効需要を増加させ，完全雇用が実現される水準まで産出水準を高める必要がある。ケインズは，政府が財政支出を増加させることによって，有効需要を増やし，完全雇用を達成することが可能であるとした。

完全雇用Ⓝ(かんぜんこよう) 現行の賃金水準で働く意思と能力をもった人々が完全に雇用されている状態のこと。ケインズは，こうした人々が雇用されていない状態を非自発的失業とよんで，現行の実質賃金を容認しないために起こる自発的失業，誤算や変化による摩擦的失業などの自然失業と区別した。ケインズは，非自発的失業を解消することが失業・不況克服の方法であると考え，政府が有効需要を創出したり増大させることにより，完全雇用が実現するとした。

類 非自発的失業

フィスカル-ポリシーⓃ[fiscal policy] 完全雇用の維持やインフレの防止など，経済安定化のために意図的に財政の内容や規模を操作する政策のこと。補整的財政政策・裁量的財政政策ともいう。経済活動が停滞し，失業者が増加していれば，公共事業など財政支出を増やして完全雇用が実現できる水準まで経済活動を活発化する必要がある。1930年代の不況期にアメリカで実施されたニューディール政策は，フィスカル-ポリシーの代表的な例。

同 補整的財政政策　裁量的財政政策

租税政策(そぜいせいさく) 政府が租税を財政政策の目標達成手段として利用すること。累進課税制度を設ければ，所得分配の不公平などを緩和することができる。また，累進税率の適用によって，好況期には所得の伸び以上に税額が増えるから，景気の過熱が抑えられる。不況期に税率を下げれば，国民の消費需要が増え，不況からの回復に役立つ。

財政の機能Ⓝ(ざいせい-きのう) 財政が一国の経済のなかで果たす役割をさす。資本主義経済は，市場メカニズムを基本としているが，市場メカニズムには内在的な欠陥があるため，財政が一定の働きをすることが必要となる。今日の財政には，公共部門への資源の適正配分，所得の再分配，景気調節の三つの機能を果たすことが期待されている。

資源の適正配分Ⓝ（しげん-てきせいはいぶん） 財政の機能の一つ。国防・警察・消防などの公共財は，市場メカニズムではまったく供給されないか，不十分な供給にとどまる。市場メカニズムは希少資源のすぐれた配分方法であるが，完全ではない。そこで政府が，市場メカニズムによっては供給されない部分に，資源を適切に配分する役割を担うようになる。近年になって社会福祉，社会資本の充実，公害防止，科学技術開発などもその対象とされてきた。

所得の再分配Ⓝ（しょとく-さいぶんぱい） 財政の機能の一つ。市場が決定する所得の分配は，不平等なものとなりがちである。そこで，政府は高所得者から低所得者に所得を移転するという政策をとる。これが所得の再分配である。累進的な所得税などの税制と生活保護など社会保障給付が所得再分配の手段となる。累進課税制度では，高所得者ほど高率の税をかけ，低所得者には低率ないし無税にして再分配をはかる。社会保障政策では，低所得者へ生活保護費を支給することにより再分配をはかる。

景気調整機能（けいきちょうせいきのう） 財政のしくみのなかに景気を安定化させ，誘導する機能をもつことを景気調整機能または安定化機能という。一つは財政のしくみが景気を安定化させる自動安定化装置（ビルト-イン-スタビライザー）によるもので，累進課税制度・社会保障がそれを支えている。もう一つは財政政策により景気抑制や景気刺激をはかるフィスカル-ポリシー（補整的財政政策）のもつ機能である。

自動安定化装置Ⓝ（**ビルト-イン-スタビライザー**Ⓝ）［built-in-stabilizer］（じどうあんていかそうち） 財政構造自体に組み込まれた，自動的に景気変動を安定化するように働くしくみ。好況期の租税収入と国民所得の伸び率を比較すると，税収の伸び率の方が大きい。これは，企業利潤の増大で法人税収入が大きくなり，個人所得の増加によって，所得税の適用税率が上がるためである。このため，企業の投資や個人消費が抑えられ，景気の過熱を防ぐことができる。不況期には，所得の減少から所得税が累進税率表によって下がり，雇用保険や生活保護など社会保障給付が増加し，それが需要を下支えして，景気の落ちこみを防ぐ。しかし，自動安定化装置による財政の景気調節機能は，それほど効果の大きいものではなく，これだけで現実の経済の安定化は難しい。

政府支出の乗数効果（せいふししゅつ-じょうすうこうか） 政府支出が１単位増加したとき，そこから波及して，政府支出増加額の数倍の所得を生み出す効果のこと。財政支出の増大が民間経済主体の経済行動に影響を与えず，物価上昇を引き起こさないという仮定の下では，政府支出の増大が産出水準を引き上げ，その乗数倍の所得増加を生む。

乗数理論（じょうすうりろん） 投資支出の１単位の増加から波及して，乗数倍だけ国民所得が増加することを説明する理論。国民所得がある水準のとき，投資支出が１兆円増えたとする。その１兆円は必ず誰かの所得となり，貯蓄か消費に回される。ここで，１兆円のうち80％が消費されるとすれば，今度は0.8兆円が次の誰かの所得になり，さらに同じく80%が消費に回されれば，0.64兆円が誰かの所得となる。この過程が無限にくり返されれば，最終的には5兆円だけ国民所得が倍加する。つまり，所得が1単位増えたとき，そのうちどれだけを支出するかをc（この例では，0.8）とすれば，1／（1－c）を，最初の投資支出増加分に掛けた額だけ国民所得が増加する。このとき，1／（1－c）を乗数とよぶ。

プライマリー-バランスⓃ[primary balance]　PB。国債発行を除く税収などの歳入と，国債の元利払いを除いた基礎的財政収支対象経費などの歳出との比較をさし，財政の健全化を示す指標となる。PBの均衡とは政策的支出を新たな債務に頼らず，その年度の税収等ですべて賄うことができる状態。

同 基礎的財政収支Ⓝ

現代貨幣理論[Modern Monetary Theory]（げんだいかへいりろん）　MMTと略称される。非主流派の経済理論の一種であり，政府が税収額に制約されることなく国債発行によって財政出動することを大幅に許容するもの。同理論によれば，政府は，自国通貨建ての赤字国債をいくら発行しても，自国通貨の発行権を実質的に保持している以上，債務の返済が可能であり，インフレーションを適切に管理できれば，健全な国家経済を維持できる，としている。

歳出・歳入一体改革Ⓝ（さいしゅつ・さいにゅういったいかいかく）　財政再建策として，歳出の削減と歳入の改革とを同時に行い，プライマリー-バランス（基礎的財政収支）を黒字にするための政府の政策をさす。しかし，歳出削減は地方公共団体からの，歳入改革（増税など）は国民からの反発を招くおそれがある。

赤字財政Ⓝ（あかじざいせい）　租税などの経常的収入を上まわる支出がなされている財政のこと。ケインズによって，有効需要の不足から国民所得の水準が完全雇用を達成できないときには，政府が積極的に赤字財政を組み，政府支出を増やすことで有効需要を増大させる必要が説かれた。赤字分は公債の発行でまかなわれる。したがって赤字財政が続き，赤字国債の発行残高が累積的に増大すると，元利払いなど国民の経済負担が大きくなる。

類 財政赤字Ⓝ

財政再建Ⓝ（ざいせいさいけん）　国債費の比重が大きくなったことで，高齢社会の到来に備えた福祉政策など，新しい政策課題に応じる財政運営が困難になった。これを財政の硬直化という。そこで，国債に依存した財政体質を改善するために，財政再建をめざすようになった。財政再建に向けて，歳出規模の伸びを全体としておさえ込む政策がとられ，また，消費税が財源確保の一つとして導入された。しかし，1994年度当初予算から再び赤字国債が発行され，財政赤字が深刻化。

類 財政の硬直化

ポリシー-ミックスⓃ[policy mix]　完全雇用・景気政策・国際収支の均衡など複数の政策目標を同時に達成するため，複数の政策手段が組み合わされること。たとえば，完全雇用と国際収支の均衡という目標を同時に達成する場合には，政策手段としては，財政政策と金融政策と為替政策がある。国内経済の過熱，国際収支の黒字という状況なら，国内経済の景気過熱を解消するために財政支出を抑制し，国際収支の黒字を減らすために，外国為替市場で円買い・ドル売り介入して円高に向かわせるべきである。

為替政策Ⓝ（かわせせいさく） 為替レート（為替相場）を操作することによって経済政策目標を達成しようとする政策。インフレを抑制することは，自国通貨を高くする方向に為替レートを変動させ，輸入物価を引き下げることによって可能となる。国際収支の赤字解消には，自国通貨を切り下げ，輸出促進されるようにする。

4 国民経済と景気

国民所得と国内総生産

国富Ⓝ（こくふ） 一国の居住者の資産の合計をストックの概念でとらえたもの。国民の経済活動によって蓄積された成果をあらわす。国民資産（非金融資産＋金融資産）から負債を差し引いたもので，非金融資産（実物資産）と対外純資産の合計に等しい。正味資産ともいう。その内訳は，有形非生産資産（土地など），有形固定資産（工場・機械など），無形固定資産（特許権・商標権など），在庫，対外純資産（債券など）からなる。国民所得を生み出す元本でもあり，そのうち大きな要素を占めるのが土地である。

同 正味資産

国民資産（こくみんしさん） 非金融資産と金融資産とを合わせたもの。国民経済をストックの視点からみた指標で，内閣府が毎年末時点での数値を公表している。2021年末時点における国民資産は約１京2445兆円。このうち金融資産が約8999兆円を占める。

資産Ⓝ（しさん） 経済的な価値をもつ蓄積されたストックとしての富。実物資産・金融資産，有形資産・無形資産などに分けられる。実物資産は，建物や道路・機械などの固定資産，原材料や完成品の在庫などの流動資産からなり，金融資産は現金や有価証券などの資産である。また，公共部門での資産を社会資本とよぶ。

社会資本Ⓝ［social overhead capital］（しゃかいしほん） 社会全体の経済活動にとって，基礎的に必要な公共性のある資本のこと。生産に直結する企業などの生産資本と対比され，社会的共通（間接）資本ともよばれる。道路・鉄道・港湾・空港などの産業関連社会資本と，学校・公共住宅・公園・図書館・緑地・上下水道などの生活関連社会資本とに大別される。また治山・治水など国土を保全する社会資本を，国土保全社会資本という。

社会的共通資本［Social Common Capital］（しゃかいてききょうつうしほん） 社会全体にとっての共通の財産として，社会的な基準にしたがって管理・維持される装置などの総称。社会的間接資本，社会資本ともよばれる。①森・川・大気・水などの自然環境，②道路・公園・上下水道などの社会的インフラストラクチュア，③教育・医療などの制度資本，の三つに大別される。

産業関連社会資本Ⓝ（さんぎょうかんれんしゃかいしほん） 生産基盤社会資本ともいわれる。社会資

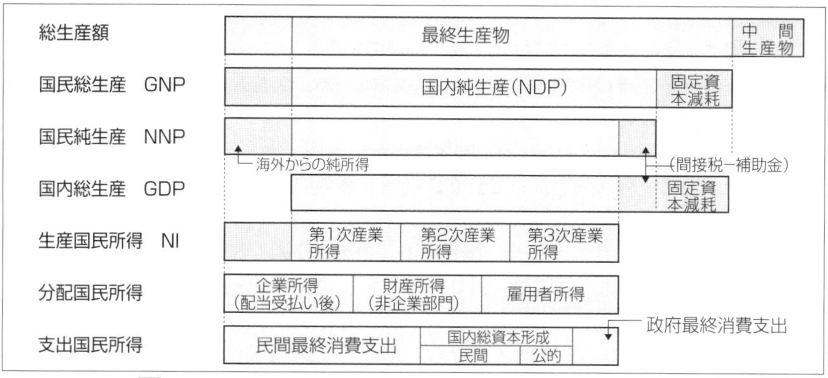

↑ **国民所得の諸概念**（上記グラフは数値に基づいたものではない）

本のうち，生産基盤の拡充や整備をはかるためのもの。港湾・道路・鉄道，工業用地・工業用水の建設・整備などがある。

同 生産基盤社会資本

生活関連社会資本Ⓝ（せいかつかんれんしゃかいしほん）　生活基盤社会資本ともいわれる。社会資本のうち，国民の生活基盤である住宅・上下水道・公園，病院などの医療施設など。日本では，住宅・下水道・公園などの社会資本の不足がめだつ。

同 生活基盤社会資本

国土保全社会資本Ⓝ（こくどほぜんしゃかいしほん）　国土を保全したり，災害を防止するための社会資本をいう。山崩れ・地すべりを防止する治山事業，洪水防止のための河川改修などの治水事業，などがあげられる。

国民所得Ⓝ（**NI**Ⓝ）［National Income］（こくみんしょとく）　一国の居住者が一定期間（通常は1年間）において，財・サービスを生産して得た所得の合計，価値の総額。経済活動をフローの概念でとらえた国民経済計算の用語。国民所得は「国民総所得−固定資本減耗−間接税＋補助金」で示される。また，国民所得には，生産に使用した生産要素の大きさで表示した要素費用表示の国民所得と，市場価格で表示した市場価格表示の2種類の表示方法がある。国民所得指標は，社会的にマイナスになるものでも価格がつけば，プラス計算されてしまうため，国民福祉との関連で限界が指摘されている。

市場価格表示・要素費用表示（しじょうかかくひょうじ・ようそひようひょうじ）　いずれも国民所得などを表示する方法。市場価格表示の国民所得から「間接税マイナス補助金」を差し引いたものが要素費用表示の国民所得となる。

名目国民所得（めいもくこくみんしょとく）　物価の変動を調整する前の，市場価格に基づいてあらわした国民所得。特定の期間の国民所得を貨幣単位で測定し，表示したものなので，インフレのときには，実質的な成長がなくても，前期（過去）よりも名目国民所得が増加することがあり，実際に成長があったかは明らかでない。

実質国民所得（じっしつこくみんしょとく）　国民所得を，物価変動の影響をデフレート（修正）し，ある基準年（度）の貨幣単位で評価しなおしたもの。

生産国民所得Ⓝ (せいさんこくみんしょとく)　国民所得（ＮＩ）を生産面でとらえた概念。一定期間に各種の産業部門で生産された価値の総額を示すもの。産業別国民所得ともよばれる。その内訳は，第一次産業所得・第二次産業所得・第三次産業所得・海外からの純所得である。

分配国民所得Ⓝ (ぶんぱいこくみんしょとく)　国民所得を分配面でとらえた概念。国民所得は賃金・地代・利潤のかたちで分配される。雇用者所得（賃金・俸給），個人業主所得，個人財産所得，法人所得，政府事業所得の合計額である。

支出国民所得Ⓝ (ししゅつこくみんしょとく)　国民所得が企業や個人（家計），政府などに分配された後，どのように消費・投資されたかを支出面からとらえた概念。支出国民所得の内訳は個人消費・民間投資・政府支出である。支出国民所得に減価償却費を加えると国民総支出（ＧＮＥ）になり，それは国民総生産と同額となる。

三面等価の原則 (さんめんとうかーげんそく)　生産・分配・支出の三つの国民所得（ＮＩ）が一致するという原則。国民所得は一国の経済活動の流れをフロー（貨幣の流れ）で分析したもので，１年間の付加価値の合計である。それは，生産→流通→消費の観点からとらえられ，経済循環においては，生産・分配・支出として分析される。これらの生産・分配・支出の各国民所得は，同じものをそれぞれ別の面からとらえたもので，理論上は同額となる。

国民総支出Ⓝ（**ＧＮＥ**）[Gross National Expenditure] (こくみんそうししゅつ)　国民総生産（ＧＮＰ）を支出の面からとらえた概念。ＧＮＰと同額になる。この額からは，どのような経済主体によって財やサービスが購入されたかがわかり，国民粗支出ともいわれる。国民総支出を構成する項目は，民間最終消費支出・政府最終消費支出・国内総資本形成・経常海外余剰（輸出－輸入）の４項目である。

個人消費（支出）Ⓝ (こじんしょうひししゅつ)　個人が消費財を購入する行為とそれにともなう支出のこと。国民経済計算では，支出国民所得の一項目として，国内総資本形成や政府支出などとともに，最終需要の一部分として景気の動向を左右する。

民間消費 (みんかんしょうひ)　政府など公共部門をのぞいた民間部門の消費。消費者（家計・個人）と企業による消費に分かれる。

政府消費 (せいふしょうひ)　政府の支出で，政府による財・サービスの購入のこと。国民経済計算の支出国民所得における消費者の支出，企業の支出（民間投資）とともに一項目を構成する。

経常海外余剰 (けいじょうかいがいよじょう)　国民総支出（ＧＮＥ）を構成する項目の一つ。「輸出と海外からの所得」から「輸入と海外への所得」を差し引いたもの。国際収支表では貿易収支とサービス収支などの合計額に等しい。現在の国民経済計算では「海外からの所得の純受取」と表記されている。

国民総生産Ⓝ（**ＧＮＰ**Ⓝ）[Gross National Product] (こくみんそうせいさん)　国民経済において，一国の一定期間（通常は１年間）に生産され，市場で最終的に売買された合計金額である総価値額から，中間生産物の価値額を差し引いた金額のこと。中間生産物とは他の企業・産業が原材料として生産したもので，中間生産物が二重計算されないように差し引く。国民総生産とは，外国で生産活動をしている日本企業や日本人が，日本に送金した所得も含まれる。しかし，日本国内で生産活動をしている外国企業が，海外に送金した所得は含まれない。この国民総生産から固定資本減耗分を差し引くと，市場価格表示の国民純生産（ＮＮＰ）となり，さらに「間接税－補助金」を差し引くと国民所得（ＮＩ）になる。

グリーンＧＮＰ　現行の国民経済計算の概念を批判的にとらえた指標の一つ。環境の質の低下や資源の減少などにともなう社会的コストを，ＧＮＰに反映させようと，1991年にＯＥＣＤ（経済協力開発機構）で合意された。グリーンＧＤＰと同義。具体的には，ＧＤＰから帰属環境費用（環境を悪化させないために追加的に必要な経費の推計額）を差し引いたもの。

国民総幸福Ⓝ（**ＧＮＨ**Ⓝ）［Gross National Happiness］(こくみんそうこうふく)　正式な経済用語として確立されたわけではないが，ＧＤＰやＧＮＰにかわって「豊かさ」を問い直す概念として主張されている。生態系の豊かさ，伝統文化や精神文化の維持，経済的な公正さ，よい政治という四つの指標がある。2008年に王政から立憲君主制に移行したブータンの新憲法に，これがもり込まれている。

ベター-ライフ-インデックスⓃ［Better Life Index］「より良い暮らし指標」と訳される。ＯＥＣＤ（経済協力開発機構）が2011年に提唱した豊かさを測る新しい概念。

中間生産物Ⓝ(ちゅうかんせいさんぶつ)　生産過程の中間段階において，その財の生産のために使用される（他でつくられた）生産物のこと。中間財ともいう。原材料や燃料などの生産財がこれにあたる。なお国民経済計算では，年（度）内に消費されず，在庫投資となって翌年に持ちこされた中間生産物は，最終生産物の取り扱いになる。中間生産物は中間投入額ともいう。

同 中間投入額

最終生産物Ⓝ(さいしゅうせいさんぶつ)　生産工程の最終段階でつくられた完成品のこと。最終生産物はその使いみちから，最終消費財と最終生産財に分類され，消費されるか在庫投資などとなり，生産者に販売されるか，輸出される。

付加価値Ⓝ［value added］(ふかかち)　生産物を生産する過程で新たに生みだされた正味の価値のこと。国民経済において，１年間に新たに生産された財・サービスの総額から，それを生産するのに要した原材料や燃料・動力，さらに有形固定資産の減価償却費（固定資本減耗分）を差し引いた残りの部分である。付加価値は，生産の諸要素に対する報酬である賃金・利子・地代・利潤の合計でもある。そして，国全体の一定期間内の付加価値の合計は，国民純生産（ＮＮＰ）。

フローⓃ［flow］　一国の経済活動をとらえる経済のバロメーターの一つ。消費や所得などにおいて一定期間（３か月とか１年など）の財・サービスや貨幣の流れをみるもの。代表的なものには，国民総所得（ＧＮＩ），国民純所得（ＮＮＩ），国民所得（ＮＩ）がある。このほかに家計調査・鉱工業生産・産業連関表・国際収支表など，主要な経済統計の大部分はフローに関するものである。

ストックⓃ［stock］　経済活動をとらえるためのバロメーターの一つ。一定の時点における企業や家計など，経済主体が保有する財産（資産）を集計したもの。資産の蓄えであり，国富・国民総資産ともいわれる。

国民純生産Ⓝ（**ＮＮＰ**Ⓝ）［Net National Product］(こくみんじゅんせいさん)　一定期間内（通

常は１年間）に，各種の生産要素の提供によって居住者が報酬として受け取った総額で，付加価値（最終生産物）の合計。国民総生産（ＧＮＰ）から固定資本減耗を差し引いたもので，国民総生産よりもその年の純粋な生産額がわかる。

固定資本減耗Ⓝ（こていしほんげんもう）　建物や設備・機械などの有形固定資産が，生産過程で消耗（減耗）または滅失した額を示すもの。また，企業などの通常の生産活動による消耗として，企業会計上の費用と評価されるものを減価償却（費）という。国民総生産（ＧＮＰ）には含まれるが，生産のための費用とみなされるため，国民所得（ＮＩ）には含まれない。

類 減価償却（費）Ⓝ

間接税Ⓝ（かんせつぜい）　税金を納める人と，その税金を実質的に負担する人とが異なる税金。消費税や酒税などがある。国民所得統計上は，間接税が含まれた分だけ製品価格は高く表示されるため，間接税を差し引く必要がある。

補助金Ⓝ（ほじょきん）　国が一般会計から，たとえば，幼稚産業の保護や対外競争力の強化などの政策目的の実施のために交付する金銭的給付のこと。各種の助成金や交付金などが含まれる。国民所得統計上，補助金が出ている分だけ製品価格は低く表示されるため，補助金分を加算する。

国内総生産Ⓝ（**ＧＤＰ**Ⓝ）［Gross Domestic Product］（こくないそうせいさん）　一国内で通常は１年間に生産された総生産額から中間生産物を差し引いたもので，新たに生産された付加価値のみを計算したもの。自国民であるか，外国人であるかに関係なく，その国での生産活動でつくりだされた所得をさす。たとえば，農家の自家消費はＧＤＰに参入される。一方，家事労働など市場で取り引きされないものはＧＤＰに算入しない。

国内総支出Ⓝ（**ＧＤＥ**）［Gross Domestic Expenditure］（こくないそうししゅつ）　一国内における経済（生産）活動によって生みだされた付加価値を支出項目の合計としてとらえたもの。国内総生産を支出面からとらえたものである。

国内純生産（**ＮＤＰ**Ⓝ）［Net Domestic Product］（こくないじゅんせいさん）　国内で産出された純付加価値の合計。国内総生産（ＧＤＰ）から固定資本減耗分を差し引いたものが，市場価格表示の国内純生産である。

国民純福祉Ⓝ（**ＮＮＷ**Ⓝ）［Net National Welfare］（こくみんじゅんふくし）　国民福祉指標の一つ。福祉国民所得ともいわれる。従来の国民総生産や国民所得では，国の経済規模ははかれても，公害などの問題に関して国の豊かさや国民福祉の観点からは不十分であるとの批判が強かった。そこで1970年代に，国民福祉をはかる指標として作成されたバロメーターである。ＮＮＷは，①政府消費，②個人消費支出，③政府資本財サービス，④個人耐久消費財サービス，⑤余暇時間，⑥市場外活動（主婦の家事労働時間を女性の平均賃金で評価）の６項目を合計し，マイナス項目としての①環境維持費，②環境汚染，③都市化にともなう損失の３項目を控除したものとして示される。

家事労働Ⓝ（かじろうどう）　家庭内での炊事・洗濯・掃除・育児などの労働のこと。ボランティアなどの社会活動も含めてアンペイドワーク（無償労働）ともいう。従来は主に専業主婦（主夫）によって担われてきた。国民所得勘定では，家事労働は市場で取り引きされないためカウントされない。内閣府が行った無償労働の貨幣換算額（2011年）は女性全体で一人あたり年間192万8000円，専業主婦は約304万1000円だった。

類 アンペイドワーク（無償労働）

余暇Ⓝ（よか） 労働から解放された自由な時間。経済の発展や所得水準の向上により，国民の余暇生活への欲求が増大してきた。国民所得勘定では，カウントされないため，何らかの方法で余暇時間も計算すべきであるとして，国民純福祉（ＮＮＷ）などが試みられている。

国民経済計算体系［System of National Accounts］（こくみんけいざいけいさんたいけい） 一国における１年間の経済活動の全体像とその循環過程を各種の経済データを集計・整理して，包括的に把握したもの。1953年に国連によって基準が示された（旧ＳＮＡ）。1978年度には日本も国連の新基準に従った新ＳＮＡに移行した。内閣府が『国民経済計算年報』を公刊している。

新ＳＮＡ統計（しん-とうけい） 新国民経済計算体系のこと。国連が1968年に各国に提示，日本は1978年度にこの方式に全面的に改めた。新ＳＮＡの内容構成は，ＧＮＰを中心とする従来の国民所得統計を母体にして，それまで独立の統計だった産業連関表・資金循環表・国民貸借対照表・国際収支表の四つの統計を統合し，五つの経済勘定からなる。さらに2000年10月から，国連が1993年に勧告した新しい国際基準である93ＳＮＡ統計に移行した。2016年度末から08ＳＮＡに移行している。

国民総所得Ⓝ（**ＧＮＩ**）［Gross National Income］（こくみんそうしょとく） 93ＳＮＡ統計への移行にともない，従来のＧＮＰにかわって用いられている概念。ＧＮＰと同じものだが，ＧＮＰが生産物の測度であるのに対して，ＧＮIは所得（分配面）からとらえた指標である。

金融資産Ⓝ（きんゆうしさん） 貨幣及び貨幣請求権である債権の総称。現金・預貯金・有価証券・貸付金・各種信託などがある。たとえば，現金や預金・国債・社債・株式などは家計にとっての金融資産であり，貸し出しは銀行の金融資産である。

実物資産Ⓝ（じつぶつしさん） 有形資産とほぼ同義で，金融資産に対する概念。建物・機械装置・港湾・治水・道路・交通，また鉄道車両や自動車をはじめとする輸送手段などの固定資産と，原材料・完成品などの在庫などの流動資産からなる。国民経済計算では，非金融資産という。

固定資産Ⓝ（こていしさん） 流通を目的とせず，長期間にわたって所有する財産。土地や建物などの有形固定資産と，特許権や商標権などの無形固定資産に大別される。

雇用者所得（こようしゃしょとく） 雇用者とは，生産活動の従事者のうち，個人事業主や無給の家族従業員を除いた者をいう。法人企業の役員なども雇用者である。雇用者所得は勤労者所得・労働所得ともいわれ，労働力を提供する対価として受け取る給与や賞与・俸給などをさす。国民経済計算では，雇用者報酬という。

同 雇用者報酬Ⓝ

企業所得Ⓝ（きぎょうしょとく） 企業の得た利潤から，利子などの他人資本に対するものを控除した残額で，企業の純利益のこと。民間法人企業所得・個人企業所得・公的企業所得に分類される。

法人所得(ほうじんしょとく)　法人企業が経済活動によって得た利益のこと。営業による収益はもちろん，営業外利益（受取利息・有価証券売却益・雑収入）など，対外取り引きによって生じたすべての収益が含まれる。企業会計においては，益金（利益）の総額から，費用や損金の総額を差し引いた額。

個人業主所得(こじんぎょうしゅしょとく)　政府や企業などに雇われずに，個人が自ら独立して事業を営むことによって得られる所得。事業収入ともいわれる。農家や商工業の自営業者・開業医・弁護士・著述業などの所得があげられる。

財産所得Ⓝ(ざいさんしょとく)　利子所得・配当所得・賃貸料所得などのように，保有する資産を他に利用させることによって生じる所得（収入）。国民経済計算では，金融資産，土地（地代）及び無形資産（特許権・著作権など）の賃貸または出資によって生じるものをさす。

法人留保(ほうじんりゅうほ)　法人所得から，税（法人税・土地税など）や配当・役員賞与などを差し引いて残った未分配の利益のこと。利益準備金・任意積立金などからなる。内部留保・社内留保ともいわれる。

国内総資本形成(こくないそうしほんけいせい)　国民総支出（ＧＮＥ）の一項目で，国内に現存する総資本へ新たに追加される財・サービスの価値額。国内総固定資本形成（政府・企業の設備投資，政府・家計の住宅投資）と在庫品増加。

純投資(じゅんとうし)　一定の期間内における資本ストックの増加分（国民経済計算の総資本形成）から，固定資本減耗引き当て分を差し引いたもの。国民所得から消費を差し引いた部分に等しい。

経済編

経済成長

経済成長Ⓝ(けいざいせいちょう)　一国の国民経済の規模が長期間に量的に拡大することであり，国内総生産（ＧＤＰ）や国民所得（ＮＩ）が年々増加する現象をいう。第二次世界大戦後の世界各国は，経済成長を経済政策の最重要目標としてきた。経済成長の速度を示すバロメーターが経済成長率である。

経済成長率Ⓝ(けいざいせいちょうりつ)　一定期間内（通常は１年間）における経済進度を示すバロメーター。国内総生産（ＧＤＰ）の対前年（度）伸び率で示される。一国の経済状態の好・不況をあらわす重要な指標である。経済成長率には，物価上昇分を含む名目経済成長率と，これを含まない実質経済成長率とがある。

名目経済成長率Ⓝ(めいもくけいざいせいちょうりつ)　経済成長率の一つで，物価水準の変動を調整せずに，物価変動分も含めた成長率。名目国内総生産に基づいて算出される。

実質経済成長率Ⓝ(じっしつけいざいせいちょうりつ)　経済成長率の一つで，実質成長率ともよばれる。物価水準の変動を調整したもので，一般に経済成長率といえばこの数値をさす。名目経済成長率よりも経済実態に見合った，より正確な数値であるといえる。実質国内総生産（実質国民総生産）の対前年（度）伸び率で示される。

ＧＤＰデフレーターⓃ　物価変動を修正し，国民所得統計の名目値を実質値に換算するために用いられる物価指数のこと。インフレで膨張した名目値をもとに戻す（デフレートする）ことからこうよばれる。

高度経済成長Ⓝ（こうどけいざいせいちょう） ☞p.213（高度経済成長）

安定成長Ⓝ[stable growth]（あんていせいちょう） 日本では，高度経済成長の過程で，インフレーションの慢性化，過疎・過密の問題，社会資本の立ち遅れ，国際収支の不均衡，公害問題など，さまざまなひずみが発生した。こうした問題を解決し，バランスのとれた成長を達成していくことを安定成長という。

マイナス成長Ⓝ（-せいちょう） 実質国内総生産が前年（度）に比べて減少し，経済成長率がマイナスになること。内閣府の統計によれば，新型コロナウイルス問題が起きた2020年度の実質成長率はマイナス4.5%。これは世界金融危機が生じた2008年度のマイナス3.6%を超える近年最悪の数値である。

景気変動

景気Ⓝ[business conditions]（けいき） 経済の全般的な活動水準や活動状況，個々の企業や産業界の好・不調をあらわすことば。景気には必ず波がともなう。経済活動が活発で，生産・販売が増加し，利益が上がり，雇用者が増加する過程を好景気（好況）といい，逆に経済活動が沈滞して，売れ行きが悪く，利益が減り，企業の倒産や失業者の増加がめだつ過程を不景気（不況）という。

景気指標（けいきしひょう） 景気変動のようすをみるための経済指標。物価指数・鉱工業生産指数・有効求人倍率・百貨店販売額・機械受注・企業収益・倒産件数など個別の指数を総合して作成される。その代表に，内閣府が毎月公表する景気動向指数があり，①景気に先行して動く，東証株価指数などの先行系列，②景気とほぼ一致して動く，有効求人倍率などの一致系列，③遅れて動く，家計消費支出などの遅行系列からなる。

景気動向指数Ⓝ（けいきどうこうしすう） 景気の好・不況の局面をいち早く把握するための指数。景気に反応しやすい28系列の経済指標に基づく。数値は毎月，内閣府によって作成・公表される。景気変動を量的にとらえたコンポジット-インデックス（ＣＩ）と，景気変動の方向性をとらえたディフュージョン-インデックス（ＤＩ）とがある。従来は主としてＤＩが用いられてきたが，近年では国際的な動向にあわせ，ＣＩを中心にした公表形態となっている。ＣＩは基準年を100として，指数がそれより上昇すれば景気は拡張局面に，下降すれば後退局面にあると判断される。

同 コンポジット-インデックス（ＣＩⓃ） ディフュージョン-インデックス（ＤＩⓃ）

景気循環Ⓝ（**景気変動**Ⓝ）（けいきじゅんかん）（けいきへんどう） 経済活動が活発な時期と停滞する時期とが循環する，資本主義経済に特有な経済変動のこと。資本主義経済では生産の無政府性（無計画性）から，見込み生産が行われるため，社会全体の需要と供給に不均衡が生じ，景気の変動が発生する。景気は，好況→後退→不況→回復という４局面を循環する。このうち，景気後退が急激かつ大規模にあらわれる現象を恐慌（パニック）とよぶ。1929年の世界大恐慌はよく知られている。また，循環の原因や期間によって，コンドラチェフの波・クズネッツの波・ジュグラーの波・キチンの波などに区別される。

好況Ⓝ[boom]（こうきょう） 景気循環の谷（ボトム）から山（ピーク）へかけての局面。経済活動が最も活発な状態をさす。有効需要が持続的に拡大し，商品への需要が供給を上まわり，企業の生産活動が活発になって失業者も減少する。また，物価の上昇をともなうことが多い。

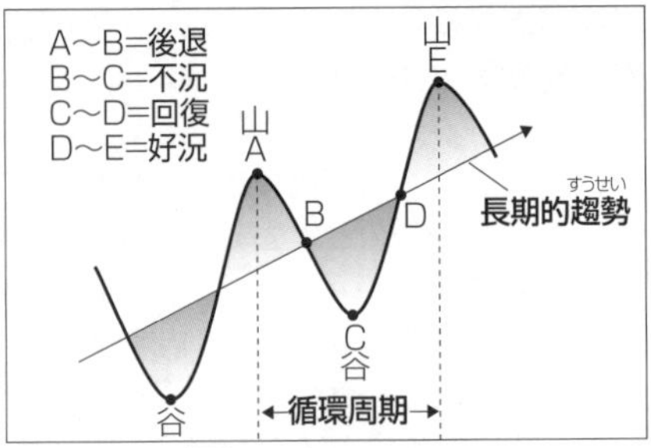

↑ 景気循環の４局面

後退Ⓝ[recession]（こうたい） 景気循環における景気の下降局面をいう。ゆるやかな縮小過程。好況による過剰生産が表面化して，物価の下落，企業利潤の低下，企業の設備投資の縮小，倒産・失業者の増大がみられ，実質国民所得の低下に。

不況Ⓝ[depression]（ふきょう） 経済活動が全面的に低下・停滞した景気循環の谷の局面をさす。総供給に対して有効需要が不足し，商品が売れ残り，在庫が増加，商品価格は下落して，生産や所得は減少する。企業倒産が起こり，失業者も急増。

回復Ⓝ[recovery]（かいふく） 景気循環中の最終局面。不況による生産縮小が続いた結果，過剰な生産設備の整理が行われ，生産量に対して有効需要が多くなり，商品の需給バランスが均衡化し，新たな投資や新技術導入を契機に生産が再開される時期。また失業者が減少，雇用が安定し，経済活動全体に活気がもどる。

恐慌Ⓝ[crisis, panic]（きょうこう） 景気の後退が急激かつ大規模に生ずる現象。経済恐慌。需要の減退により，商品は予想された市場価格での販売が不可能になり，また銀行の取り付け騒ぎなども起こり，価格・信用の両経済領域が全面的な不能に陥る，経済全体の一時的まひ状態でもある。

世界大恐慌Ⓝ[The Great Depression]（せかいだいきょうこう） 1929年10月24日（木）のニューヨーク株式市場の大暴落（ブラック-サーズデー）を契機に始まった世界的規模の恐慌のこと。経済活動の水準の落ち込み，不況期間の長さなど類をみないものとなった。 ☞p.142（世界大恐慌）

ブラック-マンデーⓃ[Black Monday] 1987年10月19日（月），ニューヨーク株式市場で起こった株価大暴落のこと。この日，株式の売り注文が殺到，ダウ平均の終値は前日比で22.6%，508ドル値を下げ，世界中の株式市場も連鎖反応を起こし，「世界大恐慌の再来か」と脅威を与えた。

世界金融危機Ⓝ（せかいきんゆうきき） ☞p.413（世界金融危機）

長期波動Ⓝ（ちょうきはどう） 約50～60年を周期とする長い期間の経済変動。発見者で，旧ソ連の経済学者の名をとって，コンドラチェフの波ともいわれる。この波動の原因は，シュンペーターの唱えた技術革新によるものとする説が有力。第1波動は綿業を中心とする産業革命（18世紀末～19世紀半ば），第2波動は鉄鋼業と鉄道の発展（19世紀後半），第3波動は電気・科学・自動車の発展（1890年代～1920年代），第4波動はコンピュータ・航空機・石油化学の発展（第二次世界大戦後），そして1980年代後半から現在を，情報化を軸とする第5波動とする主張がみられる。

同 コンドラチェフの波Ⓝ

コンドラチェフⓃ[N. D. Kondratieff, 1892 ～ 1938]　旧ソ連の経済学者。農業問題や景気変動の研究者として知られ，特にアメリカやイギリスの1780 ～ 1925年の145年間の物価水準などの統計から，時代の基本的技術の革新と関連づけ，約50 ～ 60年間の長い周期をもつ波動を分析。

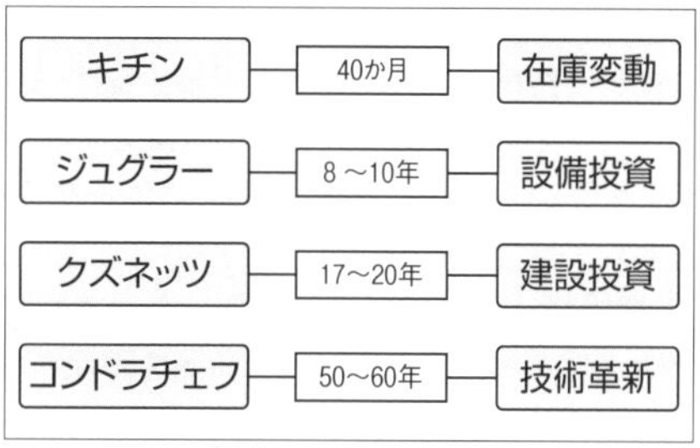

↑ 景気循環の種類

中期波動Ⓝ(ちゅうきはどう)　約8 ～ 10年を周期とする景気循環。主に企業の設備投資に起因する景気の波動。在庫循環を三つほど含む。19世紀後半に，フランスの経済学者ジュグラーが，主著『フランス・イギリス・合衆国における商業恐慌とその周期的な反復』(1862年)で，銀行の貸し出し額や利子率・物価などの統計から発見したため，ジュグラーの波とよばれる。景気循環の主循環。

同 ジュグラーの波Ⓝ

ジュグラーⓃ[J. C. Juglar, 1819 ～ 1905]　フランスの経済学者。約8 ～ 10年の周期をもつ商業恐慌を景気循環の一局面としてとらえ，その規則的反復を統計的に明らかにした。中期波動の発見者として有名。

設備投資変動(せつびとうしへんどう)　設備投資を主な原因とする循環。約8 ～ 10年を周期とする波動。主循環・中循環，またはジュグラーの波ともいわれる。

建築循環(けんちくじゅんかん)　クズネッツが発見した景気変動。クズネッツの波ともよばれる。アメリカでの住宅やビル建築を起因とする国民総生産(GNP)に約17 ～ 20年間の波動がみられるとした。

同 クズネッツの波Ⓝ

クズネッツⓃ[Simon Smith Kuznets, 1901 ～ 85]　旧ソ連に生まれ，後にアメリカに帰化した経済学者・統計学者。国民所得統計を整備してアメリカの経済成長の分析などで業績をあげた。また，移民や人口の自然増加率，鉄道敷設や貨幣供給との関連で，経済は約17 ～ 20年(主循環の約2倍)の周期をもつ。

短期波動Ⓝ(たんきはどう)　およそ40か月(3 ～ 4年)を周期とする短い期間の景気波動。主に企業の在庫投資の変動が原因とも。在庫循環・小循環ともキチンの波。

同 キチンの波Ⓝ

キチンⓃ[J. Kitchin, 1861 ～ 1932]　アメリカの経済学者。アメリカ・イギリスの1890 ～ 1922年の間における手形交換高や卸売物価及び利子率の動きを時系列に分析し，約8 ～ 10年の周期をもつジュグラーの波のほかに，約40か月を周期とする短期波動があることを，1923年に発見した。

在庫変動Ⓝ(ざいこへんどう)　企業による在庫投資の変動に起因する，平均40か月を周期とする景気変動のこと。短期循環・小循環，またはキチンの波といわれる。

投資Ⓝ(とうし)　利潤獲得を目的に，資本や資金を投下し，利潤と資本を回収すること。特に実物資産(製品や原材料・固定資本設備)のストックの増加分。投資は，経済発展の原動力であり，設備投資の動向は経済の変動と重大な相関関係。

設備投資Ⓝ（せつびとうし） 企業が将来の生産活動を拡大しようと，機械設備の増設や工場規模の拡大をはかる投資。資本形成ともいう。景気変動や経済成長の要因として重要。設備投資は，まず需要を創出する。設備投資による需要は，需要全体の15～20％を占め，経済成長率の動きを左右する。さらに，完成後には供給力として機能する。

在庫投資（ざいことうし） 一定期間において原材料や製品の在庫が増減すること。企業による一定量の原材料や製品の確保を在庫という。在庫は投機的動機や販売不振などにより，比較的短期間に変動する。

景気政策（けいきせいさく） 景気を安定させるために行われる財政・金融政策の総称。景気安定化政策ともいわれ，基本的には景気変動を緩和させ，安定的な経済成長を目的とする。景気過熱の恐れがあれば財政・金融面からの引き締めを主体とする景気抑制策を実施。一方，景気後退の場合には，財政支出の拡大，減税，金融緩和などの景気刺激策を行う。

景気刺激策Ⓝ（けいきしげきさく） 景気の後退期に行われる，財政支出の拡大，減税，金融緩和を主な内容とする景気安定化政策。特に公共事業（土木・建設）への財政資金の投入は，スペンディング-ポリシー（呼び水政策）といわれる。また，その資金源は公債発行でまかなわれる。日本の建設国債はこの例。

景気抑制策（けいきよくせいさく） 総需要が供給能力を上まわり，物不足や物価の上昇などがあらわれる景気の過熱期に，金融の引き締めや投資規制，財政収縮などの政策を行うこと。これによって経済不安定を回避し，恐慌などの発生を防止する。

傾向波動（けいこうはどう） 時間の経過（月・四半期・年などの単位）の順に整理した時系列変動で，長期にわたって成長や後退などの傾向を示すもの。景気波動。

循環波動（じゅんかんはどう） 一定の周期で上下に変動するもので，通常は季節変動を除いたものをさす。いわゆる経済の好況・不況である景気変動は，この代表的なもの。

3章　現代の日本経済

1　日本経済のあゆみ

日本経済の発展

経済の民主化(けいざい-みんしゅか)　日本の非軍事化・民主化のためにGHQ（連合国軍総司令部）が行った日本経済の大変革。労働組合運動の合法化，財閥の解体，農地改革などを主な内容とする。これらの経済民主化は，占領統治政策として行われた。日本の軍国主義や封建制の基盤を排除するのが，占領軍の初期の目的。

財閥解体Ⓝ(ざいばつかいたい)　GHQによる占領統治政策で，過度集中排除（独占禁止）とも関連する。①財閥の存在や経済力の過度の集中が，戦争の原因となった，②独占的資本は，自由な経済，企業の発達のさまたげになった，と考えられた。持株会社整理委員会によって三井・三菱・住友・安田の四大財閥をはじめ，中小財閥の所有株式の公開処分が行われた。また，財閥系列も含め，独占傾向をもつとみなされた企業の分割が行われた。銀行はその指定を免れた。

過度経済力集中排除法(かどけいざいりょくしゅうちゅうはいじょほう)　独占的資本（大企業）を分割し，再編成するために，1947年に制定された法律。

農地改革Ⓝ(のうちかいかく)　☞p.233（農地改革）

労働組合の合法化(ろうどうくみあい-ごうほうか)　GHQによる経済の民主化の一つ。治安維持法を廃止して，1945年に労働組合法を制定したのをはじめ，労働三権の保障，労働三法の制定がなされ，労働関係の民主化をめざした。

傾斜生産方式(けいしゃせいさんほうしき)　戦後の経済再建のための重点産業復興政策。政府は1946年に「石炭・鉄鋼の超重点的増産計画」を決定し，輸入重油と石炭を重点的に鉄鋼部門に配分し，増産された鉄鋼をさらに石炭生産部門へと配して，循環的に増産をはかろうとした。また，復興金融金庫から設備・運転資金が重点的に融資された。1949年のドッジ-ラインの採用によって停止された。

復興金融金庫(ふっこうきんゆうきんこ)　1947年に設立された政府機関。戦後の経済再建過程で傾斜生産方式が採用された際，重点企業の資金需要をまかなった。長期の設備資金の供給を行う金融機関の役割を果たした。一方で，その資金を日銀引き受けの復金債でまかなったため，インフレ（復金インフレ）をもたらした。1949年のドッジ-ラインの実施にともなって，1952年に日本開発銀行（現在の日本政策投資銀行）に吸収された。

GARIOA（ガリオア）［Government Aid for Relief in Occupied Area Fund］　占領地域救済政府資金。アメリカ政府の予算から占領地域への救済資金で，食料・医薬品などの輸入にあてられた。

EROA（エロア）［Economic Rehabilitation in Occupied Area Fund］　占領地域経済復興援助資金。アメリカ政府の予算から占領地域の経済自立や復興への資金で，主に工業原料品の輸入にあてられた。

経済安定九原則Ⓝ(けいざいあんていきゅうげんそく)　1948年，アメリカがＧＨＱを通じて日本に指令した，インフレ収束を基調とする経済自立のための政策。均衡財政・税収強化・厳選融資・賃金安定・為替管理などをドッジ-ラインとして実施。

ドッジ-ラインⓃ[Dodge Line]　1948年の経済安定九原則の実施のために，1949年にアメリカ政府から派遣された銀行家ドッジが来日，超均衡予算案を軸にインフレをおさめる経済政策を立案した。公債発行停止や単一為替レートの設定などが実施された。その結果，インフレは収束したが，厳しい不況（安定恐慌）におちいった。

超均衡財政(ちょうきんこうざいせい)　インフレを収束させるために行われた増税と財政支出の削減のこと。ドッジの指示で実施された。

シャウプ勧告(-かんこく)　1949年，連合国軍最高司令官に提出された日本税制調査団による報告書。団長を務めたコロンビア大学の経済学者シャウプの名に由来する。所得税など国税と総合課税による，直接税中心の制度確立を勧告した。所得税の累進課税制度が導入された。

単一為替レートの設定(たんいつかわせ-せってい)　ドッジ-ラインによって，１ドル＝360円の単一為替レートが設定され，日本は国際経済に復帰した。

安定恐慌(あんていきょうこう)　インフレーションを収束するときに起こる恐慌。インフレを収束させるためには，増税と財政支出の削減による超均衡財政の実施や，金融の引き締めによる通貨量の抑制などが実施される。これによって，企業が倒産したり，購買力の低下や生産の停滞，失業の増加という一種の恐慌状態が出現する。ドッジ-ラインはインフレを収束させたが，日本経済は安定恐慌におちいり，中小企業の倒産や失業者が急増した。

朝鮮特需Ⓝ(ちょうせんとくじゅ)　特需とは，戦争にともなって発生した戦争関連物資やサービスの特別需要をさす。ドッジ-ラインで不況となった日本経済は，1950年から始まる朝鮮戦争の特需で好景気を迎えた。繊維関係と鉄鋼分野を中心に輸出の拡大はめざましく，さらには消費需要の増大をもたらし，設備投資の増加を支えた。しかし，戦争による特需・好景気は一時的なものだった。

類 特需景気

特需Ⓝ(とくじゅ)　戦争にともなって発生した戦争関連物資やサービスの特別な需要のこと。朝鮮戦争やヴェトナム戦争時のそれが有名。

神武景気(じんむけいき)　1954年11月から1957年６月頃までの好景気のこと。「日本はじまって以来」という意味で神武景気とよぶ。この期間には，民間設備投資が伸び，新製鉄所や石油コンビナートの建設，家庭用電気製品の生産拡大によって，物価の安定のもとで実質的な経済の成長が実現した。

「もはや『戦後』ではない」Ⓝ(-せんご-)　1956年の『経済白書』に記された日本経済を分析したことば。「もはや『戦後』ではない。われわれはいまや異なった事態に当面しようとしている。回復を通じての成長は終わった」という厳しい表現で，戦後復興による経済成長からの脱皮が主張された。

スクラップ-アンド-ビルドⓃ[scrap and build]　技術革新などによって古くなった

生産設備などを廃棄し，新たな設備投資で生産の拡大をはかること。

なべ底不況(-ぞこふきょう)　1957年から約1年間みられた景気後退のこと。神武景気で過剰投資が発生したため，なべの底のように長い期間，景気は停滞すると考えられた。しかし，実際にはV字型の回復をたどり，次の岩戸景気につながった。

高度経済成長Ⓝ(こうどけいざいせいちょう)　1960年の池田勇人(はやと)首相による「国民所得倍増計画」の発表前後から，1973年の石油危機の頃まで，年平均実質10%をこえる経済成長が継続した期間をいう。その要因として，国内的には①積極的な技術革新の導入，②安価で優秀な労働力，③活発な設備投資，④国民の高い貯蓄率，⑤政府の活発な産業育成・保護政策，⑥低い軍事支出と民需中心の経済，⑦終身雇用と年功序列賃金による労使協調路線の形成など。国際的には①世界的な経済発展，②相対的に割安な為替レート，③継続的に生じた戦争特需，④安価な原料・燃料資源の入手，などがあげられる。

三種の神器Ⓝ(さんしゅ-じんぎ)　高度経済成長の時期に庶民が欲した高価で有用な三つの耐久消費財。具体的には，白黒テレビ・冷蔵庫・洗濯機。その後，カラーテレビ・乗用車・エアコンが新三種の神器とよばれた。元は，皇位の象徴として歴代天皇が継承してきたとされる三つの宝物の意。

岩戸景気Ⓝ(いわとけいき)　1958年から1961年の約42か月にわたる好景気。神武景気を上まわる，天の岩戸以来の好景気という意味。この時期は特に「規模の経済」の追求が強まり，量産規模拡大投資が増加した。さらに臨海工業地帯（地域）のように，エネルギーの石油への転換を背景に新立地の工業地帯の開発が進んだ。政府の公共投資も，インフラストラクチャー（経済基盤）の整備を中心に増加した。農村人口が都市に急速に吸収されたのもこの頃である。

技術革新Ⓝ（**イノヴェーション**Ⓝ）［innovation］(ぎじゅつかくしん)　新しい技術，新しい生産方法などを生産活動に導入すること。日本の高度経済成長も，新製品の登場（家電・自動車など），新生産方式（オートメーション），新市場（輸出市場の拡大），新資源（石炭から低廉石油への転換），新組織（日本的経営など）などのイノヴェーションによるものとされる。　☞ p.158（技術革新）

「投資が投資をよぶ」(とうし-とうし-)　1960，61年の『経済白書』で使用された表現。設備投資は需要を拡大するが，供給過剰状態になるので，限界があると考えるのが常識的だが，昭和30年代前半はさらに設備投資を誘発し続けた。

国民所得倍増計画Ⓝ(こくみんしょとくばいぞうけいかく)　1960年，経済審議会の答申を受け，池田勇人内閣によって閣議決定された計画。1961年からの10年間で国民所得を2倍にするというもの。①社会資本の充実，②産業構造の高度化，③貿易と国際経済協力の促進，④人的能力の向上と科学技術の振興，⑤経済の二重構造の緩和と社会的安定の確保などが遂行され，10年待たずに目標値に達した。

同 所得倍増計画Ⓝ

オリンピック景気Ⓝ(-けいき)　1964年の東京オリンピック開催準備の過程で，諸需要が増加して起こった好景気。東海道新幹線や高速道路などの建設が象徴的。

東京オリンピックⓃ(とうきょう-)　1964年10月，東京で開催された第18回オリンピック大会。アジアで最初のオリンピック大会となった。93か国が参加。整然たる大会運営と日本の選手団の好成績は，その国力の伸長を国内外に印象づけた。この年，東海道新幹線が開通。開会式のあった10月10日は，国民の祝日「体育の日」（現在は10月の第２月曜日）となった。2020年には，２回目の東京オリンピックが開催される予定だったが，2019年新型コロナウイルス流行問題を受けて，2021年に延期された。

日本万国博覧会Ⓝ（にほんばんこくはくらんかい）　1970年，大阪・吹田市の千里丘陵で開かれた万国博覧会。大阪万博の統一テーマは「人類の進歩と調和」。

国際収支の天井（こくさいしゅうし-てんじょう）　自由貿易下では，輸入が増大した場合，輸入代金支払いをまかなうだけ輸出が増えないと，外貨準備の不足から，国際貿易は停滞せざるをえない。こうした限界を国際収支の天井とよぶ。1960年代前半までの日本経済は，しばしばこの天井にぶつかった。

昭和40年不況（しょうわ-ねんふきょう）　1965年の不況。「証券不況」ともよばれた。国際収支の悪化，過剰設備投資で資本稼働率が低下し，企業の収益が後退した。政府は国債発行による財政支出で対応した。

転換期Ⓝ（てんかんき）　1962年の『経済白書』で指摘されたことば。設備投資中心の成長から消費や財政主導の成長への移行について言及。昭和40年不況は過剰設備投資への調整とみられたが，当時は転換期で，成長率が大幅に低下するという悲観論が高まった。

歳入補塡公債の発行（さいにゅうほてんこうさい-はっこう）　昭和40年不況の際，金融を緩和しても企業は設備投資を増やさず，景気は回復しなかった。そのため政府は，財政支出を増やすことによって需要を喚起し，景気回復をはかった。しかし不況で税収が減じ，戦後初めて事実上の赤字国債が発行された。

重厚長大Ⓝ・**軽薄短小**Ⓝ（じゅうこうちょうだい・けいはくたんしょう）　重厚長大とは製鉄業のような巨大な生産設備をもつ基幹的な産業をいい，軽薄短小とはエレクトロニクスに象徴されるハイテク産業をいう。前者は工業化社会の中心であるのに対し，後者は情報化社会の象徴である。

いざなぎ景気Ⓝ（-けいき）　1965年から1970年の約57か月にわたる好景気。自動車や家電製品など耐久消費財の需要が拡大し，設備投資が増大した。半面，公害・インフレーションなどの問題も顕在化した。

日本列島改造論Ⓝ（にほんれっとうかいぞうろん）　1972年に田中角栄首相が提唱した開発論。公共投資を軸に，産業を分散して都市の過密を解消し，地域格差の是正をねらった。しかし石油危機後の金融緩和も重なり，狂乱物価の一因となった。

石油危機Ⓝ（**オイル-ショック**Ⓝ）［1973 oil crisis］（せきゆきき）　1973年の第四次中東戦争の際，アラブ産油国は原油生産の抑制，原油価格の大幅引き上げを行う「石油戦略」をうち出した。原油価格は４倍となり，日本国内では，卸売物価（現企業物価）が前年同月比で30％以上高騰した。「狂乱物価」とよばれる深刻なインフレが生じ，翌1974年には戦後初のＧＮＰマイナス成長を記録。第一次石油危機となった。その後，1979年にイラン革命の影響で原油価格は再び高騰し，第二次石油危機を招いた。

同 第一次石油危機　第二次石油危機

狂乱物価Ⓝ（きょうらんぶっか） 物価が急騰し，経済の混乱を招くこと。２度の石油危機（オイル-ショック）期の物価上昇はその典型。特に第一次石油危機の際，買い占めや売り惜しみが起こり，トイレットペーパーや洗剤などのみせかけ需給が逼迫（ひっぱく）した。こうした要因によって，価格を引き上げる必要のない製品まで便乗値上げされ，物価は異常に上昇した。

低成長Ⓝ（ていせいちょう） 経済の成長率が低くなること。1960年代の平均実質経済成長率は約11％。これが，1970年代になると約５％に半減する。石油危機が起こった1973年を中心に，前後各10年間の平均実質経済成長率を比べると，日本の場合は前10年が10.3％，後10年が3.7％と半減以下になる。

減量経営（げんりょうけいえい） コンピュータ化やロボット化で正社員をスリム化し，女性パート労働や派遣社員など不安定臨時労働力で景気変動に備えること。石油危機後の日本の企業は，人員整理や新規採用の縮小，不採算部門の切り離しなどによって低成長に対処した。日本経済はこの「減量経営」で息をふきかえした。

日本的経営Ⓝ（にほんてきけいえい） 終身雇用制・年功序列型賃金制・企業別労働組合を柱とした日本独特の経営体制をさす。高度経済成長期に経済発展の原動力となったが，バブル崩壊後は大きく変容。

ジャスト-イン-タイム方式Ⓝ（-ほうしき） 生産工程において必要な部品が必要なときに必要な量だけそろうようにする方式。トヨタ自動車の「かんばん方式」がその典型。無駄な在庫をもたず，効率的な生産ができるが，部品の非定期的な納入や配送による交通渋滞，下請け業者が抱える在庫の問題などが指摘される。

同 かんばん方式

ＱＣ（品質管理Ⓝ**）**［Quality Control］（ひんしつかんり） 製品の品質を安定させ，高めるための生産管理方法。これを製造部門に限定せず，全社的に行うものをＴＱＣ（総合的品質管理）とよび，第三次産業などにも導入されている。

類 ＴＱＣ（総合的品質管理）

構造不況（こうぞうふきょう） 景気循環にともなう不況ではなく，産業構造など経済の変化に対応が遅れたことで生じた不況。石油危機後の不況，円高不況，バブル崩壊後の不況などがある。

近年の日本経済

円高不況Ⓝ（えんだかふきょう） 変動相場制の下で円高になると，輸出型産業の輸出量が落ち込む。輸出量は同じでも，ドル決済の場合は輸出による円の受け取りが減少する。そのため，輸出向けの設備投資をした企業の倒産や失業が発生し，不況にいたる。1985年のドル高是正のプラザ合意以降，急激な円高にいたり，1986年度の実質経済成長率は2.8％に落ち込んだ。それ以降，日本銀行が金融緩和政策などの不況対策を実施したが，後のバブル経済につながった。

過剰流動性（かじょうりゅうどうせい） 実物経済に対してマネーサプライ（マネーストック）が過剰になり，インフレーションが発生する原因となること。1980年代後半から1990年代初めにかけ，土地や株への投機的貨幣需要につられて貨幣供給が増加し，いわゆるバブル現象が起きた。

総需要管理政策(そうじゅようかんりせいさく)　財政・金融政策を適切に行うことによって，国民経済全体からみた需要量を供給量に見合うように調整する政府の政策。1930年代以降，ケインズの提唱に基づき各国で採用された。不況の際は総需要拡大策が，景気が過熱気味のときは総需要縮小策がとられる。有効需要調整政策。

内需主導型政策(ないじゅしゅどうがたせいさく)　国内の需要増大を経済の成長要因とする政策。石油危機後の民間での減量経営は，投資の抑制と個人消費の停滞を引き起こし，経済成長は輸出（外需）への依存が強かった。アメリカの経常収支の対日赤字是正問題から，1985年のプラザ合意以降，日本は内需拡大政策をとった。

同 内需拡大政策

輸出主導型経済(ゆしゅつしゅどうがたけいざい)　工業化のために外資を導入し，対外債務に頼る場合には，輸出でかせいだ外貨で支払いをしなければならない。また，自国に鉱産物資源やエネルギー資源などが乏しく，輸入に頼る国の工業化は，高付加価値製品の開発・生産と，加工貿易による輸出志向型をとる。アジアＮＩＥｓ（新興工業経済地域）や日本などはこのタイプ。

世界同時不況Ⓝ(せかいどうじふきょう)　1971年のニクソン-ショックや，1973年の第一次石油危機により，日本など先進国の経済はインフレと景気後退が同時に起きるスタグフレーションに陥った。1979年のイラン革命にともなう第二次石油危機の影響で，80年代前半には「世界同時不況」に陥り，82年の世界のGDP総額は前年比マイナスとなった。1991年の世界同時不況の背景には，湾岸戦争やソ連解体などがあった。戦後３番目の大きな世界不況で，とくに日本は，バブル経済の崩壊後，長期不況が続いた。さらに2001年，アメリカの同時多発テロにともなう世界同時不況があった。2008年からは，世界金融危機（リーマン-ショック）にともなう大不況が進行した。

経済構造調整(けいざいこうぞうちょうせい)　1985年のプラザ合意以後，日本の貿易黒字に対して，欧米先進国はその不均衡を是正するために，産業・財政・金融など経済の構造を変えることを要請，輸出主導型経済から内需主導型への変革が求められた。政府は1986年，経済構造調整推進本部を置き，輸入制限品目の市場参入緩和，流通規制の緩和などの検討を行った。

バブルⓃ[bubble]　本来は，泡(あわ)の意。経済用語としては，株・債券・土地・建物などの資産の価格や評価益が異常に高騰すること。1630年代のオランダで起きた「チューリップ狂」，18世紀初めのイギリスで起きた「南海泡沫事件」などが典型例とされる。1980年代後半から1990年代初めまでの日本でも発生。

同 バブル経済（景気）Ⓝ

平成景気(へいせいけいき)　いわゆるバブル景気のこと。1985年のプラザ合意により引き起こされた円高不況に対してとられた，公定歩合の引き下げや通貨供給の増大により，資金が土地や株式に流れて発生した。

プラザ合意Ⓝ(-ごうい)　☞ p.411（プラザ合意）

バブル崩壊Ⓝ(-ほうかい)　1989年に行われた地価や株価の高騰に対するテコ入れ（公定歩合の引き上げや地価税）により，地価や株価が下落し，金融機関の不良債権問題などが発生し，景気が後退したこと。

「失われた10年」Ⓝ（うしな-ねん）　バブル経済崩壊後，1990年代の約10年にわたり日本経済が見舞われた長期停滞を象徴した言葉。その後も，現在に至るまで日本経済は停滞したままであり，その都度「失われた20年」「失われた30年」と表現が更新されている。

類 「失われた20年」「失われた30年」

地価Ⓝ（ちか）　土地を売買するときの単位面積当たりの価格。実際の取引価格である時価（実勢価格）のほかに，地価公示法による公示価格，国土利用計画法による基準地価，相続税評価額，固定資産税評価額がある。

金融不安Ⓝ（きんゆうふあん）　バブル崩壊後の金融機関の破たんや不良債権，貸し渋りなどを背景に，1997年から起きた金融機関に対する不安。とくに民間企業で資金繰りへの不安が大きかった。

金融再生法（きんゆうさいせいほう）　1998年に成立。正式名は「金融機能の再生のための緊急措置に関する法律」。金融システムの安定化をはかるため，金融機関の破綻処理の方法などを定めた。1998年，日本長期信用銀行に初めて適用された。

金融健全化法（きんゆうけんぜんかほう）　1998年に成立。経営破綻を未然に防ぐため，金融機関に公的資金を注入するための法律。1999年，大手15銀行に総額7兆円余の公的資金が注入された。

財政構造改革法Ⓝ（ざいせいこうぞうかいかくほう）　財政危機や赤字国債依存体質から脱却するため，1997年に制定された法律。正式には「財政構造改革の推進に関する特別措置法」。1998年，景気回復を優先する小渕恵三内閣が施行を凍結した。

不良債権Ⓝ（ふりょうさいけん）　回収が不能・困難になった，金融機関が融資した貸出金。バブル崩壊後，金融機関の抱えた多額の不良債権により金融機関の倒産や貸し渋りが発生した。2000年代に入り，デフレ経済の下で不良債権が急増し，その処理をめぐって政治問題化した。

金利の自由化Ⓝ（きんり-じゆうか）　預貯金などの金利を金融市場の実勢にあわせて変動させ

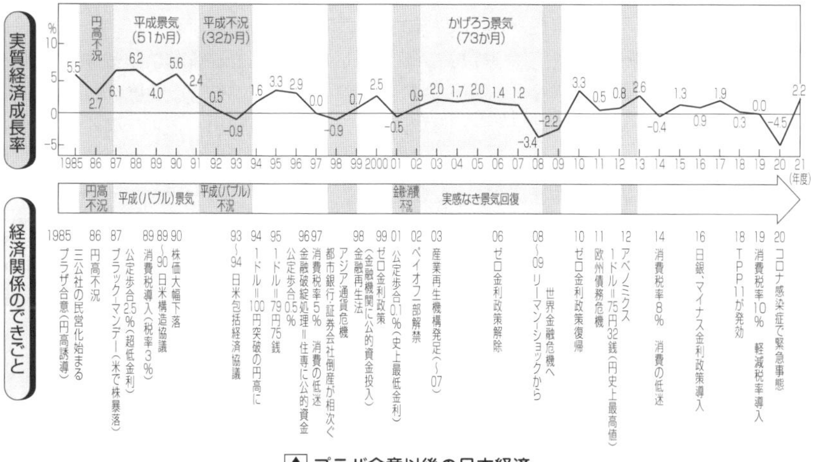

↑ プラザ合意以後の日本経済

ること。従来，金利は規制下にあったが，金融の国際化にともなって1980年代から自由化が進んだ。1985年の大口定期預金金利の自由化に始まり，1994年には当座預金以外の金利の完全自由化が実現。

金融ビッグバンⓃ（きんゆう-） サッチャー政権の下で，1986年にイギリス証券取引所が実施した証券制度の大改革をいう。売買手数料の自由化，株式売買のコンピュータ化，取引所への銀行の参加など。この結果，ロンドン市場は活性化し，国際金融センターとしての地位を再び確立した。日本でも1996年から2001年にかけて，各種規制緩和，金融持株会社の解禁と活用，外国為替業務の自由化など，金融制度の改革が実施された。これを日本版ビッグバンという。スローガンは「フリー・フェア・グローバル」。

類 日本版ビッグバンⓃ　フリー・フェア・グローバル

金融システム改革法（きんゆう-かいかくほう） 日本版ビッグバンに対応するために整備された法律。1998年成立。銀行・証券・保険業務への新規参入などが盛り込まれ，金融システムの自由化は一気に進んだ。

談合Ⓝ（だんごう） 公共事業等において，複数の入札業者が事前に話し合って落札価格や落札業者などを決めておくこと。談合は公平な競争をさまたげるものであり，独占禁止法の禁止条項や刑法の談合罪に該当する。外国企業の参入をさまたげる経済障壁として諸外国からも批判された。

経済編

平成不況（へいせいふきょう） バブル崩壊後の不況。1991年2月から1993年10月まで。

マイナス成長Ⓝ（-せいちょう） ☞ p.207（マイナス成長）

ゼロ金利政策Ⓝ（-きんりせいさく） 日本銀行が政策金利を実質ゼロに誘導すること。金融市場への資金供給を増大させ，景気を刺激する目的で行われる。日本銀行は1999年からとられたゼロ金利政策を2006年に解除したが，2010年に復活。

量的緩和政策Ⓝ（りょうてきかんわせいさく） 日本銀行が2001年から2006年まで行った超金融緩和策。短期金融市場の金利を実質０％に引き下げても景気悪化とデフレが進んだため，金融調節の目標を「金利」から「資金量」に切りかえた。これによって，銀行などに資金がふんだんに注ぎこまれた。

ペイオフⓃ[deposit payoff] 金融機関が破たんした場合，金融機関が預金保険機構に積み立てている保険金で，預金者に一定額の払い戻しを行う制度。払い戻し額の上限は，預金者一人当たり元本1000万円とその利息。2005年４月，ペイオフが普通預金を含めて全面的に解禁。中小企業向けの融資を専門に行う日本振興銀行が破綻処理を申請し，2010年に初のペイオフが発動。

預金保険機構Ⓝ（よきんほけんきこう） 経営不振の金融機関が，預金の払い戻しに応じられなくなった際，その金融機関の預金の払い戻しに応じる機関。金融機関の破たん処理も行う。預金保険法に基づき1971年に設立。信託を含む銀行・長期信用銀行（現在は普通銀行に）・信用金庫・労働金庫などに加入を義務づけている。

国際決済銀行Ⓝ（**ＢＩＳ**Ⓝ）[Bank for International Settlements]（こくさいけっさいぎんこう）
各国の中央銀行などによって1930年に設立された銀行。本店はスイスのバーゼル。国際金融協力などで重要な役割を果たす。

ＢＩＳ規制（びすきせい） ＢＩＳ（国際決済銀行）のバーゼル銀行監督委員会が定めた銀行

経営健全化のための統一基準。国際業務を営む銀行の自己資本比率（自己資本÷総資産×100）を８％以上とするもの。2010年，国際的な金融危機を防ぐために設けられたバーゼル３の基準は，①返済の必要がない株式や，利益を積み上げた内部留保だけで構成する，質の高い中核的自己資本（コアティア１）比率を７％以上，②８％の現行自己資本比率を引き上げなどを求める。

類 バーゼル3

SWIFT [Society for Worldwide Interbank Financial Telecommunication]（すいふと） SWIFT（国際銀行間通信協会）は，銀行間の国際的な決済サービスを担う団体であり，現在，国境を越えた金融決済の半数以上がSWIFTを介して実行されている。2022年2月，ロシアがウクライナに侵攻したことを受けて，G7などの主要先進国は，ロシア国内の銀行の一部をSWIFTから除外することで合意した。経済制裁手段としてSWIFTを利用することは効果的だが，ロシアとの貿易関係に依存している国々にも深刻な影響を及ぼす。

自己資本比率（じこしほんひりつ） 自己資本を総資本（総資産）で割った比率。この率が高いほど総資本の安全性が高いとされ，企業の安定性を示す指標となる。日本の企業の場合，高度経済成長期に銀行からの借り入れによって設備投資をしたこともあり，自己資本比率は低い。

貸し剥がし（か－は－） 金融機関が企業などにすでに融資している資金を強引に回収すること。金融機関が融資額を減らして自己資本比率を上げるために行われた。

構造改革Ⓝ（こうぞうかいかく） 自由な経済活動と市場機構が十分に機能するよう，障害となる規制や制度の見直しや廃止を行う全体的な改革。とくに，小泉純一郎内閣のもとで，郵政事業の民営化，特殊法人の整理，不良債権の処理，規制緩和の推進などが行われた。いわゆる「痛み」をともなうこれらの改革の結果，大企業を中心に景気回復がなされたが，国民のあいだに所得などの格差が広がった。

産業再生機構Ⓝ（さんぎょうさいせいきこう） 企業の再生と不良債権の処理を促進するため，2003年に政府関与で設立された株式会社。銀行所有の不振企業の株式・債券を買い取り，当該企業の経営立て直しなどを行った。支援終了の2007年に解散。

かげろう景気Ⓝ（-けいき） 2002年２月から2007年10月までつづいた景気拡大期の呼び名で，与謝野馨経済財政相が命名。いざなぎ景気（57か月）やバブル景気（51か月）を上回り，戦後最長の69か月におよんだ。しかし，輸出企業が空前の利益をあげる一方，労働者の賃金抑制で個人消費が伸び悩むなど「実感なき景気回復」ともよばれた。いざなみ景気ともいう。

同 実感なき景気回復

新成長戦略Ⓝ（しんせいちょうせんりゃく） 2010年に成立した菅直人内閣がかかげた「強い経済，強い財政，強い社会保障」という目標を実現するための戦略。2020年度までの経済運営の指針。具体的には，実質経済成長率を年２％超，名目経済成長率を年３％超，などとするもの。

日本再興戦略（にほんさいこうせんりゃく） 2013年，安倍晋三内閣が閣議決定した政策。民間活力を利用して景気の回復をめざす。アベノミクスの第三の矢である成長戦略の中核をなす，新成長戦略ともいう。

トリクルダウン したたり落ちるの意で，アベノミクスの根底にある経済の考え方。大企業や富裕層がもうかれば，その恩恵がいずれ庶民にもいきわたる，というもの。現実にはそうした政策は格差拡大をもたらすとの指摘があり，経済協力開発機構（ＯＥＣＤ）もこの考え方に懐疑的な見解を示した。

1億総活躍プランⓃ(-おくそうかつやく-) 少子高齢化時代における労働力の減少に対応して老若男女あらゆる人間が労働者として積極的に社会参加することを目指した安倍晋三内閣の政策。

産業構造の変化

産業構造Ⓝ(さんぎょうこうぞう) 一国の全産業の特徴を，労働力や生産額の各産業分野間の構成比率で示したもの。産業は，農業・製造業・サービス業などに分類される。よく知られる産業分類として，第一次産業・第二次産業・第三次産業がある。また産業構造は社会の変化を反映し，所得水準の向上による需要構造の変化や技術革新などで，長期的に変化する。

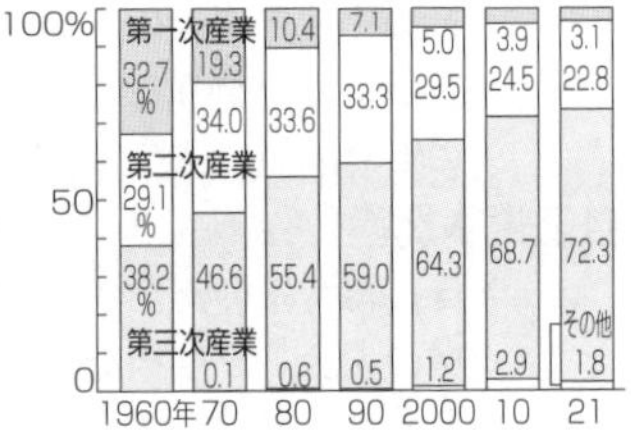

↑日本の産業構造の変化

第一次産業：農業・林業・水産業・牧畜業など。

第二次産業：工業・建設業・鉱業など。

第三次産業：金融業・サービス業・不動産業・通信業・出版業・自由業など。第一次・第二次産業以外のすべて。

産業構造の高度化(さんぎょうこうぞう-こうどか) 各国の産業の比重が，経済の発展につれて，第一次産業から第二次産業へ，さらには第三次産業へと移行すること。「農業よりも工業のほうが，また工業よりも商業のほうが所得が大きい」と述べたイギリスのペティの説をもとに，労働力の構成比の変化から，イギリスの経済学者コーリン＝クラークがこの法則を指摘，ペティ・クラークの法則とよばれる。

類 ペティ・クラークの法則Ⓝ　ホフマンの法則

軽工業(けいこうぎょう) 繊維・食品・印刷工業など，鉄などと比較して軽いもの，特に消費財を生産する工業をさす。

鉱業Ⓝ(こうぎょう) 鉄や銅など，地下資源である鉱石を採掘・精錬して金属を取り出す産業。第二次産業に分類される。

臨海工業地帯（地域）Ⓝ(りんかいこうぎょうちたい)(りんかいこうぎょうちいき) 東京湾や大阪湾沿岸など臨海部の工業集中地域。臨海部は港湾に恵まれ，原料の搬入や製品の搬出に都合がよく，鉄鋼・造船・石油化学などの重厚長大産業が集中している。

就業人口Ⓝ(しゅうぎょうじんこう) 経済活動人口中，調査時に就業している者。日本の労働力調査では，生産年齢人口である15～64歳の人口のうち，調査月末の１週間に１時間以上の収入をともなう仕事をした者をいう。

高学歴化Ⓝ(こうがくれきか) 同世代のなかで，高学歴者の比率が高まること。高学歴化により，就業人口のなかの新規学卒者の高年齢化が進行する。日本を見ると，

2021年度の大学進学率は54.9%となり，過去最高を更新した。ただし，この数値はOECD平均値を下回っている。加えて，欧米諸国では「高学歴」の意味が「大学院修了者」に移行しつつあり，その点において，日本の大学院進学率が低いことも，教育政策上の課題となっている。

経済のソフト化・サービス化(けいざい-か-か)　経済活動や産業構造が，生産されるものそのものの価値よりも情報・知識の価値，知識集約型のサービスの要素が重要となってきた事象をいう。　☞p.159（経済のソフト化・サービス化）

知識集約型産業(ちしきしゅうやくがたさんぎょう)　労働力や生産設備より，知識・ノウハウ・技術などのもつ価値が重要視される産業分野。①教育，②研究・開発，③コミュニケーション・メディア，④情報機器，⑤情報サービスの五つの分野があげられ，第四次産業ともよばれる。

サービス産業(-さんぎょう)　財の生産以外の経済活動にかかわる産業のすべてをさす。不動産・運輸・卸売・小売・情報・飲食・文化・スポーツ・レジャー・金融などが含まれる。第三次産業の主要分野を構成する。

情報産業Ⓝ(じょうほうさんぎょう)　☞p.252（情報産業）

半導体Ⓝ(はんどうたい)　金属のように電気の流れやすいものと電気の流れない絶縁体との中間の物質。ゲルマニウム・シリコンなど。これらを利用して，1948年にトランジスタが，1960年にはシリコンチップによる集積回路（ＩＣ）が発明され，その後のエレクトロニクス産業などの発展の基礎となった。

メカトロニクス産業[mechatronics = mechanics + electronics industry] (-さんぎょう)　日本でつくられた合成語。複数業種にわたる製品開発例の一つで，メカニクス（機械工学）とエレクトロニクス（電子工学）との領域が総合された産業。ロボットや人工知能などが典型。

知的財産権Ⓝ(ちてきざいさんけん)　発明・デザイン・著作などの知的形成物に関する権利。知的所有権ともいう。商号・標章の詐称や，プログラム・著作のコピー使用など，権利侵害に対して脆弱(ぜいじゃく)な面をもつため，物権や債権に並ぶ権利として主張されている。著作物に関する著作権と，特許・実用新案・意匠・商標などに関する産業財産権とに大別される。1970年にその保護を目的に，世界知的所有権機関（ＷＩＰＯ）が設立され，1974年には国連専門機関となった（1975年日本加入）。また，日本では知的財産基本法が2002年に制定されている。著作権については，ＴＰＰ11（包括的かつ先進的ＴＰＰ＝ＣＰＴＰＰ）の発効（2018年12月）にあわせ，50年から70年に延長された。

知的財産権	産業財産権	特許権	原則として20年
		実用新案権	10年
		意匠権	20年
		商標権	10年（延長可能）
	著作権		原則として生存中および死後70年

↑ 知的財産権

類 著作権Ⓝ　産業財産権

アモルファス化(-か)　無定形状態化すること。経済市場において，従来の商品やサービスでは発展が望めなくなってきている状況をさす。

先端産業(せんたんさんぎょう)　技術・ノウハウの先頭を行く産業。具体的には，エレクトロニクス・光通信・新素材・バイオテクノロジー（生命工学）などの産業。コンピュータと通信技術を組み合わせたコンピューター-ネットワークやオンラインシステムの開発，ニュー-メディアやエレクトロニクス関連産業をさす。新しい技術革新の方向は「エネルギー消費が少なく，情報を基本的な資源とする」（トフラー）ものとされる。

同 先端技術産業

ハイテク産業Ⓝ(-さんぎょう)　ＬＳＩ（大規模集積回路）・センサー・レーザーなどの高度先端技術（ハイテクノロジー）を基盤とする産業。①ＬＳＩなどのマイクロエレクトロニクス，②コンピュータやセンサーなどの頭脳をもつ機械を中心とするメカトロニクス，③セラミックなどの新素材産業，④レーザーを中心とする光産業，⑤バイオテクノロジーを中心とする生物利用技術などの分野がある。

類 ハイテクⓃ

研究開発部門(けんきゅうかいはつぶもん)　企業における生産部門や営業部門ではなく，生産に必要な新技術や新製品の開発を担当する部門。先端技術の急激な発展により，特にハイテク産業において研究開発部門の重要性が高まっている。

バイオインダストリー［bioindustry］　生物技術産業。遺伝子（ＤＮＡ＝デオキシリボ核酸）を操作して組み換える研究や，品種改良などのバイオテクノロジーを産業技術として応用したもの。

経済編

レジャー産業(-さんぎょう)　ホテル・旅行・娯楽・外食産業など，余暇生活に関連した産業をさす。日本の経済発展にともない，人々はモノだけでなく，余暇生活の充実を求めるようになった。このような人々のニーズの変化に対応して，近年ではレジャー産業の発展がめざましい。

コンビニエンスストアⓃ　飲食料品を扱い，売り場面積30m^{2}以上250m^{2}未満，営業時間が１日で14時間以上のセルフサービス販売店（経済産業省の商業統計の定義）。狭いスペースで食品・日用雑貨などを扱う長時間営業の小売店をさす。コンビニエンスとは「便利」の意。スーパーとの系列関係もみられる。

プライヴェート-ブランド（ＰＢⓃ）［private label］　大手の流通・小売業者などが自ら企画や開発を行い，外部に生産を委託して独自のブランド名で販売する商品。製造業者が自社製品に付けるものをナショナル-ブランドという。

対 ナショナル-ブランドⓃ

企業城下町Ⓝ(きぎょうじょうかまち)　一つの大企業を中心に，その関連企業などが集積して社会や経済の基盤ができた町。トヨタ自動車の愛知県豊田市，日立製作所の茨城県日立市，パナソニックの大阪府門真市など。

格安航空会社Ⓝ（**ＬＣＣ**Ⓝ）［low-cost carrier］(かくやすこうくうがいしゃ)　運賃を安く設定した新しいタイプの航空会社。航空自由化を背景にアメリカで最初に導入された。使用機種の統一化や人件費コストの圧縮など，さまざまな手段で経費を切り詰め，その分を安い航空運賃に反映させる。2012年から日本でも３社による運航が始まった。

ネットスーパー　インターネットを通じて顧客の注文を受け，スーパーマーケットなどから自宅まで商品を届けるサービス。スーパー大手のほか，通販大手，生協などが取り組んでいる。社会的な背景に，身近な地域から商店が消えたことによる「買い物弱者」などの存在もある。

類 買い物弱者Ⓝ

官製ファンド（かんせい-） 民間から資金を集める通常のファンドと異なり，国が予算の中からお金を出して運営するしくみ。民間の資金が集まりにくいとき，まず政府が出資して民間投資の呼び水とする。日本の伝統文化やファッション，アニメなどを世界に発信するクールジャパン戦略を後押しするため，2014年に設立された「海外需要開拓支援機構」などがそれにあたる。

ドローン［drone］ 無人航空機（UAV: unmanned aerial vehicle）の俗称。元々は軍用機として発達したが，現在では民間利用も進んでおり，空撮，農薬散布，商品配送など，多様な用途に用いられており，「空の産業革命」と呼ばれている。一方，日本では，厳格なドローン規制が設定され，原則として一般人がいる上空でのドローン飛行が禁止されてきた。2022年に一部規制緩和されたものの，ドローン産業の立ち遅れが課題となっている。

2 都市問題

都市化Ⓝ（としか） 都市に人口が集中して都市が肥大化すること。日本の都市化は，明治期以降から続く趨勢（すうせい）的変化であるが，第二次世界大戦後，大都市圏への急激な人口集中と，都市以外の人口の急減という現象（過密と過疎）が同時に進行した。明治期以来の産業化・工業化とよばれる産業構造の変化による労働力移動が最大の理由であり，産業構造は農業中心から，工業中心へと移行した。加えて，1955年頃からの高度経済成長による重化学工業化と技術革新が，都市化の傾向に拍車をかけた。

人口集中（じんこうしゅうちゅう） 都市または都市圏へ人が集中すること。人口集中の結果，地価騰貴とそれによる住宅難・通勤問題・水不足・環境汚染・日照障害など，生活基盤関連施設に関するさまざまな問題が発生した。

ドーナツ化現象Ⓝ（-かげんしょう） 地価高騰などにともない，大都市の私鉄ターミナル駅などを中心にみられる現象。駅周辺の宅地は地価高騰で手が出ず，この部分を空洞にしたように周辺に住宅が形成され，都市中心部に人口の空洞化が生じた。

スプロール現象（-げんしょう） 都市が周辺に向けて，無秩序・無計画に虫食い状態に拡大していく現象をいう。都市は，土地区割り・道路建築物・上下水道などが計画的に整備されてはじめて正常に機能する。スプロール化が進むと，公共施設など社会資本の整備が困難になる。

UターンⓃ［U-turn］ 地方から大都市へいったん就学・就職した者が，人口の過密，環境汚染などによる都市機能の低下や雇用機会への不満という現実を前に，再び地方にもどる現象をいう。高度経済成長後の1975～85年頃に指摘された。

Jターン［J-turn］ 地方から都会へ出てきた労働者のなかで，大都市周辺の交通網の発達を利用し，都市周辺や地方の中核都市に定住する者が増えている現象をさす。完全にふるさとにもどらないことから，UではなくJターンとよぶ。

Ｉターン[I-turn]　大都市の出身者が地方企業などに就職や転職をして，そこに定住すること。移住先を自らの好みで自由に決めるのが特徴である。こうした人たちを，過疎化対策として政策的によび寄せようとする地方自治体もある。

Ｖターン[V-turn]　進学などで地方から大都市に出た者が，出身地とは別の地方に就職したり移住したりすること。

過密問題Ⓝ（かみつもんだい）　人口が過度に都市に集中することで引き起こされる問題。公害や交通問題，社会資本の不足など。

過疎問題Ⓝ（かそもんだい）　都市と農村との経済格差のため，農村人口が都市に流出して，急激に減少することにともなう諸問題。人口の急減により，農村のコミュニティや行政組織が崩壊するなどの問題が発生した。過疎対策として政府は，1977年に第三次全国総合開発計画（三全総）を策定，若年層の地方定住を促進しようとした。

挙家離村（きょかりそん）　家族全員で農山村を捨てて，都市に移住すること。1960年代以降の高度経済成長にともない，多くの人々が離村し，都市に移って労働者に。

限界集落Ⓝ（げんかいしゅうらく）　過疎化が著しくすすみ，共同体として維持できなくなった集落（地域）。65歳以上の高齢者がその地域人口の過半数を占め，冠婚葬祭（かんこんそうさい）などの共同生活が困難になることなどが目安とされる。

土地基本法（とちきほんほう）　1989年に成立した法律。土地利用について，公共の福祉優先や計画的利用，土地投機の抑制，受益者負担の原則を定める。この法の制定がバブル経済の崩壊につながった。

全国総合開発計画（ぜんこくそうごうかいはつけいかく）　1962年策定。新産業都市を指定して開発の拠点とした。一方で，過密・過疎の問題，公害の問題を引き起こした。その後，５次にわたる全国総合開発計画が策定されており，それぞれ，新全総(1969)，三全総(1977)，四全総(1987)，五全総(1998)，六全総(2009)と呼ばれた。

テクノポリス計画（-けいかく）　テクノポリスとは，テクノロジーと都市を意味するポリスとを組み合わせた造語で，工業集積の著しい地域に高度技術産業都市をつくる構想をさす。1983年のテクノポリス法（高度技術工業集積地域開発促進法）に基づき，89年までに全国で26地域が指定された。

類 テクノポリス法（高度技術工業集積地域開発促進法）

国土形成計画（こくどけいせいけいかく）　全国総合開発計画にかわって策定された国土の利用・整備・保全を進めるための長期計画。根拠となる法律も「開発」の文字を削除し，2005年に国土形成計画法となった。計画は，国全体の大まかな方針を示す全国計画と，地方ブロックごとの広域地方計画との二つを柱とする。

ＰＦＩⓃ[Private Finance Initiative]　道路や公民館建設など，これまで公共部門が担ってきた社会資本の整備に民間資本を導入するしくみ。サッチャー政権時代のイギリスを先例とし，日本でも1999年にＰＦＩ法（民間資金等の活用による公共施設等の整備等の促進に関する法律）が制定された。

ライフラインⓃ[utilities]　電気・ガス・水道など，市民の社会生活に不可欠な線や管などで結ばれた施設。交通網などのシステムも含む。地震や台風などでこれらの一部が切断されると，広範囲に機能麻痺(まひ)が引き起こされる。日本語の「ライフライン」は和製英語であり，英語圏ではutilitiesあるいはcritical infrastructureと呼ぶ。

ランドマーク［landmark］　その地域の象徴となるような建物や記念碑。東京の東京タワー，ニューヨークの自由の女神像，ロンドンのビッグベン，パリのエッフェル塔，ベルリンのブランデンブルク門などが代表例である。

空き家問題(あ-いえもんだい)　居住者がいなくなった空き家にかかわる諸問題。過疎地だけでなく都市部にも広がり，景観や治安上の問題も指摘される。背後には，少子高齢化や負担増などによる所有放棄がある。2015年から空き家対策法が全面施行され，所有者に適切な管理などを求めている。総務省調査によると，2018年時点における日本の空き家数は約849万戸であり，一貫して増加傾向にある。

民泊Ⓝ(みんぱく)　外国人旅行者などを，民家やマンションの空き家に有料で宿泊させること。東京オリンピック・パラリンピックも見据えたサービスで，国家戦略特区の一環をなす。旅館業法では，有料宿泊は事前の営業許可が義務。

統合型リゾート施設(IR)整備推進法(とうごうがた-しせつ-せいびすいしんほう)　観光振興のため，カジノなどを併設したリゾートの整備をはかる法律。議員立法で2016年に成立。カジノ法，IR推進法ともよばれる。2018年にはIR整備法が成立し，大阪府・市，横浜市などが立地先と目されている。IRはintegrated resort（統合型リゾート）のこと。

経済編

3　中小企業問題

中小企業Ⓝ(ちゅうしょうきぎょう)　資本金・従業員数・生産額などが中位以下の企業をいう。中小企業基本法によれば，①製造業などでは資本金３億円以下，従業員300人以下の企業，②卸売業では資本金１億円以下，従業員100人以下の企業，③サービス業では資本金5000万円以下，従業員100人以下の企業，④小売業では資本金5000万円以下，従業員50人以下の企業，と定められている。中小企業の比率（製造業）は，事業所数で約99%，従業者数で約69%，出荷額で約49%を占めている。

業　　種	資 本 金	従業員数
製造業など	3億円以下	300人以下
卸　売　業	1億円以下	100人以下
小　売　業	5,000万円以下	50人以下
サービス業	5,000万円以下	100人以下

↑ 中小企業の定義

二重構造Ⓝ(にじゅうこうぞう)　一国経済のなかに，近代的な産業と前近代的な産業が並存すること。日本経済においては，少数の近代的な大企業の下に大多数の前近代的な中小企業が下請け化されて，親会社－子会社の関係が存在している。両者の間には，賃金などの格差や，支配・従属関係がみられる。日本経済の矛盾。

下請けⓃ(したう-)　大企業が製造過程の一部を他の中小企業に請け負わせる制度。ときには二重・三重の下請け関係が存在する。一般に下部の下請けほど企業規模が小さく，特定の企業からの注文しか受けられず，企業の系列化にも結びつく。完全に系列化されている場合，親会社の経営不振はすぐに下請けに波及し，不況下に切り捨てられる下請け企業も多い。一方で，他企業が進出していない窪(くぼ)み（隙間）分野で活動するニッチ産業などもある。

対 親会社Ⓝ　類 ニッチ産業

系列化（けいれつか）　大企業と中小企業が，親会社と下請けという関係で結合されるように，企業間で生産・流通・販売の密接な結合関係にあること。

賃金格差Ⓝ（ちんぎんかくさ）　日本では，大企業と中小企業との間の企業規模別賃金格差が大きい。①生産性の違い，②中小企業の低賃金労働による低コスト化，③労働組合の有無とその組織力の差，などの原因があげられる。　☞p.311（賃金格差）

企業間格差（きぎょうかんかくさ）　大企業と中小企業間の格差をいう。資本装備率・付加価値生産性によって比較される。両方とも大企業ほど高くなる傾向がある。資本装備率は労働者一人あたりの資本量，付加価値生産性は労働者一人あたりが一定期間に生み出す付加価値額をいう。

類 資本装備率Ⓝ

資本集約型産業（しほんしゅうやくがたさんぎょう）　一定の生産物を生産するのに必要なコストのなかで，資本の投入率が大きい産業。資本装備率の高さが指標となる。重化学工業のような，機械化の進んだ巨大企業が典型。

労働集約型産業Ⓝ（ろうどうしゅうやくがたさんぎょう）　一定の生産物を生産するのに必要なコストのなかで，労働力（賃金）が他の生産要素よりも大きい産業。農業・商業・サービス業のように，機械化が困難な産業がその典型。繊維・工芸などの軽工業も重化学工業に比べると，一般的に労働集約的である。

中小企業金融機関（ちゅうしょうきぎょうきんゆうきかん）　中小企業に対して，融資を専門に行う金融機関。中小企業は大企業に比べ，資金の調達が困難であり，その打開が目的。政府系機関では中小企業金融公庫など（統廃合によって日本政策金融公庫に再編）が，民間機関では信用金庫・信用組合などがある。

信用保証協会（しんようほしょうきょうかい）　中小企業が金融機関から資金を借り入れる際，その債務を保証する機関。全国の都道府県別に設置され，金融機関が中小企業に融資して貸し倒れになった場合には全額弁済する。中小企業にとって，金融の「最後のとりで」ともいわれる。

中小企業庁（ちゅうしょうきぎょうちょう）　1948年に中小企業庁設置法によって設置された経済産業省の外局。中小企業を育成・発展させ，その経営を向上させる条件の確立を目的としている。中小企業に対する資金の融資の斡旋も行っている。

中小企業基本法（ちゅうしょうきぎょうきほんほう）　1963年制定。中小企業の基本的目標を示した法律で，中小企業政策の憲法ともいわれる。中小企業の近代化の促進と，大企業との生産性格差の是正を目標とした。1999年に大幅に改正され，「多様で活力ある成長発展」という政策理念を掲げた。

小規模企業振興基本法（しょうきぼきぎょうしんこうきほんほう）　従業員20人（商業・サービス業は

5人）以下の小規模企業が地域経済や雇用の担い手となっていることに着目し，2014年に制定された新法。事業の持続的な発展とそれを支援する国の基本計画策定や地方公共団体の責務などを規定している。

中小企業挑戦支援法（ちゅうしょうきぎょうちょうせんしえんほう） 中小企業の創業や起業を支援するための法律で2003年施行。従来，会社設立時に株式で1000万円，有限で300万円の資本金が必要だったが，特例として1円でも会社の設立が可能に。

中小企業経営承継法（ちゅうしょうきぎょうけいえいしょうけいほう） 中小企業の経営者の死亡等により事業活動の継続に影響が出た場合，資金供給の支援措置を講ずるなど，経営の引き継ぎを促進するための法律。

中小企業協同組合（ちゅうしょうきぎょうきょうどうくみあい） 1949年に施行された中小企業等協同組合法の規定に従って組織された協同組合。中小企業を組合員として，組合員の互助を目的としている。

ベンチャー-ビジネスⓃ 新たな価値，市場，ビジネスモデルの創造可能性を有しており，急速な成長が期待されている新興企業のこと。「ベンチャー企業」「ベンチャービジネス」は英語の誤用に近く，近年はスタートアップ（startup）という表現に置き換えられている。スタートアップのうち，評価額が10億ドルを超えており，かつ未上場の企業をユニコーン（unicorn）という。

同 ベンチャー企業Ⓝ 類 ベンチャー-キャピタル エンジェルⓃ

アウトソーシング［outsourcing］ 外注。企業が業務の一部を専門会社に委託すること。コンピュータ関連分野などに多かったが，現在ではあらゆる業務に及ぶ。

インキュベーション［incubation］ もともとは卵がかえること，または培養を意味する語。初期段階のベンチャー企業に対して，実務・経営面で国や地方公共団体などが支援・育成を行うこと。その機関をインキュベーターという。

類 インキュベーター

伝統産業（でんとうさんぎょう） ある特定の地域で，その地域の特性や伝統を生かした特産品を生産する産業のこと。地場産業ともいわれる。通常，中小企業が多い。輪島・会津・山中の漆器，瀬戸・益子・有田の陶磁器などが有名。

同 地場産業Ⓝ

大規模小売店舗法（だいきぼこうりてんぽほう） 大店法と略称。百貨店やスーパーマーケットなどの大規模小売店がある地域に進出する際，その地域の中小小売業に悪影響を及ぼすことを防ぐ目的で，1973年に制定された。1993年の改正で，出店調整期間を短縮し，地方公共団体による規制を廃止して，出店規制が緩和された。1998年には大店法に代わって大規模小売店舗立地法などが制定された。

大規模小売店舗立地法（だいきぼこうりてんぽりっちほう） 大店立地法と略称。大店法に代わって2000年6月から施行された。店舗面積1000㎡超の大型店の出店に際し，住民合意をふまえて生活への影響などを審査する。地元の小売業者を保護するという発想が改められ，大型店の出店規制が大幅に緩和された。

サプライ-チェーン［supply chain］ 生産活動に不可欠な部品や資材などの供給連鎖または供給網のこと。2011年の東日本大震災で現地部品メーカーなどが被災，供給網が切断された。このため，自動車や電機などの関連分野で減産に追い込まれ，改めてこれらの役割の重要性が再認識された。

シャッター通り商店街(-どお-しょうてんがい)　地方都市の商店街などの衰退を象徴することば。シャッター街ともいう。駅前商店街などでは，郊外に立地した大型店舗に客を奪われ，後継者不足もともなって廃業などが相次いでいる。

同 シャッター街

4　物価問題

物価Ⓝ(ぶっか)　一定範囲での複数の商品の価格を，ある基準で総合化したもの。物価の変動が，国民の生産・消費生活に影響することを物価問題という。

物価指数Ⓝ(ぶっかしすう)　一定期間の物価水準の変動を測定するための，指標となる統計数字。基準年の物価水準を100として，比較年の物価水準を指数で表示する。全品目を同じ比重で計算するのではなく，生活などへの影響度の大きさに応じて個別価格にそれぞれ独自のウェートをかける。基準年の価格にウェートをかけるのがラスパイレス方式，比較年の各品目にウェートをかけるのがパーシェ方式である。日本では前者が採用されている。

消費者物価Ⓝ(しょうひしゃぶっか)　小売店と消費者との間で売買される商品の物価。消費者の購入する商品・サービスの物価水準を示す消費者物価指数が用いられる。総務省統計局が作成し，毎月発表される。

類 消費者物価指数Ⓝ

企業物価Ⓝ(きぎょうぶっか)　企業相互で取り引きされる商品の物価。卸売段階における物価水準の動きをみるための指標として，卸売物価（指数）が用いられてきたが，2003年から企業物価（指数）に呼称変更された。日本銀行調査統計局が調査・作成し，定期的に発表している。

類 企業物価指数Ⓝ

インフレーションⓃ[inflation]　管理通貨制度の下で，その社会の商品流通に必要とされる以上の不換紙幣が発行・流通し，貨幣価値が下落，その結果として物価が継続的に上昇していく現象をいう。インフレーションの影響により，賃金や預貯金が目減りし，不平等な所得分配となる。略称インフレ。

コスト-プッシュ-インフレーション[cost-push inflation]　賃金や原材料費の上昇によって生じるインフレーション。特に賃金をさすことが多い。

ディマンド-プル-インフレーションⓃ[demand-pull inflation]　総需要（国民の購買力の向上や政府の財政支出の伸びなど）によって生じるインフレーション。

財政インフレーション(ざいせい-)　政府の財政支出の増大，特に赤字公債などの発行によって生じるインフレーション。

輸入インフレーション(ゆにゅう-)　輸入品の価格上昇や，輸出増大による累積黒字が原因で，通貨供給量が増大して生じるインフレーション。

生産性格差インフレーション(せいさんせいかくさ-)　中小企業のような生産性の低い企業が，賃金コストの上昇分を価格に転嫁することで生じるインフレーション。

ギャロッピング-インフレーションⓃ[galloping inflation]　駆け足のインフレーシ

経済編

ョンともよばれ，急激に物価が上昇するインフレーションのこと。石油危機後の日本経済はその典型例。

ハイパー-インフレーションⓃ[hyperinflation]　超インフレーション。物価の騰貴と通貨価値の下落が，急激かつ極度に起こる現象。1923年にドイツで起こったマルクの天文学的暴落などが代表例。

クリーピング-インフレーションⓃ[creeping inflation]　しのびよるインフレーションともよばれ，物価がジワジワとゆるやかに上昇する現象。管理価格による価格の下方硬直性などが原因とされる。

デフレーションⓃ[deflation]　通貨量が商品流通に必要な量以下であるか，有効需要が供給に対して不足するために物価が下落する現象。インフレーションとは逆の現象で，景気の後退や不況に直接結びつく。略称デフレ。不況時に物価の下落がおこり，それがさらに不況を悪化させることをデフレ-スパイラルという。

類 デフレ-スパイラルⓃ

インフレ-ギャップⓃ[inflationary gap]　総需要が，完全操業・完全雇用の生産水準を上まわる場合の需給量の差のこと。物価の上昇をもたらすので，インフレを生じさせるギャップという意味で用いられる。

デフレ-ギャップ[deflationary gap]　完全雇用を達成するのに必要な有効需要より，現実の有効需要が下まわった場合の需給量の差のこと。失業や遊休設備をもたらす。インフレ-ギャップの逆。

インフレ対策Ⓝ(-たいさく)　インフレが進行するのを止める政策。インフレの種類によって対策が立てられる。金融政策として，公開市場操作（オープン-マーケット-オペレーション）のうち，売りオペレーションなどが，財政政策として，増税や公共事業の縮小などがある。

所得政策[incomes policy]（しょとくせいさく）　政府が企業や労働組合に対して，賃金など所得の上昇率を労働生産性の上昇率以下に抑え，物価の安定を図る政策。

価格政策（かかくせいさく）　価格安定のため，政府が行う政策。公定価格の操作，公共料金の調整などが，価格抑制策として実施されることが多い。

物価スライド制Ⓝ(ぶっか-せい)　賃金や年金などを一定の方式にしたがって，物価にスライド（連動）させる政策。インデクセーションともいう。インフレーション期に，名目値と実質値の差による不利益を相殺(そうさい)するために行われる。

同 インデクセーション

スタグフレーションⓃ[stagflation]　景気が停滞しているにもかかわらず，物価が上昇していく現象。景気停滞（スタグネーション）と物価上昇（インフレーション）の合成語。1973年の石油危機以降，先進国で広まった。景気が停滞しているときは，物価が下がるのが一般的であったが，その考えが適用できないため，この造語が生まれた。

リフレーション[reflation]　景気循環の過程で，デフレーションからは脱したが，インフレーションにはなっていない状態。

ディスインフレーション[disinflation]　景気循環の過程で，インフレーションからは脱したが，デフレーションにはなっていない状態。

内外価格差（ないがいかかくさ）　同一または同種の商品価格に，国内と国外とで格差があること。一般には，国外よりも国内の方が高い場合に問題となる。1970～90年代にさまざまな問題点が指摘されたが，近年内外価格差は縮小傾向。

価格破壊（かかくはかい）　商品やサービスの価格を大幅に下落させること。1990年代のバブル経済崩壊後，低価格販売を志向するディスカウント-ストアの成長や円高による割安な輸入品の増加などが要因で生じた。

5　食料と農業問題

農地改革Ⓝ（のうちかいかく）　第二次世界大戦後，ＧＨＱによる民主化政策が実施され，労働関係の民主化，財閥解体とともに農地改革が行われた。1945年の第一次農地改革が不徹底であったため，翌1946年の自作農創設特別措置法と改正農地調整法に基づいて第二次農地改革が行われ，寄生地主の全小作地と在村地主の１町歩をこえる小作地が小作人に売却された。小作料も低額の金納となった。この結果，1949年には自作農が急増し，小作地は１割ほどに激減した。しかし，自作農の経営規模は零細で，生産性の発展につながらなかった。

零細経営（れいさいけいえい）　耕地面積が小さく，農業所得額が低い農業経営形態のこと。日本の農家は１戸あたりの耕地面積がＥＵ（欧州連合）の約10分の1，アメリカの約100分の１などとされている。労働生産性も低く，兼業農家も多い。さらに都市近郊では農地が宅地に変わり，耕地面積はますます減少傾向にある。

農地法Ⓝ（のうちほう）　戦後，農地改革により創出された自作農保護を目的として，1952年に制定された法律。ただし，その後，現在に至るまで数度にわたって改正され，そのたびに自作農主義・農地耕作者主義の原則は弱まっていった。具体的には，農業生産法人制度，農地賃貸借制度，株式会社の参入などが促進されてきた。

農家Ⓝ（のうか）　農林業センサスによる農家の定義では，1990年から10a以上の経営耕地面積をもつ世帯などとされたが，日本の農業従事者一人あたりの農地面積は韓国・中国よりは広いが，アメリカなどに比べてはるかに狭い。日本の農家戸数は2000年時点で約312万戸だったが，2020年時点では約175万戸にまで減少している。従来の専業・兼業農家のほかに，販売農家・自給的農家という分類が導入され，1995年からは主業農家・準主業農家・副業的農家の３区分もある。

主業農家Ⓝ（しゅぎょうのうか）　農業所得が主（農家所得の50%以上が農業所得）で，１年間に60日以上自営農業に従事する65歳未満の者がいる農家。2020年時点で約23万戸。

準主業農家Ⓝ（じゅんしゅぎょうのうか）　農外所得が主（農家所得の50%未満が農業所得）で，１年間に60日以上自営農業に従事する65歳未満の者がいる農家。

副業的農家Ⓝ（ふくぎょうてきのうか）　１年間に60日以上自営農業に従事する65歳未満の者がいない農家。

販売農家Ⓝ（はんばいのうか）　農家のなかで，商品生産を目的として農業を営み，経営耕地面積30a以上，または農産物販売金額50万円以上の農家をいう。2020年時点で約103万戸。

自給的農家Ⓝ（じきゅうてきのうか）　飯米自給などを主たる目的とする農家で，経営耕地面積30a未満で，かつ農産物販売金額50万円未満の農家をいう。

兼業農家Ⓝ（けんぎょうのうか）　世帯員中に兼業従事者が一人以上いる農家をいい，農業と兼業を比較してどちらの所得が多いかで，農業を主とする兼業を第一種兼業，農業を従とする兼業（農外所得が多い）を第二種兼業と区別する。

専業農家Ⓝ（せんぎょうのうか）　世帯員中に1年間に30日以上雇用兼業に従事するか，販売額10万円以上の自営兼業に従事した兼業従事者が一人もいない農家をいう。

農業所得Ⓝと農外所得（のうぎょうしょとく-のうがいしょとく）　農業生産から得た所得が農業所得。他産業に雇用されたり，自家営業に従事して得た所得が農外所得。

農業従事者Ⓝ（のうぎょうじゅうじしゃ）　15歳以上の農家の世帯員で，年間1日以上自営農業に従事した経験がある者をいう。

農業就業人口Ⓝ（のうぎょうしゅうぎょうじんこう）　農業従事者のうち，自営農業のみに従事した者または自営農業以外の仕事に従事していても年間労働日数で自営農業が多い者をいう。2010年時点では約261万人だったが，2020年時点では約152万人にまで減少している。

基幹的農業従事者（きかんてきのうぎょうじゅうじしゃ）　農業就業人口のうち，ふだんの主な状態が農業である者をいう。家事や育児を主とする者は含まれない。2022年時点で約123万人であり，65歳以上の比率が約70%。

農業専従者（のうぎょうせんじゅうしゃ）　農業従事者のうち，自営農業に従事した日数が150日以上の者をいう。

農業基本法（のうぎょうきほんほう）　1961年に制定された，日本の農業政策の目的と基本方針を規定した法律。国内農業生産性の向上と，農民と都市勤労者との間の所得格差の是正を目的とした，農業構造改革の方向性を示したもの。具体的には農業規模拡大と近代化や，米作を中心とした経営から畜産・果樹を含む耕作品目の選択的拡大などがうたわれていた。1999年に改正され，食料・農業・農村基本法（新農業基本法）が制定された。

食料・農業・農村基本法（しょくりょう・のうぎょう・のうそんきほんほう）　従来の農業基本法に代わり，1999年に制定された法律。新農業基本法ともいう。食料の安定供給の確保，農業の持続的発展，農村の振興と農業の多面的機能の発揮などを規定。

農業協同組合Ⓝ（のうぎょうきょうどうくみあい）　農協，ＪＡと略称。1947年発足。耕作農民のみによって構成される農業者の団体。加入者を対象とした信用供与，生産物の販売・購買，共済事業などを行い，特定分野の専門農協を基礎とし，都道府県レベルの中央会，信連，経済連，共済連など業務ごとに組織化されている。1991年には大規模合併農協による事業経営の実現を目的とした行動方針などが確認された。

食糧管理制度Ⓝ（しょくりょうかんりせいど）　太平洋戦争時の1942年，主要食糧の国家管理を図る食糧管理法が制定された。戦後の食糧不足の時代には，①国家による主要食糧全量購入，②配給，③輸出入の国家統制，④国家による買い入れ・売り渡しの二重価格制，⑤指定・許可による流通管理，などが有効性をもった。しかし，1960年代半ばからのコメの需給関係の緩和などにより，1970年代からは過剰米への対策が重要となった。このため，各種の改革が行われたが，1990年からは，自主流通米価格形成機構の設立によりコメの価格への市場原理も導入され，その結果，1995年には食糧管理法は廃止され，食糧法に移行した。

類 食糧管理法Ⓝ

食糧法Ⓝ（しょくりょうほう） 食糧管理法に代わって，コメやムギなどの食糧の生産・流通について定めた1995年施行の法律。正式には「主要食糧の需給及び価格の安定に関する法律」。新食糧法ともいう。この法律で，かつて違法とされてきたヤミ米（自由米）が，計画外流通米として公認された。

同 新食糧法Ⓝ

米価Ⓝ（べいか） 旧食糧管理制度の配給制の下では，1949年に設置された米価審議会の答申によって，米価は事実上決定されてきた。1995年に施行された食糧法では，コメの輸入などを背景に，①コメの民間流通を軸とした制度の確立と運営，②自主流通米価格を中心に米価への市場原理の導入，③備蓄・生産調整その他に関する政府・民間の協力，④コメ流通ルートの規制緩和と多様化の実現，などが定められた。

戸別所得補償制度Ⓝ（こべつしょとくほしょうせいど） すべての販売農家を対象に，コメ・麦・大豆など重点作物の販売価格が生産費を下回った場合，その差額をもとに所得補償する制度。民主党がマニフェスト（政権公約）に掲げる農業政策の一つ。2010年度から順次実施。正式には「農業者戸別所得補償制度」という。

同 農業者戸別所得補償制度Ⓝ

減反政策Ⓝ（げんたんせいさく） 1960年代後半になると，コメの消費量の低下と生産量の増加により，政府の古米在庫量が増えた。この対応策として，主に生産量の削減という方法がとられ，コメの減反（生産調整）政策は1971年から本格的に開始。減反面積は行政側から農家に割り当てられ，これに応じた農家には一定の基準にそって奨励金が交付された。しかし，この減反政策によって，日本の農業の競争力低下が懸念されるようになり，日本政府は2018年に50年近く続いた減反政策を廃止した。

離農化（りのうか） 兼業農家の増大とともに，高齢化した兼業農家を中心に，農業労働力の不足などから耕作面積の縮小や，農業をやめる傾向が強まっている。これを離農化といい，農村の過疎化に拍車をかけている。

食料自給率Ⓝ（しょくりょうじきゅうりつ） 国内で消費する食料の量のうち，国内生産でまかなえる割合。日本の食料自給率（2021年度）は，生産額ベースの総合自給率では63%だが，カロリーベースでは38%となり，欧米諸国に比べて著しく低い。

食料自給力（しょくりょうじきゅうりょく） 国内の農地などを最大限に活用した場合に，国内生産だけでどれだけの食料を生産することが可能かを試算した指標。農林水産省が2015年に初めて試算した。それによると，農地の潜在的な生産能力をフル活用して確保できるカロリーは，必要なうちの7割程度だった。

食料安全保障（しょくりょうあんぜんほしょう） 1980年代のソ連での農業不作により，世界的に飼料・穀物不足となった際，登場した考え方。1988年には北アメリカ大陸を50年ぶりの大かんばつが襲い，小麦・飼料作物・大豆などの生産が減少し，世界的な食料危機が叫ばれた。国連食糧農業機関（ＦＡＯ）は，食料安全保障について「人々すべてが常時必要とする基本食料に物理的・経済的に確実にアクセスできること」と定義している。

コメの市場開放(-しじょうかいほう)　旧食糧管理制度の下では，コメは一粒も輸入しないという方針を堅持してきた。しかし，ＧＡＴＴ（関税と貿易に関する一般協定）のウルグアイ-ラウンドで，コメについては1995年から，国内消費量の４～８％をミニマム-アクセス（最低輸入量）として受け入れることで合意し，関税化をまぬがれた。しかし結局1999年から関税化にふみきった。

類 ミニマム-アクセスⓃ（最低輸入量）

農産物の輸入自由化(のうさんぶつ-ゆにゅうじゆうか)　1975年以降，日本への農産物輸入自由化の圧力が高まり続け，特にアメリカからの12品目の自由化要求に対応して，1991年に牛肉やオレンジの自由化が始まった。この結果，日本が輸入制限をしている農産物はほとんどなくなり，低価格農産物の輸入量が大幅に増加。こうしたなか日本政府は2001年４月，中国からの輸入が急増したネギ・生シイタケ・イグサ（畳表）の３品目について，セーフガード（緊急輸入制限）を暫定(ざんてい)発動した。2017年にはアメリカ産などの冷凍牛肉にも発動。

類 セーフガードⓃ

生産緑地(せいさんりょくち)　農産物の安定供給と緑地確保の観点から，農地の一部を生産緑地と指定し，計画的に残そうというもの。生産緑地に指定されると，宅地なみ課税が免除される。都市圏において農地は，農業生産の場であるばかりでなく，防災・水質浄化・大気汚染防止などの機能も期待されている。

農業の多面的機能(のうぎょう-ためんてききのう)　食料・農業・農村基本法で認められた農業のはたす役割や機能をさす。国土保全，水源涵養，自然環境保全，良好な景観形成，文化の伝承，情操教育などがある。これらの機能について日本学術会議の答申に基づき，民間の研究所による貨幣評価の試算も行われている。

有機農業(ゆうきのうぎょう)　農薬や化学肥料を使用しないで，たい肥などの自然的有機肥料を用いて生産を行う農業。近年，食品の味だけでなく安全性についても関心が高まり，注目されている。JAS法（農林物資の規格化及び品質表示の適正化に関する法律）の改正で，2001年から国産だけでなく輸入も含めた有機農産物や食品の認証制度がスタートした。ただし，全耕地面積に対する有機農業取り組み面積の割合（2017年）を見ると，日本は0.2％に過ぎず，国際比較的にも小規模であることが指摘されている。

残留農薬(ざんりゅうのうやく)　耕作の大規模化・機械化の進展とともに，化学肥料や農薬が大量に使用，生産物に残留した農薬。これによる体内の異常や生態系の変化などが問題となっている。

ポスト-ハーヴェスト[post-harvest]　穀物・野菜・果物などの貯蔵や輸送に際し，害虫やカビの発生を抑えるため，収穫後に農薬を散布すること。日本では輸入農産物のなかから残留農薬が検出され，社会問題となった。

生物農薬(せいぶつのうやく)　農薬・化学肥料による人間の健康や生態系への悪影響を懸念し，害虫の天敵を代わりに使うこと。天敵農薬ともいう。柑橘類の害虫に対する天敵などが発見されている。

バイオ野菜(-やさい)　土地を使わないで，肥料を溶かした培養液を用いて栽培された野菜。水耕は消毒などが容易だといわれる。現在，ミツバ・カイワレダイコン・トマトなどの栽培で実用化されている。

遺伝子組み換え作物（ＧＭ作物）Ⓝ(いでんしくみか-さくもつ)　耐病性や日持ち性などの機能をもつ遺伝子を人工的に組み込んだ作物。遺伝子組み換えは農産物の品種改良などに有用だが，本来は自然界に存在しないため，その危険性を指摘する声も強い。農林水産省は1996年に７品目の遺伝子組み換え農産物の食品安全性を認め，輸入が可能となった。大豆・トウモロコシなど５品目を原料とする食品については，2001年４月から表示が義務づけられた。現在では，表示義務は８作物，33品目に広がっている。GMはGenetically modifiedの略。

食育Ⓝ(しょくいく)　食生活の乱れ，栄養バランスの崩れ，食にかんする知識不足などに対し，食の安全や食品の栄養特性，食文化などの情報提供や地域での実践活動を推進しようとするもの。このため，2005年に食育基本法が制定された。

類 食育基本法Ⓝ

スローフード[slow food]　外食やコンビニに象徴されるファストフードが，食生活や食文化の荒廃をもたらしたとの反省をふまえ，食における自然で質の高いものを守ろうとする考え方や運動。近年，日本でもスローフード運動にかかわるＮＰＯ（非営利組織）がふえ，伝統食の復活，生産者との連携，食育の推進などの活動を行っている。

地産地消Ⓝ(ちさんちしょう)　その地域で採れた農産物をその地域内で消費しようとする取り組みや運動。地元産の野菜を小・中学校の給食の材料として使うなど，食の安全とも関連して多様な形態をとる。

トレーサビリティⓃ[traceability]　食の安全を確保するため，食品などがいつ，どのような経路で生産・流通・消費されたかの全履歴を明らかにする制度。ＢＳＥ（牛海綿状脳症）の発生を契機に，2003年に牛肉トレーサビリティ法が成立。

類 牛肉トレーサビリティ法

ＢＳＥⓃ**（牛海綿状脳症**Ⓝ**）**[Bovine Spongiform Encephalopathy](うしかいめんじょうのうしょう)　プリオン（たんぱく質の一種）の感染で脳障害をおこし，高い確率で死にいたる牛の病気。感染牛はイギリスやアイルランドなどで多く発生。日本では2001年に初めて発生。「人が牛を狂わせた病気」という意味で，狂牛病。

同 狂牛病

口蹄疫Ⓝ(こうていえき)　牛・羊・豚などの家畜がかかるウイルス性疾患。家畜法定伝染病の一つ。１週間ほどの潜伏期をへて発熱，口内などに水泡ができる。まれに人間にも感染する。防除が困難で，2010年に宮崎県で発生した際，多くの牛が殺処分された。

鳥インフルエンザⓃ(とり-)　鳥類の間でウイルスにより感染する高病原性のインフルエンザ。1990年代後半にアジアで大流行した。日本では2004年に初めて発生，大量の鶏の死亡被害を出した。人への感染力は弱いとされるが，東南アジアなどでは死亡者も出ている。

フード-マイレージⓃ[food miles]　食生活の環境への負荷の度合いを数値化した指標。食料輸送量に輸送距離を掛けあわせて算出。イギリスで提唱された。

有機ＪＡＳマーク(ゆうきじゃす-)　審査を受け，ＪＡＳ法（農林物資の規格化及び品質表示の適正化に関する法律）の一定の基準に適合した場合，付けることができるマーク。品名にも「有機」「オーガニック」と表示できる。

エコファーマー　農薬や化学肥料の使用を減らした農業に取り組む農業者のこと。1999年に制定された持続農業法で創設された認定制度に基づく。2020年時点における認定件数は約8.4万。

グリーン-ツーリズムⓃ[green tourism]　都市住民が農山村に出かけ，自然や文化に触れながら現地の人たちと交流する滞在型の余暇活動。また，自然環境や地域の生態系などを大切した新しい旅行スタイルをエコ-ツーリズムという。

類 エコ-ツーリズムⓃ

棚田Ⓝ(たなだ)　山の斜面につくられた階段状の水田。美しく独特な景観を提供し，洪水の防止にも役立つなど，その多面的な機能が注目されている。

里山Ⓝ(さとやま)　人の住む地域の近くにあり，そこに住む人たちの暮らしと密接に結びついた自然環境。小さな山林や湖沼など。

中山間地域Ⓝ(ちゅうさんかんちいき)　農業地域区分で中間農業地域と山間農業地域をあわせた地域。山林や傾斜地が多く，農業の条件が平地に比べて不利なところが多い。農地の耕作放棄の防止や多面的機能を維持するため，個別の協定に基づき農業者に補助金を直接支払う制度が実施されている。

六次産業化(ろくじさんぎょうか)　第一次産業（生産）である農林水産業が，第二次産業（加工）や第三次産業（流通・販売）をも手がける業態（1×2×3＝6次）に脱皮することで，農林水産業そのものの再生をはかろうとする取り組み。農業者やそのグループなどが経営する農家（農村）レストランなどの形態がある。これらを推進するため，2010年に「地域資源を活用した農林漁業事業者等による新事業の創出等及び農林水産物の利用促進に関する法律」が制定された。2020年度を見ると，農業生産関連事業（加工・直販など）の年間総販売金額は約2兆329億円。漁業生産関連事業に関しては約2121億円。農業・漁業いずれともこの10年で長期的な増大傾向にある。

道の駅Ⓝ(みち-えき)　「鉄道に駅があるように，道路に駅があってもよいのでは」という発想で，1993年に創設。市町村などが申請し，国土交通省が認定する。現在では，全国に1000か所以上を数える。休憩機能・情報発信機能・地域連携機能・防災機能をもつ。休憩施設のほか，産地直売センターやレストランなどを備え，地域振興の核となっているところも少なくない。

国際捕鯨委員会Ⓝ（**ＩＷＣ**Ⓝ）[International Whaling Commission]（こくさいほげいいいんかい）　クジラ資源の保護などを目的に，国際捕鯨取締条約にもとづいて1948年に設立された機関。日本は1951年に加入した。動物愛護精神の普及とあいまって反捕鯨運動が活発になり，食料として捕鯨を支持する日本などと，これに反対する欧米諸国などとが激しく対立してきた。なお，日本が南極海で行っている調査捕鯨に関して，国際司法裁判所（ＩＣＪ）は2014年，国際捕鯨取締条約に違反するとして停止命令を出した。2019年7月，安倍内閣はIWCを正式に脱退し，商業捕鯨を再開した。

スマート農業(-のうぎょう)　「スマート農業」とは，ロボット，ＡＩ，ＩｏＴなど先端技術を活用する農業のこと。農業の生産現場にある，担い手の減少・高齢化の進行等による労働力不足などの課題を，先端技術で解決することで，農業分野におけるSociety5.0の実現をめざしている。 ☞p.255（ＩｏＴ），☞p.260（ＡＩ），☞p.261 (Society5.0)

経済編

社会と暮らし編

1章　現代社会の特質と人間

1　大衆社会における人間像

大衆社会（たいしゅうしゃかい）　一般的・平均的な大衆の決定が社会の動向を左右する社会。現代の発達したマス-メディアの情報支配と，それによる集団操作の重要性に裏付けられて成立した社会。大衆社会における大衆の特徴として，匿名的，受動的，孤立的な存在を指摘できる。大衆社会の成立にともなって，従来の人間行動の合理性に基づいた個人主義的なデモクラシーから，大衆デモクラシーの時代への転換がある。

類 大衆デモクラシー

大衆Ⓝ[mass]（たいしゅう）　大衆社会を構成する人間の集団。大衆とは第一に，伝統的な文化や倫理などの束縛を受けていないこと，第二に，共通する目的，理想，仲間意識，一体感などの心理的な連帯感が欠けていること，そして第三に，全人格的なつながりが少ないことなどを特徴としている。したがって，個人主義的な判断による行動をとることはきわめて少なく，現代の高度に発達したマス-メディアによる情報社会のもとで，受動的な立場をとることが多い。

公衆Ⓝ[public]（こうしゅう）　群集（群衆）という概念に対して批判的な立場から，フランスの社会学者タルドによって提起された。分散して存在するが，印刷物などのマス-メディアを通じて間接的に情報交換を行うことによって意思の確認をはかりながら，合理的な判断を下そうとする理性的な存在。個人主義的デモクラシーの担い手でもある。

群集[crowd]（ぐんしゅう）　共通の関心事を対象として，一時的，直接的に集まった異なった人々の集団。対面集団であり，刺激に対して敏感で，ときとして非理性的・感情的な行動をとる。なお，群集の一員になったときの特異な心理を群集心理という。

リースマン[David Riesman, 1909～2002]　アメリカの社会学者であり，現代の大衆社会を鋭く分析した代表者である。主著『孤独な群衆』においては，初めに人間の性格を「伝統指向型」「内部指向型」「外部指向型（他人指向型）」の三つに分けている。そのなかで，彼は近代社会における人間の精神構造の変化を「内部指向型」から「外部指向型」への変化として特徴づけている。

類『孤独な群衆』

伝統指向型（でんとうしこうがた）　人口の増加があまりみられない閉鎖的かつ前近代的な共同体社会においてみられる社会的性格。共同体社会で長い間にわたって形成してきた道徳や慣習を忠実に遵守することができる者だけが，唯一成功を勝ち得る可能性がある。

内部指向型（ないぶしこうがた）　産業革命後の近代市民社会においてみられる社会的性格で，孤独に耐えながら，禁欲的な自分の内部の良心に従って行動するタイプの人間。比喩的にいえば，ジャイロスコープ（羅針盤）型の人間である。

外部指向型（他人指向型）（がいぶしこうがた）（たにんしこうがた）　20世紀の大衆社会にみられる社会的性格で，周囲の動向や要求に対して鋭い感覚をもち，それに敏感にしかも的確に反応するタイプの人間。比喩的にいえば，レーダー型の人間である。

画一化（かくいつか）　現代社会の特徴の一つとしてあげられる，多様化に対する用語。大量生産にともなう大量消費の傾向に裏づけられ，マスコミを使った大がかりなコマーシャリズムに乗って流行が形成されると，大衆は先を争ってそれに追従していくという，現代の典型的な現象の一つである。

中流意識（ちゅうりゅういしき）　一定の社会のなかで標準的な階層であると認識している人々の心理的状態をさす。社会的な階層を通常３階層に分け，上から上流，中流，下流とよんでいる。この分類の基準には，職業，収入，学歴，家柄，財産，生活様式などが指標として用いられるが，客観的な基準があるわけではなく，どの階層に所属しているかは，個人の主観的な判断によるところが大きい。

ホワイトカラーⓃ［white collar］　行政組織や企業のなかで，中級・下級の管理者，事務員，技術者，販売員などの職務従事者を総称した用語。雇用された勤労者ではあるが，ブルーカラーとよばれる肉体労働者と区別され，管理的な業務に従事するか，専門的な知識を活用する精神労働に従事している。

対 ブルーカラー

アパシー（政治的無関心Ⓝ）［apathy］（せいじてきむかんしん）　巨大化，複雑化した現代政治に対して，どうすることもできないでいる大衆の無力感・絶望感・焦燥感を表し，政治的無関心と同義語として使われることが多い。アメリカの政治学者ラスウェルらによって社会学の用語として用いられた。

類 ラスウェル　☞ p.133（政治的無関心）

大衆文化Ⓝ［mass culture］（たいしゅうぶんか）　従来，文化の形成は，高度な能力と経済的なゆとりが要求されたため，一部の知的エリート集団によってなされることが多かった。しかし，大衆社会では，生活水準が著しく向上し，経済的・時間的なゆとりがもたらされ，個人の欲求・願望・意思を発揮することを許している。さらに，普通教育の普及は，文化の創造と享受の過程に十分に参加できる人々を量的に拡大させた。これらの基盤のうえに，大衆文化を普及，発展させる役割を果たしたものが，マス-コミュニケーションの発達である。

伝統的文化(でんとうてきぶんか)　ある一定の教育を受けた者であれば，誰でも享受することができる大衆文化に対して，理解するうえに高度な専門的知識や技術を必要とする，歌舞伎・能・古典音楽などの文化。

人間疎外(にんげんそがい)　人間の自己疎外ともいう。人間が，自ら生活の手段としてつくり出した機械や制度によって支配され，人間性を喪失していること。また，自己実現の場である労働が，人間に苦痛を与え，よそよそしいものになっていること。高度資本主義体制が確立すると，個々の機能集団は巨大化し，これを合理的に統制していくために官僚組織が発達していった。人々は組織に組みこまれ，大きな機械を構成する一つの歯車のような扱いを受けている。

「モダン-タイムス」Ⓝ　喜劇俳優チャップリンが製作・主演したアメリカ映画。1936年に公開された。この映画でチャップリンは，現代資本主義の生産第一，利潤第一の考え方と，生産の場におけるオートメーション化と分業のもたらす人間疎外，つまり人間が非人間化される状況を告発している。

アトム化(-か)　巨大化した機能集団の官僚制機構のなかで，人間が一つの歯車と化して主体性を喪失し，孤立した状態にあることをいう。原子化ともいう。

ダンバー数[Dunbar's number]（-すう）　人間が安定的な社会関係を維持できるとされる人数の認知的な上限のこと。具体的数値については議論があるが，標準的な値は150。1990年代に，イギリスの人類学者であるロビン・ダンバーによってはじめて提案された。ダンバー数を超えると，グループの団結と安定を維持するためには，より拘束性のある規則や法規や強制的なノルマが必要になると考えられている。

2　家族の変化

家族Ⓝ(かぞく)　結婚や血縁関係によって結ばれる集団。夫婦関係を基礎として，愛情によって結ばれ，家族構成員の生活や健康の保持や人間形成をはかるなど，人間にとって最も基礎的な集団である。

親族Ⓝ(しんぞく)　親子関係や婚姻を通してできる人間のつながり。親子関係のように血のつながりのある者どうしを血族，自分の配偶者の血族のように血のつながりはないが，婚姻を通じて生じた関係を姻族という。親族関係の範囲について，日本では民法第725条で，①6親等内の血族（またいとこ，いとこの孫），②配偶者（自分の夫や妻），③3親等内の姻族（配偶者のおじやおば，配偶者側の甥(おい)や姪(めい)）までを親族と規定している。親族関係は出生・婚姻などで発生し，死亡・離婚などで消滅する。

類 血族　姻族

核家族Ⓝ(かくかぞく)　一組の夫婦と未婚の子どもによって構成される家族。アメリカの文化人類学者のマードックが主著『社会構造』のなかで述べた考え方である。これを特に「核」家族という理由は，第一にいかなる時代やどの地域においても，どんな形態の家族であっても，夫婦とその子どもが家族の構成員になっているという，家族の構造的な面がある。これは，マードックが多くの未開社会の家族の研究から導いたものである。第二に家族のもつ性的な機能や経済的機能，生殖機能，教育機能という最も基本的な機能を果たすためには，家族構成の単位をこれ以上縮小できないという，家族の機能的な面がある。特に産業化の進展により日本でも1955（昭和30）年頃から，核家族化の傾向が著しくみられるようになった。さらに，近年の世帯構成の特徴は「単独世帯」および「夫婦のみの世帯」の割合が増大している点である。

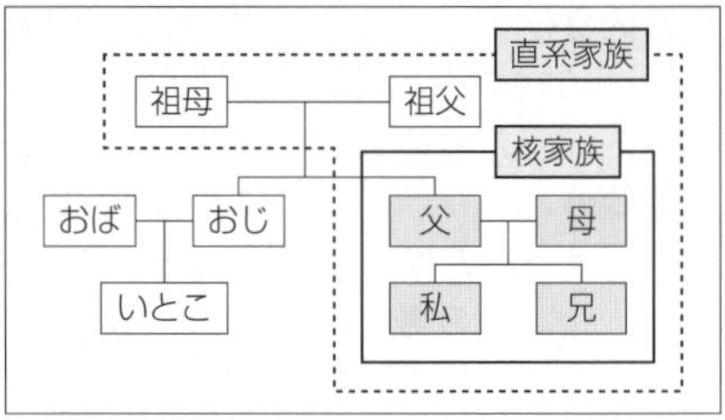

直系家族（ちょっけいかぞく）　複数いる子どものうち，一人だけが結婚後も親と同居する形態の家族。親と同居する子どもは跡継ぎとして位置づけられ，財産相続は単独相続か，もしくは跡継ぎである子どもを優先することが多い。この場合，家族の機能として家の維持や財産保持，老親の扶養などの機能が重視される。

複合家族（ふくごうかぞく）　直系家族のように一人だけが親と同居するのではなく，複数の子どもが結婚後も親と同居する形態の家族。大人数の家族になるが，ともに家業に従事することが多い。

家父長的家族（かふちょうてきかぞく）　家長である男子が強い家長権をもち，家族員を統制し，支配する家族。家長は戸主権や財産権などの権利を独占した。夫婦関係よりも家が重視され，結婚は家と家の結合を意味した。日本では明治民法でこれが認められていた。

拡大家族（かくだいかぞく）　拡張家族ともいう。子どもたちが，結婚した後も親と同居する家族のこと。一人の子どもが同居する直系家族と，複数の子どもが同居する複合家族の両方が含まれる。

機能の外部化（きのう-がいぶか）　従来，家族がもっていた機能が，企業や学校などの外部の機関に吸収され，家族の機能が縮小していくこと。しかし，このことによって家族が愛情を育てたり，子どもを養育したりする場へと専門化したとも考えられる。さらに，機能の外部化，縮小化によって，夫婦間の愛情を育てていく機能がますます家族にとって重要な機能になってきていることが指摘できる。

新民法（しんみんぽう）　1948（昭和23）年に改正され，施行されている現行民法のこと。旧民法の，特に親族，相続に関する部分が全面的に改正された。この改正によって，戸主権が廃止され，夫婦を中心とした男女平等の関係が基本となった。婚姻は「両性の合意のみに基いて」（憲法第24条）行われ，夫婦が共同して親権を行使することになった。

旧民法Ⓝ（きゅうみんぽう）　1898（明治31）年から1947（昭和22）年まで施行されていた民法で，明治民法ともいう。その特徴は戸主権，家督相続，そして男女不平等にある。家長の権利が戸主権として法的に規定され，戸主には婚姻同意権や財産管理権，住所指定権，戸主に従わない者を家から離籍させるなどの強い権限が与えられていた。

家制度(いえせいど)　一般的には，法律や慣習などによって社会で認められた家族形態や家族内の人間関係をさす。しかし，特に近代の日本の家制度という場合は，第二次世界大戦までの強い戸主権と家督相続制を基礎にした，家族に関する法制度や社会規範をさす。家族内では家長たる男子が絶対的な権威をもち，子どもは親に，妻は夫に服従することが求められた。

パターナリズム[paternalism]　本来は，親が子を慈しんで面倒をみること。父権主義。転じて，強い立場の者が弱者のために，本人の意思に反して介入・干渉する意味でも用いられる。医療の場では，父としての医師が，子どもである患者の治療方針などを一方的に決定することを指す。

戸主（権）(こしゅけん)　改正前の民法（明治民法）で規定されていた「家」制度に基づく権限。戸主は家長と同じ意味で，明治民法で法的に認められた家の支配者。居住場所の決定，婚姻関係への同意など，家族の出処進退その他のすべてを決定できた。第二次世界大戦後，新民法において，個人を尊重する立場から「家」制度が廃止され，戸主・戸主権も消滅した。

家督相続(かとくそうぞく)　家督とは跡継ぎのことだが，明治民法では家の存続のため，家の財産と戸主の地位や権利が継承されることが規定されていた。一般的には長男が単独で独占的に相続した。

均分相続(きんぶんそうぞく)　旧民法の下で「家」制度が存在していたときは，原則として長男が「家」の財産（家督）をすべて相続した。しかし，戦後の新民法の規定では，両性の平等と個人の尊厳の立場から，配偶者と子どもの間では相違があるが，同一相続権資格所有者の間では相続財産を平等に分割相続する制度となった。たとえば，夫が死亡した場合，相続分の２分の１は妻が相続し，子どもは残りの半分を相続する。したがって，子どもが３人いる場合は３人の子どもで６分の１ずつ平等に相続する。

夫婦別姓Ⓝ(ふうふべっせい)　民法では結婚すると男女どちらかの氏を称すること（第750条）とされているが，実際には夫の姓を使用するケースが多い。近年，結婚しても自分の姓を変えたくないという女性が増えてきた。このため1996年，法制審議会は選択的夫婦別姓の導入などを打ちだしたが，実現にはいたっていない。このため，選択的夫婦別姓を認めない民法の規定は憲法違反だとした裁判が起こされたが，東京地裁は2013年に合憲との判断を示した。最高裁判所大法廷は2015年，民法の同規定が違憲ではないとする判決を下した。

晩婚化Ⓝ(ばんこんか)　日本では1970年以降，男女ともに結婚年齢が上がり，晩婚化の傾向がみられる。女性の晩婚化の要因としては，高学歴化や社会進出など。

出生率の低下Ⓝ（**少子化**Ⓝ）(しゅっしょうりつ-ていか)(しょうしか)　日本の合計特殊出生率（その年の15～49歳の年齢別出生率の合計，一人の女性の平均的生涯出産数と仮定される）は，年々低下してきている。第二次ベビーブームの1973年における出生率は2.14だったが，2021年は1.30である。

合計特殊出生率Ⓝ(ごうけいとくしゅしゅっしょうりつ)　一人の女性が生涯に産む子どもの数の平均の値。妊娠可能な15歳から49歳までの女性の，年齢別の出生率を合計したもの。人口動態統計（厚生労働省）をみると，導入された1947年に4.54だったものが，2005年には1.26で過去最低になった。その後はやや持ち直している。なお，2.1前後が人口の増減がないとされる人口置換水準である。

育児休業Ⓝ(いくじきゅうぎょう) 出産後の一定期間，子どもの養育のために職場を離れること。1992年から施行された育児休業法により法制化された。同法では男女とも申請により，1歳に満たない子（一定の場合は1歳6か月未満の子）を養育するための育児休業をとれるようになった。1994年には雇用保険法が改正され，育児休業給付が支給されることになった（現在は休業前賃金の原則67%，開始180日間経過後は50%相当額）。1995年には介護休業も含んだ育児・介護休業法が制定され，1999年4月から施行。2021年度の育児休業取得率は男性13.97%，女性85.1%。

類 育児・介護休業法Ⓝ

待機児童Ⓝ(たいきじどう) 認可保育所に入所を希望しても，定員オーバーなどで保育所に入ることができない子どものこと。景気の悪化などを理由に共働き世帯が増えたことなどが背景にある。

パパ・ママ育休プラスⓃ(-いくきゅう-) 現状では6%程度という男性労働者の育児休業取得を促進するための政策。父母がともに育児休業を取った場合，父親の育児休業取得期間を1歳2か月まで延長するというもの。2009年の改正育児・介護休業法で導入された。日本版パパ-クオータともいう。

イクメンⓃ**とイクジイ** イクメン（育メン）は育児に積極的に参加する父親のこと。イクジイは育児に熱心にかかわる祖父のこと。地域の子育て講座などで学ぶ人たちも増えている。

専業主婦Ⓝ(せんぎょうしゅふ) 賃金労働や家業に従事しておらず，家事や育児に専念している主婦（主夫）のこと。最近は，専業主婦の割合が減りつつある。

主夫[house husband]（しゅふ） 家事労働を主たる職業とする夫のこと。アメリカ国勢調査局の統計によると，約55万人の主夫が存在する。日本でも，仮に年金の第3号被保険者を基準とすると，約11万人の主夫が存在することになる。先進国では，主夫人口の増加が推計されており，従来の「夫は仕事，妻は家事」という性別役割分業の価値観が崩れつつあることを示している。

離婚Ⓝ(りこん) 婚姻契約を解消して，夫婦関係を終了させること。日本の離婚率は，1910年代頃までは世界一位であった。敗戦後も，1960年代から増加傾向にあったが，2002年に約29万組となったのをピークとして，減少傾向に転じている。2020年における離婚件数は約19.3万組。

セクシュアル-ハラスメントⓃ[sexual harassment] 主として女性に対する職場などでの性的いやがらせ。1970年代のアメリカで主張され，日本では1980年代末から問題となった。一般的には①対価型＝性的行為の要求と関連した雇用上の不利益な取り扱い，②環境型＝性的な言動による不快な職場環境の形成，などがあげられる。セクハラ。

フェミニズム[feminism] 男性中心の社会や価値体系に異議を唱え，女性差別の撤廃と男女平等の実現をめざす，女性解放の運動をさす。

ジェンダーⓃ[gender] 「生物学的」な男女の違いをセックス[sex]というのに対し

て，社会的･文化的につくり上げられた「性差」をいう。「女らしさ，男らしさ」「男は仕事，女は家庭」といった後天的につくられた男女の性役割や行動様式，心理的な特徴をさす。ジェンダーフリーとは，その固定的な「性差」意識から自由になることをさす。また，ジェンダーバイアスとは，ジェンダーに基づく差別，女性への固定的観念に基づく差別をいう。

類 ジェンダーフリー　ジェンダーバイアス

 # MeToo（ハッシュタグミートゥー）　「私も」を意味する英語にハッシュタグ（#）をつけたSNS用語。セクシャルハラスメントや性的暴行の被害を告白・共有する際に利用される。元はアメリカの市民活動家タラナ・バーグが2007年に性暴力被害者支援のスローガンとして「Me Too」を提唱し地道な活動していた。#をつけて投稿し，ユーザーとつながっていった。2017年にはアメリカの女優を中心に被害者が連携し世界的なセクハラ告発運動が展開された。

性別役割分担意識（せいべつやくわりぶんたんいしき）　「男（夫）は仕事，女（妻）は家事・育児」というように，性別によってその役割を遂行することを期待する意識。日本では，家庭や職場において，こうした固定的な役割分担意識が根強く残る。

アンペイドワーク　働いても賃金が支払われない労働，無償労働または無報酬労働といわれる。女性によって担われることが多い。家庭での家事・育児・介護，農林水産業などの自営業における家族従業者が典型。　☞ p.204（家事労働）

エンパワーメント　直訳すると，「力をつける」こと。女性自らが意識と能力を高め，真の男女平等を達成するため，政治・経済・社会・家庭など社会のあらゆる分野で，力をもつ存在となることをいう。男女平等社会，男女共同参画社会の実現のための重要な考え方。

リプロダクティヴ-ヘルス／ライツ（性と生殖に関する健康・権利）（せい-せいしょく-かん-けんこう・けんり）　女性が自分の体や健康について正確な知識・情報をもち，安全で満足できる性生活を営み，子どもの人数や出産の時期・避妊の方法などについての女性の決定権を認めようとするもの。妊娠・出産・中絶に関わる女性の生命の安全や健康を重視した考え方。ここでいう健康とは，単に病気でないということだけではなく，身体的，精神的，社会的に良好な状態のことをいう。1994年の国際人口開発会議（カイロ）で明記され，1995年の第4回世界女性会議（北京）の行動綱領にも盛り込まれた。

プロライフ［pro-life］　胎児の生存権（right to life）を重視する思想。妊婦の選択よりも胎児の生命に優越的価値があるととらえ，人工妊娠中絶の原則禁止を主張する。2000年代以降，アメリカの世論調査では，プロライフ支持率が上昇傾向にある。全米において中絶は合法化されているが，一部の州では，中絶に厳格な条件を課している。

プロチョイス［pro-choice］　妊婦の選択権（right to choose）を重視する思想。胎児の生命よりも妊婦の選択に優越的価値があるととらえ，人工妊娠中絶の完全合法化を主張する。プロチョイスの基本姿勢として，胎児が母体から一部／全部露出した段階から人間として定義されるべきであり，それ以前の胎児に人権は原則として存在しないとする。

精子提供訴訟(せいしていきょうそしょう)　2021年12月，ある日本人女性が在日外国人男性に対して，精子提供をめぐる損害賠償を請求（3億2000万円）した民事訴訟。訴訟内容によれば，この日本人女性は自分の子を産むために，精子を提供する男性をネット上で募集。その際，国籍，学歴，既婚歴などの条件を提示。面談の結果，ある男性を選択して妊娠した。しかし，この男性が外国籍の既婚者であることが判明。出身大学も面談時に聞いたものとは異なっていた。女性は子を出産したが養育を諦めて児童福祉施設に入所。この訴訟を起こした。

内密出産(ないみつしゅっさん)　病院外に身元が明かされない形で妊婦が出産すること。妊婦のなかには，なんらかの事情で，妊娠した事実や出産した事実を公に知られたくないケースもある。そのような女性に対して，病院がプライバシーを保護した上で出産の措置を取る。2019年，熊本市内にある慈恵病院が内密出産の受け入れを表明し，2021年12月には，同病院にて10代女性が内密出産した。内密出産については，既に法制化している国々もあるが，日本では未整備の状態である。なお，2022年6月には，慈恵病院が内密出産よりも一歩踏み込んだ匿名出産の受け入れも表明した。これは，病院にすら一切の個人情報を渡さずに妊婦が病院にて出産できる措置である。

類 匿名出産

アファーマティヴ-アクション　差別を積極的に是正する優遇措置。アメリカ合衆国で生まれた考え方で，企業・団体・学校が，人種・出身国・性別等を理由とする雇用・教育上の差別を受けてきた少数民族や女性の社会的地位の向上のために積極的な優遇措置をとること。教育や雇用面で特別枠の割当制（クオータ制）を導入したりする。欧州や日本などではポジティヴ-アクションという。

同 ポジティヴ-アクション

クオータ制Ⓝ[quota system] (-せい)　国会議員や各種審議会委員の一定割合以上を同一の性・人種などに独占させない制度。割当制ともいう。とくに，政策決定過程にかかわる女性が過少だという問題への措置として導入され始めている。例えばルワンダでは，意思決定機関のメンバーの最低30%は女性とする規定が憲法にある。

同 割当制

ドメスティック-ヴァイオレンスⓃ（**DV**Ⓝ）[Domestic Violence]　主に配偶者や恋人といった親密な関係にある異性からふるわれる暴力のこと。「親密な」関係には，結婚している配偶者だけでなく，同棲相手や婚約者，別れた配偶者や恋人なども含む。また，暴力には，殴る，蹴る，威嚇する，存在を無視する，心理的な苦痛を与えるといった身体的・心理的暴力や，性行為の強要，生活費を渡さないといった行為も含まれる。2001年4月に「配偶者からの暴力の防止及び被害者の保護に関する法律」（DV防止法）公布，同年10月に施行。

類 DV防止法Ⓝ

男女共同参画社会基本法Ⓝ(だんじょきょうどうさんかくしゃかいきほんほう)　1999年6月，男女共同参画社会の形成に向けて制定された基本法。国や地方公共団体にそのための施策を求めている。2001年，内閣府に男女共同参画会議が設けられた。

3　高齢社会と少子化

高齢社会と社会保障Ⓝ（こうれいしゃかい-しゃかいほしょう）　高齢化（率）は老年人口比率（65歳以上の老年人口÷総人口）で示される。日本は急速度で進んでおり，その比率は2055年には39.4％に達すると予測される。人口高齢化は55歳以上の高年労働力の増加をもたらし，社会的影響も大きい。

高齢化社会Ⓝ（こうれいかしゃかい）　国連（経済社会理事会）の定義で，65歳以上の人口の割合が７％以上14％未満の社会をいう。日本は1970年にこの段階に達した。

類 高齢化Ⓝ

高齢社会Ⓝ（こうれいしゃかい）　65歳以上の人口の割合が14％以上21％未満の社会をこのようにいう。日本は1994年にこの段階に達した。

超高齢社会Ⓝ（ちょうこうれいしゃかい）　65歳以上の人口の割合が21％以上の社会をこのようにいう。日本は2007年に世界で初めてこの段階に入った。

多死社会（たししゃかい）　高齢者の増加により死亡者数が非常に多くなり，人口が少なくなっていく社会形態のこと。超高齢化社会の次に訪れる社会に位置づけられる。2038年頃が多死社会の中でも特に事態が著しい時期であると予想される。

少子化Ⓝ（しょうしか）　出生数と出生率が低下し，子どもが少なくなること。そうした社会を少子化社会という。そのことがまた，高齢化を加速させることになる。1992年の『国民生活白書』で初めてこの言葉が用いられた。

類 少子・高齢化Ⓝ　少子・高齢社会Ⓝ

児童虐待Ⓝ（じどうぎゃくたい）　保護者による監護する児童への虐待。児童虐待防止法（2000年施行）によると，保護者がその監護する児童（18歳未満）に対して行う，①児童の身体への暴行，②わいせつな行為，③著しい減食または長時間の放置（ネグレクト＝無視，保護の怠慢），④心理的外傷を与える言動，の四つの行為をさす。児童が死にいたるケースもある。同法の改正（2020年）では，親権者による「しつけ」を名目にした体罰が禁止された。

類 児童虐待防止法Ⓝ

児童相談所Ⓝ（じどうそうだんじょ）　児童福祉法に基づき，都道府県などに設置された機関。児童やその家庭に関するさまざまな相談に応じ，虐待のおそれがある家庭への強制立ち入り調査なども行う。2020年の改正児童福祉法により，虐待が疑われる家庭から子どもを一時保護するなどの「介入」と，親権者への支援を行う職員を分離し，子どもの保護をためらうのを防ぐ体制がとられている。

親権の一時停止（しんけん-いちじていし）　児童の虐待防止のために最高で２年間，父母が未成年の子に対して持つ権利を停止できる制度。2011年の民法改正で成立した。家庭裁判所の審判により停止が決定される。虐待された本人も申し立て可能。

いじめ防止対策推進法（-ぼうしたいさくすいしんほう）　子どもの生命などに重大な被害をあたえる事態に対して，学校・地方公共団体・国に報告義務などを定めた法律。2011年に大津市で起きたいじめによる中学生の自殺事件などを受け，2013年に制定された。

子ども・子育て支援新制度(こ-こそだ-しえんしんせいど) 就学前の子どもの保育や教育をめぐる新しいしくみ。2015年から実施。保育需要の増大などに対応するため，民間企業の参入が容易になった。幼稚園や保育所，認定こども園（保育所と幼稚園の両機能を備えた施設）などを一つに束ねる制度となったが，施設ごとに職員配置基準や保育室の面積，給食の有無などは異なる。

少子化社会対策基本法Ⓝ(しょうしかしゃかいたいさくきほんほう) 少子化に対処する施策の策定と実施を総合的に推進するため，2003年に制定された法律。国・地方公共団体・事業主・国民の責務などを定める。

児童手当Ⓝ(じどうてあて) 児童の健全育成などを目的として支給される。1971年の児童手当法に基づいて創設。出生率の低下などに対応して数次の法改正が行われた。子ども手当の新設で原則廃止されたが，2012年度から復活した。現在の支給額は子ども１人あたり月額で，３歳未満が１万5000円，３歳から小学生が１万～１万5000円，中学生が１万円。所得制限が設けられている。

児童扶養手当Ⓝ(じどうふようてあて) 所得の低いひとり親家庭（母子や父子家庭）などに支給される手当。児童扶養手当法に基づく。支給額は年収や子どもの数で決まる。子ども１人の場合の満額は月額で４万2000円。2020年度における受給数は約88万世帯。そのうち，母子世帯が約80万を占める。

子ども手当Ⓝ(こ-てあて) 2009年に成立した鳩山由紀夫政権が創設した手当。中学校卒業まで子ども１人あたり月額２万6000円（当面は半額）の支給をめざした。支給にあわせて扶養控除などは縮減され，2012年度から児童手当に戻された。

子どもの貧困率Ⓝ(こ-ひんこんりつ) 家計における平均的な所得（正確には等価可処分所得の中央値）の半分を下回る世帯で暮らす18歳未満の子どもの割合。ＯＥＣＤ（経済協力開発機構）による指標で，相対的貧困率ともいう。日本では2012年時点で13.9%となり，過去最悪となった。また，生存に必要な生活物資を確保できないような貧困線（1日1ドル25セント以下での生活，世界銀行の指標）以下で暮らす子どもたちを指す絶対的貧困率という概念もある。

同 相対的貧困率Ⓝ　類 絶対的貧困率Ⓝ

シングルマザー／シングルファザー [single parent] 子供を１人で養育している母親あるいは父親のことで「一人親世帯」「単親世帯」とも表記する。2021年統計によると，日本におけるシングルマザー世帯は約120万世帯。シングルファザー世帯は約15万世帯。シングルマザー世帯では，母親自身の平均年収が約272万円，世帯全体の年収も373万円に留まっており，著しく低い生活水準となっている。日本における単親世帯の貧困率は50%を超えており，ＯＥＣＤ加盟国の中でも最悪水準にある（ＯＥＣＤ調査）。

ダブルケア 子どもの育児と親の介護を同時進行で行うこと，またはそれをになう人たち。肉体的・精神的・経済的な負担が増し，仕事との両立が難しくなる。内閣府の推計で約25万人。晩婚化や少子化，親世代の長寿化などが要因としてあげられる。

平均寿命Ⓝ(へいきんじゅみょう) 死亡年齢の平均のこと。０歳の人が期待できる平均余命である。平均寿命は，その国の保健衛生や社会福祉水準を示す指標とされる。一般に先進国では長く，発展途上国では短い。日本の1947年の平均寿命は男性50.06歳，女性53.96歳だったが，2021年では男性81.47歳，女性87.57歳で世界最高水準。何歳まで健康に生きられるかを示す健康寿命でも，日本は世界有数の健康長寿国で，男性72.68年，女性75.38年（2019年，厚生労働省）。

類 健康寿命

団塊の世代Ⓝ（だんかい-のせだい） 他の世代に比べ，人数が多い1947〜49年のベビー-ブーム期に生まれた世代のこと。毎年約200万人程度だった出生数が，この時期は年間約270万人に上昇した。作家堺屋太一の小説名に由来する。

類 ベビー-ブームⓃ

高年齢者の再雇用（こうねんれいしゃ-さいこよう） 定年後に再び雇用する高年齢者の雇用対策の一つ。高年齢者雇用安定法は，2006年から定年後に労働者が再雇用を希望した際，65歳までの雇用を事業主らに義務づける規定を設けている。

類 高年齢者雇用安定法Ⓝ

認知症Ⓝ（にんちしょう） 成人後期におこる慢性的な知能低下。いわゆる物忘れや徘徊（はいかい）など。脳血管障害などで，より早い時期にあらわれる場合もある。かつては「痴呆（ちほう）症」とよばれたが，誤解を招く侮蔑的な表現だと批判され，呼称を変更。

成年後見制度Ⓝ（せいねんこうけんせいど） 認知症などにより判断能力の不十分な人が，契約などをする際に不利益をこうむらないよう，保護や支援を行う制度。後見人は，本人にかわって法律行為をすることができる。申し立てに基づき家庭裁判所が後見人を選ぶ法定後見と，本人があらかじめ選んでおく任意後見とがある。このうち法定後見には，本人の判断能力に応じて補助・保佐・後見の３タイプがある。1999年の民法改正で導入された。

ノーマライゼーションⓃ［normalization］ 障害者も健常者も，高齢者も若者もすべて人間として，普通（ノーマル）な暮らしをともに送り，生きていく社会こそノーマルだ，とする実践運動や施策。デンマークの知的障害のある子をもつ親の運動のなかから生まれた考え方で，欧米諸国や日本でも定着してきた。障害者の普通学校への入学運動などがある。

バリアフリーⓃ［barrier-free］ 障害者などが普通の生活ができるよう，身体的・精神的なバリア（障壁）を取り除こうという考え方。現実には，物理的バリア，制度的バリア，意識のバリア，文化・情報のバリアの四つの課題がある。

ユニヴァーサルデザイン（ＵＤ）［Universal Design］ すべての人が平等に使える機器や製品をデザインしようとする考え方。アメリカの建築家ロン＝メイスが1980年代から用いた。①だれでも公平に利用できる，②使用上，自由度が高い，③使い方が簡単，④必要な情報がすぐに理解できる，⑤うっかりミスや危険につながらない，⑥少ない力でも楽に使用できる，⑦アクセスしやすい大きさとスペースを確保する，の七つの原則がある。

老人ホームⓃ（ろうじん-） 老人福祉法に基づく老人福祉施設。養護老人ホーム，特別養護老人ホーム，軽費老人ホーム，有料老人ホームがある。養護老人ホームと特別養護老人ホームは福祉の措置に基づいた施設であり，市町村が入所決定権をもつ（特別養護老人ホームは介護保険導入後，利用者と施設の直接契約に）。これに対し，軽費老人ホームは公的補助はあるものの，自由契約による施設であり，有料老人ホームは完全に私的な自由契約施設である。

特別養護老人ホームⓃ(とくべつようごろうじん-)　常時，介護などが必要で，自宅での生活が困難になった高齢者などに，日常生活上必要な介護や療養上の世話を行う施設。特養と略す。介護保険法上の名称は介護老人福祉施設という。2014年の法改正で，要介護3以上と認定された人しか入所できなくなった。

老人保健法(ろうじんほけんほう)　75歳以上の老人などの医療と，40歳以上の成人・老人に対する健康相談や健康検査などの保健事業を定めた法律。1983年から施行。老人医療が有料になるとともに，障害老人のための入居・利用施設である老人保健施設の設置が定められた。2008年4月に廃止。代わって高齢者医療確保法が新たに施行された。

後期高齢者医療制度Ⓝ(こうきこうれいしゃいりょうせいど)　2008年4月，老人保健制度を廃止して新たに創設された制度。75歳以上を対象とする独立型の健康保険で，保険料は原則全員から徴収する。保険料の徴収は市町村が行い，財政運営は都道府県単位の広域連合が担当。財源は公費で5割，現役世代の保険料で4割，後期高齢者の保険料で1割をまかなう。

介護保険Ⓝ(かいごほけん)　介護が必要になった国民に対して，在宅（居宅）や施設で介護サービスを提供する新しい社会保険制度。1997年制定の介護保険法に基づいて，2000年から実施された。主な内容は，①市町村・特別区を運営主体とする，②65歳以上を中心に，40～64歳を対象に含む，③介護費用の1割を利用者負担とし，残りを公費・保険料で半分ずつ負担する，④要介護認定（要介護1～5，要支援1～2）は介護認定審査会が行う，など。しかし，被保険者の範囲や保険料負担，給付の内容などをめぐる議論がある。2005年，介護保険法が大幅に改正され，介護予防サービスなどが新設された。2018年には，一定所得以上の人の利用料負担を3割に引き上げる，要支援1～2を介護保険給付から外して地方公共団体の事業に移す，特別養護老人ホームの入所を要介護3以上に制限する，などの改正が行われた。

地域包括支援センターⓃ(ちいきほうかつしえん-)　地域における高齢者の心身の健康維持などを支援する機関。介護保険の運営主体である市町村などが中学校区程度を基準に設置する。厚生労働省がすすめる地域包括ケアシステムの中核的な役割。

類 地域包括ケアシステム

ケア-マネジャー（介護支援専門員）［care manager］(かいごしえんせんもんいん)　介護保険制度で，認知症などによって要介護や要支援の認定を受けた人のためにケア-プラン（介護サービス計画）の作成などを行う専門職。

在宅介護Ⓝ(ざいたくかいご)　1人で日常生活を営むことが困難な人（老人，障害者など）を対象に，ホームヘルパーなどの専門家や家族の手によって，食事，排泄，掃除，洗濯などのADL（日常生活動作）の援助や，話し相手になるなどの社会的孤立を避ける援助を「家の中」で行うこと。

在宅ケア(ざいたく-)　老人が日常生活において自分で自分のことができなくなっても，老人ホームなどの施設に入るのではなく，家庭内で生活を続けることができるよう，老人及びその家族を援助するためのサービスのことをいう。ホームヘルパーの派遣や生活用具の給付，ショートステイ，デイサービスなどがある。

デイケアⓃ　介護保険制度では，老人保健施設や医療機関などで，日帰りで受けられる機能訓練のサービスなどをさす。通所リハビリテーションとも。

デイサービスⓃ　介護保険制度では，デイサービスセンターなどで，日帰りで受けられる入浴や食事提供などのサービスをさす。通所介護ともいう。

ショートステイ　在宅老人を一時的に老人ホーム（特別養護老人ホームなど）に滞在させ，介護すること。

グループ-ホームⓃ［group home］　自力で生活が困難な認知症の高齢者などが，専門スタッフによる介護を受けながら，少人数で共同生活をおくる施設。介護保険法にもとづく高齢者用のほか，知的障害者・児童分野でも同様の施設がある。

ホームヘルパーⓃ［home care worker］　介護などを必要とする高齢者への家庭奉仕員で市町村が実施する事業。寝たきり老人などを抱えている家庭は，家族だけで介護ができないケースがありホームヘルパーの派遣を求めることができる。

シルバー産業（-さんぎょう）　高齢者を対象にして，民間企業が行う営利を目的とした事業のこと。住宅や介護，介護用品，高齢者のための教養講座などがある。

シルバー人材センター（-じんざい-）　高齢者の労働能力の活用と高齢者の社会参加，生きがいづくりのため，地域に密着した短期的な軽労働を中心に，高齢者の就業機会を確保し，提供するための公益法人。

老人医療制度（ろうじんいりょうせいど）　若年層も含めて国民全体で医療費を公平に負担するという観点から，老人保健法では老人医療費のうち老人の一部負担金を除いた額の50％を公費（うち国が３分の２，都道府県及び市町村が６分の１ずつ）負担し，残りの50％はそれぞれの医療保険制度の保険者が共同して拠出。2008年４月から老人保健法は廃止され，後期高齢者医療制度に移行した。

高齢者虐待防止法Ⓝ（こうれいしゃぎゃくたいぼうしほう）　2005年に議員立法で成立，翌06年から施行。正式には「高齢者虐待の防止，高齢者の養護者に対する支援等に関する法律」。深刻化する高齢者への虐待を防ぐことと同時に，家族など養護者の支援や負担軽減なども定める。高齢者虐待を，身体的虐待・介護放棄・心理的虐待・性的虐待などに分類。虐待の発見者は市町村に通報する義務がある。

介護休業Ⓝ（かいごきゅうぎょう）　家族介護を行うため，一定期間職場を離れること。1995年制定，1999年施行の育児・介護休業法（育児休業，介護休業等育児又は家族介護を行う労働者の福祉に関する法律）に基づく。介護の対象は配偶者・父母・配偶者の父母など扶養義務のある者。通算93日を上限に，１人につき複数回の休業が認められ，雇用保険から休業前賃金の原則40％の給付金を支給。

孤独死Ⓝ**と孤立死**（こどくし-こりつし）　孤独死とは，誰にも看取（みと）られることなく，亡くなったあとに発見される死のこと。独居の高齢者だけでなく，中年・若年者も少なくない。孤立死は，複数世帯でありながら死後に発見されるケースを指し，社会から孤立した死という意味あいが強い。欧米圏には孤独死に相当する概念がなく，日本の孤独死に言及する場合は「kodokushi」と表記される。

終活（しゅうかつ）　人生の最終ステージを自分らしくありたいと願って行われる準備活動。

葬儀・墓・相続・遺言書などにかかわる多様な取り組みがある。終活の中心となるのが，自分の死後における様々な希望を記す「エンディングノート」である。NPOの2021年調査では，60歳以上の約2割が自身のエンディングノートらしきものをすでに持っていると推定されている。

障害者Ⓝ(しょうがいしゃ)　心身に障害のある人のこと。1993年に障害者のための施策の基本理念と国や地方公共団体の基本的な責務などを定めた障害者基本法が制定された。障害者の自立・就労については障害者雇用促進法があり，民間企業では全従業員の2.0%の雇用を義務づけられ，未達成の場合には不足分納付金を納める。国連では障害者権利条約が採択されている（日本は2014年に批准）。しかし，2018年には，日本の中央省庁や地方自治体において，障害者に該当しない者を障害者として雇用するなどして，障害者雇用率を水増ししていたことが発覚している。

類 障害者権利条約Ⓝ

障害者基本法Ⓝ(しょうがいしゃきほんほう)　障害者の自立と社会参加の支援等の施策を推進するための法律。1970年制定の心身障害者基本法を抜本的に改正し，1993年に成立した。国連障害者権利条約を批准するための国内法整備の一環として，2011年に大幅な改正が行われた。障害を理由とした差別の禁止，社会的障壁の除去が規定されたほか，手話が初めて法律上の言語として認められた。

障害者差別解消法Ⓝ(しょうがいしゃさべつかいしょうほう)　障害者基本法の理念に基づいて，障害を理由とする差別の解消を推進するための法律。2013年に成立し，2016年から施行された。国連の障害者権利条約批准に向けての国内関連法の一つ。

障害者自立支援法Ⓝ(しょうがいしゃじりつしえんほう)　障害者への福祉サービスなどを総合的に定めた法律。2006年に施行。利用料が「応益負担」となったため，障害の重い人ほど経済的負担が増えるなど，問題点が多い。2012年に法改正が行われ，障害者総合支援法となったが，「応益負担」の実態は変わっていない。

類 障害者総合支援法Ⓝ

障害者虐待防止法Ⓝ(しょうがいしゃぎゃくたいぼうしほう)　家庭や職場，施設などで障害者への虐待を発見した人に通報を義務づけ，国や地方公共団体に保護などを求めた法律。2011年に議員立法で成立した。

交通バリアフリー法Ⓝ(こうつう-ほう)　正式には「高齢者，身体障害者等の公共交通機関を利用した移動の円滑化の促進に関する法律」。2000年から施行。交通事業者に対し，鉄道駅などの旅客施設を新設するとき，「エレベータやエスカレータの設置，誘導警告ブロックの設置，身体障害者にも対応したトイレの設置」などが義務づけられた。

ハートビル法Ⓝ(-ほう)　高齢者や身体障害者が，円滑に利用できる建築物の建築促進のための措置を講じ，建築物の公共性・バリアフリー化を促して，公共の福祉の増進に資することを目的とする法律。1994年施行。

高齢者障害者等移動円滑化促進法(こうれいしゃしょうがいしゃとういどうえんかつかそくしんほう)　交通バリアフリー法とハートビル法を一体化し，2006年に成立。バリアフリー新法。

同 バリアフリー新法Ⓝ

4　情報化社会

情報Ⓝ[information]（じょうほう）　外部から受けとったりする「報せ」のすべて。人間はその手段として文字，画像，音，映像などを発達させた。類似のことばに「データ」「知識」がある。このうち，「データ」は単なる生(なま)の諸事実であり，これに何がしかの加工を加えて，誰かにとって何らかの価値を生じたときにそれは「情報」となる。さらに，それらが集積されて特定の目的に役立つべく処理をされ，より普遍的な高い価値をもつものを「知識」とよぶ。

知識Ⓝ（ちしき）　単なる印象やあいまいな記憶ではない，ものごとに対する明白な客観的認識のこと。コンピュータ用語としては，集積されたデータがある特定の目的を達成するために抽象化され，普遍性のある情報となったものをさす。

情報化社会Ⓝ（じょうほうかしゃかい）　産業社会の成熟の後に，モノやエネルギー以上に情報が重要な価値を占め，その生産・売買が中心となる社会のこと。脱工業社会・知識社会などと同義。高度情報社会ともいう。産業の構造は，製造業中心から情報産業・知識産業中心となる。一般に情報化社会では，コンピュータ及びそのネットワーク化が核となる。情報化社会に対しては，情報へのアクセスが容易になることによって，人間の能力が全面開花するという考え方と，情報管理による一部エリートの管理社会になるという考え方との二つの見方がある。

同 高度情報社会Ⓝ　類 管理社会

ＩＴ革命Ⓝ（**情報技術革命**）[Revolution of Information Technology]（じょうほうぎじゅつかくめい）　コンピュータやインターネットを始めとする情報技術の発展・普及に伴う，社会の急激な変化のこと。1980年代からアメリカを中心として技術革新がすすみ，社会は大きな変革を余儀なくされた。ITの有用な部分であるネットワークの加速度的な増加によって，１対１のコミュニケーションから，１対ｎの関係，ｎ対ｎの関係へと進む。これは，産業革命以来の大量生産による社会から，個人のニーズにあった一品一品の生産が即座に可能になることをも意味し，必要なものを必要な分だけ生産して売れ残りがないという，圧倒的な効率が実現する。ＩＣＴ[Information and communications technology]革命ともいう。

同 ＩＣＴ革命　類 情報技術Ⓝ　情報通信技術Ⓝ

ディジタル通信[digital communication]（-つうしん）　光通信[optical communication]と同じ意味。情報をレーザー光の点滅によって送る。光を発したときに「1」，消したときに「0」とする0と1の組み合わせ（数値化＝ディジタル化）によって情報を送るシステム。音波を電波に直接変換するアナログ通信との比較からこの名がある。信頼度，音声・画像などとの統合性，コンピュータなどとの親和性などのメリットがある。

コンピュータⓃ[computer]　電子計算機と訳されてきたが，現在では，高度に情報を処理する機械という意味あいが強い。現代の情報化社会を支える機械装置であり，エレクトロニクス技術の進展とともに成長してきた。次世代コンピュータには数値処理型から知識情報の処理，問題解決支援型の開発が進められている。

ハードウェア[hardware]　コンピュータ用語としては，機械本体や入・出力装置など変更しにくい「硬い」ものをさす。プログラムなどの変更可能な「軟らかい」ものはソフトウェアとよばれる。広義には物理的な物自体をさすこともある。

ソフトウェア[software]　ハードウェアに対する用語。プログラムのことをさすことが多いが，マイクロプログラム制御方式とよばれるプログラムの場合は，ハードウェアとソフトウェアの中間的色彩をもち，特にファームウェアとよばれることがある。

ＰＯＳシステムⓃ(ぽす-)　販売時点情報管理システムのこと。商品を売った時点で商品記載のバーコードによって，瞬時に商品の在庫・販売を管理する。コンビニエンスストアにおける合理的な品揃えは，ＰＯＳ抜きには成立しない。なお，ＰＯＳはPoint of Salesの略。

情報産業Ⓝ(じょうほうさんぎょう)　コンピュータ・通信機器などの情報関連機器の製造及び関連するソフトウェア開発や情報処理関連産業の総称。コンピュータ産業は，無公害・高付加価値・資源節約の知識集約型産業といわれ，情報化の進展とともに，1970年代以降重要産業として政策的支援を受けてきた。ニュー-メディアや電気通信産業の発達もめざましい。

サイバーテロⓃ[cyber terrorism]　サイバー（サイバネティック＝電子頭脳）とテロリズムをあわせた造語。コンピュータネットワークを利用して行われる大規模な破壊活動。コンピュータウイルスの配布やデータの書き換え，破壊，サーバや通信回線をパンクさせて停止に追い込むなど，その範囲が広く，世界中24時間いつでも生じ得る。物理的破壊活動はともなわず，情報の破壊や漏洩(ろうえい)，機器や回線の停止などによって被害をもたらすところに特徴がある。

社会と暮らし編

不正アクセス禁止法Ⓝ(ふせい-きんしほう)　他人のコンピュータへの不当侵入を禁止する法律。2000年２月に施行。他人のコンピュータに不正にアクセスする行為自体を犯罪と認め，処罰の対象としている。

サイバー犯罪条約Ⓝ(-はんざいじょうやく)　インターネット犯罪に対応するため，2001年に採択，2004年に発効した国際条約。日本は2004年に批准。違法なアクセスやデータの妨害などを禁止している。

青少年インターネット規制法(せいしょうねん-きせいほう)　18歳未満の青少年が有害情報を閲覧する機会をできるだけ少なくすることを目的とし，議員立法のかたちで2008年に成立。正式には「青少年が安全に安心してインターネットを利用できる環境の整備等に関する法律」という。有害情報とは，犯罪や自殺を請け負ったり誘引するもの，わいせつなもの，残虐な内容のものなど。これらが閲覧できないように，事業者にフィルタリングサービスなどを義務づけている。

同 青少年インターネット環境整備法Ⓝ　類 フィルタリングⓃ

情報操作(じょうほうそうさ)　情報は本来それ自身の意図をもたないし，信頼性も問われない。情報に何らかの意味づけを与えるのは人間である。現代社会には「情報エリート」とよばれる特定の社会層があり，彼らはその豊富な情報資源を活用し，情報流通の事前選別や加工が可能な位置にある。官僚機構や大企業，マス

-メディアなどはこの位置を利用してしばしば情報を操作する。

第三の波(だいさん-なみ) アメリカの未来学者アルビン=トフラーの提唱したことば。農業革命(第一),産業革命(第二)に次ぐ第三の波として訪れる未来社会のこと。コンピュータ・レーザー・新素材などによる技術革命によって高度に創造的な文明社会が出現するという。

類 トフラー

メディアⓃ[media] 媒体,手段などと訳される。情報を人々に伝えるためのしくみや手段をメディアという。文字や音声なども含まれる。複数の情報伝達手段(動画や音声や文字など)をひとまとめにして,コンピュータで表現するしくみをマルチメディア[multimedia]という。

マス-メディアⓃ[mass media] マス-コミュニケーションの媒体という意味で,大衆に大量の情報を伝達する新聞・雑誌・ラジオ・テレビなどをさす。国民に政治・社会についての情報を提供し,投書や評論などで国民相互の意見発表・形成の場をつくり,世論の形成や国民の政治意識の高揚に寄与する。健全な世論を発達させる上で,マス-メディアの果たす役割は大きい。

マス-コミュニケーションⓃ(**マスコミ**Ⓝ)[mass communication] 新聞・電波媒体などのマス-メディアを通じて行われる情報の大量伝達のこと。マスコミの役割は報道の自由を確保し,公正で正確な情報を提供して世論の形成に寄与することにある。国民の人権,特に知る権利の保障に貢献し,世論の形成に基づく政治を実現するための有力なコミュニケーション手段である。三権をチェックする役割を担うという意味で,「第四の権力」ともよばれる。

類 第四の権力

マスコミの機能(-きのう) マスコミの社会的機能には,①報道(情報の取捨,伝達),②論評(情報の質の吟味),③教育(価値ある情報の伝達),④娯楽,⑤広告などがある。しかし,マスコミが大衆を対象とした情報伝達であることから,娯楽的側面が肥大化し,大量の政治的無関心(アパシー)層を生みだす元凶となるとされる。文化的には人々の趣味や関心を均一化・平準化する作用がある。誤報や虚報によるパニックや権力による世論操作の危険性も指摘される。これらは「逆機能」とよばれる。

コマーシャリズム[commercialism] 商業主義,営利主義と訳される。利潤追求を是とする資本主義社会(特に企業体)には避けられない傾向,特に公共性,文化性の高い医療,報道,教育などの分野でのこの傾向には非難が集まる。大衆の政治的無関心を助長する一因ともなる。

センセーショナリズム[sensationalism] 煽情(せんじょう)主義と訳される。情報の受け手の側の非合理で不安定な情緒に訴えるマス-メディア企業のあり方を指す。コマーシャリズムと連動し,その場かぎりの低俗で刺激的な欲求をみたす情報の提供が最優先される。誇張した表現を用い,スキャンダル情報を好んで扱う。

地上ディジタル放送(ちじょう-ほうそう) ディジタル信号を利用した地上波でのテレビ放送。2003年から東京・大阪・名古屋の三大都市圏の一部で開始。2011年からは,アナログ放送にかわって全面的に実施された。これに対応して,新しく電波を発信する東京スカイツリーが建設された。地デジと略。

類 東京スカイツリー N

ワンセグ N　携帯端末機器向けの地上ディジタルテレビ放送。2006年4月から本放送が開始された。もともとは「1(ワン)セグメント」とよばれていた地上デジタル放送における，移動体向けチャンネルのことを省略したことば。

インターネット N [the Internet]　TCP／IPあるいはInternet protocol suiteと呼ばれる通信技術上の規約に基づいて，コンピュータ同士を接続させたグローバル規模の通信網。インターネット上で接続されたコンピュータ機器にはIPアドレス(Internet Protocol address)と呼ばれる番号が割り振られており，ネット上の仮想的な"住所"を示す機能を有している。1969年にアメリカ国防総省で運用開始されたARPANETを直接的起源としており，その後，大学・研究施設のコンピュータ間を結ぶようになった。1990年代に入ると，商業利用が認められるようになり，全世界的な普及を遂げた。

電子メール [email] (でんし-)　広義では，電子的なメッセージ伝達手段の総称であり，狭義では，SMTP／POP／IMTPなどのプロトコルを利用してメッセージを電子的に送受信する仕組みのこと。かつては多様な電子メールの形態が存在したが，現在では，xxx.xxx @ xxx.jpと「@」の前後にユーザ名とドメイン名を配置したメールアドレスを用いることが一般的。メール送受信用のソフトウェアを使うことが原則だが，現代ではウェブブラウザ上で利用可能なウェブメール(webmail)も普及している。電子メールの普及で「スパム spam」と呼ばれる無差別大量配信メールが横行し，その中には，ワンクリック詐欺メールや架空請求メールなど，受信者側に深刻な被害を及ぼすものもある。

Gmail (ジーメール)　2004年からGoogleが無料でサービス提供しているウェブメール。提供当初から，1ユーザあたり1GB(2023年現在は15GB)という大量のメール保存容量を確保することで，ウェブメールという新たな電子メールのあり方を世界的に普及させた。また，Google側で電子メールの内容を随時スキャンして，スパムを自動的かつ正確に検出することに成功し，それまでの電子メールが抱えていたスパム問題を大幅に解消させた。一方，Googleがメール内容を随時読み取っていることは，深刻なプライバシー問題を生むことになる。Googleはメール内容を入手することで，広告・マーケティング事業などに活用することが可能となる。ユーザは表向き無料でGmailを利用しているが，実態は，個人情報という対価をGoogleに日常的に支払っていることになる。

IoT N [Internet of Things]　モノのインターネット。すべてのモノをインターネットでつなごうとする試み。スマートフォン経由で遠隔制御できるエアコンなど，近年では家電や自動車といった身の回りのモノ自体がインターネットに直接つながるようになっている。

光ファイバー N (ひかり-)　光信号で通信を行う光通信のための回線。情報を高速かつ大量に送ることができ，文字だけでなく音声や動画の通信が可能になる。文字・音声・動画を融合したマルチ-メディア通信には不可欠である。

E-デモクラシー N　インターネットなど情報通信技術(ICT)の発達がもたらした

政治や民主主義の新たな形態。2011年に中東や北アフリカ諸国などに広がったアラブの春（アラブ革命）とよばれる波は，その代表的なもの。ツイッターやフェイスブックなどが用いられ，無名の人々が革命の担い手として大きな役割を果たした。

電子投票Ⓝ（でんしとうひょう） 地方選挙についてコンピュータの端末を使い，投票所で行う投票制度。電磁的記録式投票ともよばれる。2002年に岡山県新見市の市長・市議選で初めて導入された。国政選挙では実施されていない。開票の迅速化などのメリットはあるが，システムの故障や操作ミスなど問題点も多い。2023年現在において，電子投票を実施している自治体はゼロである。

電子政府Ⓝ（でんしせいふ） パソコンやインターネットを活用して，国の行政サービスの効率性や利便性を高めること。また，そうした行政機関をさす。現在では，１万種類を超える国への申請・届け出などの行政手続きについてオンライン化が実現しているが，需要と乖離しているとの指摘もある。

eコマース（電子商取引Ⓝ）［electronic commerce］（でんししょうとりひき） インターネットなどを利用した商取り引きの全体をさす。取り引きの形態により，企業間取り引き（B to B），企業・消費者間取り引き（B to C），消費者間取り引き（C to C）三つに分類される。2021年における日本国内のeコマース市場規模は，B to Cで約20.7兆円，B to Bで約372.7兆円となっている。

電子マネーⓃ［electronic money］（でんし-） 貨幣価値をデジタルデータで表現し，キャッシュレス売買やネットワーク上の電子商取り引きの決済手段として使われる。データ処理のみによる決済や売買ができる。

電子書籍Ⓝ（でんししょせき） 紙による出版物のかわりにデジタルデータで作製された書籍。パソコンや携帯電話などで読む。日本の出版市場は全体として縮小傾向にあるが，電子書籍に限れば，市場規模が拡大し続けている。2021年における電子書籍の販売金額は約4662億円であり，全出版販売額の約28%を占める。

ヴァーチャル-リアリティ［virtual reality］ 仮想現実。コンピュータの三次元シミュレーションなどにより，コンピュータのなかに構築される仮想世界には何も制約がないため，現実の世界を真似たものでも，現実には存在しない世界を構築することができる。しかし，virtualというのは，本来「事実上の」「実際上の」という意味で，物理的には存在しないが，機能としては存在するものを意味し，人工的に現実に起こりうることを想定する，という意味が本来的である。

暗号資産［Crypto Assets］（あんごうしさん） 物理的な形がなくインターネット上で取り引きされる通貨に似た機能をもつもの。G20などの国際会議や日本の法律上では，暗号理論を用いて運用されることから，暗号資産の呼称で統一。ビジネス社会では，一般的に，暗号通貨（cryptocurrency）あるいはクリプト（crypto）と呼ばれる。「資金決済に関する法律」（2021年施行）において次の性質をもつものと定義される。「①不特定の者に対して，代金の支払い等に使用でき，かつ，法定通貨（日本円や米国ドル等）と相互に交換できる。②電子的に記録され，移転できる。③法定通貨または法定通貨建ての資産（プリペイドカード等）ではない」。代表的な暗号資産には，ビットコインやイーサリアムなどがある。

同 仮想通貨　暗号通貨

ブロックチェーン[blockchain]　ブロックと呼ばれる情報単位が鎖のように連結して構築されるデータベース技術。ブロックチェーン上のデータは暗号化されており，世界中に分散されたネットワーク上に記録される。中央管理型ネットワークとは異なり，データの改竄(かいざん)が困難であり，運用コストも安価で済む。分散型ネットワークゆえにリスクの分散につながる利点もある。将来的には，契約管理，著作権管理，公文書管理など，多様な活用シーンが期待されている。

ビットコイン[Bitcoin]　2009年より実用化され，2023年現在において世界最大の流通規模を誇る暗号通貨。ビットコインは暗号通貨の標準形であり，中央集権的な統制機構が存在せず，ブロックチェーンを用いた分散制御型の運用が図られている。1ビットコインの価格は，黎明期の2013年初頭で20ドル程度だったが，10年後の2023年初頭には約22000ドルとなった。時価総額では約4400億ドルである。2021年9月，エルサルバドル共和国は，世界で初めてビットコインを自国の法定通貨として採用した。

イーサリアム[Ethereum]　ブロックチェーン技術に基づいた分散型コンピューティング・プラットフォームの一つ。契約自動化プロセスを図るスマートコントラクト技術を活用しているところに特徴がある。イーサリアムではEtherと呼ばれる内部通貨が発行されており，ビットコインに次ぐ時価総額を誇る暗号通貨となっている。2023年1月時点における時価総額は約1890億ドル。

スマートコントラクト[smart contract]　電子ネットワークとブロックチェーンを活用した契約の自動化機能。スマートコントラクトを用いることで，契約当事者たちは，第三者を介さずに，契約の交渉および履行のプロセスを展開できる。

DAO[decentralized autonomous organization]　経営者や管理監督者が存在せず，オンライン上で設定された理念とルールに基づいて，対等なメンバー同士が連携して運用される組織のこと。日本語では「分散自律型組織」と訳される。DAOでは，人的な命令も権力も存在せず，ある理念に共鳴する世界中のメンバーがネット上で結びつく。メンバーの個人情報は保護され，匿名参加も可能である。彼らは，ブロックチェーン上のスマートコントラクト（自動契約機能）によって生成されたルールに基づいて日常的に活動し，パフォーマンスに応じてインセンティブとしての経済的報酬を得る。

DeFi[decentralized finance]　管理主体が存在せず，ブロックチェーンを通して生成される金融サービス。「分散型金融」と訳される。DeFiでは，中央集権的な金融機関は存在せず，ユーザは金融機関のアカウントを持たずとも，ブロックチェーン上のスマートコントラクト機能を介して，預金，貸付，借入，保険購入，金融商品取引などの金融サービスを利用できる。2022年現在，DeFiにおいて利用されている金融資産の価値は2000億ドル以上と推計されている。

DX[digital transformation]（でじたるとらんすふぉーめーしょん）　組織や社会がデジタル技術を導入することによって，組織や社会そのものの刷新を図ることである。類似した概念として，デジタル化がある。これは，単に組織のリソースをアナログからデジタルに変換することだが，DXとは，その技術を活用して社会をいかに変えていくのかという政治的／経営的な問題と言える。

Web3（うぇぶすりー）　2020年代に入って普及しつつあるインターネット社会の新たな形態。Web 1＝Read，Web 2＝Read＋Write，Web 3＝Read＋Write＋Ownと端的に説明される。まず，1990年代から2000年代にかけてのWeb1では，ウェブサイト所有者が公開したコンテンツを閲覧するだけだったが，2000年代からのWeb2では，ブログやソーシャルメディアの普及によって，多くのネットユーザが自らコンテンツをウェブ上に書き込んで公開するようになった。一方，このWeb2では，インターネットサービスを提供する大手テック企業に情報が集約・管理されることが課題となった。これに対して，2020年代の普及が見込まれるWeb3では，ブロックチェーン技術を通して，ユーザのコンテンツは大手テックの管理を離れ，作成した本人によって管理可能となり，本人の手による商品化も容易となる。ユーザの行動履歴も，大手テックによって把握困難となり，プライバシー保護が強化される。このように，Web3の特徴とは，ユーザのコンテンツもプライバシーも，ユーザ本人が所有して管理可能となる点にある。

Z世代（ぜっとせだい）　アメリカにおいて1990年代後半から2000年代にかけて生まれた世代に対して名付けられた名称。日本のビジネス社会でも，同様の世代を「Z世代」と呼んでマーケティング上の分析対象にすることがある。Z世代は，出生した時点から情報社会の中に放り込まれてきたデジタルネイティブ（digital native）である点を最大の特徴とする。ネットが社会的に普及する以前の世界を経験していない初めての世代である。

有線テレビ（ＣＡＴＶ）［Cable Television or, Community Antenna Television］（ゆうせん-）　有線放送の一つ。日本では難視聴地域対策として普及。従来の農村型ＣＡＴＶに加えて1980年代には都市型ＣＡＴＶも開発され，普及が進んだ。

データベースⓃ［database］　いかなる情報の要請にも応えるデータのベース（補給基地）のニュアンスで，米国国防総省の造語。一定の法則に従って一連のデータを統合化した多目的のファイルのこと。磁気テープ，ハードディスク（大容量の磁気円盤）などの形でコンピュータに大量に記憶させ，必要なときに検索できるようにしたもの。

ビッグデータⓃ［big data］　さまざまな種類や形式が含まれ，これまでのデータベース管理では分析などが難しいデータ群のこと。例えば，気象情報やクレジットカードの履歴，SNSの投稿などをデータとしてもつ。これらのデータは，1日に新聞の朝刊数十万年分に相当する数百テラ（1テラは1兆）バイト以上生まれている。ビッグデータの利活用については，個人的なデータも大量に含まれるため，個人情報の保護という問題が課題とされている。

衛星放送Ⓝ（えいせいほうそう）　赤道上空の静止軌道にある放送衛星を使って行う新しい放送。直接放送のため電波障害がなくクリアな映像が得られる。難視聴対策用のほか，次世代テレビとして注目のハイビジョン（高品位テレビ）普及にも一役買うことを期待されている。

社会と暮らし 編

クラウドコンピューティングⓃ[cloud computing]　従来は，パソコン本体がもっていたソフトウェアなどのコンピュータ資源（リソース）を，インターネットを活用して必要な時に必要な分だけ，サービスとして利用するシステム。多数のサーバーをもつ大規模なデータセンターがそうしたリソースをもってサービスの提供をする。システムを図式化する際に，ネットワークの向こう側を雲（クラウド）で表していたため，このように呼ばれる。

メディア-リテラシーⓃ[media literacy]　リテラシーとは本来，読み書きの能力をさす。一般国民が多様なメディアを批判的に使いこなし，それに適応できる能力を身につけること。情報化社会を生き抜くための必要不可欠な能力とされる。

ディジタル-ディバイド[digital divide]　情報格差。インターネットなどの急速な普及の陰で，個人間の年齢・能力的差異や，国家間の経済格差などによって，情報通信を利用できる人と，そうでない人（情報弱者）との格差が広がる事象。

情報倫理(じょうほうりんり)　コンピュータ及びそのネットワークの急速な発達を背景とした情報化社会において，新たに求められている個人と社会の倫理。コンピュータやネットワークの不正使用，プライバシー管理，著作権や責任といった問題が課題としてあげられる。

スマホ[smartphone]　スマートフォンの略。携帯電話機能を内蔵したモバイルコンピュータ。ウェブブラウザ，電子メール，ワープロなど，通常のパソコンと同等の機能を実装可能である。スマートフォンを志向した製品は1990年代から相次いで生み出されたが，2007年にAppleが発表したiPhoneによって，全面タッチスクリーンの形態が標準的となった。また，iPhoneのAppStore構想によって，スマートフォン用アプリケーションを誰もが開発・配布できる環境が整備された。

ソーシャル-メディアⓃ[social media]　インターネットなどを介して，個人間で発する情報が双方向に広がる伝達の方法や手段。大量の情報を一方向に流すマス-メディアとの対比で用いられる。代表的なものに，ツイッターやフェイスブックなどがある。

マイクロソフト[Microsoft]　世界最大シェアを誇るOS「Windows」の開発と販売をてがける多国籍テック企業。1975年，ポール・アレンとビル・ゲイツによって設立。1981年にOS「MS-DOS」を発表。1985年からOS「Windows」シリーズを発売開始。1995年発表の「Windows95」の成功によって，パソコン用OSとして世界標準の地位を獲得。Word，Excel，PowerPointなどで構成されるOfficeも，世界標準のオフィススイートとなっている。

アップル[Apple]　ＧＡＦＡの一角を占める世界的テック企業。1976年，スティーブ・ウォズニアック，スティーブ・ジョブズらが設立。1977年発売のApple IIが商業的に成功。1984年よりMackintoshシリーズを世界展開し，個人が家庭でコンピュータを利用する文化を普及させた。一方，1985年にジョブズが会社から追放され，1990年代にはWindows OSの台頭などによって経営危機に陥る。しかし90年代末にジョブズがＣＥＯとして復帰し，iMac，iPod，iPhoneなどの成功によって，2011年には時価総額で世界最大の企業となった。同年にジョブズが病死した後は，現在に至るまでティム・クックがＣＥＯを務めている。

アマゾン[Amazon]　世界最大規模の電子商取引サイトAmazon.comの運営企業。ＧＡＦＡの一角を占める世界的テック企業。1994年，ジェフ・ベゾスによって設立。1995年，オンライン書店として事業開始。その後，衣類，飲食品から家電製品まで幅広い商品を取り扱う総合ｅコマースサイトへと成長。さらに，Kindle（電子書籍），Prime Video（オンライン映像配信），AWS（クラウドコンピューティングサービス）など，インターネット関連事業を多角的に展開しており，グーグルと並ぶ世界的ＩＴ革命の象徴となっている。

グーグル[Google]　ＧＡＦＡの一角を占める世界的テック企業。1998年設立。アルゴリズムを活用した検索エンジンを開発して，世界標準のウェブ検索サービスとなる。その後，ネット関連サービスの全域におよぶ事業を展開し，爆発的な成長を遂げた。2015年には，多角化した諸事業を再編成するため，持株会社Alphabet Inc.を設立し，グーグルはその子会社となる。一方，近年は，その強大な市場支配力やプライバシー情報収集体制が世界各国で政治的懸念材料とされている。　☞p.412（ＧＡＦＡ）

フェイスブックⓃ[Facebook]　インターネットによる世界最大のソーシャルネットワーキングサービス（ＳＮＳ）。実名で現実の知り合いと交流・繋がりができるのが特徴。2022年３月時点における月間アクティブユーザ数は約29.4億人。市民運動の有力なツールとなっている。2021年10月には，社名を「メタ・プラットフォームズ」に変更し，以前より事業化をめざしていた「メタバース」構築を推進する。　☞p.261（メタバース）

類 ソーシャルネットワーキングサービスⓃ（ＳＮＳ）

ツイッター[Twitter]　tweetと呼ばれる短文メッセージの投稿によって構成されるマイクロブログプラットフォーム。一般的にはソーシャルメディアの一種に分類される。2006年開設。2022年，イーロン・マスクが約440億ドルで買収。

ＳＥＯ[search engine optimization]（エス・イー・オー）「検索エンジン最適化」と訳される。特定のウェブサイトが検索エンジンの検索結果上位に表示されるよう，サイト内容を最適化すること。ＳＥＯ対策はインターネット・マーケティングの中核となっており，ＳＥＯ対策専門の企業も存在する。一方，オリジナリティに欠けるサイト，内容に事実誤認が多く含まれるサイト，宣伝広告で埋め尽くされているサイトなど，低品質のコンテンツでも，ＳＥＯ対策によって検索結果上位に表示される問題が生じる。

ネットフリックス[Netflix]　オンライン映像配信を手がける多国籍テック企業。1997年，オンラインＤＶＤレンタル会社として設立。2007年，自社の中核事業をストリーミング配信にシフトし，グローバルな事業展開に成功。2023年１月時点での有料会員数は約2.3億人。全世界のネット通信量の15％はネットフリックス視聴によるものと推計される。同社は，その潤沢な資金力をもとにオリジナル動画作品の製作も手がけており，その一部はアカデミー賞を含めた世界各国の映画賞にノミネートされている。

アリババ[Alibaba Group]　中国を拠点とする多国籍テック企業。中国では「阿里巴巴集団」と表記。1999年，元大学講師ジャック・マーらによって設立。2000年，日本のソフトバンク社から約20億円の出資を受ける。その後，検索サイト，ソフトウェア開発，電子マネーなどに事業範囲を拡大し，中国を代表するネット関連企業に成長。特に，2004年から開始したAlipayは，2013年にPaypalを抜いて，世界最大のユーザ数を誇るオンライン決済サービスとなる。

告発サイトⓃ(こくはつ-)　インターネットを用いて行われる内部告発手段。政府や企業などの機密情報を公開する，オーストラリア人のアサンジ氏が創始したウィキリークスなどが知られる。

スノーデン事件(-じけん)　2013年，アメリカ国家安全保障局（NSA）の元職員エドワード・スノーデンが，香港にて複数マスメディアの取材に応じて，NSAによるグローバルな情報監視体制の実態を暴露した事件。彼の提示した内部資料によれば，NSAは全世界で毎月970億回に及ぶ電話・メール・チャット・転送ファイルなどの傍受を実行しており，Googleをはじめとする大手テックがこれに協力している。スノーデンによれば，NSAは日本を含めた38か国の大使館等施設も盗聴対象としている。

eスポーツ[electronic sports]　「エレクトロニック・スポーツ」の略で，広義には，電子機器を用いて行う娯楽，競技，スポーツ全般を指す言葉であり，コンピューターゲーム，ビデオゲームを使った対戦をスポーツ競技として捉える際の名称。2000年頃から言われ始め，現在では世界大会も開催されている。

eラーニング　インターネットによる学習方法。学校や企業などで活用されている。

シェアリングエコノミー[sharing economy]　「共有経済」と訳される。財やサービスが一人のみで専有されず，所定ネットワーク内の複数ユーザによって共有される消費経済のあり方。情報技術の発展に伴って，共有経済に基づいたサービスが多数展開されている。代表例としては，Ｕｂｅｒなどのライドシェア，ＡｉｒＢｎＢなどの住宅宿泊ネットワークなどがあげられる。

ノマドワーカー[digital nomad]　場所を固定せずに労働する人々のこと。パソコンやネットを活用して，カフェ，図書館，自宅，ホテル，浜辺，リゾート地など，様々な場所で職務を遂行していく。世界中を旅行しながら，移動中もしくは旅行滞在先にて仕事に従事するケースもある。日本語の「ノマドワーカー」はNomad（遊牧民）とworker（労働者）を組み合わせた和製英語であり，英語圏ではdigital nomadとよばれる。

ＡＩⓃ（**人工知能**Ⓝ）[artificial intelligence]（じんこうちのう）　コンピュータによる記憶だけでなく，推論・判断・学習など人間の知的な機能を代行するシステム。囲碁・将棋，車の自動運転などの幅広い分野で研究・開発が進められている。将来的にＡＩが人類の知能を超える技術を持つことが予想されており，未来学上ではその転換点を技術的特異点（シンギュラリティ）と呼ぶ。日本では2015年末に野村総合研究所が「10～20年後の日本の労働人口の49%はＡＩやロボットなどで代替可能になる」という報告書を発表し，既存職業の衰退可能性が注目されている。

第四次産業革命(だいよじさんぎょうかくめい)　18世紀末以降の水力や蒸気機関による工場の機械化である第一次産業革命，20世紀初頭の分業に基づく電力を用いた大量生産である第二次産業革命，1970年代初頭からの電子工学や情報技術を用いた第三次産業革命につづく産業上の技術革新。政治経済から社会文化に至るまで，これまで人間自身の手によって担われてきたものが自動化・機械化され，相互接続されていくところに特徴がある。その革命を支える基盤として，IoT，ロボット工学，人工知能，ブロックチェーン，暗号通貨などが挙げられる。メタバースに見られるように，我々の生きる世界そのものが仮想現実（VR）および拡張現実（AR）によって変容していく点も，第四次産業革命の特徴である。

4G［4th generation of cellular technology］　第４世代の移動通信テクノロジー。「1G」は1970年代末から1980年代にかけてのアナログ方式の移動通信をさす。「2G」は1990年代に実用化されたもので，デジタル方式の移動通信をさす。「3G」は2000年代に実用化されたもので，インターネット利用を前提として最大2Mbps程度となる通信の高速化が図られた。「4G」は2010年代に実用化されたもので，最大1Gbps程度となる通信のさらなる高速化が図られた。

5G［5th generation of cellular technology］　2020年代の実用化が期待されている第５世代の移動通信テクノロジー。高速化した4Gと比較して，さらに20倍程度の高速化が見込まれている。その結果，4K相当の高精細度映像によるストリーミング配信／再生も可能となる。また，ＩｏＴ（モノのインターネット）の普及に合わせて，自動車，家電製品，腕時計，メガネなど，身の回りのあらゆるものをネットに常時接続することも可能となる。

インフルエンサー［social media influencer］　ＳＮＳを通して人々の消費行動に影響を与える人物。インフルエンサーを利用した広告宣伝活動をインフルエンサー・マーケティングとよぶ。米国のファッションモデルであるカイリー・ジェンナーは，Instagramにて約3.8億フォロワー(2023年１月時点)を有し，１投稿あたりの経済価値が約100万ドルを超えるものと推計されている。一方，インフルエンサー・マーケティングは，消費者に向けて宣伝と認識されない形で宣伝する傾向が強く，マーケティング倫理の観点から批判を受けやすい。

Society5.0(ソサエティー)　これまでの人間が作ってきた社会を，狩猟社会（Society 1.0）→農耕社会（Society 2.0）→工業社会（Society 3.0）→情報社会（Society 4.0）としたとき，これに続く新たな社会を指す。内閣府によれば，「サイバー空間（仮想空間）とフィジカル空間（現実空間）を高度に融合させたシステムにより，経済発展と社会的課題の解決を両立する人間中心の社会」で，日本が目指すべき未来社会の姿として提唱している。

メタバース［metaverse］　仮想現実（VR：virtual reality）および拡張現実（AR：augmented reality）の技術を基盤として，ソーシャルメディアの機能が実装された三次元仮想空間。2010年代に入ると，PCスペックやネット回線速度の向上から，多数のオンラインゲームにおいて，メタバースに近い機能が設定される。同時に，2016年にブームとなったPokémon GOに象徴されるように，現実世界に仮想世界を重ね合わせるAR技術も進展。暗号通貨の世界的普及によってメタバースでの商取引も容易となった。2020年時点でメタバース市場の世界売上規模は約4787億ドルであり，2024年には7833億ドルにまで成長するとの予測も出ている。

5　国際化と異文化理解

国際化Ⓝ(こくさいか)　国際社会に開かれていくこと，国際的な原理を受け入れていくことという意味で用いられることが多く，日本社会と日本人の閉鎖性や排他性を改めることの主張に通じている。経済的な面と人の交流の面で多く用いられるが，それに限定されない。労働者や難民の受け入れ，外国の主張や要求の受け入れなど，日本社会の内部を変える要素も含まれている。

地球社会[global community]（ちきゅうしゃかい）　地球と人類を一つの共同体としてみる考え方を示す。環境問題や人口問題，食料問題など，地球規模で考えなければ人類の存続そのものにかかわるとされる問題が多くなっていることが，この考え方に影響している。地球上に共存する市民という意味で「地球市民」の語もある。

類 地球市民

ボーダレス社会(-しゃかい)　ボーダレス[borderless]とは境界がないという意。今日では，交通手段や通信手段の発達により，人・物・資本・情報などが国境を越えて動いている。例としては，ヨーロッパ地域の政治統合をめざすＥＵ（欧州連合）の動き，旧ソ連・東欧社会の社会主義体制の崩壊にともなう脱イデオロギー化，外国人労働者の増加などがあげられる。

文化Ⓝ[culture]（ぶんか）　文化とは人間の生活のあらゆる場面に現れ，人間の生活の基盤を形成しているものである。その内容は多様で，人間が行為するスタイルや生活習慣，考え方などの無形のものから，儀式儀礼や芸能などの伝統，生活のなかで用いる道具までも含める。

文明Ⓝ[civilization]（ぶんめい）　元来は「都市生活者の文化」を意味した。古代の都市国家成立後を「古代文明」とよぶように，文化とほぼ同じ意味だが，より大規模に発展したものをさすことが多い。用法としては文化と文明を対比して，文化は主に精神的な内容をさし，文明は主に物質的な内容をさすことがある。また，文化は民族や地域に深く結びついているのに対して，文明は普遍的に広がっていくものだ（たとえば近代の科学・技術）とする考え方もある。

エスノセントリズムⓃ[ethnocentrism]　自民族中心主義，自文化中心主義のこと。自民族や自国の文化を最も優れたものと考え，他国や他民族の文化を価値の低いものと判断する態度や見方をいう。日本は島国という地理的要素や，かつて「鎖国」をしていたという歴史的要素，さらに単一民族であるという誤解から，エスノセントリズムへと傾斜する危険性を抱えている。真の国際化を実現するためには，その克服が必要とされる。

同 自民族中心主義（自文化中心主義Ⓝ）

文化交流Ⓝ(ぶんかこうりゅう)　芸能や芸術，文化財などの公演や展示を通じて海外など他地域と行う交流をいう。異文化間の相互理解を深め，偏見や先入観を取り除いていくために役立つとされる。しかし一方で，異質性を強調したり，単なる異国趣味に終わることもあるので，目的や意義を明確にして行うことが必要になる。対日理解を増すための活動が求められる。

文化摩擦（ぶんかまさつ）　文化のあり方の違いから生じた誤解がもとになって起こる諸問題をいう。生活習慣や思考形式などの差異から感情的な不和を生じ，相互理解を欠いて悪化していくことである。国民や民族の間で生じると敵視に通じ，個人の場合はストレスの原因となる。

文化の多様性Ⓝ（ぶんか-たようせい）　すべての文化が同様に発展するのではなく，それぞれが独特に発展する多様なものだとする考え方。多様性を認めることで文化の優劣を比較することを否定する立場である。

ダイバーシティ［diversity］「多様性」を意味する概念。一つの組織のなかに，国籍・人種・宗教・年齢・宗教・性的指向などに関する幅広い社会属性が存在すること。近年は，ダイバーシティが組織の活性化につながるという考え方が普及している。民間企業においては，同質的・画一的な人員構成より，ダイバーシティに基づいた組織のほうが，事業創造能力・問題解決能力・変化適応能力が高く，企業の競争力強化に資するとされる。

マルチカルチュラリズム［multiculturalism］　多文化主義または文化的多元主義。西欧中心主義の文化や言語への同化・融合をはかるのではなく，各民族（特に少数民族）の多様性・複雑性・アイデンティティを保持し，共存していこうとする立場・主張。1970年代から欧米（特にカナダ・オーストラリア）で提唱され出した。

同 多文化主義（文化的多元主義）

文化相対主義（ぶんかそうたいしゅぎ）　異なる文化の間においては，互いに優劣や善悪の関係にはないという考え方。各文化は，個々の自然環境や社会環境のなかで形成されてきたもので，それぞれの価値を有しているとされる。

ステレオタイプ［stereotype］　ものの見方が紋切り型で，固定的なパターンにより事実を認識したり理解したりするとらえ方。ステロタイプともいう。アメリカの政治評論家リップマンが著書『世論』のなかで述べた概念。

カルチュア-ショック［culture shock］　異文化との接触で受ける，個人の文化的な基盤をゆるがすような衝撃をいう。異質な文化に触れることは異質な行動様式や考え方に触れることで，自分が背景にしているものとの相違を意識させられることになる。カルチュア-ショックに対する態度には3種類ある。第1は異文化を拒絶し，異文化の中にいながら自文化に固執する態度，第2は異文化のなかに同化し，元々の文化的アイデンティティを放棄する態度，第3は元々のアイデンティティを確保しながら，異文化のなかに適度に溶け込んでいくコスモポリタン的態度である。

マイノリティⓃ［minority］　少数民族，少数派を意味し，マジョリティ（majority，多数派）の対義語。人種・宗教・歴史の上で少数派であるために，政治・経済・人権のうえで差別されるケースが多い。

対 マジョリティⓃ

先住民Ⓝ（せんじゅうみん）　歴史上，その場所に先に居住し，一定の文化を形成していた民族。アメリカ大陸のネイティヴ-アメリカン，オーストラリアのアボリジナル，北海道のアイヌなどがその具体例である。移住・侵略してきた民族の支配によって，民族差別を受けたり，言語や文化を奪われる同化政策を受けたりした。なお，アイヌについては，1899年制定の「北海道旧土人保護法」の差別的な内容が問題になり廃止された。国連では先住民の権利宣言が採択されている。

類 先住民の権利宣言

文明の衝突Ⓝ（ぶんめい-しょうとつ）　冷戦終結後の国際政治は，イデオロギーや国家にかわって，文明を単位とした勢力間の対立を軸に再編されるとする説。アメリカの国際政治学者ハンチントンらの主張に基づく。

2章　日本の風土と日本人の考え方

稲作農耕社会（いなさくのうこうしゃかい）　稲作の起源はアッサム―雲南の山岳地帯か，長江（揚子江）流域と考えられている。日本に伝播（でんぱ）してきた水田農耕技術は，区画された水田での移植水稲栽培である。水利・灌漑（かんがい），田植えや収穫など各種の共同作業を必要とし，村落を中心とする強い社会的統合が生まれた。稲の生育や豊作を願うさまざまな儀礼や信仰も発達した。

和辻哲郎［1889～1960］（わつじてつろう）　大正・昭和期の倫理学者，哲学者。主著に『人間の学としての倫理学』『風土』がある。

『風土』Ⓝ（ふうど）　各国の国民性を「風土」を通して考察した和辻哲郎の著書。1931年刊行。モンスーン，砂漠，牧場の三つの類型をあげ，東アジア・南アジア，西アジア（イスラム圏），西ヨーロッパを具体的に考察した。日本人はモンスーン的な受容的，忍従的存在であるが，台風的性格が加味されることにより，「あきらめでありつつも反抗において変化を通じて気短に辛抱する忍従」とした。

モンスーン	砂　漠　型	牧　場　型
受容的・忍従的	対抗的・戦闘的	自発的・合理的
暑熱と湿潤暴風	極度の乾燥	自然の規則性
農耕	遊牧	農耕・牧畜
インド	アラビア	ヨーロッパ

みやび　宮廷風であり，上品で優雅なこと，あるいは都会風であること。みやびの「みや」は「宮」からきている。もとは宮廷人の生活状態や宮人ぶりを意味した。

あはれ（‐わ‐）　もとは感動を表すことばであった。日本の歌に備わった情緒のこと。日本人の情緒の底流には，自然の風物や人生の諸相にある時とともに，はかなくうつろい去るものへの深き思いがひそんでいる。

誠（まこと）　「中庸」の根本思想で，天地万物の生成変化を通じる根本法則であるとともに，その調和の極致としての理想態でもある。わが国では江戸期に古学の台頭にともない，誠を重視する傾向がでてきた。

ベネディクトⓃ［Ruth Fulton Benedict，　1887～1948］　アメリカの女性人類学者。ニューヨークに生まれ，コロンビア大学の教授を務めた。日本文化論である『菊と刀』は1946年に出版され，「文化のパターン」を行動心理学的手法でとらえた。日本の文化の型を欧米型の罪の文化に対して，恥の文化と論じた。

類　『菊と刀』　罪の文化と恥の文化

タテ社会（‐しゃかい）　文化人類学者中根千枝が日本の社会の人間関係を分析したことば。日本の社会集団はエモーショナルな疑似血縁的集団を形成し，成員の全面的参加を要請している。この社会集団に共通する構造として「タテ」組織を指摘する。親子関係，親分・子分の関係，官僚組織が象徴的。同じ資格の成員にも微妙な序列があり，入社，年齢，昇進，先輩・後輩などの序列を形成している。

類　中根千枝

建前Ⓝと**本音**Ⓝ（たてまえ‐ほんね）　建前とは自分が所属する集団での決定事項で，一定の集団に所属しているかぎり，重んじなければならないものである。しかし，その

社会と暮らし編

行　事	主な内容
正月	初詣(はつもうで)…新年最初の社寺への参詣 門松(かどまつ)…門口の松飾り・年神の依り代
	注連縄(しめなわ)…新年の門口の魔除け 年神(としがみ)…正月に家々でまつる神
	雑煮(ぞうに)…正月の祝い膳に供する餅
節分(せつぶん)	立春の前日 炒(い)り豆をまいて悪疫退散，招福の行事
雛(ひな)祭り	女児のいる家で雛人形 菱餅(ひしもち)・白酒・桃の花を供える
花祭り	4月8日の灌仏会(かんぶつえ)の通称 釈迦の誕生日である4月8日
端午(たんご)の節句	武者人形・鯉幟（こいのぼり） 粽(ちまき)・柏餅(かしわもち)を食べる
七夕(たなばた)	庭に竹を立て，五色の短冊に歌や字を書いて枝葉に飾る／牽牛(けんぎゅう)と織姫伝説
盆(ぼん)	盂蘭盆(うらぼん)の略／仏事で7月15日，一般には8月13日～15日
	念仏踊り…盆踊りの起源 灯籠(とうろう)流し
十三夜(じゅうさんや)	陰暦13日の夜。 月見の行事を行う
十五夜(じゅうごや)	陰暦15日の夜。満月の夜。団子や芒(すすき)の穂，果物などを供える
彼岸(ひがん)	春分の日・秋分の日を中日(ちゅうにち)とする各7日間の仏事
新嘗祭(にいなめさい)	天皇が新穀を神々に供え，自身も食する
大晦日(おおみそか)	1年の最後の日 12月31日

↑ 年中行事の例

種類	主な内容	農事
人日(じんじつ) 1月1日	正月 七草粥(ななくさがゆ)	農耕開始
上巳(じょうし) 3月3日	ひな祭り・桃の節句	田植え
端午(たんご) 5月5日	菖蒲(→尚武とかける)，武者人形・鯉幟(こいのぼり)	草取り
七夕(しちせき) 7月7日	牽牛と織女の伝説	稲の刈り入れ準備
重陽(ちょうよう) 9月9日	菊の節句・菊人形	稲刈り

↑ 五節句

宮参り(みやまい)	男児32日目 女児33日目	生後，氏神にお参り
七五三(しちごさん)	3歳，5歳，7歳	11月15日にお参り
厄年(やくどし)	男25,42,61 女19,33,37	厄難にあうおそれが大 男42，女33は大厄
還暦(かんれき)	数え年61歳	干支(えと)が60年で，生まれ年と同じになる
古稀(こき)	70歳	杜甫(とほ)の「人生七十古来稀」による
米寿(べいじゅ)	88歳	米の字を分解→八十八 77歳→喜寿 99歳→白寿
追善法要(ついぜんほうよう)	初七日・四十九日・一周忌・三周忌・十三周忌・三十三周忌	

↑ 通過儀礼

取り決めとは別に自分自身の感じ方があり，それが「本音」である。建前と本音の使い分けは，集団の一致を保持しようとする日本人特有の努力，集団の和を保つ技術といえる。

年中行事Ⓝ(ねんちゅうぎょうじ)　毎年一定の時期に特定の集団により繰り返し行われる儀式・伝承行事。一年間の農作業のリズムにあわせて，日常（ケ）とは異なった特別の日（ハレ＝晴れ着や特別の食事をとる）が設けられた。さらに，もともとは宮中で行われていた行事や外国から導入された行事も含まれるようになった。

通過儀礼(つうかぎれい)　人生の重要な節目に行われる儀式。たとえば，冠婚葬祭（元服・婚礼・葬儀・祖先の祭祀）に代表される，古来重要とされてきた儀式。イニシエーションともいう。

類 イニシエーション

八百万の神(やおよろずのかみ)　八百とは多くを表す数で，八は神聖な数字であった。多くの神々の意味。岩，木，太陽など多くの自然物に神性が与えられ，あまたの神々が存在すると考えられた。

氏神（うじがみ）　鎮守神，産土神（うぶすながみ）と同義に用いられている。本来は氏族の祖先神，氏族と関係の深い神を氏神とした。祭祀集団が血縁から地縁へと広がりをみせるなかで区別が明確でなくなった。

祖霊（それい）　すでに他界した祖先の霊。日本の民族信仰には祖霊崇拝がある。死後33年目を弔（とむら）い上げといい，これを期に死者の霊は，個別の霊ではなく祖霊として祀（まつ）られ，祖先の神となる。正月と盆は祖霊を迎えて行う祭りである。

清き明き心（きよ-あか-こころ）　日本神話の時代に理想とされた人の心のあり方のこと。私心を去って，純粋に全体と融和して生きる心のことである。他に「明浄心」「赤心」が同義語としてあげられる。それに対する語が「暗き汚き心」「邪心」「穢邪心（きたなきこころ）」「黒心」「濁心」である。

対 暗き汚き心

罪Ⓝ（つみ）　大祓（おおはらえ）の「祝詞」によると，天津罪として畦放（あはなち），溝埋（みぞうみ），樋放（ひはなち），頻蒔（しきまき），串刺し，生け剥，逆剥，屎戸（くそへ）。国津罪として，生膚断（いきはだだち），死膚断，白人（しらひと），こくみ，おのが母犯せる罪，おのが子を犯せる罪，母と子を犯せる罪，子と母と犯せる罪，畜犯せる罪，蠱物（まじもの）する罪など。祓（はらい）によって除去できると考えられていた。

穢れ（けが-）　死や血をはじめとする不吉なものなどで，そのままにしておくと，災厄をひきおこすものが心身に付着した状態のこと。また，日常生活のケが枯れることがケ枯れで，それを回復する場面がハレの日と考えられている。

ハレ（晴）　ケと対立的に用いられる，非日常的祝祭空間で，普段と異なる改まった状態をいい，祭りや通過儀礼など神霊との接近の場面に相当する。それらはハレの日であり，晴れ着や晴れの食事をとる。

ケ（褻）　ハレの日に対して，普段の日常生活のことをケの日という。普段着をケギ（褻着），雑穀まじりの日常食をケシネ（褻稲），ケッケやケウエとは稲の田植えのことで，ケガリとは稲刈りのことである。ケとは日常生活のエネルギーであり，穀物を実らせる生産のエネルギーである。このケが月日の推移とともに衰えると，生産が減退し生活が不安となる。この事態がケ枯れであり，ケの活力の再生のために，ケ枯れを晴らすハレの行事が営まれる。

みそぎ（禊）　罪・穢れを除去するために，肉体の浄化を媒介に心の浄化をはかろうとする象徴的儀式のなかで，水を使う浄化のこと。海中・河川流に入り身を清めること。沐浴（もくよく），水垢離（みずごり），朝浴びなどといわれる。日常語として，よくないことを「水に流す」という表現もこの語からの発想である。

はらい・はらえ（祓）　清浄な心身で神と交流するため罪や穢れを祓いすてること。祓いの方法は大きく分けて二つある。一つは水を使用する禊（みそぎ）と，もう一つは罪穢れを祓のヌサ（幣）や，木，紙，藁（わら）で神霊や人間を模してつくったカタシロ・シトガタに託すことによって，心身を清める「お祓い」とがある。

神道（しんとう）　八百万神（やおよろずのかみ）を信仰する日本古来の民族宗教。仏教や儒教が伝来する以前の古代日本人は，生き物や山川草木，石などの自然物や自然現象の背後に神性を認め，カミ（神）として畏怖（いふ）し信仰した。やがて自然神だけではなく，祖先神も信仰の対象となっていった。

3章　生命尊重と生命倫理

バイオエシックスⓃ（**生命倫理**Ⓝ）[bioethics]（せいめいりんり）　生命科学の発展にともなって生じてきたさまざまな倫理的な問題を考察する学問。現代のバイオテクノロジーや先端医療技術の発達は，遺伝子の組み換えや人工授精・体外受精を可能にし，男女の生み分けをも可能にした。さらに，臓器移植を可能にし，治療の面で大きな威力を発揮するとともに寿命をも延ばした。また，人工呼吸器などの生命維持装置の飛躍的な発達は，いわゆる植物状態や人の死の概念を大きく揺るがす脳死問題を生みだした。こうした，生命の誕生から死にいたるすべての段階をコントロールできる技術の獲得には，多くの倫理的な問題がある。

安楽死Ⓝ（あんらくし）　不治の病気や重度の障害などによる肉体的，精神的苦痛から解放するために人為的に死亡させること。現代では，特に回復の見込みがないのに生命維持装置によって生かされている状態は，人間の尊厳を損なうものであるとし，「死ぬ権利」を認める尊厳死の立場から，生命維持装置を外して死亡させるという安楽死が問題となっている。しかし，人為的に自然の生命力を断つことの是非をめぐり依然議論が続いている。オランダ・ベルギーなどで合法化。

尊厳死Ⓝ（そんげんし）　脳死状態や植物状態になることによって人間としての尊厳（人間らしさ）が保てないような場合に，権利として認められるべきであるとする死。アメリカで植物状態となった女性の家族が求めた裁判では，1976年，州の最高裁は肉体的な衰弱が進行し回復の可能性がなくなったと判断されるときは，生命維持装置を取り外してもよいとする判決を下した。その後アメリカでは連邦最高裁でも「死ぬ権利」を認める判決が出された。

クオリティ-オブ-ライフ（QOL）[quality of life]　生活の質，生命の質と訳される。生活や生命を物質的・量的な面からではなく，生きがいや生活の潤いといった精神的・質的側面から把握しようとする概念。

クオリティ-オブ-デス[Quality of death, QOD]　「死の質」という意味。いかに満足して死を迎えるかという最期のあり方や質を表す言葉で，1980年代ごろ欧米で使われ始め，21世紀に入り研究が盛んになっている。保健医療状況だけでなく，人それぞれの文化や宗教に合わせたあり方が議論されている。

インフォームド-コンセントⓃ[informed consent]　「説明と同意」「十分な説明を受けた上での同意」などと訳され，医師から患者に対して病状や治療方法などについて十分な説明がなされ，それに同意を得た上で治療がなされるべきであるとする考え方。医師側の都合だけで医療行為がなされると，患者の権利は侵害される。アメリカで1960年代の初めから患者の権利として提唱され始めた。

セカンド-オピニオンⓃ[second opinion]　第二の意見。主として，法律分野や医療分野において用いられる用語。ある訴訟案件について複数の専門家から意見を聞くこと，よりよい治療方法をめざして複数の医師から意見を聞くことなどを指す。

リヴィング-ウィル[living will]　生前に自己の死（死後）のあり方についての意思を

表明しておくこと。延命治療の拒否や，死後の臓器提供の可否など，自己の死についての意思を明確に表明しておくこと。尊厳死や臓器移植などの問題において，この考え方を尊重すべきであるとされる。

終末期医療Ⓝ（しゅうまつきいりょう） 従来の治療・延命医療に対し，回復の可能性のない終末期患者の苦痛を緩和し，人間らしい安らかな死を迎えさせるための医療。肉体的苦痛を緩和する治療（ペイン-クリニック）や，カウンセリングなどがある。

ホスピス[hospice] 治療的効果がもはや期待できない末期患者やその家族の心身の苦痛を軽減し，残された日々の充実のための総合的なケア（ターミナルケア）を行う施設。1967年，イギリスのシスリー＝ソンダース医師がロンドン郊外につくった聖クリストファーズ-ホスピスがその始まり。

類 ターミナルケアⓃ　在宅ホスピス

脳死Ⓝ（のうし） 死の新しい定義。事故による脳の外傷や病気による脳内出血などによって，脳の機能が不可逆的に停止した状態。臓器移植法によって定義された「脳死」は，いわゆる「竹内基準」といわれるものである。これまでの死の判定基準は，①心拍の停止，②呼吸の停止，③瞳孔の固定の３項目（三兆候説）であったが，人工呼吸器など生命維持装置の発達によって，意識はまったくないが呼吸をし心臓も動いているという状態がつくりだされるようになった。そのため，1985年，竹内一夫杏林大学教授を長とする厚生省（現厚生労働省）研究班は脳死の基準を制定した。それは，①深く昏睡し，②自発呼吸がなく，③瞳孔も開き，④七つの脳幹反射がなく，⑤脳波も平坦，⑥以上の状態が６時間経過しても変化がない場合，脳死であるというものである。1992年１月臓器移植に際しては「脳死は人の死」とする最終答申を出し，臓器移植法も成立した。脳死は，脳の機能の一部が機能し，自発呼吸や消化などが可能な「植物状態」とは区別される。

類 竹内基準

臓器移植Ⓝ（ぞうきいしょく） 病気や事故などによって機能回復の可能性のない臓器を他者の正常な臓器と置き換えること。移植される臓器には心臓，肝臓，腎臓，角膜などがあり，なかでも腎臓と角膜の移植は数多く行われている。移植される臓器は新しいものほど定着しやすく，脳死状態の人の臓器を移植すれば，心臓や肝臓の定着率も高いといわれている。特に心臓は拍動している状態のものを摘出して移植することが必要とされている。欧米諸国では脳死を死と認めている国が多く，脳死と判定された段階で臓器移植を行っている。しかし，臓器提供者（ドナー）と受容者（レシピエント）との医学的な適合性や拒絶反応の問題，高額の医療費や脳死判定をめぐる問題などがある。一方，人工臓器の開発が進められており，実用化されているものもある。

臓器移植法Ⓝ（ぞうきいしょくほう） 1997年に施行された法律で，臓器を提供する場合に限って脳死を人の死とすることが認められた。これによって，移植を望んでいる患者の人たちの治療は前進した。2009年には，①法的には脳死を人の死とすることを前提とし，②提供者の年齢制限を撤廃，③本人の意思が不明でも家族の承諾で可能，などとする法改正が行われた。

ドナーⓃ[donor]　臓器移植において，心臓や腎臓や肝臓などの臓器を提供する者。

レシピエントⓃ[recipient]　臓器移植において，心臓や腎臓や肝臓などの臓器の提供を受ける人。

臓器提供意思表示カードⓃ（**ドナーカード**Ⓝ）(ぞうきていきょういしひょうじ-)　脳死判定後の臓器移植の意思を表示するカード。民法第961条の遺言規定に準拠して，15歳以上が意思表示可能であり（2009年年齢制限を撤廃），脳死後か心臓死後かの提供の選択，提供する臓器と提供しない臓器の選択，さらに臓器提供をしない旨の意思表示もできる。日本臓器移植ネットワークと厚生労働省が管轄。

類 日本臓器移植ネットワークⓃ

人工授精Ⓝ(じんこうじゅせい)　人工的に精子と卵子を受精させるために，精子を女性または雌の性管に注入すること。人間については不妊治療として行われている。使用する精液によって配偶者間人工授精（夫の精液を使用，AIHという）と，非配偶者間授精（夫以外の精液を使用，AIDという）とがある。前者は自然な性交が不可能である場合や精液中の精子の数が不足している場合などに行われ，後者は夫が無精子症であったり，夫婦の遺伝によって生まれてくる子どもに障害が予想されるような場合に行われる。

体外受精Ⓝ(たいがいじゅせい)　不妊症の治療法の一つで，精子と卵子を体外に取り出し，人工的に受精させ，その受精卵を子宮内に戻して妊娠させること。本来，動物や人間は体内で受精するが，卵管（卵子を卵巣から子宮へ運ぶ管）がつまっていたり，精子に異常があって正常の方法では妊娠が望めない場合に行われる。生命の誕生（受精）という神秘的なできごとを人工的に，しかも体外で操作してよいのかということが問われた。2019年に体外受精で生まれた子は約6万人であり，出生児全体のうち約14人に1人の割合となる。

代理母出産Ⓝ(だいりははしゅっさん)　不妊の女性が第三者の子宮を借りて出産すること。代理母は契約を結んで，不妊の夫婦の受精卵または夫の精子によって妊娠・出産する。しかし，「ベビーM事件」（「代理母」契約を結んで女児を出産した女性が，心変わりして子どもを引き渡したくなくなり，養子譲渡契約への署名を拒否し，子どもを引き渡さなかった事件）のように，法的・倫理的な問題が残る。

遺伝子工学Ⓝ(いでんしこうがく)　生物の遺伝情報が組み込まれている遺伝子を操作研究する学問分野。遺伝子は化学成分であるDNA（デオキシリボ核酸）からできており，細長い二重のらせん構造をもっている。この構造は1953年，ワトソン[Watson，アメリカ]とクリック[Crick，イギリス]によって解明され遺伝子工学の基礎となった。その後，DNAを構成する四つの塩基（アデニン，チミン，グアニン，シトシン）の並び方と，DNAの遺伝情報によって合成されるタンパク質のアミノ酸の並び方との関係が解明され（遺伝暗号の解明），さらにDNAを切ったりつないだりする特殊な酵素が発見されるなどして遺伝子工学は急速に発展した。現在では遺伝子組み換え（DNA組み換え）技術を用いて，成長ホルモンやインスリンを生産するなど，さらにめざましい発展を続けている。

遺伝子組み換えⓃ(いでんしくーかー)　遺伝子工学の中心技術で，ある遺伝子（DNA）の一部を切り取って別の遺伝子とつなぎ合わせて新しい遺伝子をつくること。できあがった新しいDNAを大腸菌などに入れ込んで増殖させて，目的とする物質を大量に生産することができる。この技術によって有用なタンパク質や抗生物質の生産，あるいは病気の遺伝子の治療についての研究などが進められている。

クローンⓃ［clone］　無性的に増殖し，親とまったく同じ遺伝的な性質をもつ複製の生物。動物においては1962年，自然界には存在しないクローン動物をカエルでつくることに成功した（クローンガエル）。その後1996年には，イギリスで，体細胞からつくられたほ乳類，クローン羊「ドリー」が誕生した（ドリーは子ボニーをもうけ，2003年に死んだ）。このほ乳類の体細胞クローン作製は，クローン人間の作製を現実的なものにし，その是非についての議論が高まった。なお，日本では2000年にクローン規制法が制定された。2005年には国連でもクローン人間禁止の宣言が採択された。

類 クローン規制法

ゲノムⓃ　雄・雌二つの配偶子に含まれる染色体（細胞が正常に機能できるすべての遺伝子をもった一組:一対）の全体。一つの細胞中の遺伝子の完全なセット。普通の個体（２倍体）の細胞は雌性配偶子と雄性配偶子に由来する二つのゲノムをもつ。三つまたは四つのゲノムをもつものは，それぞれ３倍体・４倍体という。

ゲノム編集Ⓝ（-へんしゅう）　生物の遺伝情報を，人工の特別なDNA切断酵素を用いて目的の遺伝子を切断したり別の遺伝子に置き換えたりすることによって，自在に改変できる技術。従来の技術と比べて，あらゆる生物に使え，改変したい目的の遺伝子を狙いうちする成功率が高く効率がよい，操作が簡単となっている。

ＥＳ細胞Ⓝ（**胚性幹細胞**Ⓝ）（-さいぼう）（はいせいかんさいぼう）　受精卵の分割途中の細胞を培養してできる細胞。未分化のため，神経・内臓・血液・骨などのどんな細胞や組織にもなる能力を秘め，万能細胞といわれる。この細胞を利用して，治療が困難だった糖尿病や心筋梗塞などの患者に再生医療を施すことができる。

同 万能細胞Ⓝ

ｉＰＳ細胞Ⓝ（**人工多能性幹細胞**Ⓝ）（-さいぼう）（じんこうたのうせいかんさいぼう）　ヒトの皮膚細胞からつくられた，ES細胞（胚性幹細胞）と同様のはたらきを持つ細胞。日本の山中伸弥教授らと，アメリカのトムソン博士らが，2007年にそれぞれ作製に成功した。2009年には山中教授らが，成人の皮膚細胞から作製した新型万能細胞を，そのまま培養することに初めて成功した。受精卵を破壊してつくるES細胞のような生命倫理上の問題がともなわず，再生医療や創薬などへの応用が期待される。2012年には，山中教授らがノーベル医学・生理学賞を受賞。

類 山中伸弥Ⓝ　同 新型万能細胞

遺伝子治療Ⓝ（いでんしちりょう）　DNAを対象として行われる遺伝病の治療。最初は，遺伝子異常による致死性で他に治療法がない重度の先天性の遺伝子病と，がん，エイズなどに限定されていたが，最近は動脈硬化，心筋梗塞，糖尿病なども対象になっている。精子・卵子などの遺伝子治療は，倫理的に許されていない。

出生前診断Ⓝ（しゅっしょうぜんしんだん）　胎児の遺伝性疾患や健康状態などを，出生前に診断すること。羊水の状況から胎児の異常の有無を判定する「羊水検査」や，妊婦の血液を調べて胎児にダウン症など染色体異常が出る確率を示す「母体血清マーカー」が実施されてきた。近年，妊婦からの血液採取でダウン症など3種類の染色体異常が高精度でわかる簡便な診断が開発され（新型出生前診断），2013年から始まったが，安易な利用は，命の選別につながりかねない危うさもある。

類 新型出生前診断Ⓝ

優生保護法（ゆうせいほごほう） 現行母体保護法の改正前の法律。1948年から1996年にかけて施行された。優生学上不良な遺伝のある者の出生を防止し，また妊娠・出産による母体の健康を保持することを目的として，優生手術，人工妊娠中絶，受胎調節および優生結婚相談などについて規定した法律をいう。戦後の混乱期における人口急増対策と危険な闇堕胎の防止のため人工妊娠中絶の一部を合法化したもので，その内容の是非をめぐってはつねに議論があった。さらに優生思想に基づく部分は障害者差別となっていたため，優生保護法のうち，優生思想に基づく部分を削除する改正が行われ，法律名も母体保護法（1996年9月施行）に改められた。2018年には旧優生保護法下で障害を理由に不妊手術が行われた人々が国に損害賠償を求める訴訟を起こした。2019年には，強制不妊手術を受けた人々に一時金を支払う法律が成立し，同時に安倍政権は被害者たちに向けて公式に謝罪した。

バイオハザード［biohazard］ 病院や実験室からウイルスや細菌などが外部へ漏れることでひき起こされる災害。特に，遺伝子操作などによる有害なバクテリアやウイルスなどによる生態系の破壊や人命などへの危険性や災害も含む。

薬事法Ⓝ（やくじほう） 医薬品や医療機器，化粧品などについて，品質・有効性・安全性の確保を目的として1960年に制定された法律。2009年施行の改正法で，一般用の医薬品は効果や副作用によって三つに分類・表示される。薬用効果が高い第１類は薬剤師の対面販売が義務づけられた。ほとんどの薬は第２類（風邪薬・胃腸薬など）と第３類（ビタミン剤など）に属し，登録販売者の資格をとれば，薬剤師のいないドラッグストアやコンビニなどでも販売でき，2014年からは一般用医薬品のネット販売も解禁。また，2014年末には覚せい剤や大麻に似た作用がある危険ドラッグ（脱法ドラッグ）の販売規制が強化された。

類 危険ドラッグⓃ

大麻（たいま） 俗に「マリファナ」と呼ばれるドラッグ。健康上の有害性などを理由として，20世紀に入ると世界各国で規制対象とされてきた。一方，21世紀に入ると，大麻の有害性はかつて主張されていたほど深刻なものでないとする科学上の調査結果が発表されるようになる。現在では，療法上の目的に限定して使用される「医療大麻」が，イギリス，ドイツ，オーストラリアなど，いくつかの国々で承認されている。日本では，戦前は大麻が合法的に売買されていたが，敗戦後，占領軍の指導の下，大麻は全面規制対象となり現在に至る。

ジェネリック医薬品Ⓝ（-いやくひん） 先発医薬品（新薬）の特許切れ後，同じ成分で製造された後発医薬品。新薬に比べて薬価が低いため普及が進めば，国内の医療費削減や発展途上国の医療向上にも貢献できる。

同 後発医薬品Ⓝ

エコノミークラス症候群Ⓝ（-しょうこうぐん） 狭いところで長時間同じ姿勢でいると，足の血流が悪くなって血栓ができ，死亡する場合もある病気。かつて，航空機のエコノミークラス利用者に起こったため，この名がある。2016年に発生した熊本地震の際，避難で車中泊をしていた人が亡くなって問題になった。エコノミークラスの座席に座っていることが原因であるとの誤解を招くことから，近年はVTE（静脈血栓塞栓症 Venous Thrombosis）と呼ぶ傾向もある。

感染症Ⓝ（かんせんしょう）　細菌・ウイルスなどの病原菌が体内に入り込むことで起きる病気。以前は伝染病とよばれた。伝染性のインフルエンザなどだけでなく，非伝染性の破傷風なども含む。日本では，感染症関連の法律として，予防接種法（1948年制定），検疫法（1951年制定）のほか，伝染病予防法・性病予防法・エイズ予防法・結核予防法を統合する形で生まれた感染症法（1998年制定）がある。また，2012年制定の新型インフルエンザ等対策特別措置法は，新型コロナウイルス問題にも適用できるよう2020年3月に法改正された。さらに2021年2月には，新型コロナウイルスの流行拡大を防ぐため，店舗営業時間の変更要請などを可能とする「新型インフルエンザ等まん延防止等重点措置」が同法に盛り込まれた。

類 エボラ出血熱Ⓝ

新型コロナウイルス［SARS-CoV-2：Severe acute respiratory syndrome coronavirus 2］　2019年に中国内陸部にて初めて確認され，その後，世界各地に感染拡大したウイルス。ヒトに対して呼吸器系疾患をもたらす可能性が高い。同ウイルスによって発症する病を2019年新型コロナウイルス感染症とよぶ。世界各国のなかには，政府が非常事態宣言を発して，ロックダウンや渡航制限の措置に踏み切ったケースも多い。社会的距離拡大（ソーシャル・ディスタンス）の要請やマスクの着用など，個人の日常的行動に対して政府が介入するケースも生じた。

パンデミック［pandemic］　感染症の世界的流行のこと。複数の大陸をまたがるレベルの流行を指すことが多い。ギリシャ語のpan（すべて）とdemos（人々）を組み合わせた言葉である。代表的事例としては，14世紀におけるペスト流行，19世紀におけるコレラ流行，20世紀初頭におけるスペインかぜ流行，20世紀後期におけるHIV流行，21世紀初頭における新型コロナウイルス流行など。

アニマルライツ［animal rights］　動物に一定の権利を保障すべきとする思想。動物は人間と同じく苦痛を感知する生命体であり，可能な限り苦痛から解放された尊厳ある処遇を受ける資格があるとする。欧米社会では，動物の処遇をめぐって，アニマルライツ（急進派）とアニマルウェルフェア（保守派）という思想的対立が存在する。アニマルウェルフェアは動物の厚生を重視する考え方。

類 アニマルウェルフェア

ペットのマイクロチップ登録（-とうろく）　2022年6月より，ペット産業にて販売されている犬および猫について，マイクロチップの装着が義務化された。ペットショップやブリーダーを通じて犬や猫を購入した場合，飼い主はそのマイクロチップに自己の情報を登録しなければならない。飼い主によるペットの意図的な遺棄を抑止する効果も期待される。

4章　環境と人間生活

1　地球環境

地球環境問題Ⓝ (ちきゅうかんきょうもんだい)　被害や影響が一つの国や地域にとどまらず，地球規模にまで広がり，国際的な取り組みが必要とされる環境問題。具体的には，地球の温暖化，オゾン層の破壊，酸性雨，砂漠化，熱帯雨林の破壊，野生生物種の減少，海洋汚染，有害廃棄物の越境移動（公害輸出）などの課題がある。

↑ 地球環境問題の広がり

環境倫理学 (かんきょうりんりがく)　環境との関係を特に重視した価値判断や意思決定のあるべき倫理を探究する学問。たとえば，①人間以外の生物，景観，生態系の生存や存続を無視しない非人間中心主義。②現在の世代は未来の世代に対してよい環境を保全，提供する義務を負っているとする世代間倫理主義がある。環境倫理学は，環境問題において，地球環境との関わりにおける人間存在の新しい哲学的な基礎づけを探究している。

生態系Ⓝ **（エコシステム）** (せいたいけい)　一地域における気象，土壌，地形，大気などの無機的環境と，そこに生息する生物との関連とまとまりを機能的にとらえた概念。食物連鎖，物質の循環，エネルギーの流れ，共生のしくみなどと相互に関係する。生態系中の生物には生産者（緑色植物），消費者（動物や細菌），分解者（微生物）があり，環境中の無機物を含めて無機物–有機物–無機物の物質連鎖が存在する。

類 食物連鎖Ⓝ

国連人間環境会議Ⓝ (こくれんにんげんかんきょうかいぎ)　1972年にスウェーデンのストックホルムで開かれた国際会議。この会議で「人間環境宣言」が採択された。「かけがえのない地球」をスローガンに，①人間居住の計画と管理，②天然資源管理の環境問題，③国際的な環境汚染，④環境問題の教育・情報・社会および文化的側面，⑤開発と環境，⑥国際的機構，などについて話し合われた。

かけがえのない地球Ⓝ [only one earth] (-ちきゅう)　1972年，スウェーデンのストックホルムで開催された国連人間環境会議のスローガン。このスローガンの背景には，「宇宙船地球号」ということばが示すように，公害などで破壊されてきた地球上の環境を，人類全体で分かちあって有効に活用し，美しい地球を将来の世代に残そうという考え方がある。

人間環境宣言（にんげんかんきょうせんげん） 1972年に開催された国連人間環境会議で採択された宣言。「かけがえのない地球」というスローガンのもとで，人間環境の保護と改善をすべての政府の義務として，環境問題に関する国際協力と行動計画を定めた。この会議での成果を受け，同年に国連環境計画（UNEP）が設立され，国連関係機関の環境関連活動の調整を行っている。

宇宙船地球号Ⓝ（うちゅうせんちきゅうごう） アメリカの経済学者ボールディングらが，地球環境の有限性と一体性を警告した言葉。有限な資源のなかで人類が共存するために，人口問題，資源問題，環境問題を総合的に適切に管理，運営していくことを求め，運命共同体としての地球意識を強調した。

類 ボールディング

国連環境計画Ⓝ（**UNEP**Ⓝ）［United Nations Environment Programme］（こくれんかんきょうけいかく） ユネップ。1972年，国連人間環境会議での議論に基づいて設立された。事務局はケニアのナイロビにある。国連本部に属し，国連が取り組む環境問題の総合的な調整などを任務とする。

気候変動に関する政府間パネルⓃ（**IPCC**Ⓝ）［Intergovernmental Panel on Climate Change］（きこうへんどう-かん-せいふかん-） 1988年に国連環境計画（UNEP）と世界気象機関（WMO）が共同で設置した組織。地球温暖化に関する科学的知見や環境・社会経済に与える影響，その対応方法などについて5年に1度，報告書を出している。2007年にノーベル平和賞を受賞した。

国連環境開発会議Ⓝ（**地球サミット**Ⓝ）（こくれんかんきょうかいはつかいぎ）（ちきゅう-） 1992年にブラジルのリオデジャネイロで開かれた国連主催の会議。ストックホルムでの国連人間環境会議（1972年）の20周年を記念して開かれ，全世界から各国の元首や政府首脳・国連機関，多くのNGO（非政府組織）が参加した。会議では，環境と開発に関するリオ宣言，21世紀に向けての行動計画としてのアジェンダ21，生物多様性に関する条約，気候変動枠組み条約などが採択された。リオ宣言には「持続可能な開発」という原則が盛りこまれ，将来の世代の生活をそこなわない節度ある開発が主張された。

環境開発サミットⓃ（かんきょうかいはつ-） 地球サミットのアジェンダ21の実施状況を検証するため，南アフリカのヨハネスブルクで2002年に開かれた会議。正式名は「持続可能な開発に関する世界首脳会議」。環境保護と開発の両立などをめざす「ヨハネスブルク宣言」が採択された。

類 ヨハネスブルク宣言

環境と開発に関するリオ宣言Ⓝ（かんきょう-かいはつ-かん-せんげん） 1992年，ブラジルのリオデジャネイロで開かれた国連環境開発会議（地球サミット）で採択された宣言。地球社会における環境保全のあり方を示す原則を掲げている。持続可能な開発の理念を達成するために，「開発の権利は他国の将来の世代の利益を侵さないように行使すべきこと」などの27の項目から成っている。リオ宣言ともいう。

同 リオ宣言Ⓝ

アジェンダ21Ⓝ［Agenda 21］ 1992年の地球サミットにおいて採択された，国際機関，各国政府，企業などが環境保全のためにとるべき分野や行動を具体的に盛

社会と暮らし編

りこんだ計画。実施に関する費用や計画の実施状況の評価を行う。

持続可能な開発（発展）Ⓝ[sustainable development]（じぞくかのう-かいはつ・はってん） 地球環境問題に対応したキーワード。正確には「環境的にみて健全で維持可能な発展」という意味で，将来世代の前途を損なわず，現世代の必要を充足する開発（発展）のあり方を示したもの。環境保全と開発とは対立するものではなく，両立が可能であるとする。「環境と開発に関する世界委員会」（WCED，通称ブルントラント委員会）の1987年の報告書『われら共有の未来』で初めて提起，1992年の国連環境開発会議（地球サミット）でこの理念がとりいれられた。

類 ブルントラント委員会

気候変動枠組み条約Ⓝ（きこうへんどうわくぐ-じょうやく） 1992年の国連環境開発会議（地球サミット）において採択された，温室効果ガスの排出規制のための条約。二酸化炭素排出量を2000年までに1990年のレベルにするという努力目標。

京都議定書Ⓝ（きょうとぎていしょ） 1997年に京都で開かれた気候変動枠組み条約第３回締約国会議（ＣＯＰ３）において，温暖化ガスの排出削減目標を定めた初の国際的枠組み。2008年から2012年の間に（第１約束期間），1990年比で平均5.2%削減しようとするもの。アメリカのブッシュ政権は，経済に悪影響があるとして離脱したが，2005年発効。2012年のドーハ合意で第２約束期間は2013年から20年までの８年間と決まったが日本・ロシア・カナダは京都議定書から離脱した。

類 COP3

京都メカニズムⓃ（きょうと-） 京都議定書の目標を達成するための措置。共同実施（ＪＩ），国際排出量取引（ＩＥＴ），クリーン開発メカニズム（ＣＤＭ）の三つ。

共同実施Ⓝ（**ＪＩ**Ⓝ）[Joint Implementation]（きょうどうじっし） 排出削減義務のある先進国同士で削減などのプロジェクトを実施し，投資した国がその削減量をクレジットとして獲得できる制度。

排出量取引Ⓝ（はいしゅつりょうとりひき） 二酸化炭素など温室効果ガスの削減目標を実現するため，国や企業間でその排出量を相互に取引する制度。排出権取引ともいう。京都議定書で認められ，取引市場の創設も始まっている。

同 排出権取引

クリーン開発メカニズムⓃ（**ＣＤＭ**）[Clean Development Mechanism]（-かいはつ-） 温室効果ガスの削減義務を負う先進国が，義務を負わない発展途上国での排出量の削減事業に参加することによって，自国の削減目標達成に資する制度。京都議定書に明記されている。

パリ協定（-きょうてい） 京都議定書にかわり，2020年以降の温室効果ガス排出削減の新たな目標を定めた国際的枠組み。2015年にパリで開かれた気候変動枠組み条約第21回締約国会議（ＣＯＰ21）において，アメリカや中国を含む190余の国や地域が取り組むことを決めた。世界の平均気温の上昇を産業革命（1850年頃）以前に比べて２度未満に抑制，さらに海面上昇に苦慮する島嶼（とうしょ）国の訴えをふまえ1.5度未満に抑える目標を明記した。削減目標を５年ごとに見直すことも義務づけた。2016年に署名，総排出量55%以上を占める55か国以上の批准という要件を満たし，同年末に発効。日本は，協定発効後に遅れて批准。2021年時点の署名国は195である。米国では，トランプ政権は地球温暖化そのものを懐疑して2020年にパリ協定を離脱したが，2021年にバイデン政権によってパリ協定に復帰した。

自然保護スワップ（しぜんほご-） 自然保護団体が債務銀行から債券を購入し，これを債務国の環境保全費用にあてる政策。環境スワップ。現在，世界自然保護基金（ＷＷＦ）などで行われている。エクアドル・コスタリカなどで実施された。

同 環境スワップ

世界自然保護基金（ＷＷＦ）［World Wide Fund for Nature］（せかいしぜんほごききん） 絶滅の危機にある野生生物の保護や，熱帯林などの生態系保全に取り組む世界最大の環境ＮＧＯ。1961年に世界野生生物基金として設立され，1986年に改称された。本部はジュネーヴにある。世界の100か国以上で活動し，日本にもWWFジャパンがある。

環境難民（かんきょうなんみん） 環境破壊により，住んでいる土地を離れざるを得なくなった人たちのことをさす。かんばつ・砂漠化・森林破壊などが原因。アメリカのワールドウォッチ研究所がよんだことば。

バーゼル条約Ⓝ（-じょうやく） 有害廃棄物の国境をこえた移動（輸出）やその処分の規制などを定めた条約。1989年にスイスのバーゼルで採択され，1992年に発効した。日本での発効は翌93年。

酸性雨Ⓝ（さんせいう） 化石燃料の燃焼で，硫黄酸化物（ＳＯｘ）や窒素酸化物（ＮＯｘ）が大気中に増加，これが降雨のなかに溶けこむことでｐＨ5.6以下の強い酸性値を示す。酸性雨により森林や土壌に被害が出るほか，湖沼や河川も酸性化して魚類の死滅・減少などが起きている。ヨーロッパでは歴史的建築物・石像などにも被害が及んでいる。

オゾン層の破壊Ⓝ（-そう-はかい） 冷蔵庫やエアコンの冷媒，エアゾール製品，半導体などの洗浄に大量に使用されたフロンは成層圏まで上昇するとオゾン層を破壊し，地表に達する紫外線の量が増え，皮膚ガンになりやすいとされている。合成物質であるフロンは，地球の異常気象，生態系への悪影響を及ぼす可能性があるため，1987年のモントリオール議定書では，フロンなどオゾン層破壊物質の使用量の半減を決め，その後全廃されることになった。

類 オゾン層Ⓝ

オゾン-ホールⓃ［ozone hole］ 主に南極に現れるオゾン濃度の極端に低い場所。国連機関が2010年に公表した報告書では，国際的な努力でオゾン層破壊の進行に歯止めがかかったとされるが，南極でのオゾン-ホール回復にはさらに長期間がかかると予測されている。

紫外線Ⓝ（しがいせん） スペクトルが紫色の外側にあらわれる，目には見えない光線。太陽光線中にある。オゾン層の破壊により，地表に達する紫外線の量が増えて，皮膚ガンや白内障になりやすいとされ，また農作物への影響も懸念される。

フロンⓃ［flon］ クロロフルオロカーボン（塩素・フッ素・炭素の化合物）の日本における通称。不燃・無毒で化学的に安定しており，圧縮すると液化する。エアコン・冷蔵庫などの冷媒，スプレーなどの噴霧剤，半導体基板などの洗浄剤として利用されてきた。1974年頃からオゾン層を破壊することが指摘された。このため，1987年のモントリオール議定書で生産量の段階的な削減が決まり，先進国では1996年以降，特定フロンなどの生産が中止された。

モントリオール議定書Ⓝ(-ぎていしょ)　オゾン層保護のためのウィーン条約（1985年採択）を具体化した議定書。1987年の国連環境計画（ＵＮＥＰ）の会議で採択された。オゾン層を破壊するフロンガスの生産・使用を規制し，段階的に削減することを目的とする。1995年の締約国会議で，フロンなどオゾン層破壊物質の全廃が決められた。日本は1988年に条約とあわせて締結。

ヘルシンキ条約Ⓝ(-じょうやく)　1989年に採択された，オゾン層の保護のために今世紀中にフロンガスを全廃する条約。1985年のオゾン層保護のためのウィーン条約，87年のモントリオール議定書に基づいて採択。

類 オゾン層保護のためのウィーン条約Ⓝ

地球の温暖化Ⓝ(ちきゅう-おんだんか)**温室効果**Ⓝ(おんしつこうか)　地球温暖化の要因の一つ。二酸化炭素やフロンなどが，地表から宇宙空間に熱を逃がさない働きをすることによる地球温暖化効果。大気が温室のガラスのような役割を果たすため，この名称がある。温室効果をもたらす気体を温室効果ガス（ＧＨＧ）という。

類 温室効果ガスⓃ

砂漠化Ⓝ(さばくか)　人口の増加によって過放牧や過耕作が広がり，土地の保水力が弱まって不毛化する現象。国連環境計画（ＵＮＥＰ）によれば，世界の陸地の４分の１が砂漠化の影響を受けている。砂漠化の進行で食料生産が減り，生活手段を失って他の土地に移る環境難民も出ている。こうした事態に対応するため，1996年に砂漠化防止条約が発効した。

森林破壊(しんりんはかい)　熱帯林を中心に進行している森林破壊の原因は，発展途上国の人口増加を背景とした焼畑，家畜の過放牧，薪炭利用などのほか，木材輸出のための伐採や農地化を目的とした開発などである。

熱帯林の減少(ねったいりん-げんしょう)　世界の森林面積の半分を占めている熱帯林が，年々，日本の面積の約半分の割合で減少している問題。要因の最大のものは，焼畑による移動耕作で，その他，開墾，過放牧による。さらに，商業伐採の影響も大きい。熱帯林の減少は森林資源が減少するにとどまらず，二酸化炭素の吸収量減少による地球温暖化，あるいは土砂くずれや洪水などの災害などの増大をもたらす。地球サミットでは，森林原則声明が採択されている。

野生生物種の減少(やせいせいぶつしゅ-げんしょう)　乱獲や生態系の破壊によって，生物種の絶滅が進行する現象。野生生物種は確認されたもので約140万種，未確認のものを加えると1000万種をこえるともいわれる。これらの生物種のうち，毎年数万種が絶滅しつつあるという。こうした危機に対応するため，1973年に絶滅のおそれのある野生生物の取り引きを禁じたワシントン条約が，さらに1992年には生物多様性に関する条約が締結された。

種の消滅(しゅ-しょうめつ)　陸地における生物の約50％以上が熱帯林に集中しているが，熱帯林の減少によってそれらの生物種が減少している。野生生物の減少は，生物資源の質的な減少とともに，医薬品開発や品種改良のための遺伝子資源の減少を意味する。生態系への影響も心配されている。

ラムサール条約Ⓝ(-じょうやく)　1971年にイランのラムサールで採択された「特に水鳥の生息地として国際的に重要な湿地に関する条約」。国際湿地条約ともいい，重要な湿地を各国が登録し，保全しようとするもの。日本は1980年に加入し，釧路湿原が最初の登録湿地。従来は水鳥の生息地を対象に指定されてきたが，現在ではマングローブ林・サンゴ礁・ウミガメ産卵地など，国内の46か所が登録されている。

ワシントン条約Ⓝ(-じょうやく)　絶滅のおそれのある動物の取り引きについて輸入国と輸出国が規制をし，対象となる野生動物の保護を目的とする条約。1973年にワシントンで調印されたことからこの名前がついた。日本は1980年に加盟。

生物多様性条約Ⓝ(せいぶつたようせいじょうやく)　特定の地域や種の保護だけでは生物の多様性を守ることができないとして，その保全を目的とした条約。1992年の地球サミットで採択された。多様性とは生物種がさまざまに異なることを意味し，①生態系の多様性，②種間の多様性，③種内（遺伝子）の多様性，の三つを指す。国連は2010年を国際生物多様性年に定めた。また，同条約の第10回締約国会議（ＣＯＰ10）が2010年に日本で開かれ，医薬品などのもととなる動植物などの遺伝資源の利用を定める「名古屋議定書」（ＡＢＳ議定書）と，生態系保全をめざす世界目標である「愛知ターゲット」が採択された。なお，日本では2008年に生物多様性基本法が制定されている。

類 名古屋議定書Ⓝ　愛知ターゲットⓃ　生物多様性基本法

カルタヘナ議定書Ⓝ(-ぎていしょ)　ＵＮＥＰ（国連環境計画）における検討をふまえ，コロンビアの都市カルタヘナでの会議を経て，2000年に採択された議定書。正式には「生物の多様性に関する条約のバイオセーフティに関するカルタヘナ議定書」という。バイオテクノロジーで作り出された生物のうち，悪影響をおよぼす恐れがあるものに対する輸出入規制などがもり込まれた。2010年に日本で締約国会議が開かれた。

レッド-データ-ブック　絶滅のおそれがある野生生物をリストアップした資料集。危機を訴える意味で，赤い表紙が用いられている。1966年から国際自然保護連合（ＩＵＣＮ）が作製。日本でも，環境省が国内版を発行している。

レイチェル=カーソンⓃ[Rachel Louise Carson, 1907～64]　アメリカの海洋学者。1962年に『沈黙の春』を刊行。ＤＤＴ（殺虫剤）をはじめとする農薬が自然破壊をもたらすことを警告。「春が巡ってきても鳥さえもさえずらない」という表現で環境破壊を警告した環境問題の古典的名著。

類 『沈黙の春』Ⓝ

内分泌かく乱物質（環境ホルモンⓃ**）**(ないぶんぴつ-らんぶっしつ)(かんきょう-)　ダイオキシン類，ＤＤＴ，ＰＣＢ（ポリ塩化ビフェニール）などの物質をいう。ごく微量でも様々な作用があるとされており，生殖異常などの悪影響がある。

ＩＳＯⓃ**（国際標準化機構**Ⓝ**）**[International Organization for Standardization](こくさいひょうじゅんかきこう)　国際的に通用させる規格や標準類を制定するための国際機

社会と暮らし編

関。1947年に発足。現在，約160の国が加盟している。国際的・包括的な規格の確立により，製造や通商の発展を促進することを目的とする。

環境ＩＳＯ（かんきょう-）　1993年に環境管理（環境マネジメント）のための国際規格に関する専門委員会が設置され，環境管理の方法や基準・評価方法に関する国際規格である「ＩＳＯ14000」が発表され，1996年には規格としての「ＩＳＯ14001」が打ち出された。環境に配慮する事業者がこの規格を取得している。

類 ＩＳＯ14000

環境税Ⓝ（かんきょうぜい）　地球温暖化防止のためにヨーロッパ諸国（オランダ，デンマーク，スウェーデン，ドイツなど）で徴収されている炭素税もその一つである。環境対策のための租税政策の手段で，1920年，イギリスの経済学者ピグーによって提唱された。

炭素税Ⓝ（たんそぜい）　環境税の一種で，地球温暖化につながる二酸化炭素排出抑制を目的として，石炭・石油・天然ガスなどに対して課される税。北欧やオランダなどで実施されている。日本でも，2012年から石油・石炭・天然ガスなどの化石燃料に課税する環境税（地球温暖化対策税）が導入された。

グリーン-コンシューマーⓃ　緑の消費者という意味。環境を大切にするという立場から商品の購入をしたり，企業の監視などをする消費者のこと。そして，環境を破壊するような消費行動を控えていき，環境保全に貢献している企業を支持する活動をグリーン-コンシューマーリズムという。

グローバル-スタンダードⓃ［global standard］　特定の国や地域，企業などだけで適用されている基準ではなく，世界共通で適用される基準や規格，ルールといった意味。国際的な基準・規格。ISOなどはその典型である。

デファクト-スタンダード［de facto standard］　公的に定められたものではなく，市場のなかで定着した業界の標準。事実上の標準と訳される。例えば，パソコンなど情報機器の業界では互換性などについて標準を定めそれを普及させる。

「もったいない」Ⓝ　ケニアの環境活動家でノーベル平和賞受賞者のワンガリ＝マータイが３Ｒ（リデュース・リユース・リサイクル）の精神をあらわすものだとして広めた言葉。「ＭＯＴＴＡＩＮＡＩ」という国際語になっている。

ヴァーチャル-ウォーター（仮想水Ⓝ）［virtual water］（かそうすい）　農産物などの生産に用いた水資源量を総計したもの。農産物などを輸入するということは，その生産に使われた水も輸入していることになる。日本が輸入しているその量は，年間数百億㎥ともいわれる。

低炭素社会Ⓝ（ていたんそしゃかい）　二酸化炭素などの排出を大幅に削減した社会のこと。温室効果ガスの排出量を自然界の吸収量と同じレヴェルにおさえるためには，化石燃料依存からの脱出が不可欠とされる。

カーボン-オフセットⓃ　二酸化炭素などの温室効果ガスを吸収する植林をすすめたり，クリーンエネルギーに投資することで，自己の排出するカーボン（二酸化炭素）を相殺（そうさい）するという考え方。

エコロジカル-フットプリントⓃ［ecological footprint］　一つの環境のなかで，持続的に生存できる生物の最大量を足跡の大きさによって視覚的に図示したもの。

温室効果ガスの排出量を二酸化炭素量に換算し，足跡の大小で図示したものがカーボン-フットプリントである。

類 カーボン-フットプリント Ⓝ

核の冬 Ⓝ（かく-ふゆ）　核戦争後の大火災で，地球上空に多量のチリやススが取りまき，太陽光線がさえぎられて起こると考えられる寒冷化現象。1983年にカール＝セーガンらアメリカの科学者たちが警告した。

エルニーニョ Ⓝ　ペルー沖太平洋の赤道付近で，海面の水温が高くなる現象。日本では冷夏になりやすいなど，世界規模の異常気象の原因の一つとされる。クリスマスの頃に多く起こるため，「神の子」の意。

ラニーニャ Ⓝ　エルニーニョとは逆に，ペルー沖太平洋の赤道付近で海面の水温が低くなる現象。日本で梅雨明けが早まり，猛暑になったりする。「女の子」の意。

ヒート-アイランド Ⓝ　都市部の地上気温が周辺地域より高くなる現象。「熱の島」とも訳される。自動車やエアコンからの熱や，緑地の減少，アスファルト・コンクリートなどが影響しているとされる。

国連持続可能な開発会議 Ⓝ（こくれんじぞくかのう-かいはつかいぎ）　リオデジャネイロで2012年に開かれた国連主催の会議。1992年の地球サミットから20周年を記念して開催された。通称はリオ＋20。会議では，グリーン経済の重要性や持続可能な開発目標（ＳＤＧｓ）の創設などを盛り込んだ合意文書「われわれが望む未来」が採択された。一方で，先進国と新興・途上国などの対立を反映し，課題を実行する具体的なプロセスは見送られた。

同 リオ＋20 Ⓝ　類 持続可能な開発目標（ＳＤＧｓ）

世界ジオパーク Ⓝ（せかい-）　科学的にみて重要な，美しい地質遺産を含む自然公園のこと。これらを守るため，ユネスコの支援を受けて世界ジオパークネットワークなどが認証するしくみがつくられている。日本では，洞爺湖有珠山・糸魚川・島原半島・山陰海岸・室戸の５地域が認定されている。

水俣条約 Ⓝ（みなまたじょうやく）　正式名は「水銀に関する水俣条約」。人体や環境に悪影響をあたえる水銀の製造や輸出入を禁止する条約。熊本県水俣市で2013年，国連環境計画（ＵＮＥＰ）が中心になって採択された。50か国の批准で発効する。

阪神・淡路大震災 Ⓝ（はんしんあわじだいしんさい）　淡路島北部を震源として，1995（平成７）年１月17日午前５時46分に発生した大地震により，神戸市を中心に，家屋の倒壊や市街地の火災などが起こり，死者6000人以上という大惨事となった震災。高速道路の倒壊・寸断をはじめ，鉄道や道路などの交通も麻痺（まひ）し，救援活動にも困難が生じた。

東日本大震災 Ⓝ（ひがしにほんだいしんさい）　2011年３月11日午後２時46分，東北・三陸沖を震源としたＭ（マグニチュード）9.0の大地震による国内史上最大規模の災害。地震後に巨大な津波が東北沿岸部などを襲い，死者・行方不明者は約２万人，避難者は最大時には数十万人規模に達した。また，東京電力福島第一原子力発電所が地震と津波により深刻な事故をおこすなど，未曽有の被害をもたらした。６月には復興基本法が成立した。　☞ p.288（福島第一原発事故）

類 復興基本法 Ⓝ

2　人口問題

人口爆発Ⓝ（じんこうばくはつ）　一般に人口が爆発的に増加する現象のこと。発展途上国の人口構造は，死亡率が低下し，出生率は死亡率ほどには低下していないために多産少死型になっている。このため発展途上国において人口爆発の現象が著しい。たとえば1994年の世界の人口増加率は1.7％だったが，アフリカは2.9％であった。2050年には世界全体の人口は少なく見積もっても79億人，最高で104億人に達すると予想されているが，その人口増加の95％は発展途上国でおきるといわれる。1950年には発展途上国の人口は先進国の2倍だったのが，2050年には6.4倍になるという。

人口問題Ⓝ（じんこうもんだい）　人口増加にともなって生じる種々の問題をいう。現在の人口は約80億人。発展途上国の人口問題は急激な人口増加にともなうものである。発展途上国は多産少死の段階にあり，人口増加率は1960年代に2.44％，1970年代に2.23％，1980年代に2.11％，1990年代には1.92％となっている。発展途上国の人口増の原因は，衛生や医療の向上による死亡率の低下，子どもが労働力としてとらえられていることや老後保障の必要性から出産率が高いことなどがあげられる。人口問題は全地球的問題であることから，国連は1974年に「世界人口会議」（ブカレスト），1984年に「国際人口会議」（メキシコ），1994年に「国際人口開発会議」（カイロ）を開催している。

類 世界人口会議　国際人口会議　国際人口開発会議Ⓝ

日本の人口（にほん-じんこう）　日本では戦後の1947～49年頃，ベビーブームで人口が急増。その後も高度経済成長期に増大し，1967年には1億人を突破した。現在は少子・高齢化がすすみ，2008年の1億2808万人をピークに人口減少社会に転じた。2022年8月時点における日本の総人口は約1億2508万人（うち日本人人口は約1億2223万人）。国立社会保障・人口問題研究所の推計では，将来人口は2053年に1億人を割り込み，65年には8808万人，高齢化率は38.4％。

類 人口減少社会

一人っ子政策Ⓝ（ひとり-こせいさく）　1979年から2015年まで続いた中国の人口抑制政策であり，一組の夫婦が産む子供の数を一人に制限する措置。2016年以降は規制が緩和されて二人まで子供を産めることになった。

人口増加率（じんこうぞうかりつ）　一定の地域における人口の自然増加率と社会増加率との合計。世界全体では自然増加率のみとなる。自然増加率は出生率と死亡率の差，社会増加率は一定地域での人口移入率と移出率との差をいう。

類 自然増加率　社会増加率

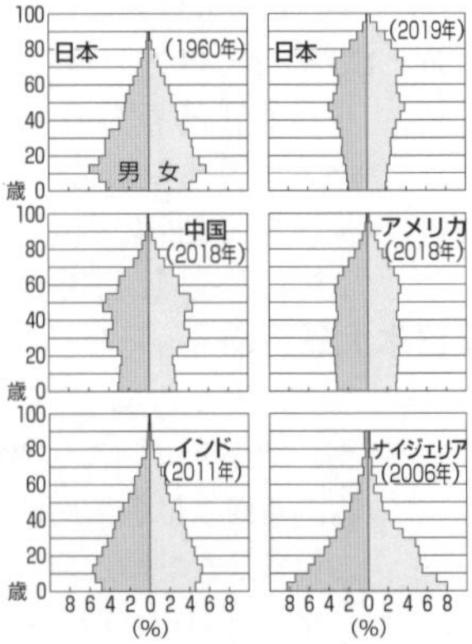

↑ 各国の年齢別人口構成

人口構成Ⓝ（じんこうこうせい）　一定の地域における人口を，性・年齢・職業・産業などの属性によって分類したもの。年齢別人口構成や産業別人口構成がある。

人口ピラミッドⓃ（じんこう-）　特定の時点における年齢別・性別人口構成を表現した図。年齢別人口を上下に，男女を左右に分けて並べる。一般に発展途上国などではピラミッド型になるが，つりがね型を経て，先進国などではつぼ型になる。

ピラミッド型Ⓝ（-がた）　富士山型ともいう。多産多死の段階にある発展途上国によくみられる型。多産少死の段階においても同じ型になる。幼年人口の割合が高い。

同 富士山型

つりがね型（-がた）　ベル型ともいう。人口が増減しない状態で人口の停滞及び安定を示す型。少産少死の段階にある先進国でみられる型。老齢人口の比率が高くなる。

つぼ型（-がた）　紡錘（ぼうすい）型ともいう。出生数の減少によって自然増加率がマイナスになった型。将来人口の減少・若年労働力の不足が予想される。

ひょうたん型（-がた）　幼年人口・老齢人口の人口比が高い型。出生数の急激な減少によるつぼ型から，その後出生数がやや増加し，その後再び減少したもの。

多産多死Ⓝ（たさんたし）　人口の自然増加について，出生率も死亡率もともに高い型。人口ピラミッドはピラミッド型を示す。かつて発展途上国の大半はこの型だったが，特に乳児死亡率の低下によって多産少死型へ移行してきている。

多産少死（たさんしょうし）　人口の自然増加について，出生率が高いままで，死亡率が低下する人口急増の型。発展途上国において，医療・衛生面の進歩から死亡率の低下がみられ，この型に移行しているケースが多い。

少産少死（しょうさんしょうし）　出生率・死亡率ともに低い自然増加の型。現在の西欧・北米・日本が典型的事例で，少子化の進行による人口の減少も心配される。

生産年齢人口Ⓝ（せいさんねんれいじんこう）　労働市場にあらわれる可能性をもつ15歳以上～65歳未満の人口。日本では減少傾向にある。14歳以下の年少人口と65歳以上の老年人口を合わせたものが非生産年齢人口（従属人口）である。

類 非生産年齢人口（従属人口Ⓝ）

年少人口Ⓝ（ねんしょうじんこう）　14歳以下の人口。幼年人口ともいう。一般に発展途上国でこの割合が高く，先進国では低い。老齢人口と合わせて従属人口といわれる。

同 幼年人口

老年人口Ⓝ（ろうねんじんこう）　65歳以上の高齢者の人口。老齢人口・高齢人口ともいう。先進国で増大しており，この割合が7％以上の場合を高齢化社会，14％以上の場合を高齢社会とする。年少人口と合わせて従属人口といわれる。

同 老齢人口

平均余命Ⓝ（へいきんよめい）　ある年齢の集団が，平均して何年生きることができるかを示した年数。0歳児の平均余命を平均寿命という。

人口動態統計Ⓝ（じんこうどうたいとうけい）　たえず変動する人口の動向をとらえるため，厚生労働省が行う調査。総務省の国勢調査が，ある時点での人口の静態統計であるのに対し，人口の動きをみる際の統計とされる。

類 国勢調査Ⓝ

3　資源・エネルギー問題

資源問題Ⓝ(しげんもんだい)　資源とは，最も広い意味では人間の生活を向上させるために利用できるものをさす。大別すると，自然界に存在する天然資源と，それを有効に利用するための労働力などの人的資源，科学技術や生産制度などの文化的資源がある。一般に資源問題というときには，天然資源に関する諸問題をさす。

天然資源Ⓝ(てんねんしげん)　地球上の資源には，地下資源・水資源・森林資源・動物資源などがあるが，ここでいう天然資源とは，工業・燃料原料となるものをさす。地球上の一定の地域に偏在し，資源として有用性の高いものが化石燃料(かせきねんりょう)である。現在のエネルギーのうち9割を化石燃料でまかなっている。石炭は太古の植物が炭化してできた物質で，泥炭・褐炭・無煙炭・燃料炭などに分けられる。石油は天然のままのものを原油という。石油資源は他に，天然ガス・オイルシェール・タールサンドなどがある。化石燃料は，酸性雨や温暖化の原因となり，埋蔵量が有限であるなどの問題をもつ。

類 化石燃料Ⓝ

資源埋蔵量(しげんまいぞうりょう)　鉱物資源などが地下に存在している量をいう。存在の確認により，確認埋蔵量・推定確認埋蔵量・予想埋蔵量に分けられる。このうち採掘が可能なものを可採埋蔵量という。可採年数は，現在の確認量を年間の生産量で割った数字で示される。2017年時点における推定可採年数は50.2年。可採年数は資源埋蔵の新発見，採掘技術の進歩などにより伸びることもある。しかし，資源が有限であることに変わりはない。

エネルギー革命Ⓝ(-かくめい)　人間が消費するエネルギー源の種類に関する，大きな変化をいう。古代・中世では薪炭が一般的であったが，産業革命前後から石炭などが使用されはじめ，第二次世界大戦後には，石油・天然ガス・液体ガスなどの流体エネルギーの需要が急増した。現在では，先進国を中心に，ウランなどの核分裂を利用した原子力エネルギーの使用量も激増している。

資源ナショナリズムⓃ(しげん-)　自国の資源に対する恒久主権の主張。かつて植民地であった発展途上国は資源の供給国であったが，資源の開発や取り引きは，国際的な巨大資本によって行われ，不利な立場に置かれた。このようななかで発展途上国は，しだいに自国の資源は自国のために利用されるべきであるという「資源ナショナリズム」にめざめていった。

新エネルギー技術開発(しん-ぎじゅつかいはつ)　化石エネルギーも原子力エネルギーも，環境破壊や資源枯渇の問題などをともなう。このため，特に第二次石油危機以後，新エネルギー源の開発と無公害社会の建設を目的に，新エネルギー開発が着手された。1993年には「ニューサンシャイン計画」がスタートした。研究開発プロジェクトには太陽光・地熱などの「再生可能エネルギー」，燃料電池開発の「エネルギー・環境企画及びシステム」，石炭の液化などの「エネルギー高度変換・利用」，二酸化炭素排出量の固定化・安定化をめざす「地球環境技術」などが含まれる。

類 ニューサンシャイン計画

『成長の限界』Ⓝ(せいちょう-げんかい)　1968年，世界の科学者・経済学者らが集まって，「ローマクラブ」という地球の未来について研究・提言する組織を創設した。この組織が，1972年に第１回報告として出したのが『成長の限界』である。地球社会が現在のような発展を続ければ，100年以内に地球が滅びるという警告を発し，ゆるやかな成長と資源消費制御の必要性，人口問題，環境保護などを提言した。

類 ローマクラブⓃ

省資源・省エネルギーⓃ(しょうしげん・しょう-)　資源・エネルギーのむだな消費を抑え，効率的な利用を行うこと。日本では，第二次石油危機が起きた1979年から1982年の間に成果があがった。この期間の経済成長率は3.5%だったのに対し，エネルギー需要は原油消費を中心に3.8%減少した。

一次エネルギー(いちじ-)　石炭・石油・天然ガスの化石燃料のほか，水力・原子力（核燃料）・地熱など，主として加工せず使われるエネルギー。日本の一次エネルギー総供給割合は石油36.4%，石炭24.6%，ガス23.8%，再生可能エネルギー6.7%，水力3.7%などとなっている(2020年度)。

二次エネルギー(にじ-)　電力・都市ガス・コークスなど，主として一次エネルギーを加工・変換してつくられたエネルギー。

循環資源(じゅんかんしげん)　資源としてくり返し利用ができるものをいう。たとえば，金属から再生金属をつくったり，古紙から再生紙をつくったりするのは資源循環(リサイクル)をしていることになる。省エネ・省資源のために，非循環資源をいかに循環させるかが今後の課題である。

クリーン-エネルギーⓃ[clean energy]　廃棄物や有害物質を出さないエネルギーのこと。電気・ＬＰＧ・水素などをさす。

代替エネルギーⓃ(だいたい-)　石油危機を契機として，石油に代わる代替エネルギーの開発に着手している。代替エネルギーでは原子力の実用化が進められたが，1986年の旧ソ連・ウクライナのチェルノブイリ原発事故を契機に安全性が改めて問われた。太陽エネルギー(太陽光発電)・地熱発電・水素エネルギー・風力エネルギー（風力発電）・海洋エネルギー（潮力・波力・海洋温度差発電）・オイルサンド（油砂）・オイルシェール（油母頁岩）などがある。火山・温泉などの地熱を利用した地熱発電は，東北地方や大分県などで発電所が動いている。

類 太陽エネルギー　風力発電Ⓝ

シェールガスⓃ　堆積岩の頁岩(けつがん)中に存在する天然ガス。採掘しやすい在来型ガスに対して，高度な採掘技術を要するため非在来型ガスとも呼ばれる。埋蔵量は在来型の５倍と推計されている。近年，アメリカでは採取の技術革新が進み，生産量が急増している。

バイオマスⓃ　食品工場の植物性廃棄物，牛や豚などの糞尿，廃材などから堆肥として発酵させていき，発生してできたメタンガスを使用し発電をしていく新しいエネルギーのこと。廃棄物処理が同時に行えるとともに，資源の再利用を行うことができるという点で期待されている。

メタンガスⓃ　メタンともいう。天然ガスの主成分で，無色・無臭の可燃性気体。燃やすと青色の炎をあげる。家畜の糞尿や沼地などの腐敗した有機物からも発生。

メタンハイドレートⓃ　水とメタンが固まった氷状の物質で天然ガスの一種。深海底の地下や永久凍土層にある。日本近海にも大量に埋蔵されている。2013年には愛知・三重県沖で，世界で初めてメタンハイドレートからメタンガスを採取することに成功した。

バイオエタノールⓃ　サトウキビのかすや廃木材，大麦やトウモロコシなどの植物を原料とするエタノール。天然ガスや石油などの化石燃料からつくられた合成エタノールと区別するためにバイオエタノールとよぶ。石油の代替燃料として注目されている。一方で，世界の家畜飼料をうばい，穀物の価格を上昇させて食品の値上げを招いている。

燃料電池Ⓝ（ねんりょうでんち）　水素を使って発電する電池。メタノールや天然ガスなどの燃料から水素を取り出し，燃料電池内で酸素と化学反応させ，電気エネルギーと水が発生する。

太陽光発電Ⓝ（たいようこうはつでん）　太陽の光を電気エネルギーに変える太陽電池を住宅の屋根などに置き，発電するシステム。二酸化炭素が発生しないため，温暖化対策にも有効とされる。日本では2030年までに，全世帯の約３割の一般住宅に普及させる計画がある。

ローカル-エネルギーⓃ［local energy］　それぞれの地域の特色や，施設を利用した小規模な発電。水力・太陽光・地熱・風力・家畜廃棄物・メタンガス・バイオマスなどによるものが日本各地で研究・開発されている。

ソフト-エネルギー［soft energy］　太陽光・風力・波力・潮力・バイオマスなどの自然のエネルギーのこと。再生が可能で，環境への影響が相対的に少ない。これに対し，原子力・化石燃料はハード-エネルギーという。

再生可能エネルギーⓃ（さいせいかのう-）　太陽光・太陽熱・風力など，自然現象のなかでくり返し使えるエネルギーの総称。無尽蔵に存在するが，大規模な供給は困難で，現在までのところ経済的な効率も高くない。

再生可能エネルギー特別措置法（さいせいかのう-とくべつそちほう）　風力や太陽光などの再生可能エネルギーで発電した電力の買い取りを電力会社に義務づけた法律。2011年，福島第一原発事故を受けて成立。

固定価格買い取り制度Ⓝ（ＦＩＴ）［Feed-in Tariff］（こていかかくかいとりせいど）　再生可能エネルギーで発電した電力を固定価格で一定の期間，電力会社が買い取るしくみ。2012年施行の再生可能エネルギー特別措置法により導入された。買い取り価格をやや高めに設定し，その部分は電気料金に上乗せされる。

エネルギー基本計画Ⓝ（-きほんけいかく）　2002年に制定されたエネルギー政策基本法に基づき，政府に策定が義務づけられた中長期的なエネルギー計画。総合資源エネルギー調査会の意見を聞いて政府案がつくられ，閣議決定する。原則として3年をめどに見直される。2011年の福島第一原発事故を受け，当時の民主党政権は原発ゼロの方向に舵をきったが，その後自民党の安倍晋三政権のもとで，原子力をベースロード電源と位置づけるなど，基本計画は従来の原発推進の政策に逆もどりした。岸田政権では2023年夏以降に原発７基の再稼働を決定。福島第一原発事故を教訓として「可能な限り原発依存度を低減する」方針を掲げてきたが，一転して「原子力を最大限活用」へと大きく政策を転換した。

小水力発電Ⓝ（しょうすいりょくはつでん） 河川の水をためずに，そのまま利用した発電方式。まち中の狭い川や農業用水路で，水車などを使って電力を生み出すため，再生可能な自然エネルギーとして注目を集めている。小水力の発電規模は欧州では１万kW以下，日本では1000kW以下とされる。

スマートグリッドⓃ[Smart Grid] ＩＴ（情報技術）を駆使して電力を送電・受電の双方から最適に自動調整する次世代送電網。「賢い送電網」と訳される。アメリカのオバマ政権がグリーン-ニューディールの目玉とする政策。

海底資源Ⓝ（かいていしげん） 大陸棚の付近には，海産物のほか，鉱物資源の存在が確認されている。石炭は古くから開発され，三池炭田・釧路炭田などは陸地から海へと掘り進んでいった。

レア-メタルⓃ[rare metal] 天然の存在量が少なく，貴重な金属の総称。ニッケル・クロム・リチウムなど。希少金属ともいう。電子機器などに用途が広く，先端工業に不可欠な資源。産業のビタミンともいわれる。

レア-アースⓃ[rare earth] 自然界では少量しか産出しない希少元素。スカンジウム・イットリウムなどの希土類のこと。地殻のなかに含まれている量が少ないため，この名がある。鉄鉱石の副産物として採取されることが多く，先端技術分野には不可欠な資源とされる。レア-アースなど３品目に関して中国が行った輸出規制に対して，日本・アメリカ・ＥＵが共同で世界貿易機関（ＷＴＯ）に提訴，2014年に同協定違反と判断され，中国は規制を撤廃した。

原子力発電Ⓝ（げんしりょくはつでん） 日本では1960年から原子力発電が行われ，2010年段階では54基があり，総発電量の20％強を供給していた。燃料の供給や価格の安定の面ですぐれているが，安全性の面では福島第一原発事故により，致命的な欠陥が露呈。事故後の2012年春に日本の全原発がいったん止まった。その後夏場の電力不足を名目に関西電力大飯原発が，多くの反対の声を押し切り再稼働したが，定期検査などで2013年９月以降，すべての原発が停止した。再稼働には新しい規制基準に適合することが必要になった。2015年８月，新規制基準に適合したとして，強い反対の声を押し切り，鹿児島県の九州電力川内１号機が再稼働。その後，同川内２号機，愛媛県の四国電力伊方３号機，福井県の関西電力高浜３，４号機が再稼働。日本における原発の数は，再稼働中のものが10基，新基準審査済で未稼動のものが７基，新規制基準審査中のものが10基，廃炉状態のものが24基などとなっている。

核分裂Ⓝ（かくぶんれつ） ウランやプルトニウムなどの重い原子核が，中性子の照射によって同程度の質量をもつ２個以上の原子核に分裂する現象。その際，非常に大きなエネルギーが放出される。

核融合Ⓝ（かくゆうごう） 水素などの質量の小さい元素の原子核同士が衝突し，別の大きな原子核に変わる反応を核融合という。太陽エネルギーのもととなっており，莫大なエネルギーを放出するために，これを発電に利用できればエネルギー問題は解決する可能性がある。しかし，人工核融合を成功させた例はまだない。

原子力発電所事故Ⓝ（げんしりょくはつでんしょじこ）　原発事故は，国際原子力機関（ＩＡＥＡ）などが1992年に提言し，各国で採用された国際原子力事象評価尺度（ＩＮＥＳ）を用い，レベル０～７（深刻な事故）の８段階で評価される。

スリーマイル島原発事故：レベル５。1979年，アメリカで発生。初の炉心溶融（メルトダウン）事故により，放射性物質が外部にもれた。このため非常事態宣言が出され，付近の住民が避難した。被害者ら約2000人は，のちに損害賠償請求訴訟をおこした。核燃料や汚染水の除去に約14年を要した。原発存続の是非について市民が再考する契機となった最初の大事故。

チェルノブイリ（チョルノービリ）原発事故：レベル７。1986年，旧ソ連（現ウクライナ）で発生。第４号機の原子炉の爆発・火災により多量の放射性物質が国境をこえて飛散した。この事故による死者は31人，負傷者203人（一般人を除く）。周辺30キロ圏内の13万人以上が避難した（当時のソ連政府発表）。放射能汚染は欧州のみならず，北半球の広い範囲で確認された。事故炉は放射能もれを防ぐため，コンクリートで固める「石棺（せっかん）」とされ，2000年にはこの原発全体が閉鎖された。しかし，現在でも晩発性障害に苦しむ人は多い。

美浜原発２号機事故：レベル２。1991年に発生。伝熱管が破損し，初めて緊急炉心冷却装置（ＥＣＣＳ）が作動。

「もんじゅ」ナトリウムもれ事故：レベル１。1995年に発生。この事故で2010年まで稼働停止。その後も，原子炉内でのトラブルが発生。

東海村ＪＣＯ臨界事故：レベル４。1999年に発生。核燃料加工施設での臨界事故。被ばくにより２名が死亡。

福島第一原発事故：レベル７。2011年に発生。東日本大震災での地震と津波などが重なり，緊急自動停止したものの，電源・冷却機能が全面的に喪失。メルトダウンや水素爆発がおこり，多量の放射性物質が飛散した。その量は，セシウム137換算で広島型原爆の約168個分ともいわれる。作業員が被ばくし，広範な地域の土壌や海が放射能で汚染され，多くの住民や関係自治体が避難や退避を余儀なくされるなど，危機的な事態を招いた。原発を運営する東京電力は，収束までの作業の見通しを示した「工程表」を公表したが，放射性物質の排出抑制，原子炉や使用済み核燃料の安定冷却，高濃度汚染水の処理，さらに雇用喪失や風評被害への対応など，現在も問題は山積している。この事故では，政府・経済産業省・東京電力などが「原子力安全神話」につかり，危機管理や情報公開のまずさなどが重なったことで被害が拡大，住民の不安や不満をあおる結果となった。

福島第一原発放射線汚染水事故：レベル３。2011年の事故から約２年半後の2013年８月になって，政府の事故収束宣言にもかかわらず，当地で高濃度の放射線量を含む多量の汚染水漏れ事故が新たに発覚，この事故に対して原子力規制委員会は「重大な異常事象」と判断した。

高速増殖炉「もんじゅ」（こうそくぞうしょくろ-）　ウランを燃料とする通常の原発とは異なり，使用済み核燃料から取り出したプルトニウムを燃料とする特殊な原発の原型炉。福井県敦賀市にある。冷却材のナトリウムの扱いが難しいなど危険性が高く，世界でも実用化された例はない。現在，廃炉が決定した。

臨界事故Ⓝ（りんかいじこ）　臨界とは核分裂反応において１個の中性子が連鎖反応を起こす状態をいうが，１個以上になると核分裂反応は急速に拡大していき，それが核燃料工場で生じると臨界事故となる。1999年，茨城県東海村にある核燃料加工会社JCOで，高速実験炉「常陽」の燃料をつくる過程で，ウラン溶液が臨界に達し，臨界被ばく事故を引き起こした。

国際原子力機関Ⓝ（**ＩＡＥＡ**Ⓝ）［International Atomic Energy Agency］（こくさいげんしりょくきかん）　1957年，原子力の平和利用のために設立された組織で，国連の関連機関の一つ。アイゼンハウアー米大統領が創設を提唱した。本部はウィーンにあり，加盟国は2023年現在で183か国。原子力の平和利用の推進・援助と軍事への転用阻止を目的とした核査察などを行う。2005年にノーベル平和賞を受賞した。

プルサーマルⓃ　使用済み核燃料を再処理して燃え残ったプルトニウムを抽出し，現在稼働中の原子力発電所（軽水炉）で再利用すること。ウランとの混合酸化物（ＭＯＸ）燃料に加工して用いる。プルトニウムとサーマルリアクターを合成した造語。日本では1997年にこの計画が決定され，2009年から佐賀県の九州電力玄海原子力発電所で営業運転を開始した。現在は，2017年に再稼働した福井県の関西電力高浜３，４号機がプルサーマル。

核燃料サイクルⓃ（かくねんりょう-）　ウラン鉱石からウランを核燃料化し，原発で燃やして使用済み核燃料を再処理，残ったウランとプルトニウムを回収して廃棄物を処理するまでの過程をいう。青森県六ヶ所村に建設された核燃料サイクル施設で，2006年からプルトニウムを取り出す試運転が開始された。環境保護団体などから放射性物質による汚染を危惧する声があがっている。

原子力基本法Ⓝ（げんしりょくきほんほう）　1955年制定の原子力行政のあり方を定めた法律。1954年に日本学術会議が勧告した，自主・民主・公開という「原子力平和利用三原則」を取り入れ，核技術を平和利用に限定することを定めた。原子力委員会がこの法律に基づいて原子力行政を実施する。2012年の法改正で，同法の基本方針に「我が国の安全保障に資する」という文言が加えられたため，核武装への布石と懸念する声もある。

類 原子力平和利用三原則

原子力委員会Ⓝ（げんしりょくいいんかい）　1956年，原子力基本法と原子力委員会設置法に基づいて総理府（現在は内閣府）に設置。原子力の研究・開発・利用に関する行政の民主的な運営をはかるのが目的で，委員長と２人の委員からなる。2012年，従来から同委員会が行ってきた原子力政策大綱の策定が取りやめとなり，組織の廃止も検討されている。

原子力安全委員会Ⓝ（げんしりょくあんぜんいいんかい）　1978年に原子力委員会から分離。特に安全規制を担当することになった。1999年に起きた東海村核燃料工場の臨界事故を契機に，国家行政組織法に基づく総理大臣の諮問機関となり，事務局は内閣府に置かれた。原子力規制委員会の設置で廃止。

原子力安全・保安院Ⓝ (げんしりょくあんぜんほあんいん)　原子力関連施設の安全審査や事故の際の対応など，原子力安全行政を担当した経済産業省の一組織。2001年に設置されたが，福島第一原発の事故を受け，2012年の原子力規制委員会と原子力規制庁の発足にともない廃止された。

内部被ばくⓃ**（体内被ばく）** (ないぶひ-)(たいないひ-)　身体の外から放射性物質によって受けた外部被ばくに対して，食品や大気などと一緒に体の内部に取り込んでしまった放射性物質からの被ばくをいう。体内に取り込まれると，細胞が集中的に放射線を浴びることになり，危険度が高い。

原子力損害賠償法 (げんしりょくそんがいばいしょうほう)　原子力事故による損害が発生した際，同事業者への損害賠償責任の集中と無過失責任などを定めた法律。1961年制定。巨大な天災地変や社会的動乱による損害は免責されるという条項がある。国による援助規定もある。

原子力損害賠償支援機構Ⓝ (げんしりょくそんがいばいしょうしえんきこう)　福島第一原発事故の損害賠償を確実にするための組織。政府と，東京電力を含む原子力事業者が資金を出して2011年に発足。支援を受けた事業者は機構に特別負担金を納めて返済。

原子力損害賠償紛争審査会Ⓝ (げんしりょくそんがいばいしょうふんそうしんさかい)　原子力による損害が発生した場合，和解の仲介や，紛争当事者が自主的に解決できるよう指針を策定することなどを行う。2011年，政令に基づき文部科学省に設置された。

原子力損害賠償紛争解決センターⓃ (げんしりょくそんがいばいしょうふんそうかいけつ-)　原子力損害賠償紛争審査会の示した指針の下で，東京電力と原発被災者の間の具体的な仲介などを行う組織。

原発事故調査委員会 (げんぱつじこちょうさいいんかい)　福島第一原発事故を受けて，その原因などを調査・究明するために設けられた事故調査・検証委員会。東京電力・政府・国会がそれぞれ設置した三つの事故調がある。

東京電力事故調：社内の副社長ら８人で構成。東電自身の責任には踏み込まず，想定外の津波が事故の主因であるとする報告書を提出した。

政府事故調：首相が指名した12人の専門家などで構成。関係者への約1500時間にわたるヒアリングなどが行われ，東電の対応に問題があったと指摘，政府の機能不全にも言及した報告書を提出した。

国会事故調：国会の承認を得た地震学者や被災地代表ら10人の民間人で構成。国政調査権に依拠した強い権限をもち，菅直人前首相らを参考人として聴取。事故を「人災」と位置づけ，東電と政府の対応をきびしく批判する報告書を提出。

原子力補償条約（ＣＳＣⓃ**）**［Convention on Supplementary Compensation for Nuclear Damage］(げんしりょくほしょうじょうやく)　正式には「原子力損害の補完的補償に関する条約」。原発の保持国同士が，重大な事故の際に賠償能力を補償支援しあうことを目的とする。被害への備えとされるが，現実には事故の賠償責任は発生国の電力会社などが負うため，原発輸出国には有利だとされる。アメリカ・モロッコ・ルーマニア・アルゼンチンなどの５か国が加盟しているが，発効要件をみたさず未発効。アメリカの要請で日本も加入する。

廃炉 (はいろ)　大規模な原子炉事故や耐用年数経過などのため，解体などによって将来にわたって原子炉の運転を停止処分にすること。炉心から燃料を取り出し，施設を解体し，放射性廃棄物を搬出する。廃止措置と同義。

プルトニウム［Plutonium］ 原子番号94の元素。元素記号Pu。大部分のプルトニウムは人工的に生成されたものであるが，天然においては，ごく微量のプルトニウムがウラン鉱石中に存在する。同位体 239Pu は，核分裂を起こしやすく生成も容易なため，現代の核兵器における主要な核分裂性物質である。

原発ゼロ・自然エネルギー推進連盟（げんぱつ-しぜん-すいしんれんめい） 原自連ともいう。吉原毅氏が会長，小泉純一郎氏が顧問の団体。東日本大震災に伴う東京電力福島第一原子力発電所の事故をきっかけに，脱原発や自然エネルギーの推進に向けた活動の団結と連携を目指している。

ＰＰＳⓃ（**特定規模電気事業者**Ⓝ）［power producer and suppliers］（とくていきぼでんきじぎょうしゃ） 1999年の電気事業法改正で，既成の電力会社の電線を使って新たに電力の小売り市場に参入した電気事業者。新電力ともいう。自前で発電所をもつ場合と，他社の発電設備を用いて電気を供給する場合がある。

同 新電力

発送電分離Ⓝ（はっそうでんぶんり） 電力供給における発電事業と送配電事業を分離すること。これまで電力会社がほぼ独占してきた。福島第一原発事故を受けて，これらを分離して市場競争のもとに置く必要性が指摘されている。2012年には公正取引委員会が，電力市場での公平な競争を促すため，発電・送電・小売りの各部門を分離するのが望ましいとする提言を発表した。

電力システム改革Ⓝ（でんりょく-かいかく） 日本の電力供給などを抜本的に改めるしくみ。第1段階は電力を地域間で融通できるようにする(2015年がめど)。第2段階は電力の小売りを全面的に自由化する(2016年がめど)。第3段階は発送電の分離を行う(2018～20年がめど)。

ベースロード電源（-でんげん） さまざまな発電方式のうち中核となる電源。政府の定義では，燃料費が安く，常に一定の電力をつくり出すことができる原子力・水力・石炭火力・地熱の4種類。日本ではこの比率を，福島第一原発事故前の約6割に戻そうとしているが，欧米では2030年には5割前後になると予想される。

エネルギーミックス 2021年に経済産業省が公表したエネルギー基本計画では，2030年度目標として，再生可能エネルギー36～38%，原子力20～22%，天然ガス20%，石炭19%，石油等2%などとする構成案が提示されている。

発電コスト（はつでん-） 2021年の経済産業省試算では，2030年における発電コストとして，石炭火力13円台後半，LNG火力10円台後半，原子力11円台後半，石油火力24円台後半などとした数値を提示している。

4 循環型社会とリサイクル

循環型社会Ⓝ（じゅんかんがたしゃかい） 資源循環型社会ともいう。広義には自然と人間とが共存・共生する社会システムを意味し，狭義には廃棄物の発生を抑え，リサイクルしていくことで資源の循環をはかる社会のことである。ただ，リサイクルだけでなく，廃棄物を出さず，資源を循環させることが基本。2001年，循環型社会形成推進基本法が施行され，同年，廃棄物処理法と資源有効利用促進法の２法が改正施行された。

循環型社会形成推進基本法Ⓝ（じゅんかんがたしゃかいけいせいすいしんきほんほう）　2000年制定，2001年に施行された法律。この法律で循環型社会とは，ゴミを出さない社会としての物質循環の確保，出たゴミについては資源として再利用する，環境負荷の低減と規定した。この法律に基づき，2003年，循環型社会形成推進基本計画が決定された。

3 R（三つのR）（みっ-）　従来の大量生産・大量消費・大量廃棄の社会から，廃棄物を減らして資源の有効活用をはかる循環型社会を形成する過程で必要とされる取り組みを，三つの英語の頭文字で示したもの。リデュース[Reduce] は設計の工夫などで廃棄物の発生を抑制すること。リユース[Reuse] は使用済みの製品や部品をそのまま再使用すること。リサイクル[Recycle] は原材料や部品を資源として再生利用すること。この順序で環境への負荷削減の効果を高め，企業・行政・消費者が一体となって循環型社会の構築がめざされている。なお，リフューズ[Refuse] は発生源からゴミを断ち，ゴミになるものは買わないという意味で，これを加えて４Rともいう。

類 リデュースⓃ　リユースⓃ　リサイクルⓃ　リフューズⓃ　４R

リサイクルⓃ[recycle]　廃棄物の再生利用。省資源・省エネルギー・環境保護の効果がある。現在一般的なものとして牛乳パック，アルミ・スチール缶，ガラスビンなどで行われている。法律としては，容器包装リサイクル法・家電リサイクル法・資源有効利用促進法などが機能している。

デポジット制（-せい）　デポジットとは預かり金のこと。製品本来の価格に預かり金を上乗せしておき，消費された際に，それを返却すれば預かり金が返却されるシステム。たとえば，ビンや缶の代金にあらかじめ預かり金が上乗せされ販売される。そして，空の容器が返却されると，容器代を返してくれるという制度。

コージェネレーションⓃ　熱と電力を同時に供給するエネルギーの供給システム（熱電併給システム）のこと。エネルギーを有効利用しようとするもので，一般の発電ではエネルギーの利用効率は約40%程度であり，残りは廃熱となってしまう。そこで，この廃熱を利用していくと，約70%から80%の有効利用に。

同 熱電併給システム

ハイブリッドカーⓃ（**ハイブリッドバス**）　ハイブリッド[hybrid] とは雑種・混成という意味。ハイブリッドカーとは電気モーター（発電機）とガソリンエンジン（内燃機関）を組み合わせて，２種類以上の動力源をもっている車のこと。二酸化炭素の排出量が半減し，窒素酸化物の排出量も規制値の10分の１となった。1998年，世界で初めてトヨタ自動車が販売を開始した。2003年にはこれらの車に対して自動車税や自動車取得税が軽減されることになった。

アイドリング-ストップⓃ　停車中にエンジンをかけっぱなしにしないで，止めること。環境保護とともにエネルギーの節減にもつながる。アイドリング-ストップバスなどがある。

ゼロ-エミッションⓃ[zero-emission]　生産方法の技術革新や産業間の連携を強化することで，廃棄物などの排出をゼロにしようとするものである。ただ，個々の企業でゼロにすることができたとしても，経済活動の全体で廃棄物を発生させないようにしなければ意味がない。

リサイクル法Ⓝ(-ほう)　正式名は「再生資源の利用に関する法律」。分別回収のための材質表示や廃棄物の再資源化などを規定し，資源の有効利用をめざす。1991年に施行。2000年に抜本的な改正が行われ，「資源の有効な利用の促進に関する法律」となった。リデュース（発生抑制），リユース（再使用），リサイクル（再生利用）の３Ｒの促進をうたっている。

容器包装リサイクル法Ⓝ(ようきほうそう-ほう)　ビン・ペットボトル・ダンボールなど容器・包装材料のリサイクルを義務づける法律。1995年に制定，1997年から施行された。この法律に基づき，家庭でのゴミ分別→自治体による分別回収→企業の再利用，という流れが一応できた。

家電リサイクル法Ⓝ(かでん-ほう)　ブラウン管テレビ・プラズマテレビ・液晶テレビ・冷蔵庫・冷凍庫・洗濯機・エアコン・乾燥機の８品目の家電製品のリサイクルをメーカーなどに義務づけた法律。正式には「特定家庭用機器再商品化法」という。1998年に制定され，2001年から施行。費用を負担する消費者の間で批判の声もある。

小型家電リサイクル法Ⓝ(こがたかでん-ほう)　使用済み携帯電話などの小型家電から貴金属やレア-メタル（希少金属）を取り出して再利用するための法律で，2013年から施行。実施は地方公共団体が行うが，義務づけられていないため，取り組みにバラツキがある。現在は４割強で実施。

食品リサイクル法(しょくひん-ほう)　スーパーやコンビニの売れ残りや飲食店の食べ残しなど食品廃棄物の発生を抑制し，その再生利用を促進することなどを目的とした法律。2000年に制定された。

建設リサイクル法(けんせつしざい-ほう)　特定の建設資材の再資源化を促進するための法律。資源を有効に活用し，建設廃棄物を減らすのが目的。2000年に制定。

グリーン購入法Ⓝ(-こうにゅうほう)　国や地方公共団体などが環境負荷の低減に役立つ物品を率先して購入することなどを定めた法律。2000年に制定された。

自動車リサイクル法(じどうしゃ-ほう)　自動車部品などの再資源化を推進するための法律。使用済みの自動車を引き取り，フロンガスやエアバッグなどの回収と適正な処理を自動車メーカーなどに義務づけている。2002年に制定された。

ライフサイクル-アセスメントⓃ[life cycle assessment]　製品が生産されてから廃棄されるまでに，資源やエネルギーをどれだけ使い，各種の汚染物質を出すかを定量的に分析して，環境への影響を総合的に評価する手法。企業が環境負荷の少ない製品づくりを行う指針にもなる。国際標準化機構（ＩＳＯ）で規格化されている。

5章　国民福祉の向上

1　公害の防止と環境保全

公害の防止

公害Ⓝ(こうがい)　個人や企業の諸活動にともなって生じる環境悪化や，人間の生命・健康・財産への被害などを総称したもの。公害には，①企業活動にともなって発生する産業公害，②人口の都市集中や生活関連社会資本の立ち遅れから生じる都市公害（生活公害）などがある。また，環境基本法では，大気汚染・水質汚濁・土壌汚染・騒音・振動・地盤沈下・悪臭の七つを公害と定義している（典型七公害）。しかし近年，これらの定義にあてはまらない公害も増え，原因も複雑になってきた（複合汚染）。2011年の福島第一原発事故後，公害にならい「核による被害・災害」との意味をこめて，核害という概念が提起されている。

類 核害

産業公害(さんぎょうこうがい)　企業の生産活動などにともない，広範囲に発生する公害。人の健康や生活環境に悪影響をおよぼす大気汚染・水質汚濁・土壌汚染など。

都市公害(としこうがい)　人が都市で日常生活することによって発生する公害。産業公害に対する言葉で，生活公害ともいう。ごみ・生活雑排水・近隣騒音の問題など。

同 生活公害

大気汚染Ⓝ(たいきおせん)　人間の経済活動によって大気が汚染されること。1960年代から，特に石油化学コンビナートの亜硫酸ガス排出による大気汚染が深刻化した。四日市・川崎などではぜんそくが問題となり，訴訟問題に発展した。

類 光化学スモッグⓃ

水質汚濁Ⓝ(すいしつおだく)　生活雑排水や工場排水により，湖沼や河川の水質が悪化すること。健康項目と生活環境項目からなる水質環境基準が設けられている。健康項目としてはカドミウム・シアンなどが，生活環境項目としてはＢＯＤ（生物学的酸素要求量）やＣＯＤ（化学的酸素要求量）などが定められ，湖沼富栄養化防止のために窒素やリンの基準も定められている。

土壌汚染Ⓝ(どじょうおせん)　土壌が有害物質によって汚染されること。カドミウム・ヒ素・銅・クロムやダイオキシンによる汚染がある。

騒音公害Ⓝ(そうおんこうがい)　建設・工場・自動車の騒音以外に，最近では人間の耳では聞きとりにくい低い音や，機械や空調・電車などによる低周波の空気振動が，吐き気，頭痛などの健康被害を引き起こしている。

振動Ⓝ(しんどう)　工場の操業や工事，航空機や鉄道や自動車の運行による振動・揺れによって被害が出ること。

地盤沈下Ⓝ(じばんちんか)　地下水のくみ上げ等により地面が沈下し，建造物や水道管やガス管などに被害が出ること。

典型七公害（てんけいしちこうがい） 環境基本法において，公害の定義としてあげられた大気汚染・水質汚濁・土壌汚染・騒音・振動・地盤沈下・悪臭の七つ。

足尾銅山鉱毒事件Ⓝ（あしおどうざんこうどくじけん） 1880年代から，古河財閥の経営する足尾銅山から流出する鉱毒のために農作物や魚が汚染され，渡良瀬川流域の住民らが被害を受けた事件。この一帯で起きる毎年の洪水が被害を広げ，農民たちは銅山の操業停止や損害賠償などを求めて反対運動に立ち上がった。栃木県選出の代議士田中正造はこの運動の先頭に立ち，1891年に帝国議会で鉱毒問題を追及，1901年には天皇直訴におよんだ。この事件は日本の公害問題の原点。

類 田中正造

四大公害訴訟Ⓝ（よんだいこうがいそしょう） 水俣病訴訟・新潟水俣病訴訟・イタイイタイ病訴訟・四日市ぜんそく訴訟の四つの訴訟をさす。四大公害訴訟は，いずれも1960年代後半の高度経済成長期に提訴された。裁判では，いずれも原告（被害者）側が全面勝訴。企業の加害責任を認め，被害者への損害賠償を命じた。

水俣病Ⓝ（みなまたびょう） 熊本県水俣湾周辺で1953年頃から1960年にかけて発生した公害病。手足がしびれ，目や耳が不自由になったり死にいたる症状を示した。1959年，化学工業会社チッソの工場から排出された有機水銀が原因であると大学調査等で確定された。しかし，日本政府がその因果関係を認めたのは1968年であり，さらに行政上の対策を怠った責任を認めて，水俣病患者たちと裁判上の和解に応じたのは1996年のことだった。

新潟水俣病Ⓝ（にいがたみなまたびょう） 原因は，昭和電工が排出したメチル水銀で，熊本県の水俣病と同じ症状を示す。1964年から1970年にかけて阿賀野川流域で発生。

イタイイタイ病Ⓝ（-びょう） 富山県神通川流域で，1922年から発病が確認されている。骨がもろくなり「痛い痛い」と叫んで死ぬところからこの名前がついた。三井金属鉱業神岡鉱業所が排出したカドミウムが原因。

類 カドミウムⓃ

四日市ぜんそくⓃ（よっかいち-） 1961年頃から三重県四日市市の昭和石油など6社の石油コンビナートで発生。呼吸器系が侵され，ぜんそく発作の症状を示した。原

	新潟水俣病	四日市ぜんそく	イタイイタイ病	水　俣　病
被害地域	新潟県阿賀野川流域	三重県四日市市	富山県神通川流域	熊本県水俣湾周辺
被　　告	昭和電工	三菱油化など,石油コンビナート6社	三井金属鉱業	チッソ
提　　訴	1967年6月	1967年9月	1968年3月	1969年6月
訴訟内容	水質汚濁 工場廃水中に含まれる有機水銀が魚介類を介して人体に入り水銀中毒を起こしたとして賠償を請求	大気汚染 コンビナートの工場から排出される亜硫酸ガスや粉塵などによりぜんそくになったとして6社の共同責任を追及	水質汚濁 鉱業所から流れ出た鉱毒が上水・農地を汚染し，カドミウム中毒を起こしたとして賠償を請求	水質汚濁 工場廃水中に含まれる有機水銀が魚介類を介して人体に入り水銀中毒を起こしたとして賠償を請求
判　　決	1971年9月 公害病患者らの原告側全面勝訴	1972年7月 公害病患者らの原告側全面勝訴	1972年8月 公害病患者らの原告側全面勝訴	1973年3月 公害病患者らの原告側全面勝訴

↑ 四大公害訴訟

社会と暮らし編

因はコンビナート排出の亜硫酸ガスである。

環境破壊Ⓝ（かんきょうはかい）　人間が，生活にともなう活動によって地球上の自然環境を破壊すること。経済活動が進み，人口も増加し，居住範囲が広くなることにより，自然環境が破壊される範囲も拡大している。大気汚染・水質汚濁・地盤沈下といった公害は，環境破壊の一つの側面である。

ハイテク汚染Ⓝ（-おせん）　有機溶剤（トリクロロエチレン）など先端産業から発生する汚染。金属加工・半導体の洗浄剤として広く使用されているが，これを地下に流すため，地下水の汚染につながっている。ＩＴ（情報技術）生産の増大にともない，ＩＴ公害とよばれる現象も広がっている。

類 ＩＴ公害

薬品公害（やくひんこうがい）　製薬会社などが安全性を十分に確認せずに薬を製造・販売したため，その副作用により発生した公害をさす。薬害ともいう。

サリドマイド事件：妊娠初期の女性が睡眠薬イソミンを服用して身体に障害のある子が生まれた事件。

薬害エイズ事件：エイズウイルス（ＨＩＶ）に汚染された血液製剤で血友病患者がエイズを発症，死亡者を出した事件。

薬害肝炎事件：血液製剤「フィブリノゲン」などを投与された人たちがC型肝炎ウイルスに感染した事件。被害者たちが国や製薬企業を相手に訴訟を起こし，裁判所で和解案が示されたが，根本的な解決につながらないとして，被害者側はこれを拒否した。その後政府が謝罪し，和解が成立。2008年に被害者救済法が制定された。この事件の背景にも政・官・業の癒着構造がある。2009年には，C型肝炎だけでなく，集団予防接種で注射器を使い回しされたために発症したB型肝炎の被害者も含め，すべてのウイルス性肝炎患者・感染者の救済をめざした肝炎対策基本法が，議員立法のかたちで成立した。

イレッサ事件：イレッサとはイギリスの製薬会社が開発した肺がんの治療薬の商品名。日本では2004年，イレッサを服用し，その副作用で死亡した患者の遺族が，製薬会社や国を相手に提訴。2011年，大阪地裁は製薬会社に賠償を命じたが，国の責任は認めなかった。その直後，東京地裁が製薬会社と国の責任を認める判決を出したが，その後控訴審でくつがえった。2013年，最高裁は患者遺族らの上告を棄却した。治療効果のある患者もいるため，薬は現在でも年間約9000人が服用しているといわれる。

海洋汚染Ⓝ（かいようおせん）　富栄養化などを原因として植物プランクトンの異常発生が生じ，海水を汚染する現象。養殖漁業では魚の窒息死などの被害を受けている。湖沼などの静水域で，生活排水・汚水によるアオコの異常発生も同質の現象。

アスベストⓃ[asbestos]　石綿〔せきめん〕／〔いしわた〕。繊維状の鉱物で，飛散物を吸いこむと肺がんなどを引き起こす。日本では高度経済成長期から建築材などに多用された。潜伏期間が長いため，近年になって多くの被害者が出ている。このため，健康被害を受けた人を救済するアスベスト新法（石綿による健康被害の救済に関する法律）が2006年に制定された。労災補償の受けられない周辺住民などの患者にも療養手当などを給付する。

ダイオキシンⓃ[dioxin]　塩素系のプラスチックなどを燃やすと発生する猛毒物質。ゴミ焼却場などから検出され，社会問題となった。このため，総排出量を規制するダイオキシン類対策特別措置法が，1999年に制定された。ヴェトナム戦争時にアメリカ軍が大量に使用した枯れ葉剤に含まれていた。

環境ホルモンⓃ(かんきょう-)　内分泌かく乱物質。生体にとりこむと性ホルモンに似た作用をもたらし，生殖機能障害や悪性腫瘍などを引き起こすとされる。ダイオキシン類やポリ塩化ビフェニール類などに含まれる。最近では，神経系や脳への影響などについても研究がすすんでいる。

ＰＣＢⓃ[polychlorobiphenyl]　ポリ塩化ビフェニール。肝機能障害や嘔吐(おうと)などの被害を引き起こすとされる有機塩素化合物。現在は製造中止。

ごみ問題Ⓝ(-もんだい)　年々増加しているごみは，家庭などからの一般廃棄物（ごみ）と工場からの産業廃棄物に分類される。その対策にからんで多くの問題を発生させている。民間処理業者による産業廃棄物の越境不法投棄（香川県豊島(てしま)や青森県田子(たっこ)町など）や，焼却処理過程におけるダイオキシン発生の問題など。

廃棄物Ⓝ(はいきぶつ)　不必要なものとして捨てられるもの。ゴミなどの一般廃棄物と，廃油や汚泥などの産業廃棄物とがある。2019年度における日本の廃棄物排出量は，一般廃棄物が4274万トン（最終処分量380万トン），産業廃棄物が３億8596万トン（最終処分量916万トン）となっている。近年では埋立地が減少し，不法投棄が問題となっている。モノの生産と廃棄を一体として考えていくことが，環境と経済の大きな課題となっている。2000年には，循環型社会をめざす循環型社会形成推進基本法が制定された。

類 一般廃棄物

産業廃棄物Ⓝ(さんぎょうはいきぶつ)　廃棄物処理法により規定された６種類（燃えがら・汚泥・廃油・廃アルカリ・廃酸・廃プラスチック）と施行令第１条に規定されるものを合わせて20種類ある。ダイオキシンなどの発生源となるため，その処理規準と不法投棄が問題となっている。

類 廃棄物処理法

生物濃縮(せいぶつのうしゅく)　生物の対外から取り入れたものが体内に高濃度で蓄積する現象。生態系中の食物連鎖で，小さい生物が大きい生物に食べられるという過程をとる。食物連鎖によって生物の体内に有機水銀・カドミウムなど，生物体内で分解できない物質が入りこむと，連鎖を経るごとに体内に濃縮されていく。

類 食物連鎖Ⓝ

マイクロプラスチック[microplastics]　海洋に流出したプラスチックゴミで，大きさが５ミリ以下のもの。これらは海中を漂い，拡散する過程で海に溶け込んだＰＣＢなどの有害物質を吸着。それを魚や貝が餌と間違えて食べると，食物連鎖によって有害物質が濃縮され，生態系に悪影響を与える。このプラスチックゴミ問題は国際的課題となっており，世界各国において，レジ袋，プラスチックストロー，ペットボトルなどの使用抑制策が図られるほか，再生利用を推進する政策が実施されている。日本では2020年７月にレジ袋が有料化された。

ＰＭ2.5Ⓝ　2.5マイクロメートル以下の微小粒子状物質。中国などで大気汚染の原因の一つとなっている。花粉用マスクでも防げず，人体への影響も指摘されている。発生源は工場や自動車，砂塵などさまざまである。

環境保全・環境対策

公害対策基本法Ⓝ(こうがいたいさくきほんほう)　1967(昭和42)年に制定された，公害対策の憲法といわれた法律。公害の定義，事業者・国・地方公共団体の責務，環境基準などが明記され，日本の環境行政上重要な役割を果たしてきたが，1993年には，環境保全に関する新たな理念や多様な政策手段を示し，日本の環境行政の基盤をなす基本法として環境基本法が制定された。

環境基本法Ⓝ(かんきょうきほんほう)　1967年施行され，1970年に改正された公害対策基本法と，1972年制定の自然環境保全法に代わって，1993年に環境政策全体に関する基本方針を示すために制定された法律。従来バラバラに行われていた国・地方公共団体・事業者・国民などの各主体の協力と参加が不可欠という立場から，環境基本計画に基づく環境行政の総合的推進を規定している。

環境アセスメントⓃ(かんきょう-)　開発行為を行う場合，それが自然環境に与える影響を事前に調査・予測・評価すること。これまで地方公共団体の条例レヴェルで先行して導入されてきたが，1996年の中央環境審議会の答申に基づき1997年に環境影響評価法（環境アセスメント法）が成立した。調査項目に関して自治体や住民の意見を反映させることになったが，アセスメント自体を各事業の主務官庁が行い，評価するなど不十分な点も多い。

類 環境影響評価法Ⓝ　時のアセスメント

悪臭防止法(あくしゅうぼうしほう)　悪臭による環境汚染から生活を守るための法律。アンモニア・メチルメルカプタン・硫化水素など12種類を規制物質としている。

水質汚濁防止法(すいしつおだくぼうしほう)　1970年に制定された河川・海洋の水質保全のための法律。①排水に国が一律の基準を設け，都道府県知事に上乗せ基準を設ける権限を与える，②知事に排水停止と処罰権を与える，などが規定されている。

大気汚染防止法(たいきおせんぼうしほう)　ばい煙規制法を吸収して1968年に制定。1997年に，ダイオキシンなどの有機塩素化合物の抑制を目的に改正。ばい煙の排出量の規制，自動車の排気ガスの許容量などを規定する。また，都道府県知事は大気汚染を常時監視する義務があり，公害発生企業はその損害賠償義務を負う。

騒音規制法(そうおんきせいほう)　1968年に制定。工場や建設現場などに関する規制と，市町村長への改善命令権の付与，和解の仲介制度などについて定めている。1971年に地域全体への騒音基準も定められ，違反者には罰則規定もある。

公害防止条例(こうがいぼうしじょうれい)　都道府県単位で制定された公害防止のための条例。公害関係法の基準よりもきびしい場合がある。1949年の東京都工場公害防止条例を最初の例とし，神奈川県・大阪府・福岡県・川崎市などで制定。

無過失責任Ⓝ(むかしつせきにん)　現代民法の考え方は，過失責任に基づく被害補償である。しかし，公害については1970年代以降，過失の有無にかかわらず，加害原因者が損害賠償責任を負うべきであるとされるようになった。大気汚染防止法・水質汚濁防止法も，人の健康に有害な物質を排出した事業者に対する無過失責任を明文化している。現在では，商品欠陥による事故についても，製造物責任（ＰＬ）法に基づき，製造者などに損害賠償の責任を負わせる。

損害賠償責任Ⓝ（そんがいばいしょうせきにん）　故意または過失により，他人に損害を与えたときに負う損害補塡の責任。加害者の故意や過失が明確な場合は責任の所在も明確であるが，不明確な場合もある。1972年に改正された大気汚染防止法（第25条）などでは無過失責任の考え方をとり入れ，公害発生源の企業は故意・過失の有無を問わず，公害によって生じた損害を賠償する責任を負う。

汚染者負担の原則Ⓝ（**ＰＰＰ**Ⓝ）［Polluter Pays Principle］（おせんしゃふたん-げんそく）　環境汚染を引き起こした者が，その浄化のための費用を負担すべきとする原則。経済協力開発機構（ＯＥＣＤ）が1972年に加盟国に勧告した。主な内容は，国の定めた基準を維持するのに必要な費用を汚染者が負担すること，防止費用は製品価格に反映させ国の補助などを行わないことなど。日本では，四大公害訴訟にみられる深刻な教訓を踏まえて1970年代にこの原則が確立され，公害健康被害補償法などにこの考え方が生かされている。

拡大生産者責任Ⓝ（**ＥＰＲ**Ⓝ）［Extended Producer Responsibility］（かくだいせいさんしゃせきにん）　生産者が製品の生産だけでなく，廃棄やリサイクルまで責任をもつという考え方。ＯＥＣＤの提唱に基づき，循環型社会形成推進基本法にもその理念が盛り込まれている。

総量規制Ⓝ（そうりょうきせい）　環境基準の設定方式の一つ。従来の濃度規制では，汚染物質の排出量の規制が甘く，また生物濃縮の問題もあった。そこで一定地域に排出される汚染物質の合計量を規制した。

環境庁Ⓝ（かんきょうちょう）　1971年に環境行政を一元的に執行するために発足した官庁。1970年設置の公害対策本部が前身。大気汚染防止法・水質汚濁防止法をはじめ公害関係法に基づく基準の設定や監督とともに，関係行政機関の環境保全に関する事業費・補助金などの調整を行ってきた。2001年の中央省庁再編で，環境省に格上げされた。

類 環境省Ⓝ

公害等調整委員会（こうがいとうちょうせいいいんかい）　公害にかかわる紛争解決などをはかるため，1972年に設置された行政委員会。あっせん・調停・仲裁・裁定などを行う。委員長と委員6人の計7人からなり，独立してその職務にあたる。現在は総務省の外局。

水俣条約Ⓝ（みなまたじょうやく）　正式名は「水銀に関する水俣条約」。人体や環境に悪影響をあたえる水銀の製造や輸出入を原則として禁止する条約。水俣市で2013年，国連環境計画（ＵＮＥＰ）が中心となって採択され2017年発効。

エコ-マークⓃ［Eco Mark］　環境保全に役立つ商品につけられる，環境省考案のマーク。100%再生紙利用のトイレットペーパーや，廃材再利用製品，非フロン使用のスプレーなどにある。

シヴィル-ミニマム［civil minimum］　市民生活を送るうえで最低限必要とされる社会的設備・環境の基準をいう。

アメニティ［amenity］　人間が生活する環境や気候条件などにかかわる

快適性の水準を示す。イギリスでは，歴史的町並みを保存する運動などを通じて，アメニティの考え方が発達してきた。

ナショナル-トラスト運動Ⓝ(-うんどう)　無秩序な開発から自然環境や歴史遺産を守るため，広く国民から基金を募り，土地や建物を買ったり寄贈を受けたりして，保存・管理する運動。1895年，産業革命期のイギリスで始まった。日本では1964年，鎌倉市在住の作家大佛(おさらぎ)次郎が，鶴岡八幡宮の裏山の宅地造成に反対，問題の土地を寄付金を募って買い取った運動が最初の例とされる。他にも和歌山県の天神崎の自然を守る運動，北海道の知床半島で400ha以上の土地を確保した運動，などがよく知られている。

古都保存法(ことほぞんほう)　1966年制定。正式には「古都における歴史的風土の保存に関する特別措置法」という。歴史的遺産の保護と両立しうる新しい街づくりの方策が，講じられるようになった。この法律の結果，京都・奈良・鎌倉などで歴史遺産の法的保存措置がとられた。

重要文化財(じゅうようぶんかざい)　文化財保護法に基づく有形文化財のうち，文部科学大臣が指定した重要なもの。

国宝(こくほう)　国の重要文化財のうち，文部科学大臣が指定し法律によって保護・管理が定められた建造物や美術品など。重要無形文化財保持者を人間国宝とよぶ。

類 人間国宝

世界遺産Ⓝ(せかいいさん)　1972年に，ユネスコ総会で採択された「世界の文化遺産及び自然遺産の保護に関する条約」(世界遺産条約)に基づいて登録された遺産。文化遺産・自然遺産・複合遺産の３種類がある。日本はこの条約に1992年から加入。登録されると，景観や環境保全が義務づけられる。人類が共有し，保護すべき普遍的な価値をもつ遺産であり，日本では計25件が登録されている。

世界の記憶Ⓝ(せかいのきおく)　ユネスコの三大遺産事業の一つで，現存する貴重な文書や記録などを保存・公開することが目的。かつては，世界記憶遺産1992年から認定開始。これまで「アンネの日記」やフランス人権宣言などが登録済み。2011年，山本作兵衛が残した筑豊炭鉱(福岡県)の記録画や日記697点が，日本で初めて登録された。その後，慶長遣欧使節関係資料，御堂関白記，シベリア抑留等資料，東寺百合文書(とうじひゃくごうもんじょ)，上野三碑(こうずけさんぴ)，朝鮮通信使に関する記録の計７つが国際登録。地域登録としては，水平社と衡平社国境をこえた被差別民衆連帯の記録がある。

無形文化遺産Ⓝ(むけいぶんかいさん)　ユネスコの三大遺産事業の一つで，2006年の無形文化遺産条約に基づいて認定される祭礼・芸能等の無形の遺産。日本からは能楽・人形浄瑠璃・歌舞伎などのほか和食も登録される(2022年までで22件)。

エコ-ファンド[eco-fund]　環境に配慮した企業を選定して行う投資信託。背景には企業に投資する際のＳＲＩ(社会的責任投資)や，ＥＳＧ(環境・社会・ガバナンス)投資の考え方がある。

類 社会的責任投資Ⓝ　ＳＲＩ

環境家計簿(かんきょうかけいぼ)　各家庭で環境保全の費用や効果を数量的に把握するための収支の記録。公表を前提としたものではないが，環境問題解決の一助になる。

エコポイント制度Ⓝ(-せいど)　省エネタイプの家電・自動車・住宅に対して，国や地方公共団体が補助金などで購入を支援する制度。内需の拡大と地球温暖化対策の推進などを目的として実施された。家電エコポイントや，エコカー補助金，住宅エコポイントなどがあった。付与されたポイントは，商品券などと交換。

類 家電エコポイントⓃ　エコカー補助金Ⓝ　住宅エコポイントⓃ

2　消費者問題と消費者の権利

消費者問題Ⓝ(しょうひしゃもんだい)　国民が消費者として生活する過程で起こるさまざまな問題。欠陥商品・有害食品・薬害などの問題がある。企業が宣伝・提供する商品の一方的な受け手として，消費者が置かれていることに一因がある。

消費者保護Ⓝ(しょうひしゃほご)　消費者が弱い立場にあることを考慮し，消費者の利益を守るために消費者基本法などが定められている。また，国民生活センターや消費生活センターが設けられ，消費者の苦情処理や消費生活の情報収集などが行われている。

消費者主権Ⓝ(しょうひしゃしゅけん)　市場経済のもとでは，究極的には消費者の選択や意思が生産のありようを決定するという考え方。政治における国民主権にならったもので，消費者運動のスローガンにもなっている。現実には，消費者がよりよい商品を，より適正な価格で買う自由はなく，企業が価格を決定し，広告・宣伝などの手段で消費者の欲求をつくり出すなど，消費者側の主体性が失われがち。

消費者の権利Ⓝ(しょうひしゃ-けんり)　現代のように，消費者が企業に従属せざるをえない立場に置かれているもとでは，生存権の理念に基づいて，消費者の権利を確保することが要請される。1962年にアメリカのケネディ大統領は特別教書において，①安全を求める権利，②知らされる権利，③選ぶ権利，④意見が聞きとどけられる権利，の四つを消費者の権利として宣言。

消費者運動Ⓝ(**コンシューマリズム**Ⓝ)［consumerism］(しょうひしゃうんどう)　消費活動に関して起こるさまざまな問題に，消費者自身が団結して取り組み，消費者の権利確保と消費生活の向上をめざす運動。1960年代後半から広がってきた，欠陥商品・誇大広告・不当な価格引き上げ・有害食品などのひずみを是正し，自らを守るために，有害商品の摘発，不当価格への異議申し立て，不買運動や消費生活協同組合運動などが行われている。

欠陥商品Ⓝ(けっかんしょうひん)　商品の使用に際して，当然備えているべき性能が欠如しているため，その使用目的を果たすことのできない構造上の欠陥をもった商品のこと。危険をともなう場合もある。欠陥車や欠陥マンションなどがその例。

リコールⓃ［recall］　自動車などで欠陥が見つかった場合，生産者(メーカー)が国土交通省に届け出たうえでこれを公表し，購入者(ユーザー)に直接通知して無償で回収・修理を行うこと。道路運送車両法に基づく。

不当表示Ⓝ(ふとうひょうじ)　販売促進のため，商品やサービスの内容・取引条件などを，実際よりすぐれているように表示すること。鯨肉を牛肉ロース大和煮と表示した事件(1960年)を契機に，1962年に不当景品類及び不当表示防止法が制定。

食品添加物Ⓝ(しょくひんてんかぶつ)　食品の加工や保存などの目的で用いられる物質。天然から得られた塩・砂糖などと，化学的に合成した人工着色料や防腐剤などがある。後者については安全性を確保するため，食品衛生法などが定められている。

食品表示法Ⓝ(しょくひんひょうじほう)　品質はＪＡＳ（日本農林規格）法で，安全性は食品衛生法で，栄養成分は健康増進法で，それぞれバラバラに定められていた食品の表示について一つにまとめた法律。2013年成立。表示基準は内閣総理大臣が定める。違反に対する罰則なども強化されている。

悪質商法Ⓝ(あくしつしょうほう)　法の網の目をくぐって行われる詐欺まがいの商行為。近年，販売競争が激化し，悪質なサービス形態が新たに進展してきた。

マルチ商法：特典をエサにして，ネズミ算式に出資者を募る連鎖販売取り引き。

ネガティヴ-オプション：通信販売業者が勝手に商品を送りつけ，消費者が「ノー」の意思表示や返品をしないと，購入したとみなして代金を請求する商法。

キャッチ-セールス：路上で勧誘し，商品の契約を結ばせる販売方式。

アポイントメント商法：「あなたの電話番号が当選した」など特別サービスをエサに，消費者を呼び出して売りつける商法。

振り込め詐欺Ⓝ(ふ-こ-さぎ)　電話などを使って親族などをかたり，現金を銀行口座に振り込ませ，金銭をだまし取る詐欺の総称。オレオレ詐欺。被害者は高齢の女性に多いこともあり，「母さん助けて詐欺」とよぶこともある。

スモン事件Ⓝ(-じけん)　スモンとは，下痢止め用に市販されていた薬の成分であるキノホルムによって生ずる神経障害のこと。1972年までに全国で１万7000人の被害者が出た。1971年，２人の患者が製造元の製薬会社と，その製造を承認した国を相手に，東京地方裁判所に損害賠償請求の訴訟を起こした。これをきっかけにして，全国各地で同種の訴訟が起こり，原告（被害者）側が勝訴した。

森永ヒ素ミルク中毒事件Ⓝ(もりなが-そ-ちゅうどくじけん)　1955年，森永乳業の粉ミルクを飲用した子どもの間で発生したヒ素中毒事件。岡山県を中心に広がり，被害者は約１万2000人といわれている。原因は，森永徳島工場でつくられた粉乳に含まれていたヒ素。刑事裁判では，徳島工場の製造課長に禁錮3年の実刑判決。被害者が国と森永を訴えた損害賠償請求訴訟では，1974年に和解が成立。

サリドマイド事件Ⓝ(-じけん)　サリドマイドはドイツで開発された催眠薬で，日本でも1958年に発売された。1959年以降，これを妊娠中に服用した母親から障害のある子が生まれた。1963年に被害者39家族が製薬会社や国を訴えたが，その後国と企業が責任を認め，1974年に和解が成立した。日本では1962年にサリドマイドは販売中止となり，1971年には製薬会社が承認を返上した。しかし，最近になって血液ガンの一種である多発性骨髄腫やハンセン病などへの治療効果が注目され，サリドマイドの製造・販売が厚労省で再承認された。

カネミ油症事件Ⓝ(-ゆしょうじけん)　北九州市のカネミ倉庫株式会社が，1968年に製造した米ぬか油による中毒発生事件。原因は，精油工程でポリ塩化ビフェニール（ＰＣＢ）が混入したためとされたが，その後ダイオキシン類のＰＣＤＦ（ポリ塩化ジベンゾフラン）の毒性が強いことがわかった。約１万4000人が被害を申し出たが，患者として認定されたのは約1900人（うち死亡は約400人）。

2012年に被害者救済法が成立したが，新法で増えた認定は228人であり，全体の認定患者は2210人にとどまる。

製造物責任法Ⓝ（せいぞうぶつせきにんほう） 製造物の欠陥によって消費者が身体・生命・財産に損害を受けたとき，製造者に故意・過失がなくても，賠償の責任を負わせるための法律。Product Liabilityの訳で，ＰＬ法と略称される。1960年代にアメリカで発達し，日本では1994年に制定され，1995年から施行された。責任緩和策として，製品を最初に開発したときにともなう危険の認定（開発危険の抗弁）や，10年の時効などがある。

同 ＰＬ法Ⓝ

私的自治の原則（してきじち-げんそく） 個人間の私法関係（権利義務の関係）をその自由な意思にまかせ，国家が干渉しないとする考え方で，近代法の基本的な原則の一つ。契約自由の原則や遺言自由の原則などがその具体例である。行政組織の公的自治（自治行政）に対する用語。

契約Ⓝ（けいやく） ２人以上の当事者の申し込みと承諾によって成立する法律行為のこと。契約当事者は，契約に拘束される。この原則には，契約の当事者は，互いに対等・平等であるという前提がある。ところが，最近の訪問取り引きの激増や，セールス-テクニックの発達で，売り手と消費者の契約関係が，対等・平等とはいえなくなってきた。このため，分割払いの割賦販売，訪問販売などほとんどの場合，成立した契約を一定の期間内に違約金なしで解除できるクーリング-オフ制度がある。親の同意がない未成年者の契約も取り消すことができる。

契約自由の原則（けいやくじゆう-げんそく） 一定の法律行為・契約行為を自分のしたいようにすることができるという原則。近代の法思想における人間の自律性の原則を反映したもの。契約締結の自由，相手方選択の自由，方式・内容決定の自由などをさす。この原則は経済的自由と一体であるため，階級対立や社会的不平等の激化に対応して，企業活動の独占禁止や労働契約の基準設定など，さまざまな制限を受けるようになった。

同 契約の自由

クーリング-オフⓃ［cooling-off］ 頭を冷やすという意味で，消費者が結んだ購入などの契約を解除できる制度。消費者は，うっかりして，あるいは興奮状態で契約を結ぶこともあるが，一定期間中（原則として８日間，マルチ商法は20日間）であれば，一定の条件の下で契約を解除できる。ただ，自動車など商品によっては，クーリング-オフの対象外となる。契約の解除は原則として，内容証明郵便によって通知する。

消費者契約法Ⓝ（しょうひしゃけいやくほう） 消費者を不当な契約から守る目的で制定され2001年から施行。事業者は消費者に対して契約内容をわかりやすく伝えることが義務づけられた。また消費者は，「誤認または困惑」した場合に契約の申し込みや受諾の意思表示を取り消すことができる。2006年の法改正で，一定の消費者団体（適格消費者団体）が消費者全体の利益を代表して裁判を提訴できる「消費者団体訴訟制度」が導入された。2016，18，22年には改正されて，取り消しうる不当な勧誘や無効となる不当な契約条項が追加された。

類 消費者団体訴訟制度Ⓝ

集団的消費者被害回復訴訟制度(しゅうだんてきしょうひしゃひがいかいふくそしょうせいど)　多数の消費者被害を回復するため，まず国の認定を受けた「特定適格消費者団体」が原告となって事業者を訴え，勝訴した後に個々の消費者が裁判手続きに加わるしくみ。2016年施行。

消費者保護基本法Ⓝ(しょうひしゃほごきほんほう)　1968年，消費者の利益を保護する目的で制定された法律。国・地方公共団体・企業の消費者に対する責任と消費者の役割，企業による危険の防止や，計量・規格・表示の適正化，消費者保護会議の設置などが定められた。2004年に，消費者の権利などをもり込んだ消費者基本法に改正された。

消費者基本法Ⓝ(しょうひしゃきほんほう)　消費者保護基本法にかわって，2004年に制定された法律。消費者を「保護」の対象とするのではなく，「消費者の利益の擁護及び増進に関し，消費者の権利の尊重及びその自立の支援」(同法第1条)などを基本理念として定めている。これにともない，従来の「消費者保護会議」も「消費者政策会議」に改められた。

食品安全基本法(しょくひんあんぜんきほんほう)　ＢＳＥ(牛海綿状脳症)，原産地偽装表示，残留農薬などの問題を受けて2003年に成立。国や地方公共団体，事業者などに食品の安全を確保する義務などを定めた。この法律に基づき，農林水産省や厚生労働省に勧告権をもつ食品安全委員会が内閣府に設置された。

類 食品安全委員会Ⓝ

消費者関連法(しょうひしゃかんれんほう)　悪質な販売から消費者を保護するための法律。

特定商取引法：訪問販売などにかかわる取り引きを公正にし，連鎖販売取引を実質的に禁止したり，クーリング-オフを定めている。2000年に訪問販売法を改正して成立。2009年から通信販売について，クーリング-オフとは異なるが，一定の条件下で契約申し込みの撤回や解除ができ，消費者の送料負担で返品できるようになった。

割賦販売法：割賦販売による取り引きを公正にし，その健全な発達をはかることを目的とした法律。

宅地建物取引業法：宅地や建物を扱う業者の資格制度と規制を目的に制定された法律。

無限連鎖講防止法：ネズミ講防止のため制定された法律。

消費者庁Ⓝ(しょうひしゃちょう)　従来，縦割り・寄せ集めの典型とされた消費者行政を統一的・一元的に行うため，内閣府の外局として2009年に設置された省庁。食品の表示基準，製造物責任，悪質商法の予防と被害者救済などが主な業務。

類 消費者委員会Ⓝ

消費者行政Ⓝ(しょうひしゃぎょうせい)　生産者である大企業の圧倒的優位から，消費者の利益を守るための行政。消費者基本法など消費者関連法の制定，地方公共団体における消費生活センターの役割などがあげられる。ただ，企業への規制が必ずしも罰則をともなわず，問題点も多い。

国民生活センターⓃ(こくみんせいかつ-)　消費者行政の一環として，1970年に設置された特殊法人。消費者問題に関する調査研究・情報管理・苦情処理・商品テストなどの業務を行う。現在は独立行政法人。消費者庁との統合計画がある。

消費生活センターⓃ(しょうひせいかつ-) モノやサービスについての消費者からの苦情相談，商品テストの実施，事業者への指導などを行う行政機関。地方公共団体の消費者行政の窓口。各都道府県に1か所以上設置される。この中心となる機関が国民生活センターである。消費者の立場に立って相談に乗る行政の窓口としての役割は大きい。消費者センターともいう。

同 消費者センター

商品テストⓃ(しょうひん-) 商品の性能・成分・品質・安全性などを検査すること。複数の類似商品の比較や，その商品による被害の分析などがある。

消費者被害救済制度(しょうひしゃひがいきゅうさいせいど) 消費者が商品やサービスによって，被害を受けた場合の救済・補償に関する制度全体をさす。行政機関の仲介による苦情処理，司法的救済，消費者被害救済基金制度などがある。

国際消費者機構（CIⓃ）［Consumers International］(こくさいしょうひしゃきこう) 1960年に設立されたIOCUが1995年にCIと名称変更。消費者問題の解決に必要な国際協力の実現が目的で，国連各専門機関の諮問機関としての地位をもつ。日本の消費者団体では，全国消費者団体連絡会・日本消費者協会が正会員となっている。本部はロンドン。

消費者事故調Ⓝ(しょうひしゃじこちょう) 正式には消費者安全調査委員会。2012年，消費者安全法の改正によって消費者庁に設置。消費者の生命などにかかわる事故が起こった場合，原因を調査し，内閣総理大臣に再発防止のための勧告などする。

3　労働問題と労働者の権利

労働運動・労働組合

労働問題Ⓝ(ろうどうもんだい) 利潤の追求を原則とする資本主義社会において，不利な立場に立つ労働者が直面する労働上の諸問題。低賃金・長時間労働など労働条件の問題，解雇・失業などの雇用問題，所得の不平等な分配など社会正義にかかわる問題がある。こうした労働問題の解決・改善のために，労働者は団結して労働組合をつくり，集団的に対抗するようになった。これを労働運動といい，資本主義の発達の早かったイギリスで最初に発生した。労働運動は各国で政府の徹底した弾圧を受けた。

類 労働運動Ⓝ

労使関係(ろうしかんけい) 資本主義社会において，労働する者と彼らを使用して労働の成果を受けとる者との関係をいう。双方の利害対立から種々の労働問題となる。

労働者Ⓝ(ろうどうしゃ) 労働力を商品として提供し，賃金を得ることによって生活する者。生産手段をもたないため，自分の身につけている技術や能力を賃金などの対価で使用者・資本家に売る。勤労者ともいう。個人事業主として働く歌手や技術者が労働組合法上の「労働者」にあたるかどうかをめぐって争われた裁判で，最高裁は2011年，形式的な契約ではなく実質的な就労の実態を検討したうえで，「労働者にあたり，団体交渉権がある」と判断した。

資本家Ⓝ(しほんか)　生産手段を所有する者。資本を投資・融資して経済活動に影響力をもつことができる。

ラッダイト運動(-うんどう)　機械打ち壊し運動ともいう。1811～1817年にイギリスの織物工場を中心に，労働者が引き起こした機械打ち壊しの暴動。産業革命が進み，紡績機や織機など機械による生産が行われるようになると，それまで手工業で働いていた職人たちが職を失った。彼らはその原因が機械そのものにあると考え，各地で機械の破壊運動を行った。

年	事　項
1799	（英）団結禁止法成立
1811	（英）ラッダイト（機械破壊）運動起こる
1825	（英）労働者団結法成立
1833	（英）一般工場法成立
1838	（英）チャーティスト運動（～1848年）
1839	（独）工場法成立
1847	（英）10時間労働法成立
1848	『共産党宣言』（マルクス・エンゲルス）
1864	第一インターナショナル
1868	（英）労働組合会議（TUC）成立
1871	（英）労働組合法成立（労働組合公認）
	（仏）パリ-コミューン
1878	（独）社会主義者鎮圧法成立
1886	（米）メーデー始まる。アメリカ労働総同盟（AFL）成立
1889	第二インターナショナル
1900	（日）治安警察法成立（団結禁止）
1906	（英）労働党結成，労働争議法成立
1911	（日）工場法成立（16年実施）
1919	国際労働機関（ILO）成立
1920	（日）初のメーデー
1929	世界大恐慌始まる
1935	（米）全国労働関係法（ワグナー法）成立
1945	（日）労働組合法成立
	世界労働組合連盟（WFTU）成立
1946	（日）労働関係調整法成立
1947	（日）二・一スト中止。労働基準法成立
1949	国際自由労働組合連盟（ICFTU）成立
1959	（日）最低賃金法成立
1985	（日）男女雇用機会均等法・労働者派遣法成立
1991	（日）育児休業法成立
1995	（日）育児・介護休業法に改正
1997	（日）男女雇用機会均等法・労働基準法改正
2006	（日）労働審判制度開始

↑ 労働問題のあゆみ

社会と暮らし編

工場法(こうじょうほう)　工場や炭坑での過酷な児童労働や長時間労働を制限し，労働者の保護を目的とした法律。1833年にイギリスで初めて制定された。日本では1911年に制定，1916年から施行されたが，戦後の労働基準法の制定にともなって廃止。12歳未満者の就労禁止，女性労働者と15歳未満者の1日12時間以内の労働制限などを定めた。

チャーティスト運動(-うんどう)　1837～1848年にイギリスで展開された労働者の参政権を求める運動。男子普通選挙権・秘密投票・議員財産資格の廃止など，6か条の人民憲章を掲げた。　☞p.6（チャーティスト運動）

インターナショナルⓃ[International]　労働者の国際的な連帯組織。1864年にロンドンで結成された第一インターナショナルでは，マルクスが理論的指導者を務めた。1889年にはパリにおいて欧米各国の社会主義政党・労働者組織の代表が集まり，第二インターナショナルの創立大会が開催された。労働者の連帯，労働条件改善の要求，戦争や帝国主義反対を掲げた国際的組織としての意義は大きい。第一次世界大戦の勃発とともに事実上，崩壊した。

ワグナー法[Wagner Act](-ほう)　正式名は全国労働関係法。世界大恐慌に対してアメリカでとられたニューディール政策の一環として，1935年に実施された労働立法。労働者の団結権・団体交渉権を保障し，労働者の団結権を使用者が妨害することを不当労働行為として禁止した。労働者が就職した後に労働組合への加入を義務づけるユニオン-ショップ制も認めている。

タフト・ハートレー法［Taft-Hartley Act］(-ほう)　1947年に制定された労使関係法。連邦公務員や政府職員のストライキ禁止，大規模争議の80日間停止命令，クローズドド-ショップの禁止など，ワグナー法を大きく制限し，第二次世界大戦後の労働運動を抑える役割を果たした。

国際労働機関Ⓝ（ＩＬＯⓃ）［International Labor Organization］(こくさいろうどうきかん)　第一次世界大戦後，ヴェルサイユ条約の規定によって1919年に設置された国際機関。 ☞p.365（国際労働機関）

ＩＬＯ憲章(-けんしょう)　1946年に採択されたＩＬＯの根本規則。前文と40か条からなり，フィラデルフィア宣言が付属している。ヴェルサイユ条約第13編（労働編）が創立当初の憲章だった。国際労働機関憲章ともいう。

同 国際労働機関憲章

ＩＬＯ条約(-じょうやく)　国際労働機関（ＩＬＯ）が条約のかたちで設定した国際的な労働基準。加盟国が条約を批准すると，法的拘束力をもつ。これまで189の条約が採択されているが，日本が批准しているのは49。

世界労働組合連盟（ＷＦＴＵ）［World Federation of Trade Unions］(せかいろうどうくみあいれんめい)　世界労連と略称。1945年，パリで結成された第二次世界大戦後初の国際的労働組織。発足時は56か国，6600万人を数えた。東西冷戦の激化とともにアメリカのＡＦＬ-ＣＩＯなどが脱退して国際自由労連を結成した。

同 世界労連

国際自由労働組合連盟（ＩＣＦＴＵ）［International Confederation of Free Trade Unions］(こくさいじゆうろうどうくみあいれんめい)　国際自由労連と略称。東西冷戦を背景に1947年，世界労連を脱退したアメリカ・イギリス・オランダ・ベルギーなどの労働組合を中心に，1949年にロンドンで結成された国際的労働組織。結成時48か国，4800万人。2006年に解散。

同 国際自由労連

国際労働組合総連合（ＩＴＵＣ）(こくさいろうどうくみあいそうれんごう)　グローバル-ユニオンと略称。国際自由労連と国際労連（ＷＣＬ）とが合併して2006年に結成された。163か国・地域の組合員1億8089万人を擁する世界最大の国際的労働組織。

同 グローバル-ユニオン

日本労働組合総評議会(にほんろうどうくみあいそうひょうぎかい)　略称は総評。1950年に結成された労働組合の連合体。結成当初は穏健な立場をとっていたが，やがて急進化。労働運動の中核をにない，総評を脱退して結成した同盟とともに日本の労働界を二分した。しだいに政治主義的な傾向を強めていったが，1959～1960年の三井三池争議の敗北後は，経済闘争を運動の中心にすえた。1989年，解散して連合（日本労働組合総連合会）を結成した。

同 総評Ⓝ

全日本労働総同盟(ぜんにほんろうどうそうどうめい)　略称は同盟。総評の方針に反対する一部の組合が脱退して1954年に全日本労働組合会議を組織し，これを母体として

1964年に同盟を結成した。民間企業の労組を中心とし，労使協調・反共主義の立場をとった。1987年に解散，総評とともに連合を形成した。

同 同盟Ⓝ

全国産業別労働組合連合（ぜんこくさんぎょうべつろうどうくみあいれんごう）　略称は新産別。1949年結成。総評・同盟・中立労連とともに労働4団体の一つ。1988年に解散して旧連合に加盟した。

同 新産別

中立労働組合連絡会議（ちゅうりつろうどうくみあいれんらくかいぎ）　略称は中立労連。1956年結成。1987年に解散して同盟とともに旧連合を結成した。

同 中立労連

日本労働組合総連合会Ⓝ（にほんろうどうくみあいそうれんごうかい）　1989年に結成された労働団体。略称は連合。低成長下で急落する一方の組合組織率を前に，戦後の労働界を二分してきた総評と同盟が再統一して連合を結成した。当時の組織人員は800万人（2020年現在689万人）。組織労働者の6割を数え，総評結成時の55％を上まわる規模となった。連合の方針を労使協調主義と批判する組合は全労連（全国労働組合総連合，153万人，2020年現在51万人）を結成し，また旧国労を中心に全労協（全国労働組合連絡協議会，30万人，2020年現在9万人）も結成された。

同 連合Ⓝ　類 全国労働組合総連合（全労連）　全国労働組合連絡協議会（全労協）

ナショナルセンターⓃ［national center of trade union］　その国の労働組合の中央組織をいう。アメリカのＡＦＬ-ＣＩＯなど。日本ではかつての総評や同盟などがこれにあたるが，労働界が再編された後は，連合が最大規模のナショナルセンターとなった。

未組織労働者Ⓝ（みそしきろうどうしゃ）　いかなる労働組合にも加盟していない労働者。1980年代に入って組合組織率は急激に落ちこみ，現在は20％を切っている。

管理職ユニオン［manager's union］（かんりしょく-）　近年の不況下で，リストラの波が中間管理層におよぶようになったため，管理職らがこれに対抗してつくった労働組合。日本では管理職になると組合から抜けるのが一般的だが，法制上は管理職が労働組合をつくっても問題はない。

反貧困ネットワーク（はんひんこん-）　新自由主義経済のもとで顕著になった「貧困問題」の解決に取り組むネットワーク。労働組合だけでなく，市民グループ・ＮＧＯ・学者・弁護士など幅広いメンバーにより，2007年に発足した。2008年末から09年初にかけて，労働組合などの諸団体とともに取り組まれた「年越し派遣村」（東京・日比谷公園）の活動は全国から注目された。

類 年越し派遣村Ⓝ

労働基本権と労使関係

労働基本権Ⓝ（ろうどうきほんけん）　憲法第25条に規定された生存権を，労働者が具体的に確保するための基本的な権利。勤労権と労働三権を合わせたもの。第27条には，「すべて国民は，勤労の権利を有」するとして，すべての国民が労働の機会を得ることを規定している。そのうえで，それが得られない場合には国に対して労働の機会を求め，不可能な場合には必要な生活費を請求する権利をもつとされる。これを勤労権という。さらに第28条で，「勤労者の団結する権利及び団体交渉その他の団体行動をする権利は，これを保障する」と規定し，労働三権を保障している。

団結権：労働者が労働条件の改善を要求して労働組合を組織する権利。

団体交渉権：労働者が労働組合などを通じ使用者と労働条件に関して交渉する権利。

団体行動権（争議権）：団体交渉が決裂したときに争議行為を行う権利。

労働三法（ろうどうさんぽう）　労働基準法・労働組合法・労働関係調整法をさす。生産手段をもたない労働者は使用者よりも弱い立場に置かれる。その不利益を排除し，労働者の権利を守るために保障された労働基本権を具体的に法制化したもの。

労働基準法：労働条件の最低基準を示して労働者を保護するための法律。

労働組合法：労働者の団結権・団体交渉権を保障して労使の集団交渉を認めた法律。

労働関係調整法：労使の自主的な解決が困難な場合に備え，労働争議の調整と予防を目的とする法律。

労働契約Ⓝ（ろうどうけいやく）　労働者が使用者に対し，賃金や給料などの対価をもらって労働の提供を約束する契約。イギリスの法学者メーンは，労働者と使用者は封建的な身分にしばられた賦役から解放され，自由意思で雇用契約を結ぶようになったとして，「身分から契約へ」の変化と評価した。しかし，この契約自由の原則は，必ずしも労使の対等な関係を意味しない。労働者は自分の労働力を売る以外に生活の手段はないので，たとえ自分に不利な契約でもこれを受け入れる。逆に，利潤を追求する使用者は，低賃金・長時間労働を労働者に対して求める。こうして，労働者は使用者に対して弱く従属的な立場にたたざるをえなくなる。日本では労働基準法によって労働条件の最低基準を規定し，その基準に達しない労働契約を無効としている。

労働契約法Ⓝ（ろうどうけいやくほう）　労働条件の決定など労働契約に関する基本的事項を定めた法律。2007年に制定された。これまで判例に頼ってきた解雇などの雇用ルールも明文化されている。2012年の法改正で，パートなどの有期労働契約が5年をこえて更新された場合，労働者の申し込みで無期労働契約に転換できるしくみが導入された。

労働条件Ⓝ（ろうどうじょうけん）　賃金・労働時間などについて，労働者と使用者の間に結ばれる雇用上の条件。労働条件は労働者に不利に定められがちであるが，国は労働基準法などによって労働者を保護している。労働基準法はその総則で，労働者が人たるに値する生活を保障すること，労使が対等の立場であること，均等待遇を処すこと，男女同一賃金，強制労働の禁止，中間搾取の排除，公民権行使の保障を規定し，続いて労働契約，賃金，労働時間・休憩・休日・年次有給休暇，安全及び衛生，年少者・妊産婦等の保護，災害補償，就業規則，監督機関などについて定めている。付属法として最低賃金法・労働安全衛生法・家内労働法・労働者派遣法などがある。

労働協約Ⓝ(ろうどうきょうやく) 労働組合と使用者または使用者団体との間で，労働条件などについて結ばれた文書による協定。団体協約ともよばれ，労働組合法に規定されている。労働協約の基準が個々の労働者の労働契約の内容を規律するという規範的効力をもつため，労働協約に違反する労働契約の部分は無効となる。

就業規則Ⓝ(しゅうぎょうきそく) 労働条件の具体的な細目と労働者が守るべき職場規則を定めたもの。労働基準法では，常時10人以上を雇用する使用者に対し，これを作成して労働基準監督署へ届け出ることを義務づけている。就業規則は法令や労働協約に反してはならない。また，就業規則の基準に達しない労働条件を定めた労働契約は，その部分が無効となる。

均等待遇(きんとうたいぐう) 労働基準法において，使用者が，労働者の国籍・信条または社会的身分を理由として，賃金・労働時間その他の労働条件について，差別的取り扱いを禁止されていること(第３条)。

賃金Ⓝ(ちんぎん) 使用者が労働者に，労働の対価として支払うすべてのもの。賃金を生活の手段とする労働者を保護するため，労働基準法は，前借金の禁止，強制貯金の禁止，通貨で直接に全額を１か月に１度以上一定の期日を定めて支払うこと，休日・時間外・深夜労働などの割増賃金，などを定めている。

年功序列型賃金制(ねんこうじょれつがたちんぎんせい) 学歴別に決まった初任給を基礎に，勤続年数や年齢によって賃金が上がっていくしくみ。終身雇用制に対応した日本的経営の特色の一つとされてきたが，職務給・職能給の導入など，近年では様変わりしている。

年俸制Ⓝ(ねんぽうせい) 企業が，労働者個人の能力評価や仕事の実績をもとに，年間の賃金を決定する制度。個人が毎年の目標を設定，その達成度に基づいて会社との交渉にのぞみ，翌年の年間給与が決められるというのが一例。

成果主義Ⓝ(せいかしゅぎ) 仕事の成果や達成度に応じて賃金などを定める制度。1990年代後半から多くの企業で取り入れられた。しかし，賃金カットの口実に使われるなど，評価のしかたや公平さをめぐって，働く側からの不満の声が根強い。

男女同一賃金の原則Ⓝ(だんじょどういつちんぎん-げんそく) 労働基準法第４条にある「使用者は，労働者が女性であることを理由として，賃金について，男性と差別的取扱いをしてはならない」という規定に基づく。賃金以外の労働条件についての規定はないが，差別的取り扱いは憲法第14条に違反すると考えられ，男女別定年制は違法との判例がある。1951年のＩＬＯ100号条約では，同一価値労働同一賃金の原則（ペイ-エクイティ）を定めている。

類 ペイ-エクイティ

最低賃金制Ⓝ(さいていちんぎんせい) 労働者を保護するために労働者に支払われる賃金の最低額を保障する制度。日本では1959年制定の最低賃金法によって，都道府県ごとに決定される。決定方法は，まず毎年夏，中央最低賃金審議会が引き上げの目安を示し，それに基づき各地方最低賃金審議会が具体的な額を提示して地域別最低賃金を決める手続きとなっている。最低賃金審議会は，労働者代表・使用者代表・公益代表によって構成される。

賃金格差Ⓝ（ちんぎんかくさ）　企業の規模や性別・年齢などによる賃金の格差。概ね大企業よりも中小企業のほうが，男性よりも女性のほうが，高齢者よりも若年者のほうが賃金は低い。年齢による賃金格差は狭まりつつある。一般的に日本の企業間賃金格差は欧米諸国に比べて大きい。男女の賃金格差に対しては，男女同一労働同一賃金の原則により禁止されているが，正社員と非正社員など雇用形態の違いにより格差は広がり，多くの課題がある。

労働時間Ⓝ（ろうどうじかん）　労働者が使用者の指揮・命令に従って労務を提供する時間。日本の長時間労働は国内外で問題となり，1987年と1993年に労働基準法が改正され，それまでの１日８時間・１週48時間の原則に対し，１週40時間・１日８時間と定められ，1997年４月から完全適用された。なお，ＥＵ（欧州連合）では勤務を終えた後，次の勤務までに最低11時間の休憩時間を保障するよう義務づけている（インターヴァル規制・勤務間インターヴァル）。

同 就業時間

フレックス-タイム制Ⓝ（-せい）　労働者が一定の時間帯（コア-タイム）のなかで，労働の始め（出社）と終わり（退社）の時間を自由に決定できる制度。

法定労働時間Ⓝ（ほうていろうどうじかん）　法的に規定された労働時間。日本では労働基準法によって定められている。労働基準法の法定労働時間は1987年と1993年に大幅に改正され，現在は１日８時間，１週40時間。

時間外労働Ⓝ**・休日労働**（じかんがいろうどう・きゅうじつろうどう）　法定労働時間をこえて時間外または休日に行う労働。労働基準法第36条の規定により使用者は時間外労働や休日労働をさせる場合は，労働者の過半数で組織する労働組合または労働者の過半数を代表する者と書面による協定（三六（さぶろく）協定）を結び，労働基準監督署に届けなければならない。時間外労働には25～50％の範囲内（月60時間を超える部分は50％，休日労働は35％以上）で割増賃金を支払う。

類 三六協定

残業手当Ⓝ（ざんぎょうてあて）　労働者の残業に対して支払われる割増賃金のこと。労働基準法第37条により，使用者は労働者に通常賃金の割増賃金を支払う。

サービス残業Ⓝ（-ざんぎょう）　労働者が残業申請をせず，残業手当なしで残業すること。“ふろしき残業”などと俗称される。営業・研究・事務などの職種に多い。残業申請をしない背景には，労働時間が把握しにくいこと，申請しがたい雰囲気があることなどが指摘されている。

年次有給休暇（ねんじゆうきゅうきゅうか）　労働者が労働から解放されて有給で保障される年間の休暇。労働基準法第39条は６か月の勤続と８割以上の出勤を条件に，10日以上の有給休暇を定めている。日本では，消化率の低さが問題とされている。パートやアルバイトなどの場合も，同様の条件のもと，働いた日数に比例して保障される（１週間に４日働く人は６か月後に７日，３日働く人は同５日など）。日本は労働者に年次有給休暇を義務づけるＩＬＯ条約を批准していない。

解雇Ⓝ（かいこ）　使用者が，労働者との労働契約を一方的に解約すること。労働基準法では，使用者が労働者を解雇するときには，原則として30日前にその予告をするか，平均賃金の30日分以上の解雇予告手当を支払わねばならない。また，労働者が業務上の傷病により休業している期間及びその後30日間，産前産後の休業期間及びその後30日間は原則として解雇できない。2003年の労働基準法改正で設けられた解雇ルールの規定（第18条の2）は，2007年に新たに制定された労働契約法のなかに移された。

失業率Ⓝ（しつぎょうりつ） 総務省統計局による労働力調査に基づく完全失業者の割合。月末最後の1週間における労働力人口に対する失業者の割合。2021年の完全失業率は2.6%。完全失業者は158万人。

男女雇用機会均等法Ⓝ（だんじょこようきかいきんとうほう） 女性労働者が男性と同等の機会・待遇で就業の機会を得ることを目的に制定された法律。女性差別撤廃条約の批准に対応して1985年に成立，翌1986年から施行された。これにともない労働基準法の一部も改正され，女性労働者の時間外労働の制限や休日労働の禁止などの制限が緩和された。同法では，男性のみの募集・採用，女性のみに未婚者・自宅通勤などを条件とすること，女性に昇進の機会を与えないことなどの禁止が定められたが，その多くが罰則なしの禁止か企業の努力義務にとどまっていた。このため，1997年に改正され，それまで努力義務であった平等処遇が禁止規定に強化された。是正勧告に従わない企業を公表したり，職場でのセクシュアル-ハラスメントの防止義務を事業主に課すなどの改正が行われた。2006年の改正では，直接には差別的条件ではないが，結果として不利益になる一定の間接差別の禁止や，男性に対するセクハラ防止義務などがもりこまれた。

類 セクシュアル-ハラスメントⓃ ☞ p.242

間接差別Ⓝ（かんせつさべつ） 直接には差別とならないが，結果として女性など一定の人々に不利益をもたらす基準や慣行をさす。2006年に改正された男女雇用機会均等法に，その禁止が盛り込まれた。具体的には①募集・採用の際，業務と関係なく一定の身長・体重を要件とすること，②合理的理由のない全国転勤を総合職の募集・採用の要件とすること，③転勤経験を昇進の要件とすること，の3事例が間接差別にあたるとされている。

女性差別撤廃条約Ⓝ（じょせいさべつてっぱいじょうやく） 1979年の国連総会で採択され，日本では1985年の条約批准に合わせ，国籍法の改正や男女雇用機会均等法の制定などが行われた。 ☞ p.56（女性差別撤廃条約）

コース別人事制度（-べつじんじせいど） 総合職と一般職などのコース別の採用方式。男女雇用機会均等法の制定による男女別採用の廃止にともない，多くの企業で採用されつつある。厳密な定義は企業によって異なるが，概して，総合職は職種・勤務地などを限定せず，会社内の幅広い業務に従事していくコースである。一方，一般職は職種・勤務地などがほぼ固定化されて定型業務に従事するコースである。総合職は，欧米社会には見られない日本特有の概念である。

単純労働Ⓝと**熟練労働**（たんじゅんろうどう-じゅくれんろうどう） 専門的な技能・技術を要しない労働を単純労働，要する労働を熟練労働という。日本では単純労働者の入国を認めておらず，単純労働を目的とした外国人の不法就労が問題となっている。

在宅勤務Ⓝ（ざいたくきんむ） インターネットなどを通じて，請け負った仕事を自宅で行うこと。仕事と家事の両立をめざす主婦層に人気が高いが，労働時間や労働条件など問題は多い。近年，自宅やその近くの小事務所などで働くＳＯＨＯ（ソーホー，small office home office）やテレワークが注目されている。

類 ＳＯＨＯ（ソーホー）Ⓝ　テレワークⓃ

出向Ⓝ（しゅっこう）　従業員を子会社や系列会社などの企業にさしむけて働かせること。もとの企業との契約を保持したままの在籍出向と，これを解消して出向先の企業との雇用関係をつくる移籍出向とがある。

配置転換Ⓝ（はいちてんかん）　企業において労働者の仕事の場所・内容などの配置をかえること。略して配転。配置転換には，住宅問題や子どもの教育問題，新しい仕事への不適応などの問題点が指摘されている。

定年Ⓝ（ていねん）　一定の年齢に達した労働者が自動的に退職になること。かつては55歳で定年になる例が多かったが，現在では60歳定年制が一般的である。公的年金支給開始年齢が，段階的に65歳に引き上げられるため，2006年から定年延長も含め65歳までの継続雇用などが事業主に義務づけられた。

女性の定年差別（じょせいーていねんさべつ）　女性労働者の定年を，男性労働者より早期に設定すること。男女雇用機会均等法では，差別的な処遇として禁止されている。裁判でも，日産自動車の男女差別定年制（男性55歳，女性50歳）に関して，「不合理な差別で公序良俗に違反し，無効」との判例がある（1981年，最高裁）。

労働安全衛生法（ろうどうあんぜんえいせいほう）　労働者の安全衛生を確保するために，1972年に制定された法律。使用者に，労働災害防止や危険防止の基準の確立と責任体制の明確化などの措置をとることを求めている。

労働基準局（ろうどうきじゅんきょく）　労働基準法の違反防止のために，厚生労働省に置かれた監督組織。そのほか，地方に都道府県労働局が，都道府県管内に労働基準監督署が置かれ，配置された労働基準監督官は，事業場・寄宿舎などを臨検し，帳簿や書類の提出を求めることができる。

類 労働基準監督署Ⓝ　労働基準監督官

労働組合Ⓝ**（ユニオン）**（ろうどうくみあい）　「労働者が主体となつて自主的に労働条件の維持改善その他経済的地位の向上を図ることを主たる目的として組織する団体又はその連合団体」（労働組合法第２条）をいう。憲法に保障された勤労権を守り，団結権・団体交渉権・団体行動権を行使するための団体。その運営にはあくまで労働者の自主性が重んじられる。その形態には，産業別組合，職業別組合，企業別組合がある。また，労働組合員数を雇用者数で除した労働組合推定組織率は2021年時点で16.9%。

産業別労働組合：職種に関係なく一定産業に従事する全労働者によって組織。

職業別労働組合：同一の職種・職業に従事する労働者によって組織する。日本ではあまりみられない。熟練工中心。

企業別労働組合：同一企業の従業員で組織される。日本ではこの形態が主流。企業単位のため企業間競争に巻き込まれやすく，使用者によって支配される「御用（ごよう）組合」におちいる可能性も高い。

類 労働組合推定組織率

労働争議Ⓝ（ろうどうそうぎ）　労働者と使用者との間に発生する争議。労働者が労働条件を維持・改善するために，使用者に対して団体行動を起こすことは憲法第28条に保障されている（団体行動権）。また労働争議に関しては，労働関係調整法によってその予防・解決がはかられる。争議行為には，次のようなものがある。

ストライキ：労働組合の指示で労働者が集団的に労務提供を拒否する行為。同盟罷業。

サボタージュ：意識的に作業能率を低下させる行為。労働者側による。怠業。

ロックアウト：使用者側が行う対抗措置で，作業所を閉鎖して労働者を締めだす行為。作業所閉鎖。

類 争議行為Ⓝ

団体交渉Ⓝ（だんたいこうしょう）　使用者に対して弱い立場にある個々の労働者が，団結して行う労使間の対等な交渉のこと。労働者は要求を貫徹するために，争議行為という圧力手段を背景にして交渉にあたる。労働組合からの団体交渉の申し入れを，使用者側は正当な理由なく拒否してはならない。

不当労働行為Ⓝ（ふとうろうどうこうい）　労働組合の結成や運営など労働三権の行使に対する使用者の干渉や妨害行為。アメリカのワグナー法の影響が強くみられる。労働組合法第７条に次の４種が定められている。①組合の結成や加入，組合活動を理由に解雇その他の不利益な取り扱いをすることと，組合への非加入や脱退を条件に雇用契約を結ぶこと（黄犬（こうけん）契約）。②団体交渉の申し入れを正当な理由なく拒否すること。③組合の結成や運営に支配・介入することと，組合運営のための経費を援助すること。④不当労働行為の申し立てなどを理由として不利益な取り扱いをすること。不当労働行為に対しては，労働委員会へ行政的救済や，裁判所へ司法的救済を申し立てることができる。

類 黄犬契約

便宜供与（べんぎきょうよ）　企業が組合員の給料から組合費を天引きして労働組合にわたすチェック-オフ制など，使用者が組合に対して便宜をはかること。一般に不当労働行為にはあたらないと解釈されるが，労使間の癒着（ゆちゃく）を招きやすい。

ショップ制（-せい）　組合員資格と従業員資格との関係を定める制度。日本の大企業では，ユニオン-ショップが一般的であるが，解雇に際しての規定があいまいな尻抜けユニオンである場合が多い。

オープン-ショップ：組合への加入が労働者の自由意思にまかされる。

ユニオン-ショップ：組合加入を条件に採用，組合を除名・脱退した際には解雇。

クローズド-ショップ：特定組合の構成員でなければ採用ができない。

刑事免責（けいじめんせき）　団体交渉や争議行為などの労働組合の行為が，形式的には犯罪の構成要件にあたる場合でも，それが正当なものであるときは，刑法第35条（法令または正当な業務による行為は罰しない）の適用によって処罰されないという原則。ただし，暴力の行使は正当な行為とは解釈されない。労働三権の保障に対応し，労働組合法第１条２項に規定されている。

同 刑事上の免責

民事免責（みんじめんせき）　労働組合が行うストライキなどの正当な争議行為によって損害を受けたとしても，使用者は組合や組合員個人に対して賠償を請求できないという原則。労働三権の保障に対応し，労働組合法第８条に規定されている。

同 民事上の免責

労働委員会Ⓝ（ろうどういいんかい） 労働争議に際して，労使双方の自主的な解決が困難な場合に，その調整（斡旋・調停・仲裁）にあたることを目的として設置された公的機関。使用者・労働者・公益を代表する各委員で構成され，中央労働委員会・都道府県労働委員会などがある。労働委員会が解決を助言する斡旋，具体的な解決案を示す調停については，その受け入れは関係当事者にゆだねられるが，仲裁の裁定に関しては労使双方とも拘束される。

類 斡旋　調停Ⓝ　仲裁Ⓝ

労働審判制Ⓝ（ろうどうしんぱんせい） 個々の労働者と雇い主との間に生じた民事紛争で，労働審判官（裁判官）１名と労働審判員（労働者側・使用者側の推薦者）２名とが共同で審理し，調停（和解）や審判を行う制度。2006年から始まった。当事者の申し立てにもとづき，原則３回以内の審理で結論が出される。

個別労働紛争解決制度（こべつろうどうふんそうかいけつせいど） 解雇や労働条件の引き下げなど，個々の労働者と事業主との間の紛争を迅速に解決するための裁判外の制度。2001年に成立した「個別労働関係紛争の解決の促進に関する法律」に基づく。都道府県労働局に助言・指導機能などをもたせたもの。同局に設置された，学識者からなる紛争調整委員会が，当事者の申請によりあっせんなどを行う。

緊急調整（きんきゅうちょうせい） 電気・ガス・水道など公衆の利益に関係する公益事業での争議に際して，「国民経済の運行を著しく阻害し，又は国民の日常生活を著しく危くする虞（おそれ）」がある場合に，内閣総理大臣によってなされる調整。緊急調整のときには，関係当事者は公表から50日間は争議行為を行えない。

スト規制法（-きせいほう） 正式名は「電気事業及び石炭鉱業における争議行為の方法の規制に関する法律」。電源ストや停電ストの規制を目的に，1953年に制定された。

公務員の労働三権（こうむいん-ろうどうさんけん） 国家公務員・地方公務員は，1948年の政令201号公布以降，その地位の特殊性や職務の公共性から労働基本権に制限を受けている。労働三権のうち団結権は認められているが，団体交渉権が制限されるほか，争議権は否定されている。警察官などは国家公務員法によって団結権も禁じられている。このような法規制に対しては，憲法第28条の規定に反するとの強い批判がある。争議権の禁止をめぐり最高裁判所は，全逓東京中央郵便局事件の判決（1966年）や東京都教職員組合事件の判決（1969年）で，いずれも限定つきで合憲とした。しかし，全農林警職法事件の判決（1973年）や全逓名古屋中央郵便局事件の判決（1977年）では一律禁止を合憲とし，今日にいたっている。なお，公務員の労働基本権を制限する代償措置として，人事院で，労働条件の維持・改善をはかる。

区　分	団結権	団体交渉権	争議権
民間企業労働者	○	○	○
国家公務員 一般職公務員 自衛隊員・警察・刑事施設等職員	 ○ ×	 △ ×	 × ×
特定独立行政法人職員 印刷・造幣など	○	○	×
地方公務員 一般職公務員 警察・消防職員	 ○ ×	 △ ×	 × ×
地方公営企業職員 鉄道・バス・水道など	○	○	×

↑ **労働三権の保障と制限**　△＝協約締結権なし

労働市場の変化と雇用問題

労働市場Ⓝ(ろうどうしじょう)　資本主義のもとで労働力が商品として取り引きされる場のこと。労働力の売り手は労働者，買い手は資本家(使用者)であり，その販売の対価は賃金として支払われる。他の商品と同様に需要と供給の関係が生じ，経済成長率が高いときには労働力は不足して需要は供給を上まわり，労働者は有利な条件で労働契約を結ぶことができる。逆に，不況時には供給が需要を上まわり，失業者は増加する。

労働力人口Ⓝ(ろうどうりょくじんこう)　15歳以上の人口から非労働人口(通学者や家事従事者，病気や老齢で働けない者)を除いた人口をいう。就業者と完全失業者を合わせた人口でもある。15歳以上人口に対する労働力人口の割合を労働力率という。

類 労働力率Ⓝ

完全失業率Ⓝ(かんぜんしつぎょうりつ)　働く意思と能力をもち，現に求職活動をしているが，就業の機会が得られない者を完全失業者といい，その労働力人口に占める割合を完全失業率という。日本の完全失業率は，1990年頃までは欧米諸国に比べ低かったが，1995年頃から3％をこえた。統計上，完全失業率は実態より低くなる傾向にあるといわれる。

失業Ⓝ(しつぎょう)　労働者が労働する意思と能力をもちながら，職業に就けない状態をいう。労働力に対する需要の季節的変動にともなって発生する季節的失業，景気変動にともなって発生する景気的失業のほか，経済的構造の変化によって起こる大量の失業を構造的失業とよぶ。日本では従来，職種・地域によって需要と供給が食いちがうミスマッチ現象などが問題とされたが，近年では不況にともなうリストラや非正規労働者などの解雇による失業が急増している。

ワーク-シェアリングⓃ[work sharing]　仕事の分かち合い。労働者一人あたりの労働時間を減らし，雇用の水準を維持すること。欧州などで導入されている。他の政策と組み合わせることによって，雇用を増大させる効果があるとされる。

有効求人倍率Ⓝ(ゆうこうきゅうじんばいりつ)　公共職業安定所(ハローワーク)における，新規学校卒業者を除いた一般の求人件数を有効求職件数で割ったもの。労働市場の需給関係を示す指標の一つとされる。2022年平均は1.28倍。かつての事情と異なり，背景に求人の増加(介護・保育・医療分野など)と求職者の減少がある。

ハローワークⓃ　1947年制定の職業安定法に基づき設置された公共職業安定所(職安)の愛称。職業紹介や職業指導，雇用保険の失業給付などを行う。1990年からこの名称が使用されている。管轄を国から地方へ移そうとする動きもある。

同 公共職業安定所Ⓝ

労働移動率(ろうどういどうりつ)　労働市場においては，就職したり離職したりする労働力の移動があるが，移動者数を常用労働者数で割った値を労働移動率という。好況下では，労働移動率は高くなる。

外国人労働者問題Ⓝ(がいこくじんろうどうしゃもんだい)　経済の国際化が進むにつれて，日本で働くことを目的に入国した外国人をめぐる諸問題。厚生労働省の推計によると，現在の外国人労働者の総数は2022年10月時点で約182万人。日本で働く外国人は，専門職につく欧米人などと，単純労働にたずさわる不法就労の発展途上国の労働者とに，大きく分類される。特に，バブル期に貧困と失業にあえぐ発展途上国から大量の外国人が流入して低賃金労働力を必要とする特定の産業分野に受け入れられた。政府は1990年，出入国管理及び難民認定法（入管法）を改正して不法就労者をきびしく排除した。不法就労者には雇用保険法などは適用がない。

外国人技能実習生制度（がいこくじんぎのうじっしゅうせいせいど） 外国人の技能実習生が，日本において企業や個人事業主等の実習実施者と雇用関係を結び，出身国において修得が困難な技能等の修得・習熟・熟達を図るもの。開発途上地域等の経済発展を担う「人づくり」に寄与するという国際協力の推進の一つとして1993年に制度化された。2022年10月時点における総数は約34万人。国籍別では，ベトナム，中国，フィリピンの３か国で８割以上を占める。職種別では，機械金属，建設，食品製造，農業が多い。安価な労働力利用や人権侵害の事例が多発したため，労働法規が適用される雇用関係に改められた。2018年12月に外国人労働者の受け入れを拡大する改正入管法が成立（2019年４月施行）。外国人労働者の受け入れ拡大にむけて，最長５年程度の新たな在留資格（特定技能）を設けた。しかし，事業側の違反残業や賃金未払いなどの法令違反を理由に，職場から失踪する実習生が増加しており，大きな問題となっている。

類 特定技能

ビザⓃ（**査証**Ⓝ）[visa]（さしょう） 外国への入国の際，正当な理由と資格を持ってその国を旅行する者であることを証明する旅券の裏書き。入国先の領事館などが発行する。短期滞在の場合には，国どうしで相互に免除としている例が多い。

在留資格Ⓝ（ざいりゅうしかく） 外国人が日本に在留することについて，法が定める一定の資格。出入国管理及び難民認定法において27種が定められている。通常，上陸許可とともに入国審査官により決定され，旅券（パスポート）に記載される。

雇用調整Ⓝ（こようちょうせい） 事業活動の一部を縮小し，雇用を減少させること。一時帰休制（レイオフ）をとって雇用関係を継続することが多く，国も雇用調整助成金制度により補助している。

労働災害Ⓝ（ろうどうさいがい） 労働者が仕事中に負傷したり，病気にかかったり，死亡したりするなどの災害を被ること。労働基準法第８条により，使用者は労働災害を受けた労働者に対して無過失の補償責任を負う。しかし，労働災害を使用者が労働基準監督署に届けず，労働者が労働災害の認定を受けられないケースが存在する。また，過労死（過労自殺）については認定基準がきびしく，労働災害と認定されるケースも少なく，裁判に訴える事例が増えている。

過労死・過労自殺Ⓝ（かろうし・かろうじさつ） 長時間・過重労働による過労・ストレスにより，心疾患や脳血管障害などを引き起こして死に至ること。または自ら命を絶つこと。

過労死防止法Ⓝ（かろうしぼうしほう） 過労死等防止対策推進法。働き過ぎで命を落とすことのない社会をめざす法律で，2014年に成立した。過労死対策の責任は政府にあることを明記したうえで，実態調査やその報告書を毎年公表する。

職業病（しょくぎょうびょう） 特定の職業に従事することによって起こる，主に慢性の病気。

かつては鉛中毒・振動病・塵肺などが知られたが，ＯＡ化・ＩＴ化にともない，テクノストレスなどを訴える人が増えている。

類 テクノストレスⓃ

メンタル-ヘルスⓃ[mental health]　精神衛生・心の健康の意。近年，職場での人間関係や業務の繁忙によるストレスなどから精神的な疾患にいたるケースが増え，企業側も定期的に診断やカウンセリングなどに取り組むことが多い。快適な職場環境の形成を目的とする労働安全衛生法を改正し，医師などによる従業員のメンタル-ヘルス対策を事業者に義務づける動きもある。

一時帰休制(いちじききゅうせい)　不況時に，景気回復後に呼び返すことを前提に，一時的に休職させる制度。レイオフ。使用者は労働基準法第26条により，平均賃金の60%以上の休業手当を支払わねばならない。

同 レイオフ

終身雇用制Ⓝ(しゅうしんこようせい)　新規学校卒業者のみを正規従業員として採用し，特別な場合を除いて定年まで雇用する制度。日本では大企業や官庁を中心に広く行われてきた。終身雇用制の下では，労働者は職種を狭く限定されず，広範囲に配置転換されながら，勤続年数に応じて上昇する賃金を受け取る。企業の要求に対して忠実な労働者を育成できる半面，競争がないため創造性を欠くなどの結果にもなりやすい。また，大企業への雇用機会は学校卒業時に限られるため，労働市場も閉鎖的になりがちだった。

裁量労働制Ⓝ**（みなし労働時間制）**(さいりょうろうどうせい)(-ろうどうじかんせい)　実際の労働時間にかかわらず，一定時間働いたとみなす労働のあり方。労働者を時間ではなく成果で評価する制度。当初は，新商品の研究開発などの専門業務型（1998年導入，現在19業種）に限られていたが，のちに立案・調査などの企画業務型（2000年導入）に広げられた。労働基準法第38条の２で規定。

労働分配率Ⓝ(ろうどうぶんぱいりつ)　企業が形成した付加価値総額のなかに占める人件費の割合，または国民所得に占める雇用者報酬の割合。分配率が高ければ，労働者の生活水準は上昇するが，企業の賃金コストは高くなる。日本の労働分配率は欧米諸国に比べて低いとされてきた。近年，非正規雇用の増大などを背景に，労働分配率は下がる傾向にあり，とくに大企業においていちじるしい。2020年の全産業平均では約50.7%。

労働生産性(ろうどうせいさんせい)　単位あたりの労働に対する生産物の量，労働能率のこと。一定の労働量に対する生産量，または一定の生産物に対して要した労働時間であらわす。労働生産性の向上の要因は，科学技術の発展にともなう生産方法や生産手段の改良，労働者の熟練などである。

非正規雇用Ⓝ(ひせいきこよう)　企業が短期の契約で労働者を雇う雇用形態。フルタイムで継続して働く正規雇用（正社員）に対応する用語で，パートタイマー・アルバイト・契約社員・派遣社員などをさす。正規雇用者よりも，賃金や待遇などの労働条件が劣るケースが多い。総務省の「労働力調査報告」によると，雇用者全体（役員を除く）に占める非正規雇用者の割合は３割をこえている。とくに女性の場合は，半数以上が非正規雇用者である。

対 正規雇用N

プレカリアート[precariat]　現代における身分の不安定な非正規雇用労働者層をさす。「不安定な」という意味のイタリア語「プレカリティ」と,「労働者階級」を意味するドイツ語「プロレタリアート」とを合わせた造語。いわゆるインディーズ(独立)系の労働組合(ユニオン)の中心を担う。自由な発想で格差社会の解消を訴え,若者たちの共感を広げている。

春闘N(しゅんとう)　春季闘争の略。労働組合が毎年春,賃金や労働時間などの労働条件の改善要求を掲げ,産業別に統一して企業と交渉する行動形態。1956年から総評(日本労働組合総評議会)の運動として定着した。

障害者雇用促進法N(しょうがいしゃこようそくしんほう)　身体・知的・精神障害者の雇用促進をはかるため,1960年に制定された法律。一定の割合で障害者を雇用する義務を負う。現在の法定雇用率は,民間企業では雇用労働者の2.3%で,達成率は欧米諸国に比べて非常に低い。未達成の場合は不足分納付金を納めることになっている。

職業訓練制度N(しょくぎょうくんれんせいど)　職業訓練法に基づいて,労働者が就業に必要な技能の習得や向上などの訓練を行う制度。1985年に同法は大幅改正され,職業能力開発促進法となった。職業能力の開発・促進を基本理念とし,事業主や国などの責務を定める。

女性労働力(じょせいろうどうりょく)　女性労働力率(15歳以上人口に占める女性労働者数)は昭和50年代から増えつづけ,1990年以降は50%台を続けている。年齢別にみると,M字型カーブを描き,20歳代前半でピークに達し,30歳代前半にかけて低下し,40歳代以降再び上昇する。これは,はじめ就職するが,結婚や育児を機に離職し,子どもが成長した後で再就職することを示している(M字型雇用)。近年,20歳代の女性労働力率が特に上昇しているのは,ライフスタイルの変化,出産年齢の高齢化,職業に対する考え方の変化などが影響している。しかし,家庭の男女役割分担にさほど変化はみられず,家事などアンペイド-ワーク(無償労働)への対策も含めて課題は多い。

類 M字型カーブ　M字型雇用

パートタイム労働者N(**パートタイマー**N)(-ろうどうしゃ)　1日,1週間,1か月あたりの所定労働時間が通常の労働者より短い労働者。パートタイマーやアルバイトなどをいう。総務省の労働力調査によれば,パートタイム労働者は1980年代の10年間で1.6倍以上に増え,2016年の「短時間雇用者」は1683万人,そのうちの1142万人(67.9%)は女性である。これは,女性労働者側の就業ニーズと,企業側の雇用ニーズとが一致した結果ともされるが,企業側の人件費削減や雇用調整のために利用される向きもある。これらの労働者にかかわる法律としてパートタイム労働法(短時間労働者の雇用管理の改善等に関する法律)がある。日本のパートタイム労働者の賃金水準は,正規雇用の6割弱と,欧州諸国と比べて低さが際立つ。また,2016年から厚生年金と健康保険の加入基準が変わり,週20時間以上働くパートなどにも拡大された。

類 パートタイム労働法N

派遣労働者Ⓝ（はけんろうどうしゃ）　雇用関係を結んだ派遣元事業主が，企業・事業所とかわした労働者派遣契約により企業・事業所へ派遣される労働者。派遣先の指揮・命令関係に入るが，派遣先との契約関係はない。2021年時点の派遣労働者数は約142万人で，雇用労働者全体の約2.5%。また2000年からは，派遣先が正社員として採用することを前提にした「紹介予定派遣」という方式もある。

類 紹介予定派遣

労働者派遣法Ⓝ（ろうどうしゃはけんほう）　1985年に制定。派遣事業や派遣労働者の雇用安定，労働条件などについて定めている。派遣事業は常用雇用型と登録型とに分けられ，制定当初は通訳やソフトウェア開発など26種の業務に限られていたが，この規制が1999年に原則自由化された。2004年からは製造業にも適用されるようになり，派遣期間が最長3年となった。このため，1日単位など極端に短い派遣期間の日雇い派遣という方式が一般化し，また，経済情勢に影響されて安易に解雇されるケース（派遣切りや雇い止め）もめだつ。こうした事態を受け，2012年に法改正が行われた。焦点だった登録型派遣や製造業派遣の原則禁止部分は削除され，規制強化が大きく後退した。一方，30日以内の日雇い派遣が原則禁止されたほか，「みなし雇用」の規定が盛り込まれた。

同 労働者派遣事業法　類 日雇い派遣Ⓝ　派遣切りⓃ

偽装請負Ⓝ（ぎそううけおい）　形式的には請負を装いながら，実際は労働者派遣に該当する雇用実態をいう。請負とは，当事者の一方（請負人）がある仕事を完成することを約束し，相手（注文者）がその仕事の結果に対して報酬を支払う契約をさす（民法第632条）。この場合は，請負人側が自ら雇った労働者に仕事の指揮命令をする。これに対して派遣の場合は，派遣元ではなく派遣先が労働者への指揮命令を行う。その結果，請負と派遣との境界が不明確になり，労災事故への対応や社会保険の加入など，労働者にしわ寄せがいく問題が深刻化。

出稼ぎ労働者（でかせ-ろうどうしゃ）　1か月以上1年未満，家を離れて他所に働きに行き，賃金を得る労働者。労働条件が悪く，雇用契約も不安定な中小企業や下請け会社で，臨時工・季節工として働く例が多い。

労働力移動Ⓝ（ろうどうりょくいどう）　よりよい労働条件を求めて，労働者が他企業や他産業に移動すること。転職もその一つ。年功序列型の終身雇用関係の多い日本では少なかったが，近年の不況のなかでリストラによる移動や，中小企業やサービス業では若年労働者を中心に増えている。

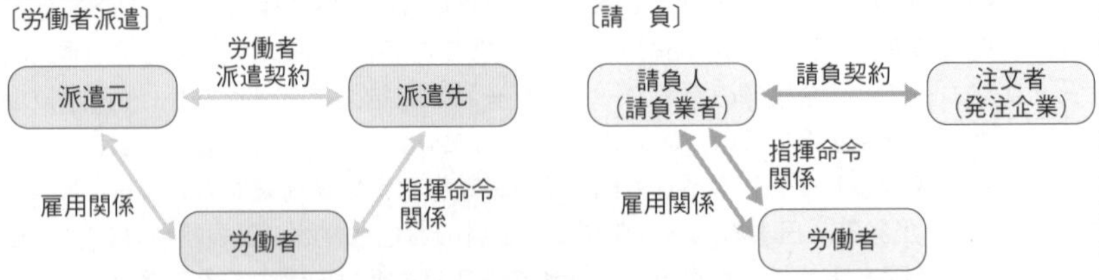

＊形式的には請負だが，実態は労働者派遣を行っていることを偽装請負という。
職業安定法や労働者派遣法に違反する。

↑ 労働者派遣と請負の違い

リストラⓃ[restructuring]　リストラクチュアリング。企業経営上，その事業の再構築をはかること。営業収益の悪い部門を削るなどする。バブル崩壊後は，中高年労働者の解雇・退職という形で進行した。

フリーターⓃ　フリーアルバイターの略。学生ではないが，定職につかず，主にアルバイトやパートタイムで非正規雇用者として働く15～34歳の若者のこと。長引く不況と就職難で，その数は一時200万人をこえた。このため，都道府県が設置したジョブカフェや，一定期間試行後に常用雇用へ移行するトライアル雇用による就職支援，企業実習と座学を組み合わせたデュアルシステムによる能力開発の実施，ハローワークによる常用就職支援事業などが行われる。

類 ジョブカフェⓃ　デュアルシステム

ワーキングプアⓃ　働く貧困層。もともとアメリカで生まれた用語だが，公式な定義はない。就労しているにもかかわらず，所得が低く通常の生活が困難な世帯や個人が若者を中心に急増している。経済協力開発機構（ＯＥＣＤ）によると，日本では貧困層の80％以上をワーキングプアが占める。

ディーセント-ワークⓃ[decent work]　労働者が健康で生活でき，かつ満足できる職業に就いて働くこと。世界の労働の現実をふまえ，ＩＬＯ（国際労働機関）が提起した概念で，各国でさまざまな取り組みが始まっている。日本では，正規雇用化の推進や長時間労働の是正などの課題がある。

雇用対策法(こようたいさくほう)　日本の雇用政策に関する基本的な法律。1966年制定･施行。国の雇用対策の基本計画についても定める。2007年の法改正で，募集・採用の際の年齢差別が原則として禁止された。

年齢差別禁止(ねんれいさべつきんし)　企業が求人（募集・採用）の際，年齢制限を原則として禁止すること。雇用対策法第10条にもり込まれ，2007年から実施された。

インターンシップⓃ[internship]　高校生や大学生が在学中に一定の期間，将来の自分の進路と関連した職場や企業などにおいて有給もしくは無給で就業体験をする制度。有給で職業体験をさせ，就職支援する試みをバイターンという。

類 バイターン

名ばかり管理職Ⓝ(な-かんりしょく)　権限もないのに肩書きだけ管理職とされた労働者。ファストフード店などサービス業の職場で増大している。労働基準法でいう管理監督者とは，労働条件の決定や人事権などについて，経営者と一体的な立場にある場合に限るが，実態は異なり，ただ働きの残業や長時間労働の温床。

ネットカフェ難民(-なんみん)　アパートなどを借りる収入がないため，インターネットを常備した喫茶店などで寝泊まりする若者たちをさす。労働組合「首都圏青年ユニオン」の調査でその存在が知られるようになった。

ワーク-ライフ-バランスⓃ[Work-life balance]　ワーク（仕事）とライフ（生活）のバランスをとるという意味。長時間労働が恒常化し，家事や育児・余暇などの生活が犠牲になっている現状を改善しようとする試みでもある。1990年代のアメリカ企業において，仕事と生活を両立させようと実践されてきた考え方で，健康対策や育児・介護支援，在宅勤務などが求められる。

ワンストップ-サービスⓃ[one stop service]　鳩山由紀夫内閣の下，緊急雇用対策としてハローワーク（公共職業安定所）で実施された，職業紹介や生活保護の申請手続きなどを一か所で行えるようにした取り組み。

キャッシュ-フォー-ワークⓃ（**CFW**Ⓝ）［Cash for Work］「労働の対価による支援」と訳される。自然災害や紛争などの被災地で，その復旧・復興のために被災者自身が労働に関与し，その労働に対価が支払われることによって，被災者の生活の支援がなされる手法をさす。義援金などの無償の支援と異なり，支払われる金額の分だけ，地域社会に新たな価値を生み出し，復興の過程を豊かにする効果をもつ。東日本大震災の際にも実践された。

求職者支援制度Ⓝ（きゅうしょくしゃしえんせいど）　雇用保険の適用を受けていない労働者を対象に，就職などを支援するための新たな枠組み。2011年から法制化された。対象者には月10万円が支給され，職業訓練などを行う。雇用保険に未加入の非正規雇用者の増加や，失業期間の長期化などが背景にある。

ブラック企業Ⓝ（-きぎょう）　明確な定義はないが，一般に法令を軽視または無視して，若者などの労働者に過酷な働き方を強いる企業。

限定正社員Ⓝ（げんていせいしゃいん）　職種や勤務地などを限定した正社員。労働市場の二極化が進むなかで，正社員と非正規社員の中間的な位置づけ。解雇ルールの緩和も視野に置く政府の規制改革会議で検討中の新しい雇用形態とされるが，すでに同様の制度を導入している企業も少なくない。

ホワイトカラー-エグゼンプションⓃ　一定以上の年収がある労働者を労働時間規制から外す法制度。エグゼンプションとは「適用除外」の意。労働時間の配分を自己の裁量に任すかわりに，残業代などを支払わないしくみ。このため，残業代ゼロ制度ともよばれる。日本では，2019年より，ホワイトカラーエグゼンプションの一種である「高度プロフェッショナル制度」が導入された。

同 残業代ゼロ制度

同一労働同一賃金推進法（どういつろうどうどういつちんぎんすいしんほう）　2015年，野党の議員立法に基づいて成立した法律。元来は正規労働者と派遣労働者らとの均等待遇などを求めた法案だったが，与党との修正協議のなかで，その中核部分が骨抜きにされたとの指摘もある。

変形労働時間制（へんけいろうどうじかんせい）　法定労働時間の枠内で，ある一定期間，一日の労働時間を弾力的に決められる制度。フレックス-タイム制などが代表例。

青少年雇用促進法（せいしょうねんこようそくしんほう）　ブラック企業に対する規制などをもり込んだ法律。1970年制定。公布当時の名称は勤労青少年福祉法。残業代不払いなどの違法行為をくり返す企業や，セクハラなどで社名が公表された企業による新卒求人をハローワークが拒否することなどを定めている。

プレミアムフライデー　月末の金曜日に仕事を早めに終え，買い物や家族との団らんの時間を増やそう，という経済団体と行政が連携した取り組み。プレ金。2017年から始まった。

働き方改革（はたら-かたかいかく）　安倍政権下において実施された労働政策。残業代ゼロ制度（高度プロフェッショナル制度）創設，裁量労働制の拡大，残業時間の上限規制，同一労働同一賃金を盛り込んだ，労働基準法改正案などからなる働き方改革推進法が2018年に成立した。過労死の根絶に逆行するとの意見もある。

高度プロフェッショナル制度(こうど-せいど)　高度な年収水準の下，特定の高度専門業務に就く労働者に関して，労働基準法の定める労働時間制限の対象から除外する制度。略称は「高プロ」。現段階では，研究開発，コンサルティング，金融アナリスト，金融ディーラー，金融商品開発のいずれかの業務に従事し，かつ年間賃金が1,075万円以上の労働者が対象となる。

統計不正問題(とうけいふせいもんだい)　2019年1月，厚生労働省「毎月勤労統計調査」に関して，調査方法の不正が発覚。本来は全数調査にすべきところ抽出調査を実施。2004年以降続いていた。その結果，平均賃金額が実際より低く算出され，賃金額を基礎として算出される失業給付や労災保険などの過小支払も発生していた。賃金関連統計は景気分析にも多大な影響を与えることから，これまでの経済政策決定に歪みをもたらしていた可能性も指摘されている。

4　社会保障と社会福祉

世界の社会保障

社会保障Ⓝ(しゃかいほしょう)　疾病・負傷・出産・老齢・廃疾・死亡・業務災害・失業・多子・貧困などの場合に，一定の保障を行うことを通し，国民生活を安定させることを目的とする国家政策。保障の種類や水準，実施方法などは国によって異なる。ＩＬＯの「社会保障の最低基準に関する条約」(ＩＬＯ102号条約，1952年)は，社会保障を医療(現物給付)・疾病給付(現金給付)・失業給付・老齢給付・業務災害給付・家族給付・出産給付・廃疾給付及び遺族給付の9部門に分類。その実施方式は公的サービス・強制的社会保険・任意的社会保険・公的扶助のいずれかによるとしている。

社会権的基本権Ⓝ(しゃかいけんてききほんけん)　20世紀に入ってから保障された，生存権・労働基本権などを総称したもの。単に社会権ともいう。生存権はワイマール憲法に初めて定められ，その後，世界人権宣言(1948年)や国際人権規約(1966年)でも規定され，国際的にも認められている。　☞p.11(社会権的基本権)

救貧法[poor law](きゅうひんほう)　困窮者の生活を救済するために制定された法。この考え方は，イギリスでは11世紀頃からみられたが，体系的に確立したのは1601年の救貧法(エリザベス救貧法)が最初である。この法は，病人・老人・子どもなど，労働能力のないものだけを救済した。

類 エリザベス救貧法

ビスマルクⓃ[Otto von Bismarck，1815～98]　鉄血宰相といわれ，近代国家ドイツの創設に力をつくした。社会主義者鎮圧法を制定する一方で，1883年に労働者の病気やけがに対して治療費を支給する，世界で最初の社会保険である疾病保険法を成立させた。これをアメとムチの政策という。

類 アメとムチの政策

疾病保険法Ⓝ（しっぺいほけんほう）　ビスマルクによって1883年に制定された，世界最初の社会保険を規定した法律。

社会主義者鎮圧法（しゃかいしゅぎしゃちんあつほう）　ビスマルクが1878年に制定した社会主義者を弾圧するための法。集会・結社の制限・禁止を主たる内容とする。

社会保障法［Social Security Act］（しゃかいほしょうほう）　1935年制定。1933年にアメリカのＦ.ローズヴェルト大統領は，大恐慌を克服するために経済保障委員会を組織し，対策を検討させ，その答申に基づいて経済社会法が立案され，老齢年金や失業保険などが実現した。議会ではこの法案を社会保障法とよぶべきだとし，世界初の「社会保障」ということばが使われた。

ベヴァリッジ報告［Beveridge Report］（-ほうこく）　チャーチル政権の求めに応じ，イギリスの経済学者ベヴァリッジらが提出した「社会保険及び関連事業に関する報告書」（1942年）。社会保障制度の先駆的モデルといわれる。これに基づき労働党政府は戦後，「ゆりかごから墓場まで」をスローガンにした社会保障制度を確立した。ベヴァリッジは報告書のなかで，社会保障制度は，社会保険（強制保険料を拠出），国民扶助（無拠出），任意保険の三つの方法を組み合わせて行われるべきだと説いた。

類 「ゆりかごから墓場まで」Ⓝ

フィラデルフィア宣言（-せんげん）　1944年のＩＬＯ第26回総会が発した宣言。必要とするすべての者に，所得と医療の面で社会保障の措置を拡張することをＩＬＯの義務とした。第二次世界大戦後のＩＬＯの目的に関する基本原則となった。

各国の社会保障制度Ⓝ（かっこく-しゃかいほしょうせいど）　**イギリス型**：ベヴァリッジ報告に基づき，「ゆりかごから墓場まで」をスローガンとした戦後の労働党政権の下で，家族手当法（1945年）・国民保険法（1946年）・国民保健サービス法（1946年）などが実施された。後に，サッチャー政権により大幅に見直しが行われた。

北欧型：1960年代以降，社会保障制度が急速に整えられた。国により多少異なるが，老齢保障，医療保障，母子・児童福祉，障害者福祉などは共通に発達している。社会保障費の国家予算に占める割合が高く，高福祉・高負担が特色。

ドイツ型：世界で初めて社会保険を実施した国であり，社会保険を中核としている。

フランス型：保険制度を中心に，伝統的に家族手当を重視している。

アメリカ型：個人主義思想と民間保険が発達しているため，公的な社会保障制度はあまり整っていない。

福祉国家Ⓝ（ふくしこっか）　社会国家ともいう。社会保障制度の充実や完全雇用政策の推進により，社会保障・社会福祉の水準が高い国をさす。　☞p.160（福祉国家）

日本の社会保障と福祉

日本の社会保障Ⓝ（にほん-しゃかいほしょう）　大日本帝国憲法下では，権利としての社会保障という考え方はなく，恩恵的性格が濃厚だった。1874年制定の恤救（じゅっきゅう）規則は，労働能力のない者にわずかなコメ代を給付するものだった。その後制定された健康保険法（1922年）・救護法（1929年）・国民健康保険法（1938年）なども，軍事色が強かったり恤救規則の延長でしかなかった。戦後の憲法第25条に基づき，社会保険・公的扶助・社会福祉・公衆衛生の四つの施策が行われるようになり，日本の社会保障制度は急速に拡充された。

恤救規則（じゅっきゅうきそく） 1874年に制定された貧民救済のための法。労働能力のない者（老齢・重病・13歳以下）にコメ代を給付した。

社会保障制度審議会Ⓝ（しゃかいほしょうせいどしんぎかい） 1948年につくられた内閣総理大臣の諮問機関。1950年に「社会保障制度に関する勧告」を答申，日本の社会保障制度を，社会保険・公的扶助・社会福祉・公衆衛生の四つの分野と規定した。

社会保険Ⓝ（しゃかいほけん） 疾病・負傷・出産・老齢・障害・失業・死亡などが原因で仕事の機会を失ったり，労働能力を喪失または減少させたりしたとき，加入者と国の拠出保険料を基金として一定の給付を行う制度。社会保障制度の中核をなす。①雇用労働者などを被保険者とする健康（医療）保険，②老齢・障害・死亡などで失った所得を保障し，本人や家族の生活安定や福祉向上を目的とする年金保険，③失業した場合に失業給付などを行う雇用保険のほか，労災保険・介護保険の5部門がある。

国民皆保険Ⓝ（こくみんかいほけん） すべての国民が，本人（被保険者）または家族（被扶養者）として，いずれかの医療保険に加入している状態をさす。国民健康保険法の全面改正（1958年）によって，全市町村・特別区に国民健康保険の実施が義務づけられ，1961年から国民皆保険が実現した。

医療保険Ⓝ（いりょうほけん） 疾病・負傷・分娩などに必要な医療や経済的な損失に対して，費用の給付を行う。日本では1961年にすべての国民がいずれかの医療保険に加入する国民皆保険が実現した。日本の医療保険は，被用者保険（健康保険）と住民保険（国民健康保険）の二つに大別される。医療保険加入者が医療機関で診療を受けた際，窓口で支払う自己負担の割合は，小学生～69歳が3割，未就学児と70～74歳が2割，75歳以上が1割（現役並み所得者は3割）など，年齢で異なる。

国民健康保険Ⓝ（こくみんけんこうほけん） 被雇用者以外の一般国民を被保険者とし，疾病・負傷・出産・死亡に関して医療その他の保険給付を行う制度。1938年に，軍事的労働力を保全する視点から，農山漁村民を対象とする医療保険として創設された。1948年，市町村公営の原則がうち出され，1958年の国民健康保険法の全面改正により国民皆保険を確立した。国保と略。無職者もこれに加入。

類 市町村国保Ⓝ　国保組合

健康保険Ⓝ（けんこうほけん） 被用者とその家族の疾病・負傷・死亡などに対して給付を行い，生活の安定をはかる職域保険。5人以上の従業員を雇用する企業を対象とする医療保険。政府管掌健康保険（2008年から公法人の全国健康保険協会が管掌，通称「協会けんぽ」）と組合管掌健康保険とがある。1922年に制定され，1927年から施行された。日本で最も歴史の古い社会保険。

類 政府管掌健康保険Ⓝ　組合管掌健康保険Ⓝ

協会けんぽⓃ（きょうかい-） 健康保険組合をもたない，主として中小企業の労働者を対象にした健康保険制度の通称。

同 協会管掌健康保険

保険料Ⓝ(ほけんりょう)　社会保険の負担金をさす。被保険者負担・事業主負担・患者負担・国庫負担などに分けられる。医療・年金など保険料負担による社会保険を拠出制といい，生活保護など拠出によらないものを無拠出制という。

国民医療費(こくみんいりょうひ)　国民が医療にかけた年間費用の総額。厚生労働省が毎年度発表する。正常な分娩などの費用や，健康診断，予防接種等の費用，身体障害者に必要とされる義眼，義肢の費用，医療保険外の特別料金や差額等は含まれない。近年の人口老齢化や医療技術の進歩などにより医療費の増加が問題となっている。

医療保険改革Ⓝ(いりょうほけんかいかく)　日本の急激な高齢化の進行と医療費の増大，医療保険財政の赤字化に対し，医療保険財政の長期的な安定と国民への高度医療の提供が求められている。そのために，診療報酬体系・薬価基準制度・高齢者医療などの改革を実施すると称し，政府は1997年に患者負担の増大などを柱とした健康保険法の改正を行った。

年金保険Ⓝ(ねんきんほけん)　老齢・障害・死亡などで失った所得を保障し，生活安定や福祉向上を目的とする社会保険。年金保険の給付の事由には老齢・障害・遺族の３種類がある。

社会保険庁の解体(しゃかいほけんちょう-かいたい)　社会保険庁は，国民年金や厚生年金保険などに関する仕事を行ってきた厚生労働省の外局。年金記録のずさんな管理などが問題となり，2010年に解体。かわりに非公務員型の公法人「日本年金機構」が設立され，年金業務が移管された。

類 日本年金機構Ⓝ　全国健康保険協会Ⓝ

公的年金制度Ⓝ(こうてきねんきんせいど)　国が管理・運営する社会保障制度の一つ。国民や労働者の老齢・障害・死亡などを対象とし，年金や一時金を支給して，本人・遺族の生活安定を目的とする。日本では1961年に，国民皆年金が実施されて以後，保険料を一定期間支払うことを条件とする拠出年金制度が確立した。1986年からは，国民年金が全国民に共通する制度となり，それに厚生年金保険・共済年金を上乗せする２階建ての制度となった。給付内容については，国民年金から支給される基礎年金は定額であるが，厚生・共済両年金では在職中の報酬に応じた比例制度をとる。1994年には，支給開始年齢を段階的に65歳へと引き上げる改正が行われた。2015年から共済年金は厚生年金に一元化された。また，2017年から年金の受給資格期間が「25年以上」から「10年以上」に短縮。

基礎年金制度Ⓝ(きそねんきんせいど)　1985年に法改正され，翌1986年にから施行されたしくみ。各年金制度を一本化して基礎年金（国民年金）部分を共通とし，厚生年金・共済年金の報酬比例部分を上乗せする。20～60歳未満の人は保険料納付義務がある。各種年金制度間の格差を緩和することなどを目的とする。

老齢年金Ⓝ(ろうれいねんきん)　老齢のため労働が困難となった者を対象に，その生活維持・安定を目的に支給される年金。公的年金その他の各種年金に一定期間加入し，保険料を支払い続けて資格（25年以上）を満たした場合，一定の年齢後から支給される。国民年金の場合，原則65歳支給。

遺族年金（いぞくねんきん） 公的年金加入者が死亡したとき，遺族となった人の生活の維持・安定を目的に，18歳未満の子どもか，子どものある妻に，支給される。国民年金の場合は遺族基礎年金が支給されるが，厚生年金加入者の場合は，遺族厚生年金の上乗せがある。

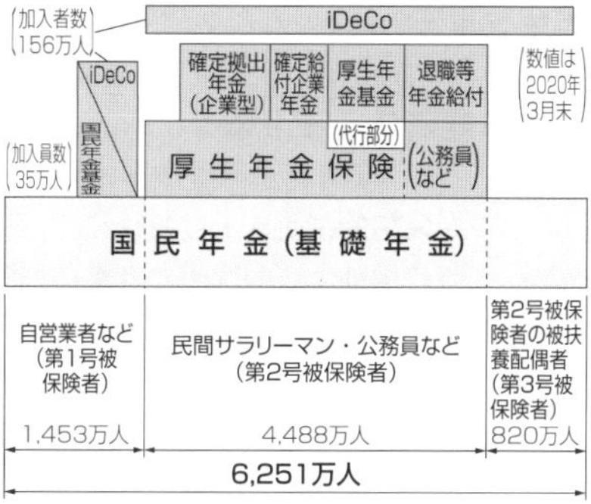

↑日本の年金制度

国民皆年金Ⓝ（こくみんかいねんきん） すべての国民が何らかの年金に加入している状態をさす。1961年に発足した国民年金の実施により実現した。

国民年金Ⓝ（こくみんねんきん） 公的年金の対象者になっていなかった農民・商店主などの自営業者を対象とした年金制度。1961年発足。1986年から，すべての国民を加入者とする基礎年金制度に改められた。自営業者などを第１号被保険者，サラリーマン・公務員などを第２号被保険者，専業主婦（主夫）などを第３号被保険者としている。さらに1992年の改正で，20歳以上の学生も第１号被保険者として強制加入となった。年金給付は老齢・障害・死亡について行われ，老齢基礎年金は原則65歳から支給される。保険料は原則定額となっている。

厚生年金Ⓝ（こうせいねんきん） 常時５人以上を雇用する事業所または常時１人以上を雇用する法人事業所などの，主として民間企業の従業員を対象にした公的年金制度。給付内容が定額部分と報酬比例部分とに分かれていたが，1985年の改正で定額部分が国民年金の基礎年金となった。年金給付は老齢・障害・死亡の際，基礎年金に上乗せした年金として支給される。1994年の改正で，支給開始年齢を段階的に65歳まで引き上げることになった。

共済組合Ⓝ（きょうさいくみあい） 国家及び地方公務員や私立学校教職員などの医療保険と年金保険の運営主体。共済保険と共済年金とがある。

年金積立金管理運用独立行政法人Ⓝ（**ＧＰＩＦ**Ⓝ）（ねんきんつみたてきんかんりうんようどくりつぎょうせいほうじん） 総額で約140兆円にのぼる国民年金や厚生年金の積立金の大部分を運用する機関。積立金の運用は従来，安全資産として国内債券を中心に行われてきた。安倍晋三政権はこれを見直し，リスク資産とされる国内株式や外国株式の比率拡大を打ち出し，ＧＰＩＦは株式重視の運用に転換した。しかし非人道兵器・クラスター爆弾の製造企業の株式を保有していることが2017年に発覚。ＳＲＩ（社会的責任投資）やＥＳＧ（環境・社会・ガバナンス）投資の原則に反するという声がある。

確定拠出年金Ⓝ（かくていきょしゅつねんきん） 企業や加入者が一定の保険料を拠出し，それを運用した収益などに応じて給付額が決定される年金。企業型と個人型とがあり，2001年から導入された。日本版401kともいう。

同 日本版401k

年金改革法（ねんきんかいかくほう） 将来の年金水準を確保するためと称して，2016年に制定された法律。実際には支給額が抑制されることになり，批判の声が根強い。

マクロ経済スライドⓃ（-けいざい-） 年金の給付水準の伸びを抑制するためのしくみ。2004年の年金制度改革の際に導入された。このしくみを適用すると，保険料を段階的に引き上げた後に上限で固定する一方，年金給付額の伸びが賃金や物価の伸びよりも低めに抑えられることになる。

社会保障費の財源Ⓝ（しゃかいほしょうひ-ざいげん） 社会保障の財源調達は，労働者大衆，事業主，政府・国家の３者の組み合わせでなされ，各国によって負担する割合が異なる。財政難から，厚い福祉を求めるなら，受益者負担でより多く負担せよという，高福祉・高負担論が主張されている。

財政方式（ざいせいほうしき） 支給年金の基金を構成する方式をいう。保険加入者が払い込んだ保険料の積み立て原資から支給するのが積み立て方式であり，支給する各年度の現役労働者の支払い保険料から支給するのが賦課方式である。日本の公的年金の財政方式は積み立て方式で開始されたが，後に賦課方式をベースにした修正賦課方式（修正積み立て方式ともいう）が採用されている。

修正賦課方式：賦課方式を基本に，一部積み立て方式を取り入れた年金の財政方式。

積み立て方式：保険加入者が払い込んだ保険料の積み立て原資から支給する。物価の上昇などにより積み立て金の価値下落が生じるため，経済変動の激しい時期には制度が崩壊する恐れがある。

賦課方式：各年度の現役労働者の支払い保険料から支給する。経済変動には強いが，現役労働者と被支給者の比率が変動するような高齢社会の到来期には，制度がくずれる可能性がある。

給付Ⓝ（きゅうふ） 日々の生活において，なんらかの事故に直面し，社会保障の対象者となったとき，支給されるものをさす。現金給付・現物給付・サービス給付などがある。どのような形態や方法による給付がよいか，さまざまな議論がある。

雇用保険Ⓝ（こようほけん） 失業や事故という生活不安に対し，所得保障を行い，再就職を促進させることを目的とする社会保険の一種。1975年から施行された雇用保険法により運用。保険料のうち，失業給付にあてられる分は労使で折半し，その他の分は使用者が負担する。雇用保険と労災保険をあわせて労働保険という。

類 労働保険

労働者災害補償保険Ⓝ（**労災保険**Ⓝ）（ろうどうしゃさいがいほしょうほけん）（ろうさいほけん） 業務上の事由による負傷・疾病・廃疾・死亡などの際に給付を行う社会保険。業務外を給付事由とする健康保険と異なる。1947年に制定された労働者災害補償保険法に基づき，使用者が保険料を全額負担する。

公的扶助Ⓝ（こうてきふじょ） 日本の社会保障を形成する四つの制度のうちの一つ。社会保障の目的は，国民の最低限度の生活水準（ナショナル-ミニマム）を保障し，国民生活を安定させることにあり，そのため社会保険と公的扶助があい補い目的を達成させる。公的扶助は，社会保険の対象とならない生活困窮者などの最低限の生活を確保することをめざし，国家が生活を援助する制度。日本では，憲法第25条の生存権規定に基づき，生活保護法を中心に公的扶助が実施される。

生活保護Ⓝ(せいかつほご)　憲法第25条の理念に基づき，国民の健康で文化的な最低限度の生活を保障するための制度。公的扶助の代表とされ，生活保護法が定められている。公的扶助は，その申請により，資力調査（ミーンズ-テスト）・扶養者調査などの受給資格要件の確認を経て，必要な最低限度の給付を受ける。生活保護法では，所得保障としての現金給付を行う生活扶助・住宅扶助・教育扶助・葬祭扶助・生業扶助・出産扶助と，医療現物サービス給付としての医療扶助・介護扶助との合計８種類の扶助が規定されている。

民生委員Ⓝ(みんせいいいん)　社会福祉事業に協力する地域ボランティア。各市町村ごとに推薦され，厚生労働大臣が委嘱する。地域の実態を把握し，要保護者の保護指導や，ときには生活の指導などにあたる。

ナショナル-ミニマムⓃ[national minimum]　社会保障の国民的最低基準と訳される。イギリスのフェビアン協会の創立者ウェッブが提唱。「労働者をして生産者ならびに市民としての実力を有する状態に維持せしむる」のに必要な国民の最低限度の生活水準を示したもの。

社会福祉Ⓝ(しゃかいふくし)　憲法第25条の生存権規定に基づき，貧困者や障害者・児童・高齢者など，援護育成を必要とする社会的弱者が自立し，その能力を発揮できるように，国・地方公共団体などが行う諸活動をさす。単に福祉ともいう。日本の社会福祉事業は，児童福祉法（1947年）・母子及び寡婦福祉法（1964年）・老人福祉法（1963年）・身体障害者福祉法（1949年）・知的障害者福祉法（1960年）などの法律に基づいて行われている。

同 福祉Ⓝ　類 福祉事務所

福祉六法(ふくしろっぽう)　生活保護法，児童福祉法，身体障害者福祉法，知的障害者福祉法，老人福祉法，母子及び寡婦福祉法の六つの法律をさす。

生活保護法：1946年制定。1950年全面改正。国が生活困窮者に対し，その程度に応じて保護を行うことにより，最低限度の生活を保障する法律。

児童福祉法：1947年制定。児童の健全な育成を目的とする。1997年大幅改正。

身体障害者福祉法：1950年施行。身体障害者の機能回復と自立援助を目的とする。1993年改正。

知的障害者福祉法：1960年施行。知的障害者の福祉サービスについて定める。

老人福祉法：1963年制定。老人の健康維持と生活の安定化によって老人福祉を実現する。

母子及び父子並びに寡婦福祉法：1964年制定。母子福祉について，資金の貸し付け，雇用促進，住宅供給などを定める。当初は母子だけを対象としていたが，2014年に現在の名称に変更。

ノーマライゼーションⓃ　☞ p.247（ノーマライゼーション）

精神保健福祉法(せいしんほけんふくしほう)　精神障害者の福祉充実を目的に1950年に制定された精神保健法が，1995年に精神保健福祉法（精神保健及び精神障害者福祉に関する法律）に改められた。精神障害者の自立と社会経済活動への参加を援助するのが基本理念。

公衆衛生Ⓝ(こうしゅうえいせい)　疾病を防ぎ，広く国民の健康の保持・増進をはかるために営まれる組織的な活動をさす。活動の拠点は保健所であり，住民の疾病予防・保健衛生・環境衛生などの仕事を担当している。

類 保健所Ⓝ

健康増進法Ⓝ(けんこうぞうしんほう)　国民の健康づくりや病気予防を推進するため2003年に施行された法律。初めて嫌煙の推進を規定。これによって，官公庁や駅などの禁煙化・分煙化がすすんだ。第25条には受動喫煙の防止などが規定され，2000年に始まった健康づくり運動「健康日本21」の法的裏づけとなった。

類 受動喫煙Ⓝ

セーフティ-ネットⓃ[safety net]　安全網のこと。事故・災害など不測の事態や失業などの経済的不安に備えた制度をさす。2000年代以降に広がった国民の格差拡大に対応して，その整備の必要性が指摘されている。

社会保護の床(しゃかいほご-ゆか)　セーフティ-ネットにかわる概念で，最低限の水準という意味がある。ネットは網であり，穴があいているが，床は面であり，貧困への底支えとしての役割を果たすという考え方に基づく。2012年の国際労働機関（ＩＬＯ）の総会で第202号勧告として採択された。

貧困率Ⓝ(ひんこんりつ)　国民の所得額を順に並べて，真ん中の人の額（中央値）の２分の１以下の所得の人の割合。相対的貧困率ともいう。中央値は通常，平均値よりも低くなる。日本はＯＥＣＤ（経済協力開発機構）の計算方法で2021年時点の統計にて15.7%，５番目に高い数値。

同 相対的貧困率Ⓝ

生活保障(せいかつほしょう)　社会保障と雇用の二つの分野を，不可分の要素として結びつけた言葉。背景に格差社会の広がりがある。人々の生活が成り立つには，まず働き続けることができ，万が一働けなくなったときには所得が保障され，再び働けるような支援が不可欠になる。経済や社会の構造を，個々人の日々の生活という観点からとらえなおすという意味で，「生活保障システム」ともよぶ。

ベーシック-インカムⓃ[Basic Income]　基本所得保障制度。社会で生活するための基本的な所得を，雇用の有無に関係なく，すべての人に公的に保障するしくみ。グローバリゼーション下で広がる雇用破壊への対応策として提起された。財源などの課題も多いが，労働についての選択の自由度が高まるともされる。

社会保障と税の一体改革(しゃかいほしょう-ぜい-いったいかいかく)　社会保障の基盤整備を税の改革と同時にすすめようとする民主党政権の政策。2012年に関連法が成立した。税については，消費税率が2014年４月から８％に引き上げられ，さらに2019年には10%に引き上げられた。一方，社会保障の分野では，年金受給に必要な加入期間が25年から10年に短縮され，パート労働者の社会保険への加入要件が緩和。子育て支援については，幼稚園と保育所の機能をもつ現行の「認定こども園」制度が一部拡充。

社会保障制度改革推進法(しゃかいほしょうせいどかいかくすいしんほう)　社会保障と税の一体改革関連法の一つ。2012年に制定。社会保障のあり方として「自助，共助及び公助」と明記するなど，国・地方の役割が後退する内容。

国際編

1章　国際政治と日本

1　国際社会の動向

国際社会の成立と発展

国際社会Ⓝ（こくさいしゃかい）　主権国家を基本的な構成単位として成立する全体社会のこと。17世紀前半のヨーロッパにおいて成立した。国際社会を，国家をこえた一つの世界と考え，各国政府・地方自治体・国際組織・NGO（非政府組織）・多国籍企業も行動主体と認め，国家中心的な権力関係では解決できない環境・資源・食料・難民などの課題に取り組む場とも考えられるようになってきた。

国内社会（こくないしゃかい）　国際社会に対置して使用される。国際社会は，基本的には公権力は存在せず，各国が国家利益を追求するパワー-ゲーム（権力闘争）の世界である。それに対して国内社会では，一定の領域内の全国民を服従させる公権力が存在する。

国際関係（こくさいかんけい）　国家間に成立する協調・対立などさまざまな関係をさす。国際関係が明確に意識されてくるのは，17世紀前半に近代国家が主権国家として，当事者能力を保持できるようになってからである。今日では，国家をこえた相互浸透システムが全地球的規模に拡大しているので，核・環境・人権・南北問題などが重要な領域になっている。

主権国家Ⓝ（しゅけんこっか）　一定の領域（領土・領海・領空）・国民・主権をもち，他国からの支配や干渉を受けずに自国のことを自主的に決定する国家のこと。17世紀前半のヨーロッパ（1648年まで開かれたウェストファリア会議）において成立した。今日の国際社会は，190か国をこえる主権国家間の関係を基本的枠組みとしている。主権国家は，軍・警察などの機構を独占，中央政府に優位する権力や権威を国内外に認めず，国家間関係は基本的には力の競合する無政府状況と認識し，自国の経済的・政治的・文化的優位性をめざす。このような国家間の関係は必然的に何らかの形での紛争・対立を内在している。

民族国家Ⓝ(みんぞくこっか)　正確な定義はないが，民族 (ethnic group) の観念によって国民統合が図られている国家のことを指すことが多い。特に，ほぼ全ての国民が単一の民族によって構成されており，言語・慣習・宗教などの強度な均質性が見られる国家を単一民族国家 (monoethnicity) と呼ぶ。反対に，多様な民族から構成される国家を多民族国家 (multiethnicity) と呼ぶ。なお，日本では，大和民族，アイヌ民族，琉球民族など，多様な民族が歴史的に共存している。

国民国家[nation state] (こくみんこっか)　国民の大多数が同じ文化を共有しており，文化的連帯感による政治的統合が図られている国家をいう。国民国家の生成過程においては，異文化が法制度的に排除されたり，政府などによって，新たな国民像や文化が造られることもある。明治期以来の日本も，その一例とされる。

主権平等Ⓝ(しゅけんびょうどう)　主権国家は領土や人口の大小にかかわらず，すべて平等に扱われ，相互に対等であること。国際社会における原則。国家の主権は，その国の承認なしに他によって制限されることはない。

内政不干渉Ⓝ(ないせいふかんしょう)　各国の国内政治に，他国が干渉しないということ。各国の主権を尊重するもので，国際法上の原則。国連憲章にも定められている。

三十年戦争(さんじゅうねんせんそう)　宗教改革後のヨーロッパにおける，宗教戦争の最後でしかも最大の戦争。発端は1618年に起こったドイツ地域内の新旧両派の宗教の自由をめぐる争いであったが，ハプスブルク家 (ドイツ) とブルボン家 (フランス) の対立を基軸とした政治的な国際戦争に発展した。

ウェストファリア会議(-かいぎ)　1648年，三十年戦争を終結させたウェストファリア条約が成立した会議。会議では，①ドイツ各都市・各諸侯領ごとに宗教の自由を認め，カルヴァン派を公認し，②ドイツ帝国 (ハプスブルク家が支配) 内の諸侯に領邦内の自主権を認め (帝国は有名無実となる)，③オランダとスイスの独立を認め，フランスなどの領土が確定した。この会議で成立した国際秩序は，ヨーロッパの政治体制の土台となった。

類 ウェストファリア条約

帝国主義国家(ていこくしゅぎこっか)　帝国主義政策をとる国家のこと。国内では資本主義が最高度に成熟し (独占資本主義)，その内的エネルギーの発露として対外進出 (植民地や領土権の拡大) をくわだてる国家をさす。

汎ゲルマン主義と**汎スラヴ主義**(はん-しゅぎ-はん-しゅぎ)　19世紀末以降，「民族のるつぼ」といわれたバルカンは，「ヨーロッパの火薬庫」と形容されるほどに政情が不安定だった。そのバルカン半島の民族運動で，ゲルマン (ドイツ) 人を核に勢力の結集をはかったのが汎ゲルマン主義。一方，スラヴ (ロシア) 人を中心に勢力を拡大しようとしたのが汎スラヴ主義である。この両者の抗争が，第一次世界大戦を引き起こす原因の一つとなった。

第一次世界大戦Ⓝ[First World War] (だいいちじせかいたいせん)　1914～1918年。イギリスの帝国主義政策 (カルカッタ・カイロ・ケープタウン路線を強化する３Ｃ政策) とドイツの帝国主義政策 (ベルリン・ビザンチウム・バグダッドを結ぶ３Ｂ政策) の対峙，ロシアの汎スラヴ主義とドイツの汎ゲルマン主義との対立，ドイツとフランスとの歴史的な国境争いが，バルカン半島での民族問題をめぐるサライェヴォ事件（1914年）を口火に爆発した戦争。人類が初めて経験した，近代兵器（戦車・飛行機・毒ガスなど）を駆使した国民総力動員の全体戦争であった。この戦争は，戦場での勝敗によってではなく，連合国（日・米も参加）と同盟国（オーストリア・ドイツ・トルコ・ブルガリア）の総合生産力の差と，ロシア・オーストリア・ドイツの内部崩壊（革命）で終結した。

第二次世界大戦Ⓝ［Second World War］（だいにじせかいたいせん） 1939〜45年。1929年の世界大恐慌をきっかけに，その対応をめぐって「もてる国」（イギリス・アメリカ・オランダなど先進資本主義諸国）と「もたざる国」（ドイツ・日本・イタリアなど後発の資本主義国）との対立が激化した。こうした状況のなかで1939年，ドイツがポーランドへ侵攻を開始した。イギリス・フランスはただちにドイツに宣戦，ここに第二次世界大戦が始まった。1940年に結ばれた日独伊三国同盟を背景に，翌1941年にドイツがソ連を奇襲し，同年末には日本がマレー半島に上陸，ハワイの真珠湾を攻撃すると，戦争は全世界に広がった。結局，第二次世界大戦はイギリス・アメリカ・フランス・ソ連・中国を中心とする連合国側が，日独伊枢軸国側のファシズムと軍国主義に対して勝利。

政府間国際組織（ＩＧＯ）［Intergovernmental Organization］（せいふかんこくさいそしき） 複数の国家により条約に基づいて設立された国際機構。国際社会の構成単位の基本は主権国家であるが，かつての国際連盟や現在の国際連合，さらにはＥＵ（欧州連合）・ＩＬＯなど多くのＩＧＯが設立され，重要な構成単位となっている。主権国家の国益中心の行動を制約する役割ももつ。

非政府組織Ⓝ**（ＮＧＯ**Ⓝ**）**［Non-Governmental Organization］（ひせいふそしき） 公権力を行使する「政府機関」に対する用語。平和・人権・環境問題などについて，国際的に活動している民間の組織・団体をさす。世界労働組合連盟（ＷＦＴＵ）・世界宗教者平和会議などがある。国連憲章第71条の規定に基づき，経済社会理事会は，国連の取り組む諸分野で顕著な活動をしている民間団体を，国連ＮＧＯとして認定。現在，アムネスティ-インターナショナル・赤十字国際委員会・地雷禁止国際キャンペーンなど1000以上の団体が認定される。

赤十字国際委員会（ＩＣＲＣ）［International Committee of the Red Cross］（せきじゅうじこくさいいいんかい） 1863年に，スイス人アンリ=デュナンの提唱で創設された。戦争の犠牲者を保護するための国際的な組織で，委員は15〜25人。多くの国の委員で構成すると，各国の利害がからんで円滑な活動ができなくなるため，永世中立国のスイス人だけで構成されている。本部はジュネーヴにある。

類 アンリ=デュナン

国際赤十字・赤新月社連盟Ⓝ**（ＩＦＲＣ）**［International Federation of Red Cross and Red Crescent Societies］（こくさいせきじゅうじせきしんげつしゃれんめい） 1919年に創設された赤十字社連盟が，1991年に各国の赤十字社，赤新月社の連合体として，現在の名称に変更。主として平時における自然災害・緊急災害等の被災者や国内避難民の救援などを行う。189の国・地域にあり，本部はジュネーヴ。なお，ＩＣＲＣとＩＦＲＣ，各国赤十字社の三つを総称して国際赤十字という。

類 国際赤十字Ⓝ

オックスファム（OXFAM） 第二次世界大戦中，ナチス占領下のギリシャ難民への支援から始まったNGO。イギリスのオックスフォード住民が1942年に設立したオックスフォード飢餓救済委員会が前身。今日では，イギリス・アイルランド・アメリカの各オックスファムがそれぞれ国連経済社会理事会のNGO資格を取得し，主として発展途上国への援助を行っている。

地雷禁止国際キャンペーンⓃ（ICBL）［International Campaign to Ban Landmines］(じらいきんしこくさい-) 対人地雷を廃絶する運動を展開する国際NGO。ワシントンに本部を置く。活動の柱としてきた対人地雷全面禁止条約が，1997年に採択された(1999年発効)。1997年ノーベル平和賞受賞。

国境なき医師団Ⓝ（MSFⓃ）(こっきょう-いしだん) 国際的に医療ボランティア活動をしているNGO。1971年，フランスで結成された。戦争や自然災害による被災者，難民への医療活動を展開。1999年ノーベル平和賞受賞。

グリーンピース［Greenpeace］ 積極的な調査活動と果敢な行動力で知られる国際的環境保護団体。1971年に設立され，本部はアムステルダムにある。

国際オリンピック委員会Ⓝ（IOCⓃ）［International Olympic Committee］(こくさい-いいんかい) オリンピック大会の開催・運営をはじめ，各種の競技を組織化する国際機関。フランスのクーベルタン男爵の提唱で，1894年に創設された。IOC憲章によると，オリンピックはスポーツを通じて国際親善を発展させ，平和的な世界を建設することを目的にし，人種・政治・宗教などによる差別を許さないことを原則としている。本部はスイスのローザンヌ。

核兵器廃絶国際キャンペーン（ICAN）［International Campaign to Abolish Nuclear Weapons］ アイキャン。2007年に発足し，スイスのジュネーブに拠点をおくNGO。平和や軍縮・人権などの問題に取り組む約100か国の500近い団体で構成される。日本からは7団体が参加。2017年，核兵器禁止条約を日本の被爆者らと連携し，国連の場で採択させるのに貢献した。同年のノーベル平和賞を受賞。

国際政治の特質

安全保障Ⓝ(あんぜんほしょう) 外国の武力侵略から国家の安全を防衛すること。その方式としては，勢力均衡（バランス-オブ-パワー）方式と，集団安全保障方式がある。第一次世界大戦前は前者がとられていたが，大戦の勃発によってこの方式は破たん。そこで，国際連盟・国際連合の下では，集団安全保障方式がとられた。冷戦が崩壊した現在，安全保障における軍事力の役割は低下している。総合的な視野からの安全保障の確立が重要である。

消極的安全保障と積極的安全保障(しょうきょくてきあんぜんほしょう-せっきょくてきあんぜんほしょう) 前者は，非核兵器保有国に対して核兵器の使用を禁止する措置のこと。後者は，非核兵器保有国が核兵器による攻撃や威嚇を受けた場合，保有国が援助を約束すること。ともに，NPT（核兵器不拡散条約）に加入した非核兵器保有国が，核兵器に対する安全を確保するためのものとされる。

国家的利益（国益Ⓝ）（ナショナル-インタレスト）［national interest］（こっかてきりえき）（こくえき） 各国家が国際社会において追求する国家的・国民的利益。その実体は明瞭でないが，国境の確保など国家にかかわる核心的事柄，自国の経済力・技術力・軍事力など国家の繁栄にかかわる事柄，自国のヴィジョンで国際社会をリードしようとする主張・行動などが考えられる。

力の政治（パワー-ポリティクス）［power politics］（ちから-せいじ） 政治を支配・被支配の力関係としてとらえ，その観点から遂行される政治のこと。国際政治の本質をさす場合に用いられる。主権国家が併存する国際社会では，自国の安全保障のための手段として最終的に頼れるものは軍事力である，とする考え方。

同 権力政治

勢力均衡（バランス-オブ-パワー）［balance of power］（せいりょくきんこう） 国際社会において，諸国が離散・集合しつつ，相互の力の均衡によって独立を維持しようとする外交・戦略のこと。国家間に戦争を起こさないという，相対的な安定と平和をもたらす指導原理と考えられた。17～19世紀の西欧社会において，特にイギリスをバランサー（均衡者）とした勢力均衡策が有効に作用したとされる。

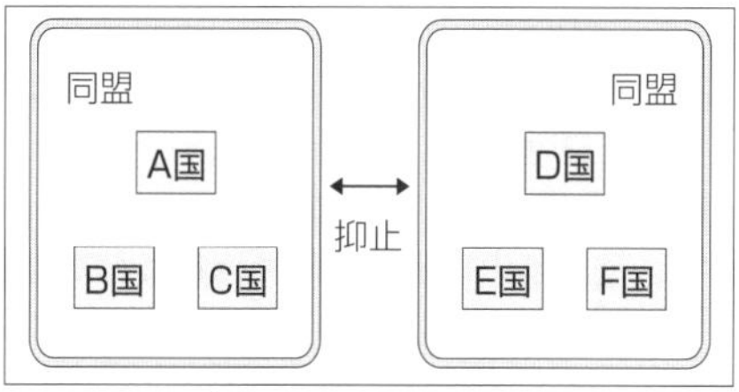

↑ 勢力均衡の考え方

軍事同盟Ⓝ（ぐんじどうめい） 二国またはそれ以上の国の間で，他国からの攻撃に対して共同で防衛にあたること。この場合，条約が締結され，相互援助の内容などが定められる。北大西洋条約機構（ＮＡＴＯ）・日米安全保障条約などがある。

集団安全保障Ⓝ（しゅうだんあんぜんほしょう） 20世紀に入り，勢力均衡方式にかわって登場した国際平和維持のための制度。対立する多数の国家が互いに武力の行使を慎むことを約束し，それに反した国に対して集団の力で平和を維持する方法。加盟国は自衛の場合以外には武力行使が禁じられ，国際紛争を平和的に解決する義務を負う。集団的自衛権とは異なる概念。

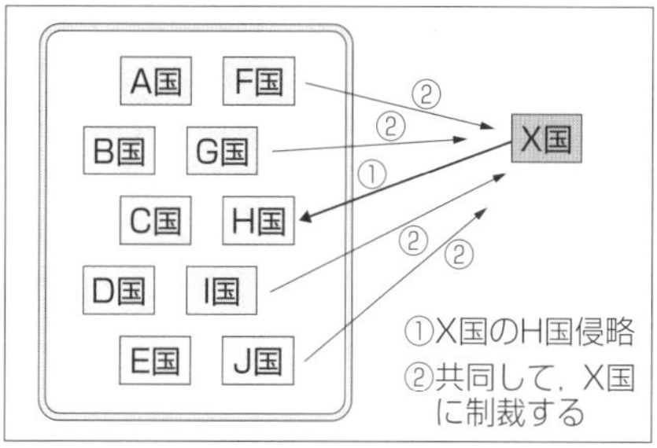

↑ 集団安全保障の考え方

ナショナリズムⓃ［nationalism］ 一般的には，自己の独立・統一・発展をめざすネーション（民族や国民など）の思想と行動をさす。国民主義・国家主義・民族主義などと訳し分けられてきたが，その言葉の多様性ゆえに，今日では「ナショナリズム」とそのまま表記されることが多い。歴史的には，まず18世紀末のフランス革命に端を発し，19世紀のヨーロッパでドイツ・イタリアなどが近代国民国家を形成するスローガンとなった（国民主義）。19世紀末から20世紀にかけては，帝国主義・軍国主義と結びつき，他民族や他国への侵略を正当化するために唱えられた（国家主義）。さらに第二次世界大戦後になると，アジア・アフリカなどの諸民族が，民族自決や反植民地主義をかかげて解放・独立を求める合言葉となった（民族主義）。

類 国民主義　国家主義　民族主義Ⓝ

エスノナショナリズム［ethnonationalism］　出自や文化の同一性への信念を媒介とした集団であるエスニック-グループなどを主な担い手とするナショナリズムの形態。20世紀終盤以降，国民国家の内部でマイノリティ（少数派）とみなされてきた人々の分離・独立を求める運動などが顕著となり，注目を集めている。

帝国主義Ⓝ［imperialism］（ていこくしゅぎ）　広義には，他民族支配と領土拡張をめざす国家の侵略的傾向をいう。狭義には，19世紀末から西欧先進資本主義諸国が，発展の遅れた地域に権益を確保し，領土を拡大していった現象をさす。
☞p.142（帝国主義）

植民地主義Ⓝ［colonialism］（しょくみんちしゅぎ）　帝国主義の時代に市場の拡張と原料の確保，資本の輸出のために行われた対外政策のこと。国際信義や秩序を無視しても，植民地の領有・獲得・保持を基本政策とする。第二次世界大戦後，反植民地闘争や民族解放運動が活発化し，国連内にアジア・アフリカ・ラテンアメリカ諸国が多数を占めたことで，植民地主義は衰退した。

新植民地主義［neo-colonialism］（しんしょくみんちしゅぎ）　第二次世界大戦後，多くの植民地は独立し，武力による植民地支配は不可能となった。それにかわり，独立を認めつつ経済的・思想的に支配をめざす大国の新たな対外政策のこと。今日では多国籍企業の進出，ひもつき援助との関連で論じられる場合が多い。

南北問題Ⓝ（なんぼくもんだい）　北半球に多い先進工業国国家群と，南半球に多い発展途上国国家群との間の，経済的格差から生ずる諸問題。　☞p.420（南北問題）

南南問題Ⓝ（なんなんもんだい）　発展途上国の間の，資源を「もつ国」と「もたざる国」との経済的分裂，また工業化に成功した新興工業経済地域（ＮＩＥｓ）と開発が著しく遅れた後発発展途上国（ＬＤＣ）との格差の問題。　☞p.423（南南問題）

経済協力Ⓝ（けいざいきょうりょく）　広い意味では，経済の分野において，国家間の意識的協力及び援助をさす。狭義には，先進国から発展途上国への協力・援助を示し，今日ではこの意味で使われる。　☞p.426（経済協力）

多国籍企業Ⓝ（**ＭＮＥ**）［Multinational Enterprise］（たこくせききぎょう）　二つ以上の国で資産を所有し，全世界的視野に立って経済活動を行う企業のこと。その経済的力は国際政治の一要因をなす。　☞p.174（多国籍企業）

反植民地主義（はんしょくみんちしゅぎ）　他国を植民地・半植民地にしようとする勢力や国家に対して，民族独立・民族解放を求める主張と行動をいう。この考え方は，1955年のアジア・アフリカ会議（バンドン会議）へとつながった。

宗教紛争（しゅうきょうふんそう）　宗教的対立が原因で起きた戦争や内戦。前項のイスラーム関係以外にも，スリランカのタミール人紛争（仏教とヒンドゥー教）や北アイルランド紛争（カトリックとプロテスタント）などがある。

グローバリズムⓃ［globalism］　グローブとは球体としての地球の意。地球全体を一つの共同体とする考え方。類語にグローバリゼーションがある。環境破壊・戦争・貧困などの問題に対して，国民国家の枠をこえた人類の協力で解決をめざす。

類 グローバリゼーションⓃ

反グローバリズム[anti-globalism]（はん-）　グローバリゼーションを先進国主導かつ市場経済万能主義のもと，自由主義経済を過度に進める流れであると捉え，それが貧富の格差の拡大や環境破壊，社会福祉の後退などの諸問題を発生させるという立場や運動。左翼組織や労働組合，環境保護団体など広範な人々が参加。

二つの世界の対立

東西問題Ⓝ（とうざいもんだい）　東西対立ともいう。第二次世界大戦後の，西側陣営（アメリカを中心とした資本主義陣営）と東側陣営（ソ連を中心とした社会主義陣営）間の対立から生じた問題。

資本主義陣営（しほんしゅぎじんえい）　西側陣営。資本主義経済に支えられたアメリカ・西欧諸国・日本などの資本主義諸国をさす。第二次世界大戦中は，日本・ドイツ・イタリアなどのファシズム勢力と，アメリカ・イギリス・フランスなどの反ファシズム勢力に分裂したが，戦後はソ連など社会主義陣営に対抗するため，アメリカを中心に政治的に団結した。

同 西側陣営Ⓝ

社会主義陣営（しゃかいしゅぎじんえい）　東側陣営。1917年のロシア革命によって，ソ連が社会主義経済体制を志向する史上初の国家として登場した。第二次世界大戦後は，社会主義国が，東欧・中国・北朝鮮・ヴェトナム・キューバなどに拡大し，資本主義陣営に対抗する大きな勢力が形成された。しかし，ソ連の崩壊や東欧諸国の体制移行などで，社会主義国は激減した。

同 東側陣営Ⓝ

ヤルタ会談Ⓝ（-かいだん）　第二次世界大戦末期の1945年２月，クリミア半島のヤルタで大戦終結と戦後処理のため，アメリカのＦ.ローズヴェルト，イギリスのチャーチル，ソ連のスターリンが行った会談。国際連合の設立やドイツの分割管理などが決定された。

ヤルタ協定Ⓝ（-きょうてい）　ヤルタ会談で取り決められた秘密協定。国連安全保障理事会の常任理事国に拒否権を認めることや，日本に対する協定（ソ連の対日参戦，千島列島と南樺太のソ連帰属など）などが合意された。

チャーチルⓃ[Sir Winston Churchill，1874～1965]　反共・反ファシズムの精神でイギリスの政界をリードした保守党の政治家。ドイツに対する宥和（ゆうわ）政策を批判して，英仏ソの同盟を主張。1940年，ドイツ軍の猛攻でイギリスが危機に陥ると，チェンバレンと交代して首相の座につき，強力な指導力を発揮し，連合国側に勝利をもたらした。戦後は反ソ連の先頭に立ち，1946年にはアメリカでの演説で，社会主義陣営の閉鎖性を「鉄のカーテン」とよんで非難した。

F・ローズヴェルト[Franklin Delano Roosevelt，1882～1945]　アメリカ合衆国第32代大統領。民主党。1929年に始まった世界大恐慌への対策としては，ＴＶＡ（テネシー川流域開発公社）のような公共事業による失業対策などを柱と

国際編

するニュー-ディール政策を実施した。対外的には善隣外交政策を推進，他国との関係を強化した。アメリカ史上初の４選を果たした。第二次世界大戦中，ファシズムに対決する姿勢でリーダーシップを発揮したが，終戦の直前に急逝。

スターリンⓃ[Iosif Vissarionovich Stalin，1879～1953]　ソ連共産党の指導者。レーニンの死後，その後継者としてソ連の政治動向に大きな影響を与えた。1936年の憲法（スターリン憲法）を起草した。1930年代初めに事実上の個人独裁を敷き，ソ連の工業化，農業の集団化を推進。第二次世界大戦中は，反ファシズム・連合国側のリーダーとしても活動したが，反対派への大量粛清，強引な農業の集団化など，社会主義のマイナスイメージができあがる原因をつくった。死後，フルシチョフらに専制支配を批判された。

鉄のカーテンⓃ[iron curtain]（てつ-）　チャーチルが1946年にアメリカでの演説で初めて使った表現。東西両陣営の境界に設けたソ連側のきびしい封鎖線に対し，皮肉をこめて「バルト海のシュテティンからアドリア海のトリエステまで，大陸を横切って鉄のカーテンが降りている」と述べた。

冷戦Ⓝ[cold war]（れいせん）　冷たい戦争。アメリカの政治評論家リップマンが自著の表題に用いて知られるようになった。米ソの対立を軸として，第二次世界大戦後まもなく生じた東側陣営と西側陣営との対立。熱戦[hot war]に対して，戦争にまではいたらない対立という意味で用いる。東欧や中国での共産党政権の成立，朝鮮戦争・スエズ戦争・ベルリン封鎖など，東西両陣営の対立は深まり，キューバ危機で核戦争直前にまで達した。

インドシナ戦争（-せんそう）　ヴェトナムによる民族独立の戦い。日本が第二次世界大戦で敗れた直後の1945年，ヴェトナム民主共和国が独立を宣言した。しかし旧宗主国フランスはこれを認めず，1946年にヴェトナムとフランスとの間で戦争が始まった。1954年，ジュネーヴ会議で休戦協定が結ばれ，フランスはヴェトナムから撤退した。

トルーマン-ドクトリンⓃ[Truman Doctrine]　アメリカ大統領トルーマンが1947年，共産勢力の伸長が著しいギリシャ・トルコへの軍事的・経済的援助を声明。ソ連などの東側陣営拡大に脅威を感じたアメリカによる対ソ封じ込めと，冷戦政策の開始の合図となった宣言。封じ込め政策。

類 封じ込め政策

マーシャル-プランⓃ[Marshall Plan]　アメリカ国務長官マーシャルが1947年に発表した欧州経済復興援助計画。東西両陣営の対立のなかで，ヨーロッパの第二次世界大戦後の経済復興をアメリカの援助で実現しようとしたもの。しかし，しだいにヨーロッパの対米従属・対ソ防壁のための軍事援助的性格を強めた。

東西ドイツ分裂（とうざい-ぶんれつ）　第二次世界大戦によるナチス-ドイツの敗北後，ドイツは東側をソ連，西側をアメリカ・イギリス・フランスの３か国の共同管理とされた。東西両陣営の対立激化や冷戦体制の下で，東西ドイツがほぼ同じ時期に別々の国家を樹立し，分裂国家のまま1973年，国連に同時加盟した。

ベルリン封鎖Ⓝ（-ふうさ）　1948年４月～1949年５月，ソ連が西ドイツからベルリンへの交通を全面封鎖。西側は空中輸送で食糧や燃料を西ベルリンに運び，東西両陣営の武力衝突の危機が高まった。封鎖のきっかけは，西側陣営（米・英・仏）がソ連に無通告で西ドイツの通貨改革を実施したため，ソ連側は西ドイツ政府樹立をくわだてる計画とみて反発した。

ベルリンの壁構築(-かべこうちく)　1961年，東ドイツ政府によってきずかれた障壁。東から西への脱出を防ぐため，東ベルリンを囲む形で約155キロにわたって設けられた。ドイツの東西分断後の1949～61年に，200万人以上の若年・熟練労働者や知識人などが東から西へ逃れたとされる。

朝鮮戦争Ⓝ［Korean War］(ちょうせんせんそう)　第二次世界大戦後，朝鮮半島には38度線をはさんで，北はソ連軍，南はアメリカ軍が駐留した。その後，南に大韓民国，北に朝鮮民主主義人民共和国が成立した。1950年，北朝鮮が韓国に侵攻して両国間で軍事衝突が起こると，南にはアメリカ軍，北には中国義勇軍が加わり，激しい戦争となった。1951年以降，戦線は38度線周辺で膠着(こうちゃく)状態となり，戦争は泥沼化したが，1953年に休戦協定が成立。休戦協定によって38度線で南北に民族が分断され，二つの朝鮮として今日にいたっている。

分断（分裂）国家Ⓝ(ぶんだんこっか)(ぶんれつこっか)　第二次世界大戦後の冷戦下で，米ソ両国の世界戦略によって政治的・人為的に分断が固定化された国家のこと。南北ヴェトナム・南北朝鮮・東西ドイツなどである。しかし，ヴェトナムは1975年に統一され，東西ドイツも1990年に統合された。残された朝鮮半島でも，両者の対話が進んでいるが，統一は実現していない。

中華人民共和国の成立(ちゅうかじんみんきょうわこく-せいりつ)　日本が第二次世界大戦で敗北して以降，中国では国民党と共産党による内戦が激化し，1949年10月，毛沢東(マオ＝ツォートン)が率いる共産党を中心とする勢力が勝利をおさめ，中華人民共和国の成立を宣言した。敗れた蔣介石(チャン＝チェシー)ら国民党の勢力は，台湾に逃げのびた。

北大西洋条約機構Ⓝ（**ＮＡＴＯ**Ⓝ）［North Atlantic Treaty Organization］(きたたいせいようじょうやくきこう)　1949年，アメリカを中心にカナダ・イギリス・フランスなど12か国で結成された軍事的同盟機構（フランスは1966年，ＮＡＴＯ軍から一時脱退）。その後，西ドイツやスペインなどが加盟。近年では東方拡大が進んで，1999年にポーランド・ハンガリー・チェコが加わり，2004年には加盟国が26か国に増えた。2009年からはアルバニア・クロアティアが，2017年からはモンテネグロが加入して29か国になった。ＮＡＴＯ軍をもち，各国の参謀総長クラスで構成される軍事委員会の統一指揮下におかれている。

東南アジア諸国連合Ⓝ（**ＡＳＥＡＮ**Ⓝ）［Association of Southeast Asian Nations］(とうなん-しょこくれんごう)　アセアン。1967年，東南アジアの５か国（インドネシア・タイ・シンガポール・マレーシア・フィリピン）が，経済・社会・文化の域内協力を推進するために結成した地域協力組織。現在は10か国で構成されており，さらに2025年までに東ティモールが正式加盟する予定である。2015年末にＡＳＥＡＮ共同体の設立を宣言した。ただ，1999年にＡＳＥＡＮ10になって以来，加盟国間の経済格差の大きさや民主主義の定着度の違いなど，ＡＳＥＡＮディバイドとよばれる問題もめだつ。

国際編

ASEAN地域フォーラムⓃ（**ARF**Ⓝ）（-ちいき-）　ASEANが域外国を招くかたちで，安全保障に関する情報・意見を交換する場として1994年に発足した組織。ASEAN10か国とアメリカ・中国・日本・韓国・北朝鮮など合計26か国と欧州連合が参加している。北朝鮮が恒常的に加わる唯一の安保対話枠組みで，アジア・太平洋地域における多国間平和構築の先例とされる。

東南アジア友好協力条約（**TAC**Ⓝ）（とうなん-ゆうこうきょうりょくじょうやく）　平和の地域共同体づくりをめざし，ASEAN原加盟国が1976年に締結した条約。戦争の放棄などを明記している。1987年から加入資格を域外の国にも開放した。ASEAN10か国のほか，日本・中国・韓国・ロシア・オーストラリアなどが加入。2008年に北朝鮮が，09年にはアメリカも加わった。

米州機構Ⓝ（**OAS**Ⓝ）［Organization of American States］（べいしゅうきこう）　アメリカ大陸での平和と安全の維持をめざして，1948年に結成された地域的集団安全保障機構。本部はワシントン平和と安全の維持のほかに，米州諸国間の相互理解の推進と経済・社会・文化的発展も目的にしている。当初はアメリカ合衆国による中南米支配の道具といわれた。現在，米国とカナダ，中南米・カリブ海の計35か国が加盟。キューバは革命後の1962年に脱退したが，アメリカと国交を回復，大使館を相互に再開したり，米大統領のキューバ訪問などが行われた。2017年，ベネズエラが機構からの脱退を表明した。

南米諸国連合（**UNASUR**）（なんべいしょこくれんごう）　2008年，南米の12か国で発足。アンデス共同体と南米共同市場を軸に拡大した組織で，社会的・経済的な不平等の根絶や核兵器の廃絶などを共同目標に掲げる。アフリカ連合（AU）とも「南南協力」などで連携関係にある。

中南米カリブ海諸国共同体（ちゅうなんべい-かいしょこくきょうどうたい）　中南米・カリブ海地域の全33か国による地域機構。アメリカとカナダを除く枠組みで，2011年に発足した。事実上，キューバを排除する米州機構への対抗意識もみられるが，参加国の思惑は一様ではない。

アフリカ統一機構Ⓝ（**OAU**Ⓝ）［Organization of African Unity］（-とういつきこう）　アフリカ諸国の統一，連帯の促進，主権・領土・独立の確保，アフリカ人民の生活向上，植民地主義の根絶をめざして，1963年に結成された地域的国際機構。モロッコを除く全独立国と西サハラが加盟。本部はエチオピアのアディスアベバ。2002年，アフリカ連合（AU）に移行。

アフリカ連合Ⓝ（**AU**Ⓝ）［African Union］（-れんごう）　2002年にアフリカ統一機構から移行。55か国・地域が加盟。最高機関である首脳会議のほか，国家をこえた全アフリカ議会・裁判所などをもつ。EU（欧州連合）を手本にした共同市場の創設や通貨統合などもめざす。2017年，モロッコの加盟が承認された。

コミンフォルム［Cominform］　1947年，マーシャル-プランに対抗し，東欧諸国の結束をはかるためにソ連が設けた各国共産党の連絡・提携強化をうたった機関。国際共産党情報局。1956年に解散した。

経済相互援助会議Ⓝ（**COMECON**Ⓝ）［Council for Mutual Economic

Assistance〕(けいざいそうごえんじょかいぎ) ソ連と東欧諸国の間でつくられた東側陣営の経済協力組織。社会主義的国際分業体制の確立をめざしたが，実質的にはソ連の経済発展に各国が従属させられた。冷戦終結や東欧民主化の流れのなかで矛盾が激化し，1991年に解散した。

ワルシャワ条約機構Ⓝ（**WTO**Ⓝ）〔Warsaw Treaty Organization〕(-じょうやくきこう) 東欧友好協力相互援助条約に基づき創設された集団軍事機構。1955年，NATOと西ドイツの再軍備に対抗し，ソ連や東ヨーロッパ8か国で発足した。ソ連のペレストロイカ政策と東欧民主化の嵐のなかで，1991年に解散。

平和共存

ジュネーヴ会議(-かいぎ) 1954年4～7月に開かれたインドシナ戦争の休戦をめぐる会議。アメリカ・イギリス・フランス・ソ連・中国・南北のヴェトナムなどが参加して休戦協定が結ばれた。この結果，ヴェトナム・ラオス・カンボジアの独立が認められた。アメリカは調印を拒否。

四大国巨頭会談(よんたいこくきょとうかいだん) 1955年7月，アイゼンハウアー（米大統領），イーデン（英首相），フォール（仏首相），ブルガーニン（ソ連首相）がジュネーヴに集まり，4月のバンドン会議に対処する欧米側の姿勢を討議した会議。国際紛争を話し合いで解決する気運を高めたが，具体的成果はなかった。

平和共存(へいわきょうぞん) 異なる社会体制の国家が戦争で敵対することなく，平和的な競争を通じてともに地球上に存在できる，とする考え方。ソ連首相フルシチョフが，外交政策に積極的に採用した。

デタントⓃ（**緊張緩和**Ⓝ）〔détente〕(きんちょうかんわ) 東西両陣営の対立・冷戦がゆるみ，交渉や対話など友好的な外交関係が生まれる過程をさす。キューバ危機（1962年）後に，仏大統領ド-ゴールが用いてから一般化した。1972・73年の米ソ首脳の相互訪問による核不戦協定などはその代表例。しかし，ソ連のアフガニスタン侵攻（1979年）以降，アメリカが対ソ不信を示し，新冷戦とよばれる緊張状態が再発した。

ド-ゴールⓃ〔Charles de Gaulle，1890～1970〕 フランスの政治家。第二次世界大戦中，フランスがナチス-ドイツに降伏後，対独抵抗をよびかけて自由フランス政府をつくる。1944年のパリ解放後，臨時政府主席となったが，制憲議会で自らの案が否決されて1946年に下野した。1958年，アルジェリア紛争の収拾をめざして政界に再登場，国民投票で第五共和制を樹立し，大統領選に大勝した。アメリカと一線を画する中国承認など，独自外交を展開。

キューバ革命Ⓝ(-かくめい) カストロやゲバラらの指導によって，1959年にバティスタ政権を打倒して，反帝・反封建の民族主義・民主主義政権樹立を宣言した。1956年以降，農村を中心に展開されたゲリラによる武装解放闘争として知られる。革命後，アメリカとの国交断絶により，農地改革や砂糖会社の国有化など急速な社会主義化がすすみ，ソ連・東欧諸国などとの結びつきを強めた。

キャンプ-デーヴィッド会談Ⓝ(-かいだん) 1959年，ソ連首相フルシチョフとアメリカ大統領アイゼンハウアーとの会談。米ソ協調の精神が生まれ，ベルリン問題などでの対立は抱えつつも，“米ソ雪どけ”を象徴する会議となった。

フルシチョフⓃ[Nikita Khrushchev，1894～1971] ソ連の政治家。スターリン死後の1953年，共産党第一書記に就任。スターリン批判を行い，1958年には首相を兼務して平和共存政策を掲げた。訪米による“米ソ雪どけ”やデタント（緊張緩和）をもたらし，また「中ソ論争」を引き起こして中国との対立を深めた。農業政策の失敗などで，1964年失脚。

アイゼンハウアー［Dwight David Eisenhower，1890～1969］ 連合軍最高司令官としてノルマンディ上陸作戦を指揮，第二次世界大戦でナチス-ドイツを倒した。泥沼化した朝鮮戦争の解決をめざし，1952年に共和党候補として米大統領選に出馬，当選した。朝鮮戦争の休戦を実現したが，対東側外交ではダレス国務長官を起用して，「封じこめ政策」から一歩つき進んだ「巻き返し政策」を採用した。

ウィーン会談Ⓝ(-かいだん) 1961年，アメリカ大統領ケネディとソ連首相フルシチョフの会談。核・軍縮・ドイツ問題などが話し合われたが，内容は非公開。

ケネディⓃ[John Fitzgerald Kennedy，1917～63] 民主党出身のアメリカ第35代大統領。「ニュー-フロンティア」をキャッチフレーズに米大統領選に出馬して当選した。キューバ危機を切りぬけ，部分的核実験禁止条約の調印などに成果をあげたが，1963年11月，ダラスで暗殺された。

キューバ危機Ⓝ(-きき) 1962年10月，キューバに建設中のソ連のミサイル基地の撤去をアメリカ大統領ケネディが要求し，キューバを海上封鎖した。「核兵器の使用も辞さない」との決意を公表，あわや米ソ核戦争一歩手前まで緊張は高まった。しかし，ソ連首相フルシチョフが譲歩，ミサイル撤去を約束した。アメリカもキューバ不可侵を約して，危機を回避。

ホットラインⓃ[Hotline] ホワイトハウス（アメリカ大統領執務室）とクレムリン（ロシア大統領執務室）など，主要国首脳間を直接結ぶ回線のこと。核兵器による誤爆戦争などを回避するのが目的。1963年，米ソ間で初めて設置。

ヴェトナム戦争［Vietnam War］(-せんそう) 1954年のジュネーヴ協定によって南北分断国家となったヴェトナムでは，アメリカが共産主義化を防ぐという名目で，南ヴェトナム独裁政権にテコ入れを行った。その後，南ヴェトナム解放民族戦線を主体とする反米・反独裁の国民運動が盛り上がると，アメリカは1965年，北ヴェトナム爆撃（北爆）を開始，最大時で50万をこえる大軍を投入したが，北ヴェトナムと解放民族戦線側は根強く抵抗した。戦争の長期化とともに，内外から反米・反戦の声が高まり（ヴェトナム反戦運動），1973年に和平協定が結ばれ，アメリカ軍は撤退した。1975年に南ヴェトナム政権が崩壊，翌1976年には南北を統一したヴェトナム社会主義共和国が成立した。

類 ヴェトナム反戦運動

東西ドイツ基本条約(とうざい-きほんじょうやく) 1972年に調印された東西両ドイツ相互間の国家承認などを内容とする条約。1969年に西ドイツに登場したブラントを首相とする社会民主党政権は，東側陣営との緊張緩和をめざす東方外交（東方政策）を推進，この条約にまで到達した。この結果，敵対関係にあった東西両ドイツの国連同時加盟が1973年に実現した。

類 東方外交（東方政策Ⓝ）

欧州安全保障協力機構（**ＯＳＣＥ**Ⓝ）［Organization for Security and Co-operation in Europe］(おうしゅうあんぜんほしょうきょうりょくきこう)　欧州の地域的安全保障機構。1975年にヘルシンキで開かれた，アメリカ・旧ソ連を含め欧州35か国による全欧安全保障協力会議（ＣＳＣＥ）が前身。1995年，現在のＯＳＣＥに改組。57か国が加盟，日本もオブザーヴァーとして参加している。第二次世界大戦後のヨーロッパに新たな歴史を切り開き，「協力」の端緒がもてた意義は大きい。

類 全欧安全保障協力会議（ＣＳＣＥⓃ）

ヘルシンキ宣言Ⓝ(-せんげん)　1975年，全欧安全保障協力会議で調印された文書。第二次世界大戦後，統一ドイツの脅威をおさえて，現在ある国境の承認・維持及び人権の尊重などが宣言された。また，世界の平和と安全の強化のため，信頼の醸成をうながす措置（軍事演習や軍隊の移動の事前通告など）が盛り込まれた。

多極化の動き

二極構造(にきょくこうぞう)　第二次世界大戦後の国際政治にみられた，米ソ二大国による対立と冷戦を中心とした両陣営のブロック化現象をいう。戦後，東ヨーロッパや中国・朝鮮半島・ヴェトナムなどに社会主義勢力が拡大すると，アメリカはこれを脅威と受けとめ，西側陣営の団結を固めた。一方，ソ連を中心とする東側陣営もそれに対抗し，同盟国の連携を強化した。この二極構造は，基本的には1991年にソ連が解体するまで続いた。

多極化Ⓝ(たきょくか)　1960年代から，米ソの強い影響力から離脱し，自主的な動きをめざす国が多くなった現象をさす。西側陣営ではアメリカのヴェトナム戦争への軍事介入に対する西欧各国の批判や，経済力の相対的低下（双子の赤字）も重なって，アメリカの主導権は弱まった。フランスのＮＡＴＯ軍事機構からの脱退や部分的核実験禁止条約への不参加，西ドイツや日本などの経済力の回復・強化なども，多極化をうながす要因となった。東側陣営でも中ソ対立が決定的となり，また東欧ではソ連の圧力から脱出をめざす動き（ハンガリー事件・チェコ事件）がみられるようになった。

欧州経済共同体Ⓝ（**ＥＥＣ**Ⓝ）［European Economic Community］(おうしゅうけいざいきょうどうたい)　1952年に発足したＥＣＳＣ（ヨーロッパ石炭鉄鋼共同体）を母体とし，それに加盟する6か国で1958年に結成された。ヨーロッパ共同市場ともいう。6か国とはフランス・西ドイツ・イタリアとベネルクス3国（ベルギー・オランダ・ルクセンブルク）。米ソに次ぐ第三の経済圏をめざし，1967年にＥＣ（欧州共同体）へ，さらに1993年にはＥＵ（欧州連合）へと発展した。

中ソ対立(ちゅう-たいりつ)　スターリン批判（1956年）以後に起こった社会主義の路線をめぐる中国とソ連との対立をいう。「中ソ論争」を経て，やがて軍事的にも両国がにらみあう状況にまで発展した。主な対立点はソ連の主張した平和革命移行，平和共存によるアメリカへの接近，キューバ危機でのアメリカへの妥協，部分的核実験禁止条約への参加などである。

ニクソン米大統領の訪中(-べいだいとうりょう-ほうちゅう)　1972年，米大統領ニクソンが突然中国を訪れ，毛沢東ら中国指導部と会談。米中共同声明（上海コミュニケ）を発表した。それまでの米中関係がアジアの冷戦の主要因であったため，この訪中は注目を浴びた。1979年に米中国交正常化が実現し，台湾とは断交した。

類 上海コミュニケ

米中国交正常化Ⓝ(べいちゅうこっこうせいじょうか)　1972年のニクソン大統領，1974年のフォード大統領の訪中後，1979年にカーター政権下で両国の国交正常化が実現。

ヴェトナム和平協定(-わへいきょうてい)　ヴェトナム戦争終結をめぐるヴェトナム民主共和国・南ヴェトナム臨時革命政府・アメリカ政府・南ヴェトナム共和国政府の4者による協定。1973年にパリで締結。ヴェトナム人民の民族自決権尊重，敵対行為の停止，米軍の撤退などを内容とする。

ハンガリー動乱(-どうらん)　1956年，スターリン批判をきっかけにハンガリーで自由化の要求が強まり，首都ブダペストで大衆が蜂起した事件。これを西側陣営の謀略とみたソ連は，軍事介入にふみ切り，自由化の動きを封じた。

チェコ事件(-じけん)　チェコスロヴァキアで1968年に起こったソ連などによる弾圧事件。ドプチェクを中心に「プラハの春」とよばれる自由化・民主化を求める改革の動きが高まると，ソ連はワルシャワ条約機構の5か国軍を動員して軍事介入を行った。これによって，チェコの改革派の試みは挫折した。

プラハの春Ⓝ(-はる)　チェコスロヴァキアで，保守色が濃いノボトニー政権に対して改革の動きが広がり，1968年春に改革派のドプチェクが政権を握った。彼は「人間の顔をした社会主義」をスローガンに，市民の基本的人権の保障，経済改革の推進，西側との経済交流などの改革を進めた。こうした一連の動きを，チェコの首都名にちなんで「プラハの春」とよぶ。

連帯Ⓝ(れんたい)　ポーランドの自主的労働組合。食料品などの大幅値上げへの反対運動をきっかけに，1980年にポーランドで起こった労働者のストライキを指導した。政府側から独立した自主管理労組として公認され，スト権だけでなく経済運営，労組に対する幅広い権限，検閲の制限などをかちとり，ポーランド社会主義の民主化の中心になった。

ワレサⓃ[Lech Walesa，1943～]　ポーランドの造船所電気工の出身で，自主管理労組「連帯」の議長を務めた。その後の東欧民主化のなかで，ポーランド大統領に当選した（1990～95年）。1983年にノーベル平和賞受賞。

ユーロコミュニズム[Eurocommunism]　一党独裁的・官僚的なソ連型社会主義のあり方を批判したイタリア・フランス・スペインなど西欧共産党の政治路線をいう。プロレタリア独裁の放棄，複数政党制と民主的政権交代を認める議会制民主主義など，民主主義を生かしつつ社会主義をめざした。

カンボジア紛争(-ふんそう)　カンボジアにおける1978～91年の内戦。ヘン=サムリン派（親ヴェトナム）に対する，反ヴェトナム三派（ポル=ポト派〈親中国〉，ソン=サン派，シアヌーク派）の争い。とくに，ポル=ポト派による虐殺は国際的な非難をあびた。1991年のパリ国際会議で，国連と最高国民評議会が憲法制定議会選挙まで統治することに合意し，内戦は終結した。

類 国連カンボジア暫定統治機構Ⓝ（UNTAC）

新冷戦

新冷戦Ⓝ（しんれいせん）　1979年のソ連のアフガニスタン侵攻に始まる米ソの対立。アメリカのレーガン政権の「強いアメリカ」をめざす軍備増強政策と，対抗するソ連の軍備増強とが展開された。1985年のゴルバチョフの登場以降に沈静化。

第四次中東戦争（だいよじちゅうとうせんそう）　1973年，エジプトのサダト大統領が失地回復をねらってシリアとともにイスラエルを攻撃，戦争となった。十月戦争ともいう。イスラエルの反撃にあったものの，アラブ産油国とＯＰＥＣ（石油輸出国機構）の石油戦略のおかげで政治的には勝利したとされる。第一次石油危機を招いた点で，この戦争がもつ国際的影響は大きかった。

同 十月戦争

天安門事件Ⓝ（てんあんもんじけん）　中国の天安門広場で，中国当局が民衆を弾圧した２度の事件をさす。第一次天安門事件は1976年４月，周恩来（チョウエンライ）首相の追悼をめぐり，北京の天安門広場で故人をしのぶ花輪を公安当局が撤去，これに市民が反発して騒乱となった。この事件で，鄧小平（トンシヤオピン）が首謀者として失脚した。第二次天安門事件は1989年６月４日，天安門広場で平和的に民主化運動を進めていた学生らに向けて，中国人民解放軍が戦車や装甲車をくりだし無差別に発砲，多くの犠牲者を出した。「六・四事件」ともよばれる。

四つの現代化（よっ-げんだいか）　☞ p.157（四つの現代化）

イラン革命Ⓝ（-かくめい）　1979年，パーレヴィー国王政権が打倒され，共和制国家に移行したイランの政治的変革。この革命の中心人物が，パリに亡命していた反国王・反米・反イスラエルの象徴であったホメイニである。彼はシーア派（イスラームの少数派）の指導者として，重要な役割を果たした。イランではイスラーム革命という。

類 ホメイニⓃ　同 イスラーム革命

エジプト・イスラエル平和条約（-へいわじょうやく）　1979年に締結された条約。パレスティナ問題をめぐって，アラブのリーダーを自任するエジプト・サダト大統領のイスラエル訪問をきっかけに，和平交渉が進展，ワシントンでサダトとイスラエル・ベギン首相との間で平和条約が調印された。これにより，シナイ半島をめぐる両国間の武力紛争に終止符が打たれた。

ソ連のアフガニスタン侵攻Ⓝ（-れん-しんこう）　1979年，ソ連軍がアフガニスタンに軍事介入して，アミン首相を追放，親ソ派のカルマルを政権につけた事件。この軍事介入をソ連側は，両国間の「友好協力条約」によるものと正当化したが，ソ連圏以外の世界各国は認めず，アメリカ・日本などは1980年のモスクワ-オリンピックをボイコットした。新冷戦の始まりとされたできごと。

イラン・イラク戦争Ⓝ（-せんそう）　1980～88年に起こったイラン・イラク両国間の武力衝突。この戦争はペルシャ湾内での覇権の争奪戦ともいわれた。戦後のイランでは親米の国王政権がつづいたが，1979年のイラン革命で弱体化したすきに，革命の波及を恐れたイラク軍が大挙侵入，イラン側もこれに応戦した。

1988年，国連決議を受け入れて停戦が実現した。戦闘は長期に及んだが，背景には欧米やソ連・中国などによる大規模な武器輸出があった。両国は原油輸出大国であり，原油需給に与える国際的影響も大きかった。この戦争は，1990～91年の湾岸危機・湾岸戦争へとつながった。

レーガンⓃ[Ronald W. Reagan，1911～2004]　1980年の大統領選挙に共和党から立候補，現職の民主党カーターを破り，第40代アメリカ大統領に当選。1984年にも再選された。対ソ強硬路線をとり，軍拡によって「強いアメリカ」の復活をめざしたが，ソ連でゴルバチョフがペレストロイカ政策を打ちだすなかで，米ソ協調路線に変更されていった。

フォークランド紛争(-ふんそう)　1982年，イギリスとアルゼンチンがフォークランド（アルゼンチン沖500kmの大西洋上の諸島）の領有をめぐって武力衝突した。交戦の結果イギリスが勝利したが，領有権争いは未解決のままである。アルゼンチンでは，フォークランドをマルヴィナスとよぶ。

グレナダ侵攻Ⓝ(-しんこう)　1983年，アメリカを中心とした東カリブ海諸国機構軍が，カリブ海の社会主義国グレナダに侵攻，左翼政権を打倒して親米政権を樹立した。国連総会は，侵攻を非難する決議を採択した。

大韓航空機撃墜事件(だいかんこうくうきげきついじけん)　1983年9月，ソ連領サハリン上空に侵入した大韓航空機が，ソ連側の警告を無視して飛行を続行，ソ連軍によって撃墜され，多数の犠牲者を出した事件。民間航空機を撃墜した点で，人道上批判されるが，侵犯の真の原因は不明である。

第三世界の台頭

第三世界(だいさんせかい)　第一世界＝西側諸国，第二世界＝東側の社会主義国，第三世界＝発展途上国とする考え方。アジア・アフリカ・ラテンアメリカの発展途上国をさす。これらの国々は第二次世界大戦後に独立した国が多く，国連にも加盟して政治的力量を強めた。1973年の石油危機を招いた石油戦略の成功，1974年の国連総会での新国際経済秩序（ＮＩＥＯ）の主張など，経済面での「南北格差」を抜本的に改革する発言力も増大している。

植民地Ⓝ(しょくみんち)　帝国主義国家（欧米や日本などの列強諸国）によって抑圧・支配を受けていた国のこと。

宗主国Ⓝ(そうしゅこく)　植民地支配をする国のこと。逆に支配を受けた国を従属国という。

対 従属国

民族独立運動(みんぞくどくりつうんどう)　植民地諸国の人民が，帝国主義国家の支配を打ち破って，民族の独立を勝ちとった運動。この運動は，各民族が外部からの強制を受けずに，自民族の意思に基づいて自らの社会や国家を自由に決定する民族自決権に裏づけられている。今日でもカナダ・ケベック州の分離・独立運動，スペインのバスク独立運動，旧ユーゴスラヴィアの各民族独立運動などが展開。

植民地独立付与宣言Ⓝ(しょくみんちどくりつふよせんげん)　1960年の国連総会で，アジア・アフリカ43か国の共同提案によって採択された宣言。この年は「アフリカの年」といわれ，国際世論をも喚起した。宣言は，あらゆる形態の植民地主義は急速かつ無条件に終結させる必要があるとしている。

アフリカの年Ⓝ(-とし)　植民地独立付与宣言をうけて，アフリカの17の植民地が独立を達成した1960年のことをさす。

周恩来Ⓝ[1898～1976]（チョウ=エンライ）　中国共産党の有力な政治家の一人。中華人民共和国の初代首相。1954年のネルーとの平和五原則の合意など，外交面での手腕には定評があった。

ネルー［Jawaharlal Nehru，1889～1964］　インド国民会議派のリーダーとして，第二次世界大戦前からガンディーらと民族運動を指導した。1947年の独立後は初代首相。米ソ冷戦時代のなかで，発展途上国の政治的リーダーとして，平和共存・非同盟主義などで国際政治に貢献した。

平和五原則（へいわごげんそく）　1954年，周恩来とネルーとの間で合意された原則。領土と主権の尊重，相互不可侵，内政不干渉，互恵平等，平和共存の五つをさす。

アジア・アフリカ会議Ⓝ(-かいぎ)　A・A会議。1955年にインドネシアのバンドンで開かれたためバンドン会議ともいう。反帝国主義・反植民地主義・平和共存の強化をうたい，スカルノ大統領のもとアジア・アフリカの29か国首脳が参加した。これは，アジア・アフリカ地域の代表による初の国際会議であり，会議で決定された平和十原則は，その後の世界政治に大きな影響を与えた。

同 バンドン会議Ⓝ

平和十原則Ⓝ（へいわじゅうげんそく）　アジア・アフリカ会議（1955年）で決定された原則。会議の行われた地名をとって「バンドン精神」ともよばれる。平和五原則をふまえ，基本的人権や国連憲章の尊重，人種と国家の平等などをうたっている。

非同盟主義（ひどうめいしゅぎ）　インドの首相ネルーが1953年に提唱した考え方。米ソの軍事ブロックや大国支配を基調とする世界秩序に反対し，積極的中立主義・平和共存・反植民地主義の立場で行動すること。この考えにそって，1961年にベオグラードで第1回非同盟諸国首脳会議が開かれた。

非同盟諸国Ⓝ（ひどうめいしょこく）　平和共存や独立運動の支持，いかなる軍事同盟へも不参加（外国軍隊の駐留と外国軍事基地設置反対も含む）などを原則とする非同盟主義の考え方を外交方針とする国々。

非同盟諸国首脳会議Ⓝ（ひどうめいしょこくしゅのうかいぎ）　非同盟主義を外交方針とする諸国の首脳による会議。1961年にベオグラード（ユーゴスラヴィア）で初めて開かれた。インドのネルー，ユーゴのティトー，エジプトのナセルらがよびかけ，25か国が参加，平和共存・反植民地主義を宣言した。現在，120か国が参加。

ティトー［Josip Broz Tito，1892～1980］　ユーゴスラヴィアにあって，第二次世界大戦中はナチス-ドイツの侵略に対抗するパルチザン（ゲリラ）を指揮し，戦後は東欧初の人民共和国を建設し，首相・大統領のポストを長く務めた。スターリン主義下のソ連と決別，独自の社会主義路線を歩んだ。また，ネルーらと非同盟勢力の結集に尽力した。

冷戦終結とポスト冷戦

ゴルバチョフⓃ[Mikhail S. Gorbachev，1931～]　ソ連の政治家。1985年に党書記

長に就任，ペレストロイカ（改革）とグラスノスチ（情報公開）などの大胆な政策を採用した。1990年にノーベル平和賞受賞。 ☞p.22（ゴルバチョフ）

ペレストロイカⓃ［perestroika］ ロシア語で「再建」の意。ゴルバチョフが推進した改革をさす。 ☞p.23（ペレストロイカ）

アフガニスタン和平協定（-わへいきょうてい） 1988年，ソ連・アメリカ・アフガニスタン・パキスタンの4か国で調印された文書。1979年のソ連軍によるアフガニスタン侵攻・軍事占領に終止符を打ち，ソ連軍の完全撤退を主たる内容としている。

東欧革命Ⓝ（とうおうかくめい） 1989年に始まる東欧諸国の一連の民主化の動きをさす。第二次世界大戦終了後，ソ連の圧力と東西冷戦構造のなかで，東欧諸国は社会主義の路線を維持してきた。しかし1989年，経済の行き詰まりを打開すべく，ポーランドでは政治改革の一環として，社会主義圏では画期的な自由選挙を実施，非共産党系首相が誕生した。ハンガリー・東ドイツ・チェコスロヴァキア・ブルガリア・ルーマニアにも，こうした脱共産化現象が広がり，元来ソ連圏に属していないユーゴスラヴィア・アルバニアにも及んだ。これらの流れは，東欧市民による市民革命の性格をもつ。背景には東欧諸国に軍事介入しないというソ連のペレストロイカ政策の影響もある。

東欧の民主化Ⓝ（とうおう-みんしゅか） 東欧革命ともよばれる。1985年に旧ソ連のゴルバチョフ政権下で始まったペレストロイカの影響を受け，東欧各国は1989年以降，中央集権的な共産党の独裁体制から，複数政党制へ転換した。経済面でも価格の自由化，国営企業の民営化などを柱とする市場経済体制へ移行した。

ソ連の民主化（-れん-みんしゅか） 1985年以降，共産党書記長になったゴルバチョフによって，停滞した社会主義経済を活性化するため，政治・経済・社会全体の改革（ペレストロイカ）が強力に進められた。この改革で1990年に憲法が改正され，大統領制が導入された。さらに，共産党の一党独裁は廃止され，複数政党制が実現。また，国民の自由な意思による政治参加を推進するため，グラスノスチ（情報公開）が行われた。しかし，1991年の保守派クーデタの失敗を経て，民主化の成果があらわれる前にソ連は解体された。

ベルリンの壁崩壊Ⓝ（-かべほうかい） 1989年の東欧諸国における民主化の動きは，東ドイツ市民に西側への出国をうながし，政府もその阻止は不可能と判断した。1989年11月，東ドイツ政府は壁の開放を決定，30年近く続いた冷戦の象徴は崩壊した。

東西ドイツの統一Ⓝ（とうざい-とういつ） 1989年，ポーランドに始まった東欧民主化の激動は東ドイツにも及び，同年11月の「ベルリンの壁」の開放，東ドイツ解体を経て，各州を西側へ編入するという合併方式によって1990年10月，東西ドイツの統一が実現した。ドイツでは，プロイセンによる1871年の統一と区別して，「再統一」とよばれる。

ドイツ統一条約（-とういつじょうやく） 東西両ドイツの間で，1990年8月に締結された統一に関する条約。1990年2月，西ドイツ通貨を東に流通させるという通貨同盟の合意ができ，翌3月にはコール西ドイツ首相によって統一案が示され，西ドイツによる東ドイツの編入という方向が確定した。1990年10月3日を統一の正式日と定め，首都はベルリンに決まった。

マルタ会談Ⓝ(-かいだん)　1989年12月，地中海のマルタ島で行われたアメリカ大統領ブッシュ（父）とソ連共産党書記長ゴルバチョフとの会談をさす。第二次世界大戦後につくられた米ソによる冷戦構造の終結を宣言した。これまでの冷戦体制またはヤルタ体制にかわるものとされる。

冷戦の終結Ⓝ(れいせん-しゅうけつ)　マルタ会談により，長く続いた米ソによる東西冷戦の終えんが宣言されたこと。冷戦を支えた東西の軍事機構である西側の北大西洋条約機構は存続したが，東側のワルシャワ条約機構は1991年に解散した。

中ソ和解(ちゅう-わかい)　1989年のソ連・ゴルバチョフの訪中によって1960年代から始まった中国とソ連両国の政治・軍事・イデオロギー上の対立状態が，終わったこと。平和共存問題などをめぐる理論的対立，国境紛争にともなう武力衝突などがあった。

イラクのクウェート侵攻Ⓝ(-しんこう)　1990年8月，イラクのサダム=フセイン政権は隣国クウェートへの武力侵攻に踏みきった。この背景には，イラン・イラク戦争の長期化や原油価格の値下がりなどで被ったイラク経済の行き詰まりを，経済的に豊かなクウェートを武力併合することで，打開しようとしたことが考えられる。

サダム=フセインⓃ[Ṣaddām Ḥusayn, 1937 ～ 2006]　1979年，イラク大統領就任。1980年からのイラン･イラク戦争を指揮, 1990年8月にクウェートに侵攻し, ペルシャ湾岸危機を招いた。1991年1月，アメリカを中心とする多国籍軍との間で湾岸戦争を起こしたが，敗北。その後，2003年のイラク戦争でも敗れ, サダム=フセイン体制は崩壊した。2006年に死刑が執行された。

対イラク制裁決議(たい-せいさいけつぎ)　1990年8月，国連安全保障理事会がイラクのクウェート侵略に対してとった制裁決議。イラクとクウェートとの貿易の禁止，財政援助の禁止など経済的制裁が柱である。すべての国連加盟国と非加盟国に, この決議の順守をよびかけた。

対イラク武力容認決議(たい-ぶりょくようにんけつぎ)　1990年11月，安全保障理事会が再三の努力にもかかわらず，イラクがクウェートから撤退しないためにとった決議。1991年1月15日までに，イラクが撤退しないときは，必要な手段をとる権限を，クウェート政府に協力している加盟国に与えるというもの。この決議で事実上，多国籍軍の武力行使が容認された。

多国籍軍Ⓝ(たこくせきぐん)　1990年のイラクのクウェート侵攻･占領に対して，米･英･仏･伊などの軍隊と，サウジアラビア・エジプトなどのアラブ合同軍が，ペルシャ湾とアラビア半島に展開した軍事力の全体をさすことが多い。国連憲章でいう国連軍とは異なる。

湾岸戦争Ⓝ(わんがんせんそう)　クウェートに侵攻して占領を続けるイラク軍と，アメリカを中心に34か国からなる多国籍軍との戦争（1991年1～2月）。多国籍軍の一方的な勝利に終わり，早期停戦・クウェート解放が実現した。この戦争は，冷戦終結後の新しい国際政治秩序をどう構築するか，という点でも注目された。

エリツィンⓃ[Boris N. Yeltsin, 1931 ～ 2007]　1991年にロシア共和国（現連邦)大

統領に当選，1996年再選。ペレストロイカ路線の積極的実践を主張した改革急進派のリーダー。1989年に初めて行われた人民代議員大会の選挙で，圧倒的支持を得て当選。1991年のクーデタに際しては徹底的に対決し，これを失敗に追いこんだ。2000年にプーチン大統領と交代。

ソ連共産党の解体(-れんきょうさんとう-かいたい)　1991年のソ連保守派によるクーデタの失敗後，クーデタの中心人物の多くがソ連共産党幹部であったことから急速に批判が高まり，ゴルバチョフ大統領自身が党書記長を辞任するとともに党中央委員会を解散，党を解体した。現在では，ロシア共産党が野党として活動。

バルト三国の独立(-さんごく-どくりつ)　バルト海に面したリトアニア・ラトヴィア・エストニアの3国をさす。1991年9月，ソ連国家評議会はバルト三国の連邦離脱を認め，独立を承認した。さらには国連の加盟承認へと発展，名実ともにソ連からの独立が実現した。バルト三国は，もともと北欧への帰属意識が強かった。

韓ソ国交樹立(かん-こっこうじゅりつ)　1990年9月，韓国とソ連とが国交樹立を宣言。米ソによる南北朝鮮分断国家の成立と朝鮮戦争を経て，韓ソ両国は互いに敵視を続けてきたが，朝鮮半島にも「ペレストロイカ」の波が及んだ。これに引き続き，大韓民国と朝鮮民主主義人民共和国は1991年に国連同時加盟を果たした。

南北朝鮮首脳会談(なんぼくちょうせんしゅのうかいだん)　2000年6月，金大中(キムデジュン)大韓民国大統領が平壌(ピョンヤン)を訪問し，北朝鮮の金正日(キムジョンイル)総書記との間で行われた会談。南北共同宣言で，両国の統一を志向することや離散家族の相互訪問，経済協力などの合意が得られた。

同時多発テロ事件Ⓝ(どうじたはつ-じけん)　2001年9月11日，ニューヨークの貿易センタービルに旅客機2機が，ワシントン郊外の国防総省ビル（通称ペンタゴン）に1機が突っ込み，他に1機がピッツバーグ郊外に墜落した事件。貿易センタービルは崩壊，死者・行方不明者数千人に及ぶ無差別自爆テロとなった。アメリカの全空港が閉鎖されたのをはじめ，世界の金融の中心である証券取引所もほぼ1週間閉鎖され，世界的に株価の暴落を引き起こした。ブッシュ（子）米大統領は，オサマ=ビンラディン率いるアル-カーイダの犯行と断定。アフガニスタンのタリバン政権に身柄引き渡しを要求したが，この要求が拒否されると，報復攻撃を開始した。その後，イギリスのロンドンやフランスのパリでも同時多発テロが発生した。

同 9・11事件Ⓝ　パリの同時多数テロ

アル-カーイダ[Al-Qaeda]　オサマ=ビンラディンが率いる反米テロのネットワーク。2001年にアメリカで同時多発テロ事件（9・11事件）を引き起こしたほか，2005年のロンドン同時テロなど多くの国際テロ事件にも関与したとされる。カーイダとはアラビア語で「基地」の意。1980年代末，ソ連とのアフガニスタン戦争に参戦したイスラーム義勇兵を集めて結成されたが，1991年の湾岸戦争を契機に反米テロ路線に転換した。

オサマ=ビンラディンⓃ[Osama Bin Laden，1957～2011]　イスラーム原理主義組織アル-カーイダの指導者。アメリカ政府は同時多発テロの首謀者と断定している。1998年のアメリカ大使館爆破テロ，2000年のアメリカ駆逐艦コール爆破テロの首謀者ともみなされている。サウジアラビアの富豪出身。2011年，パキスタン北部の隠れ家でアメリカ軍の特殊部隊などに射殺された。

タリバンⓃ[Taliban]　アフガニスタンのイスラーム原理主義武装勢力。パシュトゥ語でイスラーム神学生を意味する。最高指導者ムハンマド＝オマル師が，難民生活を送っていたイスラーム神学生らによびかけて結成。

アフガニスタン戦争Ⓝ(-せんそう)　同時多発テロ事件を引き起こしたアル-カーイダをかくまったとして，2001年からブッシュ（子）米大統領がアフガニスタンのタリバン政権に対して行った報復戦争。これによりいったんタリバン政権は崩壊したが，タリバン側も国内各地で抗戦した。2021年，バイデン米大統領が軍を撤退させて，戦争は終結。現在のアフガニスタンは，再びタリバンによって統治されている。

国際治安支援部隊Ⓝ（ＩＳＡＦⓃ）(こくさいちあんしえんぶたい)　2001年の国連決議1386号にもとづいて創設された多国籍軍。アイサフともいう。タリバン追放後のアフガニスタンの治安確保などを目的とする。NATO（北大西洋条約機構）軍を中心に37か国が派兵。2014年に治安権限をアフガニスタン側に移譲して活動を終了した。

同 アイサフ

単独行動主義Ⓝ(たんどくこうどうしゅぎ)　ユニラテラリズムともいう。2000年代以降，アメリカがとった対外的行動の総称。特にブッシュ政権になってから，包括的核実験禁止条約の批准拒否，ABM制限条約や京都議定書からの離脱などが内外から批判された。これに対し，二国間関係を重視するのがバイラテラリズム，多国間関係を重視する行動原理をマルチラテラリズムという。

同 ユニラテラリズムⓃ　類 バイラテラリズム　マルチラテラリズム

イラク戦争Ⓝ(-せんそう)　2003年3月，イラクの保有する大量破壊兵器廃棄を名目に，ブッシュ（子）大統領とパウエル国務長官らの指揮のもと，米英軍がバグダッドを空爆，地上軍も投入してサダム＝フセイン政権を倒した。しかし，国連での合意なしに行われた武力行使に国際世論は反発し，世界各地で反戦運動がおこった。アメリカはまもなく戦闘終結宣言を行ったが，その後もイラクでの戦火は絶えず，多くの犠牲者を出した。2011年末に米軍は撤退したが，国内では宗派対立など混乱状態が続いている。

イスラーム国（ＩＳＩＳ（ＩＳＩＬ）Ⓝ）(-こく)　イラク北部のイスラーム・スンニ派の過激派組織。2003年のイラク戦争時にイラク人によって結成された。元来はアル-カーイダ系で，「イラク・シリアのイスラーム国」（ＩＳＩＳ）と自称。2011年のシリア内戦で活動を活発化させた。2014年には“国家”の樹立を宣言した。潤沢な資金をもち，ネットを駆使した情報発信も重視。外国から参戦する戦闘員も多い。イラクでは2017年末，ＩＳ掃討の終了が宣言された。

米・キューバ国交回復(べい-こっこうかいふく)　アメリカはキューバに対して，1959年のキューバ革命を理由に1961年，一方的に国交断絶を宣言。その後，キューバ危機などで対立が続いたが，2015年に国交回復と大使館の相互再開などで合意。国交回復は54年ぶり。今後はキューバへの経済封鎖の解除などが課題。

国際編

有志連合（ゆうしれんごう）　1990年代以降，国連ＰＫＯの形をとらず，軍事介入などを行う枠組みで「意思ある諸国の連携」の意。アメリカが主導する対テロ戦争に参加する諸国などをさす。イラク戦争やシリア内戦で実施。湾岸戦争時の「多国籍軍」は国連決議によって構成された点で異なる。

米中貿易戦争（べいちゅうぼうえきせんそう）　米国トランプ政権下で起きた米中間の政治・経済的な衝突。トランプ政権は，発足当初から対中貿易赤字を問題視しており，中国からの輸入品に対する関税引き上げの措置を取った。これに反発した中国も，アメリカからの輸入品に対する関税を引き上げ「米中貿易戦争」とされる事態に発展。2021年，新たに発足したバイデン政権下でも，この問題は収束していない。

ミャンマークーデタ［Myanmar coup d'état］　2021年2月にミャンマーで発生した軍事クーデタ。ミャンマー軍は，2020年11月の下院選挙に不正があったとして，アウンサンスーチー国家顧問兼外相やウィンミン大統領ら複数の政権幹部を拘束した。ミャンマーは軍事独裁体制に移行したが，抗議デモも多発している。

2　国際法の意義と役割

国際法の成立

国際法Ⓝ［international law］（こくさいほう）　国家相互の関係を規律し，国際社会の秩序を維持するための法。国際法は国内法と異なり，これによって直接規律されるのは国家であるが，限られた範囲において国際機構や個人についても規律する。国際法の特質として，①統一的立法機関の欠如，②国際裁判の限界，③国際法の執行・制裁に関する組織の未確立などがあげられる。また，国際法の形成過程から，国際社会の慣習を各国が法として認めた不文国際法（国際慣習法・慣習国際法）と，条約など文書による約束である成文国際法とに分けられる。そのほか，内容によって国際公法と国際私法とに区分され，適用時による分類としては，平時国際法と戦時国際法とがある。

国際法と国内法Ⓝ（こくさいほう-こくないほう）　国際法と国内法の規定が矛盾する場合にどちらを優先するかについては，次の三つの説がある。①国際法優位説（国際法を優先），②国内法優位説（国内法を優先），③二元論（国際法は国際関係において，国内法は国内において，効力を有する）。今日では多くの国で，国際法は憲法より下位に置かれるが，法律より優位に置く。

グロティウス［Hugo Grotius，1583～1645］　オランダの自然法学者で，国際法の成立に最も重要な役割を果たした。「国際法の祖」「自然法の父」と称される。「野蛮人すらも恥辱とするような戦争」すなわち三十年戦争に慨嘆，戦争は正当防衛など正当な原因に基づく場合にのみ合法的であり，戦争がやむをえない場合でも，一定のルールに従って行動しなければならないと主張した。主著『海洋自由論』（1609年），『戦争と平和の法』（1625年）

『戦争と平和の法』（せんそう-へいわ-ほう）　グロティウスの主著。三十年戦争のさなかの

1625年，戦争の惨禍を少なくし，人類の平和を実現するために，戦争は正当な理由によるものでなければならないとし，やむをえず戦争を行うときでも，国家は相互に守るべき規範（国際法）に従わなければならないことを説いた。

『海洋自由論』（かいようじゆうろん） グロティウスの主著の一つ。1609年に公刊。15世紀末からの「大航海時代」を背景に，スペイン・ポルトガルは大西洋・太平洋・インド洋の領有を主張し，許可なく航行することを禁じた。この主張に対して，グロティウスは，海洋はすべての国家に平等に開放されるものであると述べ，近代国際法の基本原則である公海自由の原則を説いた。

公海Ⓝ（こうかい） 領海と排他的経済水域・群島水域を除いた，いずれの国家主権にも属さない海洋。ここではすべての国の船舶に，公海自由の原則が認められている。公海を航行する船舶は，掲げる国旗の属する国の排他的管轄権に服するという原則がある（旗国主義）。また，国家が他国の船舶に干渉できる場合として，海賊行為が行われているときなどがあげられる。

公海自由の原則（こうかいじゆう-げんそく） すべての国民が他国の干渉を受けることなく，公海を自由に使用できるとする国際法上の原則。帰属からの自由（公海がどの国の主権の下にも置かれない）と使用の自由とからなる。使用の自由には，航行，漁業，上空飛行，海底電線やパイプライン敷設の自由などがある。国際慣習法として確立したが，現在では条約化されている。

領域Ⓝ（りょういき） 領土・領海・領空からなり，国際法において特に制限されないかぎり，国家は領域において排他的な管轄権を行使することができる。国家の主権がおよぶ範囲をさすため，領域主権ともよばれる。

同 領域主権

領土Ⓝ（りょうど） 広い意味で領域と同義に用いられることもあるが，領域のなかの陸地の部分（河川・湖沼・港湾・内海などの内水を含む）をさす。この場合には領土は，領海や領空など他の領域と区別される。

領海Ⓝ（りょうかい） 国家の主権（統治権）が及ぶ海洋の部分。国家の沿岸にそった一定の幅をもった帯状の水域をさす。領海はその上部と下部を含めて国家の主権に服する。領海の幅は従来，３海里（１海里＝1852m）とされていたが，1982年に採択された国連海洋法条約では，領海は基線（通常，海岸の低潮線）から12海里以内と定められた。日本も1977年に領海法を制定し，従来の３海里から12海里に改めた。

領空Ⓝ（りょうくう） 領土及び領海の上空で，国家は排他的な主権を有する。人工衛星の出現により，領空の上限については諸説があるが，一般に大気の存在するところと解釈されている。航空機が，許可なく他国の上空を飛行することは，その国の領空侵犯（主権の侵害）となる。

無害通航権Ⓝ（むがいつうこうけん） 船舶が他国の領海を，その国の平和・秩序・安全・財政的利益を害さないかぎり，沿岸国の妨害なしに通過できるという権利。国際慣習法上認められてきたが，国連海洋法条約（1982年）で明文化された。航空機の領海上空の飛行や船舶の領海海面下の潜水による航行は含まれない。

排他的経済水域Ⓝ（**EEZ**）［exclusive economic zone］（はいたてきけいざいすいいき） 領海の外

側で，基線（干潮時の海面と陸地が接する低潮線）から200海里（約370km）までの範囲の海域。沿岸国はこの海底の上部水域，海底及びその下の生物と非生物の天然資源に対する主権・排他的管轄権を有する。1973年からの第３次国連海洋法会議で世界の大勢となった。なお，水産資源のみにかぎれば漁業水域となるが，その他の鉱物資源なども含めれば，経済水域となる。日本も1996年の国連海洋法条約批准にともない，排他的経済水域を設定した。

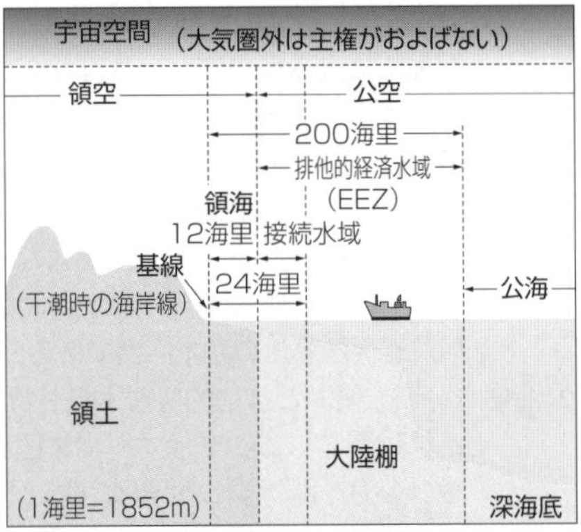

↑ 領土・領海・領空の範囲

漁業専管水域（ぎょぎょうせんかんすいいき）　沿岸国に漁業に関する管轄権が認められる水域。排他的経済水域と重なる。ここでは沿岸国の許可がなければ，他国は漁業が認められない。また，入漁料・漁獲量割り当て・漁業規制などの措置や条件を順守しなければならない。

接続水域Ⓝ（せつぞくすいいき）　沿岸国が出入国管理など特定の行政的規制を行うために，領海の外側に設定した水域。国連海洋法条約に規定された。日本では「領海及び接続水域に関する法律」に基づき，基線から24海里までとしている。

群島水域（ぐんとうすいいき）　フィリピンなどのように多くの島々からなる群島国家において，その最も外側の島々を結ぶ直線の基線で囲まれた内側の水域。国連海洋法条約に規定された。群島国家の主権がおよぶほか，外国船舶の無害通航権などが保障される。

深海底制度（しんかいていせいど）　国連海洋法条約では，深海底とその資源は人類の共同の財産であり，国際的な管理の下で人類全体の利益のために開発が行われ，その利益は国際社会に還元されるべきことを定めている。深海底には，マンガン団塊などの資源の埋蔵が確認されている。

宇宙空間Ⓝ（うちゅうくうかん）　領空よりさらに上空の空間。この空間については国家主権の及ばないところとされる。1967年に国連で採択された宇宙条約は，天体を含めた宇宙空間の国家による領有の禁止，宇宙空間の人類全体の利益に立った平和利用などを定めている。

国際法の種類

国際公法（こくさいこうほう）　国家間の関係に適用される法で，国際法と同義に使われる。国際私法に対する用語。

国際私法（こくさいしほう）　国際的な私人間の権利・義務関係に適用される法律（準拠法）を選び指定する法。近年，国際結婚や国際貿易，企業の海外進出など，国際的な私人間の問題が多くなってきた。しかし，各国共通の国際私法自体が少ないので，いずれかの国の法律を，選択・指定することになる。

平時国際法Ⓝ(へいじこくさいほう)　通常の平和な状態において適用される国際法。国籍，国家の領域，公海自由の原則，条約の一般的効力，紛争の解決などからなる。国際法は当初，戦争を主要テーマとして発展してきたが，今日では国際貿易の進展など，国家間の相互依存関係が深まるにつれて，平時国際法の分野が拡充しつつある。

戦時国際法(せんじこくさいほう)　戦争状態において適用される国際法。交戦国間の関係を定めたもので，戦争法ともよばれる。戦争状態においては，通常の平時国際法はその効力を一般的に停止されるが，戦争の手続きや方法，捕虜の取り扱いなどについて定めた戦争時における国家間のルールが存在し，適用される。

国際慣習法(こくさいかんしゅうほう)　慣習国際法。不文国際法ともいう。国際法の形成過程で，国家間で暗黙に認められた合意，つまり国家間の慣行が法として認められたもの。国際法のなかで依然として重要な地位を占めている。条約が合意した当事国のみを拘束するのに対して，国際慣習法は国際社会全体に妥当する普遍的な国際法である。公海自由の原則や外交官の特権など，重要な国際法が多い。しかし，内容が不明確であるなどの理由から，国際慣習法の条約化が国際機関を中心に行われている。

同 慣習国際法　不文国際法

成文国際法(せいぶんこくさいほう)　国家間の明文で示された合意によって成文化された国際法。条約・協約・協定などがある。近代国家の発展とともに，国際関係は複雑化し，慣習だけでは不明確・不十分となり，国家間の合意で成文化された条約が生まれた。条約国際法ともいう。

同 条約国際法

条約Ⓝ[treaty](じょうやく)　明文化した文書による国家間あるいは国家と国際機構，国際機構相互間の合意で，法的拘束力をもつ。広義の条約には，協定・協約・取り決め・規約・議定書・宣言・覚書・交換公文などの名称も使われる。条約は国際法であるが，公布によって国内法と同じ効力をもつ。また，当事国の数によって，二国間条約と多数国間条約とに分類される。

条約の締結Ⓝ(じょうやく-ていけつ)　一般に国際法上，条約を締結するための決まった手続きはなく，当事国が合意すれば，どのような手続きでもとれる。しかし通常は，全権委員による外交交渉→合意内容の成文化→署名（調印）→批准→批准書の交換または寄託→国連事務局への登録→国連事務局による登録，といった手続きを経て締結される。一般には批准書の交換または寄託によって効力をもつ。

●成立形式による分類

国際慣習法(不文国際法)	成文国際法
公海自由の原則 外交官の特権 （現在では条約化） など	条約，協約，協定， 取り決め，議定書， 宣言，覚書， 交換公文　など

●適用時による分類

平時国際法	戦時国際法
国家領域 外交使節 条約の一般的効力 紛争の解決　など	交戦者の資格 占領政策 捕虜の取り扱い 中立の条件　など

↑ 国際法の種類

国際編

条約の批准Ⓝ(じょうやく-ひじゅん)　条約が成立するためには，代表の署名に引き続いて批准の手続きがとられ，批准書の交換によって効力が発生する。批准とはその国の条約締結の意思の最終確認をさし，多くの国では議会の承認を必要とする。重要な条約については，国民投票を行う場合もある。

条約の留保(じょうやく-りゅうほ)　多数国間条約などで，国家が条約のある事項について自国に適用されないという意思表示をすること。留保を認めることで，加入が容易になるという長所をもつ。しかし，条約の同質性や立法効果を減少させるという欠点も指摘されている。

多数国間条約(たすうこくかんじょうやく)　多数の国家間で締結される条約。多辺的条約ともいう。今日，国家の相互依存関係や国際社会の組織化が進み，その締結数が増大している。一定数の条約の批准書の寄託があれば，寄託をすませた国の間で条約が発効する。国連憲章は，多数国間条約の典型例である。

二国間条約(にこくかんじょうやく)　2か国(当事国)間の外交交渉によって締結された条約。個別条約・二辺条約ともいう。当事国のみに関連する特殊な問題を処理するために締結される。秘密外交を排除するため，国連加盟国は締結した条約を国連事務局に登録することになっている。

協定Ⓝ[agreement] (きょうてい)　国家間の文書による合意の一つで，広義の条約に含まれる。一般に主要な条約の実施や細目に関する合意文書で，行政機関の合意のみによって成立し，議会の承認を要しない。

憲章Ⓝ[charter] (けんしょう)　国際連合憲章・国際労働機関(ＩＬＯ)憲章のように，世界の大多数の国を含む多数国間条約あるいは一般条約につけられる名称。

共同宣言Ⓝ(きょうどうせんげん)　国家間の合意による発表。条約と同じ法的拘束力をもつものと，拘束力のないものとがある。

覚書Ⓝ(おぼえがき)　外交交渉や会議において討議の記録や論旨を記録したもの。交渉事項や問題を確認するために相手方に手渡される公式の外交文書。

議定書Ⓝ(ぎていしょ)　条約の形式の一つ。独立したものもあるが，条約に付属してつけられることが多い。

交換公文(こうかんこうぶん)　国家間の合意を記した文書で，簡略な形式で結ばれる条約の一種。技術的な内容や迅速性を要することがらについて，同じ内容の公文を相互に交換し，確認しあうことで成立する。

国際法の発展

ハーグ平和会議(-へいわかいぎ)　万国平和会議。1899年，ロシア皇帝ニコライ２世の提唱によって，オランダのハーグで開催された軍備縮小と永続的な平和のための国際会議(第１回ハーグ平和会議)。ハーグ陸戦規則など戦時国際法に関する多くの条約が採択された。また，この会議で採択された国際紛争平和的処理条約によって，常設仲裁裁判所がハーグに設置された。

ハーグ陸戦条約(-りくせんじょうやく)　1899年の第１回ハーグ平和会議でつくられ，1907年の第２回会議で改正された戦時国際法。正式には「陸戦ノ法規慣例ニ関スル条約」という。日本は1911年に批准した。とくに，条約とセットになった付属書「陸戦ノ法規慣例ニ関スル規制」のなかで，陸戦の交戦当事者が守るべき具体的なルールを詳細に成文化した点で貴重である。

開戦に関する条約（かいせん-かん-じょうやく） 1907年の第2回ハーグ平和会議で採択された開戦の手続きに関する国際的なルール。これにより締約国は，戦争を開始するにあたって「理由を付した開戦宣言の形式または最後通牒の形式を有する明瞭かつ事前の通告」が必要であるとされた。

ジュネーヴ議定書（-ぎていしょ） 窒息性・毒性またはその他のガス及び細菌学的戦争方法を，戦争に使用することを禁止した議定書。1925年に作成。戦時における一定の国際ルールとなっている。日本は1970年に批准。

不戦条約（ふせんじょうやく） 戦争放棄に関する条約。1928年にパリで調印。提案者（ケロッグ米国務長官とブリアン仏外相）の名前をとって，ケロッグ・ブリアン規約ともいう。ソ連や日本も含めて世界の60か国以上が加盟した多数国間条約。国際紛争解決のために戦争に訴えることを非とし，国家の政策の手段としての戦争を放棄することを宣言した。初めて，戦争の全面禁止をうたったものとして画期的意義をもつ。この条約は現在でも効力を持つ。

同 ケロッグ・ブリアン規約

ジェノサイドⓃ[genocide] 「国民的・人種的・民族的または宗教的集団を全部または一部を破壊する目的」で行われる集団殺害行為をさす。ナチス-ドイツによるユダヤ人などの大量虐殺はその典型。

同 集団殺害Ⓝ

ジェノサイド条約Ⓝ（-じょうやく） 集団殺害罪の防止及び処罰に関する条約。1948年の国連総会で採択，1951年発効。集団殺害を平時・戦時を問わず，国際法上の犯罪とし，国際刑事裁判所によっても審理・処罰しうることを規定する。日本は未批准。

世界人権宣言Ⓝ[Universal Declaration of Human Rights]（せかいじんけんせんげん） 1948年12月，第3回国連総会で採択。前文と本文30か条からなる。人権を蹂躙（じゅうりん）したファシズム国家が侵略戦争を引き起こした反省をふまえ，国際的な人権の保障が世界平和の基礎になるという認識に立つ。なお，世界人権宣言が採択された12月10日は「世界人権デー」とされている。制定当初は法的拘束力はもっていないとされ，後に国際人権規約として条約化された。しかし現在では，法的拘束力があるとする考え方が一般的になっている。

ジュネーヴ諸条約（-しょじょうやく） 戦争や武力紛争に際し，戦闘行為に関与しない民間人（文民）や，戦闘行為ができなくなった捕虜・傷病者を保護し，戦争被害をできるだけ軽減することを目的とした条約。1949年に結ばれた四つの条約と1977年に採択された二つの追加議定書からなる。日本は1953年に四条約に，2004年には二議定書に加入。2003年のイラク戦争の際，戦闘終結後におきた米兵によるイラク人虐待がこの条約に違反するとして問題になった。

難民の地位に関する条約（なんみん-ちい-かん-じょうやく） 難民条約と略称。難民，すなわち戦争や政治的・宗教的迫害などで国外に逃れざるをえなかった人の庇護や定住を確保するため，法的地位，福祉，難民の追放・迫害の禁止などを定めた条約。

1951年にジュネーヴで開かれた国連全権会議で採択(発効は1954年)。日本は1981年に批准。これによって，社会保障制度は自国民と同等の待遇が与えられるべきであるとされ，在日外国人に国民年金加入の道が開かれた。世界各地の難民を救済するための国連機関として国連難民高等弁務官事務所(UNHCR，本部ジュネーヴ)が置かれ，条約加盟国はその監督に服する。

採択年	発効年	宣言・条約	日本の批准年
1948		世界人権宣言	–
	1951	ジェノサイド条約	未批准
1951	1954	難民の地位に関する条約	1981
1965	1969	人種差別撤廃条約	1995
1966	1976	国際人権規約（社会権・A規約）,	1979
	1976	国際人権規約（自由権・B規約）	1979
	1976	自由権規約第1選択議定書	未批准
1967	1967	難民の地位に関する議定書	1982
1973	1976	アパルトヘイトに対する処罰条約	未批准
1979	1981	女性差別撤廃条約	1985
1984	1987	拷問等禁止条約	1999
1989	1990	子どもの権利条約	1994
	1991	自由権規約第2選択議定書（死刑廃止条約）	未批准
1998	2002	国際刑事裁判所設立条約	2007
2008	2013	社会権規約選択議定書	未批准

↑ 世界の人権条約のあゆみ

同 難民条約Ⓝ

難民Ⓝ(なんみん)　人種・宗教・政治的意見などを理由として迫害を受ける可能性があるために自国外におり，自国の保護を受けることのできない人びとをさす。通常，こうした人びとを政治難民とよぶことが多い。近年では，国内の飢餓・貧困などから逃れるために脱出した経済難民も増えている。また，これら発生原因などが多元化した難民の保護・救済に関する課題を総称して難民問題という。2022年に勃発したロシアのウクライナ侵攻によって難民数は現在急増している。同年において，居住地からの避難を強いられている人々（forcibly displaced people）の数は，世界全体で約1億300万人となった。

類 政治難民　経済難民Ⓝ　難民問題Ⓝ

国内避難民[internally displaced person]（こくないひなんみん）　戦争・内戦・自然災害などの理由によって，元々の居住地から逃れ，自国内の別地域にて避難生活を送っている人々。IDPと略される。広義では難民(refugee)の一種だが，厳密には難民は国外に避難したケース，国内避難民は文字通り国内にて避難しているケース。国連難民高等弁務官事務所によれば，2022年の推計で，世界中に約5320万人の国内避難民が存在しており，難民数(約3250万人)を上回っている。

ノン-ルフールマンの原則(-げんそく)　難民に対して，理由のいかんを問わず迫害の危険のある領域への退去強制を禁止すること。難民条約第33条に規定されている。

第三国定住Ⓝ(だいさんごくていじゅう)　長期間のキャンプ生活を余儀なくされた難民に対して，避難先以外の国(第三国)が行う救済制度。国連難民高等弁務官事務所の要請に応じ，日本では2010年からタイのキャンプに滞在するミャンマー難民の受け入れが始まった。

ヨーロッパ人権条約(-じんけんじょうやく)　正式名称は「人権及び基本的自由の保護のための条約」。欧州諸国間で1950年に締結された(1953年発効)。法的拘束力のある条約によって，人権を国際的に保障しようとする先がけとなった。

大陸棚に関する条約(たいりくだな-かん-じょうやく)　大陸棚についての基本原則を定めた条約。1958年の第一次国連海洋法会議で採択され，1964年に発効。沿岸国は大陸棚を探索し，その天然資源を開発するための主権をもつと定められている。

大陸棚Ⓝ（たいりくだな）　地理学上は海岸に接近し，水深200m位までの浅い海底をさすが，現在の国際法上の定義ではそれよりも広く，大陸縁辺部の外縁までおよぶとされる。地質的には大陸の延長であり，深海底とはその性格が異なる。1945年のトルーマン宣言を契機に大陸棚への関心が高まり，後に天然資源の探索・開発が進んだ。日本では1996年，国連海洋法条約の批准にそなえて国内法を整備するため，排他的経済水域・大陸棚法などが制定された。

南極条約Ⓝ（なんきょくじょうやく）　南極における領土紛争を回避し，その国際化を実現するため，1959年に締結された条約（1961年発効）。この条約は，領土権を承認も否認もしないまま凍結し，南極での核実験や軍事活動を禁止した。南極の帰属は未確定のままである。近年，この地域の海洋生物資源や地下資源が豊富であることが判明し，新たな対応が求められている。

外交関係に関するウィーン条約（がいこうかんけい-かん-じょうやく）　外交関係については外交上の伝統に基づき，国際慣習法として行われてきたが，これらの慣習を文書化したもの。1961年につくられた。国家間による交渉の日常化や，あいつぐ新興独立諸国家の国際社会への登場にともない，明文化された規則の必要性が高まったことなどが背景にある。日本は1964年に加入。

国際人権規約Ⓝ（こくさいじんけんきやく）　世界人権宣言を条約化して国際法としての法的拘束力をもたせ，人権保障の実施を各国に義務づけたもの。1966年の第21回国連総会で採択，1976年に発効した。「経済的・社会的・文化的権利に関する国際規約」（A規約，社会権規約），「市民的・政治的権利に関する国際規約」（B規約，自由権規約），B規約に関する個人通報制度を規定した「第１選択議定書」の三つからなる。調印・批准した国は国際法上の拘束を受け，内容に反する国内法の改廃を必要とする。日本は1979年に批准したが，A規約のうち祝祭日の報酬，公務員の争議権，中等・高等教育の無償化の３点については，日本への適用を留保してきた。また，1989年には死刑廃止をめざすB規約の「第２選択議定書」（死刑廃止条約）が採択され，1991年に発効した。日本はB規約の二つの選択議定書を批准していない。なお，2008年の国連総会でA規約の選択議定書が採択された。人権を侵害された個人が直接，社会権規約委員会に訴えることができる個人通報制度を含むものである。なお，日本への適用を留保していた３点のうち，中等・高等教育の無償化に関して，2012年に政府は留保の撤回を国連に通告した。

個人通報制度（こじんつうほうせいど）　条約に規定された人権が，締約国内で十分に保障されなかった場合，条約にもとづいて設置された人権委員会に被害者個人などが救済を申し立てる制度。国際人権規約（自由権規約）第１選択議定書，女性差別撤廃条約選択議定書，人種差別撤廃条約，拷問等禁止条約などのなかで，この制度が採用されている。個人からの通報が委員会で審理され，それが人権侵害と判断された場合，救済措置などの意見が関係国と個人に送付される。ただし，条約や議定書を批准していない国には適用されない。

宇宙条約Ⓝ（うちゅうじょうやく）　宇宙空間と天体は国家領有の対象とはならないこと，その軍事的利用を禁止し，平和的目的にだけ利用すべきことなど，宇宙に関する基本原則を定めた条約。1966年の国連総会で採択された。

人種差別撤廃条約Ⓝ(じんしゅさべつてっぱいじょうやく)　1961年の南アフリカ共和国での反アパルトヘイト運動の弾圧事件を契機に制定された。1965年の国連総会で採択，1969年に発効。正式名称は「あらゆる形の人種差別の撤廃に関する国際条約」。人種差別とは「人種・皮膚の色・血統ないし民族的・種族的生まれに基づく差別，排除，制限…」などをいう。締約国に人種差別を撤廃する実施措置を求めている。実施機関として人種差別撤廃委員会が，締約国からの報告の審議及び条約違反に関する申し立てを受理する。また一定の範囲内で，人種差別に関する個人の請願受理への道も開かれている。日本はアイヌ問題などで批准が遅れ，1995年に批准。

女性差別撤廃条約Ⓝ(じょせいさべつてっぱいじょうやく)　1979年の国連総会において採択（1981年発効）。日本は1985年に批准。女性差別を禁止する立法その他の適切な措置をとるよう，締約国に対して求めた。正式には「女子に対するあらゆる形態の差別の撤廃に関する条約」。

アフリカ人権憲章(-じんけんけんしょう)　アフリカ統一機構（現アフリカ連合）加盟諸国間で締結された人権保障条約（1981年採択，1986年発効）。正式には「人及び人民の権利に関する憲章」。バンジュール憲章ともいう。個人の権利と並んで人民の権利を規定し，発展（開発）の権利という新しい主張を取り入れている。

同 バンジュール憲章

国連海洋法条約Ⓝ(こくれんかいようほうじょうやく)　1973年から10年間に及ぶ議論の末，第3次国連海洋法会議で1982年に採択された（1994年発効）。海洋法の憲法ともいうべき条約。1958年の海洋法4条約を全面的に再構成し，一つの条約にまとめたもの。正式には「海洋法に関する国際連合条約」という。320か条の本文と九つの付属書からなる。領海を12海里，排他的経済水域を200海里と規定し，国際海峡の通過通航制度や深海底資源の共同開発などを定めている。日本は1996年に批准。

子どもの権利条約Ⓝ(こ-けんりじょうやく)　児童の権利に関する条約。1989年の国連総会で全会一致で採択，1990年に発効した。日本は1994年に批准。全54か条からなる。18歳未満の児童（子ども）を，大人に保護される対象としてではなく，権利を行使する主体として位置づける。教育への権利（初等教育の義務・無償制，能力に応じて高等教育にアクセスできることなど）や，意見表明権や思想・良心・宗教の自由，結社・集会の自由などの市民的権利を保障している。

障害者権利条約Ⓝ(しょうがいしゃけんりじょうやく)　2006年の国連総会で採択され，2008年に発効。前文と本文50か条からなる。各国が障害者に，障害のない人と同等の権利を保障し，社会参加を促す努力をするよう求める。日本は2014年批准。

死刑廃止条約Ⓝ(しけいはいしじょうやく)　正式名称は「死刑の廃止を目指す市民的及び政治的権利に関する国際規約第2選択議定書」。死刑廃止議定書ともいう。国際人権規約は生命に対する権利を規定し，死刑廃止が望ましいむね示唆している。これを受けて，1989年の国連総会で採択された。日本は未批准。死刑を廃止した国は142か国に達し，韓国も死刑執行が10年近く行われず，事実上の廃止国とされる。これに対して存置国は約56か国，先進国ではアメリカと日本のみである。国連総会は2007年，加盟国に対して死刑のモラトリアム（一時執行停止）を求める決議を初めて採択した。

同 死刑廃止議定書

不戦宣言（ふせんせんげん） 22か国共同宣言ともいう。北大西洋条約機構（NATO）とワルシャワ条約機構（WTO）に加盟する22か国によって，1990年にパリで調印された共同宣言。武力による威嚇をひかえ，兵器は自衛と国連憲章に従う場合を除き使わないことなどを誓いあった。

ハーグ条約Ⓝ（-じょうやく） 子どもの親権をめぐる国際的な紛争を解決するための条約。正式には「国際的な子の奪取の民事上の側面に関する条約」という。国際結婚の破綻で子どもを引き取る際，子どもを元の居住地にもどすことなどを定める。配偶者の暴力があるときは，返す義務はない。

国際裁判

国際裁判制度（こくさいさいばんせいど） 国際的な裁判機関が，原則として国際法を基準に審理を行い，当事者を拘束する判決を下すことによって紛争の解決をはかろうとするもの。紛争の発生ごとに当事者の合意に基づき，そのつど選任される裁判官によって行われる仲裁裁判と，国際司法裁判所のような常設の裁判所が行う司法裁判とに大別される。国際法に基づいてこれまで設置された裁判機関としては，1899年に設置された常設仲裁裁判所，国際連盟の設立にともなって設置された常設国際司法裁判所，国際連合の主要機関の一つとして設置された国際司法裁判所，戦争犯罪など個人の人道法違反などを裁く国際刑事裁判所がある。国際司法裁判所の場合，その裁判の当事者は国家であり，判決は当事国を拘束する。しかし，一般的に裁判付託は義務化されておらず，当事国の合意がなければ裁判は行われない，判決の結果を執行する機関がない，などの点で国内の制度とは異なる。

仲裁裁判（ちゅうさいさいばん） 国際紛争を平和的に処理・解決するための手段の一つ。司法裁判とともに国際裁判を構成している。紛争当事国が合意によって，適当な個人または団体に紛争の判断をまかせ，その判断に従うという方法。個別的仲裁裁判と常設仲裁裁判とに区分される。

ジェイ条約（-じょうやく） 1794年に英・米間で結ばれた友好通商航海条約。両国家間の紛争を仲裁裁判によって平和的に処理・解決することを定めた。仲裁裁判が国際的に普及する契機となった条約。

常設仲裁裁判所（じょうせつちゅうさいさいばんしょ） 紛争の平和的解決のために当事国の仲裁を行う常設機関（略称：PCA）。1899年のハーグ条約によって定められ，オランダのハーグに設置された。裁判官を常置するのではなく各国が任命した裁判官（各国4名以内，任期6年）の名簿をあらかじめつくっておく，という意味での常設。国家間の紛争の仲裁・調停などを行い判決は法的拘束力を持つが，法執行する権限を持たない。2016年7月にはフィリピンが提訴した，中国の南シナ海における独自の境界線「九段線」について「（国際法における）法的根拠はない」とする判断を示し，中国の権利を否定した。

常設国際司法裁判所（じょうせつこくさいしほうさいばんしょ）　1921年，国際連盟の補助機関としてオランダのハーグに設置された裁判所。　☞p.365（常設国際司法裁判所）

国際司法裁判所Ⓝ（ＩＣＪⓃ）［International Court of Justice］（こくさいしほうさいばんしょ）☞p.372（国際司法裁判所）

国際刑事裁判所Ⓝ（ＩＣＣⓃ）［International Criminal Court］（こくさいけいじさいばんしょ）集団殺害罪，人道に対する罪，戦争犯罪などの重大犯罪を行った個人を裁くための常設の国際裁判所。1998年に国際刑事裁判所設立条約が採択され，2002年の発効によってハーグに設置。日本は2007年に加入。アメリカは軍関係者が責任を問われる可能性があるため加入していない。ロシアや中国なども加入していない。提訴できるのは，締約国と国連安保理・検察官の三者。裁判部や検察局など４部門からなり，検察官は訴追や捜査権限をもつ。逮捕状も発行できるが，その執行は各締約国にゆだねられている。最高刑は終身刑。また，裁判官は18名で構成され，斎賀富美子氏が日本人初の裁判官を務めた（2009年死去）。

国際司法共助（こくさいしほうきょうじょ）　司法共助とは，裁判所が証人尋問などの裁判上の手続きについて相互に補助しあうこと。これが外国との間で行われるとき，国際司法共助という。自国の裁判の過程で，他国に存在する事件関係者の証言や供述を引き出すことを目的としたもの。

国際海洋法裁判所Ⓝ（こくさいかいようほうさいばんしょ）　国連海洋法条約に基づき，1996年にドイツのハンブルクに設置された国際裁判所。おもに海洋に関する紛争の解決を役割とする。選挙で選ばれた21人の裁判官で構成され（任期9年），国家だけでなく，欧州連合（ＥＵ）のような国際機関も訴訟当事者となることができる。

3　国際連盟と国際連合

国際連盟の成立

国際平和機構の構想（こくさいへいわきこう-こうそう）　国際紛争を解決し，世界の平和と安全を確保するための国際的な政治機構をさす。この構想は18世紀以降，サン-ピエールやカントなどの思想家によって提唱された。その背景には，紛争の解決や平和の確立が，該当する国家（群）の努力だけでは困難になり，国家の枠をこえた取り組みが求められる状況があった。

サン-ピエールⓃ［Saint-Pierre，1658～1743］　フランスの聖職者，啓蒙思想家。

『ヨーロッパ恒久平和論』（-こうきゅうへいわろん）　サン-ピエールの平和についての主著（1713～17年）。彼は恒久的・普遍的な平和を確立するために，すべての国が加盟する国際平和機構の創設を提唱した。

カントⓃ[Immanuel Kant, 1724～1804]　ドイツの哲学者。大陸合理論とイギリス経験論を批判・総合して，近代西洋哲学を集大成した。

『永久平和のために』(えいきゅうへいわ-)　1795年刊。カントの主著で，『永久平和論』とも訳される。彼はこの書のなかで，国際的な永久平和を実現するために，常備軍の廃止，国際法の確立，自由な諸国家による国際平和機構の設立を提唱した。

ハーグ平和会議(-へいわかいぎ)　ロシア皇帝ニコライ２世の提唱で，軍備縮小と世界平和を議題にして，1899年と1907年の２度，ハーグで開かれた国際会議。
☞p.356(ハーグ平和会議)

ウィルソンⓃ[Woodrow Wilson, 1856～1924]　アメリカの政治家で，第28代大統領。新しい自由を唱え，さまざまな革新政策を実施した。第一次世界大戦では連合国側に参戦し，大戦終結のための「平和原則14か条」を提唱した。ヴェルサイユ講和会議では，自ら首席全権となって会議をリードし，国際連盟の創設に尽力した。しかし自国では，モンロー主義の立場からヴェルサイユ条約が批准されず，国際連盟への加盟は果たせなかった。

平和原則14か条(へいわげんそく-じょう)　アメリカ大統領ウィルソンが1918年，上・下両院の合同会議で発表した第一次世界大戦終結のための平和原則。主な内容は，公開の会議による平和条約の締結と秘密外交の廃止，公海の自由，経済障壁の除去，軍備の縮小，植民地問題の公平な解決，民族自決主義，特別な規約に基づく国際平和機構の設立(国際連盟設立案)など。

パリ講和会議(-こうわかいぎ)　第一次世界大戦後の国際秩序を回復するための会議。1919年にパリで開かれた。戦勝国の連合国代表者のみが参加し，敗戦国は条約(ヴェルサイユ条約)の調印を求められただけだった。主要参加国はアメリカ・イギリス・フランス・イタリア・日本の５大国で，各国の利害は対立し，民族自決の原則は認めたものの，敗戦国に過酷な条約となった。

ヴェルサイユ条約(-じょうやく)　第一次世界大戦の結果，1919年にフランスのヴェルサイユ宮殿で結ばれた連合国とドイツ間の条約(1920年発効)。条文は15編440か条からなり，ドイツに対する制裁を主な内容とし，ドイツ本土のフランスなどへの割譲，海外領土の没収，軍備制限，戦争責任と賠償義務などを規定。また，国際連盟規約，国際労働機関の創設などの規定も含んでいる。この条約をもとに，第一次世界大戦後の国際秩序(ヴェルサイユ体制)が成立した。
類 ヴェルサイユ体制

国際連盟(こくさいれんめい)　1000万人もの生命を奪った第一次世界大戦の惨禍を反省し，国際平和の維持と国際協力を目的に設立された世界初の国際平和機構。国際社会での平和の維持，経済・社会・人道などの分野における国際協力の推進を目的とした。平和の維持では，新しく集団安全保障方式がとり入れられた。国際協力の推進については，労働・交通・保健衛生などの課題をかかげ，この分野においては成果をあげた。発足は1920年で，本部はスイスのジュネーヴに置かれた。原加盟国は42か国。

国際連盟規約(こくさいれんめいきやく)　国際連盟の加盟国･目的･機関などを規定した取り決め。前文と26か条からなり，連盟の憲法とでもいうべき性格をもつ。前文で加盟国は，戦争に訴えない義務を誓約している。1919年にヴェルサイユ条約の一部（第1編）として調印された。

国際連盟の加盟国（こくさいれんめい-かめいこく） 連盟規約によれば，原加盟国とされたのは，第一次世界大戦の戦勝国32か国と，規約への加入を招請された中立国13か国の計45か国。しかしそのなかで，アメリカが，モンロー主義（孤立主義）の立場から不参加となるなど，現実には42か国の加盟でスタートした。新加盟国は総会の3分の2の同意で加盟国になることが認められた。その後，ドイツ・ソ連などが加盟し，最大で60か国となった。他方，侵略行為を非難された日本（1933年），ドイツ（1933年），イタリア（1937年）が次々に脱退，ソ連もフィンランドを攻撃したため除名された（1939年）。

モンロー主義（-しゅぎ） アメリカ第5代大統領モンローが1823年，議会への教書のなかで声明した外交政策。アメリカ大陸諸国とヨーロッパ大陸諸国の相互不干渉を主な内容とする。これが久しく，アメリカの孤立主義的な外交の主要な根拠になってきた。第二次世界大戦後に廃棄された。

集団安全保障Ⓝ（しゅうだんあんぜんほしょう） 国際連盟や国際連合のとる平和維持方式。
☞ p.335（集団安全保障）

委任統治制度（いにんとうちせいど） 第一次世界大戦後，敗戦国ドイツの植民地に対して，国際連盟の監督の下に適用された統治方式。住民の社会・文化的状況，経済状態，地理的条件などに応じて3種類の方式がとられた。この制度は，国際連合の信託統治に引き継がれた。

国際連盟の機構と活動

国際連盟の機関（こくさいれんめい-きかん） 主要な機関としては，総会・理事会・事務局が，また自治的な独立の機関として常設国際司法裁判所と国際労働機関がある。さらに補助的な機関として多くの専門機関と，委任統治委員会・軍備縮小委員会などの委員会が置かれた。

総会Ⓝ（そうかい） 国際連盟の最高議決機関。全加盟国が大国・小国の別なく，一国一票の対等な立場で参加，毎年9月に開催された。討議内容は，国際連盟の組織・構成・活動・予算など，国際関係に関するあらゆる問題に及んだ。決定は投票国の全会一致を原則とし，手続き事項については多数決で行われた。

理事会Ⓝ（りじかい） 総会と並ぶ最高機関の一つ。主に政治問題を扱い，平和を脅かす紛争だけでなく，関係国から出された小さな問題も処理した。連盟規約では，アメリカ・イギリス・フランス・イタリア・日本の5常任理事国と，総会で選出される任期3年の非常任理事国（4か国）から構成されることになっていた。しかし，アメリカの不参加により，常任理事国は4か国でスタート。ドイツ（1926年）とソ連（1934年）が加盟と同時に常任理事国に加わった（その後，ドイツ・日本は1933年，イタリアは1937年に脱退，ソ連は1939年に除名）。非常任理事国は1922年に6か国，1926年には9か国に増加された。理事会の決定は総会同様，全会一致を原則とし，手続き事項は多数決。

事務局Ⓝ（じむきょく） ジュネーヴに常設。事務総長と専門職員・事務職員によって構成。

その数は最大時で約700名を数えた。職員は，国際公務員として外交官なみの特別な地位を与えられた。初代の事務総長はイギリスのドラモンド。新渡戸稲造は1926年まで事務次長を務めた。

常設国際司法裁判所(じょうせつこくさいしほうさいばんしょ)　1921年，国際連盟の付属機関として，オランダのハーグに常設された司法機関。総会と理事会の投票で選出された15人の裁判官（任期９年）で構成された。当事国から委任された国際紛争にからんだ裁判のほかに，総会・理事会の要請により勧告的意見を述べることができた。しかし，1939年に第二次世界大戦が勃発，ドイツのオランダ侵攻によりその機能は実質的に停止した。第二次世界大戦後は，国際司法裁判所（ＩＣＪ）に引き継がれた。

国際労働機関Ⓝ（ＩＬＯⓃ）［International Labor Organization］(こくさいろうどうきかん)
1919年，ヴェルサイユ条約（第13編）に基づきジュネーヴに創設。労働条件の国際的な改善を通して，世界平和の確立をめざした。国際連盟と連携・協力して活動する自主的な独立の機関。その最高機関である総会は，各加盟国ごとに４人の代表者（政府代表２，使用者・労働者代表各１）からなり，３分の２の多数決で条約や勧告を採択する。原加盟国は43か国。第二次世界大戦までに，１日８時間・週48時間労働，産前産後における女性労働の禁止，夜間における女性・年少者労働の禁止などの条約を採択し，労働条件の改善に努めた。1946年，国際連合の専門機関になった。国際連合の非加盟国も加盟できる。日本は1938年に一時脱退したが，戦後の1951年に再加盟した。

国際連盟の欠陥(こくさいれんめい-けっかん)　総会と理事会の決定は，全会一致を原則としていたため，連盟としての有効な意思決定が困難であった。したがって，大国が直接当事国となった紛争には積極的な介入ができず，連盟の平和維持機能がせばめられた。また，侵略国に対する制裁手段の不備や大国アメリカの不参加などは，連盟の活動に大きな制約を与えた。

国際連合の成立

大西洋憲章(たいせいようけんしょう)　1941年８月，アメリカのＦ.ローズヴェルト大統領とイギリスのチャーチル首相が，大西洋のイギリス艦上などで会談し，共同声明として発表された戦後世界の構想。米英共同宣言ともいう。８項目からなり，領土不拡大・民族自決・貿易の自由・公海航行の自由・軍備縮小・恒久的な一般的安全保障制度の構想などが示された。1942年の連合国共同宣言に，この原則がとり入れられた。

チャーチルⓃ［Sir Winston Churchill，1874～1965］ ☞p.337（チャーチル）

F・ローズヴェルト［Franklin Roosevelt，1882～1945］ ☞p.337（ローズヴェルト）

連合国共同宣言(れんごうこくきょうどうせんげん)　アメリカ大統領Ｆ.ローズヴェルトの提案に基づき，連合国26か国の代表が，1942年にワシントンで発表した共同宣言。26か国宣言ともいう。この宣言では大西洋憲章に賛同し，ドイツ・イタリア・日本などの枢軸国と戦い抜くことを決意し，団結を誓った。ここで初めて，United Nations（連合国）ということばが，国際的に用いられた。

モスクワ外相会議(-がいしょうかいぎ)　第二次世界大戦中の1943年10月，アメリカ・イギリス・ソ連の外相が，戦争を終結させる具体的な方法を討議するためにモスクワで開いた会議。会議後には，中国も加えてモスクワ宣言（4か国共同宣言）を発表した。この会議で，新しい国際平和機構の設立が大筋で合意された。

ダンバートン-オークス会議(-かいぎ)　1944年8～10月，ワシントン郊外のダンバートン-オークスで，アメリカ・イギリス・ソ連（後に中国と交代）の代表が，戦後の新国際組織の具体案を作成するために行った会議。2か月近くにわたる討議で，12章からなる「一般的国際機構設立に関する提案」（ダンバートン-オークス提案）が採択された。この提案は国際連合憲章の母体となった。

サンフランシスコ会議Ⓝ(-かいぎ)　1945年4～6月，サンフランシスコで開かれた国際平和機構設立のための全連合国の会議。第二次世界大戦に連合国として参加したすべての国が招請され，50か国が出席した。ダンバートン-オークス提案にかなりの修正と追加が行われ，国際連合憲章が全会一致で採択された。

国際連合（国連）Ⓝ[United Nations]（こくさいれんごう）（こくれん）　1945年10月，国際連合憲章に基づき，集団安全保障の考え方にそって，連合国を中心に成立した国際平和機構。原加盟国はアメリカ・イギリスなど51か国。日本も1956年に加盟が認められ，現在の加盟国は193か国。国連の目的は国際社会の平和と安全の維持，諸国家間の友好関係の発展，多方面にわたる国際協力の推進などである。主要機関としては総会・安全保障理事会・経済社会理事会・事務局などがある。国際連盟崩壊の主因となった総会・理事会における全会一致制に代わって，多数決制が採用されたが，安全保障理事会の5常任理事国には拒否権が認められている。今日，財政・機構改革，安全保障理事会の構成国など，国連改革の必要性が指摘されている。

国際連合憲章Ⓝ（こくさいれんごうけんしょう）　国際連合の目的・原則・組織・活動などを定めた，国連の憲法ともいうべき基本法。一般に国連憲章という。1945年6月，サンフランシスコ会議で採択され，各国の批准を経て同年10月に発効した。前文と19章111か条からなる。憲章が第二次世界大戦中に，連合国だけの会議で審議・決定されたため，原加盟国が連合国に限定されたこと，日本・ドイツなどの旧敵国に対する特別措置（旧敵国条項）を認めたことなどにつながった。憲章の改正は，総会構成国の3分の2の賛成で採択され，かつ安全保障理事会のすべての常任理事国

	国際連盟	国際連合
成立過程	アメリカの大統領ウィルソンの「平和原則14か条」の提唱により，1919年のパリ講和会議で，国際連盟規約を作成	米・英・中・ソの4か国によるダンバートン-オークス会議での草案をもとに，1945年6月のサンフランシスコ会議で採択
発足	1920年1月	1945年10月
原加盟国	原加盟国42か国。アメリカの不参加，ソ連の加盟遅延，日独の脱退で弱体化	原加盟国51か国。大国を含む世界の独立国のほとんどが加盟
表決方法	総　会…全会一致制 理事会…全会一致制	総　会…多数決（重要事項は3分の2以上） 安保理…5常任理事国に拒否権あり。15か国のうち9理事国以上の多数決
戦争禁止	理事会への報告後3か月以内の戦争を禁止	自衛権以外の武力行使を禁止
制裁	経済制裁が中心	経済制裁以外に，安保理の軍事行動も予定

↑ 国際連盟と国際連合

を含む国連加盟国の3分の2によって批准されたとき，効力を生ずる。通常の手続きによる改正は，これまで3回行われた。

類 旧敵国条項Ⓝ

国連デー(こくれん-)　1945年10月24日，国連憲章が発効，国連が国際平和機構として正式に発足した。国連総会は1947年，憲章が発効したこの日を国連デーと定め，国連の目的や業績を世界に知らせ，その任務に支援を求める日とした。

国際連合の目的(こくさいれんごう-もくてき)　国連憲章第1条に三つの目的が規定される。第一は，国際の平和と安全の維持。そのために，戦争の防止と紛争の平和的な解決を実現する。第二は，諸国間の友好関係の発展。人民の同権と自決の原則に基礎をおいて，世界平和を強化する措置をとる。第三は，経済・社会・文化・人道の分野における国際問題の解決と国際協力を推進すること。

国際連合の原則(こくさいれんごう-げんそく)　国連憲章第2条は，目的を達成するために，国連と加盟国が守るべき七つの原則をあげている。①全加盟国の主権平等の原則。②憲章の義務の誠実な履行。③国際紛争の平和的手段による解決。④武力による威嚇・武力の行使を慎むこと。⑤国連の行動に対する全面的協力。⑥非加盟国との協力関係の確保。⑦それぞれの国の国内管轄事項に対する不干渉。

国際連合の加盟国(こくさいれんごう-かめいこく)　国連の加盟国には原加盟国と新加盟国がある。原加盟国とは，サンフランシスコ会議に参加して国連憲章に署名したか，ポーランドのように会議には参加できなかったが，後に署名した合計51か国。新加盟国とはその後の加盟国で，原加盟国との地位に差はない。加盟の承認には，安全保障理事会の勧告を受けて総会の決定が必要になる。常任理事国の拒否権が作用する。日本は1956年に加盟を認められ，80番目の加盟国となった。2011年にスーダンから分離・独立した南スーダン共和国が新たに国連に加盟し，現在，加盟国数は193か国。世界のほとんどの国が加盟しており（普遍主義の原則），非加盟国は，バチカン・コソヴォ・クック諸島・ニウエ。

国連加盟の手続き(こくれんかめい-てつづ-)　国連に加盟する条件は，「憲章に掲げる義務を受諾し，且つ，この機構によつてこの義務を履行する能力及び意思があると認められる」平和愛好国であることである。加盟の承認は，安全保障理事会の勧告に基づいて，総会の決定によって行われる。

パレスティナの国連加盟問題(-こくれんかめいもんだい)　イスラエルとの対立がつづくパレスティナ自治政府が2011年，独立国家の立場で初の国連加盟申請を行った問題。加盟は安保理の勧告をふまえ，総会出席国の3分の2以上の賛成で決定される。イスラエル寄りのアメリカが拒否権を発動すると加盟自体はできない。しかし，2012年の総会で過半数の加盟国が支持したため，投票権のない「オブザーヴァー国家」の資格が与えられた。

国際連合の機構―主要機関

主要機関Ⓝ(しゅようきかん)　国連の主要機関は，総会・安全保障理事会・経済社会理事会・信託統治理事会・国際司法裁判所・事務局の6機関である。本部はニューヨークにある。総会の下に補助機関や特別機関が置かれ，国連とは独立した多くの専門機関が設けられている。

総会Ⓝ(そうかい)　国際連合の中心的な機関。すべての加盟国で構成される。総会には，毎年開かれる通常総会と，必要がある場合に招集される特別総会，「平和のための結集決議」に基づいて開かれる緊急特別総会などがある。通常総会は毎年9月の第3火曜日から開催される。議場は同心円状に配置され，大国・小国を問わず，すべての国が対等の立場で参加するという理念が反映されている。

特別総会Ⓝ(とくべつそうかい)　国連憲章は，安全保障理事会の要請または加盟国の過半数の要請があった場合，特別総会を開くことができると定めている。事務総長が招集する。これまで，軍縮特別総会などが開かれている。

緊急特別総会Ⓝ(きんきゅうとくべつそうかい)　1950年の総会で採択された「平和のための結集決議」に基づいて開かれる総会。平和の維持について安全保障理事会が，常任理事国の拒否権行使で機能しない場合，安全保障理事国の9か国以上，または加盟国の過半数の要請により24時間以内に開催される。平和維持について総会の権限を強化する試み。これまでに10回開催されている。

総会の機能(そうかい-きのう)　総会は，その審議・監督・財政・選挙という機能を通じて，国連の任務の中心的な位置を占める。審議については，総会は憲章の範囲内にあるすべての問題や事項，また，憲章に規定する機関の権限と任務に関する事項を討議し，加盟国または安全保障理事会に勧告する権限が与えられている。監督については，総会の権威の下に，経済社会理事会と信託統治理事会はその任務の遂行にあたる。財政については，国連予算を審議・承認する。選挙については，各理事会の理事国の選出や，国際司法裁判所の裁判官・事務総長の選出に関与する。

総会の表決(そうかい-ひょうけつ)　重要事項（重要問題）については，出席かつ投票する加盟国の3分の2の多数によって可決される。その他の問題は，過半数の賛成で成立する。棄権した国は，投票を行わなかったものとみなされる。

重要事項Ⓝ(じゅうようじこう)　国際の平和及び安全に関する勧告，安全保障理事会の非常任

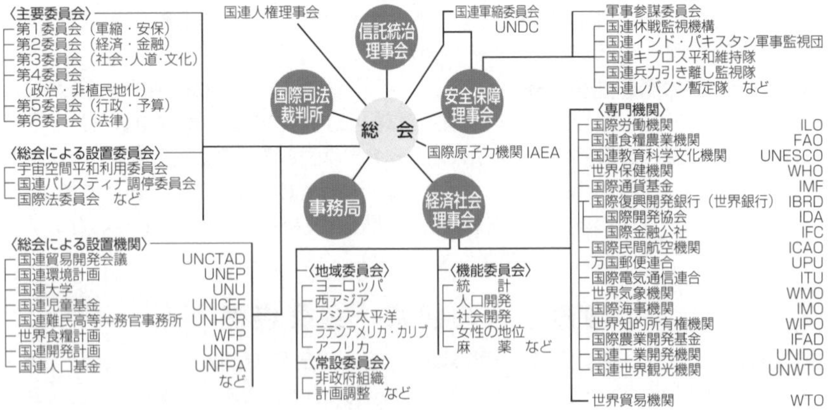

↑ 国際連合のしくみ

理事国の選挙，経済社会理事会の理事国の選挙，新加盟国の承認，加盟国としての権利・権限の停止，加盟国の除名，信託統治制度の運用問題，予算問題などが含まれる。その他の問題は，一般事項・手続き事項とよばれる。重要事項の決定は，過半数の賛成によってなされる（重要事項指定方式）。

類 手続き事項

重要事項指定方式（じゅうようじこうしていほうしき） 総会の採決において，３分の２の多数の賛成が必要な重要な問題（重要事項）に指定するやり方。たとえば中国の代表権問題において，中華人民共和国政府の加盟に反対するアメリカは，1961年の総会で「中国代表権を変更するいかなる提案も重要問題である」と提案し，過半数の賛成を得て重要事項に指定した。

加重投票制（かじゅうとうひょうせい） 国際機構の表決にあたり，その構成国の国力や貢献度によって票数に差異を設ける制度。国連総会などでは一国一票制がとられるが，ＩＭＦ（国際通貨基金）や世界銀行グループでは出資額などに応じて議決。

対 一国一票制

コンセンサス方式Ⓝ（-ほうしき） 「全会一致」とは異なり，決定の際に賛否の投票によらず，議長提案に対して反対がなかったとして決議を採択する方法。国連の会議などで用いられる。これに対し，一国でも賛成すれば（全加盟国が反対しない限り）決定されるしくみをネガティヴ-コンセンサス方式という。ＷＴＯ（世界貿易機関）の紛争解決手続きなどで採用されている。

対 ネガティヴ-コンセンサス方式Ⓝ

国連児童基金Ⓝ（**ＵＮＩＣＥＦ**Ⓝ）［United Nations Children's Fund］（こくれんじどうききん）

ユニセフ。発展途上国の児童への援助問題を扱う国連の常設機関。1946年の第１回総会で設立された，戦争で犠牲になった児童の救済を目的とする国連国際児童緊急基金を出発点とする。1953年に国連児童基金と改称され，常設機関となった。経済社会理事会が選出する任期２年・36か国による執行理事会が運営にあたる。現在，多くの国で給食・健康衛生・教育・職業訓練などの活動をくり広げている。1965年にノーベル平和賞受賞。本部はニューヨーク。

国連難民高等弁務官事務所Ⓝ（**ＵＮＨＣＲ**Ⓝ）［Office of the United Nations High Commissioner for Refugees］（こくれんなんみんこうとうべんむかんじむしょ） 母国を追われた難民の保護と救済を目的に，1951年に設置された機関。第二次世界大戦後，社会主義化にともなって東欧から大量流出した難民に対応するため，1946年に国際難民機関（ＩＲＯ）が設けられた。ＵＮＨＣＲはその事業を引き継ぐ形で発足，世界中の難民に救援の手を差しのべてきた。２度のノーベル平和賞を受賞。本部はジュネーヴ，約126か国に340か所以上の現地事務所をもつ。緒方貞子氏が2000年12月まで高等弁務官を務めた。

類 緒方貞子Ⓝ

国連人権高等弁務官Ⓝ（こくれんじんけんこうとうべんむかん） 1993年，世界人権宣言採択45周年を記念して開かれた世界人権会議（ウィーン会議）の勧告に基づいて設置された国連のポスト。人権の促進や擁護を目的とする。任期は４年。その任務は，ジュネーヴにある国連人権高等弁務官事務所（ＯＨＣＨＲ）を通じて行われる。

類 国連人権高等弁務官事務所Ⓝ（OHCHRⓃ）

国際人権章典(こくさいじんけんしょうてん) 世界人権宣言と国際人権規約を合わせた名称。広義には，人権にかかわるその他の多くの条約も含むとされる。

国連貿易開発会議Ⓝ（**UNCTAD**Ⓝ）［United Nations Conference on Trade and Development］(こくれんぼうえきかいはつかいぎ) アンクタッド。南北問題に関して検討と勧告を行う国連の常設機関。 ☞p.421（国連貿易開発会議）

国連開発計画Ⓝ（**UNDP**Ⓝ）［United Nations Development Programme］(こくれんかいはつけいかく) 国連における発展途上国への開発援助の中心的機関。1965年に発足，150か国以上の国と地域に対して，多角的な技術協力と資金援助を行っている。1990年から『人間開発報告書』を発行，1994年には「人間の安全保障」という概念を提唱して，世界中の注目を集めた。

世界食糧計画Ⓝ（**WFP**Ⓝ）［World Food Programme］(せかいしょくりょうけいかく) 国連の食料援助機関。食料が欠乏する発展途上国への援助のほか，穀物の国際備蓄なども行う。各国政府の自主的な拠出に依存する。1961年に国連総会と国連食糧農業機関（FAO）の決議により設立。本部はローマにある。世界の飢餓状況を記したハンガーマップ（飢餓マップ）などを作成している。

国連大学Ⓝ（**UNU**Ⓝ）［United Nations University］(こくれんだいがく) 1973年の総会で採択された「人類の存続，発展及び福祉に関する緊急かつ世界的な問題」に取り組むための国連の学術機関。学者の国際的共同体をめざし，人類の直面する問題を中心に国際理解を推進，各国の大学や研究所と連携して国際協力を深める。東京・渋谷に本部を置き，1975年に活動を開始。

国連人口基金Ⓝ（**UNFPA**Ⓝ）［United Nations Fund for Population Activities］(こくれんじんこうききん) 人口問題への技術援助を行う機関として，1967年の総会で人口活動信託基金が設立され，1969年に国連人口活動基金と改称，1987年に国連人口基金と再改称された。国連は1974年を世界人口年に指定，それに基づき第1回世界人口会議がブカレスト（1974年）で，第2回会議がメキシコ市（1984年）で，第3回会議がカイロ（1994年）で開かれた。

UNウィメン 世界の女性と女児の状況を改善するための新たな国連の機関で，正式には「国連男女同権と女性能力向上事業体」。国連女性ともいう。これまで女性問題を扱ってきた国連女性開発基金など四つの機関・部局を統合して2011年に発足。統括する初代事務局長として，チリのバチェレ前大統領を任命。

同 国連女性

安全保障理事会Ⓝ(あんぜんほしょうりじかい) 安保理と略称。国連の総会と並ぶ最も重要な機関。国連の目的である国際の平和と安全の維持について，第一次的に責任を負い，総会よりも優越的な権限をもっているともいえる。総会は国連憲章の範囲内のすべての問題について，討議・勧告することができるが，安全保障理事会が取り扱っている紛争については，勧告できないことになっている。5常任理事国と10の非常任理事国の15か国で構成される。非常任理事国は2年の任期で，地理的配分の原則に基づいて総会で選出される。

安全保障理事会の機能(あんぜんほしょうりじかい-きのう) 国際紛争の平和的解決と平和に対する

脅威・破壊，侵略行為の防止・鎮圧が主な任務。紛争の当事国は，平和的手段によって解決をはかる必要があるが，それが不調に終わった場合には，安全保障理事会に紛争を付託しなければならない。また，平和の破壊や侵略行為が生じた場合，外交関係の断絶・経済制裁という非軍事的措置がとられるが，それでも不十分な場合には，武力行使をともなう軍事的措置がとられる。ＰＫＯもほとんどが安保理の決議によっている。このほか，新規加盟国の承認を総会に勧告したり，事務総長や国際司法裁判所裁判官の選出にも関与。

安全保障理事会の表決（あんぜんほしょうりじかい-ひょうけつ） 各理事国は一票の投票権をもち，手続き事項は，９理事国（いかなる理事国でもよい）の賛成によって決定される。その他の事項については，５常任理事国を含む９理事国の賛成が必要である。つまり，５常任理事国中１か国でも反対すれば，９理事国以上の賛成があっても決定されない。これは一般的に拒否権とよばれる。ただし，常任理事国が表決に際して棄権したり，欠席した場合は，慣例として拒否権の行使とされない。

常任理事国Ⓝ**と非常任理事国**Ⓝ（じょうにんりじこく-ひじょうにんりじこく） 安全保障理事会は，５常任理事国と10非常任理事国の15か国で構成される。常任理事国は，アメリカ・イギリス・フランス・ロシア・中国で，拒否権とよばれる特権をもつ。国連改革の一環として，常任理事国の増加をインド・ブラジル・ドイツ・日本などが求めている。非常任理事国は総会で選出され，任期は２年。５か国ずつが交互に改選されるが，引き続いて再選されない。憲章ができた当時は６か国であったが，後に10か国に増加した。10か国の地理的配分は，アジア２，アフリカ３，ラテンアメリカ２，東欧１，西欧その他２とされている。

拒否権Ⓝ［veto］（きょひけん） 安全保障理事会の５常任理事国に与えられた大国の優越的権限（憲章第27条）。国連は，大国一致による国際平和の維持をはかろうとして，実質事項（手続き事項以外その他のすべての事項）の決定には，５常任理事国を含む９理事国以上の賛成が必要とされる。また，手続き事項か実質事項かの区別が不明確な場合，それを決定するのも実質事項の方式で行われる。ここでも大国の拒否権が発動できるので，二重拒否権とよばれる。

平和のための結集決議Ⓝ（へいわ-けっしゅうけつぎ） 1950年の第５回総会で採択された決議。平和の維持に関して，安全保障理事会が常任理事国の拒否権の発動によって機能しない場合，総会が武力行使を含む集団的措置について審議・勧告すること。また，総会休会中は，要請から24時間以内に緊急特別総会が招集され，侵略防止の勧告を行うことができる。

経済社会理事会Ⓝ（けいざいしゃかいりじかい） 国連の主要機関の一つで，経済・社会・文化的な面での国際協力の中心を担う。総会の下で，経済・社会・文化・教育・保健に関する国際的諸問題について調査・研究をするとともに，人権の推進を含めて総会・加盟国・関係専門機関に勧告を行う。総会の３分の２の多数決で選出される54か国で構成され，任期は３年で，毎年３分の１ずつ改選される。理事会の決定は，出席かつ投票する理事国の過半数の賛成で行われる。

経済社会理事会の補助機関（けいざいしゃかいりじかい-ほじょきかん） 機能委員会として統計委員会・人口開発委員会など，地域経済委員会としてアフリカ経済委員会・アジア太平洋経済社会委員会など，常設委員会として非政府組織委員会・計画調整委員会，などが置かれている。

地域経済委員会（ちいきけいざいいいんかい） 国連の経済社会理事会の補助機関の一つ。アジア太平洋経済社会委員会・ヨーロッパ経済委員会・アフリカ経済委員会・西アジア経済社会委員会・ラテンアメリカ-カリブ経済委員会の５機関で，各地域内における共通の経済問題の解決と経済的協力・発展を目的としている。

アジア太平洋経済社会委員会（ＥＳＣＡＰ）（-たいへいようけいざいしゃかいいいんかい） エスキャップ。経済社会理事会の地域経済委員会の一つで，アジア太平洋地域諸国の経済協力や経済発展の促進を目的としている。1947年，第二次世界大戦後の経済復興のため設けられたアジア極東経済委員会（ＥＣＡＦＥ）が，1974年に改称されたもの。本部はタイのバンコク。

欧州経済委員会（ＥＣＥ）（おうしゅうけいざいいいんかい） 国連の経済社会理事会の地域経済委員会の一つ。1947年，ヨーロッパ各国の経済復興計画を調整するために設立された。本部はジュネーヴ。

国連人権委員会Ⓝ（こくれんじんけんいいんかい） 経済社会理事会の補助機関で，1946年に発足。人権に関する全問題について，経済社会理事会に提案・報告・勧告をする権限が与えられていた。世界人権宣言や国際人権規約などの起草にあたった。日本を含む53か国で構成。2006年，国連人権理事会に格上げされた。

国連人権理事会Ⓝ（こくれんじんけんりじかい） 従来の国連人権委員会にかわり，国連改革の一環として2006年に設置された総会の補助機関。47の理事国で構成される。任期は３年（連続２期まで），日本も理事国に選出。国連加盟各国の人権状況を定期的・系統的に見直し，重大な人権侵害があった場合，総会の３分の２の投票で理事国の資格を停止できる。

信託統治理事会Ⓝ（しんたくとうちりじかい） 国連の主要機関の一つ。信託統治地域の自治または独立に向け，住民の漸進的発展を促進するために，その地域を監督・指導することを任務とする。現在は，信託統治地域がすべて独立し，任務を終了。

信託統治Ⓝ（しんたくとうち） 自立が困難な地域に対して，施政権者（施政国）が信託を受けて統治する制度。国際連盟の委任統治制度を受け継いだ。パラオが1994年に独立し，現在は存在しない。

国際司法裁判所Ⓝ（ＩＣＪⓃ）［International Court of Justice］（こくさいしほうさいばんしょ） オランダのハーグにある国連の主要機関の一つ。1945年，国連憲章と国際司法裁判所規程に基づいて設置された。国際的性質をもつすべての紛争を，裁判によって平和的に解決することを任務とし，国連加盟国である当事国が付託する事件について判断を下す。判断は法的拘束力をもち加盟国は判決に従う義務を負う。原則として一審制で上訴は認められない。そのほか，総会や安全保障理事会が要請するすべての問題について，通常の裁判とは別に勧告的意見を提出する。裁判官は，総会と安全保障理事会の投票で選出される15人。任期は９年，３年ごとに５名ずつ改選され，再選も認められる。これまで日本からは田中耕太郎・小田滋・小和田恆，岩沢雄司（現職）の各氏が選ばれている。

国際司法裁判所の裁判管轄権（こくさいしほうさいばんしょ-さいばんかんかつけん） 裁判所が取り扱う範

囲についての権限。国際裁判所では，国内裁判所と異なり強制的な管轄権が認められず，紛争を裁判所に付託するかどうかは当事国（政府）の意思に任される。したがって，国際紛争でも国際司法裁判所に付託されない場合が多い。

事務局Ⓝ（じむきょく） 国連の主要機関の一つで，国連運営に関する一切の事務を担当する。最高責任者である事務総長の下に，多くの専門職・一般職の職員が配置されている。本部はニューヨークで，ＰＫＯ局･広報局などの部局を置いている。

事務総長Ⓝ（じむそうちょう） 国連事務局の最高責任者。国連という機構の行政職員の長（主席行政官）である。総会と三つの理事会のすべての会議において，事務総長の資格で行動し，それらの機関から委託された任務を果たす。また，国際平和と安全の維持について，安全保障理事会に注意を喚起することができるなど，平和維持の面でも一定の権限が認められている。いわば，人類の平和と国連憲章の番人でもある。事務総長は，安全保障理事会の勧告に基づいて総会が任命する。任期は特に定められていないが，慣例として１期５年程度となっている。現職はポルトガル出身のアントニオ＝グテーレス。

類 コフィ＝アナンⓃ　潘基文Ⓝ

国連職員（こくれんしょくいん） 国連で働く国際公務員。職員数は，事務局で１万4000人。専門機関の職員も合わせると５万人ほど。国際公務員として特別の地位を保障され，国連に責任を負い中立的な立場をとることが求められる。採用にあたって，地理的配分が重視されている。

国連分担金Ⓝ（こくれんぶんたんきん） 国連加盟国がその能力に応じて，国連経費を負担する金額のこと。国連の通常経費の３分の１は，加盟国が義務として課せられる分担金で，残りの３分の２は自発的拠出金によってまかなわれる。分担率は，総会で３年ごとに各国の国民総所得（ＧＮＩ）を基準に決定される。現在，アメリカをはじめとして分担金を滞納している国が多く，国連は財政的に苦しい状況にある。ちなみに，国連の通常予算の額は，日本の一般会計予算額よりも少ない。

グローバル-コンパクトⓃ［Global Compact］ アナン国連事務総長（当時）の提唱で2000年に発足した，企業などの自主行動に関する国際的な約束事。人権・労働基準・環境・腐敗防止の４分野について，参加する企業などが支持し，その実現に努力すべき10原則をさす。参加するのは企業だけでなく，ＮＧＯや地方公共団体なども含む。世界では161か国約１万6000団体とされるが，日本の参加団体・企業は2023年１月時点で529である。

国際連合の機構－専門機関

専門機関Ⓝ（せんもんきかん） 国際協力を目的とし，経済・社会・文化・教育・保健などの分野で国連と協定を結んで連携している国際機関をいう。現在，15の機関が存在する。各専門機関の活動を調整し，また国連と専門機関の連絡協力には，経済社会理事会があたっている。

国連食糧農業機関Ⓝ（**ＦＡＯ**Ⓝ）［Food and Agricultural Organization］（こくれんしょくりょうのうぎょうきかん） ファオ。1945年設立。世界の食料・農業問題に取り組む国連の専門機関。ＦＡＯの目的は，人類の栄養・生活水準の向上，食料の生産・

分配の改善，農村開発の促進などによって，世界経済の発展に寄与すること。特に，飢餓の根絶に重点をおいて活動している。本部はイタリアのローマ，194か国とEU（欧州連合）が加盟している。

国連教育科学文化機関Ⓝ（**UNESCO**Ⓝ）［United Nations Educational, Scientific and Cultural Organization］（こくれんきょういくかがくぶんかきかん） 憲章をもとに，1946年に発足した国連の専門機関。教育・科学・文化を通じて国際協力を促進して，世界の平和と安全をはかることを目的に，多彩な活動をしている。日本は1951年に加盟。2023年時点の加盟国数は193か国，本部はパリ。「政治的偏向」を理由に，1984年にアメリカが，1985年にイギリスなどが脱退したが，イギリスは1997年，アメリカも2003年に復帰。2011年，パレスティナが正式加盟を果たすと，これに反発するアメリカは2018年に再び脱退した。また，同年にイスラエルも脱退している。

ユネスコ憲章Ⓝ（-けんしょう） 1945年，ロンドンでの連合国教育文化会議で採択。その前文にユネスコの理念が示され，冒頭で「戦争は人の心の中で生まれるものであるから，人の心の中に平和のとりでを築かなければならない」としている。

世界保健機関Ⓝ（**WHO**Ⓝ）［World Health Organization］（せかいほけんきかん） 1948年に設立された国連の専門機関。世界のすべての人民が最高の健康水準を維持できるように，感染症の撲滅や各国保健制度の強化，災害への援助などを行っている。本部はジュネーヴ，加盟国数は194か国。

国際民間航空機関Ⓝ（**ICAO**Ⓝ）［International Civil Aviation Organization］（こくさいみんかんこうくうきかん） 1947年に設立された国連の専門機関。国際民間航空における安全で秩序のある運航の保障を目的とする。加盟国数は193か国で，日本は1953年に加盟した。本部はカナダのモントリオールにある。

万国郵便連合（**UPU**）［Universal Postal Union］（ばんこくゆうびんれんごう） 郵便業務の国際協力を目的とする組織。前身は，1875年に創設された一般郵便連合で，日本は1877年に加盟。1878年に現在の名称になった。1948年に国連の専門機関となり，加盟国数は192か国・地域で，本部はスイスのベルン。

国際電気通信連合（**ITU**）［International Telecommunication Union］（こくさいでんきつうしんれんごう） 電気通信の改善と合理的利用をめざす国際協力機関。1947年に国連の専門機関となった。主な事業は無線周波の割り当てと登録，電波妨害の防止，宇宙技術の利用，通信料金の基準の設定など。日本は1949年に加盟。加盟国数は193か国で，本部はジュネーヴ。

世界気象機関Ⓝ（**WMO**Ⓝ）［World Meteorological Organization］（せかいきしょうきかん） 気象業務の国際協力機関で，1951年に国連の専門機関となった。世界各国の気象業務の連携・データの標準化などで，気象情報の効率的な交換をはかる。日本は1953年に加盟。現在，193の国家・地域によって構成される。本部はジュネーヴ。

国際海事機関（**IMO**）［International Maritime Organization］（こくさいかいじきかん） 1958年に設立された国連の専門機関。国際海運の安全・航行の効率化と制限の除去を目的とする。加盟国数は174か国で，本部はロンドン。

世界知的所有権機関（WIPO）［World Intellectual Property Organization］（せかいちてきしょゆうけんきかん） 1970年に設立された国連の専門機関。知的財産権の国際的保護を目的とする。知的財産権とは主に，特許権・工業デザイン・商標などの産業財産権と，文学・音楽・芸術・写真・映画などの著作権からなる。日本は1975年に加盟。加盟国数は193か国で，本部はジュネーヴ。

国際農業開発基金（IFAD）［International Fund for Agricultural Development］（こくさいのうぎょうかいはつききん） 1977年に設立された国連の専門機関。発展途上国における農業開発の促進や農業生産の増進などを目的に，発展途上国に資金供与を行っている。加盟国数は177。本部はローマ。

国連工業開発機関（UNIDO）［United Nations Industrial Development Organization］（こくれんこうぎょうかいはつきかん） ユニド。1985年に国連の専門機関となった。発展途上国の工業化の促進と，この分野における国連諸活動の調整を目的とする。加盟国数は171。本部はオーストリアのウィーン。

関連機関（かんれんきかん） 国連憲章にいう専門機関に入らないが，実質的にそれに準ずる国際機関をいう。国際原子力機関（IAEA），世界貿易機関（WTO）など。

国連の集団安全保障

紛争の平和的解決Ⓝ（ふんそう-へいわてきかいけつ） 国家間に生じる国際紛争を，制裁などの強制的手段を用いないで，外交的処理や国際裁判・国際機構による処理という平和的な方法で解決すること。国連憲章は，加盟国に武力による威嚇及び武力の行使を禁止し，紛争を平和的に解決することを義務づけている。これを紛争の平和的解決義務という。また，安全保障理事会は，必要と認められる時は，紛争当事国に平和的な手段による解決を要請することができる。

強制措置（きょうせいそち） 紛争を強制的に解決するための措置。国連加盟国は，紛争を平和的に解決する義務を負っている。しかし，それでも紛争が解決せず，平和に対する破壊や侵略の行為が行われる場合，安全保障理事会は非軍事的措置を，またそれが不十分な場合は，軍事的措置をとることができる。非軍事的措置とは，外交関係の断絶や経済制裁であり，軍事的措置とは，安全保障理事会と加盟国の特別協定によって編成される国連軍を用いる場合である。

集団安全保障Ⓝ（しゅうだんあんぜんほしょう） 多数の国家が互いに武力の行使を慎むことを約束し，それに反した国に対して集団の力で平和を維持しようとするもの。対立する国家を含めてすべての関係国が，安全保障体制に参加するところに特色がある。国連もこの方式をとり，平和に対する脅威や破壊，侵略行為には，すべての加盟国が協力して防止する措置をとることになっている。

集団的自衛権Ⓝ（しゅうだんてきじえいけん） 国家のもつ自衛権の一つ。条約などで密接な関係にある他国に対して武力攻撃が発生した場合，これを自国への攻撃とみなして，攻撃を受けた国と共同して防衛にあたる権利。国連憲章第51条は，武力侵略の事実の存在を前提として，この集団的自衛権の行使を一時的・限定的にのみ認めている。

個別的自衛権Ⓝ（こべつてきじえいけん） 主権国家がもつ国際法上の基本的権利。外国から急迫・不正な武力攻撃を受けた場合，緊急やむをえない範囲において，自国の利益を守るためにとられる武力行使をいう。国連憲章第51条に規定がある。

地域的安全保障（ちいきてきあんぜんほしょう） 国際の平和と安全を一定地域の諸国家の協力によって保障しようとするもの。国連憲章第８章は，国際平和と安全の維持に関する事項で，地域的取り決めまたは地域的機関の存在を認め，地域的紛争を安全保障理事会に付託する前に平和的に解決することを奨励している。この機関が強制行動をとる場合に，事前に安全保障理事会の許可を必要とする。米州機構・アフリカ連合・アラブ連盟・北大西洋条約機構・日米安全保障条約など。

国連憲章第７章（こくれんけんしょうだい-しょう） 国連憲章は，第６章に示す「紛争の平和的解決」を原則とし，その措置が不十分な場合，「平和に対する脅威，平和の破壊及び侵略行為に関する行動」と題する第７章で，強制措置を規定している。

「国連軍」Ⓝ（こくれんぐん） 国際の平和と安全を侵す国に対して，国連が強制措置をとるため，国連憲章第43条に基づき編成される軍隊をいう。この軍隊は，安全保障理事会と加盟国との間で結ばれる特別協定に基づいて編成される。これは加盟国がいつでも自国の軍隊を提供するという協定であるが，大国間の意見の対立により，特別協定は現在まで結ばれたことはない。したがって，本来の国連軍は成立していない。朝鮮戦争に際して1950年，安全保障理事会はソ連が欠席している最中，「国連軍」の派遣を勧告した。アメリカを中心に16か国が「国連軍」に参加したが，安全保障理事会の決定がソ連の欠席の下で行われたこと，指揮が安全保障理事会と軍事参謀委員会ではなく，アメリカの任命する司令官にゆだねられたことなどを考えると，正式な国連軍とはいえない。今日，一般的に「国連軍」とよんでいるのは，国連が世界の紛争地域に派遣した平和維持活動を行う部隊のことである。これは紛争関係国の同意によって行われるもので，国連が強制措置として派遣したものではない。

人間の安全保障Ⓝ（にんげん-あんぜんほしょう） 従来の軍事力に頼った国家の安全保障ではなく，人間一人ひとりに着目し，その生命や人権を大切にしようとする考え方。1994年に国連開発計画（ＵＮＤＰ）が提唱して広まった。

国連の平和維持活動

平和維持活動Ⓝ（**ＰＫＯ**Ⓝ）［Peacekeeping Operation］（へいわいじかつどう） 国連が平和を脅かす事態や紛争の拡大を防止するために，関係国の同意を得て，小規模な軍隊または軍事監視団を現地に派遣し，紛争の平和的解決をめざす活動をいう。この活動は国連憲章の規定にはなく，憲章第６章の紛争の平和的解決と，第７章の平和破壊活動に対する強制措置の中間に位置するという意味で，「第６章半」的性格をもつとされた。ＰＫＯの目的は紛争の鎮静化にあるため，中立的性格を保持しなければならない。そのため，紛争当事国のいずれかに有利な結果をもたらしたり，内政干渉になるような行為は慎まなければならない。派遣される部隊も，紛争に利害関係をもつ国家や大国を避け，主に中立・非同盟の立場をとる国家の兵力による。ＰＫＯは，平和維持軍（ＰＫＦ）と非武装の停戦監視団などに区別され，ともに安全保障理事会の決議（総会決議の場合もある）によって設置され，事務総長が指揮をとる。第一次中東戦争の際に設けられた国連休戦監視機構（1948年〜），湾岸戦争後に派遣された国連イラク・クウェート監視団（1991〜2003年），東ティモールの独立支援のための国連東ティモール支援団（2002〜04年）などがある。1988年，ノーベル平和賞受賞。ＰＫＯ予算は各国から拠出され，分担率は国連通常予算の分担率を基礎に決められる。

同 国連平和維持活動Ⓝ

平和維持軍Ⓝ（**ＰＫＦ**Ⓝ）［Peacekeeping Forces］（へいわいじぐん） 国連の平和維持活動の一つ。紛争地域での戦闘の再発を防ぐため，交戦部隊の引き離しなどを主な任務とする。軽火器などの武器の携行が認められているが，自衛以外の使用は禁じられている。1956年に始まったスエズ戦争の際に，緊急特別総会の決議をもとに派遣された第一次国連緊急軍が最初の例。

選挙監視団（せんきょかんしだん） 国連平和維持活動の一つ。選挙の不正や選挙妨害を監視する役割を果たす。冷戦終結後の新形態の取り組みとして注目されている。

停戦監視団Ⓝ（ていせんかんしだん） 国連平和維持活動の一つ。パトロール活動など紛争地域の停戦監視を主な任務とする。平和維持軍と異なり，武器の携行は認められていない。1948年に派遣された国連休戦監視機構が最初の例。

第一次国連緊急軍（だいいちじこくれんきんきゅうぐん） 1956年から1967年まで，国連がスエズ運河地帯などに派遣した平和維持軍。1956年，エジプトのナセル大統領のスエズ運河の国有化宣言により中東情勢が緊迫，イスラエル軍のシナイ半島侵攻に次いで，イギリス・フランスが派兵した。イギリス・フランスの拒否権で，安全保障理事会の機能がマヒしたため緊急特別総会が開かれ，即時停戦，３国軍隊のエジプトからの撤退，国連緊急軍の派遣を決議した。インド・スウェーデンなど10か国からなる国連緊急軍は，軍隊撤退と停戦監視を通じて，中東での秩序維持に貢献した。

国連キプロス平和維持軍（こくれん-へいわいじぐん） 1964年以降，国連が地中海のキプロス島に派遣している平和維持軍。1960年にイギリスから独立したキプロスでは，トルコ系とギリシャ系の住民が対立，1963年に内戦状態に突入した。安全保障理事会はキプロス政府の要請を受け，1964年に平和維持軍の派遣を決議した。当初は3か月の予定だったが，現在も継続して駐留している。

国連レバノン暫定軍（こくれん-ざんていぐん） 1978年以降，国連がレバノン南部に派遣している平和維持軍。1978年，パレスティナゲリラによるテロ行為の報復として，イスラエル軍がレバノン南部に侵攻した。安全保障理事会はレバノン政府の要請を受け，イスラエルに対する軍事行動の即時停止と撤退の要求，レバノン暫定軍の派遣を決議した。暫定軍はイスラエル軍撤退後も，現在なお駐留中。

国連休戦監視機構（こくれんきゅうせんかんしきこう） 1948年以降，国連がエジプト・レバノン・イスラエルなどに派遣している停戦監視団。国連最初の平和維持活動として知られる。1948年，アラブ諸国とイスラエルの第一次中東戦争の際，パレスティナ休戦を監視するために設置された。現在も活動を続けている。

国連アフガニスタン・パキスタン仲介ミッション（こくれん-ちゅうかい-） 1988年から

1990年まで，国連がアフガニスタン・パキスタン国境に派遣した監視団。1979年のソ連の侵攻によって発生したアフガニスタン問題は，1988年にアフガニスタン和平協定が結ばれた。この協定の実施を監視するため，オーストリアなど10か国で構成された監視団が派遣された。

国連カンボジア暫定統治機構Ⓝ（**ＵＮＴＡＣ**）［U.N.Transitional Authority in Cambodia］(こくれん-ざんていぎょうせいきこう)　1992年設置。カンボジア内戦の停止と新政府樹立に関する活動を任務とするＰＫＯ。選挙監視，難民帰還，文民警察，国土の復旧などの任務にあたった。日本が中心的役割を果たした。

国連東ティモール暫定行政機構(こくれんひがし-ざんていとうちきこう)　1999年の住民投票でインドネシアからの独立を求めた東ティモールが，独立国家としての体制が整うまで行政を担当する機関として国連が設置。2002年の独立後も，2度にわたって派遣された。

国連待機軍(こくれんたいきぐん)　スウェーデン・ノルウェー・フィンランド・デンマークなどの北欧諸国やカナダが，国連の平和維持活動に派遣するため，自国内に待機させている軍隊をさす。

国際協力

国連海洋法会議(こくれんかいようほうかいぎ)　海洋についての国際的秩序を確立するため，国連主催で開かれた国際会議。第１次海洋法会議（1958年）では，領海・公海・漁業資源保存・大陸棚の四つの条約が採択された。第２次（1960年）では，みるべき成果はなかった。第３次（1973～82年）では，公海自由の原則の再検討を行い，海洋資源の再分割の方向を見いだそうとした。そして1982年，国連海洋法条約を採択した。この条約では領海を12海里とし，その外側に12海里までの接続水域を認めるとともに，200海里の排他的経済水域や，国際海峡，群島水域を設定した。大陸棚の詳細な境界や深海底資源の共同開発なども定められた。この条約は1994年に発効，日本は1996年に批准した。

ナイロビ宣言(-せんげん)　1982年，ナイロビの国連環境会議で出された宣言。国連人間環境会議の10周年を記念して開催された。人間環境会議からとられた措置を総括し，以後の10年を展望した。この宣言では，オゾン層の破壊，炭酸ガス濃度の増大，酸性雨・水汚染・砂漠化など，地球環境の現状に重大な懸念を表明し，その保全・改善の努力を各国政府や国民に要請，具体的な提言を行った。

世界人口会議(せかいじんこうかいぎ)　国連が国際人口年（1974年）に，世界の人口問題を討議するためにルーマニアのブカレストで開いた会議（第１回）。各国政府の人口問題を担当する代表者の会議で，人口分野における行動の指針となる「世界人口行動計画」を採択した。1984年に第２回会議がメキシコシティで，1994年には第３回会議がエジプトのカイロで開かれた。

世界食糧会議(せかいしょくりょうかいぎ)　1972～73年の世界的な異常気象による食料危機を背景に，食料問題の国際協力をはかるため，1974年にローマで開かれた国連主催の会議。130か国が参加，「飢餓及び栄養不良解消に関する世界宣言」を採択した。この会議の決定に基づき，国連総会は食料問題に対する調整機関として世界食糧理事会（ＷＦＣ）を，また食料生産を高めるため，発展途上国へ資金を供与する国際農業開発基金（ＩＦＡＤ）を設立した。

類 世界食糧理事会（ＷＦＣ）

世界人権会議（せかいじんけんかいぎ）　世界人権宣言の45周年記念と国際先住民年をふまえ，1993年にウィーンで開かれた国連主催の国際会議。171か国の国家代表や800をこえるＮＧＯが参加した。会議では人権の普遍性が確認され，女性・障害者・子ども・先住民らの人権の重要性が言及された。そして最終文書として，ウィーン宣言および行動計画が採択された。

類 ウィーン宣言

世界女性会議（せかいじょせいかいぎ）　国際婦人年（1975年）の年に国連主催で，メキシコシティにおいて第１回会議が開かれ，133か国が参加した。会議では，男女平等についての国家の責任と，性別役割分業の変革が必要であることが強調された。その後，1980年にコペンハーゲン，85年にナイロビ，95年に北京，さらにニューヨークで女性2000年会議が，それぞれ開かれた。

国際デー（こくさいー）　国際連合が特定のテーマごとに設定した記念の日。たとえば，国連が成立した10月24日が「国連デー」，世界人権宣言の採択された12月10日が「人権デー」という具合に，多くの日時がある。当日はそのテーマについて普及・啓蒙するイベントや取り組みが世界各地で行われる。2011年の国連総会で，毎年10月11日を「国際ガールズデー」とすることが決められた。2012年のこの日には，発展途上国などで多くみられる児童婚（18歳未満の女児の強制結婚）の根絶がよびかけられた。

類 国連デー　人権デー

国連ボランティア（ＵＮＶ）［United Nations Volunteers］（こくれんｰ）　青年が発展途上国の開発に果たす役割を重視して，国連が1970年に設置した制度。健康で，資質・技能に恵まれた21歳以上の男女を，国連機関や受け入れ国，特に発展途上国が実施する開発プロジェクトに派遣している。

青年海外協力隊Ⓝ（せいねんかいがいきょうりょくたい）　発展途上国の要請を受けて，技術や知識をもった20～39歳の青年を派遣し，国づくりに協力する日本の制度。1965年に日本青年海外協力隊としてスタート。1974年，日本政府の発展途上国に対する技術協力・無償資金協力の実施を担当する国際協力事業団（ＪＩＣＡ，現国際協力機構）発足とともに現在の名称になった。派遣職種は，農林水産・保健衛生・教育文化・スポーツなど多種多様。任期は２年。これまでの派遣隊員総数は４万人をこえる。ほかに，40～69歳の壮年を対象にした「シニア海外ボランティア」の制度もある。

類 国際協力機構Ⓝ（ＪＩＣＡⓃ）　シニア海外ボランティア

4　国際平和への課題

国際平和と日本

ポツダム宣言Ⓝ(-せんげん)　1945年7月，日本の降伏条件や戦後の対日処理を示した米・英・中（後，ソ連も参加）の共同宣言。同年8月14日，日本はこの宣言を受諾し，第二次世界大戦は終結した。☞p.35（ポツダム宣言）

日華平和条約(にっかへいわじょうやく)　1952年4月，中華民国（国民政府）と日本との間で調印され，第二次世界大戦を終了させた条約。台湾を日本が放棄すること，中国側の賠償の放棄，経済の相互協力などが約束されたが，当時の中国本土にはすでに中華人民共和国が存在していたため，その後の日中関係にさまざまな障害をもたらした。この条約は，1972年9月の日中共同声明で存在意義を失った。

日印平和条約(にちいんへいわじょうやく)　1952年に東京で調印された，日本とインド間の講和条約。インドはサンフランシスコ講和条約で，アメリカが沖縄の信託統治を原案としたことに反対し，講和会議に参加せず，その後単独で平和条約を締結，賠償請求権を放棄した。

日ソ共同宣言Ⓝ(にっ-きょうどうせんげん)　1956年，日本とソ連の戦争状態を終了させ，国交を回復するために出された宣言。日本の鳩山一郎首相とソ連のブルガーニン首相との間で調印された。正式には「日本国とソヴィエト社会主義共和国連邦との共同宣言」といい，事実上の講和条約である。外交関係の回復，内政への不干渉，賠償請求権の放棄，水産資源の共同利用などを規定した。しかし，北方領土問題では意見が対立，解決は後日に託された。日本はこの宣言後に国連加盟が認められ，国際社会に復帰した。

国連中心主義Ⓝ(こくれんちゅうしんしゅぎ)　1957年9月，政府発表の「日本外交の近況」のなかで示された外交三原則（①自由主義諸国との協調，②国際連合中心の外交，③アジアの一員としての立場の堅持）の一つ。近年，冷戦構造が解消され，国連の安全保障機能の回復により，日本の国連中心主義外交のあり方が再検討を迫られている。日本が憲法の枠内で，国連による安全保障にどうかかわっていくかは，大きな課題である。

日韓基本条約Ⓝ(にっかんきほんじょうやく)　正式名称は「日本国と大韓民国との間の基本関係に関する条約」。1965年に東京で調印。1910年以前の旧条約の無効，外交関係の開設，通商航海条約交渉の開始，南の大韓民国のみを唯一合法の政府とすること，などが条約で確認された。条約交渉は難航し，成立までに約14年を要した。同時に成立した在日朝鮮人の法的地位に関する協定は，彼らに「韓国籍」を強要することになり，問題を残した。

沖縄返還Ⓝ(おきなわへんかん)　1969年11月，沖縄の本土復帰に関する日米共同声明が発表された。政府は「1972年返還・核抜き・本土なみ」の三原則を強調した。野党は，沖縄がアメリカの海外戦略基地となる危険を表明した。1971年に返還協定が調印，1972年5月に施政権が返還された。しかし，米軍基地は依然として，沖縄本島面積の約20%を占め，全国の米軍基地の約71%が集中している。1996年の県民投票では，日米地位協定の見直し及び基地の整理縮小に関して，89%の沖縄県民が賛成した。

日中共同声明Ⓝ(にっちゅうきょうどうせいめい)　日本は中華民国との間に日華平和条約を結んだため(1952年)，中華人民共和国とは非友好的な関係にあった。しかし1972年，ニクソン米大統領の訪中に続いて，田中角栄首相が中国を訪問。北京で，「日中両国は，一衣帯水の間にある隣国」で始まる日中共同声明が発表され，日中国交正常化が実現した。他方で，中華民国は日本との外交関係断絶を宣言。

日中平和友好条約Ⓝ(にっちゅうへいわゆうこうじょうやく)　1972年の日中共同声明を受け，1978年に福田赳夫内閣によって調印された条約。正式には「日本国と中華人民共和国との間の平和友好条約」。平和五原則及び武力の不行使（第1条），反覇権の原則（第2条），経済・文化の発展と両国民の交流の促進（第3条）などをうたった。その後，日本の歴史教科書の検定で文部省（現文部科学省）が中国への「侵略」を「進出」と書き換えさせた問題（1983年），中曽根康弘首相の靖国神社公式参拝問題（85年），天安門事件で西側諸国の経済制裁に日本も加担した問題（89年）などが起こり，停滞したが友好関係を保ってきた。

日本と朝鮮民主主義人民共和国との国交正常化交渉(にほん-ちょうせんみんしゅしゅぎじんみんきょうわこく-こっこうせいじょうかこうしょう)　1991年1月以来，平壌・東京・北京と場所をかえて開かれたが，交渉は難航した。2002年9月，小泉純一郎首相と金正日(キムジョンイル)総書記との間で，初の日朝首脳会談が行われ，日朝平壌宣言が出された。しかし，日本人拉致問題が未解決なこともあり，その後の大きな進展はない。

6か国協議(-こくきょうぎ)　北朝鮮の核開発問題に対処するため，2003年8月から随時開かれている米・日・中・ロ・南北朝鮮の6者による協議。2005年9月の第4回協議では，朝鮮半島の非核化などの目標をもり込んだ初の共同声明が発表された。現在は中断している。

北方領土問題Ⓝ(ほっぽうりょうどもんだい)　北方領土とは歯舞(ハボマイ)群島・色丹(シコタン)島・国後(クナシリ)島・択捉(エトロフ)島の各島をさす。日本はサンフランシスコ講和条約において，南樺太と千島に関する権利を放棄したが，対日参戦の褒賞としてソ連（現ロシア）に千島を与える約束をしたヤルタ協定には関与せず，また，第二次世界大戦中の連合国の領土不拡大の原則とのかかわりで，歯舞・色丹・国後・択捉の諸島は日本固有の領土であると主張している。ソ連は1956年の日ソ共同宣言の後，平和条約締結後に歯舞・色丹両島を返還するとも表明してい

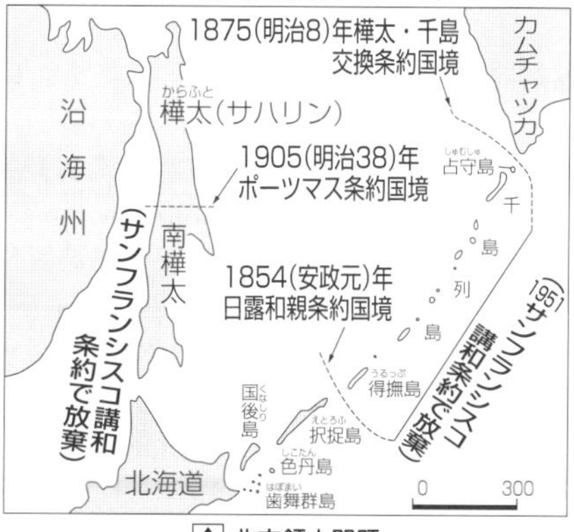

↑ 北方領土問題

た。一方でロシアは，日ロ間に未解決の領土問題はない，と公式見解を示してきた。しかし1991年に来日したゴルバチョフ大統領は共同声明のなかで領土問題の存在を認め，1993年に来日したエリツィン大統領は法と正義に基づく領土問題の解決を主張。プーチン大統領も領土問題の存在は認めたが，返還には消極的だった。2010年，メドベージェフ大統領がソ連時代を含め，ロシアの最高指導者として初めて北方領土を訪問した。2020年，ロシア憲法に領土割譲禁止規定が盛り込まれ，プーチン大統領はこの憲法条項を理由に北方領土交渉を拒否する方針を表明した。

尖閣諸島問題Ⓝ（せんかくしょとうもんだい）　沖縄県石垣島の北方にある無人島（魚釣島(うおつりじま)など五つの島と三つの岩礁）をめぐる領土問題。1895年，日本政府が先占(せんせん)の法理に基づき領土として編入し，戦後はアメリカの施政権下に置かれたが，1972年の沖縄返還で復帰した。日本・中華人民共和国・台湾などがその領有を主張している。海底に埋蔵されていると推定される天然資源（石油や天然ガス）が注目され，諸島の領有をめぐって問題化した。2010年には，この島付近で違法操業の中国漁船が，海上保安庁の巡視船に故意に衝突して逃走，中国人船長が逮捕される事件が起きた。2012年，日本政府が諸島のうち，三つの島の国有化を決めたため，中国は強く反発した。

竹島問題Ⓝ（たけしまもんだい）　日本と韓国の間でその領有権を主張している竹島をめぐる領土問題。韓国名は独島(トクト)。竹島は，島根県隠岐島の北西にある二つの島と付随する多くの岩礁からなる。1905年に時の明治政府が日本領有を宣言，島根県に編入したが，その後1965年に日韓関係が正常化された際にも，この竹島の帰属だけは解決されず，韓国は実効支配を続けている。2005年，島根県が条例で「竹島の日」を制定した。2012年には，李明博大統領が同島に上陸，両国間で緊張が高まった。

核兵器と軍縮問題

大量破壊兵器Ⓝ（たいりょうはかいへいき）　人間や建造物に対する殺傷規模や破壊状況の大きな兵器。原子爆弾・水素爆弾などの核兵器のこと。毒ガス・細菌などの生物・化学兵器を含める場合もある。

核兵器Ⓝ（かくへいき）　原爆・水爆・核ミサイルなどの核分裂反応や，核融合反応を利用した兵器。1957年8月，ソ連は1万km以上の射程をもつ核ミサイルの実験に成功し，直接アメリカ本土を攻撃できる能力を獲得した。翌1958年1月には，アメリカも同様に成功した。この頃から，爆撃機やミサイルを含め，核爆発部分を目標まで到達させる装置を運搬手段といい，「核弾頭とその運搬手段を含めた全体」を核兵器とよぶようになった。

原水爆Ⓝ（げんすいばく）　原子爆弾と水素爆弾（水爆）を合わせた呼称。

原子爆弾Ⓝ（**原爆**Ⓝ）（げんしばくだん）（げんばく）　ウラン235やプルトニウム239の原子核が中性子照射によって連鎖的に核分裂反応をおこす現象を利用した爆弾。大量破壊兵器の典型。1945年8月，広島市と長崎市に投下され，爆風・熱線・放射能などで数十万人が死傷し，現在でも後遺症などで苦しんでいる人が多い。ウランを用いた広島原爆の威力はＴＮＴ火薬換算で約15キロトン，プルトニウムを使った長崎原爆のそれは約22キロトンだった。広島の爆心地にあたる原爆ドームは，1996年に世界遺産として登録された。

水爆Ⓝ（すいばく）　重水素や三重水素などの水素の同位体の核融合反応を利用した爆弾。メガトン級のエネルギーを生みだす。高さ２階建て，重さ50トンの立方体の装置による実験では，爆発時の証言によれば，巨大な火の玉が数百トンのサンゴを吸い上げながら島を焼きつくし，海水は蒸気にかわったという。

劣化ウラン弾（れっか-だん）　核兵器の材料ウラン235を抽出したあとに残るウランを使用した砲弾。比重が大きく貫通能力が高いため，対戦車用の弾心などに利用される。天然ウランの約６割の放射線を出すとされ，化学毒性もある。

クラスター爆弾Ⓝ（-ばくだん）　投下された親爆弾に詰められた多数の子爆弾が飛散し，広い範囲を破壊する非人道的な爆弾。集束爆弾ともいう。子爆弾が不発弾となって地雷のように機能し，子どもなどが触れて犠牲となるため，この爆弾の使用・開発・製造・保有などのすべてを禁止する国際条約の署名式が08年にオスロで開かれた。署名したのは日本を含む94か国だが，アメリカ・ロシア・中国・イスラエル・韓国などは参加していない。署名国は原則として８年以内に廃棄する義務を負う。2010年に条約が発効した。

類 クラスター爆弾禁止条約Ⓝ

大規模爆風爆弾（ＭＯＡＢ）（だいきぼばくふうばくだん）　モアブ。正式名称はＧＢＵ43Ｂという。アメリカ軍が有する爆弾のなかで，核兵器以外の通常兵器としては最大の破壊力をもつとされる。アフガニスタンのＩＳ（イスラーム国）に対し，2017年に初めて実戦投下された。

核抑止Ⓝ（かくよくし）　安全保障の考え方の一つで，核兵器保有により，敵対する核保有国から核攻撃を思いとどまらせようとするものである。1957年に開かれたパグウォッシュ会議で，批判的意味をこめて初めて使われた。

恐怖の均衡（きょうふ-きんこう）　核攻撃と核報復攻撃が連動するシステムが形成されたことで，核兵器の使用による甚大な被害が想定されることから，核兵器の使用を抑制する力が働いていること。イギリスのチャーチル元首相などが述べた言葉。

大陸間弾道ミサイルⓃ（**ＩＣＢＭ**Ⓝ）［Intercontinental Ballistic Missile］（たいりくかんだんどう-）　アメリカとソ連（ロシア）との間で，互いに本土から直接相手国の本土を攻撃できる5500km以上の射程をもつ核ミサイル。その飛び方は，まず，多段式の推進ロケットで大気圏をつきぬけ，高度100kmで核弾頭のついたミサイル本体を切り離し，以後はミサイル本体の慣性と地球の重力によって楕円軌道を描いて飛び，高度数千ｍに達した後，地表に向かって落下し始める。

潜水艦発射弾道ミサイルⓃ（**ＳＬＢＭ**Ⓝ）［Submarine-launched Ballistic Missile］（せんすいかんはっしゃだんどう-）　海中から圧縮ガスの力で発射し，海上面に飛び出した直後，ロケットに点火される。後はＩＣＢＭと同じしくみで相手国本土めがけて飛ぶ。相手に所在を探知されて追尾されないように，潜水艦は出航直後から潜航し，帰港まで一度も浮上しない。

戦略爆撃機Ⓝ（せんりゃくばくげきき）　戦略に基づくＢ52などの長距離爆撃機。ＩＣＢＭの出現後は，米ソの戦略攻撃力の主力はミサイルに移行したが，米ソとも長距離爆撃機を手放す気配はない。爆撃機の核運搬量はミサイルに比べて大きく，有人機だから発進後の攻撃中止・攻撃目標変更・くり返し使用など，柔軟な作戦展開ができると信じられているからである。

巡航ミサイルⓃ（じゅんこう-）　自分で地形を確かめながら，超低空で飛行し，進路に障害物があるとコースを変えて目標まで到達する核ミサイル。まず，ロケット推進で加速，小翼を出して音速の半分強のスピードで高度約3000mを飛行する。そして，相手側レーダーの有効範囲に入る直前に高度を下げて発見を困難にさせる。あらかじめ測地衛星などで調べて記憶装置に入っている進路の地図と，実地に読みとった地形とのズレを修正しながら侵入し，目標に突入する。

戦術核兵器Ⓝ（せんじゅつかくへいき）　戦場において軍事目標攻撃の手段として開発された短距離核兵器を総称したもの。アメリカは，1952年に原子砲の実験をした。その後，開発の重点はもっぱら小型化・軽量化におかれ，数人の兵士で運搬できるものも生みだされている。短距離弾道ミサイル・核砲弾・核地雷・対潜水艦作戦用ロケット・核魚雷などがある。

核兵器保有国Ⓝ（かくへいきほゆうこく）　現在，核兵器保有を公にしている国は，アメリカ・ロシア・イギリス・フランス・中国・インド・パキスタン・北朝鮮の8か国。そのほかに，核兵器保有の可能性がある「潜在的核保有国」が，イスラエルなどである。これらの国のうち，インドとパキスタンは1998年5月，国際世論の反対を押しきって地下核実験を強行，事実上の核保有国となった。北朝鮮も2006年と09年，13年，16年（2回），17年に，核実験を行った。核兵器不拡散条約では「核兵器国」と表現されている。

生物兵器Ⓝ（せいぶつへいき）　微生物や細菌を戦争の手段として使い，相手側の人体や動物を殺傷する兵器のこと。1972年，国連総会で生物兵器禁止条約（BWC）を採択（1975年発効）。日本は1982年に批准。

類 生物兵器禁止条約（BWC）

化学兵器Ⓝ（かがくへいき）　人間や動物を殺傷する化学物質を戦争の手段として使用した兵器。代表的なものはサリンなどの毒ガスで，第一次世界大戦時にドイツ軍が大量に使用した。1925年のジュネーヴ議定書で，毒ガスの使用が禁止された。1993年にはパリで化学兵器禁止条約（CWC）が調印され，1997年に発効した。日本は1995年に批准。この条約は，化学兵器の使用だけでなく，開発・生産・貯蔵の禁止も定めるが，使用者への軍事的制裁は規定されていない。化学兵器禁止条約に基づき設立された化学兵器禁止機関（OPCW）が2013年にノーベル平和賞を受賞した。

類 化学兵器禁止条約Ⓝ（CWCⓃ）　化学兵器禁止機関Ⓝ（OPCWⓃ）

軍事偵察衛星Ⓝ（ぐんじていさつえいせい）　写真撮影などで，軍事情報を収集する人工衛星。地上の物体を細部にわたって識別でき，湾岸戦争など局地紛争の標的・情勢確認にも有効性が指摘された。軍縮の合意事項の査察手段としても機能している。

ストックホルム-アピールⓃ　1950年に行われた平和擁護世界大会での決議。核兵器の禁止や原子力の国際管理，そして最初に原爆を使用した国を戦争犯罪とすることが決議された。

ラッセル・アインシュタイン宣言(-せんげん)　1955年7月，イギリスの哲学者B．ラッセルとアメリカの物理学者A．アインシュタインとが，日本の湯川秀樹ら9人の科学者とともに戦争の絶滅を訴えた宣言。全体的な破壊を避けるという目標が，他のあらゆる目標に優先するとした。

パグウォッシュ会議Ⓝ［Pugwash Conferences］(-かいぎ)　1957年7月，ラッセルやアインシュタインらの呼びかけにこたえて，カナダのパグウォッシュで開かれた「科学と国際問題についての科学者会議」。テーマは，①核エネルギーの平時および戦時における使用によって引き起こされる障害，②核兵器の管理，③科学者の社会的責任，など。以後，世界各地で随時開催。1995年，創設者のロートブラットとともにノーベル平和賞を受賞。

第五福竜丸事件Ⓝ(だいごふくりゅうまるじけん)　1954年3月，太平洋ビキニ環礁でのアメリカの水爆実験の際，この環礁から遠く離れた海洋で操業していた漁船第五福竜丸が，実験の3時間後に死の灰を浴びた事件。ビキニ事件ともいう。乗組員全員が「原爆症」と診断され，6か月後に通信員の久保山愛吉さんが死亡した。この事件は原水爆反対の世論を高めた。なお，2010年にビキニ環礁が世界遺産に登録された。

同 ビキニ事件Ⓝ

原水爆禁止運動Ⓝ(げんすいばくきんしうんどう)　核兵器の廃絶を求める世界的な草の根の平和運動。1950年のストックホルム-アピールに賛同する世界4億7000万人の署名が運動の端緒を開いた。そして，1954年のビキニ水爆実験とその被害は，原水爆反対の世論を急速に強めた。こうしたなか，東京・杉並区の女性たちがよびかけた原水爆実験禁止の署名がまたたく間に日本中に広がり，3000万人の支持を得る運動に発展した。この盛り上がりを背景に，1955年には，広島市で第1回原水爆禁止世界大会が開かれた。その直後には原水爆禁止日本協議会（原水協）が結成され，毎年世界大会が開かれるようになった。

類 原水爆禁止世界大会Ⓝ

日本被団協(にほんひだんきょう)　正式名は，日本原水爆被害者団体協議会。第二次世界大戦中，広島・長崎で被爆した被害者たちで構成する団体。戦後一貫して，被爆者援護法の実現などをめざして活動してきた（同法は1994年成立，翌95年施行）。近年では，原爆症の認定申請を国に却下された被爆者たちが集団訴訟を起こし，認定制度の改善を訴えてきた。この裁判で国側が連続して敗訴したことを受け，2009年に同訴訟の原告全員を救済するための原爆症基金法が成立。

非核地帯Ⓝ（**非核化地域**）(ひかくちたい)(ひかくかちいき)　一定の地域の国が核兵器の製造・保有をせず，地域外の核保有国もこの地域に核兵器を配備しないこと。複数国間の条約によって非核地帯は実現し，核軍縮につながる有力な手段とされる。現在，以下の六つの条約が発効している。モンゴルは1国で「非核兵器国の地位」を国連から承認されている。なお，2005年にはメキシコで初の非核地帯国際会議が開かれた。

類 南極条約Ⓝ　ラテンアメリカ核兵器禁止条約（トラテロルコ条約，1967年Ⓝ）　南太平洋非核地帯条約（ラロトンガ条約，1985年Ⓝ）　東南アジア非核地帯条約（バンコク条約，1995年Ⓝ）　アフリカ非核地帯条約（ペリンダバ条約，1996年Ⓝ）　中央アジア非核地帯条約（セメイ条約，2006年Ⓝ）

年	事　項
1963	米英ソ，部分的核実験禁止条約（PTBT）調印
1968	米英ソ，核兵器不拡散条約（NPT）調印
1969	米ソ，戦略兵器制限交渉（SALT Ⅰ）開始
1972	米ソ，SALT Ⅰ調印，SALT Ⅱ開始
1976	日本，核兵器不拡散条約批准
1978	初の国連軍縮特別総会
1979	米ソ，SALT Ⅱ調印
1981	米ソ，中距離核戦力（INF）削減交渉開始
1982	米ソ，戦略核兵器削減交渉（START）開始
1987	米ソ，INF全廃条約調印（88年発効）
1990	欧州通常戦力（CFE）条約調印（92年発効）
1991	米ソ，戦略兵器削減条約（START Ⅰ）調印
1993	米ロ，START Ⅱ調印。化学兵器禁止条約調印
1995	NPTの無期限延長を決定
1996	国連，包括的核実験禁止条約（CTBT）採択
1997	対人地雷全面禁止条約採択（99年発効）
2008	クラスター爆弾禁止条約調印（10年発効）
2010	米ロ，新START調印
2013	武器貿易条約採択（14年発効）
2017	核兵器禁止条約採択
2019	米，INF全廃条約を破棄，ロも離脱

↑ 軍縮・軍備管理交渉のあゆみ

国連軍縮特別総会（こくれんぐんしゅくとくべつそうかい）　軍縮問題を討議するため，1978年に第１回軍縮特別総会（ＳＳＤⅠ）が初めて開かれた。その背景には，軍備拡張に反対する非同盟諸国の働きかけや，軍縮を求める世界の世論があった。その後，第２回（1982年）・第３回（1988年）と会議が重ねられた。第３回の特別総会にはＮＧＯ（非政府組織）も参加し，発言の機会を得た。

国連軍縮委員会Ⓝ（**ＵＮＤＣ**）［United Nations Disarmament Commission］（こくれんぐんしゅくいいんかい）　軍縮について討議する国連の機関。1952年，安全保障理事会の補助機関として設立。1954年には，アメリカ・イギリス・フランス・ソ連・カナダの５か国軍事縮小委員会を設置し，包括的軍縮計画づくりをめざした。しかし，米ソのＩＣＢＭ（大陸間弾道ミサイル）開発などが原因で，1957年に休会，活動を停止した。1978年の第１回国連軍縮特別総会（ＳＳＤⅠ）で，総会の補助機関として国連軍縮委員会が設置された。

ジュネーヴ軍縮会議（**ＣＤ**Ⓝ）［Geneva Conference on Disarmament］（-ぐんしゅくかいぎ）
軍縮・軍備管理について交渉する国連外の国際機関。1959年に10か国軍縮委員会が設置され，1969年には参加国が拡大して軍縮委員会会議と改称されたが，米ソ共同議長制の下で軍縮交渉は進展しなかった。そこで，議長を輪番制に改め，構成国も40か国に拡大してジュネーヴ軍縮委員会を設置。1982年の国連総会で改組勧告と同委員会の構成の再検討が決定され，1984年から現在の名称となった。65か国が加盟。核兵器不拡散条約（ＮＰＴ），包括的核実験禁止条約（ＣＴＢＴ）などの作成にあたった。

新アジェンダ連合（しん-れんごう）　核兵器の廃絶をめざす６か国グループ。アイルランド・ブラジル・メキシコ・ニュージーランド・エジプト・南アフリカ共和国で構成される。非核兵器保有国の立場から国連などの場で，核保有国に対してその廃棄などを要求している。

欧州軍縮会議（**ＣＤＥ**）［Conference of Disarmament in Europe］（おうしゅうぐんしゅくかいぎ）
欧州全域を対象とした軍縮会議。欧州での偶発戦争を避けるための取り決め（ヘルシンキ宣言，1975年）をふまえ，1986年９月にアルバニアを除く全欧州諸国と，アメリカ・カナダが参加した。この会議で，①軍事活動の規模によっては，最長２年前の通告を義務づける，②軍事活動の疑いをもった国は，陸

国際編

と空から事実を査察できる，とのより前進した合意を得た。

軍縮Ⓝと**軍備管理**（ぐんしゅく-ぐんびかんり） 軍縮とは軍事力を縮小し，最終的には全廃することで恒久的な平和と安全を実現するという考え方。これに対して軍備管理とは，軍備の量やタイプ，配置場所に規制を加えることで主要敵国との軍事力のバランスを保ち，国際的な軍事環境を安定させようとする消極的な概念。

信頼醸成措置（ＣＢＭⓃ）［Confidence-Building Measures］（しんらいじょうせいそち） 緊張緩和のために東西間の相互信頼を高めようとする軍備管理措置の一つ。全欧安全保障協力会議（現欧州安全保障協力機構）では，相互の軍事活動についての誤解や誤認の危険を防ぐため，軍事演習の事前通告を決めている。

部分的核実験禁止条約Ⓝ（ＰＴＢＴⓃ）［Partial Test Ban Treaty］（ぶぶんてきかくじっけんきんしじょうやく） 1963年，アメリカ・イギリス・ソ連の３国が調印（同年発効）。日本は1964年に批准。大気圏内・宇宙空間及び水中における核兵器実験を禁止している。中国とフランスは，核保有国が核独占をはかるものだとして反対。

包括的核実験禁止条約Ⓝ（ＣＴＢＴⓃ）［Comprehensive Nuclear Test Ban Treaty］（ほうかつてきかくじっけんきんしじょうやく） 爆発をともなうすべての核実験を禁止する条約。1996年の国連総会で採択されたが，いまだ発効していない。爆発をともなわない未臨界（臨界前）核実験は禁止していないなど，問題点が指摘されている。1998年には，核保有国（核兵器国）の核独占に反対して，インド・パキスタンが核実験を強行した。

類 未臨界核実験（臨界前核実験Ⓝ）

地下核実験制限条約（ちかかくじっけんせいげんじょうやく） 1974年，米ソ間で署名した条約。米ソ両国は1976年以降，150キロトンをこえる地下核実験を行わないことを約束した。また，地下核実験の回数を最小限にとどめ，すべての地下核実験を停止するために交渉を続けることも義務づけている。条約は未発効。

核兵器不拡散条約Ⓝ（ＮＰＴⓃ）［The Treaty on the Non-Proliferation of Nuclear Weapons］（かくへいきふかくさんじょうやく） 核不拡散条約または核拡散防止条約ともいう。1968年６月に国連総会で採択，翌７月に米・英・ソの間で調印，56か国が署名し，1970年に発効。日本は1976年に批准。核兵器の不拡散とは，①核兵器保有国（核兵器国）が非保有国（非核兵器国）に対し，核兵器の完成品や材料・情報を渡さない，②非核兵器国が自ら核兵器を製造せず，また，他国から核兵器の完成品や材料・情報などを取得しない，ことを意味する。核保有国間の軍縮交渉の義務と，非保有国が核の平和利用について協力を受ける権利とを追加修正。核保有国フランス・中国は1992年に加入したが，インド・パキスタン・イスラエルなどは加入していない。現在の締約国は191か国。この条約は1995年，ＮＰＴ再検討会議で無期限に延長された。2003年に朝鮮民主主義人民共和国が同条約から脱退を表明。

同 核拡散防止条約Ⓝ

ＮＰＴ再検討会議Ⓝ（-さいけんとうかいぎ） ＮＰＴの規定に基づき，1975年からほぼ５年ごとに開かれている締約国会議。ＮＰＴの運用などについて話し合われる。1995年の会議では，条約の無期限延長が決められた。2005年の会議で核廃

国際編

絶に否定的だったアメリカが，オバマ政権下で積極的な立場に転じたこともあり，2010年の会議では核軍縮の行動計画を盛り込んだ最終文書が全会一致で採択された。

戦略兵器制限交渉（ＳＡＬＴ）［Strategic Arms Limitation Talks］（せんりゃくへいきせいげんこうしょう）　ソルト。1960年代末から70年代末まで行われた米ソ間の交渉。第一次交渉は1969年に開始され，1972年に弾道弾迎撃ミサイル（ＡＢＭ）制限条約および第一次戦略兵器制限条約（ＳＡＬＴＩ，５年間の暫定協定）が締結された。その後，1972年から第二次交渉が始まり，1979年に第二次戦略兵器制限条約（ＳＡＬＴⅡ，未発効）が結ばれた。

類 戦略兵器削減交渉Ⓝ（ＳＴＡＲＴⓃ）

第一次戦略兵器制限条約（ＳＡＬＴＩ）［Strategic Arms Limitation Treaty］（だいいちじせんりゃくへいきせいげんじょうやく）　1972年，アメリカ大統領ニクソンとソ連共産党書記長ブレジネフにより調印。ＩＣＢＭ・ＳＬＢＭなどの戦略攻撃兵器制限に関する５年間の暫定協定。

弾道弾迎撃ミサイル制限条約（ＡＢＭ制限条約Ⓝ）（だんどうだんげいげき-せいげんじょうやく）　1972年，米ソ間で締結。ＡＢＭとは相手の核弾頭ミサイルを，自国領域内から発射して打ち落とすミサイルのこと。条約は，米ソのＡＢＭをそれぞれ２基地（１基地あたり迎撃ミサイル100基）に制限したものだが，1974年には，双方１基地（各100基）に限定した。この結果，アメリカはＡＢＭ建設を放棄，ＡＢＭ網突破のためミサイルのＭＩＲＶ（多核弾頭）化に力を入れた。これがソ連のミサイルのＭＩＲＶ化を招き，核戦略全体を不安定化させた。2001年にアメリカのブッシュ政権は同条約の一方的破棄を表明，翌02年に失効した。

第二次戦略兵器制限条約（ＳＡＬＴⅡ）（だいにじせんりゃくへいきせいげんじょうやく）　1979年，カーター米大統領とブレジネフソ連共産党書記長により締結。条約は米ソ双方のＩＣＢＭ・ＳＬＢＭ・戦略爆撃機の総数を，1981年までに2250以下にするとした。しかし，ソ連のアフガニスタン侵攻と条約内容への不満から米議会が批准を承認せず，条約は1985年で失効。

中距離核戦力全廃条約Ⓝ（ＩＮＦ全廃条約）（ちゅうきょりかくせんりょくぜんぱいじょうやく）（-ぜんぱいじょうやく）　1987年，レーガン米大統領とゴルバチョフソ連共産党書記長によって調印され，翌1988年に発効した。条約は，本文17か条と査察議定書，廃棄の方法を定めた廃棄議定書，双方のＩＮＦの配置・数・特徴などを記した覚書からなる。廃棄されるミサイルとその時期は，短射程のＩＮＦについては発効から18か月以内，長射程のＩＮＦは同３年以内とされた。廃棄弾頭は米ソ合計で4100発余，双方の保有する総核弾頭数約５万発の８％にあたる。また，廃棄完了後10年間にわたって強制的検証措置が取り決められた。しかし2019年，アメリカのトランプ大統領は，ロシアの条約不履行（ふりこう）を理由に離脱を表明。ロシアも条約の履行を停止。2019年８月に同条約は失効した。

ミサイル防衛Ⓝ（ＭＤⓃ）［Missile Defense］（-ぼうえい）　2001年にアメリカのブッシュ大統領が発表した弾道ミサイルの防衛システム。衛星などを用いて敵の核ミサイルを撃ち落とし，自国などを守ることが目的。クリントン政権時代の米本土ミサイル防衛（NMD），戦域ミサイル防衛（TMD）の二つの構想をあわせ，あらゆるミサイル攻撃に対応できるよう強化したものである。

類 米本土ミサイル防衛（NMD）　戦域ミサイル防衛（TMD）

第一次戦略兵器削減条約Ⓝ（**ＳＴＡＲＴⅠ**）[Strategic Arms Reduction Treaty]（だいいちじせんりゃくへいきさくげんじょうやく）　ＳＡＬＴが制限条約だったのに対し，削減を目的としたのがこの条約。1991年に米ソ間で基本合意に達し，1994年に発効した。内容は，①戦略核弾頭数6000，運搬手段1600にそれぞれ削減，うちＩＣＢＭなどの弾頭数は4900以下に削減する，②条約の期間は15年，発効から７年間に３段階で削減するというもの。なおソ連の解体にともない，条約上の義務はロシア・ウクライナ・カザフスタン・ベラルーシが引き継いだ。2001年に実施完了。2010年，条約の期限切れで後継条約が結ばれた。

第二次戦略兵器削減条約（**ＳＴＡＲＴⅡ**）（だいにじせんりゃくへいきさくげんじょうやく）　2003年までに，戦略核弾頭総数を3000～3500に削減することを定めた条約。1993年に米ロ間で調印。アメリカは1996年，ロシアは2000年に批准したが批准書の交換がなされず，未発効のまま無効化。

モスクワ条約Ⓝ[Moscow Treaty]（-じょうやく）　ＳＴＡＲＴⅡに代わって2002年に締結され，2003年に発効したアメリカとロシアとの戦略攻撃兵器の削減に関する条約。戦略攻撃戦力削減条約（ＳＯＲＴ）ともいう。削減の検証規定がないなど，条約への評価は高くない。新ＳＴＡＲＴの発効によって終了。

同 戦略攻撃戦力削減条約（ＳＯＲＴ）

新戦略兵器削減条約Ⓝ（しんせんりゃくへいきさくげんじょうやく）　新ＳＴＡＲＴ。ＳＴＡＲＴⅠの後継として，2010年にオバマ米大統領とメドベージェフ・ロシア大統領との間で締結された条約。骨子は①配備する戦略核の上限を1550発，弾道ミサイルを800基に制限，②条約発効後，両国は７年以内に削減を実施，③米ミサイル防衛計画への制限事項は盛り込まない，など。2021年に５年間延長された。

同 新ＳＴＡＲＴⓃ

欧州通常戦力条約（**ＣＦＥ条約**）（おうしゅうつうじょうせんりょく-じょうやく）　1990年，欧州の22か国で調印。ＷＴＯとＮＡＴＯの制限総枠を，それぞれ戦車２万両，装甲戦闘車両３万台，火砲２万門，戦闘航空機6800機，攻撃ヘリコプター2000機とすることで欧州の通常戦力の大幅削減をめざした。また，欧州全土を同心円を描くように４地域に分け，中心部ほどきびしい数量制限をしている。最も制限がきびしいのは，ベルギー・チェコ・ドイツ・ハンガリー・ルクセンブルク・オランダ・ポーランドの中欧地域。2007年，ロシアが条約の履行を停止した。

対人地雷全面禁止条約Ⓝ（たいじんじらいぜんめんきんしじょうやく）　対人地雷の全面禁止を定めた条約。オタワ条約ともいう。1997年に締結され，1999年発効した。締約国に保有地雷の４年以内の廃棄を義務づけた。この条約の成立過程では，大国による交渉難航を避けるため，条約案に賛成する国だけで，まずは条約を発効させ，その力で不参加国に圧力をかけようとする方策がとられた。この手法はオタワ-プロセスとよばれ，国際的にも高く評価されている。

類 オタワ-プロセスⓃ

カットオフ条約Ⓝ（兵器用核分裂物質生産禁止条約）（-じょうやく）（へいきようかくぶんれつぶっしつせいさんきんしじょうやく） 核兵器に使われる高濃度ウランやプルトニウムの生産を禁止することによって，核開発・製造・使用に歯止めをかけようとする条約。カットオフとは「供給を止める」という意味。ジュネーヴ軍縮会議（ＣＤ）での交渉が決まったが，参加国の意見対立であまり進展していない。2009年にオバマ米大統領がプラハでの演説で条約交渉に前向きな姿勢を示した。

武器貿易条約Ⓝ（ＡＴＴⓃ）［Arms Trade Treaty］（ぶきぼうえきじょうやく） 通常兵器などの国際取引を規制する条約。2013年の国連総会で条約案が採択された。50か国の批准を経て，2014年に発効した。対象は戦車や戦闘機などの通常兵器に加えて小型武器も含む。主な武器輸出国であるロシア･中国などは署名していない。

核兵器禁止条約Ⓝ（かくへいききんしじょうやく） 核兵器の開発・実験・保有・使用を全面的に禁止しようとする条約。2017年，国連の場で122か国が賛成して採択された。条約の前文では，核兵器の非人道性について詳細にのべ，その使用が国連憲章や国際法・国際人道法に違反すると規定している。アメリカなどの核兵器保有国や，「核の傘」の下にある日本などは参加していない。2021年発効。

日韓貿易紛争（にっかんぼうえきふんそう） 2019年7月，日本の経済産業省が，貿易管理上の優遇措置対象国である「ホワイト国」から韓国を除外。これに反発した韓国側は，8月，日韓間における秘密軍事情報の共有を定めた日韓秘密軍事情報保護協定（ＧＳＯＭＩＡ）を破棄すると決定。日韓の外交通商上の衝突が本格化した。11月，韓国がＧＳＯＭＩＡの継続を決めたが，その後も両国間の紛争状態は続いている。

ＧＳＯＭＩＡ（ジーソミア） 軍事情報包括保護協定（General Security of Military Information Agreement）の略称。軍事上の機密協定を提供し合う際，第三国への漏えいを防ぐために結ぶ協定。秘密保全の対象は軍事技術だけでなく，戦術データや暗号情報，高度なシステム統合技術など広範囲に及ぶ。日本は米国やＮＡＴＯ，フランス，オーストラリアなどと同種の協定を結んでおり，韓国とは2016年11月23日に締結。日韓協定の効力は1年で，90日前に終了の意思を表明しないと自動更新され，協定によって提供された情報は終了後も保護される。

人種・民族問題

人種Ⓝ（じんしゅ） 人種とは，遺伝的に多少とも隔離された集団で，他の集団とは異なった集団遺伝子組成を有するものといわれるが，完全な隔離集団は存在せず，集団遺伝子組成の差異も統計的な有意差にすぎない。その区分も，皮膚の色などの身体的特徴の組み合わせで行われており，その分類には人為的操作が加わっているといえる。現在は人種そのものが生物学上は区別できないとされている。

人種差別Ⓝ（じんしゅさべつ） 人種差別・人種的偏見など，あらゆる人種主義に共通するパターンは，「優秀民族（人種の意）の純潔を守る」という主張である。これは民族浄化（エスニック-クレンジング）とよばれ，民族紛争の要因の一つとなっている。しかし，Ｊ．バルザンが自著『人種』の副題を「現代の迷信」としたように，人種主義には科学的根拠がない。自らをおびやかす人種を表面では軽蔑し，内心では恐れる。この迷信の信者は絶えず恐怖にさらされ，恐怖を与える相手を憎む。人種主義は増悪をともなう迷信である。

類 民族浄化（エスニック-クレンジングⓃ）

人種隔離政策Ⓝ（アパルトヘイトⓃ）［Apartheid］（じんしゅかくりせいさく）　「分離」を意味する語で，特に南アフリカ共和国の極端な人種隔離（差別）政策・制度の総称。その根幹には，原住民代表法・インド人代表法・投票者分離代表法で，それぞれアフリカ人・インド人・カラード（有色人種）の参政権を奪ったことと，バンツー自治促進法によって，アフリカ人を種族別に10のホームランド（全国土の15%）に強制的に押し込み，隔離したことがある。国連はこれを「人類に対する犯罪」と位置づけ，各国に経済制裁を求めた。これらのアパルトヘイトにかかわる諸法律は，1991年のデクラーク大統領のときにすべて廃止され，人種隔離政策は法的には終結した。

ネルソン＝マンデラⓃ［Nelson Mandela，1918～2013］　南アフリカの黒人解放運動指導者。弁護士となった後，アフリカ民族会議（ＡＮＣ）の青年同盟議長に就任。黒人69人が虐殺されたシャープビル事件でＡＮＣが非合法化されると地下にもぐった。1962年に煽動罪などで逮捕され，1964年には国家転覆罪で終身刑をいい渡された。しかし，世界の反アパルトヘイト気運が高まるなかで「マンデラ釈放」がスローガンとなり，獄中28年を経て，1990年２月に釈放された。1994年，南アフリカ共和国初の黒人大統領に選出された。1993年にノーベル平和賞受賞。

黒人差別Ⓝ（こくじんさべつ）　アフリカン-アメリカン（黒人）に対する人種差別制度。1890年，ミシシッピー州では憲法修正第15条に抵触しないように，州憲法のなかに「人頭税」や「読み書き試験」を取り入れることで，彼らの選挙権をはく奪した。これは「ミシシッピー-プラン」とよばれ，その他の南部諸州もこれに類似した方法で彼らの選挙権を奪った。黒人の市民的自由については，1883年に連邦最高裁判所が，1875年の公民権法を否定して以来，南部諸州では交通機関・学校・レストランなどにおける人種差別と隔離が州法その他の法律によって制度化されていった。そして，1896年の「プレッシー対ファーガソン事件」における最高裁判決で，あらゆる人種差別に法的根拠を与えることになった。

公民権法Ⓝ（こうみんけんほう）　1964年制定。アメリカ人としての黒人の市民的諸権利の保護をめざした法律。第一に，選挙の際の「読み書き能力テスト」を一定の条件つきで禁止し，登録係官が恣意的に課すさまざまな投票基準・慣行・手続きなどから黒人を保護した。第二に，一般用の宿泊・飲食などの施設の大部分における差別を禁止し，個人や市町村を援助できるよう連邦政府に市町村相談所を設置した。第三に，連邦政府に雇用平等委員会を設置したり，公教育における差別排除のために合衆国教育局と司法長官のとるべき措置を定めた。

キングⓃ［Martin Luther King Jr.，1929～68］　アメリカの黒人運動指導者。1954年にアラバマ州のバプテスト教会の牧師となり，1955年に人種差別に反対するモントゴメリー-バス-ボイコット闘争を指導して，勝利をおさめた。1957年には南部キリスト教指導者会議を結成した。後に，座り込み運動やデモを指導し，1963年には「ワシントン大行進」を成功させた。こうした非暴力の公民権運動が評価され，1964年にノーベル平和賞を受賞。1968年，テネシー州メンフィスで暗殺された。

民族Ⓝ[ethnic group]（みんぞく） 生活様式・風俗・習慣・宗教・言語など，文化的特性によって区分される社会集団のこと。

マララ=ユスフザイ[Malālah Yūsafzay，1997～] パキスタンの女性教育活動家。あらゆる子どもの教育を受ける権利実現にむけての取り組みなどが評価され，2014年にノーベル平和賞を受賞した。全分野のノーベル賞受賞者のなかでも史上最年少（17歳）で，未成年者への授与は初めて。彼女は2012年，イスラーム武装勢力タリバンの銃撃を受けて重傷を負ったが，その後も「一人の子ども，一冊の本，一本のペンが，世界を変える」などと国際社会に訴えつづけた。

民族問題Ⓝ（みんぞくもんだい） 1980年代後半，アラブとイスラエルの問題，イランやイラクのクルド人，スリランカのタミール人などの少数民族の問題が噴出し，それが国家間の対立にも波及した。また，旧ユーゴスラヴィアにおける共和国・自治州の対立や，民族問題に端を発するハンガリーとルーマニアの紛争，ソ連におけるバルト三国の分離・独立や，アゼルバイジャンとアルメニアの紛争などが表面化した。また，欧米でも，イギリスの北アイルランド問題，アメリカの人種差別・移民問題などがある。一方，アジア・アフリカ諸国では，植民地からの独立後の国家において諸民族の対立・抗争問題を抱えている。

民族自決主義（みんぞくじけつしゅぎ） 民族が自らの運命を決定する権利を有し，自由に，独立した自己の国家を建設しうるとするもの。人民の自決権ともいう。第一次世界大戦では，連合国がウィルソン大統領の影響のもとにこれを認め，ヴェルサイユ条約の一原則となった。第二次世界大戦中は，ドイツ・イタリア・日本によって占領された地域の解放が連合国軍の平和目的の一つとなり，1941年の大西洋憲章でも民族自決権の尊重を宣言した。1960年代になると，民族自決が非植民地と同一視されるようになり，植民地独立付与宣言（1960年採択）や国際人権規約（1966年採択）でも，民族自決権を確認している。

同 人民の自決権

アゼルバイジャンとアルメニアの紛争Ⓝ（-ふんそう） イスラーム教徒が多いアゼルバイジャン共和国に，アルメニア人自治州ナゴルノ-カラバフが1923年に発足したが，キリスト教徒のアルメニア人は宗教的・民族的理由でイスラーム勢力に迫害を受けてきた。このためゴルバチョフ以後，隣接するアルメニア共和国への帰属替えを求める運動が活発になり，1988年には死傷者を出す衝突を引き起こした。1994年にロシアの仲介で停戦協定が成立。

チェチェン紛争Ⓝ（-ふんそう） チェチェンはグルジアに隣接するイスラーム系住民中心の共和国で，人口は約140万人。チェチェン人は19世紀以来，ロシアの支配に激しく抵抗してきた。1991年にロシアからの独立を宣言したが，ロシア側はこれを認めず内戦に突入した。1996年に和平合意が成立，ロシア軍はいったん撤退したが，1999年に再び攻撃を開始して国際社会から批判を浴びた。2009年に終結宣言がなされた。

パレスティナ問題(-もんだい)　第一次世界大戦中，イギリスがパレスティナにユダヤ人国家建設を約束（バルフォア宣言）するとともに，アラブ人のパレスティナ独占を承認（フサイン・マクマホン協定）する矛盾した政策をとったため，両民族の対立が深まった。国連は1947年，パレスティナをユダヤ人国家とアラブ国家に分割することを決議した。翌1948年，イスラエルの建国が宣言されると，分割決議を不当とするアラブ諸国が軍を進め，四次にわたる中東戦争が始まった。以後，パレスティナ問題はアラブとイスラエルの国家間紛争の形をとっている。1991年10月から中東和平会議が始まり，93年にイスラエルのラビン首相とパレスティナ解放機構（ＰＬＯ）のアラファト議長との間で相互承認とパレスティナ暫定自治協定（オスロ合意）が成立，95年には両者はパレスティナ自治拡大協定に調印した。しかしその後もパレスティナ（ハマス）とイスラエルとの武力衝突は依然としておさまっていない。

類 中東戦争Ⓝ　オスロ合意Ⓝ

インティファーダⓃ[intifāda]　アラビア語で「蜂起(ほうき)」の意。イスラエル占領地におけるパレスティナ住民らによる非武装抵抗運動をさす。1987年から93年頃まで続いた。2000年頃からは第2次インティファーダがくり広げられた。

イスラエル共和国連邦(-きょうわこくれんぽう)　第二次世界大戦中のナチス-ドイツのユダヤ人迫害によって，ユダヤ人国家を建設しようとするシオニズム運動（シオンとはイェルサレムにあるユダヤ教の聖地）が活発になり，1947年の国連総会でイギリスの委任統治終了後，パレスティナをユダヤ・アラブ両国家に分割することを決議した。イスラエルは1948年に建国を宣言。建国を認めないアラブとの間で４回の中東戦争が起こった。和平実現への道は遠い。

分離壁（安全フェンス）(ぶんりへき)(あんぜん-)　パレスティナと対立するイスラエルが，2002年からヨルダン川西岸内部と東イスラエルに建設している長大なフェンス。イスラエル側はテロ攻撃に対する防衛のためと主張するが，パレスティナの人々の生活を脅かす事態を引き起こし，国際司法裁判所も建設は違法との判断を示している。

パレスティナ解放機構（ＰＬＯⓃ**）**[Palestine Liberation Organization](-かいほうきこう)　1964年，パレスティナ民族評議会第１回大会で創設。1969年，アラファトが議長につくと，飛躍的に力をつけた。1974年には，アラブ首相会議でパレスティナ人の唯一正当な代表と公認され，国連でオブザーヴァー資格を付与された。1988年，イスラエル国家の生存権承認という方向転換が国際社会に歓迎され，ＰＬＯの呼称をパレスチナ国（State of Palestine）に改めた。同国は，2012年に国連総会オブザーバーとして承認された。

ハマスⓃ　パレスティナのイスラーム急進派で，スンナ（スンニー）派に属する。イスラーム抵抗運動ともいう。イスラエルに対して強硬的な立場をとるため国際的な批判も強いが，地道な社会福祉活動などで貧困層の根強い支持がある。2006年のパレスティナ評議会選挙で主流派のファタハに圧勝した。

ヒズボラⓃ　レバノン南部に居住するイスラームのシーア派に属する急進派。アラビア語で「神の党」を意味する。ハマスと同様，社会福祉活動などで知られる。

2006年，ヒズボラがイスラエル兵を人質にとったため，イスラエル軍がレバノンを攻撃した。

パレスティナ難民(-なんみん)　1948年，第一次中東戦争が勃発すると，イスラエル側はイェルサレムの占領と，パレスティナ人追放を実行した。逃亡してきたパレスティナ人は，ヨルダンとヨルダン川西岸地区に60%，ガザ地区に20%，レバノンに15%，シリアに５%が流れて難民生活を送らざるをえなくなった。

	年	原因	影響
第一次中東戦争（パレスティナ戦争）	1948	イスラエル建国に対してアラブ諸国が攻撃	イスラエルの勝利・建国 パレスティナ難民の発生
第二次中東戦争（スエズ戦争）	1956	ナセルのスエズ運河国有化に反対して英・仏・イスラエルが攻撃	英仏への国際的非難 国連緊急軍の創設
第三次中東戦争（六日戦争）	1967	エジプトのアカバ湾封鎖を口実にイスラエルが攻撃	イスラエルの圧勝 アラブの団結の強化
第四次中東戦争（十月戦争）	1973	第三次中東戦争の失地奪回のため，エジプト・シリアが攻撃	アラブの勝利 アラブ産油国の石油戦略による石油危機の発生

↑ 中東戦争

アラブの春Ⓝ(-はる)　2010年末から11年にかけて，中東や北アフリカ地域で起きた一連の政治変革の総称。アラブ革命。民主化運動がツイッターやフェイスブックなどを利用して行われたため，ネット革命ともよばれる。チュニジアでは，反政府デモなどを受けてベンアリ大統領が国外に脱出，約23年間の統治に幕をおろした（ジャスミン革命）。エジプトでは約30年間，ムバラク大統領の統治が続いたが，反政府デモなどが広がり，2011年に辞任した。その後，モルシが文民大統領となったが，2013年に軍部を中心にした事実上のクーデタがおこり，14年には新大統領が選出されたが，混乱はおさまっていない。リビアでは，約41年にわたるカダフィ大佐の独裁に対して反体制派が蜂起。内戦状態になったが，ＮＡＴＯ軍の空爆などもあり，カダフィ政権は崩壊した。イエメンでは，約30年間にわたり統治したサレハ大統領が，反政府運動などの高まりで引退。その後，ハディ政権が誕生したが，イスラーム武装組織「ラーシ派」が首都を制圧。こうした事態に対して，隣国サウジアラビアなどが軍事介入に踏み切ったが，紛争は終わっていない。

同 アラブ革命　ネット革命

エチオピア・エリトリア国境紛争(-こっきょうふんそう)　エチオピアと1993年に同国から独立したエリトリアは，国境画定をめぐって98年から2000年にかけて紛争を起こした。この紛争はロシア（エチオピアを支援）とウクライナ（エリトリアを支援）の代理戦争でもあった。両国とも経済規模が小さいにもかかわらず規模は極めて大きく，犠牲者も多かった。開戦以降，国連やアフリカ連合などが積極的に仲介に乗り出し，2000年に停戦合意。その後も両軍の緊張状態は続いたが，2018年にエチオピアのアビィ首相とエリトリアのイサイアス大統領が首脳会談を行い，長年にわたる戦争状態を終結することで合意した。アビィは和平実現の功績を評価されて，2019年ノーベル平和賞を受賞した。

ムスリム同胞団Ⓝ(-どうほうだん)　1929年，エジプトで生まれた社会運動団体。イスラーム社会の確立をめざす。その後，シリア・ヨルダン・スーダン・パレスティナ・湾岸諸国などに広がり，現在ではアラブ世界で最大の組織となった。当初はテロなどの過激な活動を展開したが，現在では穏健な方針をとる。2012年に行われたエジプト大統領選挙で，同胞団出身のモルシが文民として初の大統領となったが，2013年のクーデタで失脚した。

北アイルランド紛争(きた-ふんそう)　カトリックが住民の９割以上を占めるアイルランドは1922年，イギリスから独立した。しかし，プロテスタントが住民の３分の２を占める北アイルランドの６州は英国統治下に残った。そこでは少数派であるカトリック教徒が差別されたこともあり，独立運動が絶えず，さらにアイルランド共和軍（ＩＲＡ）のテロ戦術もあって，多数の犠牲者を出してきた。1998年に北アイルランド和平合意が成立し，2005年にＩＲＡの完全武装解除が行われた。

キプロス問題Ⓝ（サイプラス問題）(-もんだい)　キプロスは，1960年にイギリスから独立したが，ギリシャ系住民とトルコ系住民の対立が激しく，島内各地で死傷事件が続発，戦闘状態が生じた。1974年，トルコ系住民は島の北東部で独立政府を発足させ，1983年に北キプロス-トルコ共和国の独立を宣言した（承認はトルコのみ）。その後，南のキプロス共和国の欧州連合（ＥＵ）加入などを経て，南北間で統合に向けた対話が行われている。

カタルーニャ独立運動(-どくりつうんどう)　カタルーニャはスペイン北東部にある自治州で，州都はバルセロナ。古代から交通の要衝として栄えた。1979年にスペインの自治州となり，2010年代から独立運動が始まった。背景には，スペイン本国による民族差別と納税に対する不満がある。2017年に独立の是非を問う住民投票が行われ，９割以上の賛成を得たが，スペイン政府は認めていない。

カシミール紛争(-ふんそう)　カシミール地方の帰属をめぐるインドとパキスタンの争い。これまで２次にわたり印パ戦争（バングラデシュをめぐる紛争を含めると３回）が発生した。両国は2003年に停戦合意，04年から包括和平対話をスタートさせ，緊張緩和の動きが進んでいる。

タミール人紛争(-じんふんそう)　スリランカは，1948年の独立以降，シンハラ・タミールの両民族間の対立が続いてきた。多数派のシンハラ人（74%）のシンハラ語が公用語になると，公職につけないタミール人（18%）の間に不満が高まり，北東部を分離・独立させようというＬＴＴＥ（タミル-イーラム解放のトラ）による反政府テロ活動が展開され，軍事対立が激化した。しかし，2009年に政府軍による制圧宣言が出され，内戦状態に終止符がうたれた。

シク教徒紛争(-きょうとふんそう)　シク教は，イスラームの影響を受けたインドにおけるヒンドゥー教の改革派の一つ。ビンドランワレを指導者とするシク過激派は，1981年からヒンドゥー指導者を次々と暗殺するテロ活動を開始。パンジャブ州のヒンドゥー教徒をテロの恐怖におとしいれ，彼らの移住を暴力的にうながし，シク教徒の国家カリスタンの分離・独立の条件を整備するのがねらい。

東ティモール問題Ⓝ(ひがし-もんだい)　東ティモールは，16世紀以来ポルトガルの植民地だったが，1975年にポルトガル本国での政変を機に，独立を求める東ティモール独立革命戦線が勢力を拡大した。これに対して1976年，インドネシアが東ティモールを併合した。しかし，独立を求める声は根強く，インドネシアからの独立の賛否を問う1999年の住民投票などを経て2002年に独立を達成。

アチェ独立運動(-どくりつうんどう)　スマトラ島西北端にあるナングロアチェ州で，分離・独立運動を続ける自由アチェ運動（ＧＡＭ）と，インドネシア政府との紛争。2002年にジュネーヴでいったん和平協定が成立したが，その後の交渉は停滞した。しかし，2004年12月のスマトラ沖地震・津波の影響もあり，あらためて和平協議がヘルシンキで行われ，ＧＡＭの独立要求取り下げと武装解除などで基本合意した。そして，2006年には和平実現後はじめて，州知事などの選挙が実施された。なお，和平実現に向けて重要な役割をはたしたアハティサーリ・フィンランド前大統領に，2008年にノーベル平和賞がおくられた。

ユーゴスラヴィア問題(-もんだい)　東欧の民主化以降,「南スラヴ諸族の国」を意味するユーゴスラヴィア連邦は六つの国家に分裂した。まず1991年６月にスロヴェニア・クロアティアが，続いて11月にマケドニアが，さらにボスニア-ヘルツェゴヴィナが1992年２月，独立を宣言した。これに対し，連邦の維持を主張してきたセルビアとモンテネグロも1992年４月に分離を承認，２国で新ユーゴスラヴィア連邦の結成を宣した。これら諸国の独立をめぐる過程で，民族・宗教対立もからみ，内乱が発生，多くの悲劇を生んだ。なお，ユーゴは2003年にセルビア-モンテネグロと国名を変更したが，結局2006年にモンテネグロが分離・独立した。

ボスニア-ヘルツェゴヴィナ問題Ⓝ(-もんだい)　旧ユーゴスラヴィア解体後，ボスニア-ヘルツェゴヴィナ内のセルビア人とクロアティア人，ムスリム（イスラーム教徒）の間でくり広げられた民族紛争。血で血を洗う凄惨な抗争に発展した。1995年にボスニア和平協定（デイトン協定）が結ばれた。

コソヴォ紛争(-ふんそう)　セルビア共和国内のコソヴォ自治州で起こった民族紛争。コソヴォ自治州ではアルバニア人が約９割を占め，セルビア人との対立が1998年頃から顕在化した。両者の間で戦闘が長期化すると，1999年３月からＮＡＴＯ（北大西洋条約機構）軍によるセルビア空襲が行われ，多くの被害を出した。同年６月に停戦が成立したが，その後も対立は収まらず，コソヴォは2008年，セルビアからの独立を宣言した。コソヴォ独立について，国際司法裁判所（ＩＣＪ）は2010年，国際法に違反しないとの勧告的意見を示した。

マケドニア紛争(-ふんそう)　人口の３割弱を占めるアルバニア人の権利拡大を求める民族解放軍とマケドニア政府軍との紛争。コソヴォ紛争の過程で，2001年から軍事衝突が生じた。マケドニア政府側がＥＵやＮＡＴＯと連携して武装勢力側を排除，2002年には総選挙が実施されたが，民族共存への道のりはけわしい。

グルジア（ジョージア）紛争Ⓝ(-ふんそう)　グルジア（ジョージア）領内の南オセチア自治州などをめぐるグルジアとロシアとの争い。南オセチアが1990年末，同じオセット人が住むロシアの北オセチア共和国への編入を求めて武力闘争したことを契機にグルジア軍が進攻。ロシアが南オセチアを支援したため，1991年にかけて武力衝突がつづいた。両国と南北オセチアの４者協議でいったん紛争解決に合意したが，2004年にグルジアに親米政権が成立してから不安定な状況に陥り，2008年に再び本格的な戦闘に発展。その後，ロシアが南オセチア自治州とアブハジア自治共和国の独立を一方的に承認したため，グルジアや欧米諸国などが反発を強めた。

ウクライナ問題Ⓝ(-もんだい)　ウクライナは1991年，旧ソ連の崩壊のなかで独立。ウクライナ人が約8割，ロシア人が約2割。ウクライナ語圏の西・中部とロシア語圏の東・南部とで対立がある。2004年に親ロシアのヤヌコビッチが大統領に当選すると，親欧米のユーシェンコが抗議行動，05年の再選挙でユーシェンコが当選した(オレンジ革命)。その後，2010年に大統領に就任したヤヌコビッチが，13年にEUとの連携協定の署名を凍結。債務危機に直面したウクライナをロシアが財政支援した。これをロシアによる妨害とみた反政府勢力が抗議デモを開始，政府との間で暴力行為がエスカレートした。こうした動きに反発し，2014年初めからロシア系住民が多数を占める南部のクリミアや東部のドネツク・ハリコフなどで，ロシアの支援を受けた分離・独立運動が激化，ウクライナ政府と武力衝突に発展した。ロシアによるクリミア併合などを経て同年の大統領選挙で欧米派が当選したが，紛争はおさまっていない。

クルド問題Ⓝ(-もんだい)　トルコやイラクなどに住む少数民族クルド人の自治や独立をめぐる問題。クルド人は独自の言語を話し，宗教的にはイスラームのスンニ派が多い。古くは王朝国家を樹立したが，第一次世界大戦後に居住地域がトルコ・イラン・イラクなどに分断され，各地で分離・独立運動を続けている。とくに，トルコやイラクでは政府側と激しい抗争が行われてきた。イラク北部には自治区があり，2017年に独立国家樹立の是非を問う住民投票が行われ，92.73%の賛成多数となった。

チベット問題Ⓝ(-もんだい)　チベットの独立などをめぐる問題。チベットはかつてイギリスの影響下にあったが，1949年の新中国成立後，中国の自治区に組みこまれた。59年に大規模な騒乱が起こったが軍に鎮圧され，チベット仏教の最高指導者ダライ=ラマ14世がインドへ脱出，亡命政府がつくられた。その後も中国への抵抗運動がたびたび起きている。

ウイグル問題Ⓝ(-もんだい)　中国西部にある新疆ウイグル自治区の独立運動などをめぐる問題。同自治区では1990年代以降，中国からの独立を求めて暴動が多発。これらの背景には，漢族とウイグル族との経済格差や，民族固有の文化的・宗教的権利が中国において尊重されていないことへのウイグル族側の不満がある。中国政府はこれらを武力によって鎮圧してきた。

ルワンダ内戦(-ないせん)　1990年から94年まで行われたツチ人の反政府ゲリラ組織と，フツ人の政府軍とによる内戦。1962年にベルギーから独立した後，多数民族のフツ人主導の政権が続き，不満をいだく少数民族のツチ人とが対立して内戦に陥った。1994年の大統領死亡事故を契機に，フツ人によるツチ人の大量虐殺事件が続発した。戦闘は反政府軍の勝利で終結したが，その間の死者は数十万人，難民は240万人に達した。国連はこの虐殺事件の責任を追及する「ルワンダ国際犯罪特別法廷」(ＩＣＴＲ)をタンザニアに開設した。

スーダン内戦(-ないせん) 北部のアラブ・イスラーム系民族と，南部のアフリカ・非イスラーム系民族との内戦。スーダンは北部主導で1956年に独立したが，南部からは強い自治要求があった。それらを背景に1983年，政府によるイスラーム法の導入強行に南部が反発，反政府武装勢力を結成して激しい内戦となった。停戦と戦闘がくり返されたが，2011年に南部地域で分離・独立の是非を問う住民投票が行われ，南スーダン共和国が成立した。しかし，スーダンに残留した南スーダンの武装勢力とスーダン政府軍との戦闘は継続。スーダンでは西部のダルフール地方でも，政府軍と反政府軍の内戦が継続中（ダルフール紛争）。

類 ダルフール紛争Ⓝ

子ども兵士（チャイルド-ソルジャー）(こ-へいし) 正規・非正規の軍隊や武装グループに加わる18歳未満の者。そのなかには調理担当・荷物係・メッセンジャーなど，武装勢力が連れ回す家族以外の子どもたちを含む。つまり，武器携帯の有無には関係ない。子ども兵士の徴募は子どもの権利条約の選択議定書で禁止されているが，その数は世界で推定25万人に達するともいわれる。

戦争の民営化(せんそう-みんえいか) 冷戦終結後の戦争が国家同士だけでなく，国家対民兵，民兵対民兵の戦いに様変わりしている状況をあらわした言葉。「戦争の下請け化」などともよばれる。国連総会は1989年，雇い兵が国際法の原則を侵害するとして，その使用や訓練などを禁止する条約を採択し，2001年に発効。

シリア内戦Ⓝ(-もんだい) 「アラブの春」の影響を受けたシリアの反政府運動が，政府軍に弾圧された事件。シリアは1946年にフランスから独立。クーデタで政権を握った父のあとを継いだバッシャール=アサドが，2000年に大統領に就任。親子二代の独裁体制を築いた。2011年3月には反政府デモが発生すると，アサド政権はこれを弾圧。その後も政府軍による住民虐殺などが相次いだ。国連による監視活動が行われたが，あまり効果はみられなかった。化学兵器の使用をめぐり，化学兵器禁止機関（OPCW）による査察などが行われた。

モロ-イスラーム解放戦線（ＭＩＬＦ）(-かいほうせんせん) フィリピン南部のミンダナオ島で，イスラーム国家の樹立をめざして1978年に結成された反政府武装組織。これまで政府側と衝突や停戦をくり返し，死者は民間人も含めて15万人をこえるとされる。2012年，アキノ政権との間で和平協定に調印，イスラーム教徒による自治政府設立などに向けて動きだした。

コロンビア革命軍（ＦＡＲＣ）［Fuerzas Armadas Revolucionarias de Colombia］(-かくめいぐん) 1964年に南米のコロンビアで農民を主体に結成された反政府武装組織。麻薬産業などを資金源にして，政治家の暗殺や誘拐などをくり返してきた。1985年に政府と停戦合意，その後政治活動に専念したが，90年末から政府軍による弾圧を理由に武装闘争を再開。しかし，主要幹部の死亡や逮捕が相次ぎ，2016年に政府との和平合意文書に署名。その後の国民投票で合意内容が否決されたが，再交渉の末，新和平合意が成立した。2018年の議会選挙に向け，ＦＡＲＣは政党に移行した。なお，この和平交渉で中心的な役割を果たしたコロンビアのサントス大統領に2016年のノーベル平和賞が贈られた。

米墨間の壁Ⓝ［Mexico-United States barrier］(べいぼくかん-かべ) メキシコからアメリカ

への不法侵入を防ぐため，両国間の国境線上に設けられた防壁。米国トランプ大統領は，大統領選立候補時より，完全に通過不可能な物理的防壁の建設を訴えており，さらにその費用をメキシコ政府に負担させるよう主張してきた。2021年に発足したバイデン政権はこの「トランプの壁」の建設計画を中止した。

2章　国際経済と日本

1　貿易と国際収支

貿易のしくみ

国際経済Ⓝ（こくさいけいざい）　複数の国家・地域間で行われる貿易や，資本の投融資，援助などによって形成される経済関係の全体をいう。世界経済ともよばれる。現代ではＥＵ（欧州連合）やＴＰＰ１１（包括的および先進的ＴＰＰ）など，国家の枠をこえた経済圏構想が進行してはいるが，まだ国家単位・国民経済単位での経済関係が一般的である。

同 世界経済Ⓝ

国際分業（こくさいぶんぎょう）　財や商品の生産について，各国が生産する商品や分野を分担し，貿易を通じて商品を交換しあう体制をいう。このため，国際分業は外国貿易の発展と不可分で，それとともに拡大・深化する。

水平的分業：先進国同士がそれぞれ別の分野の完成品や半製品を分担生産すること。

垂直的分業：先進国が完成品を，途上国がその原材料などの生産を担当すること。

比較生産費説Ⓝ（ひかくせいさんひせつ）　イギリスの古典派経済学者リカードが主張した学説。各国は，国際分業に基づいて貿易を行う際，各国を比較して生産費が絶対的に安い場合はもちろん，絶対的には高いが国内の商品と比較して相対的に安い（比較優位にある）場合でも，安い商品に生産を集中（特化）し，高い商品は生産をしないで輸入したほうが，世界全体で商品の生産量が増大するという理論。

		イギリス		ポルトガル		合計
特化前	ブドウ酒 1単位の労働量	120人 1		80人 1		2
	ラシャ 1単位の労働量	100人 1		90人 1		2
特化後	ブドウ酒の生産		1.125	170/80 2.125		2.125
	ラシャの生産	220/100 2.2	1.2			2.2

特　化

↑ 比較生産費説の例

類 比較優位　特化Ⓝ

自由貿易Ⓝ（じゆうぼうえき）　国際間の貿易に対して政府介入は行わず，市場機構にゆだねること。理論的にはまず，アダム=スミスの重商主義批判として展開され，リカードの比較生産費説によって根拠づけられた。そして，18世紀末から他国に先がけて産業革命を経験し，工業化を達成したイギリスで，いち早く自由貿易が開始された。その後，保護貿易主義との対抗関係のなかで，自由貿易の大きな流れがつくられてきた。

保護貿易Ⓝ（ほごぼうえき）　諸国間の貿易に国家が介入して制限を加えること。歴史的には，自由貿易を進めるイギリスに対して，遅れて工業化したドイツで，自国の幼稚産業を守る立場から最初に主張された。その中心となったのが19世紀ドイツの経済学者リストである。彼はイギリスとは発展段階を異にするドイツでは国民的・国家的な視点から経済を把握するべきだとし，国民や企業家の創造心に基づく国内生産力の増進と，その限りにおいての保護主義を主張した。

貿易Ⓝ（ぼうえき） 各国民経済の間の商品取り引きをいう。相互の余剰生産物の存在を前提に，他国へ商品を売る輸出と，他国から商品を買う輸入とから構成される。形式的には，２国間で行われる双務貿易と，３国以上が参加する多角貿易に大別される。現在の貿易は物品だけでなく，技術関係の特許や商標・ノウハウなど，広義の技術を含むサービス部門にも拡大し，それにともなって知的財産権の国際的保護なども問題となっている。貿易においては，関係国間の交易条件が平等な貿易が理想であるが，現実には，ダンピング・輸出規制・輸入制限など，不公正さをともなうことが多い。

貿易依存度Ⓝ（ぼうえきいぞんど） 国民所得や国内総生産などに対する輸出入総額の割合。一般に，輸出と輸入の依存度を別々に算出し，その国の国内市場の大きさ，国際競争力，資源の有無，産業構造などを判断する。

交易条件Ⓝ（こうえきじょうけん） 自国と他国の財貨の交換比率をさすが，個々の商品価格ではなく，輸出価格指数と輸入価格指数の比率か，輸出品１単位に対して輸入品がどれだけ入手できるかの比であらわされる。貿易上の有利・不利の判断指標。

貿易政策Ⓝ（ぼうえきせいさく） 一国が，輸出と輸入の促進や制限などに関して採用する政策。関税率や輸出奨励金・補助金，為替管理，輸入割り当て，課徴金の設定などにより，自由貿易か保護貿易かの政策が決まる。

関税Ⓝ（かんぜい） 一国の経済的境界線（法定関税線）を輸出入によって商品が通過する場合にかけられる租税。各国は自国の関税制度を自主的に決定する関税自主権をもっており，財政収入を目的としたもの以外に，国内産業の保護を目的に保護関税などを設定する。２か国以上が共同して関税地域を設定する関税同盟を結成する場合は加盟国間に，互恵関税・特恵関税が認められることが多い。こうした特恵制度は，ブロック経済化などによって国際経済を縮小するため，ＧＡＴＴ（関税と貿易に関する一般協定）では，加盟国全体に対するもの以外は基本的には認められなかった。しかし，先進国が発展途上国から輸入する場合に税率を減免する特恵関税は，1970年代に一般化した。

セーフガードⓃ[safeguard] 緊急輸入制限措置。一般セーフガードと特別セーフガードの二つがある。輸入による国内産業の被害が大きい場合，輸入国の保護政策の一環として行われ，世界貿易機関（ＷＴＯ）協定でも認められている。

ブロック経済Ⓝ[bloc economy]（-けいざい） 本国と海外領土・植民地を結び，排他的・閉鎖的な経済圏（ブロック）を形成して，圏内での自給自足をはかろうとする政策。1930年代には，イギリスのポンド-ブロックなど，植民地を多く領有する国にのみ可能であったため，日本・ドイツ・イタリアの枢軸３国の対外侵略政策へと結びついた。戦前日本の大東亜共栄圏構想なども，一種のブロック経済をめざしたものといえる。

非関税障壁Ⓝ（ひかんぜいしょうへき） 関税以外の手段による輸入制限策。輸入割り当てなどの数量制限，政府による輸出補助金のほか，広義の閉鎖的商慣習などがある。また，政府調達品について自国の製品を優先させる，あるいは輸入の際の規格・検査手続きを国際的水準よりきびしくするなどの手段も含まれる。1975年頃には，ＧＡＴＴ貿易交渉委員会でもその撤廃が協議され，1979年には国際規約化された。1989年以後の日米構造協議でも，アメリカ側から日本の非関税障壁を中心とした不公正貿易が批判された。

輸入割り当て(ゆにゅうわ-あ-) 特定の商品や国について，政府が輸入量や額をあらかじめ割り当てる政策。国内産業保護を目的とする輸入数量制限を行うための，非関税障壁の典型である。

国際競争力Ⓝ(こくさいきょうそうりょく) 国際貿易の場での商品や産業の競争力をいい，原則として各国民経済の生産力や生産性に左右される。

ダンピングⓃ[dumping] 自国内での販売価格よりも安く，外国市場で商品を販売すること。

同 不当廉売Ⓝ

反ダンピング法(はん-ほう) 国際的に行われるダンピング（不当廉売）を防止するため，各国で制定された法律。日本の関税定率法にも不当廉売関税の規定がある。

幼稚産業保護論(ようちさんぎょうほごろん) 新興産業は国際競争力をもたないため，保護なしには成長が不可能だとする理論。現在国際的に認められる保護政策は，発展途上国の幼稚産業を対象としたもののみである。

サービス貿易Ⓝ(-ぼうえき) 金融・運輸・旅行・情報通信など，モノ（財）以外のサービス業にかかわる国際取引。自由化の必要性がとなえられ，ＷＴＯ（世界貿易機関）の一般協定の一つとなっている。1980年代以降，財の貿易を上回るようになった。

国際収支と為替相場のしくみ

国際収支Ⓝ[balance of payments] (こくさいしゅうし) 一国の一定期間（普通１年）内の対外支払い額と受け取り額の集計。ＩＭＦ（国際通貨基金）の国際収支統計マニュアル第６版に改められ，日本でも2014年から新形式で発表されている。従来との相違は資本収支概念を廃止したことや，金融収支（旧投資収支＋外貨準備増減）の符号表示がこれまでと逆になったことなどである。主要項目は①経常収支，②資本移転収支（旧その他資本収支），③金融収支となった。金融収支の符号表示が逆になったため，①＋②−③に誤差脱漏を加えてゼロになる。

経常収支Ⓝ(けいじょうしゅうし) ①貿易・サービス収支，②第一次所得収支（旧所得収支），③第二次所得収支（旧経常移転収支）から構成される。

貿易・サービス収支Ⓝ(ぼうえき-しゅうし) 一般物品・商品の輸出入の金額の差額を貿易収支といい，旅行・運輸・通信・保険・金融・特許使用料，コンピューター-ソフト開発などの情報関連など全11分野の収支をサービス収支とよぶ。

類 貿易収支Ⓝ　サービス収支Ⓝ

第一次所得収支Ⓝ(だいいちじしょとくしゅうし) 出稼ぎ労働者など非住居者に対する雇用者報酬と，対外金融資産から生ずる利子・配当などの投資収益の金額からなる。

第二次所得収支Ⓝ（だいにじしょとくしゅうし）　政府・民間による無償援助，国際機関への拠出金，労働者の送金の金額の差額など，対価をともなわない取り引きをいう。

金融収支（きんゆうしゅうし）　金融資産にかかわる居住者と非居住者の債権・債務の移動をともなう取引の収支状況をさす。①直接投資，②間接投資，③金融派生商品，④その他投資，⑤外貨準備の５項目からなる。

直接投資：外国企業の経営支配を目的に，株式・債券の購入や企業の買収，海外工場の設置などを行う対外投資。海外直接投資ともいう。

証券投資：外国企業の経営支配を目的とせず，値上がり益や利回り採算を見込んで証券取得などを行う対外投資。間接投資。

金融派生商品：これまでの金融商品（債券・株式など）から派生した新しい金融商品という意味。デリバティブともいう。先物取引やオプション取引，それらを組み合わせた商品もある。

その他投資：銀行・企業・政府による貸し付けや借り入れなどをさす。

外貨準備：政府や日本銀行が保有する流動性の高い金や外国通貨（外貨預金・外貨証券），ＳＤＲなどの対外資産をさす。輸入代金の支払いや，為替レートの大幅な変動を抑制する為替介入（為替平衡操作）をするためのもの。

同 海外直接投資　間接投資Ⓝ　デリバティブⓃ

資本移転等収支（しほんいてんとうしゅうし）　①無償援助などによる資本移転のバランス（かつては経常収支に属していた），②特許権の取得・処分，大使館資産の増減などのその他の資産バランスから成り立つ。

日本の国際収支Ⓝ（にほん-こくさいしゅうし）　一般に発展途上国は貿易収支が赤字で，資本収支の黒字（援助などによる資本流入）によってそれを相殺する傾向がある。日本が国際収支の赤字基調から脱したのは1960年代半ばであり，1980年代以後は，対米貿易黒字を主要因として経常収支の大幅な黒字が定着した。一方，この貿易黒字に支えられて諸外国への対外投資が増え，資本収支の赤字が拡大した。こうして日本は，債務国から債権国に変わった。2000年以降は，2014年に国際収支の改定が行われ，第一次所得収支および直接投資収支の黒字幅拡大が目立つ。一方で，貿易収支の黒字額は縮小傾向にある。

外貨準備高Ⓝ（がいかじゅんびだか）　中央銀行などの通貨当局が，対外支払い用として準備している外国通貨・金・ＳＤＲ（特別引き出し権）などで，ドル表示される。一般に輸出の増加は外貨準備を増やし，輸入の増加は減らす傾向がある。これと民間の外国為替銀行のもつ外貨の合計を外貨保有高という。したがって，外貨準備と外国為替銀行の純資産との合計が，実質的対外支払い能力をあらわす。輸入可能量はこの量に左右されるので，日本でも1964年までは，政府が管理・割り当てを行っていた。日本の外貨準備高は，1980年代末に世界１位となったが，現在は中国に次いで第２位である。2023年１月時点における日本の外貨準備高は約１兆2502億ドル（約1700兆円）。

金融勘定（きんゆうかんじょう）　国際収支項目上，資本収支のなかに加えられる勘定で，外貨準備その他で表示。公的・私的両部門での対外資産・負債の増減を示したもので，この増減が対外支払い能力の増減を意味する。

国際収支段階説(こくさいしゅうしだんかいせつ)　アメリカの経済学者キンドルバーガーらが唱えた説。経済の発展段階に応じて，国際収支が次のような特徴を示すとされる。第一が未成熟債務国で，貿易収支の赤字を資本収支の黒字（借り入れ）で補う。第二が成熟債務国で，工業の発展とともに貿易収支が黒字化し，債務返済を開始する。第三が未成熟債権国であり，債務返済後に貿易黒字と対外資本投資などで債権国化する。第四が成熟債権国であり，発展途上国にぬかれて貿易収支が赤字化，サービス収支と資本収支が黒字となる。

類 キンドルバーガー

債権国と債務国Ⓝ(さいけんこく-さいむこく)　債権国とは資産（債権）が負債（債務）を上回る国。債務国は負債が資産を上回り，構造的に経常収支の赤字が累積した国のこと。

デフォルトⓃ（**債務不履行**Ⓝ）[default](さいむふりこう)　外国からの借入額が膨れ上がり，元本や利子が返済できなくなること。こうして起こった累積債務問題は，1982年のメキシコのデフォルト宣言によって顕在化し，ブラジルやアルゼンチンなどに波及した。

リスケジューリング（**債務返済繰り延べ**）[rescheduling](さいむへんさいくーのー)　デフォルトに対応するため，返済期限を遅らせること。発展途上国で累積債務問題が発生した際に実施された。

国際投資(こくさいとうし)　外国に対して資本を投下したり貸し付けたりすること。外国への資金供給国となることから，資本輸出ともいう。政府相互の契約に基づく場合は借款という。このうち，企業の設立・買収などを目的とするものは，比較的長期で投資者が直接行う形式をとるため，直接投資・長期資本投資といわれる。それに対して，利子・配当の獲得を求める株式や債券への投資などは，銀行・証券会社などの金融機関を仲介とし，より高い利率を求めて移動しやすいため，間接投資・短期資本投資といわれる。

同 資本輸出

借款Ⓝ(しゃっかん)　国家・政府間の資金貸借。軍事援助など政治的意図によるものと，自国商品の購入を条件に，相手国に付与する経済的目的のものとがあるが，後者は発展途上国に対する経済的支配につながる場合もある。借款のうち，円で行われるものを円借款という。

類 円借款Ⓝ

プラント輸出Ⓝ[plant export](-ゆしゅつ)　工場・機械類をはじめとする生産関連機器などの設備財と，その運転技術を含めた輸出のこと。商品財の輸出と比べて貿易摩擦が少ない。金額が巨額となるため，発展途上国を相手とする場合は延べ払い輸出の形式をとる場合が多い。

延べ払い輸出(のーばらーゆしゅつ)　巨額の輸出や経済力のない発展途上国相手の輸出の場合，長期間にわたる分割払いを認める輸出方式。

信用状（**L/C**）[letter of credit](しんようじょう)　輸入業者の依頼に基づき，取引銀行が発行する輸入業者の信用保証状。銀行による輸出業者の為替手形への支払いや手形買取の保証を内容とする。輸出業者は，船積書類と引き換えに発行銀行から代金支払いを受けられる。

外国為替Ⓝ（がいこくかわせ）　異なる通貨をもつ国どうしの貿易上の債権・債務関係を，金や現金を用いずに決済する手段・制度。一般に外国為替銀行を通じ，為替手形による債権譲渡や支払い委託などの方式がとられる。異なる通貨同士の決済となるために，両者の交換比率（為替相場）が，為替取引を行う外国為替市場で決定される。

外国為替手形：外国との貿易の際，現金を送付することなく，手形を用いて決済する方法，またその手形のこと。

外国為替管理法（がいこくかわせかんりほう）　外国為替と貿易の管理に関する基本法として1949年に制定。1997年に「外国為替及び外国貿易法」が制定され，管理という要素が後退，自由の度合いが増した。外為法（がいためほう）。

同 外為法　外国為替及び外国貿易法

為替相場Ⓝ（**為替レート**Ⓝ）（かわせそうば）（かわせ-）　異なる通貨どうしの交換比率のこと。日本では，交換比率を一定に保つ固定相場制の下で，1949年に基準外国為替相場を１ドル＝360円と定めた。その後，1971年のニクソン-ショック後，１ドル＝308円に改められ，さらに1973年には交換比率を為替市場の需給の実勢によって決定する変動相場制（フロート制）へと移行した。為替相場が相対的に下がれば，その通貨発行国にとっては輸入が不利に，輸出が有利になり，上がった場合にはその逆となる。したがって，1930年代には，輸出拡大などを目的として意図的に自国通貨の為替レートを切り下げる為替ダンピングが行われることもあった。変動相場制の場合，為替銀行間の取り引きを基準として相場が決定される。

固定為替相場制Ⓝ（こていかわせそうばせい）　外国為替相場の変動をまったく認めないか，ごくわずかの変動幅しか認めない制度。各国の通貨の価値が特定国の通貨（たとえば米ドル）や金あるいはSDR（国際通貨基金の特別引出権）などに釘付けされ，その変動幅が狭い範囲内に限定される。金本位制度下の為替相場制度がその典型。為替レートの変動がなく，国際貿易においては安定要因をもたらすが，経済規模の拡大に順応しにくいなど不利な点もある。

同 固定相場制Ⓝ

変動為替相場制［floating exchange rates system］（へんどうかわせそうばせい）　各国の通貨相互間の価値が，外国為替市場の需要と供給の関係によって決定されるような為替相場制度をいう。外国為替市場で，自国通貨の売りが増えれば，自国通貨の対外価値は下がり，逆に外貨の売りが増えれば，自国通貨の対外価値は上昇する。為替レートは，需要と供給のバランスで決まる。たとえば輸出企業がアメリカに商品を輸出した場合，代金としてドルを受け取るが，それを自国通貨すなわち円に替える必要がある。そのため，ドルを売り円を買うことになり，円高ドル安となる。逆に輸入企業が商品を輸入すると，その代金としてドルを支払うことになり，そのため円を売りドルを買うことになり，円安ドル高に向かうことになる。

同 変動相場制Ⓝ

金-ドル本位制Ⓝ（きん-ほんいせい）　ドルが金と同様に本位基準となっている制度。1934年にアメリカが金1オンス＝35ドルでの兌換を保証したことに始まり，第二次世界大戦後にも各国通貨のなかで唯一，兌換制を継続した。そのため，ドルは金にかわって国際貿易の決済手段として，国際通貨・基軸通貨の機能を果たした。しかし，1971年に兌換は停止した。

クロス-レート［cross rate］　2国間の為替相場を直接比較するのではなく，第三国との間（たとえばドル）の為替相場を基準として決定すること。

円高Ⓝ（円安Ⓝ）（えんだか-えんやす）　日本の通貨である円の対外通貨に対する価値が高まることが円高で，低下することが円安。邦貨建て相場で示す場合，たとえば1ドル＝200円の相場だったものが，1ドル＝150円となった場合，円の対ドル相場は50円分（25%）高くなっている。これが円高であり，その逆を円安という。貿易関係においては，円高は自国製品の輸出価格の上昇によって輸出に不利に，また輸入価格の下落によって輸入に有利に作用し，国際収支を赤字へと導く傾向をもつ。したがって，経済の安定と国際収支の均衡をはかるために政府・中央銀行は外国為替市場に介入する。

外貨建て相場と邦貨建て相場（がいかだて-そうば-ほうかだて-そうば）　自国通貨（邦貨）の価値が外国通貨1単位に対しいくらかを示すのが邦貨建てで，自国通貨1単位に対し外貨がいくらかを示すのが外貨建て。前者が1ドル＝100円，後者が1円＝0.01ドルなどとあらわされる。

為替差益と為替差損（かわせさえき-かわせさそん）　外国為替相場の変動から発生する利益や損失のこと。自国通貨価値が上昇すれば，対外債務の支払いの際には，支払わなければならない自国通貨は少なく，差益を獲得できる。一方で，自国通貨の平価下落の場合は逆となる。変動相場制の下では，こうした利益獲得を目的として，企業や各機関の為替相場への投機が行われることがある。

類 円高差益

経済のファンダメンタルズⓃ（けいざい-）　一国の経済状態や通貨価値を判断する基礎的な条件のこと。経済成長率・インフレ率・金利・景気動向・国際収支などが判断基準となる。為替レートの水準を議論する場合に用いられることが多い。たとえば，日米関係を考えると，アメリカの金利が上がって日米の金利差が拡大すれば，日本で資金を運用するよりアメリカで運用したほうが得になるので，ドル買いの需要が発生し，ドル高の方向となる。

同 ファンダメンタルズⓃ

購買力平価Ⓝ（こうばいりょくへいか）　為替レートの算出にあたって，その国の1単位の通貨でどれだけの商品を購入できるかを比較して，各国通貨の交換比率を示したもの。スウェーデンの経済学者G．カッセルが提唱した。通貨の購買力は物価水準に反比例するため，例えばA国通貨に対するB国通貨の購買力平価は，B国の物価水準をA国の物価水準で割って求める。

Jカーブ［J curve］　為替レートの変動が，経常収支におよぼす特徴的な効果のこと。一国の為替レートの下落は，その国の経常収支の改善をもたらし，上昇は悪化をもたらす。しかし，実際には為替変動の経常収支に対する影響には，時間的なズレがあるため，変動の初期には一時的に逆の現象が生ずる。その結果，貿易収支のグラフは「J」の字のような形状となる。

通貨バスケット制(つうかーせい) 自国の通貨を，加重平均したいくつかの主要国通貨と連動させる方式で，為替政策の一つ。中国は2005年，自国通貨「人民元」の対ドルレートを切り上げ，この制度を参考にする為替制度に移行した。

為替介入Ⓝ(かわせかいにゅう) 外国為替相場の急激な変動をおさえるため，政府や中央銀行が市場で通貨を売り買いすること。正式には「為替平衡操作」という。その国の通貨当局が独自に行う単独介入，他国の通貨当局にゆだねる委託介入，複数の国や地域の通貨当局が協力して行う協調介入がある。日本の場合，財務相が実施を判断し，それを受けて日本銀行が実務を担う。外国為替資金特別会計の資金を用いて行う。

同 為替平衡操作 ☞ p.411（協調介入）

2　戦後の国際経済体制

ブレトン-ウッズ協定Ⓝ[Bretton Woods Agreements] (-きょうてい) 1944年，アメリカのブレトン-ウッズで結ばれた第二次世界大戦後の国際通貨制度と世界経済の運営についての協定。この協定に基づいて固定相場制維持のための金融措置を担当するＩＭＦ（国際通貨基金）と，戦災からの復興と開発資金の供与を目的とするＩＢＲＤ（国際復興開発銀行，通称世界銀行）の設立が決まった。協定は，当時のアメリカの圧倒的な経済力を背景にアメリカの主張が通り，実質的な金-ドル本位制が成立した。そうしたドル中心の国際通貨体制は，1960年代まで継続し，1971年にニクソン新経済政策実施後に金とドルとの兌換停止が実施されるまで，国際経済体制の基礎を形成することになった。

国際通貨基金Ⓝ（**ＩＭＦ**Ⓝ）[International Monetary Fund] (こくさいつうかききん) ブレトン-ウッズ協定に基づき，1947年に国連の専門機関として業務を開始した。加盟国の国際収支の不均衡是正のための短期資金供与により，固定相場制維持，国際通貨の安定，国際金融の円滑化などを目的とした。現在の変動相場制下でも各国は必要に応じて市場介入を行うが，先進国のＩＭＦからの借り入れは少なくなり，活動対象は発展途上国が中心となりつつある。現在，190か国が加盟している。日本は1952年に加盟。本部はワシントンD.C.にある。

ＩＭＦクオータ ＩＭＦへの出資割当額のこと。一国一票制ではなく，この額に比例して投票権などが決められる。2023年時点の出資比率順位は，１位アメリカ(17.43%)，２位日本(6.47%)，３位中国(6.40%)となっている。先進国の出資比率の一定分を新興国や発展途上国に移すことが決定。これにより，2016年から中国の出資比率が６位から３位となった。

ＩＭＦコンディショナリティ ＩＭＦから融資を受ける国が課される条件をさす。融資にあたっては借り入れ国とＩＭＦとが協議し，経済安定化のため緊縮政策の実施が義務づけられる。

ＩＭＦ８条国・ＩＭＦ14条国(-じょうこく・-じょうこく) ８条国とは，国際収支の赤字を理由に為替制限ができない国をさす。一方，為替制限ができる国が14条国。日本は1964年に14条国から８条国へ移行した。

ＳＤＲⓃ（**特別引き出し権**Ⓝ）［Special Drawing Right］（とくべつひ-だ-けん）　ＩＭＦ加盟国が，国際収支が赤字のとき，外貨の豊富な国に対してＳＤＲと引き換えに必要な外貨を引き出す権利をいう。ドル不安が生じていた1969年に創設された。ＳＤＲの価値は，５つの通貨（米ドル・ユーロ・日本円・英ポンド・人民元）の加重平均（標準バスケット方式）で決定され，加盟各国にはＩＭＦへの出資額に応じて配分される。

国際復興開発銀行Ⓝ（**ＩＢＲＤ**Ⓝ）［International Bank for Reconstruction and Development］（こくさいふっこうかいはつぎんこう）　世界銀行。ブレトン-ウッズ協定に基づいて，1946年に国連の専門機関として業務を開始した。当初は戦災国の経済復興を目的としたが，後には発展途上国の開発のための長期資金の供与を主な業務とした。日本も1950年代から1960年代にかけて，各種産業基盤整備や東名高速道路建設などの際に借款を受けている。

同 世界銀行Ⓝ

国際開発協会（**ＩＤＡ**）［International Development Association］（こくさいかいはつきょうかい）　1960年設立。世界銀行の融資条件や，一般の商業ベースでは融資を受けられない発展途上国への開発融資援助を担当する。第二世界銀行ともいわれる。

同 第二世界銀行

国際金融公社（**ＩＦＣ**）［International Finance Corporation］（こくさいきんゆうこうしゃ）　1956年設立。主として発展途上国における生産的な民間企業への融資を担当し，世界銀行の活動を補完する役割をになう。

関税と貿易に関する一般協定（**ＧＡＴＴ**Ⓝ）［General Agreement on Tariff and Trade］（かんぜい-ぼうえき-かん-いっぱんきょうてい）　ガットと略称。1947年のジュネーヴ協定によってスタートした。1930年代の保護貿易化をくり返さず，関税その他の輸入制限を撤廃することで，貿易の拡大と世界経済の発展をはかるのが目的である。このための交渉が，1947年から断続的に行われてきた。ＧＡＴＴでは自由・無差別を原則とし，貿易制限手段としては関税と課徴金のみを認めていた。1994年，モロッコのマラケシュでのＧＡＴＴ閣僚会議で，ウルグアイ-ラウンド合意に関する最終文書と，ＷＴＯ（世界貿易機関）設立協定などへの署名が行われ発展的に吸収された。

ラウンドⓃ（**多角的貿易交渉**Ⓝ）［round］（たかくてきぼうえきこうしょう）　二国間交渉に対して，３か国以上で貿易条件等を交渉すること。

ケネディ-ラウンドⓃ［Kennedy round］　1964～1967年，46か国が参加して行われた関税引き下げ交渉。平均35％の関税引き下げが実現し，残存貿易制限が東京ラウンドへ持ちこされた。

東京ラウンドⓃ（とうきょう-）　1973～1979年，99か国が参加して行われた。農・工業各分野で平均30～40％の関税引き下げが実現したほか，補助金・技術規格・許認可手続きその他の非関税障壁の撤廃に関する協約も結ばれた。

ウルグアイ-ラウンドⓃ［Uruguay round］　1986～1994年，124か国とＥＵが参加して行われた。モノの貿易だけでなく，金融・情報通信などのサービス分野をも対象とし，緊急輸入制限（セーフガード）条項や不正商品の取り締まりなども協議された。1994年4月，合意文書に署名。

ドーハ-ラウンドⓃ［Doha round］ 2001年にカタールの首都ドーハで開始が宣言されたＷＴＯの新多角的貿易交渉。農業問題などをめぐる対立で，交渉は暗礁に乗りあげている。正式名称は「ドーハ開発アジェンダ」となっている。

同 ドーハ開発アジェンダ

マラケシュ宣言Ⓝ(-せんげん) 1994年4月，ウルグアイ-ラウンドの合意を下に署名されたＷＴＯ設立宣言。ＧＡＴＴからＷＴＯへの移行と，平均40%の関税引き下げ，農産物輸入制限の緩和などが盛りこまれた。

世界貿易機関Ⓝ（**ＷＴＯ**Ⓝ）［World Trade Organization］(せかいぼうえききかん) 1994年のマラケシュにおけるＧＡＴＴ閣僚会議で合意された，世界貿易の秩序形成を目的とした機関。従来のモノの貿易から，サービス貿易や知的財産権問題なども扱う。貿易紛争が発生した場合，ＷＴＯに提訴して紛争処理小委員会（パネル）での審理を求めることができ，結果に不服の場合は上級委員会へ上訴も可能。本部はジュネーヴ。現在の加盟国数は164か国・地域。

ＴＲＩＰｓ協定［Agreement on Trade-Related Aspects of Intellectual Property Rights］(とりっぷすきょうてい) ＷＴＯ協定（世界貿易機関を設立するマラケシュ協定）の附属書の一つとして1994年に結ばれた。正式には「知的所有権の貿易関連の側面に関する協定」という。パリ条約（1883年）やベルヌ条約（1886年）の中身を取りこみ，著作権・商標・意匠・特許などの全分野について，実体的な保護規定とその国内での実施措置を定めている。

ＴＲＩＭ協定［Agreement on Trade-Related Investment Measures］(とりむきょうてい) ＷＴＯ協定の附属書の一つとして1994年に結ばれた。正式には「貿易に関連する投資措置に関する協定」という。投資について，輸出入均衡の要求，為替規制による輸入制限の禁止などを定めている。

ＧＡＴＴ11条国・ＧＡＴＴ12条国(-じょうこく-じょうこく) 国際収支の赤字を理由に輸入制限ができない国が11条国であり，制限ができる国が12条国。ＩＭＦ８条国・14条国に準ずる規定である。

ＩＭＦ・ＧＡＴＴ体制(-たいせい) ブレトン-ウッズ体制ともいう。固定為替相場制を採用したＩＭＦの金-ドル本位制と，ＧＡＴＴを通じての自由・無差別の国際貿易の拡大によって，世界経済の拡大と各国の経済水準の向上をめざした戦後の国際経済体制。1960年代までは，基軸通貨としてのドルの高い信用性と貿易自由化の進展を背景にこの体制が維持されたが，1971年のニクソン新経済政策発表後は，国際通貨面でのブレトン-ウッズ体制からの離脱が進み，1973年には各国は変動為替相場制へと移行した。

同 ブレトン-ウッズ体制Ⓝ

基軸通貨Ⓝ（**キー-カレンシー**）［key currency］(きじくつうか) 国際間の取引に用いられ，かつ各国の通貨の基準になる通貨。ブレトン-ウッズ体制では，金１オンス＝35ドルという兌換を背景に，アメリカのドルが基軸通貨に位置づけられた。

ドル危機(-きき) 第二次世界大戦直後，ヨーロッパその他の国は，戦災により大量の復

国際編

興資材・食料などを必要としたが，購買力がなく，極度のドル不足が続いた。1950年代末以降，アメリカから援助資金や民間資本がヨーロッパへ流出し，ヨーロッパに滞留するドル（ユーロ-ダラー）も増加した。その後，アメリカ経済の停滞により，ドルのアメリカへの環流がとどこおった。それとともに，ドルの優越性に対する疑問や価値に対する不安が広がり，ドルと金との交換を求める動向も激化した。

ニクソン新経済政策(-しんけいざいせいさく)　1960年代，アメリカの活発な海外投資と経済・軍事援助，そして日本・ドイツなどの経済成長の結果，世界的にドルの価値が下落が生じた（ドル危機）。その対策としてアメリカ大統領ニクソンは1971年，ドル防衛のため，金とドルとの交換停止や10％輸入課徴金の実施などを柱とする新経済政策を発表した。これらの政策は，ニクソン-ショック（ドル-ショック）とよばれた。このうち金とドルの交換停止は，戦後のドル基軸通貨（キー-カレンシー）制に基づいたＩＭＦ体制を，輸入課徴金の実施は自由・無差別を理想とするＧＡＴＴ体制を，否定するものであった。この意味でニクソン新経済政策は，ＩＭＦ・ＧＡＴＴ体制を終了させる役割を果たした。

ニクソン-ショック：アメリカ大統領ニクソンが1971年８月，ドル防衛のために発表した，金-ドル交換停止や輸入課徴金の設置を柱とする経済政策。

金-ドル交換停止：アメリカ大統領ニクソンが1971年，ドル防衛のために発表した経済政策。金１オンス＝35ドルという固定相場制を崩壊させた。

スミソニアン体制［Smithsonian Monetary System］(-たいせい)　ニクソン新経済政策後，崩壊したブレトン-ウッズ体制にかわる国際通貨体制。1971年にアメリカのスミソニアン博物館で行われた10か国財務相会議で合意した修正固定相場制である。それまで変動幅は１％であったが，この体制では中心レートの上下2.25％に拡大された。しかし，1973年に日本が変動相場制へ，さらにＥＣ諸国が共同変動相場制へ移行した結果，キングストン体制に移行した。

スミソニアン協定Ⓝ(-きょうてい)　ニクソン-ショック後の1971年12月，アメリカドルを１オンス＝35ドルから38ドルに切り下げ，変動幅も2.25％に拡大した協定。日本円は，１ドル＝308円に切り上げられた。

キングストン体制［Kingston Monetary System］(-たいせい)　1978年に発効したＩＭＦの第２次改革後の体制。通貨基準としてＳＤＲを採用して金-ドル本位制から完全に離脱，また加盟国の自主的な選択を尊重し，変動相場制への移行を承認した。キングストンはジャマイカの首都。

経済協力開発機構Ⓝ（**ＯＥＣＤ**Ⓝ）［Organisation for Economic Co-operation and Development］(けいざいきょうりょくかいはつきこう)　1961年に発足した資本主義諸国間の経済協力機関。日本は1964年に加盟し，現在の加盟国は38か国。事務局はパリにある。第二次世界大戦後，マーシャル-プランの受け入れ機関として設立されたＯＥＥＣ（欧州経済協力機構）を前身とする。加盟国経済の安定成長，国際貿易の安定的発展，発展途上国の援助促進，などが目的。

欧州経済協力機構Ⓝ（**ＯＥＥＣ**Ⓝ）［Organisation for European Economic Co-operation］(おうしゅうけいざいきょうりょくきこう)　マーシャル-プランによるアメリカ

国際編

の欧州復興援助の受け入れ機関として1948年に創設。1961年，経済協力開発機構（ＯＥＣＤ）に再編された。

サミットⓃ[summit]　フランスのジスカールデスタン大統領の提唱で，最初のランブイエ-サミットが1975年に開催された。その後毎年１回，参加各国の持ち回りで開かれている。当初は先進国首脳会議という名称が使われたが，1997年のデンバー-サミットからロシアが正式参加し，主要国首脳会議（Ｇ８サミット）とよばれるようになった。現在はロシアを除く，フランス・アメリカ・イギリス・ドイツ・日本・イタリア・カナダの７か国とＥＵ委員長が参加。世界経済や国際情勢などについて，直面している諸課題を議題とする。

同 主要国首脳会議Ⓝ　Ｇ８サミット

Ｇ５（5か国財務相・中央銀行総裁会議）[group of five]（-こくざいむしょう・ちゅうおうぎんこうそうさいかいぎ）　アメリカ・イギリス・ドイツ・フランス・日本の５か国によって構成された通貨問題に関する財務相・中央銀行総裁会議。グループ５の略。1986年の東京サミット以後，カナダ・イタリアを加えてＧ７とよばれる。

類 Ｇ７

プラザ合意Ⓝ（-ごうい）　1985年に行われたドル高是正のためのＧ５での合意。その後，日本では急激な円高が進んで不況に陥る一方，国内産業の空洞化が起こった。これに対して日銀が金融緩和政策をとったため，バブル景気の発生とその後の破たんをもたらした。

ルーヴル合意（-ごうい）　1987年に行われたＧ７での合意。プラザ合意によってもたらされたドル安に対して，これ以上のドル安は望ましくないとされた。

協調介入Ⓝ（きょうちょうかいにゅう）　各国の通貨当局が，共同して外国為替市場に介入すること。各国の利害がつねに一致するとは限らず，原則的に外貨を保有しないアメリカの行動に左右されることが多く，効果を疑問視する向きも多い。

アジア通貨危機Ⓝ（-つうかきき）　1997年７月，タイを中心に始まったアジア各国の通貨下落現象。タイが管理変動相場制に移行したことを契機として，タイの通貨バーツの相場が下落し，アジアの各国経済に打撃をあたえた。多額の資金を集め，世界中のハイリスク-ハイリターンの株式などを運用して収益を上げ，それを投資家に還元するヘッジファンドの投機的な影響が大きかった。

ヘッジファンドⓃ[hedge fund]　私募の形で資金を集め，為替・株式・商品などに投資して利益を得るファンド（基金）。投資のリスク（危険）を回避するため，リスクを相殺する逆の投資を組み合わせる（ヘッジする）ことから，こうよばれる。会社形式をとらず，タックス-ヘイブン（租税回避地）に名義上の本拠を置くことが多い。巨額の資金を動かすヘッジファンドが破たんすれば，世界の金融システムに影響を及ぼすため，さまざまな規制が必要とされている。

タックス-ヘイブンⓃ[tax haven]　税制上の有利な国や地域。租税回避地ともいう。所得税がないバミューダ島・ケイマン諸島（イギリス）などのほか，非課税または低税率の香港・パナマなどがある。こうした国や地域には，租税を逃れるために実体のないペーパーカンパニーなどが住所の登録のみを行う。「ヘイブン」はheaven（天国）ではなくhaven（避難所）の意味である。

パナマ文書Ⓝ(-ぶんしょ)　2016年にタックス-ヘイブンの実態を明らかにし，世界を震撼させた機密文書。中米パナマの法律事務所「モサック-フォンセカ」が保有する租税回避地に設立した法人など約21万社の情報を，国際調査報道ジャーナリスト連合（ＩＣＩＪ）が公表した。この情報によって，租税回避地を利用した多国籍企業や富裕層，各国指導者らの税逃れの一端が明るみに出た。パナマ文書に含まれる日本人・日本企業は約400にのぼる。

類 国際調査報道ジャーナリスト連合（ＩＣＩＪⓃ）

キャピタル-フライトⓃ（**資本逃避**）［capital flight］(しほんとうひ)　政治・経済情勢の悪化などが原因で，自国通貨の価値が大幅に下落するおそれがある場合，投資資金が国外へ流出していくこと。海外からの投資マネーが滞るだけでなく，国内資金が海外へと移動することになり，金融危機を招くリスクが指摘される。

カジノ資本主義(-しほんしゅぎ)　国際金融取り引きにおいて，短期利得をめざして投機化した1980年代からの資本主義の現状を博打(ばくち)に例えた用語。イギリスの政治経済学者ストレンジが名づけた。1990年代以降，グローバル経済のもとヘッジファンドなどによって各国でたびたび通貨危機が引きおこされた。

ＧＡＦＡ［Google, Amazon, Facebook, and Apple］(がーふぁ)　世界的テック企業であるグーグル，アマゾン，フェイスブック，アップルの４社を指すビジネス用語。英語圏では"Big Tech"とも呼ばれる。「ＧＡＦＡ」にマイクロソフトを加えた「ＧＡＦＡＭ」という言葉も存在する。2020年５月，ＧＡＦＡＭの合計時価総額が約5.3兆ドルとなり，主要テック５社のみで日本の東証一部上場企業全体の時価総額を上回った。

投機Ⓝ(とうき)　将来の価格変動を予測し，その価格差からの大きな利益獲得をめざす取り引きをさす。取り引きの形態としては実物の授受をともなわないケースが多く，これらにかかわる通貨をグローバル-マネーや投機マネーとよぶこともある。投機マネーを規制するため，金融取引の度ごとに低率の課税を行うしくみが，欧州連合（ＥＵ）で検討されている。

類 グローバル-マネーⓃ　投機マネー

国際連帯税(こくさいれんたいぜい)　国境をこえる経済活動に課税して，貧困克服や環境保全，感染症撲滅など，グローバリゼーション化にともなう社会経済的な格差是正のための財源を確保しようとするもの。投機マネーへの規制手段ともされる，アメリカの経済学者トービンが1970年代に提唱したトービン税はその代表で，国際為替の短期取引に低率の税金を課す。これと同趣旨の金融取引税がフランスで2012年から施行。

類 トービン税Ⓝ　金融取引税Ⓝ

サブプライムローン問題Ⓝ(-もんだい)　サブプライムローンとは，アメリカにおける低所得者層などを対象にした高金利の住宅ローンのこと。変動金利のため，当初数年間の固定金利期間終了後に返済額がふくらみ，延滞や焦げ付き額が急増した。こうしたローンがさまざまな形態をとって証券化され，世界各地で販売されていたため，その値下がりなどが2007年夏以降に表面化し，世界的な金融危機の引き金となった。

世界金融危機Ⓝ(せかいきんゆうきき)　アメリカのサブプライムローン問題を契機に，2008年に発生した世界中をまき込んだ金融危機。1930年代の世界大恐慌以来，最大の金融危機ともいわれる。アメリカでは従来，大恐慌に対応するため1933年制定のグラス・スティーガル法によって銀行業と保険業との兼業が禁止されてきたが，金融の自由化にともなってこの規制が撤廃された。その後，規制緩和と低金利政策があいまって投機マネーが急増した(カジノ資本主義)。しかし，住宅バブルがはじけると，証券化された住宅ローンの焦げ付きなどが発生し，大手の証券会社・保険会社が再編・淘汰や経営危機に追い込まれた。こうして，アメリカ発の株価暴落の連鎖が広がり，金融危機が世界に波及した。

類 グラス・スティーガル法Ⓝ

リーマン-ショックⓃ　2008年9月に経営破たんしたアメリカの証券大手リーマンブラザーズが世界経済に与えた影響力の大きさを象徴した言葉。サブプライムローン問題から世界金融危機が本格化する契機となった事件。リーマン社は1850年創設，世界の30か国に3万人近い従業員をもつ名門証券会社として知られた。「リーマン-ショック」は和製英語であり，英語圏ではLehman shockという表現はほとんど用いられない。

ソブリン-ショックⓃ　国の財政が破たんすることによって経済的な大ショックが引き起こされること。ソブリンは，君主・元首などを意味する多義語だが，この場合は国家の意。市場経済が行き詰まったとき，それを立て直すのが本来の財政の役割だが，リーマン-ショック後，その財政自体の再建が課題となり，国際会議でも主要議題になってきた。「ソブリン-ショック」は和製英語であり，英語圏ではsovereign debt crisisと表現される。

ＰＩＧＳⓃ(**ピッグス**Ⓝ)　ユーロ圏17か国のうち，国の財政赤字がきびしく，政府の債務不履行も懸念されるポルトガル・イタリア・ギリシャ・スペインの4か国の頭文字をとった呼び名。このなかでは，とくにギリシャが深刻。アイルランドを加えた5か国をＰＩＩＧＳという。

類 ＰＩＩＧＳⓃ(ピーグス)

ストレス-テストⓃ[Stress Test]　金融危機などに対応するために，銀行の健全性をチェックする目的で行う検査。2009年にアメリカの金融当局が19金融機関を対象に実施，10社が資本不足とされた。また，ギリシャの財政危機などを背景に，ＥＵは2010年に域内の91銀行について特別検査を実施した。その結果，7つの銀行が不合格となった。なお，ストレス-テストという名称は，原子力発電所が地震や津波に対して安全かどうか調べる検査にも用いられる。

ギリシャ債務危機(-さいむきき)　2009年のギリシャの政権交代を機に，同国の財政赤字が公表された数字より大幅に膨らむことが発覚したところから始まった危機。その後，財政状況などがきびしいポルトガル・アイルランド・イタリア・スペインなどにも広がり，欧州全体の金融システムを揺るがす事態になった(欧州債務危機)。こうした危機の背景には，ユーロ加盟国の金融政策は欧州中央銀行を中心とするユーロシステムによって統合されているが，財政政策は各国単位で行われている矛盾がある。

金融サミットⓃ(きんゆう-)　主要8か国(G8)と，中国・インド・ブラジル・南アフリカ・韓国・オーストラリア・インドネシア・サウジアラビア・トルコ・メキシコ・アルゼンチン・欧州連合の20か国・地域による首脳会議。G20ともいう。アメリカ発の世界金融危機に対応するため，第1回会合が2008年にワシントンで開かれた。世界不況の回避，金融危機の再発防止，IMFの改革などについて合意された。その後，ロンドン・ピッツバーグ・トロント・ソウル・カンヌなどで開催。新たな国際秩序重要な枠組みと位置づけられ，定例化された。

同 G20Ⓝ

ドッド・フランク法(金融規制改革法)(-ほう)(きんゆうきせいかいかくほう)　2008年の世界金融危機の反省をふまえ，オバマ政権時代の2010年にアメリカで制定された法律。金融機関に資本増強を求めるなど，金融システム全体の安定向上をめざすもの。2017年，トランプ大統領は同法の抜本的見直しを指示する大統領令に署名した。「ドッド・フランク」は，同法案の成立に大きな役割を果たしたクリス・ドッド上院議員とバーニー・フランク下院議員を示している。

3　地域的経済統合

地域的経済統合(ちいきてきけいざいとうごう)　近接した地域にあり，経済的利害を同じくする数か国が同盟を結び，加盟国間の関税・輸入数量制限などは撤廃の方向で共同市場を確立する一方，非加盟国に対しては貿易制限を維持することにより，各加盟国の経済力を高めることを目的とする。EU(欧州連合)，AFTA(ASEAN〈アセアン〉自由貿易地域，アフタ)などがある。地域的経済統合は，大規模な経済圏の設定という意味では，1930年代のブロック経済と相通ずるものがあるが，後者が本国と植民地という支配・従属関係にある諸国家間の経済圏であったのに対して，前者は対等な立場にある国々が市場拡大をめざすという点で異なる。

地域連携Ⓝ(ちいきれんけい)　EUのような強固な地域統合をめざさない，地域間の経済・文化・技術などの協力関係の形成をいう。APEC(アジア太平洋経済協力会議，エイペック)やASEM(アジア欧州会議)などが典型例。

リージョナリズムⓃ**(地域主義)**［regionalism］(ちいきしゅぎ)　EUにみられるように，地域統合によって加盟国の国家利益を実現させようとする考え方や行動をいう。グローバリズムに相対する概念とされるが，国家や地方が連携し，既存の国境にかかわりなく独自の地域を形成する動きでもあり，グローバリズムと同様に，国民国家のボーダレス化を進める役割を果たす。

欧州共同体Ⓝ**(EC**Ⓝ**)**［European Communities］(おうしゅうきょうどうたい)　地域的経済統合の先がけ。米ソに対抗する「第三の巨人」とよばれた。第二次世界大戦で多大な被害を受けた西欧再生のため，フランスの外相シューマンが経済復興のかなめとなる石炭と鉄鋼の共同管理を提唱(シューマン-プラン)。これに基づいて，1952年に欧州石炭鉄鋼共同体(ECSC)が結成され，経済統合のあゆみが始まった。このときの加盟国は，旧西ドイツ・フランス・イタリア・ベルギー・オランダ・ルクセンブルクの６か国。1957年のローマ条約の調印により，加盟国内の共同市場をめざす欧州経済共同体（ＥＥＣ），原子力資源の共同管理・開発を目的とした欧州原子力共同体（ＥＵＲＡＴＯＭ，ユーラトム）が成立，1967年にこれら３組織が統合されてＥＣとなった。ＥＣには，1973年にイギリス・アイルランド・デンマークが，1981年にギリシャが，1986年にはスペイン・ポルトガルが加盟，計12か国となった。その後，欧州統合をめざしたマーストリヒト条約が1993年に発効，ＥＵ（欧州連合）が誕生した。

類 欧州石炭鉄鋼共同体Ⓝ（ＥＣＳＣⓃ） 欧州経済共同体Ⓝ（ＥＥＣⓃ） 欧州原子力共同体Ⓝ（ＥＵＲＡＴＯＭ）

ローマ条約Ⓝ（-じょうやく） 1957年，欧州経済共同体（ＥＥＣ）などを設立するため，ローマで結ばれた基本条約。西ドイツ・フランス・イタリア・ベルギー・オランダ・ルクセンブルクが加盟し，1958年に発効した。その後，マーストリヒト条約（1992年調印，93年発効），アムステルダム条約（1997年調印，99年発効），ニース条約（2001年調印, 03年発効），リスボン条約（2007年調印, 09年発効）へと改定され，現在にいたっている。

欧州自由貿易連合Ⓝ（**ＥＦＴＡ**Ⓝ）［European Free Trade Association］（おうしゅうじゆうぼうえきれんごう） エフタと略称。ＥＥＣ（ＥＣ）に対抗し，1960年に結成された。原加盟国はイギリス・デンマーク・ノルウェー・スウェーデン・オーストリア・スイス・ポルトガルの７か国。ＥＣと同様に共同市場設立を目標としたが，農産物を対象としない，対外共通関税を設けない，などの点が異なる。後にイギリス・デンマークなどが脱退した。1995年からはスイス・ノルウェー・アイスランド・リヒテンシュタインの４か国で存続。スイスを除く３か国とＥＵ間で，1994年よりＥＥＡ（欧州経済領域）が発足している。

類 欧州経済領域（ＥＥＡ）

共通農業政策（**ＣＡＰ**）［Common Agricultural Policy］（きょうつうのうぎょうせいさく） ＥＣの共通政策のなかで最も重視されたものの一つ。加盟国内における農業生産性の向上，農民の所得増加，供給量の安定，合理的価格の維持などを目標とした。この実現のため，域内における農産物の自由移動，同じ農産物に対する共通価格の採用，輸入品に対して課徴金（一種の関税）をかけるなどの政策を実行した。

シェンゲン協定Ⓝ（-きょうてい） 欧州連合（ＥＵ）内の加盟国に入国すれば，パスポートなどの提示がなくても，自由に他国への出入りを認める協定。1990年にルクセンブルクのシェンゲンで結ばれ，95年から発効した。現在では，ＥＵの主な国とアイスランド・ノルウェーなど27か国が加盟している。

欧州連合Ⓝ（**ＥＵ**Ⓝ）［European Union］（おうしゅうれんごう） ヨーロッパ地域27か国によって構成される国家連合（confederation）である。経済的のみならず政治的な統合も目指す世界史上前例のない超国家的（supranational）なプロジェクトでもある。ECを母体として，1993年発効のマーストリヒト条約に基づいて発足した。2009年発効のリスボン条約にてEUの憲法的基礎が確立。2012

国際編

年にノーベル平和賞を受賞。2021年時点において，世界人口の約6％を占め，世界GDPの約18%を占めている。

マーストリヒト条約Ⓝ(-じょうやく)　欧州連合条約ともいう。1991年にオランダのマーストリヒトで開かれたＥＣ首脳会議で，ローマ条約の改正に同意，翌1992年に条約に調印した。欧州中央銀行の設立と通貨統合を実現する目標を設け，西欧同盟による安全保障の確保，欧州議会の権限強化と欧州市民権の導入などの基本合意がなされた。1993年に条約が発効し，正式にＥＵが発足した。1997年には共通外交・安全保障政策での多数決制導入などを盛りこんだアムステルダム条約（新欧州連合条約）が，2001年には中・東欧への拡大に向けてニース条約が調印された。

同 欧州連合条約Ⓝ

年	事　　項
1951	欧州石炭鉄鋼共同体(ECSC)条約調印
1958	欧州経済共同体（EEC）発足 欧州原子力共同体(EURATOM)発足
1967	EEC,ECSC,EURATOMが統合して欧州共同体（EC）を設立
1979	ヨーロッパ通貨制度（EMS）発足
1993	EC統一市場成立。欧州連合（EU）条約（マーストリヒト条約）発効
1997	新欧州連合条約調印
1998	欧州中央銀行（ECB）設立
1999	EU11か国で通貨統合開始(ユーロ)
2001	ユーロにギリシャが参加。ニース条約調印
2007	ルーマニア・ブルガリア加盟。リスボン条約調印
2013	クロアティア加盟
2016	イギリスがEU離脱を国民投票で可決
2020	イギリスがEUから離脱

↑ ＥＣからＥＵへ

欧州中央銀行Ⓝ（**ＥＣＢ**Ⓝ）［European Central Bank］(おうしゅうちゅうおうぎんこう)　「ユーロの番人」として，ＥＵ加盟国（ユーロ圏）の金融政策を一元的に行う中央銀行。1998年に設立された。本部はドイツのフランクフルトにある。

アムステルダム条約Ⓝ(-じょうやく)　マーストリヒト条約を改正した新欧州連合条約。1997年6月，オランダのアムステルダムでＥＵ15か国によって調印された（1999年発効）。条約は中・東欧諸国の新加盟を視野に入れ，政治的統合の強化をめざす具体的な成果を盛りこんだ。

ニース条約(-じょうやく)　欧州連合（ＥＵ）の東方拡大に備え，条件整備を行うために結ばれた条約。フランスのニースで2001年に締結され，2003年に発効した。多数決で決める議題の範囲拡大など，政策決定や手続きの効率化と機構改革がはかられた。この結果，2004年には加盟国が10か国増え，25か国となった。

ＥＵ憲法(-けんぽう)　2004年6月に，将来のEU加盟国が約30か国になることを考慮し，民主的・効率的な運営を行うEUの基本条約として採択。EU大統領・外相の創設などをめざした。しかし，フランスとオランダの国民投票で批准が否決され発効には至らなかった。

リスボン条約Ⓝ(-じょうやく)　ＥＵ憲法条約が発効できなかったため，2007年12月にポルトガルのリスボンで調印された条約。条約の呼称から「憲法」の文字を削除するなどの修正を行ったが，大統領制の導入などはそのまま取り入れている。2009年に発効した。

欧州通貨制度（**ＥＭＳ**Ⓝ）［European Monetary System］(おうしゅうつうかせいど)　通貨統合などをすすめるため，1979年に創設されたＥＣの金融・通貨面での枠組み。

経済通貨同盟への中間的措置とされる。域内では一定の幅をもった固定相場制が，域外では変動相場制が採用された（欧州為替相場メカニズム＝ERM)。

類 欧州為替相場メカニズム　ERM

経済通貨同盟（ＥＭＵ）［Economic and Monetary Union］（けいざいつうかどうめい）　1989年にＥＣのドロール委員会が発表した通貨統合などに向けた構想。欧州通貨制度（ＥＭＳ）を基礎につくられた。第一段階で域内の経済・通貨政策の協調を強化，第二段階で中央銀行制度を創設，第三段階で単一通貨へ移行，などをめざすもの。この構想は1993年発効のマーストリヒト条約に盛り込まれ，1994年のＥＭＩ（欧州通貨機構）発足，98年のＥＣＢ設立，99年のユーロ導入という形で実施に移された。

ユーロⓃ（ＥＵＲＯⓃ）　欧州連合27か国のうち20か国における法定通貨。欧州連合に加盟していないいくつかの国々でも事実上流通している。1999年に正式導入され，現在は，米ドルに次ぐ取引量を有する世界第２位のメジャー通貨となった。ユーロ導入によって，ヨーロッパの人々は，国境を越えたビジネスや旅行が容易となり，国家の枠組みを超えた経済社会が促進されることになった。

欧州金融安定基金（ＥＦＳＦⓃ）（おうしゅうきんゆうあんていききん）　ユーロ圏の政府等が互いに資金を拠出し，財政危機に陥った場合に，緊急融資を行うしくみ。ギリシャの財政危機をふまえて2010年，ＥＵ27か国が合意し，設立された。その後，危機はギリシャからポルトガル・イタリア・スペインなどにも広がり，機能拡充が必要となった。さらに，恒久的な危機対応機関として，欧州安定メカニズム（ＥＳＭ）が2012年に創設された。

類 欧州安定メカニズムⓃ（ＥＳＭⓃ）

民主主義の赤字（みんしゅしゅぎ－あかじ）　国際機構や国家をこえた共同体などの政策決定が国家を拘束することを批判したことば。背景には，欧州統合などのリージョナリズムやグローバリズムが進展するなか，各国の重要な意思決定が，選挙で選ばれていない者によって担われている，という現実がある。

ＡＳＥＡＮ自由貿易地域（ＡＦＴＡⓃ）［ASEAN Free Trade Area］（-じゆうぼうえきちいき）　東南アジア諸国連合の経済協力組織。1993年に発足，域内の関税などの撤廃をめざす。アフタと略称。

ラテンアメリカ統合連合（ＡＬＡＤＩ）［Asociacion Latinoamericana de Integracion］（-とうごうれんごう）　1980年発足。現加盟国はアルゼンチン・ブラジル・メキシコなど13か国。ラテンアメリカ自由貿易連合（ＬＡＦＴＡ，1961年成立）が共同市場の形成に失敗し，よりゆるやかな機構に改められた。最終的にはＥＵなみの経済統合をめざすが，加盟国間の経済格差が大きく，各国の経済状況に合わせた開発統合計画を推進している。

中米共同市場（ＣＡＣＭ）［Central American Common Market］（ちゅうべいきょうどうしじょう）　1961年，エルサルバドル・グアテマラ・コスタリカ・ニカラグア・ホンジュラスの５か国で発足。現在は８か国。域内貿易の自由化，対外共通関税で共同市場設立をめざすが，加盟国間の対立で機能は停滞している。

南米共同市場（ＭＥＲＣＯＳＵＲⓃ） [Mercado Común del Cono Sur]（なんべいきょうどうしじょう） メルコスールと略称。南米での共同市場づくりをめざし，1995年にブラジル・アルゼンチン・ウルグアイ・パラグアイの４か国間で発足した。2012年にはベネズエラが新たに加盟したが，2017年には無期限資格停止処分となった。

北米自由貿易協定Ⓝ（ＮＡＦＴＡⓃ） [North American Free Trade Agreement]（ほくべいじゆうぼうえききょうてい） 1989年発足のアメリカ・カナダ自由貿易協定にメキシコが加わり，1994年に発効した協定。ナフタと略称。資本・労働・貿易の域内自由化をめざす北米全体の自由貿易圏。2018年，アメリカのトランプ政権主導の下，全面的に見直され，2020年には新協定であるアメリカ・メキシコ・カナダ協定（USMCA）が発効した。

同 アメリカ・メキシコ・カナダ協定（ＵＳＭＣＡ）

米州自由貿易圏（ＦＴＡＡⓃ） [Free Trade Area of the Americas]（べいしゅうじゆうぼうえきけん） 1994年の米州サミットで，米クリントン大統領が示した南北両大陸を含めた自由貿易圏構想。当初，アメリカは2005年の発足をめざしたが，新自由主義経済に対する中南米の左派政権からの反発が強く，先送りされている。

米州ボリバル同盟（ＡＬＢＡ） [Alianza Bolivaliana para los Pueblos de Nuestra America]（べいしゅう-どうめい） 米州自由貿易圏（ＦＴＡＡ）構想に対抗した中南米６か国による地域組織で，2004年に発足。アメリカに反発するベネズエラのチャベス大統領が打ち出した。"弱肉強食"の市場経済ではなく，連帯と協力による統合を掲げている。現在は８か国が加盟し，３か国が特別招待国。域内統一決済制度（スクレ：SUCRE）を創設し，2010年より加盟国間の一部で，スクレによる決済が可能となった。

対共産圏輸出統制委員会（ＣＯＣＯＭ） [Coordinating Committee for Export Control]（たいきょうさんけんゆしゅつとうせいいいんかい） ココムと略称。共産圏諸国への戦略物資の輸出を規制する西欧資本主義国の機関。1949年に発足し，フランス・アイスランドを除く北大西洋条約機構加盟国，日本など17か国で構成された。しかし，ソ連の崩壊などの結果，1994年にその使命を終え，解散した。

アジア太平洋経済協力Ⓝ（ＡＰＥＣⓃ） [Asia-Pacific Economic Cooperation]（-たいへいようけいざいきょうりょく） エイペックと略称。日本・アメリカ・中国・韓国・ロシア・台湾・香港・オーストラリア・メキシコ・チリ・ＡＳＥＡＮ諸国など21か国・地域が加盟。オーストラリアのホーク首相の提唱で1989年に発足。アジア・太平洋地域の経済協力が目的。

東アジア共同体Ⓝ（ひがし-きょうどうたい） 欧州のような政治経済統合を東アジアでも適用しようとする共同体構想。東南アジア諸国連合10か国に日本・中国・韓国を加えた国々（ＡＳＥＡＮ＋３）が中核となる。2005年には初の東アジアサミットが開かれた。

類 ＡＳＥＡＮ＋３

東アジアサミットⓃ（ＥＡＳ） [East Asian Summit]（ひがし-） 東アジア首脳会議ともいう。東アジア共同体の土台づくりのため，2005年にＡＳＥＡＮ＋３（日中韓）にオセアニアとインドが加わった16か国で開催。その後毎年開かれ，2011年からはアメリカ・ロシアも参加するようになった。

同 東アジア首脳会議Ⓝ

湾岸協力会議Ⓝ（ＧＣＣⓃ）［Gulf Cooperation Council］（わんがんきょうりょくかいぎ）　アラブ首長国連邦・サウジアラビアなど，王制や首長制をとる湾岸６か国で1981年に設立された地域機構。軍事・経済・文化などでの緊密な協力と，経済統合をめざし，早い時期の統一通貨導入を計画している。

アジア欧州会議Ⓝ（ＡＳＥＭⓃ）［Asia-Europe Meeting］（-おうしゅうかいぎ）　アセムと略称。アジアと欧州の対話と協力を促進するため，シンガポールの提唱で1996年に発足。当初はアジア10か国と欧州15か国および欧州委員会の首脳が参加して２年ごとに開かれてきた。現在では日本・韓国・中国・モンゴル・インド・パキスタン・ニュージーランド・オーストラリア・ロシア・バングラデシュ・ノルウェー・スイス・ＥＵ諸国・ＡＳＥＡＮ諸国・欧州委員会・ＡＳＥＡＮ事務局の49か国・２機関で構成される枠組み。

自由貿易協定Ⓝ（ＦＴＡⓃ）［Free Trade Agreement］（じゆうぼうえききょうてい）　特定の国や地域の間で，貿易などの規制をなくし経済活動を活性化させるために締結される協定。世界貿易機関（ＷＴＯ）の例外規定として認められている。これまで200件以上の協定が成立した。ＦＴＡの要素を含みつつ，投資や人の移動などにまで分野を広げた協定を経済連携協定（ＥＰＡ）という。日本はシンガポール・メキシコ・マレーシア・フィリピン・タイ・インドネシアなどと協定を締結，2015年にはオーストラリアと協定が発効した。2017年にはＥＵ（欧州連合）と大筋合意。このうち，ＥＰＡに基づいてインドネシアやフィリピンから，国内で人手が不足する看護師・介護福祉士候補者の受け入れを行ってきたが，言葉や国家試験の壁が厚く，狙いどおりの成果はあがっていない。

類 経済連携協定Ⓝ（ＥＰＡⓃ）

日本ＥＵ経済連携協定［EPA］（にほんいーゆーけいざいれんけいきょうてい）　2019年２月に発効した日本とＥＵ（ヨーロッパ連合）の経済連携協定（ＥＰＡ）。農林水産品を中心とする貿易品目に相互の関税優遇措置が取られ，貿易投資に関しても投資活動や出入国の規制も緩和される。

環太平洋パートナーシップ協定Ⓝ（ＴＰＰⓃ）［Trans-Pacific Partnership Agreement］（かんたいへいよう-きょうてい）　アジア・太平洋地域の貿易自由化などを推進する経済的な枠組み。シンガポール・ブルネイ・ニュージーランド・チリの４か国で締結し，2006年に発効。その後，アメリカ・オーストラリアなど７か国が交渉に参加。2013年，日本も協議に正式参加したが，交渉過程は基本的には非公開だった。2016年には12か国で署名式が行われた。日本は自動車などの輸出拡大と輸入食品の値下げされる一方，コメの無関税輸入枠の新設や牛肉などの市場開放で農業への影響は計り知れない。2017年，米トランプ大統領が協定から離脱したことで，11か国はＴＰＰ11（包括的および先進的ＴＰＰ＝ＣＰＴＰＰ）として協定の発効をめざし，2018年には発効した。ＥＵを離脱したイギリスが2023年に正式に加入した。

類 環太平洋経済連携協定　ＴＰＰ11　ＣＰＴＰＰ

地域的な包括的経済連携協定（ＲＣＥＰ）Ⓝ[Regional Comprehensive Economic Partnership]（ちいきてき-ほうかつてきけいざいれんけいきょうてい）　東アジア諸国およびオセアニア諸国から構成される経済連携協定（ＥＰＡ）。2011年から具体的検討が始まり，2020年11月に，中国，日本，韓国，オーストラリア，ニュージーランドおよびＡＳＥＡＮ諸国の計15か国によって署名された。世界ＧＤＰの約３割を占め，世界人口においても約３割を占める世界最大のＥＰＡとなる。

環大西洋貿易投資パートナーシップ協定（ＴＴＩＰ）（かんたいせいようぼうえきとうし-きょうてい）　大西洋を囲むアメリカとＥＵ（欧州連合）とによる貿易自由化などを推進する新たな経済的な枠組み。米欧版ＴＰＰともいわれる。米欧双方ともに反対意見が強く，現在は合意交渉そのものが事実上終了した。

アジアインフラ投資銀行（-とうしぎんこう）　アメリカに対抗，中国が主導して2015年末に設立された銀行。インフラ整備を主体とした融資などを担う。本部は北京に置かれ，資本金は最大で1000億ドル。創設メンバーは57か国。現在は106か国・地域。Ｇ７で加盟していないのはアメリカと日本のみである。

一帯一路（いったいいちろ）　中国の習近平国家主席が提唱するシルクロード経済圏構想。一帯とは陸のシルクロード，一路とは海のシルクロードをさす。シルクロードに沿ったアジアと欧州ほか，アフリカや南米なども視野におさめた枠組みをめざす。中国はこの構想を支えるため国家ファンドを創設し，アジアインフラ投資銀行の設立を主導した。2017年にはロシアなど29か国首脳や国際機関の代表らが北京で初の国際フォーラムを開催した。

4　南北問題と国際協力

南北問題Ⓝ（なんぼくもんだい）　先進工業国と発展途上国間の経済格差と，それにともなう政治・軍事・文化的対立をいう。先進国が，オセアニアを除くと北半球にあるのに対し，アフリカやラテンアメリカを中心に，発展途上国の多くが南半球にあるため，こうよばれる。イギリスのオリヴァー＝フランクスが初めてこのことばを用いた。南北問題は，1950年代後半から1960年代にかけて表面化した。

新植民地主義（しんしょくみんちしゅぎ）　☞p.336（新植民地主義）

モノカルチュア経済[monoculture economy]（-けいざい）　発展途上国の産業構造の特徴を示すことば。ブラジルやコロンビアのコーヒー，ガーナのカカオ，チリの銅など，もっぱら輸出向けの少種類の農・工業原材料（一次産品）の生産が大部分を占めている産業構造をさし，先進国の植民地時代に一次産品の供給を強制された。モノカルチュア経済は，輸入国の経済変動の影響を受けやすいため外貨獲得がままならず，発展途上国経済の自立化を阻害する要因となっている。

類 一次産品

テイク-オフ[takeoff]　経済発展への離陸期のこと。アメリカの経済史家ロストウが命名した。彼は，経済生活の歴史的発展過程を伝統的社会，過渡期，テイク-オフ期，成熟期，高度大衆消費社会の５段階に分け，テイク-オフに入る条件として，貯蓄率が従来の２倍をこえること，高い成長率の主導産業の形成などをあげる。なお，日本のテイク-オフは1878～90年頃とされる。

プレビッシュ報告Ⓝ(-ほうこく)　1964年の第１回国連貿易開発会議（ＵＮＣＴＡＤ）で，プレビッシュ事務局長により提出されたレポート。自由貿易体制のもとでの発展途上国の不利を指摘し，一次産品を中心とした貿易条件の改善，先進国による積極的な援助などを求める戦略を展開した。このレポートはその後，発展途上国の行動指針となった。

国連貿易開発会議Ⓝ（**ＵＮＣＴＡＤ**Ⓝ）［United Nations Conference on Trade and Development］(こくれんぼうえきかいはつかいぎ)　アンクタッドと略称。1964年，先進国と発展途上国間で南北問題の対策を検討するため設置された国連の機関。総会は４年に１度開催される。常設機関として貿易開発理事会，その下に「一次産品」「製品」など七つの委員会がある。第１回ジュネーヴ総会で出されたプレビッシュ報告をもとに，一次産品の国際商品協定，発展途上国の製品・半製品に対する特恵関税，ＧＮＰ１％の資金援助，技術援助など，南側の要求実現のため協議が続けられてきた。現在，加盟国は195か国。

新国際経済秩序（**ＮＩＥＯ**）［New International Economic Order］(しんこくさいけいざいちつじょ)　ニエオと略称。1974年に国連の資源特別総会で「新国際経済秩序の樹立に関する宣言」が採択された。南北問題解決のためには，従来の自由・無差別を原則とした貿易体制ではなく，発展途上国に対する一方的優遇を基本とした新たな世界経済秩序の確立が必要との考えに基づいている。この実現のため，天然資源・経済活動に対する各国の恒久主権，多国籍企業の活動の規制と監視，一次産品価格と工業製品価格との連動，輸出所得の安定制度，政治的・軍事的にひもつきでない援助など，20項目の要求が掲げられた。

アルジェ憲章(-けんしょう)　アジア・アフリカ・中南米など各地域内宣言をまとめた先進国に対する統一要求。1967年，アルジェで開催された「77か国グループ閣僚会議」で採択。発展途上国への共通の特恵関税，先進国の援助を国民総生産（ＧＮＰ）の１％以上とすること，などを求めた。

国家間経済権利義務憲章(こっかかんけいざいけんりぎむけんしょう)　1974年末の第29回国連総会で採択。新国際経済秩序を具体化させるための発展途上国の権利や行動方針，先進国の義務がうたわれている。

一般特恵関税(いっぱんとっけいかんぜい)　発展途上国の貿易促進のために，発展途上国の工業製品に対して，関税を撤廃もしくは低い税率にすることにより，先進国からの同種製品よりも有利な待遇を与えることをいう。最恵国待遇の例外とされる。1968年の第２回国連貿易開発会議で合意され，1970年代から実現した。

内国民待遇(ないこくみんたいぐう)　自国の領域内で，自国民等と同様の待遇や権利を相手国やその国民にも保障すること。ＷＴＯなどで適用される原則の一つ。

最恵国待遇Ⓝ(さいけいこくたいぐう)　自国の領域内で，外国人等に認めた最も良好な待遇や権利を相手国やその国民にも保障すること。したがって，この協定を結んだ国に対する関税率は同じになる。もし，ある国とより有利な最恵国待遇を結ぶと，その効力は他の最恵国待遇国にも適用。ＷＴＯなどで適用される原則の一つ。

国連資源特別総会(こくれんしげんとくべつそうかい)　1974年,「原材料及び開発の諸問題」をテーマに開催された国連の特別総会。非同盟諸国のリーダー，アルジェリアの提言により，資源の恒久主権，発展途上国への特恵的措置，資源をもたない途上国への救済策など，途上国側の強力な主張がみられ，新国際経済秩序樹立宣言が決議された。

資源ナショナリズムⓃ(しげん-)　自国の天然資源に対する恒久主権の主張。多くの発展途上国は国民所得や輸出の大半を，一次産品にたよっている。発展途上国は長年，先進国の多国籍企業に自国資源の開発・生産・輸出などの権利を抑えられてきたが，これに対して，一次産品の価格を自ら設定し，資源を自国の利益のために利用しようとする動きが1970年前後に強まった。1973年，石油輸出国機構（ＯＰＥＣ）による原油価格の大幅値上げは，この動きを決定的なものとした。1974年の国連資源特別総会で採択された，新国際経済秩序（ＮＩＥＯ）樹立宣言にも盛り込まれた。

類 天然資源に対する恒久主権

資源カルテル(しげん-)　資源ナショナリズム実現のため，共通の資源をもつ発展途上国が，その資源の生産量・価格などで協定を結ぶこと。ＯＰＥＣのそれが有名。その他の資源でもこの動きが強まっている。

国際石油資本Ⓝ(こくさいせきゆしほん)　石油産業において，石油の採掘・開発から輸送・精製・販売までを一貫して操業する多国籍企業のこと。石油産業全段階（メジャー）にわたることからメジャーズと通称される。英蘭系のロイヤル-ダッチ-シェル，米系のエクソンモービル，英系のＢＰ，米系のシェブロンの４社。これに仏系のトタル，米系のコノコフィリップスの２社を加えることもある。現状では国際石油市場への影響力は後退した。

同 メジャーズ

石油輸出国機構Ⓝ（**ＯＰＥＣ**Ⓝ）[Organization of Petroleum Exporting Countries] (せきゆゆしゅつこくきこう)　オペックと略称。石油輸出12か国によって構成される資源カルテル組織。本部はウィーン。1960年９月，イラン・イラク・サウジアラビア・クウェート・ベネズエラの５か国で結成，その後，インドネシア・アラブ首長国連邦などが加入した。ＯＰＥＣの設立当初の目的は，メジャーズによる原油価格引き下げを防ぐことにあった。1973年，第四次中東戦争の混乱のなかで，価格決定権をメジャーズから取りもどし，以後２度にわたる原油価格の大幅引き上げを行い，原油市場における支配権を確立した。現在の加盟国数は13。

アラブ石油輸出国機構（**ＯＡＰＥＣ**Ⓝ）[Organization of Arab Petroleum Exporting Countries] (-せきゆゆしゅつこくきこう)　オアペックと略称。1967年，第三次中東戦争の勃発時にＯＰＥＣは，イスラエル寄りのアメリカ・イギリス・ドイツに対して石油輸出禁止を決議した。ところが，内部の調整不足のため，十分な効果をあげなかったので，翌1968年，アラブ諸国の団結と統一の強化をめざすＯＡＰＥＣが，サウジアラビア・クウェート・リビアによって結成された。現在の加盟国数は11。

石油危機Ⓝ（オイル-ショックⓃ）（せきゆきき） 1973年，ＯＡＰＥＣによる禁輸など石油市場の混乱を契機に，ＯＰＥＣは原油価格を一挙に１バレル（159リットル）＝1.8ドルから12ドル弱まで引き上げ，世界各国に不況・インフレーションなどの混乱を引き起こした（第一次石油危機）。また1979年，イラン革命の混乱のなかで原油価格が約２倍に上がり，1980年代前半，原油価格は最高１バレル＝34ドルまで上昇した（第二次石油危機）。

オイル-ダラー［oil dollar］ 原油価格の引き上げによって，産油国に蓄えられた外貨（主にドル）のこと。多額の資金がヨーロッパやアメリカに投資され，世界の金融・貿易に大きな影響をおよぼした。

穀物メジャーⓃ（こくもつ-） 石油メジャーに対して，穀物取り引きを行う多国籍企業をこうよぶ。アメリカ国内に多くの穀物倉庫を有し，小麦・トウモロコシ・大豆などの穀物の貯蔵・運搬ばかりではなく，価格をも左右する力をもつ。アメリカのＡＤＭ，ブンゲ，カーギル，グレンコア，ルイ・ドレフュスの５社で，アメリカの穀物輸出の80％を握っているといわれる。穀物メジャーは同族企業が多く，株式も非公開で，実体はわかりにくい。

世界食料サミット（せかいしょくりょう-） 1996年にローマで初めて開催された国連主催の食料問題の国際会議。その後，2008年，09年にも開かれた。ＦＡＯ（国連食糧農業機関）の加盟国が参加する。世界の人口増加による食料需給の不安定化，発展途上国の飢餓の増大を背景に，10億人以上とされる栄養不足人口の半減への取り組みが求められている。しかし，食料輸出国と発展途上国の利害対立から，十分な対策はとられていない。このサミットでは，世界食料安全保障に関するローマ宣言が採択された。

類 ローマ宣言

南南問題Ⓝ（なんなんもんだい） 1970～1980年代を通じて，発展途上国は資源ナショナリズムを背景とした産油国・工業化に成功した新興工業経済地域（ＮＩＥｓ）など，高所得を得るようになった国・地域と，有力な資源もなく，一人あたりの所得・識字率・工業化率などで他国よりも遅れた後発発展途上国（ＬＤＣ，最貧国ともいう）に分かれつつある。途上国内部におけるこの社会経済的格差の問題を南南問題とよび，今後の重要な課題となっている。

後発発展途上国Ⓝ（ＬＤＣⓃ）［Least Developed Countries］（こうはつはってんとじょうこく） 発展途上国のなかでも，特に有力な資源もなく，一人あたりの所得・識字率・工業化率などで他国よりも遅れた国。後発開発途上国，最貧国ともよばれる。

同 後発開発途上国

低所得国と中所得国（ていしょとくこく-ちゅうしょとくこく） 世界銀行の定義では，一人あたりの国民総所得ＧＮＩ（ＧＮＰと同義）1025ドル以下が低所得国，１万2375ドル以下が中所得国（2020年）。面積で10％強，人口の９％を占める低所得国が，ＧＮＩでは世界全体の0.5％弱にすぎず，人口の約75％の中でも中所得国でも35％程度である。一方，面積で16％強，人口で約16％の高所得国（１万2476ドル以上）が，世界のＧＮＩの約64％を占める。

国連後発発展途上国会議（こくれんこうはつはってんとじょうこくかいぎ） 1970年代に南南問題が深刻

国際編

になってきた状況を受けて，1981年9月にパリで開かれた国連主催の会議。食糧生産の向上や工業生産力の強化をはかるため，先進国による援助増額が確認された。

新興工業経済地域（ＮＩＥｓⓃ）［Newly Industrializing Economies］(しんこうこうぎょうけいざいちいき) ニーズと略称。発展途上国のなかで，工業化を急激に進め，国際貿易で先進国と競合し始めた国や地域。世界経済の「成長センター」とよばれた。近年では，韓国・台湾・香港・シンガポールのアジアＮＩＥｓをさす。

アジアＮＩＥｓと東南アジア諸国連合Ⓝ(-とうなん-しょこくれんごう) ラテンアメリカ諸国が国内生産の輸入代替工業化を行ったのに対し，アジアＮＩＥｓは輸出志向工業化をすすめ，アジアの「4頭の竜」とよばれた。今日ではマレーシア・フィリピンなど東南アジア諸国連合（ＡＳＥＡＮ）のいくつかの国がその後を追い，ＡＳＥＡＮ自由貿易地域（ＡＦＴＡ，アフタ）を形成している。

輸入代替工業化(ゆにゅうだいたいこうぎょうか) 政府の介入によって国内産業を振興させ，輸入工業品から国産品への代替をはかる開発政策。発展途上国の工業化は，輸入代替から始まる例が多い。

輸出志向工業化(ゆしゅつしこうこうぎょうか) 輸出工業部門が工業化を主導する開発政策。1960年代から韓国・台湾などアジアＮＩＥｓを中心に，それまでの輸入代替工業化にかわって導入され，成功をおさめた。

ＢＲＩＣＳⓃ（ブリックスⓃ） 2000年代以降，比較的高い経済成長をつづけるブラジル・ロシア・インド・中国・南アフリカ共和国の5か国のこと。それぞれの欧文の頭文字をとって，アメリカの投資銀行が命名したもの。

ＶＩＳＴＡⓃ（ビスタⓃ） ＢＲＩＣＳに次いで経済発展などが期待される新興国。ヴェトナム・インドネシア・南アフリカ（ブリックスと重なる）・トルコ・アルゼンチンの5か国の頭文字をとって命名されたもの。

累積債務問題Ⓝ(るいせきさいむもんだい) 発展途上国で，対外債務（借金）が累積して経済不振におちいる一方，貸し手である先進国も貸し倒れによる金融不安が生じた。これを累積債務問題という。1980年代以降，累積債務を直接の原因とする経済・通貨危機がおきている。その後も1994年にメキシコが，1997年にアジアが，1998年にロシアが，1999年にブラジルが，2001年にアルゼンチンが，それぞれ通貨危機に襲われた。このため先進国は，金利や元本の支払いを遅らせるリスケジューリング（債務返済くり延べ）を実施した。アメリカの金利上昇にともなう利払い負担の増加，一次産品価格の下落による輸出の不振，などが債務累積の原因となった。

重債務貧困国（ＨＩＰＣｓ）［Heavily Indebted Poor Countries］(じゅうさいむひんこんこく) 対外債務が累積し，一人あたりGNIが低い後発発展途上国。①一人当たりGNIが765ドル以下，②累積債務残高が輸出金額の2.2倍以上，もしくは，GNIの80%以上，という基準で認定される。現在の対象国は36か国。

就学率(しゅうがくりつ) 学齢に達した児童総数に対する実際に就学している児童の割合。

乳児死亡率(にゅうじしぼうりつ) 生後1年以内に死亡する人の割合。発展途上国の乳幼児死亡率は高い。原因は栄養不足・不衛生・無医療などで，根底には貧困がある。

貧困と飢餓Ⓝ（ひんこん-きが）　貧困や飢餓は天災などによっても起こるが，経済や社会のしくみにより構造的に貧困が生じ，貧困が極限に達すると飢餓が発生する。1950年代以降，発展途上国では貧困や飢餓問題が深刻になっている。その原因は旧植民地時代からの経済や社会の構造に起因する。近年，貧困という概念をpoverty（自然に生じた不足状態）ではなく，deprivation（社会のしくみによって人権がはく奪された状態）と，とらえるようになった。

貧困の悪循環（ひんこん-あくじゅんかん）　ひとたび貧困に陥るとそこから容易に脱出できない様子を示した言葉。例えば，所得水準が低いと貯蓄ができないから資本蓄積がすすまない。このため経済成長が期待できない。そのうえ，税収が伸びずに教育の普及が遅れる。こうして，低所得の状態が維持され，貧困が繰り返されることになる。

スラムⓃ[slum]　大都市で貧しい人々が集住する区域。20世紀後半，発展途上国では人口が急増（人口爆発），都市と農村との経済格差が拡大したため，農村から多数の人々が都市に流入して形成された。

識字率（しきじりつ）　全人口に占める読み書きができる人の割合。ＵＮＥＳＣＯ（国連教育科学文化機関）では，識字を単に「日常生活で簡単な読み書きができること」だけでなく，「社会参加に必要な知識・判断・技能などを有すること」と定義を拡大している。現在，世界には約７億7400万人の成人非識字者（うち64％が女性）がいるといわれ，世界全体の非識字率は約15％と推定されている。国連は1990年を国際識字年に設定，ＵＮＥＳＣＯも識字率の向上をめざし「世界寺子屋運動」を行っている。

ストリートチルドレン[street children]　軍事紛争や経済，家庭の貧困，家族の崩壊，自然災害，虐待，無視などの理由により，路上で暮らすようになった子どもたち。発展途上国に多く，犯罪にかかわるケースも多い。

人間開発指数Ⓝ（**ＨＤＩ**）（にんげんかいはつしすう）　UNDP（国連開発計画）が開発した人間開発に関する指標で，０～１の数値をとる。保健水準（平均寿命）・教育水準（成人識字率と就学率）・所得水準（一人あたりＧＮＩ）の三つの指標を用いて算出し，各国の福祉や生活の質（ＱＯＬ）をはかる目安となる。日本は191か国中で19位（2021年）。

ジェンダー不平等指数（**ＧＩＩ**）（-ふびょうどうしすう）　国連開発計画（ＵＮＤＰ）による指数。国の人間開発の達成が男女の不平等によってどの程度妨げられているかを示す。妊産婦死亡率，国会議員の女性比率，男女別労働力率など５指標で構成される。北欧諸国の順位が高く，日本は191か国中で22位（2022年）。

ジェンダー-ギャップ指数（**ＧＧＩ**）Ⓝ（-しすう）　ダボス会議を主催する世界経済フォーラムが，各国内の男女間の格差を数値化し，ランク付けしたもの。０（完全不平等）～１（完全平等）の値をとる。労働力率，管理職に占める比率，健康寿命，閣僚の比率，識字率などが指標となる。北欧諸国の数値が高く，日本は146か国中で116位（2022年）。

国連ミレニアム宣言Ⓝ（こくれん-せんげん）　2000年にニューヨークで開かれた国連ミレニアムサミットで採択された宣言。貧困の根絶など，21世紀に国際社会がめざすミレニアム開発目標（MDGs）が設けられた。

ミレニアム開発目標Ⓝ（MDGs）［Millennium Development Goals］(-かいはつもくひょう)　2000年に開催された国連ミレニアムサミットで採択された宣言を受けて，同年末にまとめられたもの。極度の貧困の半減，普遍的初等教育の達成，5歳未満児の死亡率を3分の1以下にすることなど8目標を掲げる。達成期限である2015年までに果たせなかった目標も多く，2030年までを達成期限とする「持続可能な開発目標」に課題継承されることになった。

持続可能な開発目標（SDGs）［Sustainable Development Goals］(じぞくかのう-かいはつもくひょう)　ミレニアム開発目標（MDGs）にかわり，国連が設定することになった新たな目標。2012年にリオデジャネイロで行われた国連持続可能な国際会議（リオ＋20）において合意された。さらに，2015年の国連持続可能な開発サミットで2030年までの達成目標として17の目標が決定した。

南北サミット(なんぼく-)　1981年にメキシコで，日本・アメリカなど先進8か国と，メキシコ・バングラデシュなど計22か国が参加して開かれた。新国際経済秩序（NIEO）に基づく諸要求について，一次産品・貿易・工業化などを組み合わせ，国連の場で包括的に交渉を進めることが決定された。

開発援助委員会Ⓝ（DACⓃ）［Development Assistance Committee］(かいはつえんじょいいんかい)　ダックと略称。1961年に発足したOECD（経済協力開発機構）の下部組織で，現在29か国とEUが加盟。発展途上国への援助について，加盟国間の利害調整をしたり，援助の具体的方法を検討・決定する。1989年末に「90年代援助宣言」を発表し，環境・人口増加・貧困など，深刻化した途上国の問題に対応すべく，持続的な成長をめざした支援を目標とした。

アジア開発銀行Ⓝ（ADBⓃ）［Asian Development Bank］(-かいはつぎんこう)　1966年，フィリピンのマニラに創設された地域開発銀行で，日本も含めて68か国・地域が加盟。アジア諸国の経済開発をうながすため，開発融資・計画立案・技術援助などの業務をあつかう。

経済協力Ⓝ(けいざいきょうりょく)　広い意味では，経済の分野において，国家間の意識的協力及び援助をさす。狭義には，先進国から発展途上国への協力・援助を示し，今日ではこの意味で使われることが多い。開発資金援助や技術協力が主な内容となり，経済協力の主体により，政府ベースと民間ベースに分けられる。資金の貸し付けである借款は，資金の使途が指定されるタイド-ローン（ひもつき援助），指定されないアンタイド-ローン，発電所・港湾・ダムなど特定の事業計画のために供与されるプロジェクト-ローンなどに分類される。

政府開発援助Ⓝ（ODAⓃ）［Official Development Assistance］(せいふかいはつえんじょ)　政府や政府の実施機関によって，発展途上国及び援助活動をしている国際機関に供与される資金のこと。発展途上国の福祉向上が目的であり，供与条件が発展途上国にとって有利であることがODAの要件。無償資金協力，技術協力，国連諸機関への拠出などの贈与と政府借款（長期資金の貸し付け）がある。日本のODA実績は，金額ではDAC加盟国のなかで上位にあるが，一方でODAの対GNI比の低さ，贈与の割合の少なさ，などの問題点も指摘される。

ＧＮＰ1%援助(-えんじょ)　1964年の第１回国連貿易開発会議で，先進国のＧＮＰ（ＧＮＩ）１％に相当する金額を，南側に対する援助目標とすることが定められた。しかし，この金額には，供与条件の不利な民間資金が含まれていたため，途上国はＯＤＡのＧＮＩ比0.7％保証に要求を変更した。

グラント-エレメントⓃ[grant element]　援助のうち贈与相当部分の割合をあらわす数字。金利・年間支払い回数・償還期間などの諸条件をもとに計算される。無利子・無返済の贈与の場合は100％となる。

基本的人間要請（ＢＨＮ）[Basic Human Needs](きほんてきにんげんようせい)　衣食住や教育・医療など，人間として最低限必要とされる要求のこと，1970年代中頃以後，これらを満たさない絶対的貧困地域が，アメリカ・世界銀行・国際労働機関（ＩＬＯ）の援助戦略の中心となっている。

技術移転Ⓝ(ぎじゅついてん)　ある国が有している技術を他の国に供与すること。単に国家間だけでなく，企業間でも行われる。移転の方法には，ライセンスなどの取り引き，直接投資，技術協力，多国籍企業の活動などがある。

食料問題Ⓝ(しょくりょうもんだい)　人口爆発や自然災害などにより，食料不足が生じること。1992年の「地球サミット」に向けて国連食糧農業機関（ＦＡＯ）は，地球上の耕作可能地域が限界に近づいており，世界人口の食料需要をまかないきれない恐れもある，と警告している。今日，世界人口の約１割は飢えた状態にあるといわれる。しかし，一方で先進国では「飽食の時代」との指摘もある。その意味で食料問題は，先進国と発展途上国の間の分配上の問題でもある。

マイクロクレジットⓃ[microcredit]　発展途上国の貧困層に少額の事業資金を無担保で貸し出し，彼らの自立をうながす役割を果たす。その先駆として知られるバングラデシュのグラミン銀行とその創設者ムハンマド＝ユヌス氏に2006年のノーベル平和賞が贈られた。現在ではマイクロファイナンスとも。

同 マイクロファイナンス　類 ムハンマド＝ユヌス

5　国際経済における日本の役割

資源小国Ⓝ(しげんしょうこく)　火山国・日本には，多種多様な地下資源が存在するが，埋蔵量はきわめて微量で「資源小国」である。このため日本は，工業化を進めた戦前から戦後，高度経済成長期を通じて，石炭・石油・天然ガス・鉄鉱石・ボーキサイト・木材などの原材料やエネルギー源を輸入，それを加工・輸出して外貨を獲得し，経済成長につなげてきた（加工貿易）。しかし近年，日本の製品輸入比率が60％前後にまで達し，かつての加工貿易の姿は大きく変貌(へんぼう)した。

類 加工貿易Ⓝ

貿易の自由化Ⓝ(ぼうえき-じゆうか)　広義には関税や輸入数量制限，その他の非関税障壁の緩和・撤廃による輸入の自由化を意味するが，狭義には国際収支上の理由で輸入制限をすることができないＧＡＴＴ11条国に移行した状態を示す。1960年代前半から欧米の自由化要求が強まるなか，日本政府は「貿易為替自由化計画大綱」を発表。ＧＡＴＴ加盟時にわずか16％だった自由化率は，1963年に

92%まで上昇，同じ1963年にはＧＡＴＴ11条国へ移行した。

為替の自由化（かわせ-じゆうか）　自由貿易推進のため，政府による外国為替取引の管理・規制をなくすこと。国際収支の赤字などを理由として政府による為替管理が認められないＩＭＦ８条国への移行をもって達成される。第二次世界大戦後の日本では，貿易の自由化の進展にともない，1963年にＧＡＴＴ11条国へ移行，翌64年にはＩＭＦ８条国へも移行した。

資本の自由化（しほん-じゆうか）　外国企業による経営参加をねらった株式取得や子会社の設立，また国内企業との技術提携など，外国資本の国内進出に対する制限を緩和・撤廃していく一方，国内企業の対外直接投資なども自由にしていくこと。日本では，1967年，50業種が自由化された第１次自由化をきっかけとして，第２・３次の自由化が進められ，1970年代前半には原則として完全自由化。

開放経済体制Ⓝ（かいほうけいざいたいせい）　商品・資本・労働力などの対外取引が認められた，すなわち，モノ・カネ・ヒトの移動が自由化された経済体制。自由貿易を前提とする資本主義諸国は，基本的にこの体制をとるが，最近は中国などでも経済の開放化が進んでいる。日本では，ＩＭＦ８条国への移行，輸入制限品目の減少，原則100%資本の自由化などにより，モノとカネの自由化がなされてきた。しかし，出入国管理及び難民認定法（入管法）で，労働者の自由な入国はかなり制限を受けており，急増しているアジア系などの外国人の不法就労問題も含めて，ヒトの自由化にどう対処していくかが課題となっている。

残存輸入制限品目（ざんぞんゆにゅうせいげんひんもく）　ＧＡＴＴでは，自由・無差別・多角の原則に基づいて各国の関税・輸入制限を排除してきたが，一部の商品については，各国が国内産業保護などの理由で輸入制限措置をとってきた。この商品が残存輸入制限品目である。ＧＡＴＴ加盟後自由化を進めてきた日本では，1962年の103品目から1985年の22品目へと，残存輸入制限品目を縮小した。22品目のほとんどが農産物であり，このうち，牛肉・オレンジなどは1991年に自由化措置が始まった。1993年にはコメ以外の農産物の関税化を受け入れ，コメについても，結局1999年４月から関税化された。

輸入依存度Ⓝ（ゆにゅういそんど）　一国の経済活動のなかで，輸入の占める比率のこと。国民総生産や国民所得に対する割合であらわすことが多い。依存度が低いほど国民経済の自給率が高く，依存度が高ければ外国の経済変動の影響を受けやすい。

日本のＯＥＣＤ加盟Ⓝ（にほん-かめい）　ＯＥＣＤ（経済協力開発機構）は資本主義諸国の経済成長の促進や自由貿易の拡大などを目的として1961年に発足した。当初の加盟国はヨーロッパ18か国にカナダ・アメリカを加えた20か国であった。日本は，貿易・為替自由化の進展のなかで，1964年に21番目の国として加盟が認められた。これにより，日本は先進工業国の一員として国際的に承認。

貿易摩擦Ⓝ（ぼうえきまさつ）　貿易をめぐって生じる各国間のさまざまな対立・紛争のこと。すなわち，当該国の産業間の対立が，自国の政府・議会を動かすまでに進み，互いに公権力による報復措置（輸出入禁止など）をかける段階になる状況をいう。日本では，1970年代に入ってめだってきた貿易黒字を背景に，アメリカやＥＣ諸国と，繊維・カラーテレビ・鉄鋼・自動車・半導体などで貿易摩擦を起こし，そのつど政治問題化した。21世紀に入ると，多国間における自由貿易協定（ＦＴＡ）や経済連携協定（ＥＰＡ）によって摩擦解消を図るケースが増大している。

経済摩擦Ⓝ（けいざいまさつ）　貿易摩擦だけに限らず，国際収支の不均衡などもふくめて，各国間のさまざまな経済的対立から生じる問題。さらにそれらは各国政府・議会間の対立にもつながる。各国の社会制度・商慣行・経済政策のあり方までが対象となる。

輸出自主規制（ゆしゅつじしゅきせい）　貿易摩擦の回避のために，輸出国が自主的に，意図的に輸出量を制限すること。79年の第二次オイル-ショック後の日米間の貿易摩擦の際に，日本は対米自動車輸出の自主規制を実施した。

市場開放要求（しじょうかいほうようきゅう）　輸入品に対する関税・数量制限などをなくして国内市場で自由に販売させること。日本に対しては1970年代からあったが，1980年代に入って急増する貿易黒字，激化する貿易摩擦を背景として，アメリカ・ＥＣからの市場開放要求の声が高まった。これに対して日本政府は，電気通信機器・エレクトロニクス・医療品などの市場開放，あるいは1988年に日米政府間で決定された牛肉・オレンジ輸入自由化などの開放措置をとってきた。これらの結果，製品輸入が増え，貿易黒字幅は減少したものの，その額は小さく，その後もコメ・半導体・通信機器などで市場開放要求が続いた。

資本供給国（しほんきょうきゅうこく）　経常収支（貿易・サービス収支，所得収支，経常移転収支）の黒字が累積し，国内に生じた過剰資金を海外に流出させる段階に達した国のこと。資本輸出国ともよび，19～20世紀初頭のイギリス，1950～1960年代のアメリカが，この段階に達していた。日本では，1970年代から経常収支の黒字が定着して資本供給国に移行した。

ブーメラン効果（-こうか）　ブーメランのように，先進国が発展途上国向けに行った経済・技術援助や資本投資の結果，現地生産が始まり，やがてその製品が先進国に逆輸入されて，先進国の当該産業と競合するようになる状況をさす。

投資摩擦（とうしまさつ）　円高と企業活動の国際化を反映して，日本企業の海外への工場進出や海外企業の買収があいつぎ，相手国との投資摩擦が表面化した。特に日米間では，1985年以後の円高ドル安をきっかけに，日本投資家による米国企業の買収，不動産の取得，証券投資がさかんになり，両国間の投資の不均衡が際立った。一方，日本市場が閉鎖的であることも，摩擦に拍車をかけた。

非関税障壁Ⓝ（ひかんぜいしょうへき）　☞ p.401（非関税障壁）

文化摩擦（ぶんかまさつ）　思想・宗教・慣習・制度など，文化的な面で生ずる国家間・国民間での対立のこと。各国の消費構造，金融・流通制度が異なる背景として文化的要因が大きいため，文化面での相互理解が経済摩擦解消のカギになる。

経済大国Ⓝ（けいざいたいこく）　高度経済成長をなしとげた日本は，1980年代に入って自他ともに認める経済大国になった。この原動力は工業製品の輸出であり，さらに1980年代後半には巨額の対外純資産を保有する債権大国となった。しかし，集中豪雨型輸出が経済摩擦の原因ともなり，製品輸入を増やし，また南北問題や累積債務問題の解決に貢献すべきだという，経済大国責任論も指摘される。

日米貿易摩擦Ⓝ(にちべいぼうえきまさつ)　日米間の貿易不均衡による対立。日本の経常収支の大幅黒字とアメリカの大幅赤字による。1960年代の繊維に始まり，1970年代の鉄鋼・カラーテレビ，そして1980年代には工作機械・自動車・半導体・農産物へと摩擦が激化した。

日米経済摩擦Ⓝ(にちべいけいざいまさつ)　日米間の経済対立。日本の貿易黒字を背景に，繊維・カラーテレビ・鉄鋼・自動車・半導体などで摩擦をおこし，政治問題化した。1990年代には日本の経済構造の改善や日本への市場開放要求が高まった。そのため，1989年から日米構造協議，1993年から日米包括経済協議を開催。

ジャパン-バッシングⓃ[Japan bashing]　「日本たたき」ともよばれる。1985年頃から，アメリカ議会の保護貿易支持派，産業の経営者，それに一部の学者・知識人が加わって日本批判のキャンペーンがくり広げられた。1980年代に悪化した対日貿易赤字，ハイテク分野での日本の追い上げに対するいらだちが背景にある。この流れがスーパー301条の日本への適用，日米構造協議につながる。

スーパー301条Ⓝ(-じょう)　1988年8月に成立したアメリカ包括貿易法の中心条項。不公正貿易国・行為の特定，制裁を定めた旧通商法第301条を改正・強化したもの。通商代表部（ＵＳＴＲ）が，輸入制限など報復措置発動の権限をもつ。1989年5月，通商代表部は日本に対してスーパー301条の適用を決定，スーパーコンピュータ・人工衛星・木材製品を交渉の対象品目にあげた。

日米構造協議（ＳＩＩ）[Structural Impediments Initiative](にちべいこうぞうきょうぎ)　日米間の貿易不均衡の是正をめざし，両国の生産・消費・投資など経済構造を検討するために1989年9月から開かれた協議。1990年7月に最終報告が出された。協議の結果，日本側は①大型店・スーパーなどの出店を規制した大規模小売店舗法の見直しによる流通機構の改善，②国産品・輸入品の内外価格差是正，③社会資本整備のため多額の公共投資などを約した。一方，アメリカ側は①財政赤字の削減，②輸出競争力の強化，③企業の投資活動の強化などが改善目標として提出された。

日米包括経済協議(にちべいほうかつけいざいきょうぎ)　日米構造協議を引きついで，1993年9月から行われた日米間の協議。自動車・半導体・保険などの分野別の交渉の場では，市場参入の数値目標の設定を求めるアメリカとの間で，激しいやりとりがあった。

ＯＤＡ大綱Ⓝ(-たいこう)　ＯＤＡに対する日本政府の理念や方針を示したもの。1992年に初めて作成され，2003年に改められた。新しい大綱では，発展途上国の自助努力支援，人間の安全保障の確保，などが基本方針とされる。2015年の新大綱では，名称が「開発協力大綱」に改められ，軍事にかかわる支援も可能に。

同 開発協力大綱Ⓝ

ＯＤＡ四原則(-よんげんそく)　ＯＤＡに対する日本の理念，援助実施の原則。①環境と開発を両立させる。②軍事的用途への使用を回避する。③発展途上国の軍事支出，大量破壊兵器・ミサイルの開発・製造などの動向に十分注意をはらう。④民主化の促進，市場経済導入の努力ならびに基本的人権および自由の保障状況に十分注意をはらう。

雇用輸出（こようゆしゅつ） 直接投資によって海外に雇用機会をつくること。

失業の輸出（しつぎょう-ゆしゅつ） 日本の大量の製品輸出を批判したことば。相手国の当該産業を破壊し，失業者を生み出す結果をもたらした。対応策として，日本企業による海外現地生産が急激に進んだが，国内では産業の空洞化を引き起こした。

産業の空洞化Ⓝ（さんぎょう-くうどうか） 為替レートの上昇があると，賃金・生産費が外国に比べて相対的に高まり（たとえば１ドルが200円から100円と円高になると，２万円の賃金はドル建てで100ドルから200ドルに上昇），製造業全体の価格競争が失われる。その結果，国内の重要産業が海外直接投資などを通じて国外に流出し，国内では衰退してしまう状況を産業の空洞化とよぶ。第二次世界大戦後のアメリカで，多国籍企業の発達がアメリカの国内産業を空洞化させた。日本では1985年以後の円高で，自動車・家電など主要産業の工場の海外移転が急激に進み，この問題が深刻化した。

フェアトレードⓃ［fair trade］ コーヒー・ココア・バナナ・砂糖など発展途上国の産品を適正な価格で輸入し，先進国内の市場で販売する「公正な貿易」。主にＮＧＯなどの手ですすめられ，途上国生産者の自立支援や環境の保護にも目が配られている。日本でも関心が高まっている。フェアトレードの商品と生産者を認証する国際的なネットワーク組織として，1997年に設立されたフェアトレード-ラベル機構（ＦＬＯ）がある。

逆輸入（ぎゃくゆにゅう） 生産コストの安い海外で製造した商品を，本国企業が国内で輸入・販売すること。海外に輸出した製品を再び輸入し，販売する方式も含める。

日米貿易協定（にちべいぼうえききょうてい） 2020年１月に発効した日米間における貿易協定。この協定によって，アメリカ産農作物や日本産工業製品など，特定分野の物品に関する関税が大幅に削減されることになった。

さくいん

● 欧文略語

本文フォーマットデザイン／ペニーレイン　上迫田智明
カバー・表紙デザイン／（株）WADE　菅野　祥恵
カバー・表紙イラスト／（株）WADE　森崎　達也

定価はスリップに表示

ニュースがわかる基礎用語　2023-2024年版

2023年5月1日　初版発行

編　者　清水書院編集部
発行者　野村久一郎

発行所　**株式会社　清水書院**
東京都千代田区飯田橋3-11-6　〒102-0072
電話　東京（03）5213-7151
振替口座　00130-3-5283
印刷所　広研印刷株式会社

Printed in Japan　ISBN978-4-389-50147-1